张耀 编

「新子学」论集

三辑

学苑出版社

图书在版编目（CIP）数据

"新子学"论集. 第三辑/张耀编. —北京：学苑出版社，2019.10
 ISBN 978-7-5077-5851-1

Ⅰ.①新… Ⅱ.①张… Ⅲ.①中华文化-文集 Ⅳ.①K203-53

中国版本图书馆 CIP 数据核字（2019）第 253256 号

责任编辑：战葆红
封面设计：徐道会
出版发行：学苑出版社
社　　址：北京市丰台区南方庄 2 号院 1 号楼
邮政编码：100079
网　　址：www.book001.com
电子信箱：xueyuanpress@163.com
联系电话：010-67601101（营销部）　67603091（总编室）
经　　销：新华书店
印　刷　厂：保定市彩虹艺雅印刷有限公司
开本尺寸：700×960　1/16
印　　张：55.25
字　　数：716 千字
版　　次：2020 年 1 月北京第 1 版
印　　次：2020 年 1 月北京第 1 次印刷
定　　价：200.00 元

"新子学"的新推进
——《"新子学"论集（三辑）》序

许抗生

诸子学是中华文化中的一颗明珠，在当前中华文化继往开来的新阶段，它将得到哪些新机遇、应承担哪些新角色、会形成哪些新形态，这些都是学界应关注的问题，"新子学"正是为回应这类时代课题而展开的学术探索。

学界关于"新子学"问题的讨论至今已有七个年头了，我对它一直保持着关注，也曾撰文发表自己的意见，参与到这场讨论中。我的那篇文章撰写于 2013 年，当时方勇教授刚提出"新子学"理念，学界的讨论也是刚开始，但我在文中已表达了对它未来的信心。之后几年正如我所料，"新子学"呈现强劲发展势头，相关的讨论文章已发表了近三百篇，相关的学术会议也在接连不断地召开。不过，我认为"新子学"研究的最实质推进还是表现在它的理论诉求逐渐清晰、理论框架逐渐完善等方面，这些理论成果有许多地方是"于我心有戚戚焉"，故下面择其要者简述之。

一、应对文明的挑战：理解诸子学的新视野

子学是东周时期具有代表性的学术形态，似乎是属于遥远的历

史,那么在我们21世纪为什么还要革新这门古老学问呢?这其实与东周的历史地位有关。可以说,如何看待东周这个时代也决定了我们如何看待诸子学。如果因循古人的观念,仅从表面上将它界定为诸侯征伐、王官失守的乱世,那么诸子学可能会被理解成后世儒者所谓的异端,认为它们大多只是乱世中各抒己见、应急救乱的学说。但如果从历史哲学的高度来看,这个时期其实是一个文明失序与重构的时代,它深刻影响着后世中华文明的进程。那么,这时诸子学便应被视为应对这种挑战时不同思路的组合。这些思路作为根本性、源头性的元素,会一直贯穿之后的文明进程,对当今亦有启发,由此可见其意义非同寻常。

长久以来(尤其是古代),人们对诸子学的理解多局限在第一种模式上。之后,雅斯贝尔斯"轴心时代"的理论通过文明对比的视野让国人意识到诸子学说对中华文明的重要性,其启发意义不言而喻。只有在文明的大视野下,才能看到诞生于文明发展关键期的诸子学说其自身的伟大之处。我曾有专文讨论过道家思想与古代文明及现代文明的关系①,从古代文明的层面看,老子主张放弃正在崩溃的礼乐文明,甚至排斥各种文明形态的可能性,他认为许多乱象正是文明本身导致的,故而主张归复自然,保持人的朴素本性,道家这种对文明的高层次反思是难能可贵的。方勇教授在这方面则有更广阔的开拓,《四论"新子学"》将儒、墨、道、法四家一并置于文明重构的框架下来探讨,对于"周文",除了道家彻底排斥的思路外,尚有儒家之"改良"与墨、法之"变革"等不同路向,正如方教授所说,"关乎周文重建的不同方案,这是诸子时代论争的根本",这种论争

---

① 详见拙作《道家思想与现代文明》,载于胡军、孙尚扬编《诠释与建构:汤一介先生75周年华诞暨从教50周年纪念文集》,北京:北京大学出版社,2001年,第84-87页。

塑造着后世中华文明的形态，故而"中国文化不是一般所论之中心根干和枝叶的关系，而是不同的根干汇融发展的多元关系"。① 这是一个很有价值的结论，使我们对诸子学的多元义涵有了更深层的理解，也使我们对诸子学的历史地位与历史影响有了更准确的认识。

同时，《四论"新子学"》还引入了中国地理的因素来解读这个问题，这更真实地回归了中国文明形成时的现场，是从一种客观、唯物的角度展开的思考。方教授认为道与儒、墨、法之间的分歧其实代表了当时南北文化的差异，这个结论前人已有阐述，但方教授的总结更理论化。他将两方表达为中原系统与边缘系统，其中，楚宋吴越都属于周文化影响的边缘地带，那里人们由于其地处文明中心之外，对文明形态往往有新的思考，故有道家理念生成。这显然更切近文明重构之争的实质。当然，关于中原系统其本身也不会是铁板一块，我认为它内部也会有很多差异存在。孔子云："宽柔以教，不报无道，南方之强也，君子居之。衽金革，死而不厌，北方之强也，而强者居之。故君子和而不流，强哉矫！ 中立而不倚，强哉矫！国有道，不变塞焉，强哉矫！ 国无道，至死不变，强哉矫！"② 可见"南方之强"是以含忍之力胜人为强，这显然是老子道家的理念，也与方教授所谓边缘系统相呼应。但我们还应注意到，与此对应，孔子还提到了"北方之强"与他理想中的"强"（"和而不流"之类）。孔子所谓"北方"应是指西北的秦晋一带，"强"对应着当地刚猛、强悍的文化，这是孕育法家的土壤。而孔子所倡导的"强"属于儒家的品

---

① 方勇《四论"新子学"》，《光明日报》2018年10月13日第13版。
② ［汉］郑玄注，［唐］孔颖达疏《礼记正义》卷五十二《中庸》，北京：北京大学出版社，1999年，第1427页。

格,以鲁国的礼义文化为背景,从地理位置而言,可谓"东方之强"。① 可见,同在"中原系统"中,西北与东部之间的文化差异也是很明显的,《四论"新子学"》主要突出了南北差异,我认为在今后的探讨中,东西的差异也应得到关注。

可见,"文明"一词本身带有空间性、地域性的蕴含,那么它除了指向中国内在地域文化的差异外,同样也会意味着中国在世界各大文明体中的独特存在。正如方教授在《"新子学"目标、问题和方法》一文中指出,"'新子学'的问题意识就是理解'中国性'",这是要回答"中国何以为中国"的问题,而子学恰能帮助我们了解中国的基本文明形态,这正是"新子学"的一大价值所在。在这种认知的引导下,无怪乎近年来海外汉学家对"新子学"会增添许多重视,将它与中国文明问题相结合讨论。如德国学者维托夫先生认为"新子学"在"致力于一种多元的民族认同建构",② 并且在这方面提供了许多有价值的思路。再如于韩国召开的"第六届'新子学'国际学术研讨会"中,韩日学者着重探讨了东亚语境下"新子学"的国际意义,认为诸子学传统以及"新子学"的探索都不仅仅是中国的,也是东亚文化圈所共享的。③ 以上种种论说都昭示着子学与中国文明的深刻关系,让我们相信在"文明"的大视野下,诸子学会得到新的认识,"新子学"会有更广阔的空间。

---

① 以上详见拙作《论春秋战国时期南方、北方和东方的地域文化差异》,《中州学刊》1991年第4期。

② [德]维亚切斯拉夫·维托夫《"新子学":汉学主义的替代者?》,刘思禾等译,《诸子学刊》第十八辑。

③ 详见刘思禾《东西文化视野中的"新子学"——韩国"第六届'新子学'国际学术研讨会"综述》,《光明日报》2018年7月28日第11版。

二、面向现代的社会：子学当代价值的再发现

中华文明是世界上少有的延绵数千年、未曾有中断的文明体，现代中国受到了传统文化的深刻影响。诸子学说作为架构中华文明的重要元素，它们贯穿着传统文化的筋脉，对国人的现代生活亦能发挥重要影响。"新子学"在这方面有很自觉的意识，《三论"新子学"》提出了"唤醒价值"的主张，其中指出"诸子学具有恒久的意义，在于其洞见了文明中的基本事实，其解决问题的方案可能不是唯一的，但最切近中国社会"①，这能给我们带来很多启发，儒墨道法诸家的现代价值都可以置于该视域下来审视。

就道家领域而言，上文已经提到道家思想充满了对文明的反思，那么这对于我们应对现代文明危机不无启发。众所周知，当今人类物质文明的发展给国人带来了巨大的便利，也带来了巨大的危机，这包括生态的、社会的以及个人身心诸多方面。这种文明异化的现象很难完全依靠近现代的西方思想来解决，即使是西方文化系统内衍生出应对的思路，它们也很难完全适应中国的情况。把视野转向中国，道家两千年前对文明的反思至今仍是振聋发聩，关于现代社会人与自然的关系、现代人自我心理的调谐、现代社会道德文明的危机等问题，我们在应对它们时，都可以从老庄道家与魏晋新道家的思想中得到启发。

就儒家领域而言，儒家作为周文的"改良"者出场，但改良并不意味着抱残守缺，儒家是将周礼的精髓发掘了出来，凝结为仁、义诸多伦理概念，通过展示周文的真精神使之重新焕发活力，让它在古

---

① 方勇《三论"新子学"》，《光明日报》2016年3月28日第16版。

代中国保持了两千年之久的影响力。从这个意义上来看，儒家的一些伦理思想在当代中国文明的发展中有着不可或缺的地位：一方面，作为一种理论实体，它串联了古代中国与现代中国，比如"仁""孝""和"等理念作为一种优秀传统至今在国人心中占有重要地位，甚至作为一种独特的民族认同维系着中华文明的整体性；另一方面，作为一种对待文明的思路，它体现了温和、渐进、理性的特征，当今中华文明要继往开来，有必要继承这几点，切实地了解我们的传统，发现其中的优秀部分，既而总结它们、升华它们。儒、道思想是中华文化的两条重要筋脉，儒道互补反映在诸多层面，从文明的层面来看，道家的反思与儒家的改良存在着一种良性的互动，彼此相互促进。那么，在当代中华文明发展的历程中，儒道互补仍会发挥重要作用，这是国人在前进的道路上必须要坚持的一条重要原则。

三、打破传统的框架：子学不应依附于经学、王官的统摄之下

虽然以"文明"的视野来看待诸子学有极大的启发性，但人们可能难以立刻接受它，因为旧的认知框架仍在束缚人们的思想。自汉代以来，经尊子卑的观念逐渐深入人心，这个过程中《汉书·艺文志·诸子略》的"历史叙事"起了很大作用。《汉志》认为三代有个贯通如一的先王之道，为当时的王官之学所承载，到汉代其精义则保存在六经之中，而战国时期的诸子学是对它的偏离，故不足为道。但诸子的思想源头又被它视为来自王官之学，故而诸子又可以作为六经的"支与流裔"，亦有其存在的价值。可以说，古人观念中的经子正如主奴关系，较主人而言，奴是卑下的，但他同时也凭着主人的势力而获得了一定的地位。总体而言，诸子学这种境遇是比较尴尬的。而

到了宋代，诸子学境遇更加恶劣，理学家抽象出了一个"道统"理念加以推崇，子学受到的冲击更大，先秦诸子除孔孟被认为是承袭"道统"外，其余诸子都被排斥为"害道"的"异端"。明末虽有嗜好子书的潮流，又有傅山提出"经子平等"的理念，但这只是昙花一现，并未对人们固有的观念形成挑战。清代朴学家亦稍稍注重子书，但他们只是把子书作为考订经书的重要材料，这种"以子证经"的思路本质上还是没摆脱之前主奴式的经子关系。

所以，我们如果想要真正地认识诸子学，就要首先破除《汉志》所编造的假象，摆脱它所遗留的框架。民国学者已经开始这方面的工作，自新文化运动以来，经学的权威在消解，子学的地位在上升，平视经子已成为新趋势，同时"诸子出于王官"的传统说法也受到挑战。方教授《四论"新子学"》延续了民国学者的工作，把《汉志》列为专门的对象来批判，其锋芒深入至《汉志》的内在思路，挑出其论说的逻辑漏洞，力图从体系上瓦解旧有的认识框架。我相信这会为我们重审诸子学带来新的思考角度，近期"新子学"会议中大量反思《汉志》的文章便说明了这一点。

我们在反思《汉志》时，尤其要往深层剖析，应直探"尊经卑子"意识的理论根源。古人把"经"作为"常道"的载体，希望把世间万物归于一个常道统摄，诸子各家的言说只是常道在多方面的反映，由此形成一种"以一统多"的格局。对于他们来说，这种图式是稳定、合理的，在他们看来，古今思想学术都可归入这种结构。"新子学"的论说打破了这个"一"，由上文可见，在文明重建的历史课题面前，各家的地位是平等的，没有一个思想能作为道统御其他理念，子学的多元意蕴由此展现。不过，可能有人会有这样的疑惑：缺乏统御的多元是否会导致"新子学"缺乏整体性来凝聚各派思想，继而缺乏标识性来确认自身的存在？其实"新子学"关于此类矛盾做出了自己的解答："'新子学'所说的'主体性'是站在中国文明的层面上，在认为中国文明与其他文明型构具有不同形态的基础上提出的，而'多元性'则是在特定文明内部的方法论的意义上展示出来的。"① 可见，"新子学"在破《汉志》旧传统的同时也在立自己的新体系，这些探讨都深入到了一些根源性的问题，对"新子学"未来的发展有着深远影响。

另外，我们反思"经尊子卑"，这并不意味着我们要反过来"尊子卑经"，经与子同是先秦思想文化的精华，两方不可偏废。我们应该回归先秦学术的现场，去理解当时经子会通并进的状态，从而为当代元典的研究提供新思路。《三论"新子学"》在这方面有自己的构想，它主张以《春秋》《周易》《论语》《老子》以及《孟子》《荀子》《庄子》《墨子》和《韩非子》等经典为基础，形成元文化经典的新构造。② 近年来关于中华经典的结构，学界中出现了各种各样的说法，方教授的见解可谓是令人耳目一新，并且这还有着坚实的理论基础，值得我们重视。

当然，"新子学"近年来的理论创获不仅表现在以上几个方面，本文的评述只是挂一漏万，其他如关于子学与哲学的关系、子学学科化等问题的探讨近年来也有很多新突破。我相信在这个新时代中，"新子学"会一直保持活力，期待它今后能为学界带来更多的新声音，为中华文化的重构做出新贡献！

---

① 方达、方勇《"新子学"与"新子学主义"：由学术体系到实践方向》，《暨南学报》（哲学社会科学版）2018年第4期。
② 详见方勇《三论"新子学"》，《光明日报》2016年3月28日第16版。

目　录

四论"新子学" ……………………………… 方　勇 / 1
"新子学"：目标、问题与方法
　　——兼答陆建华教授 ……………………… 方　勇 / 10
推进子学复兴　把握时代走向
　　——在台湾"第五届'新子学'国际学术研讨会"
　　上的讲演 …………………………………… 方　勇 / 19
"新子学"五年回顾 ………………………… 方　勇　张　耀 / 36
为"新子学"定性定位 ……………………（台湾）曾昭旭 / 150
从"新子学"至"新中国哲学" ………………[美国]刘纪璐 / 159
"新子学"就是"新中国哲学"吗？ …………… 欧明俊 / 170
跨界会通
　　——论"新子学"的创新途径 ……………… 欧明俊 / 188
"新子学"断想
　　——与方勇先生商榷 ………………………… 陆建华 / 212
"新子学"与民族文化复兴大方向
　　——兼与陆建华先生商榷 …………………… 郝　雨 / 221
"新子学"与"新子学主义"：由学术体系到
　　实践方向 ………………………… 方　达　方　勇 / 230

论"新子学"何以成立
　　——中西两种视域的交融 …………… 方　达　王宁宁 / 248
论经学、新子学与哲学的当代并立
　　——从当代中国思想学术与文化建设相互关系的
　　　视角考察 ………………………………… 李洪卫 / 263
开阖破立
　　——论"新子学"的愿与违 ………… （台湾）殷善培 / 278
被遗忘的现实：对于经学化思维的反思
　　——以"新子学"的多元意识为起点 ………… 吴剑修 / 291
以《论语》为例，谈"离经还子" ………………… 徐宏勤 / 302
有关新子学研究的几点意见 ……………………… 孙以昭 / 315
"新子学"的角色定位和言说方式………………… 周　鹏 / 320
新杂家："新子学"发展的趋向 …………………… 张　涅 / 331
"新子学"的思想理路 ……………………………… 孙　广 / 344
"新子学"新解 ……………………………………… 杨中启 / 358
"新子学"视阈下战国诸子的共同政治命题研究 …… 王　丁 / 366
论"新子学"的整合研究及其拓新意义
　　——以《庄子》研究为例………………… 刘韶军　张　婷 / 381
关于"新子学"的思考
　　——以庄子学为例 ……………………………… 徐志啸 / 407
"新子学"的思考与展望…………………………… 黄燕强 / 414
浅说"新子学"之实践 ……………………………… 揣松森 / 435
"新子学"摭论 ……………………………………… 陈志平 / 448
"新子学"：汉学主义的
　　替代者？…… ［德国］维亚切斯拉夫·维托夫　刘思禾等 译 / 460

"新子学"与中国传统文化价值重构……………………………………
……… 陈鼓应 方 勇 汤漳平 郝 雨 谢清果 李振纲 / 485
先秦文史新论:"新子学"与中华文化 ………………… 汤漳平 / 499
"新子学"与人类共同价值的建构…………………………… 马明高 / 501
"新子学"与文化自信 …………………………………… 张洪兴 / 515
中国文化"根性"与"新子学" ………………………… 张洪兴 / 527
平等多元:从"我们的经典"到"新子学"………………… 刘 涛 / 544
中西方视野下的"新子学"再思考……………………… 张永祥 / 560
时代召唤与"新子学"的历史担当……………………… 林其锬 / 576
先秦诸子与中国现代政治自由的诞生(节选) ……… 蔡志栋 / 586
"新子学"视域下的"即生言性"与"即心言性"关系
　　再探讨 …………………………………………… 王小虎 / 595
"新子学"视域下中国"小说"观念的演进
　　——以诸子"小说家"作品的文体变革为中心…… 陈成吒 / 612
新子学的当代转向
　　——以儒家道心、人心的博弈与当代自我传播智慧
　　　为例 ……………………………………………… 谢清果 / 637
"新子学"之"新":重建传统心性之学
　　——以道家"见独"观念为例……………………… 谢清果 / 666
"新子学"研究的回顾与反思……………………………… 刁生虎 / 693
在韩"诸子学"发展的反省与重建
　　——兼谈引进"新子学"的必要性 ………[韩国]姜声调 / 728
开放性:"新子学"理论构建进程中的基本取向 ……… 张 耀 / 748

媒体报道
海内外专家学者研讨"新子学"深化问题 ……………… 李向娟 / 763

"新子学"深化研讨会在厦举行 ………………… 林秋燕 / 765
"新子学"研究:"诸子之学"的又一重生 ………… 黄莉莉 / 767
对话"新子学"
　　——两岸"新子学"系列学术对话纪实 ………… 刘思禾 / 769
台湾淡江大学"2017两岸'新子学'论坛"综述 ……… 张　泰 / 778
海峡两岸"新子学"座谈会纪要 …………………… 张　耀 / 789
东西文化视野中的"新子学"
　　——韩国"第六届'新子学'国际学术研讨会"
　　综述 ……………………………………… 刘思禾 / 809
诸子学研究的转型与走向
　　——第六次"新子学"国际学术研讨会
　　述评 ……………………………… ［新加坡］劳悦强 / 813
"新子学"的跨国界对话
　　——第六届"新子学"国际学术研讨会综述 …… 欧明俊 / 821
"首届诸子学博士论坛"在浦召开 ………………… 张方镇 / 833
首届诸子学博士论坛聚焦"新子学" ……………… 刘　奕 / 836
"首届诸子学博士论坛"举办 ……………………… 杜　羽 / 837
首届诸子学博士论坛在浙江浦江召开 …………… 谢瑶姬 / 840
"首届诸子学博士论坛"在浙江召开 ……… 查建国　仝　薇 / 843
凝聚新生力量　推进子学新发展
　　——"首届诸子学博士论坛:'新子学'专题"
　　综述 ………………………… 揣松森　徐宏勤 / 845
第七届"新子学"国际学术研讨会在沪举行 ……… 唐奇云 / 856
第七届"新子学"国际学术研讨会举行 …………… 吴　诗 / 858
第七届"新子学"国际学术研讨会在上海举行 …… 桂　杰 / 859

诸子学研究范式的探索与创新
　　——第七届"新子学"国际学术研讨会综述 …… 刘思禾 / 861

编后记 ………………………………………… 张　耀 / 865

四论"新子学"

方 勇

  关于"新子学"的讨论历时数年,学术界对于"新子学"的概念界定、学科内涵、文化立场等已有了深入而系统的思考,在"新子学"与儒学研究的对话及其在东亚语境中的普适性研究也取得了一定成绩。在此基础之上,有必要切入到诸子学内部,做一个整体性的分析。本文主要辨析传统诸子学的诸种旧说,分析诸子时代的思想主题,并且以轴心时代的文明形态研究为参照,进一步探索"新子学"的发展方向。

辨《汉志》诸说

  关于诸子学的传统看法是由汉儒塑造的,保留在《汉书·艺文志》中。刘向、刘歆父子及班固于此各有贡献。刘向著《别录》,刘歆裁之为《七略》,班固则采《七略》有所损益而成《汉志》。三人中刘歆是关键人物,他总《别录》二十卷为《七略》七卷,以《辑略》总述宗旨,叙定古今,可谓"辨章学术、考镜源流"(章学诚语),实为汉人所作之中国思想文化史论。其以先王之道统六艺,尊经卑子,重儒而斥百家,可谓汉代正统儒者之通见。我们这里集中讨论经子关系论和子学源起论。

刘歆的诸子学体系是对三代及秦汉学术的一次总结，其关键是以六艺该先王之道，此即尊经；而以诸子该战国学术，以子学为六艺之"支与流裔"，此即卑子，这是刘氏的经子关系说。刘氏以六艺为先王之道，而以孔门专之，此说并非历史事实。战国诸子为创一家之说，皆称先王之道，各家无不如此。孔子称尧舜禹，墨子赞大禹，道家称上古帝王。此外，经非儒家一家所专，早期经学发展有多条线索，各家皆有经典化的努力，六艺之外，最典型的就是《墨经》《黄帝四经》，《老子》也有经的地位，解释经典的记传体在战国也渐趋成熟。汉儒崛起，要重新解说历史，至刘向、刘歆父子，六艺成为垄断性的先王之道，其他各家不过是道下之"术"。其曰："王道既微，诸侯力政，时君世主，好恶殊方，是以九家之术，蜂出并作。"(《汉志·诸子略》) 由是抬高六经，以之为唯一的先王之道，而判诸家为子学，遂成经尊子卑之分。刘歆又进而离析六艺与儒家之别、儒家与诸家之别，以贬低诸子时代的思想传统。于是，就有了一个黄金时代在前，战国陷入黑暗，汉代重归光明的宏大叙事。刘歆以当代眼光重构历史，离析经学、儒学及子学，这一扭转奠定了后世的一般看法，掩盖了历史事实。凭借《汉书》的崇高地位，经尊子卑的看法遂由此世代传承。

除了经子关系，刘歆体系还以王官解释诸子学的源起，以为诸子学出于王官。所谓王官，即王之守官所执之学，与先王之道相对，是刘歆依据《周礼》想象的周代官学。刘歆在学术史上的重大影响就是今古文经学公案，他力争古文经学的地位，推崇《周官》。因刘歆认为其是周公致太平之书，故称之为《周礼》。依当代多数学者看法，《周礼》是战国后期的著作，并非周初作品。刘歆以《周官》为依据，在史料的真实性上就站不住。然而刘歆此说自采入《汉志》，历来无人怀疑，《隋书·经籍志》、郑樵《校雠略》即据此说而扩充之，晚近章学诚、汪中、龚自珍、章太炎、刘师培亦主此说。直到清末曹耀湘始疑之，而胡适著《诸子不出于王官论》，成为系统反击刘说的第一人。胡适认为，刘歆以前之论周末诸子学派者皆无此说，九流无出于王官之理，《汉志》所分九流乃汉儒陋说，未得诸家派别之实。胡适此论引发了当时的一场大讨论，不仅涉及学术史，更关乎各人的文化立场。今天，学者或者完全不相信诸子出于王官之说，或者对其有所修正。实际上，即使我们能够证明子学某一派和周代官学有一定的联系，也无法证成刘歆所说的源流关系。其一，诸子学有不同的来源，非周文可概括；其二，周代官学的性质和诸子学的性质是不同的，二者是两个时代的不同学术形态，诸子学更具有超越精神与理论品格。总之，诸子源起的问题需要重新思考。

今天理解诸子时代学术，需要摆脱《汉志》旧说。三代——即学界所说的巫史时代——不是儒家一家独享的资源，而是诸子共享的，如《庄子·天下》所论"百家之学时或称而道之"。诸家之分派不是官守之遗，而是对王道或周文重建有不同想象，皆有其理，皆有其据，皆有其历史之发展。诸子不同的思潮或流派，及其不同的主张，当然与上古文化有关，却并非其"支与流裔"，而是进入了思想发展的新阶段。三代思想在实际的政治社会之中，所谓"君师政教合一"（章学诚语），并没有真正抽象出来。诸子学则具有根本性、普遍性，是思想发展的一大进步，谓之轴心时代是合理的。此问题的大关节在对孔子的定位上，今文家以孔子附上古王者系列，宋儒以孔子为发明道统之圣人，诸子学则以孔子为诸子之一，既非顶点，也非中枢。依此，我们应回到一种多元框架之中，在通观之中理解早期中国。胡适平视诸子，建立了理解古典学术的现代框架。我们在《三论"新子学"》中提出《周易》、《春秋》、孔老、诸子并观，则在经子兼治上更进一步。后来又提出以诸子学、早期经学与数术之学为研究对象，就是希望打破《汉志》旧局，以通观诸子时代思想。此即所谓"新子学"。

周文重建之争

在德国哲学家雅斯贝尔斯所称的"轴心时代",即公元前500年前后,世界上的各个文明都面临着挑战。与犹太、古希腊、古波斯诸文明所面临的挑战不同,中国面对的是一个大规模文明体的衰落与重建问题。夏商周三代特别是周文明的衰落,是诸子思想兴起的背景。中国文明因为有三代文化的强烈自觉,故而建立一个和以往文明同样伟大甚至更伟大的文明的意识极为强烈。思想史家史华慈已经看到此点,他认为这是中国文明和轴心期其他文明的重要区别。诸子时代作为文明的转型期,上承新石器晚期以来的早期文明,下开两千多年的帝制时代,展开了极具原创性的思想历程。因而,可以从"周文重建"引发的思想争论去理解诸子学。其根本问题在于文明重建的依据与路向之争,涉及如何评价周文、文明建构的基本原则及路径、对精英群体的定位等等。对这些问题链的不同解答,就构成了诸子不同的思想谱系。其他文明所追问的诸如存有的实相、苦难的解脱、上帝意志的实现、善恶的永恒斗争等问题,都不是中国哲人最关注的。"周文重建"之争和《淮南子》"救弊"之学的说法相近,但实际上有所不同。诸子各家并不是救周文之弊而已,而是有着各自独特的文明建构路径,这一点只有站在当代视角上才能看清。

在关于新的文明形态的思想竞赛中,首先有新旧两条路向,这一点梁启超在《中国法理学发达史论》中已谈到。旧的路向继承周文,而新的路向则要变革周文。新旧之争是周文化继承者的路向之争,旧的路向代表是儒家,新的路向代表是墨家和法家。孔子思考的是周文的复兴,故曰:"吾其为东周乎?"又云:"齐一变至于鲁,鲁一变至于道。"对孔子而言,最重要的是恢复传统,而不是变革传统。所以，子路讥讽他迂腐，固守名教，他则讥弹子路之不学。孟子和荀子能适应时代，但他们在诸如禅让的合法性等一些基本问题上也同样是保守的。真正对周文做出革新的是墨家和法家。墨家发起了第一波攻击，抨击周文之礼乐，又以兼爱、尚贤打击儒家之亲亲原则。法家则专门修正政治体系的运行法则，以法来代替礼，以加强行政效率。吴起治楚，"明法审令，捐不急之官，废公族疏远者，以抚养战斗之士"（《史记》本传）。《商君书》谈时势之变："上世亲亲而爱私，中世上贤而说仁，下世贵贵而尊官。"韩非更明言"废先王之教"（《问田》）。这些都指向周人之礼乐秩序。总之，墨家和法家发起的对周文的攻击，是中国文明转型的巨大推动力。正是在这两股思潮的论证之下，周文的正当性才被削弱，墨家呼唤的贤者居其位的思想对于后来的荀子及今文经学产生了巨大的推动力，法家则论证了中国早期官僚体系的思想模型。汉代之后，墨家无存，然其精义已深入中国文明。法家之精神则长久隐伏在中国历史中，成为帝国体系的内在依据。

围绕着周文重建，还有更重要的论争，我们姑且借用郭沫若在《十批判书》中的提法（劳思光也有类似的说法），称之为南北之争。儒家、墨家和法家都是周文化系统内部的流派，可以用中原系统来表示，而道家则代表了南方的边缘系统，如楚国、徐国、宋国（殷之后裔）、吴越等。那些受到周文化影响的边缘地带文化人，由于其地处文明中心之外，对文明形态往往有新的思考。如何理解文明发展的基本问题，是道家思想的关键。老子提出的"象帝之先""自然""无为""小国寡民"，庄子之"齐物""浑沌""不治之治"，黄老学之兼及道法，其基本思路都在思考有别于周文的另外一种文明形态。老子、关尹、列子、庄子、屈原，以及《汉志》中道家类的诸多楚地作者，包括提出大同说的儒家激进派之吴人言偃，以及汇通齐楚百家的稷下学派，西汉时代的淮南学术团体，都有相近的精神气质，而与周文异质。如果说儒家、墨家、法家追问的是人文的不同形态，那么道家所质疑的就是人文本身，认为人文是对某种更根本的东西的背离，而这与中原系统是根本冲突的。南北之争是关于重建周文最重要的论争，包含着诸子时代最重要的理论思考。这一问题在秦汉之后仍旧是中国思想的重要母题。

诸子学的新旧与南北之争，关乎周文重建的不同方案，这是诸子时代论争的根本。诸子各家在战国中后期有一个会通的过程，不过其义理的差异性仍旧存在。儒、道、墨、法诸家推动了三种历史实践，分别表现为秦之法治、汉初黄老之无为政治，以及武帝之后的儒学治国。从后世来看，周秦之变最后的总结者是儒家，不过道家和法家等诸家并没有消亡，各有其发展的历史，并在后世不断回响。诸家各有其道路，各有其义理，因而中国文化不是一般所论之中心根干和枝叶的关系，而是不同的根干汇融发展的多元关系。这不仅已被上古考古证明，也是诸子时代的事实，在当代更会重焕生机，与世界各大文明之不同源流会通并观。

文明之思想溯源

法国历史学家布罗代尔在《文明史》中提及，一个文明的基础就是为一群人所共同遵守的某种东西。他以西方与伊斯兰世界妇女地位的差异为例，说明每一文明中的日常现象往往有其深厚的历史依据。同理，在中国社会中，很多我们习焉不察的现象，可以追溯到古典时代，以探明其特殊性的来源。按照西方的标准，中国文明是一个世俗化的文明，实际更准确地说是追求人文化成的文明。肯定人文特性，追求以人文的力量致"天下文明"（《易·乾·文言》），这是轴心时代就奠定的基本文明特征。在诸子时代，人的地位而不是神的地位是轴心期突破的中心。古人讲天人，讲天地人三才，就是把人作为一极，以人文世界的思考为中心，由此展开天人、性情、政教、华夷的讨论。中国文明的这一特点，表现在各个方面。对形上和本体的追问同样存在，但是并不把这个单独作为对象，而总是把它和人的关系作为核心问题。天/道是作为文明体的裁决者或者文明体的命运出现的，表现为一种连续的关系，天人关系以及由此展开的心性关系也是这样。而对德性的推崇是中国文明的显著特色，德性往往被视作一种达成整体性的素质/能力，既是实存也具有价值。Being a man 和 Becoming a man 是不同的，"知道什么"和"知道怎么"也是不同的，根据就在德性上。思想最终落在对人类文明体的追求上，于是有关于"天下"和"大一统"的想象。这意味着，最重要的是知道如何处理天/道与人的关系，从而达成一种整体的文明形态，此即中国文明的基本形态。

我们认为，文明的建立是以差序为根基，还是以齐同为根基，这是深入理解中国文明的关键所在。一般所称道的尧、舜、禹、汤、文、武、周公，象征着一种伟大的文明传统。其中所体现的纵向差序的观念，应为其基石。即，无论神学的、政治的秩序还是社会伦理的秩序，以至于精神的、观念的秩序，都是等级式的，存有/价值的差序是一切的根基。这一序列是真实客观的、不可动摇的、不可怀疑的。在古代经典如《诗》《书》中，多以上下来表达此意。《尚书·尧典》曰："光被四表，格于上下。"《诗经·大雅》："文王在上，于昭于天。"《大克鼎》铭文："肆克于皇天，琐于上下。"清华简《厚父》："天降下民，设万邦。"上下就是一种差序，神圣的天在上，是一切的保证者，而人间在下。由天上至人间，天命的下达总是导向圣贤的责任。这一基本思想，在后世不断发展，形成一整套有关天命、德性、制度的体系性论述，于是三纲五常式的刚性秩序成为文明的基石。这种建构性的文明理解成为后世的主流。与上述文明建构思路不同的是另一种叙述，这种思路是反周文的，但是不能解释为反对一切文明形态，其所探索的乃是另外的文明道路。思想家们围绕"道"设想了一种新的文明秩序，就是无序列的序列，无名义的名义，无造作的操作，这是一种最朴素的文明形态，提倡最弱的政治运作与最稀薄的价值体系，指向一种反文明建构的思路。与建构不同，强调"无为"；与教化不同，强调"无言"。无为与无言都是"无"的一种实现，其中心已不在执政者，而在作为文明主体的社会本身。故而，对于一般文明发展的做法，诸如中心化、等级制、严格善恶之分、划分精英与民众，都抱一种否定态度。相对应的就是，主张远离人文，去序列化，无中心，齐一万物，含混主义，尊重事物本来的样貌，设想一个依其本性自然活动的场域。这是另外一种关于文明的思考。历史上很多人物和主张都可以归于此类。通过上面描述的两种文明路向，我们希望可以揭示中国文明的形态特征。深入把握这一基本特质，是"新子学"研究的一个方向。

"新子学"不仅要理解中国，还要处理文明与现代性的关系。不同文明体的现代化，不仅仅是现代价值的伸张，也是和古典价值相融通的过程。而这一过程所触及的主题，在多元文明中是不同的。比如，宗教传统与科学主义的冲突是很多文明现代化的重要课题，而这在中国基本是不存在的。就中国文明而言，现代化有很多独特的主题需要处理，最主要的就是如何对接其内在的文明张力。比如，等级制在哪个意义上是需要维系的？需要把德性作为政治的根基吗？需要建构现代形态的形上学以支撑传统文化吗？个人原则与民权原则能在多大程度上校正原有的中心化原则倾向？显然，这些是复杂而独特的问题。现代原则并不是完全取代古典原则，而是和这些原则构成一种新样态。要理解这些问题，首先要回到中国文明的源头，把握其基本形态，以比较视域来进行综合性、还原性的思想研究，形成相对独立的学术体系，然后一一加以比勘，做出合理的解说。这需要精密而耐心的思考，也将交付于时间来检验。

　　构建当代的文明认同，探索中国传统与现代性的关系，关键在于把这一问题放在合理的框架之内。无论是回到宋明时期的心性论与道统论，还是重新回到经学的封闭系统，或者完全无视中国文明自身的独立性格，恐怕都无法应对当代的挑战。诸子时代是中国文明转进的关键期，后世的文明特质都可以在此找到原点。从多元文明的视角溯源诸子学，从中国文明的现代发展推进诸子学，有希望对时代挑战做出有效回应。《诗》云："溯洄从之，道阻且长。""新子学"其修远兮！

（原载于《光明日报》2018年10月13日第11版。作者单位：华东师范大学先秦诸子研究中心）

"新子学"：目标、问题与方法
——兼答陆建华教授

方 勇

关于"新子学"的讨论已历时五年，学界对"新子学"的概念、范围、方法、理路也已做了多方面的探索。最近读到陆建华教授的《"新子学"断想》（《光明日报》2018年3月24日11版），使我们觉得，有必要对"新子学"的基本问题做一次总结。本文有关"新子学"的说明，希望有助于学界深化理解"新子学"。

一

2012年，"新子学"一经提出，学界即展开了大范围的讨论。"新子学"的确切内涵是什么？关于这个问题，众多学者都进行了深入精准的探讨，具体成果已经汇编在《"新子学"论集》（学苑出版社2014年版）中。其中曹础基教授所提到的"新之子学"与"新子之学"，是讨论较为热门的话题。那么依照这种分析，"新子学"指的究竟是"新的诸子学"，还是"新诸子之学"？

"新子学"当然意味着诸子学的新发展，亦即"新的诸子学"，同时也包含"新诸子之学"。二者并非一种非此即彼的对立关系，而是存在着相生共促的密切关联。没有新的思想体系的建构，即无所谓"新子学"，诸子学也会失去方向；同样，没有深入的诸子学研究，又何谈新思想体系？故而"新子学"将文献研究、学术史研究和思想研究（义理研究）统一起来，包纳并举。如需进一步深入理解这个问题，则应当从探索"新子学"学术体系谈起。

诸子学一语，至少有三层含义：一是轴心时代思想家的思考和活动（包括其后世的脉络）；二是后代对此一传统的总结评述；三是名为"诸子学"的现代学术体系。"新子学"的提出，和近代以来建构诸子学的学术体系直接相关。历代学者都有关于诸子（主要是先秦诸子）的研究讨论，而正式建立一种系统的称之为"诸子学"的学术体系，则肇始于近代，是与中国现代学术体系的建构同步的。晚清以来，有关诸子与诸子学的研究，除去基础性的文献研究之外，一共有两条线索：一条线索是以"诸子学"的名目，沿袭传统子学的范畴和问题，梳理建构"诸子学"体系，这是当时"国学"体系的一部分。如章太炎《诸子学略论》、陈柱《诸子概论》、蒋伯潜《诸子通考》、李源澄《诸子概论》、胡耐安《先秦诸子学》、孙德谦《诸子通考》等，皆可称为诸子学。只是其中不少著作囿于成说，还缺乏对诸子学体系基本问题的全方位把握，对于如何与现代意识相融通也尚未能正面处理。这些是缺乏现代意涵的"诸子学"。另外一条线索则是在现代学科体系下的诸子研究，包括中文系的诸子研究、历史系的诸子研究、哲学系的诸子研究，其中最主要的是从胡适、冯友兰开始的中国哲学史研究。这可以称作现代的诸子研究，但其实质并非"诸子学"研究，而是"中国哲学史"研究。当代学者有诸多题名"诸子学"的著作，"诸子哲学"研究也在深入发展，一些研究和我们的思路是一致的，有些仍旧差强人意。"新子学"就是在这两条线索的基础上，探索现代学术体系意义上的诸子学研究。因为继承传统诸子学，故而是"诸子"学；因为要赋予诸子学以现代的学术体系形态，故而是"新"子学。简而言之，"新子学"就是试图摆脱哲学等现代分科体系的窠臼，建立以诸子传统为研究对象，具有相对独立研究范式的现代学术体系。这是"新子学"的目标。

作为现代学术体系的"新子学"，包括诸子问题的通盘研究，即诸子学的概念、范围、分派、宗旨等基本问题，及其当代形态的界定。这些都需要重新规整梳理，并加以学科化。今日学界所接受的诸子学概念，如经子关系、诸子分派、诸家宗旨、诸子来源等，大多沿袭自汉代学者。这些问题需要进行新的反省，然后形成一个更为成熟的诸子学研究范式，进而构建起诸子学基本理念下的多方位全面研究。我们预想，大约需要几十年时间，需要几十部甚至更多的著作，才能形成真正完整的研究体系。它不是像哲学、文学那样的学术分科，而是诸如敦煌学、海外中国学那样成熟的学术体系。这一理解，我们在《"新子学"构想》《再论"新子学"》中都有所表述。

如果像一些学者所言，"新子学"必须要有新的哲学家，"新子之学"才是"新子学"，那么这只是哲学研究一直努力去做而未成之事，又何"新"之有？"新子学"并不以产生哲学家为首要目标，这不是"新子学"的方向。培植适当的土壤，找到最恰当的学术形态，这远比出现个别思想家要来得重要得多。

进一步而言，关于"新子学"的思考可以归结如下：传统的学术范畴，诸如经学、子学，在当代是否具有足够的生命力？是否有一条新的路径，足以突破晚清以来的学术分科体系，真正发掘中国古典传统，建立一种基于传统问题意识与概念的学科体系？因而，所谓"新子学"之"新"，是对学术分科体系的反省，对原有诸子学研究的推进，在学术方向上也可以视作是一种回溯。不仅是我们，这也是当代儒学研究者和经学研究者经常思考的问题。我们期待，在现有学术分科体系之外，可以形成一个古典研究的学术新生态。"新子学"是解答这一问题的尝试。

二

"新子学"的问题意识就是理解"中国性"。这一点,在《再论"新子学"》中表述为"返归自身",在《三论"新子学"》中表述为"回归原点"。诸子时代是中华文明最重要的转型期,上承新石器晚期以来的早期文明,下开两千多年的帝制时代。诸子所讨论的问题长久地影响了后代历史。"新子学"需要破除历史上的种种偏见,也需要反省现代学术的盲点,其要点就是探索中国文明形态的基本特征。这很可能颠覆我们以往对诸子学、经学以及对先秦时代的一般看法,从而在思想的层面上对于"何者为中国"做一个回答。

回归原点,理解"中国性",这种问题意识不同于近代以来哲学学科的方向。近代中国人文学科的发展多以学习西方为主要倾向,学者通过对西方概念、体系、方法的模仿,完成对中国古代传统的形塑。以哲学学科为例,其建立之初,如何建立哲学理论就是其目标,胡适、冯友兰等哲学史家皆以逻辑重构为基本方法。而傅斯年曾提醒过:诸子学不是哲学。古人如司马谈、班固,皆以诸子学为致治之学,梁启超也说:"所谓百家言者,盖罔不归宿于政治。"当然,如果中国哲学史学科以理论重构为目标,并无不妥。但是对于"新子学"而言,这并非是一条恰当的进路,逻辑问题或者建造理论向来不是诸子最关注的问题。无论孔子、孟子、老子、庄子、荀子、韩非子,都对今日可视作"哲学"思考的后墨、名家多有不满。邹衍嘲笑公孙龙,称其"烦文以相假,饰辞以相惇",名家传统也从此一蹶不振,而这正可以代表诸子时代的基本态度。因此,"新子学"不必如胡适、葛瑞汉等学者那样,以重新发掘诸子时代的逻辑发展为中心,而是应当反过来探索,诸子的态度及其真实意义是什么。中国没有发展出逻辑学并不是错误，而只是选择了另外一种文明进路而已，我们要分析这条道路的意义是什么，要以诸子问题意识为中心。李零教授谈道："复兴子学，才是重归古典。"对于何者为古典，诸子之家数，我们略有不同（详参《三论"新子学"》），但在基本方向上我们是一致的。

需要强调的是，诸子时代的学问包括一般所说的诸子学，也包括术数之学及早期经学。术数之学是三代的大传统，在诸子时代处于底层沉积，后来借助阴阳思潮而兴起，蔚为大观。术数之学是当代学界的一个重要推进方向，对于理解诸子学发展非常关键。此外，在诸子时代，早期经学和子学处于"混溶"之中，还无法区分为两大类型。在"新子学"看来，二者都是诸子时代的思想脉络，同源而异流，要统一起来加以理解，而不是如后世董仲舒、刘歆、班固那样强加区别，妄分尊卑。诸子之学，上承三代传统，而给予消化转型，下探秦汉之制，而给予方向指示。诸子时代是极为重要的文明转型期，如何认识这个时期文明意识的发展，是"新子学"的根本任务。

先秦诸子学的问题意识是什么？我们认为，周文重建之争，也就是关于转型期中国文明的基本形态，是诸子学的问题意识所在。文明的基本形态，是其区别于其他文明的基本特色。如史华慈教授所观察到的，在几个主要的早期文明中，只有中国具有从以往的文明成果中反省当世的视角，这是轴心时代中国独有的文化取向，值得认真思考。与此相类似的，诸如中国宗教传统的缺失，中国文官制度的早熟，中国家族形态的影响，政教关系的特征，对政治与人性之间关系的理解，这些都是重要的文明形态问题，最后往往聚焦于最佳治理模式上。比如，家族的意义，这在诸子时代就是一个核心问题。家族对于政治的利弊影响（家国关系），引发了亲、贤之争。在孔子、孟子那里，仍然坚持维系家族的地位。而在墨子那里则演化为一场抗争风暴，并且对法家有巨大影响，他们都在思考如何摆脱家族的负面影响。诸子围绕着这个问题展开一系列论战，涉及公私、禅让、官制，其对中国文化的影响震荡至今。总之，家族问题作为一个恒久的问题，是中国文化的基本基因，在海外华人社会亦如此。以思想的方式呈现这个问题，最好的领域就在诸子学研究中。与之相类似，如果我们摆脱片段孤立的研究，就可以深入理解早期文明的形态。比如，如果不把握战国后期黄老学、法家的制度化努力，如何理解《周礼》《王制》的制度想象，以及早期帝国体制的形成？如果不把握阴阳思想的发展，怎么理解《吕氏春秋》、伏生《大传》、董仲舒，以及《淮南子》等一系列的思想发展？深入把握先秦时代的文明形态，往往就要承认当时观念与今天流行观念的异质性。在诸子时代，道往往归结为"致治方案"，德则意味着层级性，圣人总包含着精英中心主义倾向，讲内圣外王则往往忽略制度层面。我们需要先承认这些术语的原有意蕴，而不是粗糙而莽撞地急于批判。以上或许不属于"哲学"问题，但却是诸子学问题，需要认真发掘。

关于古典中国最真实的问题，需要在其原初的语境中加以审视。这些问题只有在系统的研究中，才可能被理解，成为我们把握中国文明形态的通道。对中国基本的文明形态做出一个解答，这不就是"新子学"真实的价值吗？这是我们提出"回到先秦去"的理由所在。

三

"新子学"所讨论的回归中国性，并不意味着拒绝西方学术，更不意味着一种自我封闭。"新子学"学者当然要读西方书，要了解西方的问题意识，但是不能把这些作为理解诸子时代思想的前提，而恰恰是要反省头脑中的这些前提。如果可能，我们正是要以古典中国的语言、思维、判断来洗刷现代头脑中的这些前提。我们在《再论"新子学"》中就提到："处理好世界性与中国性的关系。"现代中国的人文研究，事实上总是在一种广义的比较境遇中，现代的问题与方式也总在场。只不过，对于"新子学"而言，这种境遇与在场不再是无须证明的，也不再是优先的，而是需要说明自身合法性的。因而，所谓理解"中国性"，并不是简单地回到古代，找寻古人的"原意"，而是一种归回原点的斗争，一种相互的缠斗。这是一种探索的方向，也可以说是一种学术的分工。其真正的目的是要让诸子自身说话，而不是我们替诸子说话。如果遇到了真实的冲突，也不要先否定古人，而是让其各自发言，这才是诸子精神。"新子学"希望提供的，正是这样一种路径。

2014年我就提出要重视"新子学"研究的综合性，诸子学需要不同学科的学者参与。现在看来，这些还不够，还需要诸子学自身构成综合性的研究平台。以往的研究大多以各子或者各家为对象，像一般的哲学史或者诸子学论著中，都以儒家、墨家、道家、法家等为章节，逐一加以论说，或仅论说诸子个人，如"先秦七子"一类。当代诸子学研究已经有了诸多积累，各种学派研究、重要子家的研究，成果都非常丰硕，即使诸如《鹖冠子》《文子》《鬻子》等典籍也都有可观的研究成果，这是综合性研究的基础。诸子学研究需要会通诸子学各家各派，回环往复地阅读研究，以通盘的视野看待诸子思想，这样才可能做到真正的综合。研究者的学科构成和自身学术结构也需要相应调整、不断更新。学界已有类似的研究，但是所做工作还比较薄弱。一些学者就呼吁做好综合性研究，这和我们的思路是一致的。我们希望能够强化这一方向，以切实推进诸子学研究的范式转换。

在《再论"新子学"》中，我们提道："要平心静气面对古人，回到古代复合多元的语境中，把眼光收回到对原始典籍的精深研究上。"所谓平心静气，当然指一种研究态度，同时也可以解释为：不是心里先存着一个西方范例，然后研究诸子学，而是努力回到"原始语境"，在诸子时代的整体语境中运思。诸子的论争焦点为何，诸家的冲突与融合为何，问题意识又是如何演进的，哪些洞见出现了又消失了，哪些则一直保留下来？这就要求我们阅读与思考时足够审慎，也要足够敏锐。在描述诸子思想时，我们希望使用原有的术语，至少对最关键的术语应如此，哪怕要经过现代语言表述，也不要直接借用西方相关术语，关键术语之间互译是最复杂的比较工作。最后，以寻找原问题与原方法作为研究的归终，这就需要一种通贯整体的把握。毕竟诸子学具有自身的脉络，无法借助另外一套体系加以说明。就研究者素养而言，诸子学研究者的文献意识及思想能力是研究的两翼。文献意识是打开原始语境的必要手段，而思想能力的训练是把握问题的关键。在学科化的当代，这也就意味着要有哲学和文献学的训练。同时，也要能够摆脱这些训练带来的弱点，真正转化为处理诸子学问题的能力。

从提出"新子学"，至今已逾五年。我们在《再论"新子学"》中描述了工作的规划。"新子学"工作包括三个部分：文献，学术史，思想创造。这是逐步深入的研究步骤，也是并进的三个方面。有些学者不太理解文献工作的重要性，我们不认同这种看法。无论哪个时代的文献问题都没有先秦这么突出，中国基本典籍几乎都有非常复杂的文献争议。如何辨别真伪，如何排列次序，如何有效使用，这都需要专门训练。特别是在出土文献频现的当代，没有文献意识，缺乏文献训练，诸子学研究根本无法进行。《子藏》只是我们文献工作的第一步，先秦诸子的真伪与时代辨析还需要不断深化推进。钱穆先生的《先秦诸子系年》是诸子学研究的经典之作，奠定了一个诸子谱系。而随着当代先秦学术史研究的深入，也需要对其做出必要的修正。其他如诸子学研究资料整理，也都有待时贤。同时，学术史研究也是"新子学"重点之一。诸子的学派关系，诸子间的相互影响，诸子思潮流变的轨迹，历代的诸子学演变，这些都需要精研深究。我们已经对先秦诸子的研究情况做了系统梳理，这对于把握诸子的演变是非常必要的。最后是思想研究。当代古典研究最大语境是多元文明，思想研究意味着对有关文明的最一般问题展开讨论，并且在古今的语境中加以比勘，从而得出现代的理解。如此则于当代的生活世界有意义，这才是"新子学"研究最后的落脚点。

当代的古典研究，子学、儒学、经学都呈现生机，而文史哲研究也一直在突破，各种研究处于交错纷争的动态变化中。我在台北"第五届'新子学'国际学术研讨会"上谈道："纵观数千年来世界文化与中国文化之发展，譬犹不同大陆板块之间经由独立漂移转而互相碰撞冲击，原先的矛盾只发生于板块内部，新的矛盾则会从板块内部扩张至板块之间，由单一之个体超越至彼此之关联。百年以来，中西文化之碰撞交流亦复如是……'新子学'正是基于这一认识，试图努力寻求中华民族文化发展的大方向。"我们一再提醒自己，既要观其细，也要观其大，既要通古，也要明今。这是一个艰难又值得付出的事业，唯有黾勉为之而已。感谢持续参与"新子学"讨论的学界朋友，也感谢陆建华教授，让我们有机会整理思路，较为完整地表达自己的意见。

（原载于《光明日报》2018年4月7日第7版。作者单位：华东师范大学先秦诸子研究中心）

推进子学复兴　把握时代走向
——在台湾"第五届'新子学'国际学术研讨会"上的讲演

方　勇

女士们，先生们：

大家好！"第五届'新子学'国际学术研讨会"在台湾顺利召开，对此我感到十分的激动。"新子学"在大陆的探讨已持续了五个年头，这次它被介绍到台湾，受到台湾学者的关注和探讨，这对于它的发展来说无疑标志着进入一个新的阶段。而且本次会议的意义不仅在于其参与者范围的扩大，更在于它探讨深度的增加。莅临会议的台湾学者都是古典学术研究的大家和一时之选，如王邦雄先生、曾昭旭先生、杨祖汉先生、王俊彦先生、赖锡三先生等等，诸位的学术成就有目共睹，而更让我感到敬佩的是，诸位对于中华文化抱有极强的关怀和使命感，这种治学境界无疑把"新子学"的研究推进到更深的层次，将它纳入把握中华文化大方向这个时代话题中。

一、文化转型背景下的"新子学"

"新子学"参与中华文化大方向的选择与构建，这是它的时代契机，也是时代使命，因为现在的我们正处于中华文化的历史转型期中。

　　回顾中华文明史，我们可以发现中华文化有平稳的发展期，也有急速的转型期，一般转型期时间较短，少则百余年，多则两三百年，这种时期会给之后的文化发展确定一个新方向，由此迎来一个平稳的发展期，整个文化朝着这个大方向发展，持续数百年甚至更长，直到下一个转型期出现。具体来看，若从源头说起，我们常说中华文明五千年，但五千年前的历史我们还不清楚，现存的只有黄帝、炎帝等传说和零星的考古成果，但中华民族从蒙昧到开化必然也有一个转型期，黄帝的原型可能就是这个时期做过突出贡献的某个人甚至一类人，只不过这个转型期由于史料缺乏，时间跨度、具体过程都无从考察，我们对它只能付诸阙如。再之后便出现了夏朝，成为中国第一个世袭的王朝，有了较完备的国家形态，夏朝的建立大概是距今四千年左右的事，在这一巨变之前肯定也会有一段转型期作为过渡，传说中的尧、舜、禹似乎恰与此对应，但限于史料的可信度，我们先不妄下论断。夏、商两朝历史绵延极长，在此之间我们没有发现文化剧烈转型的迹象，可以说这是一段平稳的发展期，长达近千年之久。再之后，文化又迎来了转型期，所谓"中国政治与文化之变革，莫剧于殷、周之际"（王国维语），文、武的政治思想，周公的礼乐制度，给中华文化灌注了理性、秩序、人伦等核心精神，这些是贯穿两周八百年文化的主线，即使后期诸子百家的开新也是在这个框架内展开的。东周后期又是文化的新转型期，春秋孔、老及战国诸子是旧文化方向的延伸，也是新文化方向的开创，从他们到董仲舒，漫长的三四百年酝酿着一个巨大的文化转型，之后开创的儒家表面独尊、百家内在共生的文化方向让中华文明又前进了一千年，为世界贡献了汉唐盛世。这一转型期酝酿的时间长，影响也久远，之后一千多年的文化基本都是沿此方向而前进的，期间稍有波动（如魏晋玄学思潮）也只是内部的调整。直到宋代，文化才再次发生较大转向，理学面对三教合流的大趋势及"唐宋变革"的大背景，又进一步开新，鹅湖之会等盛事成了这一转型期的标志，由此形成的文化新方向又开出了中国另一个千年的局面，余波绵延至今。

总体来看，中国文化的演进经历着发展期和转型期的交替，一个转型期结合一个发展期形成一个千年左右的周期，几个周期相结合便形成了中国几千年的文明史。

显而易见，在几次转型期之后，最近一百年我们又面临着新的转型期，时代在呼唤中华文化的新方向。这一次文化转型相比前几次，其节奏更急迫，其力度更迅猛，因为这次转型不仅是内部驱动，更有外部冲击。当时西方文化强势进入中国，与古老的东方文明正面碰撞，我们引以为傲的文明首次受到如此大的冲击。地理学中有大陆漂移和板块碰撞的理论，亦可以之比喻近百年世界与中国在文化格局上的巨变。最初，我们这个文明"板块"被撞得地动山摇，我们完全丧失信心，全面投向西方，历史虚无主义的阴霾弥漫，现在我们稍微缓了过来，开始关注传统，最明显的是国学、儒学的复兴，但就像百年前一样，现在的儒学能否应对现代的现实，仍是一个问题。所以未来文化的方向到底在哪儿，尚是一个难题。而这道题的难度远高于前几次转型期的挑战，因为它涉及了古今形势的变迁、中外文化的碰撞、新旧观念的更迭等复杂的因素。面对这种局面，仅仅是走别人的路（全面投向西方），或仅仅是走以前的路（完全依靠儒学），必然都是行不通的，很难成为以后中国文化的大方向。这就需要我们回顾历史，从中发掘新的资源来应对现实，因为分析前几次的文化转型经验可知，每一次的文化开新，都离不开对之前文化传统的继承转化：周公制礼作乐是依靠"监于二代"故能"郁郁乎文"；从孔子到董仲舒之间的周汉诸子则又扬弃周文，参研夏政、商政，甚至远溯尧、舜、炎、黄，各取其用，形成纷呈的百家思想，并聚成洪流，开辟文化新途；再到理学，更是在重释孔孟的基础上，又贯连尧、舜、禹、汤、文、武、周公，形成一脉的道统。这启示处在转型期的我们，想寻找一种能应对当前节点的传统文化资源，必然要保证它有着涵括之前几次文化转型的气魄与内涵。这时我们自然会把目光落到先秦诸子身上，上文介绍到他们在文化转型方面的特殊功绩，他们的探索左右着之后的文化走向，并吸收了之前炎、黄、尧、舜、汤、武、周公的文化精华，又充当了之后理学创造的思想源头，这充分体现了其文化枢纽的地位，雅斯贝斯将此阶段称为"轴心时代"毫不为过。所以，先秦诸子的宝贵精神财富正等待着我们去发掘，子学正等待着我们去振兴，这是我们面对文化转型期、选择文化方向时的一个重要机遇，将引导我们走向一条新路。

但找到这一资源后，很难将它直接应用到现实，就像之前文化转型的实践一样，它们对传统不仅是继承，更有转化，转化意味着一场文化运动、思想运动。在之前几次转型中，时代总会催生出相关文化运动来承载文化转型的诉求与尝试，单纯的思辨改变不了文化方向，运动才是影响现实的最直接方式。"新子学"从本质上来说就是一场文化运动，是一种社会思潮。如同唐宋时要复兴古文而有古文运动一样，当代要复兴子学，便有了"新子学"这一运动。"运动"不能局限于对文本的简单因袭，所以我们"新子学"面对现实时，并不是简单地摘引某部子书中的语句对现实问题指手画脚、乱出主意，"新子学"是在回顾历代"子学现象"之后，涤除玄览、总结提炼而形成的一种理念，不是直接拿来"断案"的，古人有用《春秋》来断案的，但"新子学"不打算这样做。"新子学"提倡一种开放多元的"子学精神"，这是经过整合而得来的总的精神，而不是说某一家的具体说法可以直接拿来用。能直接拿来用的东西只能应对暂时，只有形成总的精神才能应对文化方向的大问题，达到"执古之道，以御今之有"的境界。所以在目前"新子学"研究中，它的概念没有太多框限，思路也比较多元，并没有所谓的标准定义和原理。专就我们宣导"新子学"的历程来看,刚开始的《"新子学"构想》是比较笼统的、概念性的、口号性的,到了《再论"新子学"》《三论"新子学"》之后,则逐渐具体化,每篇侧重于某一具体方面展开论述。可见,"新子学"研究从总括到具体之间需要一个细化的过程,而这个过程会较漫长,现在还只是打下基础,之后四论"新子学"、五论"新子学"还要论下去,目前许多基本的观点还没有表述完。当"新子学"发展成熟后,学界内部会再进行第二轮消化,就像孔子之后有孟子发展,老子之后有庄子发展,当孔孟、老庄定型为儒、道后,后人便可以更自由地发挥,"新子学"的思想体系经过几轮完善而确定之后,后人也可以自由地发挥,而现在"新子学"所表达的仍只是部分的观念,之后还有待进一步完善和定型。当这种理论定型之后,它为中国文化指出的大方向也大致明晰了,这可能会像董仲舒、朱熹所开出的路一样,沿着它走一千年而不会有太大的方向调整,现在我们探讨"新子学"进行的正是这方面的工作。另外,我还申请了"'新子学'与中华文化重构"这个国家社科项目,就是要对"新子学"的探讨做跟进、总结,来反映它在中华文化重构与方向选择进程中的参与情况与贡献,各位的探索成果都会归纳其中,为后人留下一份历史档案。

二、"新子学"与中华文化深层意识与整体格局

"新子学"要探讨中国文化的方向,意味着它要对旧有文化的深层意识进行调整。比如,"经学思维"就是它所着力纠正的。在传统学术和文化中,"经"占有重要地位,它的价值自然不可否认,但它衍生的一些弊端也不容忽视,最明显的表现就是它影响了人们深层思维,使人们对权威过于崇拜,甚至盲从。经学思维两千年来渗透到社

会各个方面，影响到每个人的思维，很多东西神圣不容争议。经中的一些"常道""圣人之言"自然是合理的，值得我们尊敬，但历代统治者和经师常依据自己的利益将一些个人观念与之比附甚至扭曲经义，必须说这是对我们思想的禁锢和荼毒。更甚者，人们对经的崇拜又延伸至其他领域，形成对其他权威的崇拜，形成了凡古皆好、尊者皆是等潜意识，至今仍根植于我们传统文化的深层结构当中。今天，我们"新子学"提出多元、平等、自由的"子学精神"，就是为了对治人们固有的经学思维，让人们用一种多元的心态包容差异，用一种平等的眼光看待万物，放弃原来高下之分、主从之别等固有观念，心中不再有一个高高在上的权威统摄，而是能像诸子一样独立思考。

在调整这种深层意识的基础上，"新子学"还关注之后文化的整体格局。尤其是当前传统文化崛起，在当代中国文化中的比重越来越大，如何把握传统文化自身的结构，其实关涉到整个文化格局的建构。一些学者强调传统文化中儒学独尊，并希望将此拓展到当代的文化格局中，这是"新子学"所反对的。"新子学"通过对于思想史、学术史的梳理，力图重现历史上多元的学术思想图景，论证传统文化多元复合的结构。我们认为，只有将儒学放置在百家的位置上而不是祭于独尊的神坛上，才更接近儒学原貌，更能激发它面对现代社会时的活力。这样说并不是否定儒学的价值，实际上，儒学在诸子百家中是很重要的一支，在现代生活中，对于规范人们的行为，特别是伦理道德的问题，具有无可替代的作用，大概是其他诸子不能替代的。但在政治上表现为为尊者讳、明显的上下等级观、不能自由讨论，则不利于现在的政治建设。其他在商业方面，有人会认为儒商有问题，因为儒学本来鄙视商业，不给商业一个恰当的名分，也没有什么经商的理论，而在诸子中如《管子》，反而有很好的商业理论。现在是商业时代，按照儒学的思想，可能会出现一些问题。改革开放之后，大陆有温州模式，利用一家人或者有血缘关系者经营，会有起初的发展。

其后，则要打破血缘关系，更强调效率与公平，引入其他的思想，才能再上一个台阶。所以现在有人提出了"子商"的观念。当前恢复传统文化，应对现代社会，不应当只提儒家一家，还要发掘子学资源。所以，下面我尝试以儒、墨、道、法四家为基础，从道德体系、政治的公共性和社会活力三个方面对这四家的价值进行分析。

关于道德体系，儒家着力于周文重建，文明秩序是其思考的中心，汉唐儒者正是在此意义上发挥了儒学真意。儒家关注现实道德秩序，道家则以形上学思想为特征，后世如《抱朴子》、《刘子》、阮孝绪等对于这样的结构看得很清楚，皆以道家为本，儒家为末。今天来看，儒家虽然不必保留其整体的结构，伦理与政治的联系应该消解，不过其在一般伦理生活中可以起到正面作用，这是和中国社会的特点相关的。中国社会需要儒学，需要基本的价值体系，儒家关于人性、关于家庭、关于社会责任的思考，都是宝贵的资源，对于社会共同体建设意义非凡。因而，儒学进入教育体系，通过基本文化观念教育，渗透入社会之中，这是必要的。但是，有些学者提出把儒学再次经学化，儒学再次政治化，意识形态化，则是不可取的。儒学作为政府教化的基本体系，通过权力运作来向全社会覆盖，这在当代是很不现实的。古代政府用行政强制手段推行教化的模式不适应于当今国家的治理，政府在坚持基本原则的前提下，对于民众中存在的多元价值观应客观地正视，则会消解很多由此产生的纷争。总之，把儒学界定为社会基本伦理秩序的支撑，这当是对诸子时代儒学的一个继承。

再谈一下政治的公共性。诸子时代的论争，墨家、法家最早提倡的周文革新，往往集中在政治的公共性上。"尚贤"，"天下乃天下人之天下"，包括"天下为公"，根本上是亲、贤之争，是内外之争，即权力是局限于血缘集团内部，还是开放于全体民众，这是诸子时代的一个思想主线。这些思想在《墨子》《尸子》《唐虞之道》《庄子》

《吕览》《六韬》《礼记》等著作中都涉及了，并且在战国和西汉影响到实际的政治运作，而中国的文官制度就是在此背景下逐步酝酿产生的。不过，汉代之后，最高集团内部仍旧无法排除血缘原则，于是家庭伦理就一直伴随着政治伦理，如何制度化地处理公共性问题，也就是皇帝和政权开放的冲突，一直无法解决。后世儒家最大的病灶，是一切跟着人伦走，随着身份走，只能讲差序，不能讲是非，故而无法真正处理公共性要求。明末清初儒者大力批判君主一家之私，正是面临这样的困局。随着辛亥革命，皇帝作为制度被废除，政治伦理与家庭伦理开始真正分离。于是先秦时代的理论困局初步解决，讨论政治的公共性不必拘泥于儒家伦理。今天，儒学必须从政治领域退出，而保留在社会领域。而政治领域中，"贤者居其位"的命题，"天下非一人之天下"之说，墨子、荀子皆隐晦其辞的天子禅代问题，则可以在理论上和制度上继续发展。今天有机会继承先秦时代政治公共性的思想，发挥墨家、法家、儒家激进派之说，把这一问题做一个更深入的解决。

另外，先秦时代对于文明建构极为重要的一个洞见，就是要关注社会的活力，这对当代来说非常关键。道家肯定一个"不承诺确定性"的自发秩序，重要的不是去做什么，而是不去破坏，不去压制。王弼在注解《老子》时说"不禁其性，不塞其源"，这是非常精到的。依据道家的原理，最好的文明形态，应该是最自然的。《道德经》评析诸种形态，以"太上不知有之"为第一等，因为好的治理就是合乎个人和社会的要求的，而不是外在的。反而是刻意表达出某种价值意涵的治理是次等的，也就是"亲之誉之"之治——不管以儒家、基督教还是伊斯兰教为教义。治理的标准不在治理者那里，而在被治理者那里，故而要减少对社会的干扰。文明本来就是设计各种管制，各大文明传统皆如此。道家则反向思考，强调宽松与包容的意义，提倡放开管制，使得上下如流水，即各种政教行为都要从整体的内在脉络中寻找依据，因任自然，而不是凭借治理者的意愿、构想。推而言之，国家在价值领域的作用，要保持谨慎。价值观需要教育潜移默化地渗入人心，很难用行政手段推行。故而，我们并不需要在基本伦理生活之外建构一个天理一样的教化系统，而是留一片空间给每个人。道家洞察到呵护活力之于治理的重要性，但是在传统时代里，如何建立一个异于礼乐文明的道家型制度，道家一直无法解答。魏晋时代王弼、郭象有所思考，也仍依托儒家框架。直到晚清，中国思想接触到了西方，这一问题才有新的发展（如严复之相关论述）。今天，一种"道家模式"是否可能？这当是一个需要思考的问题。

以上用儒、墨、道、法四家对应了三类当下人们比较关注的问题，这些都是涉及中国文化方向的关键性问题，四家在应对这些问题时体现出了各自的独特价值，这昭示着四家在未来文化格局中都应该有着属于自己的位置，而且相互之间应该是平等的、互动的，任何一种"独尊"的情况都要避免。其实，这四家作为诸子百家的代表，他们之间的平等共存也就意味着百家争鸣的"子学现象"在当今的重现，未来的文化格局也当以此为期盼，未来中国文化的大方向也当以此为指导。

三、"新子学"引导子学研究转型

我们刚开始谈了文化转型期中的"新子学"，接着又从深层意识和整体格局两方面说明了"新子学"对文化新方向的具体期待，最后我们要从学术层面探讨"新子学"的开新，"新子学"若要探讨中国文化新方向，这将是一个更基础、更现实的环节。所谓"更基础"，是指学术作为一个文明中智慧的结晶，它承载着文明向前发展的原动力，学术的建设对于推动之后的文化运动、社会思潮有着基础性意义。所谓"更现实",是因为目前"新子学"的参与者主要是学界同仁,如何能围绕子学形成一个新的学术共同体与学术范式,对于我们来说是个更现实、更切身的问题。

关于这些学术方面的工作,我很早就开始做准备,可以说,它是我治学历程的一条主线:1999年7月我从北京大学中文系博士后流动站出站来到华东师范大学工作,开始以《庄子》研究为主,在此过程中我逐渐发现诸子学近现代不断上升的趋势,于是将自己的研究领域扩展至整个诸子学的研究;2006年整合华东师大诸院系的诸子学研究力量创办了先秦诸子研究中心;2007年创办了《诸子学刊》,成为海内外诸子学研究交流互动的重要平台;2010年启动了《子藏》编纂工程,收书5000种左右,已经发布了三批成果,并在近年筹备"中国诸子学会""中国庄子学会",等待最后的审批。这些是基础性的工作,为诸子学的发展在人才、文献等方面奠定了基础,先秦诸子研究中心在诸子学界的互动中也逐渐发挥着枢纽的作用。这个过程也让我认识到,诸子学作为一个整体、独立的概念已经慢慢浮现,不再是原来那种隐含、附庸的状态。在2012年4月的学术研讨会上,我提出了"为全面复兴诸子学而奋斗"这个口号,得到了学界广泛认可。在这些基础上,才有了之后我在《光明日报》上刊发的《"新子学"构想》《再论"新子学"》《三论"新子学"》系列文章,以及学者们在各类知名刊物上刊发的200余篇"新子学"研究论文。

可见,"新子学"不是凭空冒出来的,它有着充分的前期铺垫。大家现在只看到了"新子学"2012-2017年这五年的发展,其实它还有2006-2012年这五六年的酝酿,甚至还包括之前十几年我对诸子学思想一贯的体悟和思考。在这个过程中,我做的许多工作,比如上边提到的创立先秦诸子研究中心、创办《诸子学刊》、启动《子藏》工程、筹办诸子学会等,其他还包括培养诸子学领域博士生、举办诸子学国际会议等,它们作为成系列的学术活动,是推动"新子学"发展的基础性力量，甚至可以说，它们共同构成了我们诸子学事业的完善体系。在这个体系中，"新子学"是理论核心，其他各部分相互促进、相互补充，围绕着这一核心共同进步发展。下面有必要对这种关系做一下具体分析。

2006年成立的先秦诸子研究中心是一个具有相当实力的学术研究机构，有一个较大的研究团队。我们的研究成员有的擅长文献，有的擅长理论，兼顾了诸子学研究的各个方面。这个研究中心在之后我们举办各类学术活动时发挥了支点作用，负责联系各方人员、协调各种事宜，在全国的诸子学研究领域都发挥着重要作用，正在成为该领域的一个枢纽。"新子学"的发展离不开这块坚硬的基石，而它也因为"新子学"而有了更广阔的发展空间和更重要的文化使命，两者虚实相生，相得益彰。我相信先秦诸子研究中心未来的前景还会更广阔，当前华东师范大学进入了双一流学校，将重点扶持一些比较拔尖的学科，先秦诸子研究中心也被纳入了计划中，这将是我们中心发展的新一轮机遇。而它的发展更能进一步推进"新子学"的探讨，为诸子学界同仁的探索提供一个更广阔、更优质的平台。

如果说先秦诸子研究中心是正规军的话，我手下还有一大批"预备部队"，每年我大约招收两名博士生、三名硕士生，在校学生人数大概维持在20人左右，另外还有在站的博士后。统计了一下，至今我已招收过40名博士生和博士后，同时招收过50名硕士生，他们以不同方式参与了我们这个团队的学术活动，而且他们的潜在整体发展能量将会相当强大，将是推动"新子学"发展、实现诸子学全面复兴的重要力量之一。

但诸子学的发展还需要更大的平台，仅凭我们自己努力是不够的，整合学界的诸子学研究力量是个迫在眉睫的任务。基于这个考虑，我们在2007年创办了《诸子学刊》，希望把它打造成海内外诸子学研究交流的平台。从目前来看，这个目标基本上是达到了，《诸子学刊》是现在海内外唯一一本专门的诸子学研究刊物，它涵盖诸子百家研究，包罗文史哲各界，真正是以子学为中心，来萃聚各类优秀研究成果。这种理念打破了学科分类，凸显了子学的整体性与主体性，已经可以看作"新子学"的先声。而且在编辑刊物的过程中，我们密切了与诸子学界学者的联系，让学界的力量更加凝聚，这为之后号召学者加入"新子学"的讨论作了充分的铺垫。而到了"新子学"理念提出来后，《诸子学刊》更是成了展示"新子学"最新研究成果的重要平台，它大概每年两辑，现在已经出到第十四辑，其中有两辑是"新子学"专刊，专门刊登了"新子学"的研究文章，其他几辑也是择优选登，很全面地反映了"新子学"的研究成果。当然，除了《诸子学刊》，还有很多知名刊物也是刊登"新子学"研究成果的重要平台，比如《光明日报》《探索与争鸣》《河北学刊》《中州学刊》《江淮论坛》《人文杂志》《艺术百家》《集美大学学报》等刊物都提供了很大支援，在此也表示感谢。经过五年的时间，"新子学"已经有了200多篇研究文章，之后还会保持发展势头，《诸子学刊》会为此提供更多的支援。尤其是在2017年它进入了CSSCI来源刊物的系列，得到了学界进一步认可，随着自身实力的增强，它为"新子学"提供的支援力度无疑会更大。在《诸子学刊》之外，我还策划了"诸子研究丛书"和各种系列的诸子普及读物。前者是萃取当前学界优秀的诸子学研究著作，将这些前沿成果统一格式出版。后者则是面向大众，将历代子学的精华加上注译和评论呈现给读者，这些书籍都是由北京商务印书馆等知名出版社出版，在大众读者群中产生了很大影响，有些书籍已经出售了10万余册。总之，这些刊物和书籍的编纂策划工作，为学者交流提供了一个平台，也为大众了解子学提供了一个平台，而且这些平台都已趋向常规化、稳定化，必然为"新子学"的发展提供源源不断的支援。

除了打造《诸子学刊》等常规化的平台外，我们研究中心及其他合作单位还举办了多次以诸子学为主题的国际学术研讨会，以促进学界彼此间更充分的交流。原来学界内研究诸子，大多是一人专攻一家，相互之间很少来往，甚至研究同一家的学者也没有太多见面交流的机会。我们举办会议，就是为了打通诸子研究方面的隔阂，先让学者有切磋交流的机会，然后在此基础上形成共同的意识，进而锁定子学发展的大方向。这些努力自然会促使子学发展出整体、独立的学术形态，"新子学"自然有了发育的温床。像我在2012年学术会议上提出"全面复兴诸子学"的口号，得到与会者的一致回应，这便成为了半年后推出《"新子学"构想》的先声。而在"新子学"理念提出后，学界讨论的热情更是高涨，我们便顺应形势举办了好几次"新子学"研讨会，其中有大型的国际研讨会，也有小型的高端论坛，每年大概保持在两三场的频次，而像"新子学"国际学术研讨会到这次已经是第五届。相应地，每次会议都会形成新的议题，探索出新的成果，呈现出新的特点，把"新子学"的研究再向前推进一步。

在这些学术工作的基础上，我们酝酿着更大的学术工程——《子藏》编纂工程。2010年启动的《子藏》编纂工程力求全面搜集整理中国历史上与诸子学相关的文献资料，它是一项超大型的学术工程，对中国文化发展的意义更是不言而喻。《子藏》编纂工程的运行为诸子学的全面复兴提供了文献材料的基础，重要理论的产生常需要空前的文献梳理工作，这是中国学术的一大规律。从先秦开始，孔子创立儒家思想便是配合着整理六经而进行的，直到现代，胡适先生等推行白话文运动也是伴随着民间歌谣征集来展开，这些前人未做过的文献工作常常预示着一种全新的思想将要提出，《子藏》和"新子学"之间同样有这种关系。首先，《子藏》为我们展示了中国历史上子学资源惊人的规模，它的收书量将超过《四库全书》，这无疑为我们复兴诸子学、探索"新子学"提供了文化自信。更重要的是，《子藏》将古代、近现代的子学资源做了最大限度的开发,展现了古人智慧的结晶,我们畅游其中,自然会有理论的创获,我们伫立其上,自然会看到更远的方向。"新子学"的发展需要这些深厚的底蕴作支撑,正如《庄子》中的那段话:"风之积也不厚,则其负大翼也无力。故九万里,则风斯在下矣,而后乃今培风;背负青天而莫之夭阏者,而后乃今将图南"。《子藏》就是这股大风,"新子学"就是这只大鹏,两种文化巨物际会,交响出时代的壮阔篇章。

如果把当代诸子学复兴事业看作一台电脑,那么上面做的这些具体学术工作可以称为它的"硬件",而"新子学"的理论探讨则可以被看作它的"软件"。硬件用来支持软件的运行,这些围绕诸子学展开的学术工作也是共同致力于开创出子学研究的新形态——"新子学"。在这层意义上,"新子学"也可以被视为诸子学研究的范式革新、思路调整与学术主体性的构建。子学之所以要求新,是因为旧的研究存在着问题:首先,在传统国学体系中,子学有着重要地位,但不可否认,人们一直有着"经尊子卑"的偏见,甚至把子学视为经学的附庸,之后理学道统观念形成,更是把诸子视为异端。其次,随着时代的发展,子部也偏离了原初诸子学思想著作的定位,成了各类知识的杂集,基本上难以划入其他三部的内容都摊给了子部。这些观点和看法都让子学的本性和特性被掩盖,使子学一直在一种无自我意识的状态下发展。另外,到了近代"西学东渐",诸子学在迎接西学方面体现了巨大优势,在应对时变、救亡图存方面也体现了巨大潜力,所以诸子学得到了一个短暂发展高峰,但之后,随着西方学科体系的引入,诸子学又被西方的哲学、史学、文学、政治学、社会学等学科所割裂,自身沦为各科学术研究的材料,未能发展出自己的概念体系和研究方法,自我意识更是无从谈起。

那么我们现在发展"新子学",就是要给子学找回自我意识,凸显出子学的"子"性,从而形成身份独立、定位明确、形态完整的子学研究新形态。当然，这种形态不是一蹴而就的，当下我们要为它做铺垫，就要对治上述基本的学术问题：第一，梳理学术史，重现先秦经子平等的原初状态，及儒家与各家共同发展的多元图景，祛除子学被强加的附庸和异端之性；第二，抓住诸子本质，将子学的思想性突出，让子学之"子"回归先秦诸子百家之子，摆脱子学在后世形成的冗杂之态；第三，整合子学研究，力图给诸子学找到当代学科体系下的定位，这是一个更漫长的探索，可以在诸子学研究的跨学科化和诸子学自身的学科化两方面并进，但最核心的原则是在研究时能回到先秦整体的语境中，警惕西方现代学科研究思路对它的割裂，避免在当下出现的破碎之憾。这些是我们关于"新子学"在学术层面展开的一些初步规划，限于时间问题，不能详细阐释。

  总之，归纳以上三方面，可以发现它们有一个共同的意识，就是"回到先秦去"，先秦是子学的本营，只有返本，才能开新。那么，我们可以觉察到，这个思路和我们开头讲到的回顾先秦诸子应对文化转型的理念是如此暗合，我们此处的尾声似乎又回到了开头，最精微、最基础的学术问题似乎又和最宏大、最高远的文化问题联系起来，整个过程仿佛是一次循环。这反映了"新子学"在学术层面和文化层面是相融通的，它整个内部的体系是浑融自洽的。回顾过去五年我们推动"新子学"的努力，其实所瞄准的就是这两个方面，能意识到高远的文化方向，又展开基础的学术工作，两方面结合，才是我们"新子学"事业的全部。有些人只看到了我们办刊办会、撰文撰书、做项目、带学生，以为这只是热闹一下，却不知它们有着长远的文化价值。有些人只看到了我们探讨未来文化问题，以为这只是几句口号，却不知这背后有着十几年的经营、几十人的团队合作、数百学者的参与，基础的学术工作从未缺席。有些人老是感觉"新子学"没拿出辅助当前国家治理的具体对策，没对政、经、法等领域产生具体影响，殊不知上述两方面展开后，这一切都是自然而有的效果，我们不做帝王师，我们看着更远的方向，并为之展开更基础的工作。做个比喻，我们对"新子学"的探索可以被看做黑夜森林里的行路，如果要在这种黑暗中摸索，两个事物最重要，一个是头上的北极星，一个是手里的手电筒，那么在我们事业中，文化大方向便是北极星，基础学术工作则是手电筒，一个挂在天上帮助指引方向，一个照在地上帮助踏准脚步。其实做大事的要素无非这两个，找对方向，迈稳脚步，至于其他的成就，就像前进道路上的宝藏一样，走下去自然会获得。

  以上我就"新子学"和中华文化大方向的问题展开了论述，从文化转型期的大背景讲起，又谈到了调整文化深层意识和整体格局这一具体层面，最后探讨了更基础的学术工作，其中很多想法是经历了长久思考、探索而得出，也有很多话是有感此次会议而发。这次会议几位新儒家名家与"新子学"做了充分的互动，有观点的碰撞，更有理念的融合，实如王俊彦先生所说，这是当代的"鹅湖之会"，它引领着未来新一轮文化转型期的探索，为今后对文化方向的更深入讨论拉开序幕。回顾中华文明的发展史，有理由相信当今的我们正处于一个承前启后的关键历史阶段。先秦诸子所属的春秋战国是天崩地裂的时代，而自晚清以来，我们在政治文化等各领域所经历的动荡与革新实则更甚于斯。纵观数千年来世界文化与中国文化之发展，譬犹不同大陆板块之间经由独立漂移转而互相碰撞冲击，原先的矛盾只发生于板块内部，新的矛盾则会从板块内部扩张至板块之间，由单一之个体超越至彼此之关联。百年以来，中西文化之碰撞交流亦复如是。初始，西方文化及观念伴随着乱世之战强势进入中国，异质文明在引起震撼的同时，也给国人带来了无所适从的茫然。时至今日，随着我国政治经济实力的不断加强，我们已有能力也应该重新思考中华民族文化发展的大方向了。"新子学"正是基于这一认识，试图努力寻求中华民族文化发展的大方向，祈愿各家各派抛弃前嫌与门户之见，一同投入到这场超越学术本身的伟大事业中来，为推进新一轮中华民族文化发展的宏伟事业共同努力！

我的发言就到这里，谢谢大家！

（本文由张耀据 2017 年 10 月 27 日在台湾举办的"第五届'新子学'国际学术研讨会"及其延伸对话的录音整理而成）

（原载于《诸子学刊》第十八辑。作者单位：华东师范大学先秦诸子研究中心）

"新子学"五年回顾

方 勇 张 耀

"一代有一代之文学",同样,一代也应有一代之学术。21世纪是一个万象更新的时代,那这个新时代又能留下什么新的学术让后人们研究呢?如果若干年后的人们在审视我们这个时代时却找不到一种具有时代精神的学术来与之匹配,这将是多么悲哀的一件事!

理论创造是一个时代任务!

可喜的是,在我们这个思想活跃的时代,各种理论层出不穷。在当代肥沃的思想原野上,已经形成了一片茂密的理论丛林。

于2012年10月提出的"新子学",可以说是这片丛林中正在茁壮成长的一棵新生命。一晃5年快过去了,这一理论在学术界得到了广泛讨论,形成了相关文章200余篇,促成了数次研讨会议,它自身的发展的确如树木一般经历了从微小到参天的巨大变化。本文将回顾这一段探索历程,以期为该理论的深化提供更多的参考。

一、概 述

依照研究者各时期所关注焦点的变迁,学界对"新子学"的研究历程可分成四个阶段进行梳理。

在详细介绍各阶段之前，笔者需要说明一个关于理论的比喻，以便更形象地描述"新子学"的发展历程。笔者认为，一种理论可以被比喻成一棵树木：关于它本身的概念、范畴、定位等基本界定要素相当于一棵树木底部的根基。而它内含的核心思想及由此生发的一系列理念主张和以之构成的体系，则对应着一棵树木中部的主干。由上述主体思想向各维度扩展，与各领域问题交叉所产生的各种新思考与探索，则可视为一棵树木顶部的各段分枝。此外，一个理论所具有的价值和意义则可喻为树的叶子，它们都是生命力的标志。当然，所谓"意义"都是从理论、抽象层面上来说的（即多由学者阐述而来），与之相对应的是在实际、现实层面一个理论到底产生多大的"影响"（即在大众中的接受广度和深度），这种影响和接受则可借由树木的花朵来譬喻，一个理论的传播正如一棵树的开花一般，既散播了花粉、延续了生命，又展示了自身形象、深入人们的心中。如果一个理论的确产生了深远影响，那现实中必然会有这一理论指导下的实践，这种实践则可喻为树木结出的果实，果实中孕育着新的思想种子，在适当的时机和条件下它又会萌芽出新的生命，这正如理论指导着实践，实践中的新问题又会产生新的理论。

"新子学"作为一种新提出的理论，正如一棵新生的树木，它的发展历程也类似小树的发育过程，在不同阶段呈现的形态不同，重点发育的部位也不同。下面将依次介绍它产生和发展的四个阶段，包括孕育期的阶段和生长期的三个阶段。

二、种子阶段：孕育"新子学"的条件和背景

最初，"新子学"只是一颗思想的种子，它来自于子学这棵千年古木上，是什么让它萌芽成长为一个新生命？这是我们回顾"新子

学"研究历程首先要思考的问题。众所周知，一颗种子的成活需要适宜的土壤和阳光，"新子学"的产生也可以从这两方面解释。

  一方面，当前学术界的相关实践为孕育"新子学"提供了温床。在当前的中国学界，国学正呈现强势的复兴势头，而作为国学主干之一的子学，在这个过程中则发挥着先锋的作用。子学中的主干是先秦诸子之学，它作为中国思想文化的一大源头，在当代尤其被人所重视。不同于其他学术思想门类经历了大起大落的命运，从晚清到现在的百年之间，诸子学一直呈现稳步上升态势，这说明了它对当代世界的极强适应性与其发展的无限潜力①。目前学术界研究诸子学的成果可谓日新月异，相比一百多年前的边缘地位，现在的诸子学已成为一门显学。研究的深入促进了理念的革新，学者开始关注起如何将诸子学研究从西方学科分类体系中解放出来，树立它自身的主体性，进而超越纯学术范畴，复子学本原形态。为实现这一目标，自然需要一套理论来作为支撑与指导。但新理论的创造却很困难，因为它要求学界的共同努力、集体智慧，还要求研究成果的累积沉淀、整合重构，绝非一两位学者的一两篇论文就能完成。

  近几年启动的"子藏"工程为诸子学界创新理论提供了一个契机，该工程由华东师范大学先秦诸子研究中心整合各方力量进行运作，作为超大型学术工程，它旨在对之前的子学文献进行全面搜集整

---

①　比如在晚清和诸子学一同复兴的古学还有公羊学，可谓风靡一时，但它作为政治儒学的核心在当代却饱受争议。而侧重于心性的新儒家人物，他们的思想的传播在大陆有过中断期，未能将其影响发挥到极致。这两者的命运都可谓坎坷。另外，就算是代表现代中国发展方向的新文化运动，也因为"批孔"的极端主张而受到当代人的怀疑，更遑论自由主义、国家主义等阶段性的思潮，它们都随社会浪潮而沉浮，更是有着刍狗的坎坷命运。相比之下，诸子学作为思想学说的一种门类，其发展一直呈上升态势，对各种社会浪潮都体现出适应性，贡献着智慧力。

理，它的启动在当代诸子学发展历程上有重大意义，由之形成的系统化诸子学材料无疑能为诸子学研究提供更坚实的文献支援，它不仅是诸子学全面复兴的标志，更是诸子学再开新篇的基础。笔者作为该项目的负责人，不仅将其视为学术工程，更看到了它的文化使命。它不单纯是文献的搜集工作，更意味着子学的复兴与开新，所以笔者在运作该工程的同时，又积极开展相关项目，如创办《诸子学刊》、主办"诸子学"学术研讨会、策划"诸子研究丛书"等工作，这些努力结合着"子藏"工程使诸子学界学者得到凝聚，大家有了一个共同的平台和目标，彼此之间的认同与共识也越来越多，诸子学界逐渐作为一个整体力量出现在当代学术格局中。综上，有了物的积累，又有了人的凝聚，如同土壤中养料和水分都积聚充足，"新子学"这颗思想的种子便有了生长的契机。

另一方面，当今时代的风气为孕育"新子学"营造了温室。中国文化在近现代经历了坎坷的过程，而在当代则迎来了一个前所未有的繁荣期。尤其是在经济取得进步的背景下，国人更加注重精神文化领域的发展。在学界中，学者们的思想也十分活跃，古今中外的思想轮番上阵，各种新理论层出不穷，纷纷争夺时代话语权。多元创新已成为思想界的一大共识，各种有新意、有特点的理论都可以被提出、被推广——总之，当代的中国迎来了一个理论的春天。同时，这又是一个充满危机和挑战的时代，各种前所未有的问题正在向我们袭来，冲击着大众心灵，也考验着学者的智慧。这种多元而又有挑战的时代，很容易让我们联想到诞生了诸子之学的春秋战国时期，那么诸子能给我们提供什么智慧来应对这一时代，这种智慧又将如何转化？我们能给出的答案自然是"创新子学"，这既适应了当代理论界多元趋势，又应对了当代充满挑战的现实。总之，多元带来的动力，挑战带来的压力，都如同阳光一样为种子带来了充足的热量，保障了"新子学"顺利萌芽。

在2012年4月举办的"先秦诸子暨《子藏》学术研讨会"上，笔者提出了"全面复兴诸子学"的口号，得到了专家们的一致肯定和热烈反响，引发了许多深化的讨论。那么，由上文可知，这一口号不是毫无来由的，它有上述时机和准备作铺垫。并且，因下文可见，这一口号亦非为暂时鼓气而喊，它拉开了之后一出出大戏的帷幕，"新子学"将登上历史的舞台。

三、第一阶段：萌芽破土、固本培基

基于上述契机，又结合之前众人的相关探讨，笔者在2012年10月22日的《光明日报》"国学版"上发表《"新子学"构想》一文，正式提出了"新子学"理念。这一理念提出后，得到了不少学者的回应，在2012和2013两年中，学界陆续召开了3次以"新子学"为主题的学术研讨会：2012年10月27日，华东师范大学先秦诸子研究中心组织召开了"'新子学'学术研讨会"；2012年12月1日，上海大学新闻理论研究中心与银川市《黄河文学》杂志社联合主办"新媒体时代民族文化传承——现代文化学者视野中的'新子学'研讨会"；2013年4月12日至4月14日，华东师范大学先秦诸子研究中心主办"'新子学'国际学术研讨会"，来自中国大陆（内地）和港、澳、台地区，以及韩国、日本、新加坡等国家的学者共130多人参会。由于大量学者积极的参与，这两年中形成的相关文章已达83篇之多（其中报刊上发表的学术论文64篇[1]，整理发表的会议发言2篇，会议综述及报道17篇），之后，这些文章基本上都被收录进了

---

[1] "'新子学'国际学术研讨会"中会议论文有少部分发表在2014年的期刊中，亦将其归入2013年的文章，特此说明。

《"新子学"论集（一辑）》一书中。

总体来看，因为处于理论的初创阶段，这一时期形成的文章在讨论"新子学"时多着力于界定其概念、确定它在学术格局中所处之位置、厘清它与其他学问学说之间的关系，可见此时学界探讨的焦点在于"新子学"的一些基础性问题，基于这种共通性，笔者将这一时期定为"新子学"理论构建的第一阶段。这一阶段着重探讨上述基本要素，正对应着一棵小树在初生时总会着力延伸它的根基，以保证将来的迅速成长，故而在标题中笔者概括本阶段的特点为"萌芽破土、固本培基"。下面笔者将对本阶段"新子学"理论建构的情况做详细的介绍。

（一）对"新子学"概念的多元化定义

《"新子学"构想》一文是"新子学"理论的开端，在本文中，笔者主要针对"新子学"的概念和范畴等基本问题进行了阐述。首先，笔者回顾"子学"发展的历史，进而提出："子学正再一次与当下社会现实强力交融，律动出全新的生命形态——'新子学'！"[①]进而，该文对"新子学"的研究对象进行了界定：

> 所谓子学之"子"并非传统目录学"经、史、子、集"之"子"，而应是思想史"诸子百家"之"子"。具体内容上，则应严格区分诸子与方技，前者侧重思想，后者重在技巧，故天文算法、术数、艺术、谱录均不在子学之列。[②]

关于"新子学"这一概念，《"新子学"构想》一文并未给出特别确

---

① 方勇《"新子学"构想》，《光明日报》2012年10月22日14版。
② 同上。

切、细致的界定,正如之后学者所指出的那样:"虽然在《"新子学"构想》一文中,方勇教授已经对'新子学'进行了阐释,但并未对'新子学'的概念进行严格的界定。……我们并不期望'新子学'概念的界定毫无争议,相反,我们认为更多的思想碰撞,不同的观点交锋更有利于'新子学'的发展和完善,百家争鸣才是我们对现代和今后的中国文化环境的期待和践行。"① 这种理解基本上代表了笔者的想法,"新子学"应该是在众人讨论中不断完善的一套理论,所以在初期界定它的概念时不应设定太多的框框,而之后的事实也证明学者在"新子学"这一概念的定义上呈现出多元的取向,为"新子学"理论的建构提供了多种可能,下文将简述一些有代表性的说法。

1. 作为学术新方法的"新子学"

一些学者立足于学术史的视野,从研究方法革新的层面来定义"新子学"。持此观点的文章多先剖析"子学"作为一种学术门类其自身的性质、特点和地位,然后由此深发,引出"新子学"的概念并阐释之。其中,刘韶军先生的文章论述了"子学"的发展历程,并指出"所谓'子学'就成了一个历史的概念,在全新学科体系背景下,已是一个不复存在的学术概念了。……'新子学'的'新'在于'旧子学'已在新的学科体系背景下无法存在。"进而该文给出了"新子学"的定义:"'新子学'就是从新的学科体系背景下运用新的知识理念与方法研究'旧子学'存留内容的学术。"② 在这一阐述中,"新子学"从属性上是一种学术,它的研究对象仍是"旧子

---

① 高卫华、杨兰、董浩烨《我国"新子学"研究的现状与问题》,《诸子学刊》第九辑,上海古籍出版社,2013年。

② 刘韶军《论"新子学"的内涵、理念与构架》,《江淮论坛》2014年第1期。

学"留存的内容,而它的"新"则体现在新知识理念与方法的应用上,"新子学"相比之前"子学",可以说是"旧酒装到新瓶中",有继承也有革新。刘先生这一观点很有代表性,学界有不少研究者由这一思路定义"新子学"。如欧明俊先生认为"'新子学'有一对应概念,就是'子学'或'传统子学'或'古代子学',笔者主张'近代子学''现代子学''当代子学'皆可称作'新子学',但各自有独特内涵。我们今天讨论的应指'当代子学'即20世纪80年代以来兴起的以新观念、新理论、新方法、新材料、新模式等研究传统诸子百家学术的'新子学'。"① 欧先生的文章对"新子学"之"新"作的阐释更详细,而其最终关怀仍是"研究传统诸子百家学术",由此可见欧、刘两先生思路的一致性。而刁生虎、王喜英《"新子学"断想——从意义和特质谈起》一文则围绕"新"展开了全文论述:"方教授提出的'新子学'是相对于传统子学而言的,自然其最关键的一点就是其中的'新'字!'新子学'之'新'主要体现在如下三个方面:一是所处时代新;……二是研究对象新;……三是研究方法新。"② 该文着重从"研究对象"及"研究方法"之"新"展开探讨,可以说,刁先生定义"新子学"的视角也是与刘、欧两先生相近的。另如张永祥先生认为"新出土文献、大型典籍整理、全新的学术理念和方法,这一切都需要我们用更为系统的科学方法对传统子学进行新的学术重建工作,子学研究重新崛起的条件已经逐渐成熟,一个'新子学'的轮廓已经呼之欲出。"③ 此处的"新子学"亦是被

---

① 欧明俊《"新子学"界说之我见》,《诸子学刊》第九辑。
② 刁生虎、王喜英《"新子学"断想——从意义和特质谈起》,《诸子学刊》第八辑,上海古籍出版社,2013年。
③ 张永祥《反者道之动——从子学走向"新子学"》,《诸子学刊》第九辑,上海古籍出版社,2013年。

定义为学术史上的一个"学术重建工作",所立足的也是学术史视野。

上述对"新子学"概念界定的思路体现着鲜明的纯学术色彩,"研究"成了表述时必不可少的关键词,由此"新子学"的属性被固定在学术圈的范围内。这种思路有其必然性与合理性,因为现当代的学术研究特别重视方法论的探讨与革新,子学作为传统学术的四大部之一,在研究上一直缺少新的理论指导,"新子学"理念的提出正好给这方面的探索提供了理论观照,故而众多学者在"新子学"概念中填充学术史、方法论的元素,这种思路无疑能得到普遍的理解和支持。

2. 思想史、文化史视野下的"新子学"

但"新子学"概念的界定是多元的,学者们视角不同,所界定的"新子学"也不尽相同。当我们用思想史、文化史这层视角来审视时,会发现对"新子学"还会有更多样的理解。

比如一些学者不希望将"新子学"界定为明晰、固定的学术概念,而是将其视为一种方向或思潮的笼统表达。景国劲先生提出:"'新子学',按照我的理解,它不是一个很严格的学术术语,它是一种状态的描述,或者是一种方向性的倡导。要具体确立一个名词解释也许很难,它更需要的是我们去实践,实践之后,这个概念自然就丰满起来了。"① 王昀、谢清果两先生则认为:"'新子学'与其说是一种概念,一种理论阐发,不如说是一种新视角,甚至于一种社会思潮之代表。'新子学'代表了知识界面对传统国学研究与当代学术环境

---

① 计虹、白新茹《现代文化学者讨论"新子学"纪要》,《诸子学刊》第九辑。

所作出的思考,乃新时期国学研究与传统文化传播困境反思与转型之产物。"① 景先生的文章指出了"新子学"概念的开放性与可塑性,并以具体的文化实践作为下定义的标准。而王、谢两先生的文章则结合传统文化传播的问题,将"新子学"视为知识界人士在特定领域的一股思潮。显然他们的关注点不仅落足于纯学术研究层面,而是牵涉了当代思想、文化等方面的元素。

基于思想史、文化史角度,这些学者定义"新子学"不再以"子学"为基点,或者说他们理解的"子学"有了更超越的内涵,这些都让他们所定义的"新子学"呈现出某种独特、深刻的形态。

郝雨先生指出:"当然,'新子学'概念的提出并不是相对于旧子学而言,不是先对旧子学做一个界定,然后对旧子学有一个新的超越而来的。实际上,'新子学'的概念所针对的是'新儒学',因而我们需要对'新子学'和'新儒学'的概念做一个深度的剖析。'新子学'和'新儒学'的根本区别即在于:它不认为只有儒家、只有儒学才是中华文化的核心构成,而是认为,诸子百家才是中华文化的真正源头。'新子学'的'新',就是力图寻找到中华文化的真正源头,让国人认识到我们需要传承的文化内涵到底是什么。"② 这里,郝先生对照"新儒学"来定义"新子学",将"新子学"的概念和"中华文化源头与传承"相结合,很典型地体现了现代文化学者理解"新子学"的思路。

陈成吒先生(笔名玄华)在"新子学"和"子学"的辨析上则给出了更明确的表述:"应该说,'新子学'作为一个固定符号,是指称一个全新的概念,它本身不可以简单割裂,更不能与此前的任何

---

① 王昀、谢清果《还原、重构与超越——"新子学"视域下传统文化传播策略》,《诸子学刊》第九辑。

② 郝雨《"新子学"与中华文化整体传承》,《诸子学刊》第九辑。

旧有概念相比附、对照。比如，将相关文字割裂为'新之子学'或'新子之学'，那就是导向与所谓"旧子学"的直接对照。这种做法是先入为主之见，会造成'新子学'内涵的狭隘化。"陈成吒定义"新子学"时依凭的不是"子学"而是"诸子学现象"，他认为："'新子学'之称作'新子学'，并没有万不能改的道理，但又之所以要如此自然地称呼，则是因为其与客观存在的'诸子学现象'有内在关联。'新子学'这个符号下所指的正是发掘于'诸子学现象'又全面超越诸子学形式与内容的一种全新事物。"在此基础上，陈成吒又对"新子学"自身的层次进行划分："大体而言，'新子学'应该包括两个层面，即哲学性'新子学'和学术文化性'新子学'。第一个层面，即理论层面，它是我们在面对自身与世界时基本思维方式的变革，是以此而产生的一种全新的哲学，可以称之为'新子学'哲学。第二个层面，是指在这种全新哲学的观照下，对学术文化所进行的重新发现、梳理、建构和发展，可以称之为'新子学'学术文化工程。"① 在陈成吒的定义中，"新子学"与"子学"不再是单纯的继承发展的关系，它不再被"子学"附加有很强的规定性，它的源头只是"诸子学现象"，该现象的内蕴可由当代理论创造者自主"挖掘"，这显示了它更多的创造性，故而可实现对诸子学的"全面超越"。依据这一思路，"新子学"便有了两层属性：其一，它是一种哲学理论；其二，它是一项文化工程。前者是理念层面的思想探索，后者是现实层面的文化实践，前者指导后者。

总的来看，陈成吒先生这种思路在"新子学"的诸多定义中也很有代表性，这一思路侧重发掘子学的内蕴，承其精神而不套其形

---

① 玄华《关于"新子学"几个基本问题的再思考》，《江淮论坛》2013年第5期。

式，由此而生的"新子学"是一种自成一体又呼应现实的思想体系，与上节中作为学术新方法的"新子学"有所不同。王威威女士《"新子学"概念系统的建构》一文所定义的"新子学"也是致力于这种思想体系的构建，她指出："'新子学'并不是当代新儒家、当代新道家、现代新墨家、新法家各自独立发展后的简单相加，也不只是排除某家立场之后对各家思想的全面整理、研究和现代阐释，而是在排除门户之见的同时，正视先秦子学由争鸣走向融合的思想潮流，从子学共通性的角度建构概念、问题和思想体系，并阐释其现代意义。"①这意味着，"新子学"亦可视为由当代学者构建的全新理论，不是古代子学的简单发展，也不是当代各思想派别的简单整合，而是自成一套体系。杨国荣先生对"新子学"同样表达了类似的期待，认为"它意味着在新的历史条件下形成新的思想者和新的思想系统"，但杨先生更强调新思想者的重要性，指出"诸子之学是通过创造性思考自然形成的，而不是通过外在或人为建构起来的"，故而"新子学"应当是"新的历史背景下对宇宙人生、社会历史、现实问题的创造性思考的产物。"②

所以，当我们立足思想史、文化史探讨"新子学"定义问题时，会发现这一视角提供的视野十分宽广，有多种关注点可供申发。上述介绍中，陈成吒、王威威等学者所关注的是从诸子学本身来发掘其精神从而创造新的思想体系，他们关注的是思想本身，而还有一些学者则关注生成这种思想的主体（其创造者）或这种思想所面对的世界（其发生环境）。

前一种关注"创造者"的思路以曾建华先生《"新子学"视阈下

---

① 王威威《"新子学"概念系统的建构》，《诸子学刊》第九辑。
② 杨国荣《历史视域中的诸子学》，《中华读书周报》2013年5月8日第13版。

士人与子学的主体间性诠释》一文为代表,他指出"士是子学的发生主体","子学是建构于士人思想体系之上并有别于传统元经学思想的新的学术理念","子学没有一个既定的中心,它诞生于士人对自我与他者关系的觉悟,并以此为内核所形成的一个多元对等的思想体系"。这一论述,不再以传统的诸子文献和思想为中心,而是凸显了这些成果的创造者——士人,这让我们重新发现了"子学",也为"新子学"的定义提供了新的灵感,曾文认为"通过对子学与士的关系的厘定,我们不仅可以更好地理解新时代的子学与传统诸子学的分野,而且能够更好地确定'新子学'的研究范畴及其发展方向。就其范畴而言,'新子学'不仅包括了先秦以来的诸子典籍之学,更涵括了自西周以来经史子集中所蕴含的士人思想之呈现"。在这层意义上,该文认为"新子学"便是"当代知识分子以当下所据有的全部学术资源实现对以子学为主体的传统学术的重新认知与整合,是传统士人实现自我精神世界的重新建构的整个过程"。故而,曾文对"新子学"的概念给出了自己的概括:"总之,'新子学'不是新之子学也非新子之学。就学术层面看,'新子学'是以士人为主体的子学的集大成,是立足当下、着眼未来,以期融通古今、贯注中西的子学文化工程;就思想层面看,'新子学'是新时期士人(学科士人与公共知识分子)精神世界的多元重构。"①

后一种关注"发生环境"的思路则以聂学慧、刘兵(笔名刘思禾)《"诸子问题"与帝国逻辑的演绎》一文为代表,该文提出了"诸子问题"这一概念,并进行阐发:"有诸子学,也有'诸子问题'。一般来说,诸子学总是和子部文献相关,按照儒、墨、道、法等各家的流别和经学对举。而'诸子问题'则是先秦诸子思想的内

---

① 曾建华《"新子学"视阈下士人与子学的主体间性诠释》,《江淮论坛》2013年第6期。

在问题意识,核心就是讨论中国式的天下秩序如何建构(或者中华帝国的建构),这一问题既是面向现实,也充满理论内涵。"可见,"诸子问题"便是诸子所处环境(春秋战国时代)对学者所提出的核心问题,诸子学的产生便是当时学界对这一问题的应答。显然,该文的关注点在于诸子学与其发生环境之间的互动关系上,故而由此定义的"新子学"便有了独特之处:"现代'新子学'的开拓,就是继承先秦诸子学的这种精神,以'诸子问题'的关切为中心点,面对现实,探索理论,在中国问题与中国语境中讨论现代中国的可能性问题。我们认为这是'新子学'理念的内涵所在。"在这里,文章是结合"新子学"所发生的环境——当代中国,来对其进行定义的。该文在最后又对"新子学"的概念进行了廓清:"先秦子学的根本就是面对时代课题而思考,今天的'新子学'也要有这样的期许。'新子学'不是目录学意义的子部之学,而是一种蕴含中国问题和表达方式的新中国学。而'诸子问题'作为中国政治与文化的元表达,是我们理解自身的初始境遇,也是面对现代性的思想起点。"① 在这一定义中,"现实""时代""中国""问题"诸词一直是论述的核心,引领着我们将目光转向孕育理论的外部世界,基于这种理解,"新子学"作为"面对时代课题的思考",它本身便是某种环境的产物,新的环境会形成新的理论,这便是该文所理解的"新子学"中"新"之所在。

3. 对各类说法的综合分析

以上基本介绍了学界目前对"新子学"概念诸多界定中的一些比较有代表性的说法。这些定义有的立足于学术史的视角,有的立足于思想史、文化史的视角,在后一种视角中,又有不同的关注

---

① 聂学慧、刘思禾《"诸子问题"与帝国逻辑的演绎》,《探索与争鸣》2013年第7期。

点，有的关注思想体系自身的构建，有的关注思想学说的创造者，有的关注思想学说发生的环境。其实，所谓立足学术史的视角，从本质上看也代表着一种关注点，即关注某种思想学说的研究者（接受者）。

可以说，由于关注点的不同，学界对"新子学"的定义呈现出四种截然不同的思路，这并非偶然，因为这四类关注恰对应着一种学说的四个要素：学说接受者、学说本身、学说创造者、产生学说的环境①。这四种要素相互影响，共同组成了学术活动的有机整体，其间具体关系可由图1、表1反映：

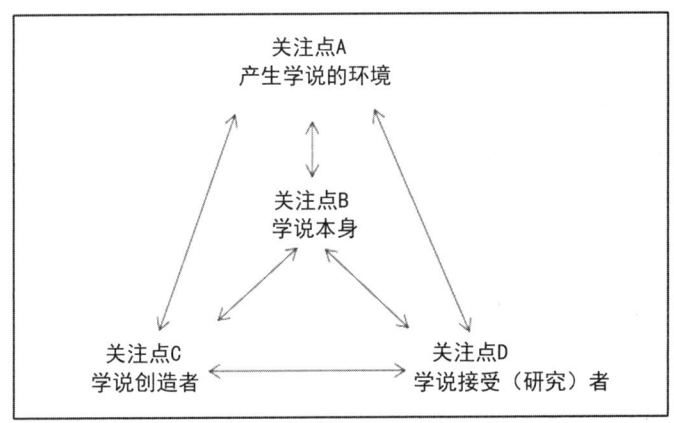

图1　学说四要素说明图

基于这种理论，可以将各类定义"新子学"的思路总结如下表：

---

① 此处参考了艾布拉姆斯的文学活动四要素理论。

表1 依照关注点对"新子学"相关定义的分类

关注点	定义"新子学"的思路	所立足的视角	所采用的方法	在"新子学"各类定义中的代表
A 产生学说的环境	强调"子学"或"新子学"对时代问题的回应	文化史、思想史	历史学方法(以学说产生的历史背景切入,主张其随时势而变)	刘思禾等人的文章
B 学说本身	追求提炼、创造诸子学、"新子学"本身的精神或体系		哲学方法(针对某种存在来归纳概念、构建体系、阐发精神)	玄华、王威威、谢清果、郝雨等人的文章
C 学说创造者	注重"子学"或"新子学"对士人思想世界的表达和构建		社会学方法(探究某一社会群体的活动、观念和信仰等要素)	曾建华等人的文章
D 学说接受(研究)者	要求更新传统"子学"的研究范式	学术史	"子学"本身的方法论探讨	刘韶军、欧明俊、张永祥等人的文章

对"新子学"的诸多定义的形成便是不同学者对这一存在的不同关注而进行不同的阐释,故而每种定义都有其合理性,但又不能统概全部,在这种情况下我们保持"新子学"概念的开放性,不断丰富其形态,便是十分必要的。①

---

① 值得注意的是,古人探讨先秦诸子学起源时所体现的思路,同样与上文的理论相契合。陈柱先生指出后人分析诸子学起源有三种代表性说法:王官说(《汉书·艺文志》)、时势说(《淮南子·要略》)、道术说(《庄子·天下》)。可以发现,"王官说"关注思想学说的创造者,"时势说"关注思想学说产生的环境,"道术说"关注思想学说本身。由此可见这种理论与子学的内在契合性,无论是研究传统子学还是探索"新子学",它都不失为一个颇有参考价值的理论模型。

(二) 对"新子学"范畴的讨论

基于对"新子学"概念的不同认知,学界对"新子学"所涉范畴(即"新子学"所研究的范围及内容)也有不同的界定。笔者《"新子学"构想》一文指出"具体内容上,则应严格区分诸子与方技"①,这个思路得到了界内学者的普遍认可。如高华平先生指出:"方勇先生的'新子学'的构想,将天文算法、术数方技、艺术谱录等划出'新子学'的范围,而'侧重思想',这无疑正体现了现代学术发展的'新'特点,是与现时代学术发展的规律相吻合的。"② 当然也有学者在这方面提出了很有价值的问题,如谭家健先生论述道:"我希望进一步明确,'新子学'包括释家、道家和小说家吗?我以为,佛有佛藏,道有道藏,自成体系,似乎不必纳入'新子学',但他们又是思想史资料,怎么处理?小说家类乃古小说,不属于思想史,方技中也有思想史资料,怎么处理?"③ 这些问题促使很多学者进一步思考,并给出自己的看法。比如刘韶军先生立足于传统的子部之学,认为:"就目前看来,'新子学'的内容构架最主要的部分应该是儒、道、佛三家的全部文献的汇总、整理。因为这三家的内容与中国历史、文化、思想观念、民族传统的关系最深最密、影响最大,所以要列为头等重要的整理内容。"④ 再如欧明俊先生,他主要针对"道"与"技"作了区分:"笔者以为,兵学、医学、道学(仙道学)是诸子学的'题中之义',天文、算法、术数等,大体上属于

---

① 方勇《"新子学"构想》,《光明日报》2012年10月22日14版。
② 高华平《"新子学"之我见》,《江淮论坛》2014年第1期。
③ 谭家健《对〈"新子学"构想〉的建议》,《诸子学刊》第九辑。
④ 刘韶军《论"新子学"的内涵、理念与构架》,《江淮论坛》2014年第1期。

'术',应重其'道'的层面,具体的'技术'可以不论,艺术、谱录可独立。"①

以上讨论的是"新子学"对传统学术门类的涵括范围,所侧重的是"新子学"中的"学",此外学界还讨论了"新子学"中"子"所涵括的群体。《"新子学"构想》一文梳理子学发展时分别列举了先秦两汉时期一、二、三代子学元典和魏晋至明代的诸代子学(准子学)著作,可代表笔者对"子"所涵盖范围的理解。这种理解是比较通达的,学界也基本接受,而且还有不少学者希望再往前推进一步,如卿希泰先生结合明末清初的社会转型,建议道:"这些在新的历史条件下迸发出来的启蒙思想家的学说,是否也可以称之为近代的子学? 对此,不知方教授意见如何?"② 还有高华平先生更是明确指出:"还必须对这个'子'再进一步明确界定,而不是如方勇先生那样实际再回到经史子集之'子'的老路上去。这就是,当下我们'新子学'的'子',固然是以往中国思想史上的'为学'诸子,但更应该指当代具有独立人格精神的知识个体(知识分子)。概而言之,'新子学'即当代各个参与学术活动个体之'学术',每个参与当代学术活动的独立个体都是平等的一'子',他们的学术就是'新子学'。"③ 高先生对"子"这一内涵的拓展有着很强的现实意义,上文列举的"新子学"定义也有不少主张将当代学人纳入"子"的范畴(可参考欧明俊等先生的文章),可见这种打通古今的思路的确值得更深入的探讨。

---

① 欧明俊《"新子学"概念的界定》,《中国社会科学报》2013年6月28日 B01 版。
② 卿希泰、谭家健、王锺陵、(澳门)邓国光、陈引驰等《"新子学"笔谈》,《文汇读书周报》2012年11月2日02版。
③ 高华平《"新子学"之我见》,《江淮论坛》2014年第1期。

(三)"新子学"与各学术门类的关系及自身定位

在"新子学"理论构建的第一阶段,"新子学"与其他学术种类的关系是一个不可回避的话题,它和界定概念、范畴一样,是学界探讨"新子学"时必须要回答的基础性问题。总览学界以往的讨论,与"子学"及"新子学"发生关系的主要有"经学""儒学""新经学""新儒学""西学"等学术或学说门类。在厘清这些关系的基础上,一些学者还给出了"新子学"在国学体系及现代学科体系中的定位。以下将展开详细介绍。

在《"新子学"构想》一文中,笔者对这些问题给出了初步的探索。关于西学,笔者认为"'新子学'将扎根传统文化沃土,以独立的姿态坦然面对西学",之前的子学在西学的笼罩下发展艰难曲折,本文回顾了这段历程:民国时期,"学者多以西学为普世规范和价值,按照西方思维、逻辑和知识体系来阐释诸子。……结果是使子学渐渐失去理论自觉,沦为西学理念或依其理念构建的思想史、哲学史的'附庸'";中华人民共和国成立初期,"我国经济体系、学术话语体系等,大都照搬苏联模式,对子学的发展造成了一定的负面影响";改革开放后,学者大多"盲目崇拜、套用西方的价值观念,照搬照抄西方的学术理论及评价体系。影响所及,诸子学研究也在很大程度上失去了理论自觉,并导致了阐释指向的扭曲。"[①] 所以笔者构想的"新子学"与西学间应有一个"不即不离"的关系:"我们需要摆脱二元对立思考的局限,以传统子学的智慧与胸襟,坦然面对西方,正确处理好子学与西方文化学术的主次关系,才能真正构建起富有生命力的'新子学'体系。"[②]

---

① 方勇《"新子学"构想》,《光明日报》2012年10月22日14版。
② 同上。

而"新子学"与传统学术间的关系，更是笔者探讨的重点。《"新子学"构想》一文认为"'新子学'将承载'国学'真脉，促进传统思想资源的创造性转化"，这一论断是有充分依据的。古代的国学的确以经学为核心，但经学逐渐僵化，尤其到近代更不能适应时代提出的要求，而"随着近代学术的日益发展，子学实际上已逐渐成为'国学'的主导，这也弥补了经学作为单独力量存在时的种种不足"，所以，"如今，'新子学'对其进行全面继承与发展，亦将应势成为'国学'的新主体①。"

笔者这两方面论断得到了学界进一步的探讨，以下将详述之。

1. 关于"新子学"的定位问题

谭家健先生对于"新子学"定位的问题进行了一些反思："然而在传统目录学中，'新子学'之书只是子部中的一小部分，能够称得起国学新主体吗？"②谭先生的建议和反思都很有启发性，引领了之后讨论的进一步深入。

关于"新子学"在国学中的定位，学界的确有一些不同的意见。韩星先生的观点是"在今天中国思想学术的多元发展中，新经学与'新子学'之间也一直在互动，但新经学（儒学）无疑仍然起着主导作用"。进而韩先生给出了自己对"新国学"的设想："道统的重建应该是'新国学'的核心和目前的主攻方向，而道统的重建与学统又不能分开，是在学术基础上的重建，具体说就是在经学基础上重建儒家道统。"③可以说，韩先生的观点代表了传统的声音，是我们建构"新子学"理论时必须认真对待、辨析的一种论点。

---

① 方勇《"新子学"构想》，《光明日报》2012年10月22日14版。
② 谭家健《对〈"新子学"构想〉的建议》，《诸子学刊》第九辑。
③ 韩星《新国学的内在结构探析——以新经学、"新子学"为主》，《诸子学刊》第九辑。

针对这类传统看法，郝雨教授则从现代文化学者的角度来评价"子学"与"新子学"的地位。郝先生认为："'新子学'和新儒学的根本区别即在于：它不认为只有儒家、只有儒学才是中华文化的核心构成，而是认为，诸子百家才是中华文化的真正源头。"① 这大致反映了"新子学"对自身定位的基本主张，它首先保持自身的多元，进而以此恢复中华文化的多元。

李小成先生则专门探讨了"新子学"和经学的关系，提出"'新子学'作为国学的一个组成部分，以其充满活力的创造精神，应该是对中国传统经学的超越"，这种超越性具体体现在以下几方面："'新子学'具有思想原创性"；"'新子学'具有包容开放性"；"'新子学'具有学术争鸣性"；"'新子学'具有鲜明时代性"②。该文是对传统经、子关系问题的更专门的探讨，在两者的对比中我们可以对它们各自的"学术传统"和"当代价值"产生更明晰的认知，对"新子学"定位问题的探讨是有帮助的。

王昀、谢清果两先生则从传统文化传播的角度来定位"新子学"："'新子学'在传统文化传播中的地位，应当主要体现在其构成了传统思想史之主体，其提倡国学研究从'儒家道统，子学系统'之转型，既非否定儒学或经学价值，更非将子学地位绝对化。简而言之，不应带有价值高低评判来过度阐释传统文化资源。"③

高华平先生则对笔者的观点做了进一步修正，结合对"'国学'性质"的探讨给出了他的结论："'国学'原本是贵族子弟学校，它

---

① 郝雨《"新子学"与"新儒学"之辨》，《诸子学刊》第十辑，上海古籍出版社2014年版。

② 李小成《"新子学"对中国传统经学的超越》，《山西大学学报（哲学社会科学版）》2014年第6期。

③ 王昀、谢清果《还原、重构与超越——"新子学"视域下传统文化传播策略》，《诸子学刊》第九辑。

自然要传播、灌输统治阶级的思想,教授那些凝结了统治阶级正统思想的'经书'而不可能是那些由民间士人在'道术废缺''好恶殊方'情况下形成的'诸子学'及其著作,很显然,如果'新子学'要成为当今'国学'的新主体的话,首先就必须使我们的'国学'成为'新国学'。"①

陆永品先生也对笔者的观点进行了两点补充:"其一,儒、道、墨、法是我国春秋战国时代的四大'显学',是中华文化的四大支柱,是取之不尽、用之不竭的文化源泉。因此,《"新子学"构想》也应当强调法家的重要地位。其二,该文认为在思想内容方面,'道家于纷繁世界之外,清虚自守、澡雪精神'。然而,如此概括,似乎还稍嫌不足。应在'清虚自守''澡雪精神'之后加上'劝善立德''与时俱化'八个字。"②陆先生对"子学"内部各派的定位颇为精到,能给我们定位"新子学"带来很多启发。

2."新子学"与儒学、经学、西学的关系

杨少涵先生则由儒家的角度切入,提出了一个重要的问题:"儒家是'经'还是'子'?"杨先生由此区分了"经儒""子儒"两个群体,通过对比他指出,"'离经还子'或'夷经为子'的地位转换并不会使儒学失去什么,反而是从思想深层还儒学以本真面目",由此他申明了"新子学"的学术态度,希望"儒学研究者都应当秉持各家思想学说平等交流、公开讨论的态度,不要过多地期望儒学具有或应当具有对其他学说之笼罩性、垄断性的'经'的地位"。杨先生本文虽然关注的是儒学转型,但他提出"平等交流""公开讨论"的学术精神却和"新子学"相一致,坚持这一精神,"新子学"和儒学间便

---

① 高华平《"新子学"之我见》,《江淮论坛》2014年第1期。
② 陆永品《〈"新子学"构想〉体现时代精神》,《中国社会科学报》2012年10月26日A08版。

会多些通融、少些壁垒。①

陈成吒先生（笔名玄华）则立足客观的学术史对"新子学"和儒学及经学间的关系进行了全新的探讨，他指出："历史上，经学诠释文本生生不息的动力并非源于其经学自身，而是来自子学。……子学对经学文本的解放与发展，表现在经学与儒学的关系上，不是经学吸纳了儒学，而是儒学用子学精神与方法消解了经学。"② 这种认知虽具颠覆性，但又基于真实的学术史料，可以说他与持传统观念的学者面对的都是同一个学术现象，但该文通过理论思辨得出了新的观点，在这一问题上作出了有益的探索。

欧明俊先生则例举了"新史学""新文学""新经学""新儒学"作为"新子学"的参考，并逐一进行对比，对我们定位"新子学"理论也有很大启发意义。而且他还指出："我们千万要注意，不能以另一种专制独尊代替一种专制独尊，'新子学'可争取在国学中的'新主体'地位，也理应成为国学'新主体'，要突出'新子学'的价值和地位；但同时强调，'新子学'不应取代经学的尊崇地位。"③ 欧先生在定位"新子学"时指出了潜在的另一种极端，这对我们是有警示意义的。

孙以昭先生也对这几个问题分别进行了讨论。关于"新子学"与儒学，他认为"'新子学'与儒学的关系非常密切，而其间又有一个演变的历史过程"，他列举"论述及论及先秦学术流派的著作"14种，进而总结道："可见，不但儒学原在'子学'之内，常被排在前

---

① 杨少涵《走出经学时代——儒家哲学现代化的范式转换》，《探索与争鸣》2013年第7期。

② 玄华《关于"新子学"几个基本问题的再思考》，《江淮论坛》2013年第5期。

③ 欧明俊《"新子学"概念的界定》，《中国社会科学报》2013年6月28日B01版。

列，而且天文、算法、数术亦在其内，'子学'内容极为庞杂，而'新子学'当然包孕更为丰广了。"之后他又提到"至于'新子学'与经学的关系，则既经历了由分到合，'升子为经'，再由合到分，'离经还子'的过程，又具有你中有我、我中有你的复杂关系"。孙先生此处主要结合《论》《孟》《易》《书》《礼记》诸经进行论证。通过厘清上述关系，孙先生评价了"新子学"在传统文化中的特殊地位，一方面"'新子学'将融子学、儒学、经学、史学与文学为一体，形成一种新的学术研究体系，从而将我国传统文化推进到一个新的发展阶段"。另一方面，"'新子学'在传播我国传统文化方面，也负有不可替代的使命。"①

另外，孙先生还认为"新子学"区别于"旧子学"的一点在于它对西学的吸纳，他指出"新子学"需要"加强理论探索与参照，吸纳与融入西学"，"就西学而言，除了吸纳西方重要文论外，主要则是西方的科技知识和思维方式。"可见，相对于笔者的观点，孙先生更强调构建"新子学"时对西学的融合，与之相近的还有高华平先生和谭家健先生的看法，高先生认为："我们构建的'新子学'不应该成为与'西学'相对应的关系，更不是相对立的关系"，"在作为整体的'新子学'中，'西学'应该已经融汇其中，并已成为它的一部分或它的血肉。从这个意义上讲，'新子学'之'新'，就在于它乃是一种不中不西，亦中亦西的学术，至少理想形态的'新子学'应该如此"。② 谭先生在探讨"'新子学'如何面对西学"时则认为："推进思想史、文学史研究中的中西结合，多元互补，应该首先解决

---

① 孙以昭《"新子学"与儒学、经学的关系及其在传统文化中的地位》，《诸子学刊》第九辑。

② 孙以昭《"新子学"与儒学、经学的关系及其在传统文化中的地位》，《诸子学刊》第九辑。

价值观和方法论问题。"① 这些论点虽然不同于笔者提出的"以独立姿态坦然面对西学"的想法,但它们更为开放包容,亦不失为一个有益的探索方向。

3. 对相关问题的再思考

基于学界对"新子学"在学科中的关系和定位问题如此火热的探讨,笔者于 2013 年发表了《"新子学"申论》一文,专门就这几个问题再度进行阐发。文章开头便指出:"'新子学'的提出就在于反思四部分类和学科分类,明确国学概念的内涵,从而为中国学术的自我认知提供一种可能。"这是强调对"新子学"的定位不能再参照旧有的学术体系,我们所追求的本来就是对中国学术的一种新的认知。由此,笔者针对经、子关系阐述了自己的观点:"'新子学'以现代学术的标准重新界定经、子关系。……我认为,四部分类法中经、子先后的划分使用的是价值标准,推崇的是所谓'常道',而不是依据学术标准讲'学问'。……经学传统在中国历史上并非不重要,但在纯粹的学术与思想的标准下,历代子学才是主流,而且经学恰恰是在子学的滋养下发展的,是子学渗入经学体系之后再政治化的产物。"② 这段论述,可以看作是对学界之前相关质疑与异议的回应,通过这样思辨地审视中国学术的历史,能让我们对"新子学"担当国学主体有更多的信心。

"新子学"与西学的关系及其在现代学术格局中的定位问题也在该文中有探索。笔者指出:"'新子学'是对现代学术分科式研究的修正。在现代学科框架下,子学主要是哲学史(思想史)的研究对象,学术界已经做了大量精深的研究,这一点有目共睹。……'新子学'和现代学科框架根本的差别就在于:究竟是依照某一外加的

---

① 谭家健《对〈"新子学"构想〉的建议》,《诸子学刊》第九辑。
② 方勇《"新子学"申论》,《探索与争鸣》2013 年第 7 期。

模型截取一块研究，还是顺应本来的内部肌理复合地研究？实际上古代学者就是按照内部肌理复合研究的，我们的问题在于先戴上了一副学科的眼镜，自然无法直接体会那种通贯的思维方式。"① 可见，"新子学"对于现代学科分类体系是超越性的，它是现代学科分类体系的"修正者"而非"零部件"，这种具有超越性的定位意识是我们在构建"新子学"理论时一直要保持的。

"新子学"与"新儒学"的关系在之前探讨中一直是热点，笔者在《"新子学"申论》一文中亦有专门论述。笔者主要讨论了"新儒学"与"新子学"的几处分歧。首先，"中国学术传统的主流是儒学一统还是复合多元？"笔者指出："依照我们的观点，儒学根本上还是子学的一个部分，或者说是中国传统学术的一个部分，与其他各家之学齐头并进，又密不可分。……中国学术史上一直存在着儒家与道家、法家等学派的互动（当然也包括后来儒家与佛教的互动），这种互动有学术的，也有社会的和政治文化的。"其次，"现代中国的文明秩序是由儒学主导，还是百家共鸣？"笔者给出的答案自然倾向后者："儒学是否还有能力独自重建现代中国的政治、文化和生活？我们认为这几乎是不可能的。……就'新子学'而言，我们还是期待开掘出更多的学术资源，为百家共鸣创造条件。在这里，儒学也是'新子学'的有机组成部分，会一同参与到百家共鸣中来。"最后是"'新子学'与新儒学在理解框架、学术资源和追求目标上的差异"，笔者强调："'新子学'倡导一种新型的理解框架，既非传统四部式，也有别于现代的分科，这样的观念不同于新儒家那种儒家优先，甚至是儒家独尊的理解方式，而愿意以更谦恭的心态面对中国的学术传统，发掘其中被忽略、被遮蔽的东西。"② 该文将两种理念进行对比，

---

① 方勇《"新子学"申论》，《探索与争鸣》2013年第7期。
② 方勇《"新子学"申论》，《探索与争鸣》2013年第7期。

并不是要贬低"新儒学"来推扬"新子学",而是希望在对比中发现"新子学"的独特价值,在此基础上对"新子学"的理论构建提供更多的方向。其实这也可以算作是我们辨析"新子学"定位的终极动机:我们这些努力并不是要给"新子学"争名分、抬地位,我们是希望通过其他学术门类的参考,来凸显"新子学"的特质,由此生发出"新子学"独特的理论内涵。这又可以回到开头的比喻,树木扎根最终是为了主干的生长,尤其是扎根的位置更影响着树木今后的发育,悬崖上长不出挺拔的大树,幽谷中见不到参天的巨木,"新子学"只有有了正确的定位,厘清与其他学术的关系,自己才能获得独立的生长空间,保证自己"主干"和"枝条"的发育。

(四) 对"新子学"意义的探讨

一套学说是否有价值,在一定程度上是交由学术界来裁定的,通过学术界的裁定,我们可以看到这种理论的意义是什么、在何处、有多大。这些"由学术界裁定出"的意义,也在某一层面上反映出了它在学术界的接受程度,而这些接受又会吸引更多学者的讨论,这是其体系进一步建构的基础,所以其意义的大小也关系着其生命力的强弱,本文之前用一棵树的叶子来比喻一个理论的意义,其用意亦在此,因为对于树来说叶子是它生命力的象征。

很有幸,"新子学"在还是小树苗时,它的枝头上已经开满新叶了。学界对"新子学"的概念、范畴和定位等问题的认知虽然有众多分歧,但是,对于"新子学"这一理念的基本方向却是有普遍的认可,并从各方面指出了它所具有的价值与意义。

郝雨先生指出了"新子学"在现代文化中的意义:"第一,所谓'新子学',就是要把我们对传统文化的研究由原来的以儒学为中国文化单一核心,转变回归到诸子百家……第二,这样一种文化研究的思路,同时也给'五四'新文化运动找到了一个合理的逻辑前提和解释……第三，在全球化时代，通讯科技与新媒体高速发展，世界已经成为'地球村'，文化也只能是多元的。……'新子学'给我们提供了现代文化环境中我们民族文化繁荣振兴的一个重要参照，我们应该建立起如同当年百家争鸣的一个新时代……第四，'新子学'的提出，并不只是仍然把子学作为一个学科来进行专业研究……我们要从子学中寻找到真正使我们民族具有强大发展潜力的根本，最需要找到的就是蕴含在诸子百家之中的中国智慧。"①

卿希泰先生则结合当前问题指出了"新子学"的时代意义："改革开放以来，随着我国社会经济的飞跃发展和国际地位的不断提高，国际交往也日益频繁，所面临的各个方面的诸多社会矛盾也日益突出，因而迫切需要大批的思想家来发挥其智慧，系统探讨如何解决当前所面临的各种社会矛盾的理论和策略。这就充分地表明了：时代需要'新子学'！因此，方教授所提出的'新子学'构想，具有十分重大的理论意义和现实意义，我很支持。"②

张洪兴先生同样是由时代的需要这一角度切入，认为子学的基本精神是"实践理性"，故而"寻找子学与中国现代化进程的契合点、发挥子学在修养人心、和谐社会、实现国家民族富强进程中的作用，正是'新子学'的主旨。"③ 这一论述说明了"新子学"的旨趣、目标所在，它们的实现需要学界同仁的共同努力。

邓国光先生则从宏观的学术史角度来说明"新子学"的意义："在集部，有新文学；在经部，有新经学；在史部，有新史学。但作

---

① 郝雨《"新子学"对现代文化的意义》，《文汇报》2012年12月17日00C版。

② 卿希泰、谭家健、王锺陵、（澳门）邓国光、陈引驰等《"新子学"笔谈》，《文汇读书周报》2012年11月2日02版。

③ 张洪兴《"新子学"与中国文化刍议》，《古籍整理研究学刊》2013年第6期。

为时代理性思维象征的'子学',独落后于斯。可幸的是,方勇教授提出'新子学',如此整个四部学术能共同在相同方向上各显辉煌。'新子学'过滤芜杂的伪饰,醇化子学的本质,重建中国学术话语,启动思想,发愤人心,重振灵魂,积极解决新时代的深层次困扰,而期向未来生活世界的整体幸福。就世界文明格局的重新调整而言,这是非常重要的一步。"①

陈引驰先生则追求发掘"新子学"更深层次的思想价值:"相信'新子学'不仅仅是一项学术探讨,应当还有其更宏大的设想或方向。……多元的时代同时也是危机的时代,子学也是危机时代的产物。……从这个意义上讲,'新子学'是要提供一种思想资源来应对这样的危机时代,因而是十分必要的。"②

韩星先生则参考近现代的新道家、新法家等学派来明确"新子学"对于"子学"总结性的意义,他指出:"20世纪以来,相比较新文学、新经学、新史学,'新子学'没有形成整体力量,只有作为一家一派的分散子学,如新道家、新法家、新墨家等,方勇教授现在提出'新子学'的构想,首先把子学作为整体凸显了出来。在中国经过了20世纪诸子百家争鸣时代之后,方勇教授现在独具慧眼,对近代以来的诸子复兴思潮做出了整体性的概括总结,提出了'新子学'构想,非常及时,非常必要。"③

王宏图先生则指出了"新子学"对现代文化的启示意义:"我觉得,'新子学'给我们的一大启示是,除了将传统资源发扬光大外,

---

① 卿希泰、谭家健、王锺陵、(澳门)邓国光、陈引驰等《"新子学"笔谈》,《文汇读书周报》2012年11月2日02版。

② 同上。

③ 韩星《新国学的内在结构探析——以新经学、"新子学"为主》,《诸子学刊》第九辑。

还应开展中国文化与各国文化全方位的对话，藉此启动中国传统内在蕴含的活力，同时也大规模地汲取域外思想资源，以丰富、发展自己。"①

汤漳平先生从中华文明重构的高度来评价"新子学"，指出它具有"包容性"和"开放性"，因而更适应时代要求，对中华文明的重构有着不可或缺的意义②。

陈鼓应先生则回顾中国历史，提炼出了"子学兴替关乎中国思想变革"的命题，进而指出："'新子学'主张特别具有思想创新与学术变革意义。"③

陈先生、汤先生对"新子学"抱有很高的期待，他们提到"变革""重构"之类的说法，一方面认可了"新子学"的意义，另一方面也点出了"新子学"的责任。学界认可"新子学"的意义，不是让我们自满，而是要激励我们更努力地发挥"新子学"的价值。这时，一些方法论层面上的问题自然也成为讨论的重点，下文将展开详细介绍。

（五）对"新子学"方法论的探讨

在探讨方法论层面的问题时，学界对如何进行"新子学"系统构建展开了设想。

在《"新子学"构想》中，笔者设想了"新子学"系统建构的

---

① 郝雨、杨剑龙、葛红兵、刘绪源、姜琍敏、王宏图、徐国源、李有亮、何美忠、范松楠《新媒体时代民族文化传承》，《黄河文学》2013年第2/3期（Z1）。

② 汤漳平《"新子学"与中华文化之重构》，《江淮论坛》2014年第2期。

③ 陈鼓应《子学兴替关乎中国思想变革——〈"新子学"论集〉序》，《光明日报》2013年12月16日第15版。

步骤:

> 我们结合历史经验与当下新理念,加强诸子学资料的收集整理,将散落在序跋、目录、笔记、史籍、文集等不同地方的资料,辨别整合、聚沙成塔;同时,深入开展诸子文本的整理工作,包括对原有诸子校勘、注释、辑佚、辑评等的进一步梳理;最终,则以这些丰富的历史材料为基础,缀合成完整的诸子学演进链条,清理出清晰的诸子学发展脉络。依据子学发展的完整性,再进一步验证晚清民国以来将《论语》《孟子》等著作"离经还子"的观点,复先秦百家争鸣、诸子平等之本来面貌,并重新连接秦汉以后子学的新发展。①

当然,以上还只是笔者设想的一个初步的蓝图,今后理论建构的方向和方法还需要学界的进一步探索。而事实也表明,学界在这方面的探索也取得了很丰硕的成果,本节将对此展开详细介绍。

有许多学者着眼于实践层面"新子学"该如何展开,为此设计了详细的方案。

张永祥先生提出了三个步骤实现从子学向"新子学"的转型:第一,集而成之;第二,化而裁之;第三,推而行之。并指出"化而裁之"是问题关键所在,为此需要"有大子学的历史眼光","有大学科的现代意识","大文化的宏观视野"②。张先生的建议都吻合了当前学术研究的迫切需要,有助于我们将"新子学"构建成具有

---

① 方勇《"新子学"构想》,《光明日报》2012年10月22日14版。
② 张永祥《反者道之动——从子学走向"新子学"》,《诸子学刊》第九辑。

当代中国特色的学术理论。

刘韶军先生则专门设定了"新子学"的工作构架:"简言之,'新子学'的工作构架,就是由文本基础、学科协同、团队组建、人员分工、成果发布、品质判定等模块组成,使之成为一个完善的动态系统,具有良性的生命活力,并能吸引凝聚更多的人才投身其中,使'新子学'的学术研究事业长盛不衰。"① 刘先生的构架具有很强的操作性,对于"新子学"理念的实践有着很大的参考价值。

高卫华等学者在分析 2012-2013 年期间"新子学"理论构建情况后,给出了他们的建议:"(一)认识'新子学'意义、厘清'新子学'概念;(二)上行下达、传道有方,实现'新子学'多方位传播。"关于第二点,他们又有如下设想:"首先,整理典籍、著书立说,丰满'新子学'的内容……其次,塑造大家、吸引大众,增加'新子学'的传道者……再次,善用媒体、设置议题,提升'新子学'的关注度。"② 与此类似的还有蒋门马先生的建议,他提出了"创建'新子学'网站""探究'新子学'中的经世之道""把'新子学'元典翻译成外文"等想法,也是颇有新意③。高先生、蒋先生等的几点建议虽然着眼于"新子学"传播的问题,但一个理论的传播过程也为它内涵的构建提供了实践平台,所以这些建议对于"新子学"理论构建有着切实的指导意义。

上述设想都以鲜明的实践色彩见长,另外则还有许多学者的探索着重于思考"新子学"理论本身应有的特质,为此也提出了许多

---

① 刘韶军《论"新子学"的内涵、理念与构架》,《江淮论坛》2014年第1期。
② 高卫华、杨兰、董浩烨《我国"新子学"研究的现状与问题》,《诸子学刊》第九辑。
③ 蒋门马《关于弘扬"新子学"的建议》,《诸子学刊》第九辑。

设想。

　　欧明俊先生认为"新子学"除了落足于"学术立场"外，还要有"当下关怀"，更要有"人文关怀"①，欧先生提出的这三个层次的要求可以分别保证我们"新子学"能够稳健、迅速、长远地发展，值得我们重视。

　　杨国荣先生则区分"照着讲"与"接着讲"两种方法，认为"'接着讲'更接近诸子学所体现的思想突破这一内在品格"，但他同时也强调"新子学"的探索"在实质层面应当注重思想发展过程中'照着讲'和'接着讲'的统一。"② 这同样能给我们带来很多启发。

　　许抗生先生则指出了"新子学"在构建时其外在形态的多种可能性："至于当代'新子学'的形式，我认为可以以'子'学形式，也可以以'家'学形式。如以'子'学，可有新老学、新庄学、新孔学、新孟学、新荀学、新韩非子学等；如以'家'学，则可有新儒学、新道学、新法学、新名学、新阴阳五行学等。总之，'新子学'的形式可以不拘一格，多种多样。"③ 学界一直以来对"新子学"探讨的重点都放在其内在意蕴上，许先生关注到了其形式的问题，这是难能可贵的建议。

　　王威威女士则认为："'新子学'的建构如果能够从提炼诸子共同的概念入手，也就能够更直接地找到子学中最富有生命力的部分，继而由点到线到面，探寻围绕这些核心概念所产生的共同问题，分析对共同问题的不同的解决方式，进而对这些思想进行现代化的阐

---

①　欧明俊《"新子学"界说之我见》，《诸子学刊》第九辑。
②　杨国荣《历史视域中的诸子学》，《中华读书周报》，2013 年 5 月 8 日第 13 版。
③　许抗生《谈谈关于建立当代"新子学"的几点想法》，《诸子学刊》第九辑。

释。"① 由此她提炼出了"天、道、理、仁、义、礼、法、性、心、虚与静、无为、形与名等"一系列概念,通过探索它们来寻找"新子学"理论建构的方向。其实王女士这种做法不仅仅是一次探索,也是对"新子学"理论内涵的一次实质性构建,其中提出的一系列概念一定程度上充实了"新子学"的理论主干。

赖贤宗先生则结合劳思光先生的"基源问题研究法"与傅伟勋先生的"创造的诠释学"来对"新子学"进行方法论层面的探讨。文中指出:"以子学的多元开创的精神,而以道文化来统整,来回应当代的问题,这乃是'新子学'的思想渊源与根本原理。"② 赖先生这一提法沟通了"传统"和"当代"、兼顾了"多元"和"统整",有助于我们全面地构建"新子学"理论体系,尤其是文中提出"以道文化来统整",更是为如何将"新子学"建构成整体、独特的理论提供了思路。

可见,上文中王、赖等先生的探讨不仅给了我们方法论层面上的启示,也触及了"新子学"主干理论构建的问题,而这类问题将成为"新子学"第二个发展阶段中学界关注的重点。

四、第二阶段:充实主干、派生枝条

通过上文的回顾,我们可以看到,在第一阶段学界主要关注的是"新子学"的一些基础性问题,比如其概念、范畴、关系、定位等,这些探讨回答了"新子学"是什么(其中概念、范畴着眼于它内部

---

① 王威威《"新子学"概念系统的建构》,《诸子学刊》第九辑。
② 赖贤宗《"新子学"方法论之反思——基源问题研究法与创造的诠释学的知识建构过程》,《诸子学刊》第九辑。

构成，而关系、定位立足于其外部参考)，但没有回答"新子学"有什么。"有什么"属于一个理论的实质性问题，一个理论必须要有其核心思想和具体主张方能在学术界立足，否则只是空有其表。许多学者在反思学界第一阶段的探讨时，都提出了"新子学"核心理论缺失的问题。而这种核心理论的缺失又影响了"新子学"与其他领域的互动，使得"新子学"一直在单一的老路上发展。这种境遇就好比一棵树木主干未长成故而枝条也欠发育，因此"充实主干，派生枝条"便成了第二阶段的任务，笔者也将此设为本节标题。

此处设定的第二阶段在时间上的跨度大概是两年，它的前奏是2013年的一些相关论文（触及"新子学"核心思想建构的文章），正式肇始于2014年"诸子学转型高端研讨会"上的会议主题发言和《"新子学"论集》序言及相关书评，其高峰则以2015年的"第二届'新子学'国际学术研讨会"中的众多会议论文为标志[①]。此外，还有很多相关的学术活动也为探讨"新子学"提供了契机，比如2014年在上海大学召开的"'新子学'与现代文化：融入与对接——新媒体时代'子学精神'传承与传播学术研讨会"吸引了很多传播学界的学者探讨"新子学"，再比如在韩国召开的"21世纪道家文化国际学术研讨会"主办方亦将"新子学"作为专门讨论的一大议题。经过2014-2015年举办的这些学术活动，学界又新增"新子学"相关文章约73篇（其中学术论文59篇，整理发表的会议发言1篇，书评2篇，会议综述及报道11篇），它们基本被收录进《"新子学"论集（二辑）》一书中。而这些文章相比第一阶段又有一些新特点，即开始关注到了"新子学"核心理论构建和相关领域延伸两大问题，基于这种发展，笔者将这一时期划定为第二阶段。以下将对其展开详细介绍。

---

① 这些会议论文多刊发在2016年的刊物上，本节所列2016年发表的文章多属此类。

(一) 对"新子学"核心思想的探讨

1. "子学精神"与"新子学"核心思想的构建

文章开头提到过"(一个理论)内含的核心思想及由此生发的一系列理念主张和以之构成的体系,则对应着一棵树木中部的主干"。依照植物学的分类,没有主干的树不能称之为树而应归为灌木,主干在中间连接着根系和枝叶,是一棵树之所以为树的标志。同样,核心思想对于一个理论来说也有象征意义,比如古代某学派或某学说皆有其独特的"家数"或"宗旨",这是其开宗立派的前提。

针对"新子学"核心思想不明确的情况,笔者在2013年的《再论"新子学"》一文中便尝试对此进行探讨。笔者首先回顾了之前"新子学"讨论的情况,认为之前"关于'新子学'概念的讨论,主要集中于诸如'新子学'是'新之子学'还是'新子之学','新子学'的研究范围应截止到清末、民国之前还是涵盖当代等问题上"[①]。这便是上文所说学理概念层面的探讨,对于一种理论来说,它们是基础性的,却不是核心性的,我们还要继续超越这一层面,追求构建"新子学"的核心精神,凸显它的文化、政治等关怀。所以该文便提出了"子学现象"和"子学精神",并对其进行阐述:

> 就深层意义而言,"新子学"是对"子学现象"的正视,更是对"子学精神"的提炼。所谓"子学现象",就是指从晚周"诸子百家"到清末民初"新文化运动"时期,其间每有出现的多元性、整体性的学术文化发展现象。这种现象的生命力,主要表现为学者崇尚人格独立、精神自由,学派之间平等对话、相互争鸣。各家论说虽然不同,但都能

---

① 方勇《再论"新子学"》,《光明日报》2013年9月9日15版。

> 直面现实以深究学理,不尚一统而贵多元共生,是谓"子学精神"。①

此处提出"子学精神",有其特殊意义。之前一些学者曾指出,"新子学"想发展成一种完善的理论,还需要克服一些困难,归纳起来有以下几点:首先,诸子内部各家异说,缺乏理论的统一,以此为基础的"新子学"该如何成为一个浑融一体的理论;其次,"新子学"与其他一些思想流派分享共同的理论问题、存在相近的思想理念,该如何增强其标识性与独特性;再次,"新子学"没有明确的主张,那么,它又如何作为一种理论指导实践。其实,上述困难归根结底可以总结为"新子学"核心理论缺席的问题,而此处我们提炼出来的"子学精神"则恰可以充当"新子学"核心思想来分别应对上述困难:第一,它体现了诸子各学派的总体特点,具有统摄性;第二,它由"子学现象"提炼而来,能反映出该理论的独特性;第三,这种精神不是空泛的口号,而是有历史事实为参考,并加以颇具高度的概括,具备指导实践的价值。

一个理论核心思想的形成,是个"博取而约收"的过程,提炼"子学精神"便是博取"子学现象"、约收其中的深层意蕴,从而创生出对"新子学"能有标识性作用的思想观念。从这个方面看,提炼"新子学"精神不失为构建"新子学"核心理论的可行路径。

基于这一思路,在"新子学"理论构建的第二阶段中出现了很多针对"子学精神"进行的探讨。

李桂生先生认为,"'新子学'的建构有赖于对子学精神的承继","子学精神"主要表现在"独立人格""思想原创""批判思

---

① 方勇《再论"新子学"》,《光明日报》2013年9月9日15版。

维""入道见志""保持张力""和而不同""实践理性"①。李先生对各类精神逐一进行阐释,相比笔者的论述更加详细,其中"批判思维""入道见志"两类精神更是对笔者观点的补充,这很值得我们重视。唐旭东先生的看法亦与此相近,认为诸子"其精神品格是傲然不群的独立人格,深切的忧国悯世情怀,强烈的责任感和义无反顾的践行精神"。故而"当代'新子学'要继承传统子学的精神品格,以学术为根本,以经国济世为目的,在强国复兴的大业中发挥应有的历史作用"②。唐先生是结合诸子的人格品质来谈"子学精神",又为我们的探讨增添了一个视角。与此相近的还有逄增玉先生的观点,他是结合当代知识分子的品格塑造来进行论述,他指出"建立先秦时代的'子学'精神,就是要建立独特的、有自由和担当精神的文化和心理结构,以及比较完整的人格结构"③。这一期许呼应了现实,有着独特意义。

还有景国劲先生则将"子学精神"与"新子学"的"价值诉求"结合起来讨论:"'新子学'是一种具有'策略性'的学术文化理念,显然有着当代性的文化价值诉求。'新子学'的文化价值诉求主要体现在三个方面,即有机整体观与创生精神、参与精神和对话精神等。"④景先生视角比较独特,故而他总结出的"子学精神"也颇有新意,值得我们进一步探讨。

---

① 李桂生《子学精神与"新子学"建构刍议》,《诸子学刊》第十三辑,上海古籍出版社2016年版。
② 唐旭东《传统子学精神与"新子学"的责任和使命》,《诸子学刊》第十三辑。
③ 逄增玉《重建当代知识分子的"子学"精神》,《名作欣赏》2015年第1期。
④ 景国劲《"新子学"文化源流及其价值诉求》,《诸子学刊》第十三辑。

欧明俊先生则对"子学精神"进行了更大篇幅的扩充,在《论"子学思维"与"子学精神"》一文的摘要中,他指出:"子学精神不同于求真求实的史学精神,最重要的是理论创造,是'大丈夫'精神、执着精神、牺牲奉献精神、尚气节精神、仁爱精神、谦虚好学精神、科学精神、自由精神、独创精神、争鸣精神、叛逆精神、怀疑精神、批判精神、担当精神、会通精神、开放精神、和谐精神、自律精神、宽容精神等。"这可以说是目前总结"子学精神"最全面的文章。更可贵的是,欧先生还进一步探讨,总结了一系列的"子学思维",认为:"相对于经学思维,子学思维是创新思维、理性思维、科学思维,如辩证思维、全息思维、中和思维、抽象逻辑思维、形象思维、直觉思维、相对思维、变通思维、否定思维等。"[①] 欧先生对各类"精神"和"思维"都进行了细致的阐述,本文不一一例举。

总体来看,上述几位学者都致力于在"子学"中发掘更丰富的精神,从而为"新子学"填充更多的理论内质,他们这些努力让"新子学"这棵大树的主干逐渐粗壮,对它之后的发展有长远的帮助。

与上文分门别类地列举不同,郭丹先生则追求直探子学与"新子学"的精神内核,他指出:"'子学'即诸子之学,其最早的含义,是指先秦诸子之学。《文心雕龙·诸子》说:'诸子者,入道见志之书。''入道见志',不论是入哪家的'道',抒发的是什么'志',诸子之学是阐发自己思想学说之学,是'欲以一己之思想学说以广播于天下者',是针对当时的社会进行思考而提出的治理社会、有关人性的各种主张,是坚持'立原创之见,倡导精神上的独立与自由'。这就是诸子之学的精神内核。"在此基础上,郭先生又参考

[①] 欧明俊《论"子学思维"与"子学精神"》,《诸子学刊》第十三辑。

"新儒学"与古代儒学的连续性，给出了"新子学"的精神内核："同样的道理，'新子学'与传统子学在精神上应有延续性和继承性，而不是割断的。愚意以为，就宏观的层面来说，统领'新子学'的精神内核，从先秦时期肇始的子学精神是'新子学'应该延续和弘扬的。"① 郭先生对"子学精神"的描述是从整体的角度着手，呈现给我们一个浑融的精神图景，虽然没有详细展开论述，但对"子学精神"的把握很准确到位。

还有很多学者的文章在思路上与郭先生类似，都是从某一特定"精神"的角度展开对"新子学"核心理论的论述。

林其锬先生借用冯友兰《中国哲学史·原杂家》中的论述来说明"杂家精神"："凡企图把不同或相反的学说，折衷调和，而使之统一的，都是杂家的态度，都是杂家的精神。"杂家是子学中的一派，而且以汇通百家为宗旨，这种"杂家精神"不仅是"子学精神"的组成部分，而且在其中有着特殊的意义。故而林先生总结时指出在当今"需要发扬杂家精神，即取镕诸家之长、舍弃诸家之短（这里的诸家自然也包括外来文化在内），这才能担当和完成'新子学'建构的历史使命"②。张双棣先生同样认可杂家对"新子学"建构的意义："我们现在讨论'新子学'，应该充分借鉴杂家吸纳百家的做法，本着积极的、公开的、宽容的态度，对待古今中外的各种思想学说，择其善者而从之，其不善者而舍之。"③ 杂家是诸子百家进入总结时期时产生的一种学问，它关注诸子的共通性，与我们要建构的"新子学"核心理论有异曲同工之妙，故而两位先生结合杂家进行的探

---

① 郭丹《关于"新子学"的几点浅见》，《诸子学刊》第十三辑。
② 林其锬《"新子学"学科定位与杂家精神》，《中州学刊》2015年第12期。
③ 张双棣《"新子学"与杂家》，《诸子学刊》第十三辑。

讨是极有意义的。

而张洪兴先生在探讨"子学精神"时则坚持将关注点放到儒、道两家上面，他指出："我们当下弘扬'新子学'，一方面要整理文献，梳理文本，但更为重要的是培育以儒家、道家为骨干的子学精神，固本培元，革故鼎新，发挥子学在当下文化建设中道德修养、温养人心、社会和谐等方面作用。"张先生在文中从"学术背景与渊源""学术特征与价值""政治与宗教因素"三个方面论证了儒、道两家是"中国文化的根"，故而认为"我们现在强调固本培元，首先需要培育中国文化精神，培育儒家、道家精神"①。儒、道两家在子学中有独特价值，在探讨"子学精神"时对这两家重点关注是合理的，不过在地位上我们还是要将它们和其他各家一视同仁地对待，千万不可出现"独尊"的局面。

还有曹玟焕先生别出心裁地提出了"狂者精神"，将其视为"新子学"理论构建的必要元素："中国文化与哲学范畴中有许多和西方不同的部分。'狂者精神'是其中之一。本文关注的是朱熹规定的'志高而行不掩'中'志高'所具有的优点。在全球化时代，要求多元性、开放性思维的今天，我们要从儒家的经学中心主义、理性中心主义中摆脱出来。现在是一个需要通过'志高'和独特思维去发展人类文明、具有创意性的人才的时代。因此有必要重新设定'新子学'中追求'志高'的狂者的地位。我认为，对于狂者的适应时代要求的肯定性重释是'新子学'应当去追求的重要课题。"②曹先生提炼出的"狂"字，作为一种精神很能反映子学的特质，进而体现

---

① 张洪兴《固本培元　革故鼎新——儒道学说与"新子学"的发展》，《诸子学刊》第十三辑。

② ［韩国］曹玟焕《"新子学"与"狂"的现代意义》，《诸子学刊》第十三辑。

出"新子学"的理论独特性。此外,耿振东先生专门针对"新子学"中的"关注现实精神"进行阐发①,亦有精到的论述。曹、耿两先生一个追求"志高",一个立足现实,虽旨趣对立,但在"新子学"理论构建的框架下却能融通互补,共同助力于"新子学"核心理论的全面建设。

在众多关于"子学精神"的论述中,陈鼓应先生提到子学中的"人文精神"尤其值得我们重视。陈先生对道家中人文情怀的阐释在学界影响颇深,而在此处陈先生进一步指出:"实际上,不仅仅是道家,先秦哲学的特质都在人文精神上。从中西哲学的对比来看,先秦诸子在世界文化史上的特异之处,就是人文意识的自觉尤其早,而思考又尤为圆通。"陈先生以老子、孔子等先秦思想家为例,描述了先秦"人文思想汇集到人文思潮"的历史进程,进而指出"先秦诸子百家的人文精神对今天的世界有着非常大的启示。自古至今,人类就不停地面临三大冲突:人与自然的冲突、人与人的冲突、人与自己内心的冲突。环顾今天的世界,这些冲突不但没有减缓,反而在一些霸权意识下愈演愈烈。在这种情况下,子学中蕴含的人文精神与对话、和谐的精神,就具有非常现实的意义。"② 陈先生从子学中提炼出的人文精神以及对话、和谐的精神,是针对着当前世界三大冲突而发,颇具现实意义,同时它们又关怀到人类的历史与未来,更体现了长远眼光。陈先生的这些探讨使"新子学"核心理论的构建又得到了一个新的突破。

---

① 耿振东《实现中华民族伟大复兴的"新子学"之"关注现实"的思考》,《诸子学刊》第十三辑。
② 陈鼓应《子学兴替关乎中国思想变革——〈"新子学"论集〉序》,《光明日报》2013年12月16日第15版。

2. 其他维度的构建路径：具象论述维度与抽象论述维度

以上学者在建构"新子学"核心理论时都是由"子学精神"作为切入点，这有它的合理性，因为"精神"既凝聚核心理念，又系联相关现象，前者是集中的、抽象的，后者是广泛的、具象的，"精神"这一论述维度恰好中和了两者的特性。但学界的探讨并非全部着眼于"精神"这个中立维度，而是又选择了一些其他的论述路径：有些学者采用更具象的论述维度，这主要是指设置一些人物为"新子学"楷模，以其具体"行事""主张"作为"新子学"核心理论构建的标准；而有些学者追求更抽象的论述维度，尝试了如"深层次问题""逻辑中心点""本体建构"等切入点。以下将对它们展开介绍。

严寿澂先生以章太炎先生诸子学成就为主体展开论述，由此触及"新子学"理论的构建。他认为："依自不依他，求是致用相资，是为章太炎毕生之所主张，实乃中华文化复兴必由之道。今日而倡'新子学'，当于此取法。"[①] 文中总结的"依自不依他"与"求是致用相资"两大主张缘起于章太炎先生对子学的研习，又落实于先生一生的学术实践，故而该文将章先生的学术设为我们当代"新子学"的典范，其合理性与意义自不待言。

李若晖先生则主张建构"新子学"要与经学相结合，他为此树立的典范人物是司马迁，他论述道："如何回到自由经学，并以此为基础重构子学？汉初司马迁可以为我们提供参考。《汉书》卷六十二《司马迁传》赞：'司马迁据《左氏》《国语》……'太史公正是熔经铸子，才能'拾遗补艺，成一家之言，厥协六经异传，整齐百家杂语'，钱大昕《潜研堂文集》卷二十四《史记志疑序》论曰：'太

---

① ［新加坡］严寿澂《"新子学"典范——章太炎思想论纲》，《诸子学刊》第九辑。

史公修《史记》以继《春秋》，成一家言。其述作依乎经，其议论兼乎子，班氏父子因其例而损益之，遂为史家之宗。'"①李先生的见解颇有启发性，司马迁作为中国历史上重要的文化人物，本身具备丰富的文化内涵，尤其是他对待六经的客观态度，及"成一家言"的"子学式"著述路径，更值得我们建构"新子学"理论时参考。

与上述两位先生较为具象的论述不同，张涅先生的论述没有结合具体人物，而是侧重抽象层面的归纳。他总结出了之前子学及子学研究中共同存在的不足，这被表述成"三个深层次的问题"，即"对个体意义重视不够""对多元价值缺乏普遍认同""对形而上思维的考虑不周"，故而张先生提出"个体本位意识、多元价值观念、形上思维形式等方面的问题显然是当代'新子学'研究可以作为的方向。"②张先生从子学存在的不足展开探讨，这同样透视到了子学的一些共通的特质，对于建构"新子学"核心理论是不可或缺的。

方达《先秦诸子思想中逻辑"中心点"存在的可能性》一文对"新子学"核心理论所做的探讨则进一步抽象化，他提出了"先秦诸子思想中逻辑中心点"这一说法。他认为"在先秦诸子百家时代的某一特定时期，由思想源点分化而出的各个流派思想应当又无限回归接近这个源点……我们无论在任何历史阶段进行思想创新、变革，实际上都是在这个'中心点'内部进行的。"进而，他指出"基于此，我们现在提倡的'新子学'创新的方法，只能是先在传统中回溯'轴心时代'的'传统源头'，然后再来寻找'轴心时代'的'中心点'"③。显然，他是希望通过对这一"中心点"的探索，寻找出一

---

① 李若晖《熔经铸子："新子学"的根与魂》，《诸子学刊》第十三辑。
② 张涅《对于当代"新子学"意义的思考》，《诸子学刊》第十三辑。
③ 方达《先秦诸子思想中逻辑"中心点"存在的可能性》，《中州学刊》2015年第12期。

条贯通古今的线索，生发出一个统摄子学的体系，从而完成"新子学"核心理论的构建，重现"轴心时代"的"哲学突破"。文中将"轴心时代"思想汇集的"中心点"定为"荀学"，这有一定的依据，至于是否完全正确，还要学界继续讨论。不过该文探寻"中心点"的尝试却很有意义，他在抽象层面设计了一个"中心"，有助于我们构建理论时形成共同的指向，而非零散支离的探索。而且，相比提炼"子学精神"的思路，"逻辑中心点"的提法更容易使学说一体化、体系化，毕竟"精神"这一论述维度提供的只是一种松散的联系，而"逻辑"则更有明确性、规定性，如果这种思路可以成功，那将是"新子学"核心理论构建的一次质的飞跃。

周鹏（笔名适南）《"新子学"的本体建构及其对华夏文化焦虑的对治》一文则尝试进行"新子学"的"本体建构"，为我们的探讨又开辟了一个新思路。他指出了"诸子学在历史上过于分散的现状制约了'新子学'的发展"，故而该文"试图从先秦诸子的文本中为'新子学'提炼出三位一体的复合本体论，以解决'新子学'理论体系的本体建构问题"。经过论证，文中对"新子学"的本体建构作了以下概括："以流通性而言，谓之'道（一）本论'，以认知性而言，谓之'心（知）本论'，以全息性而言，谓之'天本论'，一个本体，三重功能，这就是'新子学'三位一体的复合本体论。"① 周鹏这一"复合本体论"有助于奠定"新子学"理论的哲学基础，并由该基础生发出"新子学"核心的思想，故而不失为一种有益的尝试。

综上，在学者探讨"新子学"核心理论时，或依据现象提炼精神，或树立典范作为标准，或依凭思辨建构体系，每个人都依据自己不同的思维习惯进行着理论的构建，虽然形态各有差异，但都是在为

---

① 适南《"新子学"的本体建构及其对华夏文化焦虑的对治》，《诸子学刊》第十三辑。

"新子学"填充实质性内容、核心性理念,这些努力都有助于"新子学"核心理论的最终形成。

此外,随着"新子学"核心理论的逐渐成型,学界也展开了对其中一些关键元素的探讨。比如"多元"这一概念,在学者们构建"新子学"理论时经常提到,由于这种基础性地位,它也成为了一个专门的研究对象。

刘兵先生(笔名刘思禾)结合古代学术发展的历史,对子学中的"多元"提出了一些颠覆性的看法:"多元的实质是冲突的合法化,因而需要一种中立的构架来提供低烈度冲突的平台。"但诸子其实每家都追求确立自己的学说为唯一合法权威,为此积极与诸侯政权结合,可以说,"诸子是一种事实上的多样……诸子不是多元,而是无法一统。"这里他否定了思想史中"多元"之存在,之后他又有对"多元"作用的否定,认为"多元主义方案,对于中国古典时期的庞大帝国而言,未免太过反常"。而且他看到了诸子之学与王官之学的统一性,即它们"都在探讨一统的秩序和方法"。基于上述认识,他得出了关于子学"多元性"的结论:"子学的确和多元主义的一些观念很相近,但在根本上还是两回事,说子学与多元主义相近,莫如说子学与经学相近,真正理解子学,还是要回归中国语境之中"①。刘兵先生这种看法可以丰富我们之前对子学的一些简单看法、认识到其中的复杂性,但该文同样也有矫枉过正之嫌,因为这一看法过于强调诸子"同归而殊途,一致而百虑"中的"同归""一致"的一面,于是忽视了子学现象中丰富多样的形态。前文提到,刘兵先生在定义"新子学"时关注点在于学说所发生的环境及两者间的互动,基于这种关注的探索必然会强调诸子各家面对现实世界时"务为治"的同

---

① 刘思禾《探索前期中国的精神和观念——"新子学"刍议》,《河北学刊》2015年第5期。

一目的,而对子学本身缺乏细致的分析,这便造成了他对子学内部多元性的否定,将"子学"与"经学"等同起来。至于他将子学的多元阐释为"事实上的多样",亦可以结合他论述时的关注点进行解释。我们认为,子学不仅包括诸子本身的学说,还包括后世学者对其阐释所形成的学问,诸子本人没有明确提倡多元,但后世研究者通过子学现象却能体悟到多元的精神,这种体悟从古至今常有表述,成为了子学不可忽视的一个传统,我们在当代弘扬子学的多元性,是基于对学说研究者这一维度的关注,而刘兵先生关注点与我们在不同维度上,故而会有否定的意见,并用他维度中的眼光来消解我们所建构的意义(刘文从"事实上"着眼,追求回溯至现象发生的时代环境中,于是富有文化内涵的"多元"就变成了仅能描述事实的"多样")。总之,刘兵对"多元"的否定本身就是我们"新子学"多元理念的实践,作为一种"多元"的意见,同样值得我们深刻思考。

吴根友先生则将"多元"和"自由"相结合阐释,更能代表一种普遍的理解。他指出"中国文化是多元并进的,在儒学内部也是如此。传统文化当然有自己的主流,但并不因此而能过多地奢谈'正统',争抢所谓的'正宗'。思想与文化的发展恰恰要在诸子百家争鸣的状态下,才能健康地向前推进。我们不赞成道统说,赞成子学多元的传统。仅就思想史、哲学史而言,'子学'其实是研究诸多思想家、哲学家的学问。中国传统文化很少有西方思想界的'自由主义'传统,但诸子百家的争鸣在实质上就反映了学术自由与思想自由的实质。"① 对"正统"和"正宗"的警惕正是我们"新子学"所奉行的一大宗旨,吴先生此处的论述正切合"新子学"的精神。吴

---

① 吴根友、严寿澂、李若晖、姜声调、孙少华、李承贵《新子学:几种可能的路向——国内外学者畅谈"新子学"发展》,《光明日报》2014年5月13日第16版。

先生随后又引用了著名哲学家萧萐父先生的观点，提到：" 萧先生将当今世界范围内的各家各派的学术争论，视为当年发生在中国先秦的诸子百家的争鸣。"既而认为："参与世界范围内的诸子百家争鸣，是当代'子学'发展的一个新方向。"这就将"新子学"的多元性拓展到了当代世界文化的范围，极具现实意义。同时他又指出了"新子学"中"多元"的时代特性："他（萧先生）对中国文化的发展方向及其前景的预测，不同于《庄子·天下》篇所悲叹的'百家往而不返'的结局，而是趋向于'同'，只是这种'同'是以'异'为基础的'同'。"①这种对"多元"的辩证思考值得我们构建"新子学"理论时重视。

以上仅列举了两种有代表性的观点，大致能涵盖学界对"多元"这一问题的不同态度。从这个例子中我们可以看到，学界不仅在着力构建核心的理论，也在对构成这一理论的各种元素作细致辨析，宏观、微观两层面的研究呈现着相互补充、共同推进的态势，如果这种态势能持续发展，笔者相信"新子学"必然能被构建成中心明确、结构宏伟同时又细密谨严的理论体系。

（二）"新子学"与其他领域的交叉研究

当一个理论概念及定位明确、主体理论成熟后，它自然会超出原有框架，影响到学者对其他领域相关对象的研究。"新子学"的发展也遵循这一规律，随着自身的成熟，它的意义不再被诸子学这一传统范畴所局限，而是从中走出，与各种研究发生了交叉，犹如大树顶端生发的枝条一般，向各方向不断延伸。以下将择其要者进行分析。

---

① 吴根友、严寿澂、李若晖、姜声调、孙少华、李承贵《新子学：几种可能的路向——国内外学者畅谈"新子学"发展》，《光明日报》2014年5月13日第16版。

1. "新子学"在政治学领域的延伸

"新子学"与政治学领域的交叉取得了比较瞩目的成果,这体现在"第二届'新子学'国际学术研讨会"上学者对这一方向的热烈探讨,关于这点,本次会议的综述有详细介绍:"'新子学'的发展不仅是理念的提出,也体现在研究领域的实际推进上。本次大会的一个亮点是诸子国家治理思想的讨论,共有16位学者撰写了诸子政治思想的论文,形成了诸子学在政治治理领域的一个突破。……总的来看,此次会议在诸子政治学方面打开局面,初步显示了诸子政治研究的重要性,为今后的诸子学研究开辟了一个新方向,可以说是'新子学'在研究领域的一个实际推进,是本次大会重要的成果。"① 由此我们可以看到这种交叉碰撞出了激烈的思想火花,"新子学"在政治领域的开辟有广阔的前景。其实,这种现象是有其必然性的,因为子学自发生起就重点考虑"天下秩序""国家治理"的问题,"新子学"作为其新形态,再次进入政治治理领域是顺理成章的事。只不过我们在结合两者的时候一定要注意条件,即需要突出时代性,让"新子学"融入到当代政治治理的研究中去。

在这方面,蔡志栋先生(笔名庄沙)的探索比较有代表性。其文章之题目定为"儒家式和道家式:'新子学'政治自由论的两种建构路向——以康有为和严复为中心",可见,该文选择了近现代人物为切入点,紧扣"政治自由论"这一当代政治热点论题,由此与"新子学"结合,并最终归结到子学中的两大流派——儒家和道家,可以说既凸显了时代又反思了传统,在思路上值得借鉴。至于其中具体论述及结论,则亦有深刻之处,他指出"康有为主要从儒家的角度诠释政治权利的古典根源,揭示了自主之权和先秦思想之间的内在联系,将权利理解为名分,又将之误解为利益,大加鞑伐。严复明确

---

① 刘思禾《发掘诸子治国理念》,《光明日报》2015年6月8日第16版。

地从道家那里发展现代政治自由思想,他将杨朱和庄周等同起来,为政治自由的展开奠定了个人主义的逻辑基础,并将"在宥"解读为自由,将老子诠释为民主之道,成为了道家自由主义的滥觞。"该文的论断不仅建立在对康、严两人政治思想的准确把握上,也依凭着对儒、道两派理论精髓的深刻体悟,基于这种发现,他便提出:"康、严两位的诠释显示了'新子学'构建政治自由论的儒家式和道家式两种路向。"① 这种"路向"的探讨无疑为"新子学"在政治领域的开辟提供了启发,其意义是不言而喻的。

2. "新子学"与现代学术的互动

"新子学"与现代学术研究也有交叉,许多学者对此也展开了专题讨论。孙少华先生关注"新子学"对学术"新传统"的意义,认为"'新子学'之提出,可谓与胡适的'新文学'、饶宗颐的'新经学'、梁启超的'新史学'互为犄角,成为创建中国古代学术研究'新传统'不可或缺的部分。"② 之后该文从"新与旧""破与立""学与用"三个矛盾关系入手,分析了"新子学"与"新传统"建设的可能性、路径与方向问题。孙先生文中提到他"曾就21世纪学术'新传统'的建立问题,有所论述",可以说他一直致力于"古典学术现代转型"问题,孙先生此次的探讨将"新子学"带出了原有诸子学研究的范畴,使之融入了当今古典学术研究的新潮流中,意义不容忽视。此外,林其锬先生也从"新子学"的角度谈到诸子学的学科建构,认为它"应形成诸子典籍的整理、考究与诸子学概论及

---

① 庄沙《儒家式与道家式:"新子学"政治自由论的两种构建路向——以康有为、严复为中心》,《诸子学刊》第十三辑。

② 孙少华《"新子学"与学术"新传统"建设》,《河北学刊》2015年第5期。

诸子学史。当然在此基础上还可以派生诸多的分支研究领域。"① 林先生这种设想立足于前人研究子学的成果，参考了现代学科门类的构成，对于"新子学"融入现代学术体系有着重要意义。

上文中，林先生提到了"分支研究领域"，这就相应地涉及到了"跨学科研究"的问题。跨学科研究是现代学术研究的热点，"新子学"与跨学科研究的关系也得到了很多学者的探讨。笔者在2013年的会议发言时就曾呼吁学界应"突破学科限制，凝聚研究力量，在夯实'新子学'的基础上，探索诸子学研究的新范式。"② 在这方面做出重要贡献的有孙以昭先生和姜声调先生（笔名凌然）。孙先生首先指出"旧子学本身就是跨学科、多学科之作"，继而"以庄子其人其书为例，阐述'新子学'的跨学科、多学科的大文化研究"③，文中所举例证说明了《庄子》一书中所蕴含的物理学、养生学、生态学等方面的价值，彰显了"新子学"与跨学科研究相交融的广阔空间。姜声调先生对这一问题的探讨则采用了更宏观的视角，他认为"从转型到巅峰，必须经过一定的学术研究进程，把不同学科整合、贯通起来，以解除其间的相对局限性。为此，在'新子学'与跨学科学术研究上要有一种反思，才能正视存在的问题。关于'新子学'学术研究转型进程的问题，应该可以从规范化、多元化、普及化等过程来思考，其中以多元化、普及化为重点，进行细节性的文学化与大众化，应能达到预期的功效。进而还要从前人的学术成果中寻找一些相关范例，接受而后解构，建构进而发挥，从而全面深入地开展跨学

---

① 林其锬《略论先秦诸子传统与"新子学"学科建设》，《诸子学刊》第九辑。

② 潘圳《"新子学"推动文化复兴》，《社会科学报》2014年4月24日004版。

③ 孙以昭《"新子学"与跨学科、多学科学术研究》，《河北学刊》2015年第5期。

科的'新子学'学术研究。'新子学'与跨学科学术研究是一个相涉互动的关系。正视时代趋势的变化与要求，进行古今与东西对话、解构与建构工作，唯有学界与大众相结合，才会实现跨学科的'新子学'学术研究。"① 姜声调先生的探讨侧重理论层面的分析与整体方向的规划，与孙先生的论述相得益彰，两位学者的研究都为"新子学"与跨学科研究的互动提供了思路。

3. "新子学"与当代文化研究的融通

"新子学"除了与现代学术有交叉外，它与当代文化亦有密切关系，而且这种关系在"新子学"理论构建的第一阶段就已经得到学者的深入探讨。如郝雨先生首先明确提出"（新子学）并不仅仅是一个古代文化的研究范畴。它也为现代文化研究者提供了新的学术方向。"② 在郝雨先生的倡导下，学界相继组织了"新媒体时代民族文化传承——现代文化学者视野中的'新子学'"③、"新媒体时代民族文化探源与经典传播——'子学精神'传承与传播"④ 两次"新子学"学术研讨会，皆由现代文化学者为主导，着力探讨"新子学"与现代文化诸方面的交融问题。杨剑龙先生指出"'新子学'是一种历史传统、文化传承，放在当下，肯定要有一种当下的意识"，而"'新子学'阐释的当代语境，应该崇尚以人为本"，另外则"应该融

---

① ［韩国］凌然《"新子学"与跨学科学术研究鸟瞰》，《诸子学刊》第十三辑。

② 郝雨《"新子学"对现代文化的意义》，《文汇报》2012年12月17日00C版。

③ 详见郝雨、杨剑龙、葛红兵、刘绪源、姜玥敏、王宏图、徐国源、李有亮、何美忠、范松楠《新媒体时代民族文化传承》，《黄河文学》2013年第2/3期（Z1）。

④ 详见毛冬冬、刘凯《新媒体时代民族文化探源与经典传播——"子学精神"传承与传播研讨会综述》，《诸子学刊》第十三辑。

入现代人的现代思考在内"①。王宏图先生则用"对话理论"这一现代文化成果来思考"新子学",认为"'新子学'给我们的一大启示是,除了将传统资源发扬光大外,还应开展中国文化与各国文化全方位的对话,藉此启动中国传统内在蕴含的活力,同时也大规模地汲取域外思想资源,以丰富、发展自己。"②杨先生、王先生都为"新子学"融进了现代文化的一些理念,这有助于"新子学"以更亲和自然的姿态进入现代文化领域。

葛红兵先生则认为"'新子学'如何与当代生活融入与对接,还需要多方面的梳理和新型的研究",其中,"对'元典'的梳理和阐释""探寻'子学'后来被压抑的原因"以及"如何运用'新子学'的精神践行中国传统的思想和伦理"都是学界尝试对接二者时需要做的工作③。

王斐女士则专门探讨了"第三极文化"中体现的"新子学"精神,并将它们概括为三点:民族文化的生命力和创新精神;传统文化的传承性与当今文化的现代性相结合;中国文化的大品格是在困难中寻求自己的文化出路④。"第三极文化"是由黄会林教授提出的一个现代文化概念,它是指"相对于欧洲文化和美国文化而言的中国文化",黄教授提出这一概念是"对东西文化两极论的反思和修正,是

---

① 详见郝雨、杨剑龙、葛红兵、刘绪源、姜玎敏、王宏图、徐国源、李有亮、何美忠、范松楠《新媒体时代民族文化传承》,《黄河文学》2013年第2/3期(Z1)。

② 同上。

③ 葛红兵《"新子学":如何与当代生活对接》,《名作欣赏》2015年第1期。

④ 王斐《"第三极文化"体现的"新子学"精神》,《艺术百家》2013年第7期。

应转型期中国社会发展的需要，寻求文化自觉和文化自信的一种努力"①。该文将"新子学"与"第三极文化"相结合探讨，为"新子学"进入现代文化领域发现了一个很好的结合点，相信基于共通的学术目标和文化底蕴，这两种理论必然能相互促进，共同致力于中国现代文化的建设。

张勇耀女士还提出了"构建'新子学'时代新的女性话语体系"这一命题，认为"新子学"与现代文化中的"女性主义"有相通之处，既而指出"如何从当代女性的视域出发，建构女性话语体系'新子学'，这无论对子学学术层面的研究，还是对当代女性话语体系的传播，都具有重要意义。所以，'新子学'女性话语体系构建就是要发掘和提炼传统诸子学说中积极的女性观并得到广泛传播。"②对女性的重新认识是现代文化的一个重要标志，张女士在这方面的思考无疑丰富了"新子学"在现代文化领域探讨的成果。此外，"新子学"与文化传播的问题亦是现代文化学者讨论的热点，本文将其放置于第三阶段集中探讨，此处暂不详述。

（三）对"新子学"基本问题的再思考

虽然学界在第一阶段已经对"新子学"的基本问题进行了细致的探讨，但随着参与学者的增加，这方面又有一些新观点涌现，我们也必须要对它们给予重视。

关于"新子学"的概念和范畴，本阶段有以下几位学者的探讨值得注意。

---

① 王斐《"第三极文化"体现的"新子学"精神》，《艺术百家》2013年第7期。

② 张勇耀《构建"新子学"时代新的女性话语体系》，《诸子学刊》第十三辑。

张涅先生侧重以实践性作为标准界定"子学"与"新子学",他指出"'子学'和'子学研究'是两个概念,'子学研究'是纯学术性的,而'子学'更多地具有社会实践性的品质。所谓'新子学',严格地说,是指在新的历史阶段对于社会政治的再思考和实践。与此相应的'新子学研究',即晚清民国以来的吸收了西方学术思想和范式方法后的诸子学研究。"① 张先生对"实践"和"研究"的区分有着特殊的意义,这一定义能够突出"新子学"的实践品格,使它更好地契合于当下社会。

刘兵先生(笔名刘思禾)则为我们看待"新子学"又提供了一个新的视角。他首先为"子学"的定性寻求了一个新的路径:"把子学视作前期中国思想的重要线索,以先秦诸子学为中心,以汉、魏、六朝、隋、唐诸子学为展开,而与经学并立。"② 具体来说,他将中国的思想史以唐为界分为两个时期,两者特质可做以下表述:

前期:中国自发思想,经子分享共识——对社会的控制
后期:中外结合思想,儒佛分享共识——对心理的控制

由此,他对子学的历程就有一个四段分期:先秦、两汉—隋唐、宋元明清、晚清民国,既而他界定了子学研究的对象:"应把子学研究集中于先秦诸子之学,同时,应关注子学的第二期发展,重视子学和经学的互动关系,更重要的是,须把以上二者统一起来,来把握中国前期思想的基本特征,对于宋明时期的子学(如朱子对先秦诸子的研

---

① 张涅《对于当代"新子学"意义的思考》,《诸子学刊》第十三辑。
② 刘思禾《探索前期中国的精神和观念——"新子学"刍议》,《河北学刊》2015 年第 5 期。

究),并不是重点,而如何展开新时代下的子学研究,这是其关键所在。"① 刘兵先生这段论述不但回顾了子学的历程,也由此呈现了"新子学"的某种本质,它是接续前期中国思想的一种努力,是诸子学发展历程的一个新机遇。

郜元宝先生则对"新子学"的多层含义进行了区分,其一是"新的子学",其二是"新子之学"。他指出"'新的子学'是要把过去历朝历代的'子学'研究根据今人新发现的材料和新建立的方法论推向一个新的高度",而"新子之学",则是指"我们已经出现了或应该出现或即使尚未出现但应该呼唤出现'百家争鸣'时候那样的众多的'子',这些'新子'各以其学说布告天下,就是'新子之学',简称'新子学'"。在此基础上,郜先生还提出了"新的子学时代的精神"作为对上述两层次的超越,前文已论,此不赘谈。郭丹先生同样对"新子学"做了这两个层次的划分:"'新子之学'侧重于'立说'之学;'新之子学'则包含诠释之子学。以这样的理解,愚意以为'新之子学'与'新子之学',都是'新子学'所应包括的范围。"虽然"新子学"包含多个层次,但郭先生对"新子学"的范畴持有比较严谨的态度,不希望"新子学"成为"包罗万象的杂烩"(尤其在"新子之学"层面反对将近代许多学者归入"新诸子"),而是将其限定为"继承从先秦诸子之学所延续下来的具有传统文化意义的新学说"②。总之,郜、郭两位先生探索了"新子学"概念的层次,这在第一阶段也有学者论及,但两位先生在此基础上又分别有了"超越"和"限定",这可看作是对第一阶段探讨的

---

① 刘思禾《探索前期中国的精神和观念——"新子学"刍议》,《河北学刊》2015 年第 5 期。
② 郜元宝《对"新子学"三个层面的思考》,《名作欣赏》2015 年第 7 期。

延伸和发展。

除此之外,还有一些学者对第一阶段"新子学"概念、范畴的讨论作出了纠正。如之前学者提出民国时期子学研究可作为"新子学"的一部分,孙以昭先生结合"新子学"中"新"字的内涵,对此予以了否定:"至于民国时期的子学著作,窃以为不能称之为'新子学',如上所述,'新子学'应有种种要求与标准,应自成体系,决不能仅因其著作中有新意,即视为'新子学'。"① 学术的研究是一个"前修未密,后出转精"的过程,一些基本的问题就是需要我们不断地切磋、琢磨,才能得到更完美的答案,由此来看,上述探讨并不是重复研究,而是有着不可或缺的意义。

对于"新子学"的自身定位和相关关系的再思考同样是本阶段探讨的重点。

刘兵先生(笔名刘思禾)强调"从经学、子学贯通的一面来把握子学",他认为在先秦时代"经学和子学同构并生",其中"儒学有显、隐两条线",显的一方是我们现在所熟知的儒家孟、荀等诸子,隐的一方是记载不详的"传经诸老",这种显隐关系在武帝之后则被倒置,"传经"成为显学。故而刘兵先生指出:"子学和早期经学的相互影响是实际存在的,其中的问题是非常复杂的,梳理其中的原委,有助于我们重新理解经、子关系,进而理解'子学时代',而有一个不一样的诸子学。"之后,刘兵先生又分析了秦朝之后经、子之间的政教关系,在这方面他给出了结论:"经不是儒家的专利,而只是对主流文本的称呼而已。不是经学或儒学压制了子学,而是总会有一种主流学说与政治系统结合,以维系基本的文明秩序和社会秩序。"所以他对子学又有了一个新的定位:"什么是子学?子学就是

---

① 孙以昭《"新子学"与跨学科、多学科学术研究》,《河北学刊》2015年第5期。

脱离于政教系统之外而又无时不与之关涉的精神和观念而已。"① 这篇文章看到了经、子相通的一面：在"历史关系"上，先秦经学、子学同时都存在于儒家学派中；在"政教关系"上，经学、子学同样致力于某一政治系统的合法性论证，并有排除异己的倾向。笔者认为这两点的确丰富了我们对经、子关系的认识，但至于它们能否成为经、子关系的主要构成内容，尚需要学界进一步探讨。

与刘兵先生在经、子关系上持相近态度的还有李若晖先生，他以经学为中心梳理了学术史，由此来辨析"经学""儒学""子学""哲学"数者的关系："汉唐以经为大道所在，诸子为六经之支与流裔。然至唐宋之际，经学已陵夷衰微，实不足以达道。于是文士蜂起，倡言'文以明道'。程颐则以经学与文章皆无与至道，义理之学方可进道。于义理之学中，又驱逐异端，独以儒学为正统。于是宋明理学起，而经学、儒学离。至晚清，西学东渐，儒学拙于应物，学者乃以诸子对应西学，儒学正统遂倾。近代经学沉沦，子学复兴，但复兴后的子学弃经学而附哲学，于是中国传统义理之学的固有格局与内在脉络被打散。"这段论述中，李先生以他的视角描述了"经""儒""子"三种学术在古代的离合过程，我们大致可以做以下归纳：汉唐时，经学独尊，结合儒学，附有子学；唐宋之际，文章之学兴；程颐后，儒学正统，驱逐异端（子学），离弃经学；晚清近代，儒学衰微，子学兴起，并弃经入哲。可以看到，在这个过程中，经学是逐渐丧失统领地位，子学则迅速崛起应对时代，儒学则经历了一个上坡又下坡的过程，那么依照这一逻辑，就当下来说，经学只能代表曾经的辉煌，儒学现在的影响也只是余音回响，只有子学才能代表未来的方向。但因为李先生一开始就坚持以经学为中心，所以他对现代"新

---

① 刘思禾《探索前期中国的精神和观念——"新子学"刍议》，《河北学刊》2015年第5期。

子学"发展的思路仍是希望"回到自由经学,并以此为基础重构子学",这在文中被概述为"镕经铸子",强调"当代'新子学'的建立,必须与经学相结合,以中华文化的大本大源为根基,立足于中华文化自身,面对中华文化的根本问题,重铸中华之魂,此即当代'新子学'之魂魄所归"①。当然,李先生"经子结合"的设想是很理想化的,这有助于"新子学"在国学体系中更平稳地立足,但我们如果将关注的中心由经学转向子学再来审视上述学术史便会发现,子学的发展一直有依附性,只是对象由古代经学转到现代哲学,我们现今提倡"新子学"就是为了将其作为一个独立的主体凸显出来,所以笔者认为"经子结合"固然是好的,但在这个过程中一定要坚持"新子学"的主体性,经学可以作为一个参考帮助"新子学"的构建,但学术绝不能再回到"诸子为六经支与流裔"的时代。

刘、李两先生的文章都揭示了子学和其他学术门类之间存在复杂的关系,这就需要学界对此展开更深入的探讨。其中,如陈成吒先生(笔名玄华)撰有论述经、子、儒关系的专文。对于"经子关系",该文指出"子学是在春秋战国时期发展出来的经学否定者",而关于"儒学",该文则认为"儒学在本质上具有子学性,是子学消解经学的重要力量之一,但同时也是经学异化子学的主要对象,因此具有一定特殊性"。所谓儒学消解经学,是指儒学"能编修其文本""可转化其概念"。而所谓"经学异化子学",主要是指"经学在异化儒学",包括:"首先,经学对儒学的异化,莫过于将自我附身于儒术,使后人经、儒不分。……其次,经学不断将自身的一元专制意识形态渗透到儒学之中,使之为其所用。……最后,经学也深入到具体的学

---

① 李若晖《熔经铸子:"新子学"的根与魂》,《诸子学刊》第十三辑。

术研究层面异化儒学。"① 陈成咤先生此处指出了子学对经学的否定以及子学通过儒学对经学实现了消解，这些观点在他之前的文章中曾经提到，但在本文中，他又进一步探讨了经学对子学的异化现象，这是之前未曾谈到的。大概是在这一阶段学界出现了要求重视经学、融合经子的声音（如刘兵、李若晖等学者的文章），使得学者反思之前理论，重新思考经学对子学的客观影响。当然我们对待经学不能忽视也不能拔高，我们要客观地考察它的影响，最终目的还是将其作为参考来构建"新子学"理论。正如陈成咤先生在结论中所说的那样："'新子学'当自觉此点，将儒学从经学的束缚中解放出来，并最终消解盘旋在传统文化上空的经学阴魂。"②

五、第三阶段：强干展枝、迎接花期

"新子学"经过了上述两个阶段的发展，从 2016 年开始便进入了第三阶段，从 2016 年至 2017 年笔者撰稿之时，学界又召开了两次以"新子学"为主题的学术会议，即 2016 年 10 月于台湾屏东举办的"2016'新子学'国际学术研讨会"③，和 2016 年 11 月于厦门举办的"'新子学'深化：传统文化价值重构与传播国际学术研讨会"④，以

---

① 玄华《"新子学"对国学的重构——以重新审视经、子、儒性质与关系切入》，《诸子学刊》第十三辑。

② 玄华《"新子学"对国学的重构——以重新审视经、子、儒性质与关系切入》，《诸子学刊》第十三辑。

③ 详见陈志平《海峡两岸学者研讨"新子学"》，《光明日报》2016 年 12 月 5 日第 16 版。

④ 详见李向娟《"新子学"将助力当代思想文化建设》，《福建日报》2016 年 12 月 6 日 010 版。

及2017年10月于台北举办的"第五届'新子学'国际学术研讨会"和2017年11月在上海举办的"海峡两岸'新子学'座谈会"。虽然目前第三阶段刚刚开始,但形成的文章已有17篇之多。笔者之所以划定2016年为界限,主要是因为从这时起学界逐渐将"新子学"的实践问题提上议程,毕竟之前两阶段的探讨已将该理论的概念和主干等问题作了界定,此时已有了充分的准备把"新子学"带给大众,使它发挥在现实生活中的影响。这种理论影响现实的过程,根据文章开头的比喻,便是一棵树开花的过程。但这一过程将会很曲折漫长,现在"新子学"的"花期"还只是一个美好的期待,为了让它早日实现,我们现在需要进一步强化它的"主干",延展它的"枝条",只有将自身发育好,才能在时机到来时,实现自己的绽放。因而笔者将该阶段的特征命名为"强干展枝、迎接花期"。

2016年初笔者发表《三论"新子学"》一文,该文相比之前两篇"新子学"专论,更加关注多元文明的视野下界定"新子学"在当代中国身份认同建构上的独特价值,这种关注意味着"新子学"要在专门领域的延伸以及在此基础上对现实发挥的影响,这是笔者践行第三阶段使命的尝试。文中专门探讨了"新子学"对传统文化研究创新的作用,这主要表现为由"新子学"主导的一系列创新实践,即"追溯原点""重构典范""唤醒价值"三个方面。

"追溯原点"意味着"传统文化研究创新首先需要回到中国思想的原点,即先秦时代的诸子学传统",为此我们需要摆脱古代经学心态的束缚,恢复"先秦学术的原初面貌",同时又要走出近代哲学史学科的框架,定位到"原生的中国意识",并辅以考古学新发现,回归"中国思想原点",在此基础上实现创新。

而关于"重构典范",笔者指出"学术要大胆创新,要适应时代,有必要对传统作一番大的重构。重构的关键在于把握先秦时代思想的结构"。笔者在此梳理了先秦诸子学发展的历程,又结合着诸子学探讨了"六经"的价值，最终给出了关于"新典范"的设想："'新子学'认为，关于元典时期的研究范围实应涵括诸子各家，旁涉早期经学，这样就能跳出经、子二分的传统观念，回归原点。我们主张以《春秋》《周易》《论语》《老子》为基础，这可能是激发创造的新典范；再旁及《孟子》《荀子》《庄子》《墨子》和《韩非子》等其他经典，形成元文化经典的新构造。"① 笔者的这一设想更注重这几部经典的相通性，打破传统的"儒道异同""经子尊卑"的看法，这是必然的选择："'新子学'认为，在面对西方文化的背景下，深入把握早期经典中的相通之处，熔铸出新解，这当是学术创新的途径。"

至于"唤醒价值"，这更是当今"新子学"需要努力的方向。笔者指出"站在'新子学'的角度上，'中国哲学'事实上成为现代性叙事的构件，其在知识上的贡献远大于价值上的。中国古典学术与西方学术存在很大差异，其价值意义大于知识意义"，可见当前学术研究在哲学史框架内已严重脱离了实践，但"传统文化研究的方向应该是对治现代性，而非论证现代性"，已经成为"现代性叙事构建"的"中国哲学"自然无法应对现代性的挑战，这时就需要"唤醒价值"，即"在传统价值中找到适应当代的形式，并与现代价值做有效沟通"。笔者认为经过了"原理化""社会科学化"的"新子学"可以承担这一使命。因为"现代化的本质是欲望"，这是现代文化的基本弱点，西方结合自身的文化克服了它，但这些经验并不适应于东方，我们要克服这个弱点，可以诉诸"对文明有深刻洞见、对人有深刻理解"的先秦诸子，在这方面笔者作出了以下结论："假如我们把技术和资本的问题理解为物，先秦诸子要处理的就是人如何应物的

---

① 方勇《三论"新子学"》，《光明日报》2016年3月28日第16版。

问题,这是传统文化研究创新的根本点。"①

以上便是该文的大致思路,相比较而言,之前笔者探讨"新子学"的文章多就"新子学"本身进行学理层面的思考,而该文则结合"新子学"针对"传统文化研究创新"问题给出实践层面的建议,这种转变可以代表第三阶段的新特点,即上文提到的向更专门的领域延伸("延展枝条")与追求更多的现实影响("迎接花期")。除此之外,"强化主干"在此阶段亦是不减的热点,学界对"新子学"核心理论的构建仍在继续。以下将对这几个方面作逐一介绍。

(一) 对"新子学"核心理论的进一步构建

在前文,笔者介绍了学界构建"新子学"核心理论的各种路径,第三阶段学界在讨论该问题时,较少使用"精神""楷模"这类偏具象的论述维度,而是采用了"问题""道说"等有抽象色彩的论述维度。

在孙广、周斌先生《从共同的问题意识探求子学的整体性——"新子学"刍议》一文中,作者首先指出"子学的研究,一直以来都是一家一子之研究,没有一个整体性的概念",既而指出"'新子学'在这方面的意义,就是凸显子学本身的整体性和统一性"。而如何凸显子学的整体性和统一性,该文又对古今曾经尝试过的方法依次进行了评价,归纳其意,可分为以下数类:当今"新子学"探索者用"多元""狂"等具体理念来统摄,但这容易造成理论争端;古代儒家学者则认为"诸子的相通之处,在于诸子皆'资于治道'";古代杂家学者认为"子学的相通性也在于'国体之有此,王治之无不贯'这一治国的问题意识"。对比上述各类探索思路,该文作者认为:"(儒家和杂家)从共同的问题意识的角度来探求子学的统一性,无

---

① 方勇《三论"新子学"》,《光明日报》2016年3月28日第16版。

疑是可取的。'新子学'要谋求一个整体性的'子学',这种视角是非常值得探索的一种路径。"① 该文追求从一个新的高度来把握子学的整体性,将诸子之间存在的共同关注提炼为"共同问题意识"这一涵括极广的说法,这继续了刘兵、聂学慧文章中对"诸子问题"的探讨,并将其发扬光大,使之参与到"新子学"核心理论的构建中来。

周鹏先生《浅谈"新子学"的角色定位和言说方式》一文则采用了现代西方哲学中"道说"这个概念来充实"新子学"的核心理论。据该文介绍,"道说"由海德格尔提出,可以理解为"不是'我'在说话,而是'大道'穿透'我'的存在而自行言说"。而"道说"对"新子学"的言说方式有着重要意义,周鹏先生指出:"'新子学'要发掘中国文化的独特'价值',首先要实现'言说方式'的革新,因为我们的经典言说形态,几乎全都是不同形式的'道说',一切说出来的关系价值,全是来源于'道'的。"该文还指出:"'新子学'的'道说'者,在撰写专著的同时,也可以试着采取'对话'这样一种鲜活的言说形式来展现自身。"同时,为了更好地实现"道说",周鹏先生强调"广泛吸收"的重要性,认为:"作为今天'新子学'的'道说'者,则应该将这个范围扩大到轴心文明产生的一切经典,并在此基础上广泛吸收一切优秀的著作来'旁推交通以之为文'。这样的'道说',才能够契合'新子学'自我标榜出的'多元性'。"但此处该文也指出"多元性"是基于"道"的,故而文中最后强调"我们今天要展开'新子学'的'道说',首

---

① 孙广、周斌《从共同的问题意识探求子学的整体性——"新子学"刍议》,《集美大学学报(哲社版)》2016年第3期。

先应该明确的，正是这一个共同的'道'的价值源头。"① 笔者在之前已经介绍到，该文作者曾对"新子学"思想进行过"本体论"层面的建构，其中便包括"道本论"这一范畴②，在该文中他又引用了"道说"这一概念，显然是希望对他之前的理论作进一步拓展。笔者认为"道本论"和"道说"两种提法都为"新子学"核心理论在哲学层面奠定了基础，并且两者相互补充，使体系更加缜密，至于其进一步的完善，还需要学界共同的参与。

"道"作为哲学上一个生发一切的本体，自然也可以作为一个核心内涵来统摄子学的各个部分，故而"道"成为了构建"新子学"核心时常用的一个论述维度。李星瑶女士《从孔老对"道"的同质性理解谈"新子学"的精神》一文也同样追求从"道"这一层面展开探讨，该文分别探讨了孔子之"道"与老子之"道"的实质，进而指出："总起来讲，尽管老子的'天道'似乎与孔子的'人道'在取向上迥异，尽管老子以'毁仁弃义'为思想旗帜，但就其在'道'中体现的对话主义实质而言，二者之间别无二致。"笔者认为，该文论证孔、老对"道"的这种同质性理解，应该有助于"新子学"发展出它的核心理论。具体来说，它可以消除文化传统中的对立因素，即该文所谓："孔、老两家学说在天人问题上的同质性给二者从对立走向统一，即把中国的伦理学与宇宙论加以汇通——提供了理论可能。"这便引出了"新子学"的内蕴，即"'新子学'不仅把儒、道两家的伦理学和宇宙论加以整合，用'道'这个命题概括了中国传

---

① 周鹏《浅谈"新子学"的角色定位和言说方式》，《诸子学刊》第十五辑。

② 详见适南《"新子学"的本体建构及其对华夏文化焦虑的对治》，《诸子学刊》第十三辑。

统文化中的基本问题，而且作为一种精神，接上了中国文化古老的源头"①。这里文章明确点出了"新子学"的核心构成——"道"这个命题，又将其精神源头回溯至先秦时代，通过这种论述我们对"新子学"内部的统一性有了更多的理论自信。

不同于上述学者对"道"的关注，方达、王宁宁《论"新子学"何以成立——中西两种视域的交融》一文致力于阐述"治"这一古典学术理念对于"新子学"理论构建的价值。该文提出"'新子学'的根本愿景是以先秦诸子时代的'子学精神'回应当下的各种时代问题"，并以此为中心分别探讨了三个问题。首先，"子学精神"的内核是什么？该文在"(诸子)务为治"这一传统看法的基础上进一步延伸，认为"诸子务为治的终极追求在形上层面的意义就是对最本质规律探求过程的展开"，并又将它引入当前语境来阐释："转换到现代语境下，中国古典视域下的'治'这种本质性的规律实际就是对个人（己）与外在世界（伦）终极和谐秩序的表述。"其次一个问题则是"时代问题的根源何在"，该文从形而上的层面将其归结为传统形上终极追求——"治"与现代西方学术话语体系的核心——"确定性"发生了冲突，当代中国接受西方文化却未得其核心"确定性"，摆脱传统却仍因袭以"治"为终极追求，这造成了时代精神的困惑。那么面对这种冲突，便引出了第三个问题，即"中国古典视域下的'子学精神'回应现代性如何可能"，这也可以看作是对"新子学"核心理论应如何构建的探讨。具体来说，针对上述"中西文化融合时的排异作用"，作者指出："'新子学'站在古典视域下对传统与西方两种文化'分着讲'也许恰恰可能成为真正解决问题的良

---

① 李星瑶《从孔老对"道"的同质性理解谈"新子学"的精神》，载于《"'新子学'深化：传统文化价值重构与传播国际学术研讨会"会议论文集》2016年。

药。"显然,此处作者更看重传统文化中的"治"对于"新子学"的独特意义,后文便探讨了该理念的价值。作者先是对"现代性"进行了剖析:"西方古典哲学后逐渐显现的现代性问题,其实质正如前文所论,是由于长期对'确定性'的追求而导致认知理性与实践理性在内部逐渐呈现非同一性而造成的。"既而文中又通过详细论证,结合以"治"提出了自己的对策,认为"在中国古典视域下,表述为外在显现为确定平衡的,而内在又可以产生多元化达成方式的'治',恰恰从根源上消弭了现代性所带来诸多问题的可能性"。该文在最后指出:"综上所述,'新子学'的提出旨在能够真实、真正回应时代对于传统,对于全球化融合的拷问。这便意味着'新子学'所观照的众多层面需要用一条内在的严密线索将之串联。"由此我们可以看到本文的内在思路,是希望以"治"作为"新子学"的一个核心来应对当代中国现代性的问题、实现"对传统的自觉意识的理论重构"[①]。回顾上文的论述,可以说作者为此所作的探索还是比较成功的,尤其是文中寻求到了"治"这个理念作为中心观照,不仅突出了"子学"的特质,也契合了当代的需要,在充实了"新子学"核心理论的同时,也论证了"新子学"在当代产生的必要性。

确定性是西方文化的重要概念,方达、王宁宁的文章将"确定性"作为一个对比元素来凸显子学的特质,还有一些文章则将其作为主要研究对象展开探讨。如孙广先生《"新子学"思想理路》一文,以"不确定性"作为"子学"的特质,认为"西学的理路与经学是一致的,其思想体系都是以某种预设的终极的'确定性'来对治世界的'不确定性'。而子学的思想理路则恰好相反,其思想系统是试图通过对治世界的'不确定性'来求索终极的'确定性'。他们

---

① 方达、王宁宁《论"新子学"何以成立——中西两种视域的交融》,《人文杂志》2017年第5期。

提出的许多类似'确定性'的概念，实际上都是处于未完成的状态，只是代表了子学对终极'确定性'的追求的一种'象征符号'而已。而子学的这种思想理路，实出于对人的认识能力的局限性的认识和严谨朴实的态度。"联系上文，我们注意到，方达、王宁宁将"确定性"的对立概念设为"治"，而该文则将其设为"不确定性"，这并不矛盾，方、王两人倾向于从境界上寻找"确定性"的对立概念，而孙文则从认知上寻找与"确定性"相对立的态度，之间只是视角不同而已。孙文发现的这种子学与西学、经学间的区别对构建"新子学"理论极有意义，他指出："我们提倡'新子学'，就是要走出经学和西学的这种思想体系，重回子学的思想理路——通过对治世界的'不确定性'来求索终极的'确定性'。在子学的思想理路上，我们的国学甚至西学，才不至于受到任何预设的限制，才能在对治社会问题的过程中发挥其应有的价值，从而成为真正的严谨之学，成为伦常日用中的'国民之学'。"① 作者此处将"不确定性"设置为"新子学"的内在思想理路，可以看作是构建"新子学"认知论的一种尝试，这和之前学者追求构建本体论的努力一样，都为"新子学"理论奠定哲学基础提供了参考。

揣松森先生《"新子学"呼唤先秦诸子主体思维的回归》则专门讨论了子学中的"主体思维"，该文首先分析了《论语·子罕》"逝者如斯"章的阐释历程，由此引申出了古今思维差异的问题。对于这一点，文章指出："先秦诸子以主体思维观照人与世界，其学说是这种思维对世界观照的反映。"所谓"主体思维"，文章解释为"主体思维就是主体透射到自然界，自然界通过主体而收摄进来，并且在主体内在当中获得终极意义"。而关于这种"主体思维"在先秦诸子

---

① 孙广《"新子学"的思想理路》，载于《"'新子学'深化：传统文化价值重构与传播国际学术研讨会"会议论文集》2016年。

中的体现，文章主要以儒、道两家为例进行了说明：一方面，"讲道德的存有论和功夫论是儒家主体思维方式的体现"；另一方面，"道家讲境界论，也讲功夫论"。最后，基于传统文化转型和解答现代性两方面考虑，文章认为"'新子学'必须召唤主体思维的回归"①。该文在探讨"新子学"理论时关注到了一种具体的思维方式，前文提到欧明俊先生曾为"新子学"总结过一系列的"思维"概念，该文的探索是对之前总结的有益补充，而且其意义更为独特，因为"主体思维"是中国所"特有"、先秦尤显著的一个特质，以它来充实"新子学"理论更可以凸显其中的诸子学色彩，增强理论的独特性与标识性。

冯剑辉先生《钱穆的子学研究对"新子学"的启发》一文则以钱穆的子学研究为典范，来探讨"新子学"理论的建设。文章归纳了钱穆子学研究比较有特色的几个方面，并分别说明了它们对"新子学"的借鉴意义。一方面，是"基于史学层面，展现的平等、多元、会通的子学观"，以此为榜样，"新子学"应该"以认识论的视角统贯诸子百家，将其内在价值与现代社会对接，并兼以各门类学科知识进行创新性接受，以应对现代性带来的问题"。另一方面，是"基于文化层面，对子学思想的载体——'士'阶层的研究，并将这种研究与其个人实践相贯通"，这启发"新子学"的构建者去思考"如何挖掘诸子背后共通的精神内涵和人格力量，同时博采众长，以适应时代风云的瞬息万变"②。前文提到一些学者曾以司马迁、章太

---

① 揣松森《"新子学"呼唤先秦诸子主体思维的回归》，《诸子学刊》第十五辑。

② 冯剑辉《钱穆的子学研究对"新子学"的启发》，载于《"'新子学'深化：传统文化价值重构与传播国际学术研讨会"会议论文集》2016年。

炎作为"新子学"的典范,该文继承这一思路,发掘了钱穆子学研究中与"新子学"相通的理念,使"新子学"理论构建又多了一个典范。而且该文在分析钱穆子学研究的同时,亦着力于思考"新子学"构建应如何对其借鉴,并指出了明确的路径,这些都值得我们去认真对待、积极尝试。

之前,林其锬先生和张双棣先生曾提出过"杂家精神"来助力"新子学"核心理论的构建,张涅先生沿此方向进一步探索,提出了"新杂家"的想法。在《新杂家:新子学发展的一个方向》一文中,张先生对"新杂家"在"新子学"探讨中出现的可能性进行了论证。他指出"'新子学'的发展历程与春秋末至汉初的子学思潮有相似之处",并通过回顾晚周学术变迁,使我们看到"杂家是子学发展的必然"。那么再回顾"新子学"的"历程"[①],可知"一百年来新儒家、新墨家、新法家等都以一家学说为基础,难以适应现时代的思想要求,需要综合各家的思想因素加以发展。这与秦汉时期杂家的方式方法相近,可谓之'新杂家'"[②]。本文还对"新杂家"构建的原则进行了设想,提出了"阴阳性""实用性""综合性"的要求,进一步增强了新杂家实践的可能性。张先生描述的"新杂家"着眼于新时代各派思想的共通性、整体性,它是否能成为"新子学"未来的形态,以及如何避免之前杂家的覆辙,这都是值得学界探讨的话题。

欧明俊先生撰有《论作为"新子学"核心资源的庄学理念》,该文将《庄子·天下》中的"道术"理念视为"新子学"理论构建的

---

① 按:此处取"新子学"的广义内涵,张先生认为民国时期兴起的以先秦子学元典为基础的思想流派都是"新子学"。

② 张涅《新杂家:新子学发展的一个方向》,见"中国文化大学"中文系编《第五届"新子学"国际学术研讨会论文集》,台北"中国文化大学"中国文学系 2017 年:B2-1-B2-13。

最核心资源，文中指出"'古之道术'为'古人之大体'，是对宇宙和社会、人生的根本性、整体性把握"，倡议学者"在'道术'整体体系中研究'新子学'，重视大本、大原、大体，追求学术的本源性、根本性和整全性"①。另外，文中还用庄学的混沌思维、整体思维、相对思维、否定思维呼应了子学思维，用庄子的自由精神、批判精神、担当精神呼应了子学精神。庄子是先秦诸子中极具特色与超越性的思想家，庄学亦是融汇了千年来中国学术的各方面智慧，对于"新子学"的理论构建是一笔宝贵财富。尤其是欧先生在其中抽绎出的"道术"理念，呼应着"新子学"对学术研究整体性、浑融性的追求，其价值不容忽视②。

前文中还提到了一些学者注重思考"新子学"理论中的一些基本构成元素，其中讨论较集中的当属"多元"这个概念。在这方面，本阶段一些学者也进行了深入分析。刘涛先生《平等多元：从"我们的经典"到"新子学"》一文将"新子学"与李零先生"我们的经典"著作系列相对照，从中发掘出二者的相通之处，即"重归古典、复兴子学"。而具体来说，两者对于"复兴子学"都强调了其中的"多元"精神。故而文章指出"要复兴子学，必须摆落经学的一元思维，大力弘扬诸子间及其内部所包含的平等多元思想，为诸子学的复兴培育一块良好的精神土壤"。同时，在面对西学时，这两种主张也都倾向于多元主义，作者认为：一方面，"须主张多元，提倡包容，抛弃专制独尊的经学思维"，这样才能发展子学使中国传统和西

---

① 欧明俊《论作为"新子学"核心资源的庄学理念》，《诸子学刊》第十五辑。

② 值得注意的是，庄子学与"新子学"之间的关系在该阶段逐渐受到学者的关注，赖锡三先生也撰有专文讨论台湾新庄学与大陆"新子学"，其着眼点也是《天下》篇，而其关怀则落于学派间的多元与沟通的问题上，下节对此将详细介绍。

学更好地对接；另一方面，"须以平等的眼光看待文明与野蛮，方能使二者和平共处，齐头并进，这正是多元主义的主张"①。这里主要是强调在西学面前保持文化独立性。此外，还有吴剑修先生《被遗忘的现实：对于经学化思维的反思——以"新子学"的多元意识为起点》一文，该文通过经学与子学的对比突出了子学的多元特质，文中认为"经学思维的一个弊端在于，它在体验现实之前就意图用一套完美的理论体系去规范现实，从而导致了思想的僵化"。这里的"经学思维"不仅包括传统经学，还包括当代中国学界普遍的弊病，即"对西方理论的崇拜"，这也被视为另一种"经学思维"。故而作者指出："'新子学'提倡多元精神，就是让思想回归现实，并从多维度去体验现实，以期能够让我们在对现实的体验中实现某种价值的回归。"② 这两篇探讨"新子学"多元特质的专题论文，相比之前学者的论述，思考的角度更独特，探讨的层面更深入，并对"多元"在"新子学"理论体系中的价值作用进行了细致阐发，这些都能够启发学界在这个问题上的进一步思考。

（二）对"新子学"基础性问题的新见解

"新子学"基础性问题是一个常谈常新的话题，本阶段在这方面的探讨亦出现了一些新见解，值得我们注意。

揣松森先生《论"新子学"的内涵及其意义——兼谈子学与经学之别》一文对"经子尊卑"的传统观念从新的角度进行了辨析，

---

① 刘涛《平等多元：从"我们的经典"到"新子学"》，《诸子学刊》第十五辑。

② 吴剑修《被遗忘的现实：对于经学化思维的反思——以"新子学"的多元意识为起点》，载于《"'新子学'深化：传统文化价值重构与传播国际学术研讨会"会议论文集》2016年。

他提到:"典籍传言'经'用简长二尺四寸,'传'半之,'子'不盈尺,就是说根据内容的重要程度高低而用简长度逐次杀减,可是从目前出土的竹书来看,也找不出这种差别和区分,所以这种说法很可能是后世儒者理想化的一种形态。"① 这里他引用现代出土文献作为实证,有助于我们回到最原始的学术生态中,重新估量经、子的价值,进而革新我们的观念,为"新子学"的发展开辟更大的空间。此外,该文还对"新子学"的意义从两方面进行了剖析:"'新子学'提出的原生态学术文化研究方式,为中国学术文化研究本土化提供了一条出路,将是中国学术文化发展的一条出路;而'新子学'所提出的'子学精神'则根于人心,既是对中国传统精神的提炼,又与当今时代精神相契合,可以承担其在中华民族伟大复兴中的价值功能。"② 这说明"新子学"一方面作为一个学术理念,发挥着学术新范式的作用,另一方面,它作为一种思想理论,亦可以发挥价值导向的功能,为社会各领域的实践贡献智慧。该文分别剖析了"新子学"对学界、对社会的意义,并且在这两方面的探讨都非常详细,很具有参考价值。

李洪卫先生在《论经学、新子学与哲学的当代并立——从当代中国思想学术与文化建设相互关系的视角考察》一文中,将"新子学"与哲学和经学并置于当代中国思想格局中对比考察。文章首先区分了"礼序"和"理序"两个范畴:"对社会秩序的期待是一种'礼序'的求论,而礼序则源于理序的思考与研判,对'道'或'理'的探究是根本",由此便可区分经学与哲学和子学的差异:"子

---

① 揣松森《论"新子学"的内涵及其意义——兼谈子学与经学之别》,《集美大学学报(哲社版)》2016年第3期。

② 揣松森《论"新子学"的内涵及其意义——兼谈子学与经学之别》,《集美大学学报(哲社版)》2016年第3期。

学和哲学更多地显示了思想活动本身的特性,它的现实要求是开放性、包容性,而经学则偏重于对社会秩序的规范性"。故而作者对经学、哲学和"新子学"在当代中国的发展有着不同的期待:关于经学,作者认为"我们当从'重建斯文'即'礼乐文明'而不是'礼制文明'的角度看待未来经学在社会秩序建构和学院建制中的位置";关于哲学,作者指出"鉴于我们在整个历史文明进程中'说理'意识和训练的严重匮乏,哲学思维对中国未来文明的建设就具有特别重要的地位";而关于"新子学",作者强调"从'求道'的层面看,'新子学'作为承接中国古代前贤对宇宙探索的再出发也是一个特别值得鼓励和继续努力的方向"①。总体来看,作者认为哲学与"新子学"之间的同质性更强(文中提到"新子学和哲学则是对'道'的开放性的探究,它又是构成理序和礼序的思想前提"),经学则处于与两者相对的位置,这与之前李若晖先生的论述形成了有趣的对照,李若晖先生认为:"近代经学沉沦,子学复兴,但复兴后的子学弃经学而附哲学,于是中国传统义理之学的固有格局与内在脉络被打散,当代'新子学'的建立,必须与经学相结合。"② 显然,李若晖先生此处将"新子学"与经学并置于哲学的对立面。其实,"新子学"在哲学和经学之间的这种分合之争,其实质上反映了"新子学"的多面性③,也许"新子学"未必就要有确定的归属,它应兼收哲学、经学之长,完善自身的独立性和主体性,从这方面看,李若

---

① 李洪卫《论经学、新子学与哲学的当代并立——从当代中国思想学术与文化建设相互关系的视角考察》,《人文杂志》2017年第5期。

② 李若晖《熔经铸子:"新子学"的根与魂》,《诸子学刊》第十三辑。

③ 此外,两位学者对"经"的不同理解也造成了这种分合之争,李若晖先生文中开头便强调"经为大道之所在""经为中华传统文明之核心",这是将经学视为真理载体,而李洪卫先生则认为"仅就儒家的经学来说,它的规范性意义大于它的文化提升性意义"。

晖先生和李洪卫先生的论述对我们都有很大的参考价值。

陈鼓应先生对待子学和经学的态度则更为开明，他指出："当今时代，多元文明的观念成为常识，因此，我们不应该把经学、子学的高下作为前提，也不必拘泥于六家或者九流之说。《诗》《书》《周易》是周人遗教，而《论语》《孟子》《荀子》《老子》《庄子》《墨子》《韩非子》以及《春秋经传》《礼记》《易传》都是诸子的著作，都可以视作先秦基本经典。这些经典是不同思想源头融汇的成果，不应该分高下，也不应当存门户之见，而要一视同仁，观其会通，这样才能有一个通达的了解。这该是'新子学'的气象。"[1] 陈先生看待传统文化的眼光更加高远，他提出的"'新子学'气象"理应成为我们对未来"新子学"发展的期盼。

杨中启先生亦采用了新颖的视角阐述了"新子学"的内蕴，他撰写的《"新子学"新解》一文分成了"新""子""学"三个部分展开讨论，阐发了很多新见。关于"新"，他指出"问题意识与时代内涵是子学常变常新之关键"，具体来说，"'新子学'之新就突出体现在对当下时代问题的中国式表达，是诸子问题意识在现代的回响，也是我们重新理解自身境遇的现代起点。"关于"子"，杨先生对"什么类型的人可以被称为子"这个问题进行了自己的总结："首先，是人格独立、精神自由"；"其次，是具备超凡的能力和独到的见识"；"最后，诸子是对社会的发展无比关心的群体，是对文化的进程最为牵挂的对象"。而关于"学"，则涉及了"新子学"范畴的问题，杨先生在认同笔者看法的基础上，又有自己的补充："个人觉得限制子学的范围的确有些不妥，今日学术门类之分割、专业分工之密切，已经无法达至古人百科全书式的理解与掌握，故各领域各学科但

---

[1] 陈鼓应《放眼世界，开拓"新子学"》，《名作欣赏》2017年第3期。

凡取得成就而有思想之论皆可为'学'。"① 这个意见针对的是笔者《"新子学"构想》一文中"天文算法、术数、艺术、谱录均不在子学之列"这一论断，至于这两种观点哪种有利于"新子学"的发展，这需要学界进一步的讨论。此外，杨先生还提到了"学"应有"对时代问题的真思考""不尚一统而贵多元共生"两个特质，这些见解亦非常深刻。

徐志啸先生《关于"新子学"的思考——以庄子学为例》一文也阐述了对"新子学"内蕴的独特理解。对于"新子学"，徐先生认为"它的根本特点在于新，要透过诠解、阐释、分析，体现其在哲理和意蕴层面的新意"，具体来说"'新子学'与旧子学的不同，区别就在于从今天宏观理论的立场角度，看待和分析、解释子学中的实在内涵及其附加意义"，文中又以庄子学为例，在现代社会的视角下，分析了"其在宇宙、世界、人生层面的蕴含，以及其文学性的价值表现"②，这为"新子学"展示了很多值得探索的空间。

陈成吒先生则对"新子学"自身定位问题作了进一步探讨。"新子学"在新国学中应该处于什么位置，这是"新子学"自产生伊始就被热烈讨论的问题，尤其是《"新子学"构想》一文提出"新子学"成为"'国学'新主体"③的说法，这更是催生了无数话题。陈成吒先生《论国学观念的历史与重筑及其"新子学"》一文则从国学观念这一具体角度对此进行更深入阐发，该文讨论了国学观念的历史及当前的重构工作，由此将"新子学"定位为这个过程中重要的

---

① 杨中启《"新子学"新解》，《载于"'新子学'深化：传统文化价值重构与传播国际学术研讨会"会议论文集》2016年。
② 徐志啸《关于"新子学"的思考——以庄子学为例》，《诸子学刊》第十五辑。
③ 方勇《"新子学"构想》，《光明日报》2012年10月22日第14版。

重构维度之一。作者指出"'新子学'理念的提出与发展自然立足于一个更大的文化大地与时代背景，那便是'国学'观念的历史及其当下的重筑。"之后正文着重讨论了国故学和国粹学对国学观念的不同阐释，既而指出在当前应在这两种立场外开出一条新路，这时"新子学"便能发挥它的作用，具体来说，"对国学的结构、内容、方法等进行重新认识与建构，其中最重要的就是重构经、史、子、集四维，将它们从经学思维和体系中解放出来，转化为子学精神下的'新子学'体系，且一新而四新，带出新的经学、子学、史学、文学。由此而来在方法上也形成由经学范式到'新子学'范式的转变，包括考据、义理与诠释学的结合，版本学与文本学的融合等"。同时，在这方面，作者还将"新子学"与"新经学"等对应理念进行了对比，指出"在此之前，新经学、新文学、新史学等各有倡议，不过在基本精神上或不离国粹旧见，或陷于国故窠臼，在具体建构上也局限于一维，未能真正实现'一而多'的整体性认知与实践，自然无法带出系统性的新国学。'新子学'则完全正视这些现实，并将自身作为四维中根本性的重构维度而出场，将其精神贯彻在整个国学之中，一新而四新，带出全新的国学。"[①] 从这种对比中，我们更能体会"新子学"在新国学体系中的特殊角色，对它自然会有更高的定位。

还有马明高先生撰有《"新子学"与人类共同价值的建构》一文，着重探讨了在"人类共同价值建构"方面"新子学"所能发挥的作用，文中将这种作用归纳成了"敬畏自然，爱护地球，'天人一体'的宇宙观"，"讲信修睦，协和万邦，'天下一家'的世界观"，

[①] 陈成吒《论国学观念的历史与重筑及其"新子学"》，见"中国文化大学"中文系编《第五届"新子学"国际学术研讨会论文集》，台北"中国文化大学"中国文学系2017年：D2-1-D2-14。

"'己所不欲,勿施于人','中和之道'的协调智慧"等七点。马先生的这些归纳从"宇宙观""世界观"到"思想智慧""价值取向"①,可谓是由抽象的本源到具体的指导,形成了一套完整的体系。之前学界探讨"新子学"意义多着眼于它对中华文明的价值,马先生的论述则将其拓展到世界文明的层面,这说明一套有价值的理论不仅是属于一个国家、一个民族,而且还属于整个世界、全体人类,它所蕴含的道理具有普遍适用性,值得各国人民共同分享。

该阶段还有一些文章探讨了关于"新子学"研究的方法路径,亦值得我们认真参考。欧明俊先生《跨界会通——论"新子学"的创新途径》一文将"跨界会通"作为"新子学"研究开展时重要的导向,而且作者理解的"跨"不仅是当前热谈的"跨学科",还包括"跨越时代疆界,古今贯通,通古今之变",这意味着"'新子学'研究的目的不是为古人,而是为今人。当下发生的许多问题,皆可从古代诸子学中汲取智慧来解决"。欧先生还提出"新子学"应"跨越学术路径,会通传统的义理、考据、辞章、经济之学",这是从传统学术的视角理解"新子学"的"跨"。文中亦为"跨界会通"设定了基本要求和理想境界:"跨界会通要求学者会通众学,通大义,识大体,作大判断,破除藩篱,得其全,成其大,走返本开新之路,弥合学术分裂","跨界研究,目的不在于跨界本身,而是追求会通,追求'见森林'式的整体学术,成一家之言,追求思想深度、理论高度,这是理想境界的'新子学'"②。关于"跨学科""通古今""并

---

① 马明高《"新子学"与人类共同价值的建构》,《诸子学刊》第十五辑。
② 欧明俊《跨界会通——论"新子学"的创新途径》,见"中国文化大学"中文系编《第五届"新子学"国际学术研讨会论文集》,台北"中国文化大学"中国文学系2017年:B1-1—B1-17。

通义理考据辞章"这些理念前人在探讨"新子学"时都或多或少地提及过，但多过于零散、不成体系，欧先生该文将它们提炼为"跨界会通"的原则，更加具有统摄性，很精准凝练地指出了"新子学"研究的特色，"新子学"想要推出有创新性的理论成果，很有必要参考欧先生"跨界会通"的建议。

　　刘韶军先生提出"新子学"的整合研究与欧先生的主张颇有妙合之处。在《论"新子学"的整合研究及其拓新意义》一文中，刘先生指出"整合研究就是全面地综合一个时代的不同思想（诸子各家）的全部内容进行完整的关联研究"。"先秦诸子是思考与回答同一个时代的共同问题的产物，所说有不同，所思则相同"，这是刘先生主张对诸子进行整合研究的最主要原因。刘先生又结合《庄子》研究作为实例，展示了他整合研究的具体思路，其中包括对某一子的"内部整合"研究以及对各家派及整个时代思想的"外部整合"研究。并且作者还对此进行归纳，认为"整合研究方法就是强调通过比较而加以鉴别，只有通过多方比较，才能形成更为深入而全面的认识。"在阐述的过程中，刘先生还引用了钱穆先生、张舜徽先生、李泽厚先生、陈鼓应先生等前辈学者的研究方法作为例证，以说明"这种方法本来就是学者默然心会而行之有效的研究方法"，而该文则是"对这种研究方法的步骤和过程以及它的学术价值集中而明确地加以阐述"。刘先生用明晰详实的操作和例证为我们演示了诸子学中的整合研究，本身就是"新子学"的一个典范，对"新子学"学术开新意义重大，相信如他所言，"从内部整合到外部整合的不同层次，就是'新子学'研究中的一条拓新之路。"①

　　关于"新子学"的方法路径问题，相关的文章还有刘思禾先生

――――――

① 刘韶军《论"新子学"的整合研究及其拓新意义》，《诸子学刊》第十五辑。

的《现代诸子学发展的学科化路径及其反省——从胡适、魏际昌到方勇》。该文将"新子学"放置在现代诸子学的发展脉络下来理解,作者指出"诸子学在现代社会的学科化,是进入到现代学术体系的路径",既而正文分三节论述了20世纪三代学人的诸子学研究路径:"一、胡适:现代诸子学学科化的发端","二、魏际昌:先秦散文史形式下的思想史研究","三、方勇:诸子学的正名及现代学术形态的探索",并总结认为:"胡适最早建立了一个诸子学的学科化范式,魏际昌对此体系做了若干修正,而方勇则反思这一体系,倡导回到诸子学自身传统之中。"其中,"新子学"的很多理念都被视作对这一体系的反思:比如作者引用《"新子学"构想》中批驳民国子学研究的语段,指出"方勇对诸子学现代学术形态的反思,集中在对于近代以来以西方学术来比附上";再如文中摘引《再论"新子学"》中强调探索中国性的语段,指出"不同于胡适以西方模式来组织哲学史,或者魏际昌以散文史形态讲述思想史问题,方勇更自觉地回到对原始语境与原始问题的追问上";此外,文中还摘引《三论"新子学"》中讨论以"新子学"对治现代性的语段,指出"方勇还特别强调了诸子学的价值意义,这是在胡适、魏际昌之外,对于诸子学一种价值上的肯定"。文中最后指出"如果诸子学发展必须戴着学科化的镣铐来跳舞",为了保证"其内在思想的原发性和表达方式的现代性",可以有两种思路来应对,第一种是"'诸子学'自身作为学科",第二种则是"不拘泥于学科之名",而是强调其"确切的理论性",那么,"新子学"正是沿着这条理路进行探索,这在文中有具体的论述:"诸子学是一个复杂的体系,不过追求理论性当是其核心。哲学史研究加强了诸子学的理论品质,但是代价是丧失了诸子学的问题意识。把诸子学的理论思考重新校正回到自身'确切'的问题意识和问题域之中,这或许是解决诸子学学科化问题的办法。方勇关于'新子学'的论说提供了一些线索,很多问题需要进一步研究"①。刘先生的文章将"新子学"作为新一代学者诸子学研究的新形态,在与前辈学者成果的对比中能发现自身的突破,同时文中提及的前辈学者所存在的问题也成为宝贵的经验警醒着"新子学"对于研究路径和方法的选择。

(三)"新子学"的多维延展与实践构想

经过学界之前的探讨,"新子学"超越了原有范畴,进入了许多新的领域贡献出自己的智慧,使自身的枝条有了多维的延伸。在第三阶段,学界更注重"新子学"在某些领域的深度交融互动,其中取得的成果亦颇为丰硕。

1. "新子学"与传统文化的传播

前文提到了"新子学"研究与"现代文化"的交叉,在该阶段又有很多学者在这方面进行了进一步探索。郝雨先生撰有《"新子学"与现代文化:融入与对接》一文,作者将"新子学"视为"我们的现代文化发展的总起点",作者认为"新子学"可以解决当今文化界"断裂论"和"西化论"两派关于"新文化运动"的争论,"因为,传统文化并非只有儒学一家。'新文化运动'斩断了独尊一家的专制传统,如今复兴传统文化,必溯百家之源。"基于此,作者提出了"现代文化"的理想状态:"我们必须建立起如同当年百家争鸣繁荣局面的一个新时代。因此,我们未来的文化发展,必须要多元,必须要百家。唯如此,我们的民族文化才能永远充满活力,这就

---

① 刘思禾《现代诸子学发展的学科化路径及其反省——从胡适、魏际昌到方勇》,见"中国文化大学"中文系编《第五届"新子学"国际学术研讨会论文集》,台北"中国文化大学"中国文学系2017年:C5-1-C5-36。

是'新子学'构建的最为重大的现代文化意义!"① 郝雨先生这篇文章更明确地指出了"新子学"在"现代文化"中的地位和意义,并参考"新子学"的理念为"现代文化"的发展路径作出了详细的规划,这种探索是很有价值的。

张永祥先生《中西方视野观照下的"新子学"》一文则着眼于中西方文化的对比,探讨"新子学"如何在当代中国的文化建构中发挥作用。该文从"价值理性""工具理性""实用理性"在中西方不同的发展情况来切入,指出"无论是牵惹我们无限乡愁的价值理性,还是价值理性卵翼下举步维艰的实用理性,都不过是成也儒学,败也儒学",故而"我们需要重新导入源头活水,把独立自由、活力无限的诸子学重新纳入到'再造文明'的工作中来。"之后该文便分析了子学在古代和当代的发展状况,并提出了对"新子学"发展的建议,该文指出"它('新子学')最终关注的是如何实现与现实世界的良好互动,如何促成东西方文化和谐共生,如何安顿我们的心灵。这种互动和安顿,并不是处心积虑地改造我们的实用理性以接近西方的工具理性,也不是回到宗教价值理性的立场而排斥实用理性的势利与冷漠,而是超越东西文化之争后对人类未来的深沉思索。"张先生基于中西文化的本质特征来探讨"新子学"和当代文化的互动,更具有历史积淀和世界格局,他提出的设想虽然高远,但的确反映了"新子学"对当代中国文化的一种期盼,这是一个方向,激励我们不断前进,正如该文结尾所说"发挥子学在参与国家软实力建设中的积极作用,构筑中华民族永恒的精神家园,将是'新子学'永恒的

---

① 郝雨《"新子学"与现代文化:融入与对接》,《集美大学学报(哲社版)》2016年第3期。

理论关切。"①

在"新子学"与"现代文化"的交叉研究中，最瞩目的成果当属"新子学"与"文化传播"之间的结合。在2014年学界便发起了以"'新子学'与现代文化：融入与对接——新媒体时代'子学精神'传承与传播"为主题的学术研讨会，在2016年学界又举办了"'新子学'深化：传统文化价值重构与传播国际学术研讨会"，这两次大会都是以"新子学"的视角审视现代语境下文化传播的问题，吸引了很多传播学界的学者积极参与。

夏维波先生将新媒体时代"子学精神"的传承问题表述为"三个民间"的见解。"第一民间"强调"子学下乡"，这一过程伴随着崇高化与世俗化两种看似对立的倾向；"第二民间"强调中国知识分子所具有的"中间型"空间性的特征，即知识分子既是王官之学的维护者，又是民间之学的传播者，认为"新子学"应有明确的自我定位；"第三民间"则强调民间之学的异质性和多元性应得到保障，以维持民族的文化反省能力。文化反省需要思维工具，一种文化是否先进，应看其有无文化反省的工具，而中国的知识谱系有这样的工具，儒、释、道一体文化谱系具有一种发展的自洽性。"② 夏先生认为，以上三点都是符合新媒体时代媒介发展特征的。

景国劲先生则认为有三种精神是在新媒体时代的传统文化传播最需要具备的：一是创新精神；二是参与精神；三是对话、平等、多元的思想③。这些都与"新子学"中蕴含的"子学精神"相通，"新子

---

① 张永祥《中西方视野观照下的"新子学"》，见"中国文化大学"中文系编《第五届"新子学"国际学术研讨会论文集》，台北"中国文化大学"中国文学系2017年：C2-1-C2-17。

② 毛冬冬、刘凯《新媒体时代民族文化探源与经典传播——"子学精神"传承与传播研讨会综述》，《诸子学刊》第十三辑。

③ 同上。

学"在这方面的影响值得深入探讨。

王艳玲女士则从新媒体时代信息碎片化的问题谈起，认为文化经典作品应该放下身段，借助新媒体的多元路径，在内容和形式上适应现代文化的旨趣，在一定程度上顺应当前公众获取信息与知识的习惯。既而她指出"新子学"在传播自身时也要符合这一趋势①。

朱剑卿先生《浅议新媒体时代"子学精神"与经典文化的传播》一文对于"新子学"传播的问题亦持相近的观点，文中指出："'新子学'的提出引发了新一轮对经典传统文化的思考和探讨。其重大意义不容否定，但在新媒体语境下，传播界如何完成对其高效的传播值得探讨。"该文系统论证了经典文化与新媒体之间的内在契合性，使"新子学"与新媒体结合的可行性得到印证，既而强调了这种结合需要注意的几点地方：第一，要符合新媒体特性，即"短、平、快，有新意和趣味的内容才会在新媒体上受到欢迎"；第二，规避新媒体"娱乐化""浮躁气"的弊病；第三，合力办大事，"合力"是指"集政府、资本、社会之力"，从而"建立起知名的文化传播品牌，带动出强大的经典文化向心力"；第四，注重互动，新媒体具有互动性，"新子学"在传播经典文化时便可利用这一点，从而"及时地知道民众对于现有传播的态度，而后及时地调整自己的方向，逐步让国民在最大程度上接受经典文化"②。

王飞先生重点就"新子学"如何适应时代的需求和新媒体环境下"新子学"如何接地气的问题阐述了自己的观点。在他看来，任

---

① 毛冬冬、刘凯《新媒体时代民族文化探源与经典传播——"子学精神"传承与传播研讨会综述》，《诸子学刊》第十三辑。
② 朱剑卿《浅议新媒体时代"子学精神"与经典文化的传播》，载于《"'新子学'深化：传统文化价值重构与传播国际学术研讨会"会议论文集》2016年。

何一个学术概念乃至学科的发展,都离不开现实环境,而在新媒体环境下,"新子学"如何"接地气"的问题值得传统文化的研究者和传播者思考。王飞先生谈到图书馆中大量子学经典及各代学者所做的"集注"对于普通读者而言太过艰深晦涩,而且人们对于这样大部头的作品是会产生阅读心理障碍的。在新媒体环境下,如何把传统文化中的经典作品以让人们喜闻乐见的形式表现出来,让大家更容易去接受,这就是一个"接地气"的问题。从历史上来看,越简单的学问越容易为人们所接受。他举了佛教在中国传播发展的例子,认为在佛教诸多宗派中,净土宗之所以能够广泛流行就是因为净土宗专修往生阿弥陀佛净土法门,教义简单,修行方法简便,人人都能做到,故自中唐以后广泛流行,而当今文化经典的传播也应该对此有所借鉴①。

以上学者多就"新子学"如何在大众中高效传播进行了探讨。此外,还有一些学者关注到了"新子学"对于信息时代新危机的对治作用。刘晓民先生指出了信息时代所出现的"信息泄露、网络暴力、网络伦理失控、人的异化等危机"。他认为"中国古代'子学'对于解决信息革命时代的难题有着丰富的思想资源,如敬天尊道、道法自然、重道轻器、重义轻利、慎独修身、仁恕之道、反求诸己等"。故而在文中他呼吁大家来"挖掘继承子学的核心精神和思维方式,利用新时代的学术标准和社会特点构建富有时代特色的'新子学'以解决信息革命时代的人类危机"②。该文从信息时代的危机着眼来说明"新子学"在现代传播中的价值,论述的视角比较独到,可以说是在该领域又开辟了一片探索的天地。

---

① 毛冬冬、刘凯《新媒体时代民族文化探源与经典传播——"子学精神"传承与传播研讨会综述》,《诸子学刊》第十三辑。
② 刘晓民《信息革命时代与"新子学"》,载于《"'新子学'深化:传统文化价值重构与传播国际学术研讨会"会议论文集》2016年。

谢清果先生的论述视角同样很独到，他将传播学中的内向传播理论与子学中的心性之学结合起来探讨，结论颇有新意。他首先指出了"'新子学'之'新'在于以子学为接引的思想资源，再造在当代的'百家争鸣'。为此，当重建子学时代的基本命题，亦即在学科融合发展的背景下，深化子学时代的思考"。这一阐述体现了谢先生跨学科的广阔研究思路，而该文中所尝试重建的"子学时代的基本命题"便是"心性之学"，为此他引入了内向传播理论视角以实现"学科融合发展"。该文以道家"见独"理念展开探讨，作者发现，"'见独'正是道家自我认知、自我反省、自我升华的内向传播活动"①，具体来说，它的运作机制是道我对俗我的召唤，俗我以道我为镜子来修身养性，而在这过程中，通过内观、心静如镜的一系列内向操作过程，终究能让心灵焕发"天光"，以促成"俗我"向"道我"的转化。可见，"见独"观念清晰地呈现了道家内向传播活动是如何运作，及其怎样营造良好运作的环境条件，作者将这种相通之处细致地呈现出来，为老子学说发掘了当代价值，也为西方传播理论找到了中国文化上的契合点，这种探讨让我们看到了中与西、古与今、人文与社科这些对立的范畴之间存在许多互通交汇之处，它们正是我们"新子学"要努力开辟的学术新增长点。

2. "新子学"对现实生活的关怀

笔者在《三论"新子学"》一文中提出，传统文化研究的创新需要"唤醒价值"，这意味着我们提出"新子学"要与当下现实密切结合，而且这种结合不仅限于理论层面的解释，还要给出实践层面的指导，具体来说，"新子学"要创造一些直接对现实生活产生影响的事物，以此实现"唤醒价值"的目的。已有一些学者在这方面进行

---

① 谢清果《新子学之"新"：重建传统心性之学——以道家"见独"观念为例》，《人文杂志》2017年第5期。

了尝试,他们对"新子学"的探究不纯以学理为目的,而是特别贴近当下人们的物质生活、精神生活等领域,因此这些成果的预设接受者也由原来的学者群体扩展至社会各方面人士,"新子学"的现实影响力也随之扩大。

"子商"概念的提出与探讨属于这类成果中比较突出的一项。早在"新子学"理论构建的第一阶段,郑伯康先生《"子商"构想》一文便率先提出了这一概念,他首先指出了"子商"与"新子学"之间的关系:"'新子学'是把握子学发展的必然规律与时机后,对它所做的进一步开掘,'子商'就是在这种精神照耀下,把诸子系统的思想精华与现代工业文明进行完美交融后律动出来的商道文化。"这一概念的提出亦与之前的"儒商"有某种对应关系,具体来说,"儒商"精神与当今社会发展并不完全适应,比如:"儒家思想中'亲亲之爱'的家族观念有着结构性的限制,其'私相授受'和'任人唯亲'的思想观念,与现代股份制企业的股权结构和法人治理结构都是难以融合的"。所以作者指出"这就要求我们去构建集百家智慧又兼具现代性和世界性的'新子学'和'子商'思想体系,并作为当代企业新的文化使命"。而"子商"在范畴上,则"顾名思义应当包括'儒商'在内的所有诸子思想的精华"。由此可以看出"子商"对于"儒商"的超越性和相容性。同时,作者还说明了"子商"面对西方文化时的态度:"'子商'作为现代经济体系下的商道文化,必须系统研究西方成熟的企业管理理念、流程控制体系、国际运行规则和先进的科学技术。同时也要优化我们自身有特色的实践经验,不盲信别人、不菲薄自己,以百倍的民族自信去迎接任何挑战。"作者最后在总结时指出"'子商'的商道文化就是'新子学'思想在经济领域上的综合体现",并且"'子商'商道文化将随着'新子学'的发展而发展"①。该文奠定了"子商"的基本概念和定位，它产生于"新子学"理论构建第一阶段，为之后学界的探讨和商界的应用打下了基础。

在第二阶段，郑伯康先生又围绕"子商"展开了进一步探讨，撰成《再论"子商"》一文，正如《再论"新子学"》追求为"新子学"填充主干理论一样，郑先生该文的论述亦是致力于应答一些实质性问题，比如他在文中分别讨论了儒、墨、道、法等家对于商道文化的具体理论贡献②，这类探索赋予了"子商"实质性的内容，让它有了明确的理念和主张，从而为之后的实践铺平了道路。由此，我们可以说"子商"是"新子学"与现实发生互动的重要连接点，它对诸子学智慧在现代的转化有着非同寻常的意义。

到了第三阶段，则又有郑作先生所撰《以诸子思想之源建构企业文化之魂——"新子学"精神与商道文化的对接与融合》一文，该文的探索推进到了"企业文化"这一专门领域，正与本阶段"延展枝条"的追求相呼应。作者凭借对商业领域的谙熟，探讨了许多超乎学理层面的内容，比如他在讨论马云"实事虚做，虚事实做"的企业文化时，结合了马云读《道德经》大发感怀之语的例子，指出"马云的话就是诸子思想与现代商道文化最好的注解，马云的英语和太极这两昆仑，是铸就其商业帝国的基石，也暗合了'坦然面对西学''承载国学真脉''扎根传统文化沃土，促进传统思想资源的创造性转化'的求真务实的'新子学'精神"③。这种探讨极有针对性与现实性，对于商业领域的人士有直接的启发意义，能切实指导

---

① 郑伯康《"子商"构想》，《诸子学刊》第九辑。
② 详见郑伯康《"子商"再思考》，《诸子学刊》第十三辑。
③ 郑作《以诸子思想之源建构企业文化之魂——"新子学"精神与商道文化的对接与融合》，《集美大学学报（哲社版）》2016年第3期。

他们构建企业文化的实践，而这便是"新子学"发挥其现实影响力、构建"价值典范"的重要途径。

上述学者在经济商业领域的探讨侧重于影响当今人们的物质生活，还有一些学者的尝试则是追求切实地影响人们的精神生活。宋洪兵先生撰有《重建我们的信仰体系，子学何为?》一文，该文着重于"探讨当代中国重建信仰体系的过程中，作为国学重要组成部分的子学所具有的理论价值与现实功能"。这一课题的确切中了当下中国人的心灵需求，一直以来，作为学者，我们都强调理性，也希望将这种精神普及给大众，但宋先生指出："信仰与理性不必二元对立。所谓'信仰'，并不意味着交出自己的理性，而是对某种价值或境界拥有深切而执着的情感灌注。"这就强调了我们的研究不能再限于学理层面，而是要直面现实给予人们心灵关怀，实现与大众的情感沟通而非完全的道理说服，说到底，这是一个实践的过程。宋先生结合着子学，将信仰进行了层次的区分："宗教信仰，境界信仰和包括法律信仰在内的规则信仰。三种信仰构成了一个完整的信仰体系。三者之间，前二者事关幸福，后者事关公正。……国学领域的道教、佛教组成宗教信仰，儒家与道家构成境界信仰，法家则专注于规则信仰。三者互动，对于当代中国信仰体系的重建，具有不可忽视的价值和意义。"① 宋先生此处提出了"规则信仰"，讨论了它和法家间的关系，这一探索极有创新意义和时代价值，它契合了现代社会法制化的趋势，也针对着当代城市化进程中的社会问题和精神困境，现代的信仰体系有了它才会更完善。"重建信仰"是一个现实课题，"新子学"可以沿着该文的思路，依据当前的核心价值观，为解决这一问题贡献更多的诸子学智慧。

---

① 宋洪兵《重建我们的信仰体系，子学何为?》，《诸子学刊》第十三辑。

黄蕉风先生《告别路径依赖　构建大乘墨学——"新子学"视野下的墨学发展进路》一文则结合"新子学"为"大乘墨学"的推广、实践作了更具体的构想，他指出"'现代新墨家'在墨学之外的公共领域所能发出的声音着实少得可怜"。面对这一现实，黄先生提出"当代新墨学的新生转进，必须告别过往墨学研究的路径依赖，转向更深层次的义理新阐发，使墨学'大乘化'，从而'现代化'"。具体而言，"以墨学义理来介入宗教对话、全球伦理——即墨学的'大乘化'；在回应社会热点和当下议题上，大乘墨学则有自信进入宪政民主、普世价值等公共场域，建构一套脱离儒家言说传统的墨家叙事方法——即墨学的'现代化'。"① 本文中黄先生构想了"新墨学"与现实热点问题对接的方式，这对"新子学"如何"唤醒价值"未尝不是一种启发。

"新子学"兼有"承接传统"和"贴近现实"两种色彩，这使得它对当代大众有着一种独特吸引力，其影响范围自然不会局限在学界中，上述文章已经体现了它在这方面的潜力，还有更多的事例可以说明它的影响已波及到更大范围。比如，在2014年的河南中原名校高考全仿真模拟考试中，语文试卷的出题者摘引《"新子学"构想》作为阅读题目，考察学生对于相关概念及论述的理解和辨析，这至少说明教育界人士已了解到了"新子学"的存在，并对其中蕴含的价值观念持认可态度。

总之，从"子商"到"大乘墨学"，这些极有实践意味、现实色彩的构想或许在不久的将来便会对我们的生活产生切实的影响，在这个过程中，"新子学"将继续探索，为这些实践提供更多的理论支持，而随着这个过程的深入，相信"新子学"也会深入到现实生活

---

① （香港）黄蕉风《告别路径依赖　构建大乘墨学——"新子学"视野下的墨学发展进路》，《诸子学刊》第十三辑。

中，最终迎来"灿烂的花期"和"果实收获季"。

（四）在大陆学界之外影响的扩大

1. 相关成果的回顾与展望

在 2016 年之前，关于"新子学"的探讨主要集中在中国大陆内地学界内，港澳台地区及韩国、新加坡等国的学者参与"新子学"学术研讨会、撰写相关论文，加入到了大陆学界的讨论中，总体来看"新子学"的影响还是主要集中在中国大陆的范围内。但从 2016 年开始，"新子学"的影响开始超出中国大陆的范围，这主要表现在中国台湾地区及韩国将于 2018 年 6 月召开的"第六届'新子学'国际学术研讨会"，以及欧美学界针对"新子学"的回应文章。鉴于这些国家和地区与中国大陆有着不同的文化背景，"新子学"的探讨呈现出了一些新的面貌，故而此处专列一节对此展开介绍。

2016 年 10 月，台湾屏东举办"2016'新子学'国际学术研讨会"，2017 年 10 月，台北举办"第五届'新子学'国际学术研讨会"，以及 2017 年 11 月在上海举办的"海峡两岸'新子学'座谈会"，几次会议中，台湾地区的学者对"新子学"展开了积极的探讨，其中一些文章与发言颇能反映台湾学者对"新子学"的独特理解，以下择其要者略做介绍。

赖锡三先生撰有《大陆"新子学"与台湾新庄子学的合观与对话——学术政治、道统解放、现代性回应》一文，赖锡三先生是台湾地区"跨文化台湾新庄子学"的中坚学者，该文便是"尝试描述大陆'新子学'与台湾新庄子学的基本精神和类似观点"。文中认为"两者皆批判学术政治化所造成的一元独尊，并尝试恢复学术多元自主性的众声喧哗"，其中，"不管是先期的王官学，还是汉后独尊儒术的经学，或者大陆新儒家的政治化儒学，以及港台新儒家的心性道统论，皆被放在一个批判考察的位置上"。作者总结了大陆"新子学"和台湾新庄学的共性："大陆"新子学"和台湾新庄学，皆企图解构"以一御多"的文化中心论、本质论、主干论，并由此解构而走向学术自由、文化多元的多音复调"。在正文中，作者从三方面对比了这两种理论："一、学术与政治的分合辩证；二、'以一统多'到'多音复调'的道统解放；三、通古今之变与通中西之变的现代性回应。"在"学术与政治的分合辩证"方面，作者主要分析了大陆内地新儒家和港台新儒家关于学术与政治间分合的争议，但也指出了他们之间"类似性坚持"，即"以儒学道统作为中国文化的主流根干地位"，而大陆"新子学"和台湾新庄学则"齐声质疑'以一统多'的道统论，主张中国文化与思想的内在多元性甚至内部他者性，百家争鸣的多元并陈与互文生长，才是中国文化能保有创发精神的思想活力之所在"。在"多音复调"方面，作者首先"从巴赫金'多音复调''众声喧哗'之文化转型理论，阐释'新子学'回归诸子百家、思想多元的主张"，进而又以《庄子》的《天下》篇来呼应"子学精神"，指出感叹"道术为天下裂"的《天下》篇其实是"忧心诸子之间没有真正朝向多元对话来敞开（不能相通）"，"而《庄子》在《齐物论》的两行观点，才真正隐含'对话理论'的多元性、差异性主张"，这一节中作者追求用"文化转型"这一概念"让巴赫金、《庄子》、'新子学'三者产生有意义的观察连结"，这种沟通与合观是很有创见的。在"现代性回应方面"，作者讨论了两种理论面对跨文化的混杂现代性时如何通古今东西之变，作者大致认为大陆"新子学"将"重点放在古典语境的'返回自身'之重建工作上"，"持中国优位观，有东西细微二分的前见"，而台湾新庄学则"释放了文化本质与国族主义的思考方式"，"主张由跨文化机遇来更新转化传统，从而产生内外语境交织的混杂现代性"，但对这种差异，作者仍秉持其所主张的"两行"态度，认为"学者依凭自身之学术训练之侧重面，分头努力，相互加乘，只要持续保持彼此开放的对话态度,将来或有更深度相互交织的新共识。"① 该文通过对比近年来两岸兴起的两股类似思潮("新子学"、新庄学),揭示了一些深层的理论诉求,反映了两岸理论界一些普遍的意向,同时,通过与台湾新庄子学的这种"合观"和"对话","新子学"也更鲜明地突出了自身的特质,对自身理论建构大有裨益。

赖先生通过"合观""对话"很好地把握到了"新子学"的核心精神,而殷善培先生《开阖破立:论"新子学"的愿与违》一文则致力于评析"新子学"的整体框架和具体观点。该文对《"新子学"构想》《再论"新子学"》《"新子学"申论》等文章进行分析,归纳出"新子学"理论的内在理路,进而沿着这条理路就一些具体的观点进行评析,涉及的相关问题包括"子学精神"中的多元特质是否存在、如何面对各学派之间彼此争胜的情况、是否该反对具有通人之学特质的四部分类标准、是否该严格区分诸子与方技、如何面对经学传统、如何面对现代学科体制以及如何面向世界等等②。对于这些问题殷先生都提出了自己独到的看法,在文中形成了很多处观点的碰撞,这为之后两岸学界进一步的探讨创造了很多对话的焦点。

台湾当代新儒家代表人物曾昭旭先生撰有《为"新子学"定性定位》一文,这亦是一篇阐发了独到见解的重要文献。该文定性、定位"新子学"遵循着很清晰的思路:首先以"新儒学"的定义作参考,所谓"新","是指对西方文化之冲击有何回应之道"而所谓

---

① (台湾)赖锡三《大陆"新子学"与台湾新庄子学的合观与对话——学术政治、道统解放、现代性回应》,见"中国文化大学"中文系编《第五届"新子学"国际学术研讨会论文集》,台北"中国文化大学"中国文学系2017年:A4-1-A4-24。

② (台湾)殷善培《开阖破立:论"新子学"的愿与违》,见"中国文化大学"中文系编《第五届"新子学"国际学术研讨会论文集》,台北"中国文化大学"中国文学系2017年:B4-1-B4-8。

"儒",是指"能回到生活世界作实践的回应,藉回归生命人性之根源(即所谓'道')以解决生命与文化失本而造成之困局";既而讨论经子关系,"经者常也,即指人性之普遍常道"、"即'人性之善'",并且"只能以'即事说理'的方式表示",而"所谓事,又可有偏于理与偏于情之分,子部即人之生活言行中偏于理性思考或专显理性思考一面之表现也","子部著作便是将实存于生活中而本质不可说的道,转为可说之理而予以表出",可见曾先生将经作为常道统摄史、子、集三部,子部是经部"常道"的表现与"即事说理"的补充;在此基础上,"新子学"便被定性定位,所谓"新"在于对西方学术的回应,"实即中国哲学与西方哲学之会通",而所谓"子",曾先生则从三点论述其特殊性格,如"即经即子之身份"(可理解为"即整体浑全之道而凸显其理"),"善用辩证思维"(即"灵活出入于道物之间终证成其即为一体之思维方式"),以及子书编排的独特(所谓"各篇皆可独立,但内涵又可相互呼应渗透涵摄")①。曾先生和殷先生一样,比较重视"经"的价值,并论述了"人性之普遍常道"来笼括经、子、哲之间的关系,这与之前一些学者的观点形成了对照,可以说是一种比较独到的理解,很值得我们重视。

以上几位学者文章中涉及的问题也是会议中学者讨论的焦点,各家立场不尽相同,相互之间的观点产生了精彩的碰撞。在经、子关系的问题上,不同于曾先生以"常道"区别经、子的想法,经学研究名家林庆彰先生在座谈会中认为"传统中经学、子学之间的隔阂可以打破,就是不要刻意去立异。经学、子学都是春秋战国时候社会思

---

① (台湾)曾昭旭《为"新子学"定性定位》,见"中国文化大学"中文系编《第五届"新子学"国际学术研讨会论文集》,台北"中国文化大学"中国文学系2017年:A1-1-A1-8。

想混乱的反映。假如把它们当作先秦时代的材料来看的话，虽然有出入，但是都奠基于当时的社会文化，《论语》《孟子》今天也可以看作是子书。"① 再如"常道"与"新子学"的问题，杨祖汉先生也有与曾先生不同的看法，认为："儒家的道统被视为人生日常生活中的常道，父慈子孝、兄友弟恭，这些都是我们义务上该做的。儒学讲究常道、道统，'新子学'似乎就不能再将道统当作指导原则，其指导原则要定在道家的思想上。道家所谓的道是以无作为普遍的原则，无便是去掉，把有意的、有为的、故意的、偏见的想法，或者希望用思想垄断控制人的想法通通无掉，剩下一个自然而然、空荡荡的、顺应变化的生命。这种普遍意义的道可以作为'新子学'超越的指导原则。"② 杨先生在儒家的"常道"外又引入了道家的"道"与"新子学"相融通，与此相近，当代台湾新儒家代表人物王邦雄先生是通过《庄子·天下》来对"新子学"展开思考，以此把握诸子百家的整一性，他提到："今天我们讲'新子学'，是一家一家地讲还是采用其他办法？我认为可以按照《庄子·天下》篇的意思，让诸子百家回到原来的神明圣王整体是一、道术整全的大传统中去，这样才能各得其所，走向文化的整合，创造美好的未来。"③

赖锡三先生文中提到"通古今中西之变"的问题④，这也是会议中学者多次谈到的话题。林明照先生认为："无论是港台'新儒家'

---

① 刘思禾《对话"新子学"——两岸"新子学"系列学术对话纪实》，《光明日报》2018年1月13日第11版。
② 同上。
③ 同上。
④ 详见赖锡三先生《大陆"新子学"与台湾新庄子学的合观与对话——学术政治、道统解放、现代性回应》文中第三节："台湾新庄子学与大陆'新子学'的通古今东西之变：跨文化的混杂现代性"。

还是'新子学',面对东西方文化都有一种二分的预设,这种二分似乎会影响东西方之间的理解和对话,'新子学'作为对传统学术范式的革新,这些固有观念也是值得它去反思的。"① 方万全先生则提到诸子研究中一个"机会主义"的方法,指出:"无论是概念的取得还是理论的使用,只要适合所要研究的对象,无论古今中外,都可以拿来运用。"② 方万全先生强调他对于中西学术的汇通持有乐观态度,呼吁大家对于西方理论大胆接受,如果出现问题,自然会有后人纠正,这也正是学术发展的过程。高柏园先生也认为文化交流和冲击会产生一些变动与思潮,"新子学"对这些无从反对也无须反对,关键在于有没有可能不受制于西方的观点,用自己的观点来理解。而何乏笔(Hebel Fabian)先生则进一步质疑"新子学"是否能回归"中国性",他认为现在的我们要面对跨文化语境的挑战,所谓"跨文化"就是能通古今中西之变,看到这四种文化元素在演变中的复杂交织,而这种情况和现代性结合,就涉及了所谓的"混杂现代化",尤其是在中国等非欧美国家表现得更为典型。那么,何先生质疑,什么叫作以中国为本?中国在百年来选择了西化的路线,那么这时"新子学"倡导以本土为主,这又将是一个怎么样的"本土"③?以上几位先生在这一问题的立场上与赖先生有相通之处,在潜意识中似乎都认为"新子学"对待西方学术文化有些"保留与保守"④,大陆"新子学"

---

① 刘思禾《对话"新子学"——两岸"新子学"系列学术对话纪实》,《光明日报》2018年1月13日第11版。

② 同上。

③ 何先生的相关论述可参考刘思禾《对话"新子学"——两岸"新子学"系列学术对话纪实》,《光明日报》2018年1月13日第11版。

④ 赖锡三先生在其文章中指出"新子学"有"中国优位的关怀与东西细微二分的前见",故而似乎"对'即中国即世界'的非二元论之跨界文化交织,显得相对保留与保守。"

研究者刘思禾先生对此有相关回应，他认为"新子学"对文化传统内有一个多元性的判断，同时也不放弃对"中国性"的坚持。他指出在中国思想内部，的确存在着不同的脉络，进而形成多元的格局，承认这种格局是"新子学"有别于后世经学、儒学的一个基本特点，这是和台湾"新庄子学"接近的地方；同时，"新子学"并不接受进一步的推论，即当代的文化关系可以跨越文明体的界限，而在全世界的思想语境下做无限制的交流会通。反而，"新子学"认为基本的文化边界需要维系，"中国性"仍旧是一个必要的术语。故而，作为"中国性"的一个新解说，"新子学"对文化内部资源来讲是一个解放，而对外部文化资源则意味着某种坚守①。总之，刘先生强调"新子学"对于西方学术的态度是一种谨慎的开放态度，而根本上则致力于当代中国文化认同的建构②。相信"新子学"的一些主张能给台湾学者在相关问题上带来一些新的解读方式，正如会议主办人王俊彦先生所提到的，"台湾近几十年来的学术一直在西方学术的影响下，现在需要回归中国传统，'新子学'提出的重建诸子学传统的主张，提供了非常重要的新视野，有助于丰富台湾学界的研究。"③

总之，会议中台湾学者们对"新子学"的独到阐释再次说明了"新子学"在新的文化背景中会得到新的讨论，从而引发新的话题，促进两岸学界的进一步交流，并让"新子学"在这个过程中完善自

---

① 相关内容请参考刘思禾《对话"新子学"——两岸"新子学"系列学术对话纪实》，《光明日报》2018年1月13日第11版。

② 方达先生也有类似回应，他主要是针对赖先生的观点进行了理论的对话，并进行了详细论证。本文将其置于下面"不同理论间互动与对话"一节中进行详细介绍。

③ 刘思禾《对话"新子学"——两岸"新子学"系列学术对话纪实》，《光明日报》2018年1月13日第11版。

身理论，这正是"新子学"走出中国面向世界的意义所在。

除了对话中国港台地区，"新子学"同样是面向世界的，尤其是在第三阶段，其国际化趋势更加明显，在韩国、新加坡等国，很多学者参与了"新子学"的讨论①，"新子学"在那里已经有了一些基础，而在2018年6月份，韩国还会召开"第六届'新子学'国际学术研讨会"，届时会有更多新的声音在"新子学"这个平台上出现，相信"新子学"理论由此会得到进一步丰富。

甚至远在欧美学界，也对"新子学"理论有所回应，德国海德堡大学Viatcheslav Vetrov先生撰有专门的讨论文章——《China's New School of Thought-Masters (Xinzixue): An Alternative to Sinologism?》(《"新子学"：汉学主义的替代者？》)。本文核心的理论关怀在于探讨认同建构 (identity construction) 与政治表态 (political statement) 之间的关系，该文指出：

> The present study defends the idea that any discussion of questions concerning identity constructions, any act of drawing boundaries, as any criticism against drawing them can be interpreted as a political statement and that they become every time problematic when they are accompanied by an explicit negation of politics or when they are not reflected upon as participating in politics. (本文捍卫如下观念：对于任何认同建构的讨论，

---

① 如新加坡南洋理工大学严寿澂先生撰有《"新子学"典范——章太炎思想论纲》《新诸子学与中华文化复兴》系列文章，再如韩国圆光大学姜声调先生（笔名凌然）《"新子学"与跨学科学术研究鸟瞰》《在韩国如何推广"新子学"》，以及韩国成均馆大学曹玟焕先生《"新子学"与"狂"的现代意义》，还有韩国国立江陵原州大学金白铉先生《21世纪"新子学"与新道学的研究课题》，都从独特的视角讨论了"新子学"。

任何划定边界的行为,以及对这种划界行为的批评,这些都可以视作为一种政治表态。因此,每当展现出对政治立场的明确否认,或者并未反映出已经介入政治,这些研究每每都会出现问题。)①

基于这一视域,该文展开了对当前中国相关理论流派的论述。正文第一节 Part Ⅰ:From orientalism to occidentalism(一、从东方主义到西方主义)讨论了萨义德的东方主义在中国的接受情况,该理论传入中国后,中国学者相应地提出过西方主义(occidentalism),对萨氏说法批评、修正,典型研究如张宽、王铭铭等学者的文章;正文第二节 Part Ⅱ:Sinologism:A farewell to politics(二、汉学主义:与政治告别)则评述了在这方面更加典型的研究,即顾明栋先生关于汉学主义(Sinologism)的批评;以上研究都是上文所提到的因为"出现对政治立场的明确否认"而"每每都会出现问题"的"认同建构"研究,正文第三节 Part Ⅲ:Xinzixue:Fetching the stones from the other mountain(三、"新子学":取他山之石)则分析了"新子学"在这方面比较客观恰当的立场,这正呼应着本文的标题:"China's New School of Thought-Masters(Xinzixue):An Alternative to Sinologism?",具体来说,作者认为"新子学"能以恰当的姿态对待西方学术文化:"The dialectical turn of the xinzixue-advocates opposes any blind adoption of foreign identities, but at the same time it promotes the idea, according to which good knowledge of foreign identities is of great importance for one'

---

① Viatcheslav Vetrov. "China's New School of Thought-Masters (Xinzixue): An Alternative to Sinologism?" [J]. Asiatische Studien, 2016 (03).

s own successful identity building"("新子学"倡导者主张辩证转化①,反对盲目接受西方认同,但同时,他们又推崇这样一个观点,把握好西方认同对于成功建立自身认同非常重要),同时作者也认为"新子学"对知识和权力、学术与政治的关系有着较明晰的认识:"Common for them all is also the awareness of the political component pertaining to discussions on national identity. The academia does not appear as something politically neutral or independent of political issues, nor as participating in a conspiracy between knowledge and power, but as a subject of an open discussion on political issues."(同样地,他们都意识到,讨论有关民族认同时总包含着政治性内容。学术界既不是政治上的中立者或者独立于政治议题之外,也不参与到知识与权力间的合谋中,而是作为公开讨论政治问题的主体。)如何看待中西文化间的互动及知识权力间的关系是作者关切的核心,是他用来评判文中各类学说的标准,在他看来"新子学"在这些方面较之之前同类理论有着较大突破,故而题目中用"替代者(Alternative)"一词表示自己对"新子学"的期许。

总体来看,该文是以"认同"(identity)与"政治"(politic)为主线贯穿全篇,由此分析对比一系列的学术现象(如对东方主义的批判、对西方主义的批判、对汉学主义的批判及"新子学"运动等),该文引言对这一思路有较为鲜明的、概括性的表述:

  Since the early nineties, Said's Orientalism has remained a

---

① 所谓"辩证转化"是指"新子学"主张正视、熟悉"西方"这个文化上的"他者"能帮助中国文化更好地反观自身,促进"自身认同"的建构,该文主要通过分析玄华文章的观点对此进行说明,详见该文 Part Ⅲ 第四段,此不赘述。

most important point of orientation in the discussions of Chinese intellectuals on their national cultural identity in the global context. It is a big paradox that many of the studies, which rely heavily on Said and take the issue with representations of the other as a matter of politics, are also very critical of Said. One characteristic feature of these criticisms is that, turning against various epistemic distortions produced by Western scholars about China, they simultaneously try to neutralize the political side of their own position, to overcome politics, to make it non-present. Such attempts are either implicit (as in the case of Wang Mingming's The West as the Other: A Genealogy of Chinese Occidentalism, 2014) or explicit (as in Gu Mingdong's various critical studies on Sinologism.) The present study means to call into question the advisability of these attempts. It concludes with a discussion of China's New School of Thought Masters (xinzixue 新子学), one of the most prominent current movements in the Chinese academia. If Gu Mingdong, who stresses the necessity for scholars to reject political concerns, takes his monograph on Sinologism to be an alternative to Orientalism and post-colonial studies, the present study raises the question, if the proponents of the xinzixue, who rather suggest the impossibility of such a rejection, are on their part not to be understood as a more plausible alternative to Sinologism. (自 90 年代初期以来，在中国知识分子全球化语境中讨论自身文化认同时，萨义德的《东方主义》保持着重要的指向作用。然而非常吊诡的是，许多研究非常依赖萨义德的理论，并将他者视作政治对象来看待，同时又非常严厉地批判萨义德。这些批评者的一个典

型特征是，他们反对西方学者在各种中国认知上的曲解，同时又尝试使自己处于中立的立场，以此来克服政治，使之不在场。这种尝试或是暗示性的（如王铭铭的《西方作为他者：论中国"西方学"的谱系与意义》），或是明确的（如顾明栋对汉学主义的各种批判性研究）。本文意图对这些做法的合理性提出质疑。本文最终的论述涉及到"新子学"的讨论，这是当下中国学术界最重要的学术运动之一。如果说顾明栋强调学者拒斥政治关怀的必要性，并以他的汉学主义论著取代东方主义和后殖民主义研究，那么本文的问题便是，当"新子学"的支持者更倾向于认为拒绝政治是不可能的事，那么"新子学"是否可以被看作是取代汉学主义的新选择。)①

知识与权力间的关系是西方学界的热点，该文以此为基本视域探讨"新子学"的意义，这一思路较为独特，对我们极有启发。一直以来研究者在相近的文化圈中讨论"新子学"，虽然热闹，但格局容易被局限，路径容易导向偏执。该文从西方学术的立场，以一定的距离审视这场中国的学术运动，自然有山外看山的效果。

2. 相关特征的总结与评析

上文对于近期大陆之外的"新子学"研究成果主要选择了一些有代表性的内容进行介绍，这些研究呈现出一些特征，它们可能会是今后"新子学"向外拓展时经常会遇到的状况，故而下文尝试对它们进行总结，以期更好地帮助"新子学"走向更广阔的天地。

---

① Viatcheslav Vetrov. "China's New School of Thought-Masters (Xinzixue)：An Alternative to Sinologism?" [J] . Asiatische Studien, 2016 (03) .

(1) 客观描述与主观解读并存

"新子学"对于大陆以外学界来说还是一个较为陌生的概念，故而这些学者谈论"新子学"时，大多会对"新子学"发展的情况作一个简要描述，如殷善培先生指出："近年来，'新子学'后来居上，短短数年内引发数百篇讨论文章，众声喧哗（heteroglossia），成功引领了当代学术史上的热议及反思。这一现象当然与催生者方勇教授的当仁不让、一肩承担的使命感有关，更重要的是方勇'新子学'有相当完整的论述与实践策略，开阖破立之间，结构布局严密，各种挑战与诘难其实多不出方勇教授的设想。"① 赖锡三先生亦给出了自己的描述："据笔者初步观察，方教授个人对'新子学'的论述仍在持续深化演变中，而大陆诸多学者彼此间的观点，则是同中有异、深浅互见。看来这股思潮的势头雄健，但也仍在摸索发展当中，还待时间酝酿其深广度与成熟性。但不可否认，这股思潮具有革新企图，带有一股清新气象，其基本思想的批判性主轴乃可以清晰辨识。"② Vetrov先生论述时亦涉及了他对"新子学"发展现状的认识："Within the current Chinese academic landscape, a special attention deserves a large movement, which during the last four years has found supporters all over China, and even far beyond China – the xinzixue, or: China's new school of thought-masters."（放眼中国当代学术界，有一种重大学术运动值得关注，它在过去四年中在中国各地甚至海外都赢得了支持

---

① （台湾）殷善培《开阖破立：论"新子学"的愿与违》，见"中国文化大学"中文系编《第五届"新子学"国际学术研讨会论文集》，台北"中国文化大学"中国文学系2017年：B4-1-B4-8。

② （台湾）赖锡三《大陆"新子学"与台湾新庄子学的合观与对话——学术政治、道统解放、现代性回应》，见"中国文化大学"中文系编《第五届"新子学"国际学术研讨会论文集》，台北"中国文化大学"中国文学系2017年：A4-1-A4-24。

者——这就是"新子学",即中国诸子研究的新学派)。可见,这些学者对"新子学"的成果都有着较为客观的描述,对于"新子学"的前沿动态有着一定的了解。

除了客观描述"新子学"发展状况,为了方便读者的理解及自身观点的阐述,大陆外的学者还会针对"新子学"相关文本进行解读。这些解读中有从局部到整体的归纳①,也有对具体语词作以小见大的阐发②,也包括曾先生文中直接针对"新子学"命名而进行的全新论述。这些解读则呈现出了一种主观的视角。这里所谓"主观",并非指视野的偏狭,而是说各个学者都有自己的理论关怀,按照自己的理路来把握"新子学"思想的脉络。比如曾先生以"常道"为基础解读"新子学"中"新"和"子"的内涵,这体现了台湾新儒学的理路,而赖锡三先生则强调了"新子学"对道统论的批驳,这体

---

① 如殷善培先生在分析《再论"新子学"》一文后便对"新子学"的内在理路进行归纳,指出"由上述扼要归纳就可知方勇教授对'新子学'相关的议题是经过透彻的认识且深刻的反省,所以能从'子学现象'寻绎出'子学精神',再由'子学精神'深化为'新子学'主张。从两个框架跳脱,一方面破除尊经传统的制锢,一方面解开西方学科思维中对中国传统的曲解。再以全新的姿态面对西学回应世界。"

② 如 Vetrov 先生文中的一些语句颇有代表性:"One of the main reasons for the use of rhetoric of health, as in the case with the critics of Orientalism and Sinologism, is the understanding of one's own program as an epistemological restructuring."(他们之所以和东方主义及汉学主义的批评者一样都使用"健康"这个修饰语,是因为他们将自己的事业理解成一种认识论的重建。)

现了台湾新庄学的理路①。再如前文提到了Vetrov先生阐发"新子学"时基于"知识·权力"的基本视域，这有很鲜明的福柯理论的色彩。

这种现象有其必然性，并会在之后港、台乃至国际学界讨论"新子学"的历程中一直存在。因为与大陆学界不同，当代港、台和韩、日、欧、美学界理论流派数量多，各自又经历了较长时间的发展，学者大多已有自己的流派归属，再观察"新子学"这种外来新理论时，必然带有"前见"，由此形成富有个性的解读。我们对此应理解，并积极吸收他们的独到见解来充实我们的理论。这时，我们就需要继续探讨下一个话题：不同理论间的互动与对话。

(2) 不同理论间的互动与对话

面对着大陆外学界的"理论丛林"，"新子学"必然要与不同理论流派展开互动与对话，这已经成为"新子学"外拓历程中的一个特征。例如，台北"第五届'新子学'国际学术研讨会"便被王俊彦先生称为当代的"鹅湖之会"，这为我们展示了"新子学"在台讨论时各种理论之间互动的精彩程度之高与思想价值之大。

总体来看，这种互动一般以较明显的方式呈现，比如Vetrov先生文中对东方主义、西方主义、汉学主义及"新子学"诸多理论的依次论述与对照，再如赖锡三先生将大陆"新子学"与台湾新庄子学合观，并用大陆内地新儒学和港台新儒学与两者对比分析，还有曾先生借用新儒学的定义来定位定性"新子学"，这也是两种理论的互动。

在这些互动的例子中，能形成对话的首推赖先生等学者关于

---

① 另外，赖先生对"新子学"还有一番独到的观察："方教授对'新子学'的呼吁，有三个连续性发展：对《庄子》学史的长期学术史研究；主持'子藏'编辑之学术文献整理工程；由学术史与文献整理再深入子学现象之阐发、子学精神之推动。笔者个人最有兴味的是，庄学精神能否呼应子学精神，甚至深化'新子学'的核心主张。"这里，更鲜明地体现了赖先生由新庄学理路来阐发"新子学"。

"'新子学'与新庄学合观与对话"的探讨。赖先生探讨了两者共同的价值诉求:"面对学术文化'以一统多'的道统说主张,大陆'新子学'和台湾新庄学皆采取批判质疑立场,认为历史的扭曲现象,不能等于学术健全发展的合理性。"① 这一探讨寻找到了两派的共识,为之后进一步对话创造了平台。同时,赖先生在对话中也注重展现新庄学与"新子学"各自的独特性,比如他提到台湾新庄学还有"对'语言权力'的批判反省",他指出"从台湾新庄学来看,任何一套言说系统本身,当它严密地环绕自我中心而居为道统主干时,这种学说便具有自我独尊的封闭性格,将有妨于学术的丰富多元、两行交织的差异化发展,并远离诸子百家思想勃发之原创处境。"② 再如赖先生也分析了"新子学"与新庄学面对当代中西文化碰撞交织时的不同态度:"目前来看,方教授领军的'新子学'研究工作团队,似乎以返回中国性的'新子之学'为主要工作目标,而台湾的跨文化新庄学则以中国性和世界性的互文交织、以创造'新之子学'为主要工作目标。"基于这种差异,赖先生在"中国优位"和"多元开放"间矛盾的问题上对"新子学"提出疑问和进一步对话的期待:

  方教授的"新子学"主张,在面对"世界性与中国性的纠结"这一跨文化处境时,除了明显站在中国性的优位这一端,多少也仍然预设了(细微的)东西二分架构,亦即中国性与世界性的本末优次二分之架构。而正是这种中国

---

  ① (台湾)赖锡三《大陆"新子学"与台湾新庄子学的合观与对话——学术政治、道统解放、现代性回应》,见"中国文化大学"中文系编《第五届"新子学"国际学术研讨会论文集》,台北"中国文化大学"中国文学系2017年:A4-1-A4-24。
  ② 同上。

优位的关怀与东西二分的前见,可能使得"新子学"在摆脱旧有理念束缚的"原创精神",融会当代新理念的"处士横议",以及中国学术如何进行世界性回应的"多元开放气质",容易停留在观念上的呼求,并对"即中国即世界"的非二元论之跨文化交织,显得相对保留与保守。如此一来是否使得"新子学"的果敢与回应当代的新文化转型课题,在观念与实践之间产生徘徊犹豫与不易跨越的间距?这将是值得观察与对话的课题。①

这种疑惑同样存在于台湾新庄学另一位代表人物何乏笔（Hebel Fabian）的论述中②。这涉及"新子学"理论自洽性的问题③,需要"新子学"研究者的回应,从而形成一种深层次的对话。

---

① （台湾）赖锡三《大陆"新子学"与台湾新庄子学的合观与对话——学术政治、道统解放、现代性回应》,见"中国文化大学"中文系编《第五届"新子学"国际学术研讨会论文集》,台北"中国文化大学"中国文学系2017年：A4-1-A4-24。

② 上文简单介绍过何乏笔先生在这方面的态度,具体来说,他在会议中指出：所谓"跨文化"就是能通古今中西之变,能看到这四种文化元素在演变中的复杂交织,而这种情况和现代性结合,就涉及了所谓的"混杂现代化",尤其是在中国等非欧美国家表现得更为典型。那么在这种脉络下什么叫作以中国为本?中国在百年来选择了走彻底西化的路线,那么这时"新子学"倡导以本土为主,这又将是一个怎么样的"本土"?可以说,这个本土已经不是中国本质上的本土,它已经包含了很多西方的东西,这是一个混杂的"本土"。所以"以本土为主"的主张,必须要把跨文化、混杂现代化等问题思考进来。

③ 尤其在赖先生看来,"新子学"坚持多元理念,这与新庄学相同,但"新子学"又坚持"中国优位",将中国作为叙述主体,理论本身存在对主体性的追求,"多元性"和"主体性"能否共存,这是他在学理层次上对于"新子学"的困惑与质疑。

方达先生针对这一问题做过较为具体的回应，他认为，"新子学"所提倡的中国"主体性"和"多元性"是一种需要深入辨析的概念。"主体性"意味着对中国作为一个叙述主体的承认，"多元性"意在表达先秦诸子思想的基本形态，以及构成中国文明架构过程中的具体作用与意义；另一方面则是着眼中西文明碰撞的层面，寻求一种在此交互过程中凸显"新子学"自身意义的价值立场。"主体性"和"多元性"如何沟通，"新子学"还需要在理论架构的层面上给予详尽的界定与论证。既而方达先生提到，在赖锡三、何乏笔两位先生看来，"大陆新子学"与"台湾新庄子学"的基本精神和观点相似，都批判学术政治化所造成的一元独尊，并尝试恢复学术多元自主性的众声喧哗，皆企图解构"以一御多"的文化中心论、本质论、主干论，并由此解构而走向学术自由、文化多元的多音复调。也正因此，两位先生对"新子学"同时所坚守的"主体性"表示出疑惑：在消解中国传统思想旧有架构，认识到"混杂现代性"境遇中不得不面对的"多元化"的同时，"新子学"在学理层面上，如何可以宣称自身具有"主体性"呢？

对此，方达先生则指出，实际上，先秦思想的核心问题意识便是司马谈所说的"务于治"，而司马氏所谓的"治"不仅仅是现实的社会治理，更反映了先秦诸子时代的基本文明形态，即先秦诸子对"人"与外在世界交互和谐状态的普遍性追寻，而这种"交互"的方式又意味着作为思维载体的"人"，始终对变动不居的现实境况保持相应的思考与解决的办法。"新子学"对诸子思想的整体概括显然已经跳脱出传统的"经子关系"，在承认以"六经"为代表的"继承"与相应的"重构"具有相同价值的基础上，诸子思想不仅在达成最终理想秩序状态的方法层面上，呈现出多元化的面貌，而且还在相互诘辩的过程中体现出对周文系统"主体性"的继承。换句话说，虽然诸子在具体思想主张上体现出极大的差异性，但从未出现过对中国文明主体性的否定，而只不过是在达成方式上具有批判与反批判的"反思精神"。因此，"新子学"所说的"主体性"是站在中国文明的层面上，在认为中国文明与其他文明型构具有不同形态的基础上提出的，而"多元性"则是在特定文明内部的方法论的意义上展示出来。"新子学"的"主体性"与"多元性"在学术层面上的意义在于：在坚守自身文明"主体性"的同时，对构成文明的学术思想始终保持一种反思与批判的态度，并由此相应地通过方法论上的"多元化"，规避"主体"自身的独断与僵化。如果直接以"去中心化"思维模式来观看"新子学"，其所提倡的"多元"与"主体性"确实无法呈现出自洽性。但二者的问题在于，这种普遍化的"去中心化"思维模式，是否可以越出思维的界限，直接作用于实实在在的传统经典文本之上，并由此得出相应的包含了对现实判定的学术结论。换句话说，这种"去中心化"的思维模式是否已经在"人"实际的运用过程中得到了反思与批判。正如《再论"新子学"》一文所说，这种没有共识的"多元化"就是缺乏自我批判的"多元化"，其到最后只能呈现为一种完全碎片化，甚至虚无化的面貌。而对于"共识"中的"多元性"与"主体性"，"新子学"恰恰给予了自己的回答。

可见，在这种对话中，新庄学展现了自身独特的学术主张，"新子学"也完善了自身深层的理论体系①，可以说是一种良性的学术互动。尤其是赖先生文中对于两派相关差异性的尊重，更是值得我们学习，他认为："总之，当前面对中国性与世界性的争论课题，我们或许仍可学习《齐物论》'和以是非''以应无穷'的'两行'态度，

---

① 此外，刘思禾先生也深入辨析过新庄学和"新子学"在中国性与世界性问题上的立场差异，很多内容也涉及上述问题，只是没有进行详细论证，这在"相关成果的回顾与展望"一节有介绍，此处不赘述。

让'新子之学'与'新之子学'分工合作①。学者可以依凭自身之学术训练之侧重面，分头努力、相互加乘，只要持续保持彼此开放的对话态度，将来或有更深度相互交织的新共识。"②赖先生的论述展现了学术对话中开放、包容的态度，"新子学"今后的研究也应该以此为期许，对相关的评述及时地回应，并进一步展开与其他理论流派的积极性、建设性对话，在对话中寻找共识、理解差异，这不仅是"新子学"完善自身理论的必要手段，也是促进两岸文化交流乃至代表中国思想在世界舞台发声的重要门径。

（3）中西文化问题成为关切点

回顾以上所举例文的主题，我们可以发现这些"新子学"文章中纯粹讨论子学研究革新的内容少了，讨论文化问题尤其是中西文化互动及中国现代性问题的内容多了。这种特征的形成也有其深层原因，因为"新子学"在外拓的历程中将要面向的是世界性的大平台，不同文化、文明之间的互动甚至碰撞都是需要它正视的现象，故而中西文化问题在大陆内地外学界受到的关注更多，探讨的视角更独特。港、台地区因为历史原因，中西文化的混杂性极强，该地学者讨论"新子学"时一直将西方文化作为一种核心关注。比如曾先生将"中国哲学与西方哲学之会通""与西方哲学平等对话"作为"'新子

---

① 按：赖先生前文中曾提到"目前来看，方教授领军的'新子学'研究工作团队，似乎以返回中国性的'新子之学'为主要工作目标，而台湾的跨文化新庄学则以中国性和世界性的互文交织、以创造'新之子学'为主要工作目标。"故此处"新子之学"指"新子学"的思路，"新之子学"代指新庄学的思路。

② （台湾）赖锡三《大陆"新子学"与台湾新庄子学的合观与对话——学术政治、道统解放、现代性回应》，见"中国文化大学"中文系编《第五届"新子学"国际学术研讨会论文集》，台北"中国文化大学"中国文学系2017年：A4-1-A4-24。

学'所以为"新"之所在"①，而殷先生在论述"新子学"脉络时，则将"新子学"的终极愿景定为"以全新的姿态面对西学回应世界"②，而赖锡三先生对于"新子学"面对中西文化时的态度则更为关切，文中专列有一节进行分析，上文已经介绍，此不赘述。其实，诸位学者对西方学术文化的关切，从更深层次上讲，最终是反映了他们对于中国传统文化如何在当今发展这一问题的永恒思考。正如报道中所总结的那样："在此次系列学术对话中，两岸学者体现出的开通和善意，是基于对传统文化的信心，对当代文化建设的热忱。学者们都认识到，传统文化研究既不能封闭自守，也不能以今释古，而要在古典与现代之间作一种会通，为建构中国文化认同提供助力。"

王邦雄先生指出："我们有几千年的传统，不是文化沙漠，让西方文化如入无人之境，我们不能接受。大陆已经崛起了，我们期待大陆在世界上担当更重要的角色。"作为中国人，大陆"新子学"研究者与台湾学者都关切着几千年的中国文明如何在我们这一代传承，这是我们共同努力的方向，正所谓"天下一致而百虑，同归而殊途"，正因为有着同一个目标，所以上文提到各派对待西方文化态度上的差异不应成为对话的隔阂，而应作为一种资源互补、互见。

欧美学者则立足于西方文化来看待"新子学"，"新子学"被理解为全球化背景下中国文明进行自身"认同构建"的一种尝试，Vetrov先生将"新子学"放置于当代中国文化认同构建的进程中来理解：

---

① （台湾）曾昭旭《为"新子学"定性定位》，见"中国文化大学"中文系编《第五届"新子学"国际学术研讨会论文集》，台北"中国文化大学"中国文学系2017年：A1-1-A1-8。

② （台湾）殷善培《开阖破立：论"新子学"的愿与违》，见"中国文化大学"中文系编《第五届"新子学"国际学术研讨会论文集》，台北"中国文化大学"中国文学系2017年：B4-1-B4-8。

The name xinzixue refers to the revival of ancient Chinese schools of thought and scholars (Laozi, Kongzi, Zhuangzi, Guanzi, Huainanzi etc.), who, due to the current global challenges for China, - since the beginning of the reform course in the eighties, since the beginning of the economic boom and the contrasting rather slow development of the cultural self - consciousness - are made subject of new interpretations and take a key position in the debates concerning China's cultural identity.

"新子学"是指古代中国思想学派和学者（老子、孔子、庄子、管子、淮南子等）的复兴。20世纪80年代改革以来，经济初步腾飞和文化自觉意识发展相对缓慢，当前面临全球化挑战之时，诸子学在中国文化认同的论争中成为思想阐释的新主题，进而占据了重要的地位。①

The word new accentuates the important connections between this agenda, the current cultural identity problem, and the globalization consciousness (quanqiuhua yishi 全球化意识) The role of the xinzixue studies in the process of current Chinese identity building is explained in terms of cultural peculiarities pertaining to Chinese thought-masters of antiquity.

而"新"字强调了重视当代文化认同问题和全球化意识之间的重要联系。在当前中国文化认同建构中，"新子学"的研究旨在表明诸子学经典的文化特性。②

---

① Viatcheslav Vetrov. "China's New School of Thought-Masters (Xinzixue): An Alternative to Sinologism?" [J]. *Asiatische Studien*, 2016 (03).
② 同上。

"文化认同"是一个世界性问题,是在全球化背景下每个国家都需要应对的挑战,我们学者构建"新子学"理论也是致力于这一目标,只是对此没有专门明确的表述。Vetrov先生致力于中西方跨文化研究,故而从"文化认同"这一角度来理解"新子学"①,在"中国—世界"这一维度上探讨"新子学"的意义,这种来自异质文化圈的审视能帮助我们反观自身,启发我们在之后的探讨中更多地思考"新子学"如何帮助中国文化以一种恰当的姿态融入全球化浪潮。回顾近数百年的世界史,会感觉随着地球"变小",其内部各种文明逐渐接近、接触乃至碰撞融合,譬犹地理学理论中不同大陆板块之间经由独立漂移转而互相碰撞冲击,这是历史必然,中国人开始会惊异迷茫,但现在则勇于正视应对,"新子学"可被视为一种应对的尝试。所以,今后的"新子学"探讨应进一步扩大自身的格局,以更好地面向世界发声,更好地应对中西文化乃至世界多元文明间的互动与碰撞,这是"新子学"走向世界的必由之路。

以上对"新子学"五年以来的发展历程作了大致的梳理,学界的探讨还在继续深入,"新子学"的理论建构还会迎来更新的阶段,

---

① 另外,该文也指出除了"新子学"外,参与当代中国"认同构建"的还有新儒学,它之前一直都是主导力量:"Whereas the period between the eighties and 2012-the year, when the first manifesto for xinxixue, Fang Yong's 方勇 article "Xinzixue gouxiang" "新子学"构想("Considerations concerning the 'New School of ThoughtMasters'") was published, - was marked by the so-called ruxue-fever and by the predominance of (Neo) Confucianism in various programs of identity constructions."(从20世纪80年代到2012年——该年方勇教授发表了《"新子学"构想》一文,成为"新子学"的第一份宣言——这段时间中,在各种中国文化认同构建活动中最令人瞩目的是所谓的儒学热以及新儒家的主导地位。)

本文会继续关注它的发展、记录它的成长，笔者相信"新子学"有着无限的生命力，这将是一篇永远没有"结语"的文章。

（完稿于 2018 年 1 月）

（原载于《诸子学刊》第十八辑，作者单位：华东师范大学先秦诸子研究中心）

为"新子学"定性定位

(台湾) 曾昭旭

一、引　言——从"新儒学"谈起

要厘定"新子学"这个概念应具有怎样的内涵，我们不妨从"新儒学"谈起。

在思想史上论及儒家或儒学，向有原始儒家（先秦孔、孟、荀）、宋明新儒家（程、朱、陆、王）及当代新儒家之说。原始儒家之兴是由于对周文疲弊，礼坏乐崩的反思；宋明新儒家之兴是因回应印度佛教佛学之冲击，为"道丧千载"的文化处境谋求复兴；当代新儒家之兴则是因回应西方文化之冲击，为濒临次殖民地危殆地位的中华民族文化谋求再一次的复兴。

虽然"新儒家"之新，在思想史的论述上是为与原始儒家作出区别，但考察儒家一次次的兴起，实都是为面对当代的文化困局而谋求更新解决之道。于是，我们便可规定儒家之性质是实践（行）的而非徒思辨（知）的，是道德的而非徒哲学的，是重用（功能发用）的而非徒重体（本质厘定）的。因体恒定而用必随环境之变迁而调适之故，儒家之精神乃必须是即用见体而日新又新的，吾故曰：凡儒家皆新儒家。若抱残守缺，对当代之人生及文化无问题感，更不思何以回应，则虽熟读《论》《孟》，深研程、朱、陆、王，实皆非真儒而不免伪儒、俗儒。

我们若以此标准来衡定当代"新儒家",便自然衍生出两要点,即"新儒家"何以为新,"新儒家"何以为儒。前者是指对西方文化之冲击有何回应之道,后者是指此回应是仅止于思辨理论学术之回应,抑更能回到生活世界作实践的回应,藉回归生命人性之根源(即所谓"道")以解决生命与文化因失本而造成之困局。换言之,所面对新情境之挑战只是一机缘,而找回失落的生命根本精神以自我再挺立才是真课题。笔者曾作《论牟宗三与唐君毅在当代新儒学上之互补地位》① 一文,即论及牟学重在表述当代"新儒学"之何以为新,唐学则重在表述当代"新儒学"之何以为儒。因回应西方冲击有其迫切性,及其与西方哲学更有其相关性,故牟学先引领当代学术风骚,而唐学暂时不免相对弱势而有待下一阶段之继起。

其次,儒学虽以实践为主,当然亦须有充分之思辨以为辅助。尤其当代儒家要去回应之西方文化,本质即是一以思辨为本之文化,故其回应当然亦应以开发思辨力以建立知识系统为优先,此正牟学何以先行之故。于是吾人乃须在道德实践中别立一哲学的领域以为强调,此亦当代"新儒学"之表现何以大抵偏于哲学思辨,而传统之经学亦几为所谓"儒家哲学"所取代矣!我们若以传统之"经学"与"子学"概念来表示,亦即经学之子学化也!

论述至此,传统子学在当代文化环境下当如何看待,或当如何给予其新的衡定——亦即"新子学"之定性定位问题便出现了!本文即就此问题尝试作出一些思考,以供时贤参考。

---

① 收入拙著《在说与不说之间》,台北汉光文化公司,1992年,第127-140页。

二、子学在经史子集之传统分类中的地位

(一) 经学为人性普遍常道所寄

经者常也,即指人性之普遍常道,亦即人之所以为人之不变本质。此本质以《孟子》之言表示,即"人之性善"也。但所谓性善,并非指"人之结构之性本质上是善的",而是指"人普遍具有创造生活之意义价值之能力",亦即《孟子》所云"乃若其情,则可以为善矣。乃所谓善也"(如顺人性之实,是人人都可创造出人生之意义价值,这才是我所说的性善)。这可称为人之性善的发端义(即《孟子》所谓"四端")。

然后由此心的创造性发用或说道德实践,人也可以推扩良心去及物润物,赋予万物以意义价值,亦即创造一个客观的价值世界,即所谓礼乐文明。这整体性的合主客观为一的真实存在的道德世界即所谓"道",于是人为天地之心,负责赞天地之化育,以成全此天人合一之道。这则是人之性善的完成义,与前述的发端义相合,才是性善的完整涵义。此完整的道或"人性之普遍常道",原则上即寄于"经"(六经:《诗》《书》《礼》《乐》《易》《春秋》)以表示。

但这是一种什么形态的表示呢?这不是如西方文化所主的知识之学,其知识之道(知识构成与运作的原理)如数学、逻辑可以用纯粹的符号系统去表示,而是生命(创造之流动历程)与道德(创造意义价值以自我实现)之学,因此只能以"即事说理"的方式表示——亦即通过人心所涉及之生活诸事,表述其创造性真心之发动、创造行动之发展以及创造成果(有意义的人生与礼乐社会)。尽管其间有或偏重事或偏重理的差异,但总体是即事说理的形态。

据此,我们可以对六经性格作进一步的厘定,不妨将"六经"

分为三组：《诗》《书》；《礼》《乐》；《易》《春秋》。

《诗》《书》主在表现素朴的生活经验内容。《书》主事，《诗》主情；《书》为体（事体），《诗》为用（即事生情，亦即事说理，理乃情之理也）。

《礼》《乐》则是在生活经验的基础上所建构的人文制度。《礼》偏理性，《乐》偏感性；《礼》为体（制度结构之体），《乐》为用（制度运作所产生的教化之用）。

《易》《春秋》则是对人为创立的礼乐制度作后设的反省，以避免其异化。《易》是探讨道德生活的总原理，以为反省批判的依据，是为体；《春秋》是依据此原理以对制度之不当运作予以批判，是为用。

综上所述，《书》表实存之体，以显感情之用；《礼》表人文制度之体，以发教化之用；《易》表哲学之体，以发批判之用。三体互为表里，事（包括生活经验之事与制度运作之事）虽赖理（哲学原理之理）以得贞定，理亦藉事以得彰显，事与理仍是一辩证互动之关系也。

（二）史、子、集为经（常道）之表述方式

据前节所述，我们已可肯认：人性常道之表述方式必是"即事说理"的。于是经所蕴涵的人性普遍常道，落实于人与整个民族之生活，便是人之生活史或生命成长史，此即史部与经部之本质关系，故有曰"六经皆史"，意即"六经"所涵之道，皆以即事显道之方式以表现者也。道以此而得以落实彰显，反过来说，史事亦以此而成其为有意义价值亦即有道贯注其中之道德史也。故中国传统之史学之所以有别于西方之史学者，即在西方史学所谓史，只是事实之流，由此成立其"知识的史学"；而中国传统史学所谓史，则是意义之流，而成其为"道德的史学"也。故史学与经学，实具互为表里、相为一

体之关系。

其次，所谓事又可有偏于理与偏于情之分。子部即人之生活言行中偏于理性思考或专显理性思考一面之表现也，集部即人之生活中偏于感性流露或专显感情流露一面之表现也。此两部皆不以事为主（史部才是），而是以凸显事中之理性思考与感情流露为主。故子部著作近于哲学，而集部著作近于文学也。但只说其近于哲学、文学而不直说就是哲学、文学，则因它们仍有其载道之功能，而非纯驰骋其理性思辨、纯发抒感情流露也！

于此，若呼应本文题旨而单就子学而言，子部著作便是将实存于生活中而本质不可说的道，转为可说之理而予以表出。当然它表出的方式不是以人为设计的符号系统去表示（知识之理才是），而是以即事说理的方式去表出。虽然它不如史部著作是以叙述实事为主而道蕴涵其中，而是常以虚构之事（如《庄子》寓言）或事之常模（归纳诸事而成）为例以显理，但仍属即事说理之一环。于此便可看出子部著作与西方式之哲学著作的不同了！

综上所述，不止史学与经学是辩证相即为一体，子学与集部之文学作品也是源出于道而又回过来以理或以文载道，终亦与道辩证相即为一体。甚至可以说，连史、子、集三部之作品，也是互相关联渗透而为一体的，故常言云"文史哲不分家"。此亦犹佛教华严宗所言，在事理圆融之外，更有事事圆融也。

三、"新子学"之定性定位

（一）"新子学"何以为新

由前两节之铺陈，我们已为"新子学"的定性定位做好准备工作，亦即厘清了问题的本质，于是便可以正式为"新子学"究竟是什么这一课题给予准确的回答。

这首先仍当回到前述问题的两端,即"新子学"何以为新及"新子学"何以为子来切入。首先论"新子学"何以为新。

这和"新儒学"何以为新一样,当然是因受到西方近代文化的冲击,必须有所回应——亦即取西方文化之长,以补己之不足,且融会双方以成一新的学问形态。但"新子学"与"新儒学"之所以为新,仍有其差异而各具特色。儒学具内圣外王两面,兼思维与实践两端,因此其回应西方挑战者,亦须兼顾此两面与两端,即除正视西方知识之学的概念分析思维之外,亦须正视其落实之应用,此则更集中在外王事业一面,简言之即西方文化之两大精神——科学与民主,皆须同等正视,以求会通也。但子学性质既近哲学,其重心即当然偏于思维而略于实践。因此回应西方文化之挑战,亦当以思维方法之深入探讨、学习、消化、吸收,且进一步发展出自家的方法论为主。换言之,实即中国哲学与西方哲学之会通也。亦即吾人渐渐有能力以更严谨之分析、更准确之概念、更统整无漏之理论系统,去重新表述儒学中之理,以与西方哲学平等对话也!此即"新子学"所以为新之所在也。

(二)"新子学"何以为子

对于"新子学"何以为新,正是时潮所在,知之不难。但对"新子学"何以为子,则相对亦正是时人盲点所在,更需要详加论列;否则,"新子学"或中国哲学将有被西方哲学同化,而成为西方哲学附庸之危,那么子学不成其为子学矣!

然则"新子学"当如何确保其无论如何吸收西方哲学之长都依然保有自己的特殊性格呢?我们认为,应有如下三点可说:

1. 维持其即子即经之身份

所谓即子即经,即前文所谓子学与经学实相即而为一体也。其特色只在即整体浑全之道而凸显其理，亦即即理显道而已（相对地，史部是即事显道，集部是即情显道）。当然，就哲学观点言，即理显道，理即是道（宇宙人生之终极原理，即可谓之道，《老子》开宗明义即如此宣示）。于是凸显至理之子部著作亦寖寖然可称为经了！如《孟子》即列"十三经"之一，《老子》《庄子》亦分别名为《道德经》《南华经》，皆是也！

既然即子即经，则虽专注于哲学思辨，亦不可忘其所思辨者无非道。而道于客观言是一整体之实存，于主观言是一无穷之自觉与实践，则其所思辨亦当永不离实存，永不忘实践才是。此之谓"君子思不出其位"（《论语·宪问》），位者非徒职位之位，更是人眼前当下实存之位也。故"新子学"之所思所论，不宜是无根之游谈，或徒属资料之堆叠，否则辨析再精，仍是戏论，搜罗再富，亦只属小学之事罢了！

2. 善用辩证思维

"新子学"当不离实存、不忘实践，于是实存之道（本体）与实践之道（工夫）皆当在进行理性思辨之时随时涉及。其形态之一，是直接讨论道（包括天、气、心、理、诚、神、太极、良知等等）此一非概念或空概念，却当与有所指涉之物概念各各妥予安置，既不相混淆，又可恰当地重叠相即；此中分际，拿捏不易，而灵活出入于道（形上界）物（现象界）之间终证成其相即为一体之思维方式，即所谓辩证思维。相对地，西方知识之学所惯用乃分析思维。后者是一元演绎，前者则是两端互动，即王船山所谓两端而一致也。

辩证思维的形态之二，即虽非径以道为讨论对象，而只论日用寻常或日用伦常，但道仍在字里行间时时闪动，即所谓"意在言外"，而须读者自有所领会。此亦是一种广义之辩证思维，即无辩证相（明显的两端互动）之辩证思维（仍对道实有所涉及）也。前者如《老子》，后者如《论语》，皆显例也！

而不论其辩证思维是有相抑无相，关键仍在言说者或论述者其心乃是觉的。若然，道才能在其心中，他才能在论述之时敏锐感知在道与物、道与言之间，其适可而止之分际或无过无不及之中点何在，而使其论述成真足以即理显道之论述也！

最后，所谓辩证思维，并非与分析思维相对的另一种思维，而是即涵摄全盘分析思维在内，只是对分析活动另有一真心之监察，以权衡斟酌其之行止分际，以有助其适时显道而已。故所谓辩证思维，即先分析再取消分析，或正在分析时已当下取消其分析（《庄子》之旋说旋扫）而已。因此，灵活恰当之辩证思维实亦有赖分析思维之严谨确当而后方能共成完璧者也！

3. 各篇独立而又互相呼应涵摄之编排方式

西方的知识之学本质即是一系统结构之展开（如数学系统、逻辑系统），故其著作成书，亦是篇章之间，共成一整体之分析性结构。换言之，对全书而言，每一篇章皆只是整体结构之一部分、一零件，须各部分或零件分工合作，才组织成一完整的系统结构。此亦现代学术论著之写作常规也！

但中国传统的生命道德之学却不然，他所关怀探问的"道"即是一不可分析的整体实存，而只能指点式地即事显道（包括即理显道与即情显道）。而各事所显，事虽不同，所显之道则唯一，于是唯一之道与诸显道之事之关系，乃如月印万川，不但理事圆融，亦事事圆融，即各事之间具有互相呼应、渗透、涵摄之关系。

相应于此种特质，诸子书之写作编排方式，也应各篇皆可独立，但内涵又可互相呼应、渗透、涵摄。即使各篇似亦各具主题，各显重心，亦绝非分析性的零件地位，而仍是各各独立又互相涵摄。《论语》《孟子》如此，《老子》《庄子》亦如是。尤其《庄子》之内七篇，吾尝谓似亦可诠释出《庄子》完整之义理架构：《逍遥游》重在彰显逍遥境界，可称本体论（或境界论）。《齐物论》以下五篇皆讨论如何方能达至此境界，可总列为工夫论。就中《养生主》是修养原则之提点，余四篇是修养原则之应用，即据此原则以解消人生之负累也。就中《齐物论》是总论，即说人生负累之总根源乃语言、概念、成见、意识形态之负累也。故工夫根源亦在解消对名言之执着也。总论之后列三分论，即举名言执着中最普遍之三例以论其解消之道，此即《人间世》之人际关系、《德充符》之形体、《大宗师》之生死也。最后，藉此工夫达此境界后之人生实相如何？即无人不得之随缘物化也，即《应帝王》之所示，而不妨名曰功效论。

但如此俨然若有完整义理结构之诠释，实亦聊供参考，而不碍七篇虽似若有重心却又不必为此重心所限，而仍可涉及他篇之领域终于各篇相即为一体之本质。此即子学著作（乃至中国传统之各种著作）之特色所在也！

四、结　论

以上所论，意在为"新子学"此一概念，试作定性与定位。定性者，厘定其言说属哲学性言说也。定位者，意在为厘定"新子学"在整个中国生命道德之学中之地位，乃即理显道，而理、道不二，亦即子学、经学不二也。至于何以谓之新，即在哲学性言说当引进西方哲学更精确之分析思维，以补辩证思维之不足也。

而本文之所以作，则在应"新子学"国际学术研讨会之机缘，作此以祈愿中国传统之学问，包括子学与经学、儒学与道学等等，皆能在此中西文化相激相荡之时代，有一日新又日新之开展也。

（原载于《鹅湖月刊》第四十三卷第十期。作者单位：淡江大学中文系）

从"新子学"至"新中国哲学"

[美国] 刘纪璐

一、新子学的提倡与发展

2012年在方勇提出《"新子学"构想》的一文中,他归类子学典籍从第一代的老子、《论语》、墨子,至第二代的孟子、庄子、荀子、韩非子、《吕氏春秋》等,到第三代的汉哲如陆贾、刘安、扬雄等人的著作,推广及宋明清的诸子如朱熹、二程、陆象山、王阳明等等。可见新子学的原典包含诸儒,新子学并非只研究儒学之外的诸子。方勇归纳子学的特色就是不依傍、不苟且,重独得之秘,立原创之见,倡导精神上的独立与自由①。2013年方勇继续发表两篇讨论新子学的文章——《"新子学"申论》(下文简称《申论》)与《再论"新子学"》,2016年又发表《三论新子学》(下文简称《三论》)一文。《申论》一文提出历代子学才是中国学术史的主流,而经学是在子学的滋养下发展的。《三论》一文更进一步讨论经学心态的诟病。方勇认为,对于先秦学术,传统时代的学者大多囿于经学心态,

---

① 方勇《"新子学"构想》,《光明日报》2012年10月22日第14版。

无法客观认识其价值①。他认为经学时代是思想僵化、权威严厉的，"子学文化则是充满原创性、多元性的"②。方勇也提倡把孔孟作"离经还子"的处理，明确区分经学化的儒家与子学化的儒家。他特别强调：我们不是反对将儒家视为重要的思想资源，而是反对将儒家视为中国学术的主流或者正统。因为这样的命题遗漏了太多学术发展的内部信息，往往是某种权力制造的幌子，弱化了我们对学术史真相的把握③。由此可见，新子学的推广，部分是基于对传统"经学心态"的批判，部分是建立在对中国学术史上"独尊儒家"的反弹。

但是落实下来，对于新子学本身的目标与发展方向，学者们有不同的构想。几年下来，新子学的论坛环绕在对"新子学"这个名称的分析、界定与阐述的讨论，而没有真正发展出所谓的新子学。在《再论"新子学"》一文中，方勇指出新子学的概念有一般意义跟深层意义两个层面。前者指对诸子学资料进行全面的收集和整理，根据现代学术规范对这些文本作更为深入的辑佚、钩沉、辑评、校勘、整合、注释和研究，"进而阐发诸子各家的精义，梳理出诸子学的发展脉络"；后者则是指对子学现象的正视与对子学精神的提炼④。他所谓的子学精神，是一种多元共生、平等对话的学术交流。但是这两种层面的走向完全不同。前者着重典籍整理，与传统经学注释无大异。后者仅仅是一种学术宽容度的培养，内容不详。所以方勇对新子学的提倡其实不够革命化、新创化。正如何浙丹所评论：方勇先生所提的"新子学"方法论，主要继承传统"子学"的研究方法，包括对子学数据进行收集、整理，然后加以校注、研究，最后阐发诸子精义，梳

---

① 方勇《三论"新子学"》，《光明日报》2016年3月28日第16版。
② 方勇《"新子学"构想》，《光明日报》2012年10月22日第14版。
③ 方勇《"新子学"申论》，《探索与争鸣》2013年第7期。
④ 方勇《三论"新子学"》，《光明日报》2016年3月28日第16版。

理出子学发展脉络。其基本理念大致停留在"中学为体，西学为用"的传统观念上①。方达、王宁宁也提出新子学愿景的两个层面：其一是纯粹的学术层面，其二是广义的思想层面。在纯粹的学术层面，"新子学"意图创建一种新的诸子学研究范式。因此，"新子学"所期望的研究范式旨在最大程度上回归诸子学发生时代的原初意义，且在此基础上呈现诸子所具有的真实内在生命力。所谓广义思想层面的诉求，实际上就是传统思想如何与当代社会真正相融的问题"②。他们所谈的学术层面，还是思想史的研究。而他们所说的广义层面，则是如何应用子学思想于当代世界的问题。李小成与韩国学者金白铉都认为子学应该从学院走入民间。李小成说：我们迫切需要考虑的事情，即"新子学"如何解决人们现实的精神危机问题？如何从学院走向民间？如何落实到民生日用？如何安顿好每个生命，使他们在迷茫中找到精神家园③。金白铉则以新道学为例，举出清净生态、健康养生、休闲仙游、玄德寿福等民间生活文化的议题④。

对新子学概念之界定百家争鸣、众口纷纭的结果，就是新子学在短短数年内出现了内部理论的危机。孙广与周新指出，经过三年多的讨论，"新子学"已经由方勇先生的一家之言，成为了当代学人探讨学术转型和思想建设的学术公器。目前，学界已经认识到，"新子

---

① 何浙丹《现代学术视野下"新子学"的困境与出路》，《诸子学刊》第十三辑。
② 方达、王宁宁《论"新子学"何以成立——中西两种视域的交融》，《人文杂志》2017 年第 5 期。
③ 李小成《"新子学"对中国传统经学的超越》，《山西大学学报（哲学社会科学版）》2014 年第 6 期。
④ 金白铉《21 世纪"新子学"与新道学的研究课题》，《诸子学刊》第九辑。

学"的最大困境,在于其核心理论的缺席①。他们的建议是把"子学"当作一个集合名词,代表整体的"子学",而不是各家分裂的"诸子"学。而能够综合子学,建立起整体性和统一性的是其共同的问题意识②。但是这个方法论的界定法于事无补,因为他们并没有鉴定子学的共同问题意识,而且,当今之世"新"子学发展的重点不在过去诸子各家之间是否有共同的问题意识,而在于如何从不同子学思想中截取与今日世界共同的问题意识。曾建华在《"新子学"理论建构的现状与反思》一文也提出方勇的新子学构想始终着重于子学文献的搜集整理,未能深入到子学发生、演化及其文化创生的本质层面,"因而难以真正从本质上区分新旧子学之渊薮"③。陈静也质疑新子学口号多于行动,只有命题假设而没有实质性的理论内容④。曾建华的建言非常中肯:"'新子学'不是对旧子学的单方面承继抑或转变,而是在旧子学已有研究的基础上,顺应学术开放对话的大趋势,充分合理地利用当今世界各个领域的知识文化成果,实现中国当代学术的整合与重建。"⑤ 本文以下的提案便是要求从"新子学"转化"新中国哲学"。这个新方向的重点是不再区分经学、子学;不再强调提倡诸子以对应儒家独尊的过去与现实,而是以所有中国传统思想为今日开创新思想的跳板,寻找思想者自己独创一家之言的可能性。

---

① 孙广、周斌《从共同的问题意识探求子学的整体性——"新子学"刍议》,《集美大学学报(哲社版)》,2016年第3期。

② 同上。

③ 曾建华《"新子学"理论建构的现状与反思》,《诸子学刊》第十辑。

④ 引自曾建华《"新子学"理论建构的现状与反思》,《诸子学刊》第十三辑。

⑤ 曾建华《"新子学"理论建构的现状与反思》,《诸子学刊》第十辑。

二、"新子学"是否可以成为"新中国哲学"?

新子学的重点是多元化、开放化、现代化。但是许多学者仍然把新子学当作一种思想史的研究,如新子学运动主导方勇所言:"'新子学'不同于过去子学的一点,在于其严格的学术意识,希冀在现代学术的标准下来整理学术历史,发掘思想真意。"① 他所谓的符合现今时代的要求,是指要了解时代的发展趋势,要直接切入时代的主题,用适合时代的思考方式和语言方式去思考、去表达②。他强调"返归自身",解释所谓返归自身,就是以温情和敬意面对古人,回到古代复合多元的语境中,把眼睛收回到对原始典籍的精深研究上③。可见他的重点是回归历史典籍,用今日的语言去重新阐释历史诸子的思想精义。他的一个重大工程便是子藏的建立。但是,研究子学,要是仅仅是整理诸子文献,打造子藏的文库工程,那么这还是把子学转化为经学的做法,因为我们只是要发扬诸子的思想重点,研究他们的历史环境,借此提升他们的历史地位,建立他们的不朽名分。方勇指出子学已经成为"'国学'的主导,而且倡导我们要使新子学成为国学的新的中坚力量"④。但是我提倡放弃拥护"国学"的心态,而朝发展"新中国哲学"的方向努力。"国学"与"西学"的分化建立在本质主义的预设上,造成中西学的对比竞争,而且隐含有

---

① 方勇《"新子学"申论》,《探索与争鸣》2013年第7期。
② 同上。
③ 同上。
④ 同上。

民族主义的情怀①。在这方面，我同意玄华的分析：在他者被排斥在外之下，所进行的追求完满纯粹的自我反思，必然是无根之水、无本之木，同时也是永远飘浮在空中、无落足点的虚幻之羽②。同时，我们不仅不需要划分国学与西学，也不必执着于子学和经学的对立。方勇的新子学运动是基于对经学的反叛，玄华及其他学者也强调新子学的魅力在于它作为经学的"否定者""突破者"，新子学的方向是"超越经学""走出经学"的。但是这样的区分无异于在当代中国哲学思维中选择性地排斥异己，自限路线。那么新子学只会逐渐取代经学的独霸地位，而成为另一个思想僵化、固步自封的学术。

众家学者的共识是新子学必须是传统子学的现代化。如方达、王宁宁所言，新子学的问题便是：在现代性的观照下，如何真正唤醒诸子时代的自觉精神，为学术研究注入生命，为道德实践提供根据③。新子学的重点应该在子学的现代性，而现代性不仅仅在于将古代哲思运用于今日，而在于培养今日的诸子。换言之，真正的新子学应该不再是仅仅发扬旧子学的精义，而是在当代中国学界定位当今的诸子百家。先秦有先秦的诸子百家，我们今日有我们的诸子百家吗？我们如何能在中国传统经学子学的典籍思想上建立"自己"的一家之言？我们姑且不评估20世纪新儒家的个人思想成就，至少在当代哲学论坛上至今仍有不少探讨牟宗三与唐君毅本人思想的文章。称呼他们为牟子、唐子也不为过。但是要说今日的中国哲学界有着百家争鸣——亦即有"人才之兴盛、思想之活跃"；有"学术批评的自由、学术思

---

① 在这方面，研究中国哲学的外国学者也有异议。
② 玄华《"新子学"：子学思维觉醒下的新哲学与系统性学术文化工程》，《诸子学刊》第九辑。
③ 方达，王宁宁《论"新子学"何以成立——中西两种视域的交融》，《人文杂志》2017年第5期。

想的独立"①，那么我们跟先秦还有天壤之别。新子学应该做到的不是把旧子学的传统重新发扬光大，而是本着诸子的独立思考方式，自己寻找今日所需要的答案。方达与王宁宁认为先秦诸子的"共同视域"是把"治"看作核心问题②，而我们可以论定宋明诸子的共同视域是把"理"作为核心概念。今日的诸子是否有共同视域以及核心问题呢？如果我们执着于从先秦诸子著作中寻找对今日问题的解决方案，照本宣科，无异于以上古之道对今日之事。明儒王夫之的箴言应该给我们很好的点醒："洪荒无揖让之道，唐虞无吊伐之道，汉唐无今日之道，则今日无他年之道者多矣。"（《周易外传·卷五·系辞上传》）如何从诸子的思想中摘取各家精义，灵活运用，而发展本身的一家之言，才是当务之道。

在面对今日问题这个前提下，我们不需要再区别新儒学、新经学、新道学、新墨学、新佛学、新名学、新法学。先秦各家思想各有千秋，今日为学者不必拘泥传统学派分类，只为传统子学延续一家传承，而是应该以当代哲学问题为中心，从诸子典籍里寻找解决之道的启发。在这方面，方勇的《三论"新子学"》一文写得比较中肯。他说，诸子学要从哲学史的范式走出来，要建立诸子学研究模式的创新：原理化要求不再局限于儒、道、墨、法、阴阳、名六家的框架，而是以问题为中心，做一种会通的研究。要抓住核心观念疏通古今，融入现代生活中加以讨论③。杨少涵也以儒学为例，提出要"去章句化"的做法：去章句化要去一切章句化、各种程度的章句化，不但要去"我注六经"，也要去"六经注我"。去章句化后的儒学研究是

---

① 方达、王宁宁《论"新子学"何以成立——中西两种视域的交融》，《人文杂志》2017年第5期。
② 同上。
③ 方勇《三论"新子学"》，《光明日报》2016年3月28日第16版。

一种纯哲学表达……对现代社会人生中的大问题"一无依傍地独立进行纯哲学的研究",而不要总是想着引经据典、于儒家经典中找证据①。本文所强调的也是说今日的诸子不必执着于对着先秦诸子学"照着讲"或是"接着讲",而是要在浸润于古哲的思想文化中独创新言。今日的思想家应该本身是融汇各家思想、贯通古今中外,而自成一家的"子"。这才应该是新子学的目标。

放眼中外,我们可以检讨有哪些哲学传统是不断成长、持续发展的,而有哪些哲学传统不过是反刍过去,在辉煌的历史传统上无所贡献的。今日谈希腊哲学,基本上都是指涉公元前的古希腊哲学,当代的希腊哲学在外来的新康德哲学、存在主义与现象学之上建树不足。相比之下,意大利则除了古罗马哲学之外,在当代也颇有足以供人学习的新的思潮。Roberto Esposito 在 2012 年出版的一书:《活生生的哲学:意大利哲学的根源性与现实性》,探讨意大利从 16 世纪至当代的哲学发展。作者分析意大利哲学从一开始便环绕在生命、历史与政治的中心议题,而对超验的存在以及抽象的范畴关注不多。他本人的哲学号称是回归意大利哲学,重新建立对生命根源性的探讨。因此他的著作可以被视为传统意大利哲学的继续发展。其他西方哲学,如英美法德哲学,更是一波继一波,不断推陈出新,在各个哲学传统的性格上开发新的哲学、新的见解,进行新的辩论。这种追根溯源,保存传统关怀,而同时拓展新地,建立自成一家之言的活生生的哲学,才是今日我们应该提倡的新子学。方勇说:"方今之时,回顾传统,展望未来,我们不由得不对晚周学术寄以最大的热忱和期待。"② 但是,就如希腊哲学不应该只肯定古希腊哲学的价值,中国哲学也不可以只

---

① 杨少涵《走出经学时代——儒家哲学现代化的范式转换》,《诸子学刊》第九辑。

② 方勇《再论"新子学"》,《光明日报》2013 年 9 月 9 日第 15 版。

停留在先秦百家诸子哲学的桂冠上。而且史实证明，不管是以经学为本还是以子学为主，中国哲学史上有不少学术蓬勃、思想突破的光辉期。现在是我们再度创造中国哲学高潮的时代。新子学必须建立在传统子学的关怀理念的基础上，而面对今日世界的学术挑战、现实问题，提供各家的理论与解决方针。我们需要当代的诸子，当代的以中国思想为启发的哲学家。

要能够成就一家之言，当代的诸子必须要有深度的思维，加上广度的诉求魅力，因此能够中西贯通是一个必要条件。这不是说中国哲学必须要加上西学的包装，而是说我们作为一个学者应该对自身学识建树的要求。身为21世纪的思想家，要是我们只能阅读先秦文献，而对于现今世界的多方位思想文化孤陋寡闻，那么我们只能作为典籍诠释者，而不能自称是思想者，我们的著作也不会有普世的诉求魅力。今日许多中国学者把鉴定"国学"的特性并将国学发扬光大扛在肩上，当作自己的使命，但是这种心态其实是对诸子精神的背叛，是对哲学思维的打压。如果我们认清楚诸子精神就是多元化、歧异化，那么我们应该立马放弃寻找一个建立新的学术走向成为国学的企图。当今学者必须能中西并通，不是因为中国哲学必须以西学为体或是以西学为用，而是因为这是我们作为知识分子应有的知识条件。对西学的无知不能在护卫国学的旗杆下取得借口。同时，只学习西方哲学而对中国的思想传统不屑一顾的中国学者，也至多是哲学工作者，而不足以成为一世大哲。能够把中西思想融会贯通是当代诸子的基本要求。只学习西哲的学者讥评中国没有哲学，这是因为他们没有认清中国哲学的特质。中国哲学特有的现世关怀与其世界观息息相关，而中国的世界观与现代科学主导的物理主义不相契合。因此发展今日的新子学，我们必须先体认各家思想学派的形上学理论基础，从而建构不同的理论体系、应世方针。历代诸子都是对天地之道、人事之用深思熟虑的哲学家。就如李洪卫所指出，我们在先秦诸子的文献中所看到的最具共性的一个词就是"道",虽然各自的理解千差万别,但是,各家各派不离于道的根据言说并致力于对"道"的追求是完全相似的。对道的追寻其实就是包含着对宇宙秩序和社会秩序的共同的探索①。要发展有中国特性的哲学,就必须把中国独特的宇宙观及世界观讲清楚。以中国丰富的哲思为基础,中国哲学很可以再发挥一个光华的时代。

在今日的人文学科分门别类下,文史哲成为不同的学科,运用不同的方法学,有不同的评价准则,不同的表达语言。因此"哲学"一词成为学科的代名,跟西方哲学传统挂钩,而受到许多国学学者的排斥。但是哲学的广义就是有深度、有系统的思考,有问题的意识,有思辨的对话,而且有对普世问题的关怀。在这个意义下,新子学就是新中国哲学,是中国哲学在21世纪寻找新思潮,建树各家之言,百家争鸣的契机。本人在国内参加中国哲学会议时,经常看到中文系、历史系老师的参与,而且他们的论文跟哲学系老师的论文毫无差异。反过来说,一些只分析字义,只追溯传承学脉的论文就应该在文史学术会议提出。中国文史哲学科即使不能完全分家,但是不同学术的作学精神,写作方式以及审核标准还是不应该打破栏杆,搅和一起。新子学的提倡学者也许想要维护传统经学子学之分,也想藉由新子学运动开发研究中国思想的新生面。但是除了点醒当代学者不能一味提倡儒学、经书,而要肯定中国思想史内其他很重要的哲学家著作之外,新子学的落实需要有真正的"哲学"内容发展,才有它的建树与价值。总结来说,新子学应该朝发展新中国哲学的方向努力。"诸子"的英译应该是 Chinese philosophers,而"新子学"的英译就

---

① 李洪卫《论经学、新子学与哲学的当代并立——从当代中国思想学术与文化建设相互关系的视角考察》,《人文杂志》2017年第5期。

是 new Chinese philosophy①。

（原载于《管子学刊》2018年第4期，《社会科学文摘》2019年第1期转载。作者单位：加州州立大学富乐敦分校哲学系）

---

① 在 Derk Bodde 的经典翻译下，冯友兰中国哲学史中的"子学时代"即是翻译为"The Period of Philosophers"。

"新子学"就是"新中国哲学"吗？

欧明俊

自2012年10月22日方勇先生在《光明日报》"国学版"上发表《"新子学"构想》一文，首次提出并系统阐发"新子学"概念以来，学界反响热烈，笔者也有幸参与讨论。其中，研究哲学史的学者多认为"新子学"就是"新中国哲学"即新时代的中国哲学研究和创造。中国哲学史学科以理论重构为目标，这种观点也不是没有道理，但"新子学"不仅仅是哲学，不等于哲学，更不等于当代哲学。仅仅局限于哲学学科来看待"新子学"，是一种狭隘化理解，因此有讨论的必要。

一

台湾方万全先生认为，子学最精彩的部分是它的哲学性，子学进行多元发展，但哲学绝对是子学优异性所在[①]。台湾曾昭旭先生认

[①] 刘思禾《对话"新子学"——两岸"新子学"系列学术对话纪实》，《光明日报》2018年1月13日第11版。

为，子部就是哲学，重在凸显人生经验中的理①。2018年3月，陆建华先生《"新子学"断想——与方勇先生商榷》认为，从传统的"子学"的定义来看，"新子学"可以说是"新子"之"学"，也即新的哲学家、思想家所建构的哲学与思想或者学问，也可以说是研究"新子"哲学、思想的学问。如果把"新子学"理解为"新"的"子学"，从传统的子学的定义来看，则可以指由"新子"所建构的"新"的"子"之"学"，其实质也是"新子"之"学"；也可以指研究"新"的"子"之"学"的学问，其实质也是研究"新子"哲学、思想的学问。无论在何种意义上，"新子学"都是奠基于"新子"之上的，不存在没有"新子"的"新子学"。他认定方勇先生的"新子学"是没有"新子"的，说没有"新子"，哪来"新"的"子学"？陆先生认为"新子学"就是当代的哲学研究，认为每一代"子"相对于前一代的"子"都是"新子"，每一代"子学原典"相对于前一代"子学原典"都是"新子学原典"，每一代子学相对于前一代子学都是"新子学"。在此意义上，我们现在这个时代需要建构的"新子学"就是在我们现在这个时代的"子"所创造的"新子学原典"的基础上建构出来的②。

2018年6月26日至29日，韩国"第六届'新子学'国际学术研讨会"上，美国学者刘纪璐教授《从"新子学"到"新中国哲学"》首先肯定"新子学"已经由方勇先生的"一家之言"成为当代学人探讨学术转型和思想建设的学术公器。但提出目前"新子学"的走向需要调整，主张应以培养当代的"诸子"为重心，而不是仅

---

① 刘思禾《对话"新子学"——两岸"新子学"系列学术对话纪实》，《光明日报》2018年1月13日第11版。
② 陆建华《"新子学"断想——与方勇先生商榷》，《光明日报》2018年3月24日第11版。

仅发扬传统的"诸子学",应以所有中国传统思想为今日开创新思想的跳板,寻找思想者自己独创"一家之言"的可能性。她主张不必要区分国学与西学,亦不必区分经学和子学,因为这样的区分"无异于在当代中国哲学思维中选择性地排斥异己,自限路线",而"新子学"会成为另一个思想僵化、固步自封的学术体系。"新子学"必须是传统子学的现代化,真正唤醒诸子时代的自觉精神,为学术研究注入生命,为道德实践提供根据。今日应有我们的"诸子百家",今日的思想家应该本身是融汇各家思想,贯通古今中外,而自成一家的"子",要发展有中国特性的哲学,这才应该是"新子学"的目标,现在是我们再度创造中国哲学高潮的时代。"诸子"的英译应该是 philosophers,而"新子学"的英译就是 new philosophy,要从"新子学"转化为"新中国哲学"。刘纪璐教授"新子家"的期许非常有文化使命感和担当精神,是一种理想的"新子学"。她认为诸子是哲学的研究对象,不是其他学科的研究对象,"新子学"就是"新中国哲学",即新的中国哲学①。刘教授站在哲学立场上论"新子学",旨在强调"新子学"的理论性、思想性和创造性,反思和警惕过于看重"纯学术"而淡化思想创造,强调"新子学"的当代性和民族性,同时强调开放性和国际性,重视与西学对话,主张"新子学"研究者应该是"思想者",自己独创"一家之言",呼吁新的"诸子百家"出现。这些认识十分深刻,笔者也深表赞同。但有些观点,笔者未敢苟同。

方勇先生《"新子学"构想》特别倡导诸子学全新的生命形态——"新子学",强调它将坚实地扎根于传统文化的沃土,建立起属于自己的概念与学术体系,以更加独立的姿态坦然面对西学。同

---

① 刘纪璐《从"新子学"至"新中国哲学"》,韩国《神明文化研究》2018年第4辑《第六届"新子学"国际学术大会特辑》,第23—30页。

时，它也将成为促进"国学"进一步发展的主导力量，加快传统思想资源的创造性转化，实现民族文化的新变革、新发展，为中国之崛起贡献出应有的力量，呼吁构建中国学派①。可见，方先生的"新子学"明显包含了"新子"之"学"。其实，"新发展"就是"新子学"，只是"新"的程度不同。即使没有包括"新子"，也不能说就不是"新子学"，对传统"子学"的"新"认识、新评价和新发展，即是"新子学"。对"新"的内涵理解因人而异，不能将"新"字仅仅限定在当代，认为现代以前的子学绝对不能称作"新子学"。任何创新都离不开传统基础，不存在绝对的"新"，应继承中创新。"新"并不意味着抛弃"旧"，传统子学的一切皆应继续研究，并继承其精华。

其实，不少学者早已强调"新子学"包括"新子"之"学"，曹础基先生《"新子学"悬想》强调指出："对诸子思想的重新解读和扬弃，'诠释旧子学元典'，属于新之子学。对传统思想的重新寻找和再创造，'创造新子学元典'，则属于新子之学。"②"新子学"涵盖"新"之子学与"新子"之学。笔者《"新子学"概念的界定》也强调"新子学"也是"新子"之学，"新子学"应该有"新子家"，"新子学"研究者要有宏大的学术理想，有文化担当精神，提升创新能力，追求思想高度，成"一家之言"，即研究者本身要努力进入到"新子"行列，这是理想境界的"新子学"③。上述观点与刘纪璐教授的观点是一致的，不同的是，刘教授强调"新子"之学等

---

① 方勇《"新子学"构想》，《光明日报》2012年10月22日第14版。
② 叶蓓卿编《"新子学"论集》第一辑，学苑出版社2014年版，第120页。
③ 欧明俊《"新子学"概念的界定》，《中国社会科学报》2013年6月28日。

于当代新的哲学。

陆建华先生强调:"冯友兰先生所谓的中国的新的哲学应该就是具有子学特质的、新的子学也即新子学——"新子"无所依傍、所原创的哲学。"① 冯友兰论的是"西化"的中国哲学,实际上只是传统子学的主要部分,但不是全部,冯友兰的学术路数是西方的,而不是传统的。因此认为冯友兰的"新的哲学就等于新的子学也即新子学",是"误读"了冯友兰。陆建华先生强调,冯友兰先生认为中国的新的哲学的诞生标志着"贞下起元",这意味着"重新开始","创构"出新哲学。冯友兰先生心目中的"新子",不仅是哲学家、思想家,其哲学、思想还要是"创构"的②。

方勇先生《"新子学":目标、问题与方法——兼答陆建华教授》认为"新子学"是一种新学术体系,当然意味着诸子学的新发展,亦即"新的诸子学",同时也包含"新诸子"之学,二者并非一种非此即彼的对立关系,而是存在着相生共促的密切关联。没有新的思想体系的建构,即无所谓"新子学",传统诸子学也会失去方向;同样,没有深入的传统诸子学研究,又何谈新思想体系?故而"新子学"将文献研究、学术史研究和思想研究(义理研究)统一起来,包纳并举。"新子学"试图摆脱哲学等现代分科体系的窠臼,建立以诸子传统为研究对象,具有相对独立研究范式的现代学术体系,这是"新子学"的目标。这是一条新的路径,突破晚清以来的学术分科体系,真正发掘中国古典传统,建立一种基于传统问题意识与概念的学科体系。"新子学"之"新",是对学术分科体系的反思,对原有诸子学研究的推进,也可以视作是一种回溯,期待在现有学术分科体系

---

① 陆建华《"新子学"断想——与方勇先生商榷》,《光明日报》2018年3月24日第11版。

② 同上。

之外，形成一个古典研究的学术新生态。"新子学"的问题意识就是理解"中国性"，不同于近代以来哲学学科的方向，回归中国性，并不意味着拒绝西方学术，更不意味着一种自我封闭，而是强调拒绝把西方学术作为理解诸子时代思想的前提，要让诸子自身说话，而不是我们替诸子说话，让其各自发言，这才是真正的诸子精神①。方勇先生的"新子学"重在"反思"近百年来过于"西化"的"分科"的诸子学研究之弊，特别是哲学肢解诸子学之弊，尝试建构新的话语体系，救治"失语症"，这是思维和观念上的突破。

二

任何学科的最高思想，都可以认为是哲学，如文艺哲学、经济哲学、政治哲学、教育哲学，任何学科都有哲学。如果从这个角度理解"广义哲学"，可以认为"新子学"就是"新中国哲学"，将每一门学科都包括进来。但是刘纪璐教授的"哲学"是学科独立后的哲学，也就是套用西方哲学观念，符合的部分取用，不符合的部分去除。认为"新子学"完全是新的，仅指当代人研究当代哲学家，或自创哲学，与传统"子学"没有关系，排除其他学科，将"新子学"限定在当代哲学范围内，是对"新""子""学"的狭隘化理解。

"哲学"学科独立时，胡适《中国哲学史大纲》、冯友兰《中国哲学小史》都是以西方哲学学科概念来套中国传统子学。自胡适、冯友兰以来，传统诸子学被肢解为不同学科，难免变得支离破碎。刘继璐、陆建华等学者坚持胡适一派观念。学者思维不同，专业训练不

---

① 方勇《"新子学"：目标、问题与方法——兼答陆建华教授》，《光明日报》2018年4月7日第7版。

同，知识结构不同，一般习惯于限定在自己的学科范围内思考问题。跳出学科来思考，能看到没有跳出学科的人看不到的问题，"不识庐山真面目，只缘身在此山中"，跳出庐山看庐山，反而可能看得更清楚。西方学科分类越来越细，教育学、政治学、法学、军事学等学科各自独立，都不属于哲学学科范畴，但都属于"新子学"。

方勇先生《"新子学"构想》"反思"现代学者多以西学为普世规范和价值，按照西方思维、逻辑和知识体系来阐释诸子。如胡适《中国哲学史大纲》"不能不依傍西洋人的哲学史"。冯友兰《中国哲学史》也说："哲学本一西洋名词，今欲讲中国哲学史，其主要工作之一，即就中国历史上各种学问中，将其可以西洋所谓哲学名之者，选出而叙述之。"结果是使子学渐渐失去理论自觉，沦为西学理念或依其理念构建的思想史、哲学史的"附庸"：既缺乏明确的概念、范畴，又未能建立起自身的理论体系，也没有发展成一门独立的学科，唯其文本化为思想史、哲学史的教学与写作素材。因而当时罗根泽就想撰写《由西洋哲学铁蹄下救出中国哲学》一文，以揭穿这种中国哲学家披上西洋外衣的把戏（见《古史辨》第七册罗根泽前序）①。方勇先生《"新子学"申论》强调"新子学"是对现代学术分科式研究的修正，指出在现代学科框架下，子学主要是哲学史（思想史）的研究对象。他反思，哲学史研究毕竟是一门移植的学科，最初就是剪裁中国材料来填充西方形式，这就带来了诸多问题。哲学史学科和子学有着不同的问题意识、研究方法和表达形式。哲学史依据西方哲学的定义，使用逻辑重构的手段梳理传统中纯思的层面，而子学属于复合多元的学术系统，纯粹的思辨仅仅是其中的一个部分，根本上还需要对中国文化的现实做出反应。强调只有突破学科的限制，由"哲学史"进入到一般所谓的"历史学""政治学""经学""文献

---

① 方勇《"新子学"构想》，《光明日报》2012年10月22日第14版。

学"中去，实际是进入到古代学术的原初语境中去，才有可能理出古代学术的线索来①。

方勇先生《再论"新子学"》说："'新子学'的概念，具有一般意义和深层意义两个不同的层面。从一般意义上说，'新子学'主要是相对于'旧子学'而言的。它一是要结合历史经验与当下学术理念，在正确界定'子学'范畴的前提下，对诸子学资料进行全面的收集和整理，将无规则散见于各类序跋、笔记、札记、史籍、文集之中的有关资料，予以辨别整合，聚沙成丘；二是要依据现代学术规范，对原有的诸子文本进行更为深入的辑佚、钩沉、辑评、校勘、整合、注释和研究；三是要在上述基础上，阐发出诸子各家各派的精义，梳理出清晰的诸子学发展脉络，从而更好地推动'百家争鸣'学术局面的出现。""就深层意义而言，'新子学'是对'子学现象'的正视，更是对'子学精神'的提炼。所谓'子学现象'，就是指从晚周'诸子百家'到近代'新文化运动'时期，其间每有出现的多元性、整体性的学术文化发展现象。这种现象的生命力，主要表现为学者崇尚人格独立、精神自由，学派之间平等对话、相互争鸣。各家论说虽然不同，但都能直面现实以深究学理，不尚一统而贵多元共生，是谓'子学精神'。"②方先生所谓"深层意义"层面的"新子学"，是正视"子学现象"，提炼"子学精神"，从关于诸子文本的整理转向诸子思想研究的产物。"新子学"是对传统诸子学的全方位整理和研究，文献整理和思想研究都重要，但不仅仅是哲学研究。

方勇先生《三论"新子学"》强调"返归元典时代"，意味着学术研究方式的转型。他指出，近代以来诸子学研究主要采取了哲学史模式，体现为"中国哲学"的知识系统，其最大的兴趣则在构造

---

① 方勇《"新子学"申论》，《探索与争鸣》2013年第7期。
② 方勇《再论"新子学"》，《光明日报》2013年9月9日第15版。

形上学。站在"新子学"的角度上,"中国哲学"事实上成为现代性叙事的构件,其在知识上的贡献远大于价值上的。他强调,"传统文化研究的方向应该是对治现代性,而非论证现代性。从哲学史的范式中走出来,把重点从知识构造转出,重新唤醒传统资源的价值意义,让经典回到生活境遇中,这是关键"①。

方先生强调,首先,"新子学"作为一种新的学术建构,要注意一种整体语境,要从根源处思考,反思仍旧以"哲学"方式去研究诸子学,可能在很多根本问题上没有办法进行开拓。其次,在有关诸子学发展与现代学制建构的关系上,关键是不回避学科限制,在跨学科研究中找到出路,要注意研究的原理化和社会科学化②。"新子学"的倡导正是反思哲学学科对诸子学的肢解,突破其狭隘性。

方勇先生《"新子学":目标、问题与方法——兼答陆建华教授》认为,从胡适、冯友兰开始的中国哲学史研究,可以称作现代的诸子研究,但其实质并非"诸子学"研究,而是"中国哲学史"研究。"新子学"就是试图摆脱哲学等现代分科体系的窠臼,建立以诸子传统为研究对象,具有相对独立研究范式的现代学术体系。作为现代学术体系的"新子学",包括诸子问题的通盘研究,加以学科化。它不是像哲学、文学那样的学术分科,而是诸如敦煌学、海外中国学那样成熟的学术体系③。

方勇先生提倡"新子学",就是在反思胡适、冯友兰以来将"子学"当成哲学研究的狭隘性,反思用西方哲学概念来套诸子学的弊

---

① 方勇《三论"新子学"》,《光明日报》2016年3月28日第16版。
② 刘思禾《对话"新子学"——两岸"新子学"系列学术对话纪实》,《光明日报》2018年1月13日第11版。
③ 方勇《"新子学":目标、问题与方法——兼答陆建华教授》,《光明日报》2018年4月7日第7版。

端，矫正学科分类把子学分割开来的弊端。要重回传统学术整体之学路子，现代学科分类越来越细，各个学科，各自为政，互不干涉，产生弊端。当然也不可能完全回到过去，当代学科分类已经无法改变，在必要时能够打破学科分类疆界，使学科之间互相交叉、渗透、融合。如《墨子》，只论其哲学思想，军事学就不该论吗？迷信西方学科分类，把诸子狭隘化了。诸子百家，博赡通贯，包含众多学科，仅将子学作为哲学，不符合哲学范畴的内容就视而不见。"新子学"目的之一就是纠弊，救时弊，就是纠正近代学科独立将子学视为单纯哲学学科带来的狭隘性。从学科独立来说，"新子学"什么学科都是，只是研究每一家偏重不同，例如研究《孙子兵法》，是军事学，但也讲究逻辑，为逻辑学。

玄华认为，大体而言，"新子学"应该包括两个层面，即哲学性"新子学"和学术文化性"新子学"。第一个层面，即理论层面，它是我们在面对自身与世界时基本思维方式的变革，是以此而产生的一种全新的哲学，可以称之为"新子学"哲学。第二个层面，是指在这种全新哲学的观照下，对学术文化所进行重新发现、梳理、建构和发展，可以称之为"新子学"学术文化工程①。哲学性"新子学"只是"新子学"的一部分或称重要部分，但不是全部。

子学就是哲学吗？《墨子》中有哲学，还有军事学，是独立的学科门类。诸子百家中的医家、兵家、农家等，对应现在学科分类中的医学、军事学、农学等。子部中的佛、道二氏，即现在所说的宗教学。传统诸子包含各种学科，怎么能仅将其看作哲学呢？

---

① 玄华《关于"新子学"几个基本问题的再思考》，《江淮论坛》2013年第5期。

三

陆建华先生《"新子学"断想——与方勇先生商榷》批评说："无论是传统的子学，还是冯友兰先生所言的子学，都侧重于哲学、思想的层面，而方先生所谓的子学则主要属于文献整理的层面"①，排斥文献学属于"新子学"。"新子学"仅包括哲学这一观点明显与学术史的实际不相符，义理、词章、考据、经济四种学术路径都是"新子学"的研究对象，都是"新子学"应该包括的。不同的学科有不同的学术路径，《四库全书总目》卷九十一《子部总叙》曰："自'六经'以外立说者，皆子书也。"②萧统《〈文选〉序》曰："老、庄之作，管、孟之流，盖以立意为宗，不以能文为本。"③阮元《〈四六丛话〉后序》曰："周末诸子奋兴，百家并骛，老、庄传清净之旨，孟、荀析善恶之端，商、韩刑名，吕、刘杂体，若斯之类，派别子家，所谓以立意为宗，不以能文为本者也。"④"子学"以"立说""立意"为宗，为"义理之学"，但"义理之学"内涵远远大于哲学，仅仅将"子学"理解为哲学，明显是狭隘的。传统学术没有学科概念，只有不同的文献分类概念和学术路径。"新子学"就是单纯的哲学吗？先秦诸子研究就是哲学研究吗？"义理"就是理论，可以说以哲学为主，但不仅仅是哲学，不应以哲学排斥其他学科。

---

① 陆建华《"新子学"断想——与方勇先生商榷》，《光明日报》2018年3月24日第11版。
② 永瑢等《四库全书总目》，中华书局1965年版，第769页。
③ 萧统编，李善注《文选》，上海古籍出版社1986年版，第2页。
④ 孙梅辑《四六丛话》，商务印书馆1937年版，第1页。

文献是研究基础，是必要的，不应排斥文献研究，但不能局限于文献研究。要善于从文献中发现问题，从而形成新的思想和理论体系。实际上，方勇先生之所以要倡导"新子学"，就是因为发现诸子学文献整理层面研究的局限性，故而强调"新子学"将文献研究、学术史研究和思想研究（义理研究）统一起来，包纳并举，从而提升诸子学研究的理论品格和思想深度。

历代诸子研究以及现当代诸子研究，很多都是研究目录、版本、校勘、辨伪等文献学内容。文献学即考据之学，"新子学"应该研究诸子文献。研究哲学史的部分学者缺乏文献意识，认为文献研究不应属于诸子研究范围，只应该研究诸子思想，研究文献就不是子学。如果研究《庄子》，目录、版本、校勘、辨伪知识都不懂，提都不提，那还研究什么呢？戴震强调学术研究从识字辨音始，其《孟子字义疏正》批判程朱理学，表面上看是简单的传统"小学"路径，但是戴震阐发"以理杀人"等观点，就是在注释过程中表达自己的思想[①]。文献研究是表达思想的前提和基础，不是可有可无的，为何《尔雅》成为"十三经"？就是因为不懂《尔雅》，便无法理解经学。

"新子学"的"新"，包括新材料，如新出土文献、新的整理文献。"新子学"要充分利用新出土文献，如晏昌贵《从出土文献看先秦诸子的五音配置》一文由诸子谈及"五音"[②]，涉及音乐学知识，不是哲学。新出土文献与传世文献关系，一般都是用传世文献，不会关注考古新成果。新出土文献中有道家、道教典籍，要利用这些新材

---

① 参见欧明俊《重新认识和评价"乾嘉学派"》，《中国社会科学报》2011年2月22日第6版。

② 晏昌贵《从出土文献看先秦诸子的五音配置》，《中原文化研究》2015年第3期。

料，如裘锡圭《出土文献与古典学重建》一文论及《老子》中《德经》《道经》的前后位置①。海外诸子文献的发掘整理是"新子学"新的开拓。文献整理是"新子学"非常重要的一部分，不能满足于文献层面的研究，但不应该否认文献研究的价值。

　　子学也是"辞章之学"，《庄子》《孟子》《列子》属于子部，本身就是文学。站在文学立场上，用"纯文学"观念进行研究，先秦诸子散文研究只是诸子研究的一面，只重视语言艺术、结构特色等文学部分，忽视了逻辑、思想等方面。"纯文学"是由西方传入的文学观念，认为文学是抒情、审美、艺术，用这种观点套在先秦诸子研究中，只能看到诸子一面。历代关于庄子的著作，有很大一部分是"辞章之学"，是文学研究，讲庄子行文的精妙，而不是庄子思想。很多学科都在研究庄子，对庄子的研究不能仅仅局限于哲学。学科独立以来，梁启超《中国近三百年学术史》、钱穆《中国近三百年学术史》皆没有论及文学，将文学排斥到学术体系之外，周作人、陈寅恪等都认为文学不应该列入学术体系，这是受西方影响而产生的"新观念"，现在的子学研究自然而然地延续了这一观念，基本上不论"词章之学"。"新子学"也应该包括诸子的文学研究，从文学角度对诸子进行研究应该是"新子学"的"题中之义"。

　　"经济之学"就是重视学术的功用，子学是"经济之学"，即经世致用。《史记·太史公自序》引司马谈《论六家之要指》曰："夫阴阳、儒、墨、名、法、道德，此务为治者也。"②班固《汉书·艺

---

　　① 裘锡圭《出土文献与古典学重建》，《光明日报》2013年11月14日第11版。

　　② 司马迁《史记》，中华书局1959年版，第3288—3289页。

文志》视道家为"君人南面之术"①。朱元璋亲自注解《道德经》，《〈御注道德真经〉序》赞曰："斯经乃万物之至根，王者之上师，臣民之极宝。"② 孙德谦《诸子通考·自序》曰："诸子者，实用之学。"③ 老、庄之学为治国之道，是帝王学，是统御天下之术，属政治哲学范畴，老庄的治国理念，"无为而治"，"无为"修饰"治"，"治"是中心词，"无为"是"治"的一种手段，通过"无为"达到治理天下的目的。庄子是相对主义者，生活在战国时代，列国纷争，"令从天子出"变为"令从诸侯出"，各家都认为自己"解民于倒悬"，传播自己的思想。《庄子》认为天下混沌一体是最好的状态，就是因为各家太强调差异性，都认为自己的思想是绝对真理，所以导致天下大乱，生灵涂炭。庄子怀疑一切，想回到过去"无为而治"的时代。诸子百家著书立说，提出自己的治国理念，每一家都认为应该采用自己的理念来治国。即使我们认为老、庄是最消极的，但也是"经济之学"，不是纯粹的哲学。《论语》《孟子》蕴含治国思想，孔子"知其不可为而为之"，周游列国；法家提倡用法治理国家；墨家提倡牺牲自己，拯救社会。每一家都有自己的一套"救世良方"，都是为现实服务，但又都存在片面性。

"子学"主要为"义理之学"，但不是纯粹的"义理之学"，"子学"内部又有考据之学、辞章之学、经济之学，这四大学术路径，都是"新子学"的"题中之义"。应提倡"新子学"回归传统学术理念、学术路径。

---

① 班固撰，颜师古注《汉书·艺文志》，商务印书馆1955年版，第28页。
② 朱元璋御注《御注道德经》，中州古籍出版社2015年版，第2页。
③ 孙德谦著，陈志平、胡立新校点《诸子通考》，岳麓书社2013年版，第2页。

四

"新子学"必须强调"中国性",中国学术有"中国性",西方学术也有"西方性",科学无国界,学术文化有国界,这是毋庸讳言的。必须强调的是,"新子学"要争取中国学术在国际学术整体格局中的话语权,要发出"中国声音",但同时强调争取的不是话语霸权。同时要强调"世界性""国际性","新子学"的"中国性"和"世界性"不是对立的关系,两者完全可以融为一体。"新子学"研究既要着眼于中国,又要有开阔的国际视野。太过重视西洋学术,欧风美雨,依傍西学,崇洋媚外,挟洋自重,固然不对。诸子学"元典"是中国传统文化中比较早、比较纯的,是汉民族所特有的。但东汉以后,佛教进入中国,便吸收、接纳佛教内容。理学是新儒学,把佛教一些内容吸收进来,中、印学术融合。晚明时,西方基督教进来,中、西学术融合。近代日本"东学",对应西学,就是融合西学形成的日本新学。近代以来,中、日新学融合。

外国语言非常重要,即使有世界眼光,而不懂外国语,原版著作读不懂,则创新有限。世界已经融合,"新子学"不能仅仅局限于纯中国哲学,不能局限于本土传统,排斥其他。"新子学"应有国际视野,世界眼光。纯粹的康德、黑格尔哲学当然不是"新子学"所要研究的内容,但是严复、梁启超、王国维等人如何把康德哲学、黑格尔哲学与本土哲学相结合,"新子学"完全可以研究。"新子学"应该充分国际化,成为一个开放的体系。

"新子学"不能完全局限于纯粹的传统,也不能排除西学。现在国际一体化趋势明显,在研究"新子学"时,不仅要做到"跨语际"研究,要关注国外不同语言的研究成果,还应该做到"跨国界"研究，与世界各国的学者交流会通。应关注国际汉学界的研究动态，这是新时代的"新子学"，与传统子学研究不同，要关注国际学术界对"新子学"的研究，做关联性研究，如研究庄子与康德、黑格尔等关系，"子学"在海外的传播与接受等。诸子学对韩国、日本影响广泛深远，韩国学者金白铉《21世纪"新子学"与新道学的研究课题》认为，"新子学"不仅是中国的哲学，也是世界性的哲学，"21世纪'新子学'，尤其是新道学必须要开出全球性的天下之学"①。开放，包容，"海纳百川，有容乃大"，不孤立，不封闭，绝不能仅仅局限于中国，更不能就中国当代哲学而论中国当代哲学。现在交通方便，信息交流便捷，信息科技迅猛发展，多元文明交汇，全球化时代，"新子学"不能离开世界学术而孤立发展，应主动积极接受西方理论，注意互动，中学、西学平等对话，而不是自我中心，排斥他者，也不求"话语霸权"，我们要思考的是有无水准和资格与西方对话。

诸子只是"文本"，不同学科眼中不一样。先秦诸子学本来浑然不分，包罗万象，近代以来，从西方引进学科分立，哲学、伦理学、社会学等，学科独立以后，子学重新定位，几乎包括所有学科。诸子就像一棵大树，砍下来一根树枝是哲学，另一些树枝是逻辑学、伦理学、经济学、军事学、文学，等等。如《论语》，治国思想属于政治学，很多部分是教育学，孔子也谈到文学、音乐等学科，《庄子》是哲学，《墨子》《孟子》是逻辑学，《孙子兵法》是军事学，《管子》是经济学，等等。研究"新子学"，不能满足和局限于某一学科，各学科学者都应参与。"新子学"应是整体之学、全体之学，有完整的体系，要把握诸子百家的整全性，走向文化整合，也不能满足于就诸子学论诸子学，还应注重关联性研究，一切有关诸子学的都值得研

---

① 金白铉《21世纪"新子学"与新道学的研究课题》，《诸子学刊》第九辑。

究。倡导"新子学",是为了反思之前研究的片面性,应提倡"会通",即融会贯通,跨学科,不能对本学科以外的视而不见①。

"新子学"不能满足于"我注六经"式的研究,应该不断加入"新子",严复、康有为、梁启超、王国维、蔡元培、章太炎、梁漱溟、马一浮、熊十力、胡适、钱穆、冯友兰、贺麟等人,皆为"新子",唐君毅、牟宗三、徐复观、方东美、张君劢、张申府、殷海光、饶宗颐、成中英、余英时、杜维明、刘述先、蔡仁厚、陈鼓应、李泽厚等,也可称为"新子"。研究"新子学"的人以后也可能成为新的"子",会有思想深刻的人成为被研究者。应该"成一家之言",不仅仅要研究思想,更应该创造思想,这才是"新子学"研究最伟大、最有意义的地方。"新子学"要有这种学术情怀,要有远大宏伟的目标和理想追求,努力使自己变成"新子",每个人都在创造历史,只是有大小之分。

"新子学"不能满足于"纯学术"研究,要有当代担当,关心现实,"人文关怀",一种救世情怀,面对现实生活和社会问题,为了中华民族伟大复兴,思考从子学中学习智慧。还要关心未来,超越时代,要有"终极关怀",超越功利性,更要有天下情怀,思考整个世界、整个人类的命运,"新子学"的学术使命是神圣的。

结　论

将"新子学"限定在哲学范围内,仅指当代人研究当代哲学家,或自创哲学,与传统"子学"没有关系,排除其他学科,是对"新"

---

① 参见欧明俊《跨界会通——论"新子学"的创新途径》,《暨南学报》2018年第4期。

"子""学"的狭隘化理解。新哲学只是"新子学"的重要部分，但不是全部。"新子学"的倡导正是反思现代独立的哲学学科对传统诸子学的肢解，突破其狭隘性。子学主要为"义理之学"，子学内部又有考据之学、辞章之学、经济之学，这四大学术路径都是"新子学"的"题中之义"。可以说"新子学"以哲学为主，为核心，首先是哲学，或主要是哲学，应该强调"新子学"是新的哲学创造。但"新子学"不仅仅是哲学，不等于哲学，更不等于当代哲学。不应局限于哲学学科来狭隘化理解和研究"新子学"。"新子学"包括众多学科，是综合之学、整体之学、全体之学。"新子学"必须强调"中国性"，同时要强调"世界性"，"新子学"是一开放的体系，应充分国际化，有中国"新子学"，有东亚"新子学"，有"汉字文化圈"的"新子学"，有世界华人华文"新子学"，有国际汉学界的"新子学"，有汉语著述的"新子学"，有外语各语种著述的"新子学"，只要与中国"子学"有关，都属于"新子学"研究范围，至少应做关联性研究。

（原载于《诸子学刊》第十九辑。作者单位：福建师范大学文学院）

跨界会通
——论"新子学"的创新途径

欧明俊

2012年,方勇先生发表《"新子学"构想》一文,倡导"子学复兴、诸子会通"①,强调继承充满原创性、多元性的"子学精神"。会通即融会贯通,与会通相同相近的概念有贯通、融通、汇通、博通、通核等。研究者应做通人,具通识,跨界会通,跨越各种壁垒森严的疆界,乃"新子学"一大创新途径。不满足于就事论事,不满足于就子学论子学、就某一学科论某一学科、就某一家论某一家、就某一问题论某一问题,而是会通众学,超越封闭的专科之学、专门之学。

一、跨学科会通

通行的诸子学研究,"专科化""专门化",将诸子学分解为哲学、伦理学、逻辑学、美学、教育学、文学,等等。传统学术重视整体性、综合性,与西方分析性学术不同。毋庸讳言,学术分工过专过

---

① 《光明日报》2012年10月22日。

细，研究者往往自限于各自研究领域，只知道部分、枝节，不知道整体、全体，拘于一隅，识小遗大。各学科之间，往往疆界分明，孤立隔绝，缺乏联系，学术分裂，支离破碎。

扬雄《法言·君子》曰："通天、地、人曰儒；通天、地而不通人曰伎。"① 仅通天、地，仅懂得自然科学，只是"技"，通天、地、人才是"儒"，先秦诸子学即是通天、地、人的大学问，它包含人文、社会和自然科学众多学科，不只是哲学。如《墨子》，1978年香港中文大学出版社出版了英国葛瑞汉（Angus Charles Graham）《后期墨家的逻辑学伦理学和科学》（Later Mohist Logic, Ethics and Science），其中节译了《墨子》中关于科技的六个章节。李约瑟（Joseph Needham）《中国科学技术史》第二卷（Science and Civilisation in China, VolumeⅡ）中认为，正是《墨子》有关物理学和生物学的命题和论述，区分了墨家和道家，"它们勾画出了堪称为科学方法的一套完整理论"②。《墨子》所涵盖学科范围广泛，包含了哲学、逻辑学、伦理学、美学、政治学、军事学、教育学和自然科学等。墨学是"家派"之学，任何某一专门学科皆涵盖不了，孤立的"专科"研究难免片面，必须会通研究，才能真正识其"大体"，做出科学合理的评价。诸子著作只是"文本"，可做不同学科的解读，同时又必须各学科贯通起来解读，才能认清其全体。

《吕氏春秋》是秦国丞相吕不韦集合门客们编撰的著作，成书于秦始皇统一中国的战国末期。它以道家思想为主体，兼采儒、墨、名、法、兵、农、阴阳诸家学说，博采众家，熔为一炉，贯通一体，

---

① 王充撰，汪荣宝注疏，陈仲夫点校《法言义疏》，北京：中华书局1987年版，第514页。

② 李约瑟《中国科学技术史》（第二卷），北京：科学出版社，上海：上海古籍出版社1990年版，第201页。

实际上包括了现代学科分类的哲学、逻辑学、伦理学、教育学、政治学、军事学、法学、农学、民俗学、文学等。通行的单纯的专科研究，只能认识《吕氏春秋》的一个侧面，只有跨学科的会通研究，才能认识清楚其"全体"。《淮南子》研究亦是如此。

先秦诸子学对现代文学影响甚大，可进行跨学科的会通研究。现代，文学已成为独立学科，但仅仅进行"纯文学"研究是不够的，必须跨越学科疆界。如现代散文理论家十分注重吸纳诸子学资源，特别是老庄思想，注重吸纳其灵魂和精神。章太炎的《齐物论释》和《五朝文》，使庄子学和魏晋子学附加了近代色彩，直接影响弟子鲁迅、周作人等。鲁迅《〈论语〉一年》说："我们虽挂孔子的门徒招牌，却是庄生的私淑弟子。"[①] 1940年，郭沫若发表《庄子与鲁迅》一文，详细列举了鲁迅作品在词语、题材方面对《庄子》的引用，指出鲁迅"爱用庄子所独有的词汇，爱引庄子的话，爱取《庄子》书中的故事为题材而从事创作，在文辞上赞美过庄子，在思想上也不免多少受庄子影响的反映"[②]。《庄子》词汇作为一般文言词汇影响鲁迅文学语言的建构，鲁迅自觉运用《庄子》语言，"激活"传统，进行创造性转化。鲁迅愤世嫉俗，文章深刻、尖锐，不仅仅接受《庄子》"文辞之美"，更接受其思想和精神气质。鲁迅推崇魏晋文章，明显带有章太炎影响的印记，其杂文风格与"魏晋文章"一脉相承。嵇康"越名教而任自然"，"非汤武而薄周孔"，公开声言"老子、庄周，吾之师也"。鲁迅最景仰嵇康，嵇康的"魏晋文章"是鲁迅思想和文学的最重要资源，鲁迅就是现代的嵇康。

---

① 鲁迅《鲁迅全集》第4卷《南腔北调集》，北京：人民文学出版社2005年版，第585页。

② 郭沫若《郭沫若全集》（卷十九），北京：人民文学出版社1992年版，第53页。

"五四"退潮以后，周作人为废名《莫须有先生传》作序，其中大段引用《庄子》来评价废名，认为废名"文章已近道"，并认为庄子的话是"关于好文章的理想"①。郭沫若称庄子有"古今独步的文笔"②，又说他"在中国文化史上是一个特异的存在，不仅是出类的思想家，而且是一位拔萃的文学家"③。清初傅山不"代圣人立言"，深入研究战国诸子，周作人《关于傅青主》称赞傅山"思想宽博，于儒道佛三者都能通达，故无偏执处"④。林语堂创办小品刊物《论语》和《人间世》，即颇有象征意味，一是儒家思想和精神，一是道家思想和精神。他又以西方文化改造儒、道思想，对其进行创造性转化。林语堂《论幽默》称老子为"幽默之祖宗"，称庄子为"中国之幽默始祖"，老庄思想与林语堂宣扬的表现、性灵、闲适和幽默融为一体。林语堂认为："道家文学及学者所以受人欢迎，主要原因便是庄子散文的魅力；就吸引人的标准和思想形态来说，庄子不愧是古典时期的散文泰斗。"⑤ 林语堂《老子的智慧》说："我几度钻研庄子的作品，发现其间许多用语，大都是他透过严格的文学手法创造出来的，甚至连最早以同法为文的《论语》，也赶不上他。"⑥ 他特别推崇以老庄为代表的超脱派，说："中国若没有道家文学，中国若果真

---

① 周作人著，止庵校订《周作人自编文集·苦雨斋序跋文》，石家庄：河北教育出版社2002年版，第112页。

② 闻一多著，闻立雕编《大家国学·闻一多卷》，天津：天津人民出版社2008年版，第331页。

③ 郭沫若《郭沫若全集》（卷十九），北京：人民文学出版社1992年版，第64页。

④ 《宇宙风》第7期，1935年12月16日。

⑤ 林语堂《林语堂全集》第14卷《行素集·披荆集》，长春：东北师范大学出版社1985年版，第4页。

⑥ 林语堂《林语堂全集》第24卷《老子的智慧》，长春：东北师范大学出版社1985年版，第12页。

只有不幽默的儒家道统,中国诗文不知要枯燥到如何,中国之心灵,不知要苦闷到如何。"① 现代散文理论吸纳古典资源,不仅仅局限于古典散文理论本身,诸子学也是其一大资源。

"新子学"研究应跨越学科疆界,超越学科本身,各专业、方向、领域学问打通,融合其他学科的知识,交叉、融合,融会贯通,会通众学,互动认知。应重视各学科间的差异性,更应重视各学科间的"关联性",注重它们之间的相似性、相通性。

二、跨时代会通

长期以来,学术研究,古代、近代、现代、当代基本上各自为政,甚至画地为牢,人为地将一脉相承的历史割断,认识上难免模糊、片面。

司马迁自称写《史记》要"通古今之变",王充《论衡·超奇》曰:"博览古今者为通人。"②《论衡·谢短篇》曰:"夫知古不知今,谓之陆沉……夫知今不知古,谓之盲瞽。"③ 他们皆强调古今贯通,博古通今。晚明方以智是追求古今会通的典型。他年轻时就立志要"函雅故,通古今","坐集千古之智。"④ 他还主张以西学为鉴,将

---

① 林语堂《林语堂全集》第16卷《无所不谈集》,长春:东北师范大学出版社1985年版,第273页。
② 黄晖《论衡校释》(第二册),《新编诸子集成》(第一辑),北京:中华书局1990年版,第607页。
③ 黄晖《论衡校释》(第二册),《新编诸子集成》(第一辑),北京:中华书局1990年版,第555页。
④ 方以智《通雅》卷首,北京:中国书店1990年影印清此藏轩刻本,第21页。

西学与传统学术会通，扬弃吸取。方以智弟子兴斧《〈青原愚者智禅师语录〉跋》赞曰："总持三教，烹炮古今。"① 陈仁锡《〈稽古堂初集〉序》评方以智"妙年博洽，深通古今"②。方中通评价父亲方以智"读尽古今书，穷一切法，以才人而兼博学实学，为一代学者"③。方以智诸子皆绍继家学，次子方中通《陪翁训子语》诫勉子孙"聚古今之议论，以生我之议论；取天下之聪明，以生我之聪明"④。

严复主张学无新旧。光绪二十八年（1902），严复《与〈外交报〉主人》论教育：

> 然则今之教育，将尽去吾国之旧，以谋西人之新欤？曰：是又不然。英人摩利之言曰："变法之难，在去其旧染矣，而能别择其故所善者，葆而存之。"方其汹汹，往往俱去，不知是乃经百王所创垂，累叶所淘汰，设其去之，则其民之特性亡，而所谓新者从以不固，独别择之功，非暖姝囿习者之所能任耳。必将阔视远想，统新故而视其通，苞中外而计其全，而后得之。⑤

----

① 方以智著，邢益海校注《冬灰录（外一种〈青原愚者智禅师语录〉）》，北京：华夏出版社2014年版，第355页。

② 方以智《浮山文集·前编》，《四库禁毁书丛刊·集部》（第113册），北京：北京出版社2000年影印清此藏轩刻本，第455页。

③ 方中通《陪集》，《清代诗文集汇编》（第133册），上海：上海古籍出版社2010年影印本，第9页。

④ 方中通《陪集》，《清代诗文集汇编》（第133册），上海：上海古籍出版社2010年影印本，第66页。

⑤ 汪征鲁等主编《严复全集》（卷八），福州：福建教育出版社2014年版，第202页。

严复强调"阔视远想,统新故而视其通",古今会通,视野开阔。光绪三十年(1904),《英文汉诂·卮言》曰:"所谓学者,但有邪正真妄之分耳,中西、新旧之名,将皆无有。"①

严复晚年《与熊纯如书》最后一次强调"观其会通":

> 吾辈生于此日,所得用心,以期得理者,不过古书。而古人陈义,又往往不堪再用如此。虽然,其中有历古不变者焉,有因时利用者焉,使读书者自具法眼,披沙见金,则新陈递嬗之间,转足为原则公例之铁证,此《易》所谓"见其会通,行其典礼"者也。鄙人行年将近古稀,窃尝究观哲理,以为耐久无弊,尚是孔子之书。"四子""五经",固是最富矿藏,惟须改用新式机器发掘淘炼而已。②

严复认为,人类社会的终极之"理",必须从"古书"中获取,但是古书并非皆明白告诉后人真"理",必须依靠后人的"会通"式研究,从中发现耐久无弊的"原则公例"。第一次世界大战后出现的文化保守派如"学衡派",即认同严复思想。王国维也强调"学无新旧",《〈国学丛刊〉序》曰:"学之义,不明于天下久矣!今之言学者,有新旧之争,有中西之争,有有用之学与无用之学之争。余正告天下曰:学无新旧也,无中西也,无有用无用也。凡立此名者,均不学之徒,即学焉而未尝知学者也。"③

---

① 汪征鲁等主编《严复全集》(卷六),福州:福建教育出版社2014年版,第87页。

② 汪征鲁等主编《严复全集》(卷八),福州:福建教育出版社2014年版,第343页。

③ 姚淦铭、王燕编《王国维文集》(第4卷),北京:中国文史出版社1997年版,第365页。

庄子认为人本性恶，人类自己制造各种恐怖和仇恨，掠夺资源，物欲横流，变成物质的俘虏，最终是自己毁灭自己。他深刻反思人类文明"进步"造成的"异化"，揭示了人类认识和智力的有限性。庄子的思想与当代生态学理论是相通的，庄子的反思至今仍振聋发聩，传统诸子学思想精华永远不会过时。

丰子恺散文如《渐》《大账簿》以艺术的笔触探求大自然、人生的微妙变化，对详细记载世界上一切物类事变的过去、现在、未来之世世因因奇妙的极大的"大账簿"的思考，缘于《老子》"道生一，一生二，二生三，三生万物"观点的演绎，也是《庄子·秋水》"无动而不变，无时而不移"思想生动丰富的展示。

有一种观念认为，研究古代诸子学是"纯学术"研究，研究本身就是目的，而不是手段，研究本身就是用，是超功利的无用之用，与现实政治、经济、文化等没有关系，这是一种比较"纯"的学术研究理念。不过，这只是"小乘佛"境界，而传统诸子学的"分内"事，关注一切自然和人文社会现象，关注现实人生。研究史的目的是为当下服务，而不能停留在研究本身，为了研究而研究，研究只是手段，利用才是目的。"新子学"研究应在坚守"纯学术"本位的前提下，尽可能地求"用"，即与现实社会沟通联系，主动介入，积极参与。应有"当下关怀"，有舍我其谁的担当精神和使命感，研究者生活在当下，不可避免带有当下立场、当下意识，应为当下社会和文化建设服务，这是一种"大乘佛"境界。

传统文化似大江大河奔腾不息，从古流到今，是旧水，也是新水。古代诸子学是民族优秀传统文化的重要组成部分，一直影响着当下的社会文化生活，有永恒的生命力，永远不会"过时"，不会"无用"。古代诸子学只有与当下人的生活发生联系，才是"活"的学术，否则，只是"死"的学术。1915年，意大利史学家克罗齐《历史学的理论和实际》中提出一重要命题：一切真历史都是当代史。

研究古代学术的意义在于"过去"与今天的联系,"死"的历史由当下"唤醒",历史便"复活"在当下。"新子学"研究的目的不是为古人,而是为今人。当下发生的诸多问题,皆可从古代诸子学中汲取智慧来解决。"新子学"研究不是发思古之幽情,不是不食人间烟火。如只是陶醉于故纸堆,"学问"易变成纯粹的技能,学者易变成纯粹的"工匠",对国计民生、世道人心漠然视之,这样的"学问"意义会大打折扣。我们既不能厚古薄今,也不能厚今薄古,应摆脱古今二元对立、非此即彼的两极思维模式的束缚。学术存旧统,更要开新域。笔者呼吁学界在观念上重视当下取向,古今贯通,意在纠偏,并不是轻视,更不是否定"纯学术"研究。①

"新子学"研究应打破古今壁垒,注重分析古今源流关系,进而合理评定其价值和地位。

三、跨越不同学术路径

与现代的"学科"性质不同,传统"学术"并非"学科"概念,义理、考据、辞章三分或义理、考据、辞章、经济四分,是贯通一体的不同学术路径,"新子学"研究应会通不同学术路径。

刘勰《文心雕龙·诸子》将诸子定义为"入道见志"之作,《四库全书总目》卷九十一《子部总叙》曰:"自'六经'以外立说者,皆子书也。"②强调一为"'六经'以外",一为"立说",述"六

---

① 参见欧明俊《中国古代文学与当代中国社会之沟通》,(韩国)《中语中文学》第56辑(2013年12月),第39页。
② 永瑢等《四库全书总目》(上),北京:中华书局1965年版,第769页。

经"者不得列入子部，非"立说"者亦不得列入子部，即凡著书立说自成一家之言者，除经学外，统称子书，子书和研究子书的学问称为"子学"或"诸子之学"或"诸子学"。子学为义理之学，子学内部又有考据之学、辞章之学、经济之学。"新子学"不能满足于"义理之学"或哲学思想研究，还应包括传统的考据之学、辞章之学、经济之学研究。

戴震强调由训诂以通词（词义），通词是为了"闻道"，即"以词通道"，词义明，方谈得上"义理"明。他的《孟子字义疏证》是考据之学与义理之学会通的典范，是借《孟子》发挥自己的思想，批判程朱理学。戴震重考据，是从考据中发现义理，是"志存闻道"，考据只是手段，不是目的。"新子学"不只是"考据学"或文献学研究，不能满足于纯而又纯的"学术"研究。

古代主流观念，无论经、史、子，都称为"文章"，先秦诸子文章多是"至文"，古代学科分类的混沌状态下，仅将诸子学视为纯粹的"义理之学"或哲学，是对诸子学的狭隘化理解。《墨子》《庄子》《荀子》《韩非子》《列子》等诸子著作，都是优秀"文章"，是优秀"文学"。古人多重视《庄子》的"辞章之学"研究。明陆西星《南华真经副墨》重视《庄子》的宗旨、文脉及行文手法，强调《庄子》抒愤悱之情，细致分析《庄子》奇特的字法、句法、文法，总结其艺术手法。清代林云铭《庄子因》从"纯文学"角度探究《庄子》意旨，梳理其文脉；宣颖《南华经解》将《庄子》"文"与"意"结合起来，揭示其空灵意境，总结出各种表现手法和修辞技巧；胡文英《庄子独见》以审美眼光分析《庄子》的形式美和语言艺术；刘凤苞《南华雪心编》对《庄子》散文笔法作多角度、全方位的细致入微的个性化赏析。历代《庄子》评点，如林希逸《庄子口义》、林仲懿《南华本义》、吴世尚《庄子解》、陆树芝《庄子雪》、归有光《南华真经评注》等，都是从文学角度鉴赏和评价《庄子》的。

金圣叹将《庄子》作为文学散文来看待，确定《庄子》为"第一才子书"，认为《庄子》文采高于诸子中任何一家。他以传统古文笔法评《庄子》，揭示其文学意义，用《庄子》解释诗文，评点《水浒传》《西厢记》，以提升诗文和小说、戏曲的哲学意义。刘熙载高度评价《庄子》的文学性："寓真于诞，寓事于玄，文法断续，意出尘外，怪生笔端。"① 古代几乎所有散文家都受到《庄子》不同程度的影响。

历代对《庄子》的文学性评点，一般人论古代散文理论，多忽略这部分内容，而这些确确实实是古代散文理论的重要组成部分。方勇先生《庄子学史》论及历代许多庄学著作，其中不少是《庄子》的"辞章之学"研究，这是义理之学与辞章之学的会通研究，是一种观念的突破。

章学诚《文史通义·诗教上》曰：

> 后世之文，其体皆备于战国，何谓也？曰：子、史衰而文集之体盛，著作衰而辞章之学兴。文集者，辞章不专家，而萃聚文墨，以为蛇龙之菹也。后贤承而不废者，江河导而其势不容复遏也。经学不专家，而文集有经义；史学不专家，而文集有传记；立言不专家，而文集有论辨。后世之文集，舍经义与传记、论辨之三体，其余莫非辞章之属也。而辞章实备于战国，承其流而代变其体制焉。学者不知，而溯挚虞所裒之《流别》，甚且以萧梁《文选》，举为辞章之祖

---

① 刘熙载《艺概》，上海：上海古籍出版社1978年版，第7-8页。

也,其亦不知古今流别之义矣。①

章学诚指出,"子、史衰而文集之体盛","立言"的诸子著作流变为后世"集部"的论辩之体,诸子之文是后世"集部"的源头,有学者将萧统《文选》举为"辞章之祖",是视流为源,是极为片面的。章学诚对这一文学史和文体史现象的揭示,是通人之见,非常深刻,学界应给予高度重视。

诸子学讲究"经济之学",就是经世济用,对现实有用、有益。诸子学产生于"礼崩乐坏"的春秋战国时代。时为乱世,官学失守,诸子私学兴起,著书立说,百家争鸣,儒家仁爱,墨家节用,道家无为,法家严刑峻法,提出各不相同的救世方略,并奔走于天下,力行实践。诸子为"干世主"而进行大辩论,虽异趣,但皆为"治术",目的是救世、济世。他们所传承的古之"道术"即"治道"。诸子学与现实政治、经济、道德密切相关,是"经济之学","学术"与"治术""政术"一体,是为现实服务的,诸子学绝不是纯粹的"学术"。

班固《汉书·艺文志·诸子略》曰:"道家者流,盖出于史官,历记成败、存亡、祸福、古今之道,然后知秉要执本,清虚以自守,卑弱以自持,此君人南面之术也……曰:独任清虚,可以为治。"②所谓"君人南面之术",即治国之术、政治哲学,是以"道"和人的天性自然而然治理天下,无为、虚静,顺应天道,独任"清虚"之道,以卑弱为手段,其本质为解决社会问题,追求天下大治。

---

① 章学诚著,叶瑛校注《文史通义校注》(上),北京:中华书局1985年版,第61页。

② 班固撰,颜师古注《汉书》,北京:中华书局1962年版,第1732页。

"内圣外王"是《庄子·天下》视为"一"的"古之道术",人类可以明察"大道",庄子试图给出社会治理的"良方"。庄子有强烈的现实关怀和文化担当精神,以天下安危为己任。清胡文英《庄子独见·庄子论略》曰:"庄子眼极冷,心肠极热。眼冷,故是非不管;心肠热,故感慨万端。虽知无用,而未能忘情,到底是热肠挂住;虽不能忘情,而终不下手,到底是冷眼看穿。"① 庄子表面上消极避世,无情以应世,怀疑和否定一切,实质上对世道治乱始终有一颗"热心",有人间情怀,关注世道人心,有强烈的忧患意识、责任意识、使命意识,充满人性的光辉。从本质精神上看,庄子是强调顺应"道"来实行社会治理,道通为一,"天人合一",尊重自然规律,人与人、人与社会、人与自然和谐统一,而不是冲突对立。

方勇先生《"新子学"构想》强调指出,产生于"轴心时代"的诸子之学从来都是当下之学,自汇聚诸子思想的诸子文本诞生伊始,诸子学就意味着对当时社会现实的积极参与。而后人对诸子文本的不断创作、诠释、解构与重建,亦是为了积极应对每一具体历史阶段之现实。② 揭示了诸子学的"经济之学"的本质特性,所论极为深刻。如果认为诸子皆是关起门来研究纯而又纯的"学术",那是对诸子学的"误读",是对诸子学的狭隘化理解。有人主张只要做好"学问",物欲横流,道德沦丧,民生疾苦,皆与我无关。诸子的担当精神正是当下不少学者缺乏的。"新子学"必须重视传统诸子学的"经济之学"这一学术路径。

熊十力《答邓子琴》说:"中国旧学家向有四科之目,曰义理、

---

① 胡文英撰,李花蕾点校《庄子独见》,上海:华东师范大学出版社2011年版,第6页。

② 《光明日报》2012年10月22日。

考据、经济、辞章。此四者,盖依学人治学之态度不同与因对象不同,而异其方法之故。故别以四科,非谓类别学术可以此四者为典要也。"①他不同意以此"四科"来类别学术,是基于治学不分科的传统,认为是"旧学家"的常规认知。顾颉刚《古史辨》第一册自序指出,"中国的学问是向来只有一尊观念而没有分科观念的","旧时士大夫之学动则称经、史、词章,此其所谓统系,乃经籍之统系,非科学之统系也"②。他强调,古人没有类似西方的学术"分科"观念,学术分类是经籍的分类,而不是科学的分科。经、史、词章三分,实际上还是统一的整体,而不是独立的学科。③"新子学"亦应如是,应做整体性会通研究。

当下的子学研究,"分裂"明显。文章与义理分裂,两者似乎是井水不犯河水,文学以"言志""抒情"为宗,不讲义理,放弃"道",舍本逐末。诸子学的文献学研究,纯粹的"考据学",排斥义理之学,也排斥辞章之学、经济之学,诸子学还剩下什么呢?

经、史、子、集四部,是古代文献分类,而非学术分科。子部与经、史、集三部研究应融会贯通,注重关联性。子与经的关系,刘勰《文心雕龙·诸子篇》的核心思想是"以子离经",尊经基础上,重视子学的独立地位。章学诚《文史通义·诗教上》曰:

  战国之文,其源皆出于"六艺"。何谓也?曰:道体无所不该,"六艺"足以尽之。诸子之为书,其持之有故而言

---

① 熊十力《十力语要》,北京:中华书局1996年版,第211页。
② 顾颉刚《我与古史辨》,上海:上海文艺出版社2001年版,第36页。
③ 参见欧明俊《学术视野中的古代文章学》,王水照、侯体健主编《中国古代文章学的衍化与异形——中国古代文章学二集》,上海:复旦大学出版社2014年版,第44页。

之成理者，必有得于道体之一端，而后乃能恣肆其说，以成一家之言也。所谓一端者，无非"六艺"之所该，故推之而皆得其所本，非谓诸子果能服"六艺"之教，而出辞必衷于是也。《老子》说本阴阳，《庄》《列》寓言假象，《易》教也。邹衍侈言天地，关尹推衍五行，《书》教也。管、商法制，义存政典，《礼》教也。申、韩刑名，旨归赏罚，《春秋》教也。其他杨、墨、尹文之言，苏、张、孙、吴之术，辨其源委，挹其旨趣，九流之所分部，《七录》之所叙论，皆于物曲人官，得其一致，而不自知为"六典"之遗也。①

章学诚深刻地揭示出先秦诸子学与经学的源流关系，两者必须会通研究，才能真正认清学术史真相。

先秦子书与"六经"几乎同时产生，清儒考经证史，重视援引子书考稽经书文字异同，佐证三代名物制度和史实。钱大昕《惠先生士奇传》引惠士奇语："周、秦诸子，其文虽不尽雅驯，然皆可引为《礼经》之证，以其近古也。"② 胡承珙、俞樾等学者皆强调子书可以考证经义。冯友兰对比经学和子学，在《三松堂自序》中指出："'经学'和'子学'，两面对比，'经学'的特点是僵化、停滞，'子学'的特点是标新立异，生动活泼。"③

子与史密切关联，诸子之书多与史部相为表里，如《周官》典

---

① 章学诚著，叶瑛校注《文史通义校注》（上），北京：中华书局1985年版，第60页。
② 钱大昕《潜研堂文集》卷三十八，《四部丛刊初编》本。
③ 冯友兰《三松堂全集》（第1卷），郑州：河南人民出版社2000年版，第187页。

法，多见于《管子》《吕氏春秋》。章学诚《报孙渊如书》曰："愚之所见，以为盈天地间，凡涉著作之林，皆是史学，'六经'特圣人取此六种之史以垂训者耳。子、集诸家，其源皆出于史，末流忘所自出，自生分别，故于天地之间别为一种不可收拾、不可部次之物，不得不分四种门户矣。"① 金圣叹《贯华堂第五才子书水浒传序》曰："夫以庄生之文杂之《史记》，似《史记》；以《史记》之文杂之庄生，不似庄生者，庄生意思欲言圣人之道，《史记》摅其怨愤而已。其志不同，不相为谋，有固然者，毋足怪也。若复置其中之所论，而直取其文心，则惟庄生能作《史记》，惟子长能作《庄子》。吾恶乎知之？吾读《水浒》而知之矣。"② 强调《庄子》与《史记》虽然形式不同，但本质相通。

诸子百家立论不同，但多彼此相通处。班固《汉书·艺文志·诸子略》指出：

> 诸子十家，其可观者九家而已。皆起于王道既微，诸侯力政，时君世主，好恶殊方，是以九家之术，蜂出并作，各引一端，崇其所善，以此驰说，取合诸侯。其言虽殊，辟犹水火，相灭亦相生也。仁之与义，敬之与和，相反而皆相成也。易曰："天下同归而殊途，一致而百虑。"③

诸子之间，有差异性，又有相似性、相通性，相灭而相生，相反

---

① 章学诚《章学诚遗书》，北京：文物出版社1985年影印本，第86页。

② 金圣叹撰，曹方人、周锡山标点《金圣叹全集》（一），南京：江苏古籍出版社1985年版，第11页。

③ 班固撰，颜师古注《汉书》，北京：中华书局1962年版，第1746页。

而相成，应充分重视诸子学内部的会通研究。

从一定程度上看，诸子学史就是会通的历史。老子所谓"法自然"，庄子所谓"法天"，孟子所谓"事天"，荀子所谓"参于天地"，皆论人生行为修养，所论是相通的，共同的不足是不重视探知宇宙。《韩非子》综合会通各家学术；《吕氏春秋》会通儒、道为主，兼论名、法、墨、农、阴阳诸家；《淮南子》既有道家无为思想，也有儒家、墨家以天下为己任、劳作不息的思想。自战国末到魏晋，贯串着儒家与道家学说的会通，产生了魏晋玄学。魏晋玄学以《周易》《老子》《庄子》为基础，称为"三玄"，会通儒、道，既论自然变化，也论社会变迁，论证名教与自然的一致性。唐代，三教并立，佛学吸收了儒学和道家老庄学说，如《父母恩重经》专讲儒家孝道。两宋时，儒学吸取了佛学哲学，程朱理学以儒学为主，三教会通，称为"新儒学"。儒、道之间本有许多相通之处，宋至明、清，以儒注道，以儒解道，援道入儒，援儒入道，儒、道互释，道学儒学化，儒中有道，道中有儒，交融一体。"新子学"绝不能局限于孤立封闭地研究儒家、墨家、法家等，应注重关联性、会通性研究。

四、追求整体会通之学

早在1930年，陈寅恪《〈敦煌劫余录〉序》就感叹："国人治学，罕具通识。"[①] 当代学术，专家主义（Specialism）盛行，Jacques Barzun 尖锐地指出：

---

① 陈寅恪《陈寅恪先生全集》（下），台北：里仁书局1979年版，第1377页。

在专家主义的氛围下,我们把文化整个委托给了专家;就算有人出于好意而想要分享文化,文化却再也不属于他们了。显然,结果就造成了零碎化的现象,每个人都在感叹,但却没有人想要予以改变。专家们选择一个小小的主题作为自己的专业领域,毕生划地自限,但这还不是最糟的。由于文化被委托给了专家,艺术与人文的重要性也随之改变了。这些之所以有价值,不再是因为它们能直接影响我们的理智与内心;它们之所以有价值,是因为它们变成了专业,成了谋生之道,成了某种光环,成了可以营销的商品,也成了文化产业的组成要素。①

学术研究"零碎化",学者"划地自限",视野狭隘而不自知自觉,诸子学研究亦不例外,必须深刻反思。

康熙十五年(1676),黄宗羲《离别海昌同学序》曰:

> 尝谓学问之事,析之者愈精,而逃之者愈巧。三代以上,只有儒之名而已,司马子长因之而传儒林。汉之衰也,始有雕虫壮夫不为之技,于是分文苑于外,不以乱儒。宋之为儒者,有事功、经制改头换面之异,《宋史》立"道学"一门以别之,所以坊其流也。盖未几而道学之中又有异同,邓潜谷又分理学、心学为二。夫一儒也,裂而为文苑,为儒林,为理学,为心学,岂非析之欲其极精乎?奈何今之言心学者,则无事乎读书穷理;言理学者,其所读之书不过经生

---

① Jacques Barzun 著,陈荣彬译《文化的衰颓》,台北:橡实文化出版社 2016 年版,第 16 页。

之章句，其所穷之理不过字义之从违，薄文苑为词章，惜儒林于皓首，封己守残，摘索不出一卷之内，其规为措注，与纤儿细士，不见长短。天崩地解，落然无与吾事，犹且说同道异，自附于所谓道学者，岂非逃之者之愈巧乎？①

黄宗羲论古代学术发展演变，原始儒学演变成儒林、文苑、理学和心学，儒学分化，许多学者竟然"天崩地解，落然无与吾事"。一儒而"裂之为四者"，黄宗羲欲反其道而行之，告诫弟子要将四者"复之而为一"。他说："诸子之在今日，举实为秋，摘藻为春，将以抵夫文苑也。钻研服郑，函雅正，通今古，将以造夫儒林也。由是而敛于身心之际，不塞其自然流行之体，则发之为文章，皆载道也，垂之为传注，皆经术也。将见裂之为四者，不自诸子复之而为一乎？"②黄宗羲决心将文苑、儒林、文章、经术四者复合为一，实质就是要彻底改变理学、心学严重脱离实际的状况，要弟子重视经世有用之学，这是学术大家追求会通之学的学术理想。

钱大昕《〈味经窝类稿〉序》曰："尝慨秦、汉以下，经与道分，文又与经分，史家自区'儒林''道学''文苑'而三之。夫道之显者谓之文，'六经'、子、史皆至文也，后世传《文苑》，徒取工于词翰者列之，而或不加察，辄嗤文章为小技，以为壮夫不为。"③他强调"道"最为根本，经、道、文分裂是不对的，经、史、子本身就是"至文"。

---

① 黄宗羲著，陈乃乾编《黄梨洲文集·杂文类》，北京：中华书局1959年版，第477页。
② 黄宗羲著，陈乃乾编《黄梨洲文集·杂文类》，北京：中华书局1959年版，第477页。
③ 钱大昕《潜研堂文集》卷二十六，《四部丛刊初编》本。

严复《穆勒名学》按语说：

> 此段所指之自然公例，即道家所谓道，儒先所谓理，《易》之太极，释子所谓不二法门。必居于最易最简之数，乃足当之。后段所言，即《老子》为道日损，《大易》称易之简能，道通为一者也。①

严复认为"自然公例"即公理相当于道家的道、儒家的理、《易》的太极、佛家的不二法门，所谓"天理"，就是西方所谓的"Nature"，也就是客观存在的自然规律，依乎天理，就是按自然规律办事，严复强调"道通为一"。

老子论"道"："道生一，一生二，二生三，三生万物。"② 孔子曰："参乎！吾道一以贯之。"③ 《庄子·齐物论》曰："道通为一。"④ 《庄子·天地》曰："《记》曰：通于一而万事毕，无心得而鬼神服。"⑤ 《淮南子·精神训》曰："夫天地运而相通，万物总而为一。能知一，则无一之不知也，不能知一，则无一之能知也。"⑥ 刘

---

① 汪征鲁等主编《严复全集》（卷五），福州：福建教育出版社2014年版，第217页。

② 饶尚宽译注《老子》，北京：中华书局2006年版，第105页。

③ 杨伯峻译注《论语译注》第2版，北京：中华书局1980年第2版，第39页。

④ 胡文英撰，李花蕾点校《庄子独见》，上海：华东师范大学出版社2011年版，第11页。

⑤ 胡文英撰，李花蕾点校《庄子独见》，上海：华东师范大学出版社2011年版，第79页。

⑥ 刘文典校注，冯逸、乔华点校《淮南鸿烈集解》卷七，《新编诸子集成》（第一辑），北京：中华书局1989年版，第224页。

宗周《读〈大学〉》曰:"夫道,一而已矣;学亦一而已矣。"① 皆强调"一",即根本性、整体性把握宇宙和社会人生,认识事物和世界的整全性。"一"思维是一种从本质上、大局上把握,超越细枝末节的高级思维。② "一"是一种"大判断",诸子最擅长"大判断",曾子曰:"夫子之道,忠恕而已矣。"③《孟子·告子下》曰:"尧舜之道,孝弟而已矣。"④ 吕不韦《吕氏春秋·不二》曰:"老聃贵柔,孔子贵仁,墨翟贵廉,关尹贵清,子列子贵虚,陈骈贵齐,阳生贵己,孙膑贵势,王廖贵先,兒良贵后。"⑤ "新子学"研究,学者应养成这种高度概括的"大判断"能力,一句话甚至一个词即能概括一家、一书、一流派、一主义、一文体、一时代、一学科的本质特点。

荀子主张通识事物"大理",即"合二而一"的整体思维,《荀子·解蔽篇》开宗明义曰:"凡人之患,蔽于一曲而暗于大理。"⑥即人之大患在囿于一己之见,而不通达大道大理。部分是整体的缩影,个体是全体的缩影。诸子擅长"全息"思维,强调由一点见全体,通过一个表征来认识清楚事物全貌。《韩非子·说林上》曰:

---

① 刘宗周撰《刘子全书》卷二十五,台北:华文书局1968年影印本,第2056页。

② 参见欧明俊《论"子学思维"与"子学精神"》,方勇主编《诸子学刊》(第十三辑),上海:上海古籍出版社2016年版,第16页。

③ 杨伯峻译注《论语译注》第2版,北京:中华书局1980年第2版,第39页。

④ 杨伯峻译注《孟子译注》,北京:中华书局1960年版,第276页。

⑤ 张双棣、张万彬、殷国光、陈涛译注《吕氏春秋译注》(修订本),北京:北京大学出版社2000年版,第575页。

⑥ 王先谦撰,沈啸寰、王星贤点校《荀子集解》,北京:中华书局1988年版,第386页。

"圣人见微以知萌,见端以知末,故见象箸而怖,知天下不足也。"①窥一斑而知全豹,从一点推出全部,举一反三。《淮南子·说山训》曰:"以小见大,见一叶落而知岁之将暮。"②学者要善于运用"全息"思维看问题。③

不同学术可融会贯通,徐光启《历书总目表》曰:"欲求超胜,必须会通。"④当然,部分和整体、分析和综合皆重要,"专科化"盛行的当下,学术研究不可能完全回到过去。应正确处理好整体和部分的关系,王国维《〈国学丛刊〉序》曰:"夫天下之事物,非由全不足以知曲,非致曲不足以知全。虽一物之解释、一事之决断,非深知宇宙人生之真相者不能为也。而欲知宇宙人生者,虽宇宙中之一现象、历史上之一事实,亦未始无所贡献。"⑤所言甚是。不研究整体,仅研究部分,结果是只见树木,不见森林;反之,不分析部分,也不可能认识清楚整体。所以,既要重视整体研究,也要重视部分分析,这是一种互为循环的关系。不应满足于专科之学,传统诸子学的精髓,重视整体性,部分是整体中的部分,与整体不可分割,并非如西方专业划分,局部分析、解剖,彼此割裂,互不相涉,而是相互联系沟通,为会通一体之通学。

---

① 韩非子著,高华平、王齐洲、张三夕译注《韩非子》,北京:中华书局 2010 年版,第 258 页。

② 张双棣校释《淮南子校释》,北京:北京大学出版社 1997 年版,第 1714 页。

③ 参见欧明俊《论"子学思维"与"子学精神"》,方勇主编《诸子学刊》(第十三辑),上海:上海古籍出版社 2016 年版,第 12 页。

④ 徐光启撰,王重民辑校《徐光启集》,上海:中华书局 1963 年版,第 374 页。

⑤ 姚淦铭、王燕编《王国维文集》(第 4 卷),北京:中国文史出版社 1997 年版,第 367 页。

上古学术,"道术"一体,春秋战国时,道术"分裂"。《庄子·天下》感叹:"天下大乱,贤圣不明,道德不一。天下多得一察焉以自好,譬如耳目鼻口,皆有所明,不能相通。犹百家众技也,皆有所长,时有所用。虽然,不该不遍,一曲之士也。判天地之美,析万物之理,察古人之全,寡能备于天地之美,称神明之容。是故内圣外王之道,暗而不明,郁而不发,天下之人各为其所欲焉以自为方。悲夫!百家往而不反,必不合矣!后世之学者,不幸不见天地之纯、古人之大体,道术将为天下裂。"① 战国以后,各种学术从大"道"中分裂开来,由"合"而"分",庄子明确指出学术"分裂"之弊。清末引进西方学术分类、分科观念,学术研究"专科化",精细、深刻,但流弊日显。笔者特别强调在学术整体中,在大"道"视野中看待"新子学",要时刻警惕观念封闭,思维单一,警惕新的"学术分裂"。②

五、结　论

"专门化"的封闭式研究,容易片面化、碎片化,应深刻反思近百年来完全采用西方学科分类、独立带来的肢解诸子学和古代学术的"学术分裂"之弊。"新子学"研究,应跨越学科疆界、时代疆界和学术路径,会通众学,通大义,识大体,作"大判断",破除藩篱,得其全,成其大。应发扬光大传统诸子学的整体思维,有宏阔的学术

---

① 王先谦注《庄子集解》(第二册),上海:上海书店1987年复印本,第96—97页。

② 参见欧明俊《"新子学"界说之我见》,方勇主编《诸子学刊》(第九辑),上海:上海古籍出版社2013年版,第15页。

大视野，整体性宏观把握和概括。会通之学，是综合之学、整体之学，重视关联性，重视相似、相通，反思过重差异性、个体性之弊。返本开新，弥合学术分裂，激发传统诸子学的内在生命活力，升华"新子学"研究的内在价值。必须强调指出，跨界研究，目的不在于跨界本身，而是追求会通，追求"见森林"式的整体学术，"成一家之言"，追求思想深度、理论高度，这是理想境界的"新子学"。

（原载于《暨南学报（哲学社会科学版）》2018年第4期。作者单位：福建师范大学文学院）

"新子学"断想
——与方勇先生商榷

陆建华

近年来,伴随着复兴诸子学的呼吁,建构新子学的呼声越来越高。可是,无论是从传统的子学的角度看,还是从冯友兰先生所言的子学的角度看,学术界所呼吁建构的所谓新子学也许一开始就背离了新子学。为此,我们觉得有必要从传统的子学以及冯友兰先生所言的子学的角度对这一建构新子学的呼声作出必要的回应。由于学术界最早提出建构新子学并且影响最大的学者是方勇先生,本文主要同方勇先生商榷。

一

我们先看传统的子学以及与其对应的经学之所指,同时,看看传统的子学之"子"与经学之"经"之所指。传统的子学,又称"诸子学""诸子百家学","一指先秦至汉初诸子百家学术之总称。一指研究诸子思想的学问,内容包括对诸子及其著作的研究,佚子、佚书的研究,历代学者研究诸子的研究等。晋以后,诸子学的研究对象有所扩大,包括后世的著名哲学家在内"(严北溟《哲学大辞典·中国哲学史卷》，上海辞书出版社1985年出版，第563页）。据此可知，传统的子学之"子"，一指先秦至汉初诸子，一指历代著名哲学家、思想家。前者是狭义的，后者是广义的。与传统子学相对应的是经学，乃是指"历代训解和阐发儒家经书之学"（同上，第472页），与此对应的经学之"经"，初指先秦时期的儒家"六经"，后发展为儒家的"十三经"。

从传统的子学的定义来看，新子学可以说是"新子"之"学"，也即新的哲学家、思想家所建构的哲学与思想，或者说，新的哲学家、思想家的学问；也可以说是研究"新子"哲学、思想的学问。从传统的子学关于"子"的理解来看，"新子"就是指新的哲学家、思想家。当然，如果把新子学理解为"新"的"子学"，从传统的子学的定义来看，则可以指由"新子"所建构的"新"的"子"之"学"，其实质也是"新子"之"学"；也可以指研究"新"的"子"之"学"的学问，其实质也是研究"新子"哲学、思想的学问。由此可见，关于新子学是"新子""学"，还是"新""子学"的讨论，没有质的差别。无论在何种意义上，新子学都是奠基于"新子"之上的，不存在没有"新子"的新子学。

再看冯友兰先生的子学与经学以及与此对应的"子"与"经"之所指。冯友兰先生所谓的子学乃是指先秦至汉初诸子之学，相当于传统子学的第一层含义，即"先秦至汉初诸子百家学术之总称"。由此可知，其所谓的"子"也就是先秦至汉初诸子，相当于传统的子学之"子"中狭义的部分。冯友兰先生所谓的经学是对于"经"进行研究的学问，主要指的是从汉代到清代整个中国君主专制时期的哲学，传统的经学只是冯友兰先生所谓的经学中的一部分。而冯友兰先生所言的"经"包括"子"的著作、儒家的"经"，还包括被中国佛学家所注解、诠释的来自于古印度的佛经。在冯友兰先生看来，子学与经学在哲学建构意义上的质的区别在于，子学的建构"以我为主"，无所依傍，因而是"创构"；经学的建构"以我为辅"，"依傍"于"经"，因而是"重构"。

此外，冯友兰先生认为中国的新的哲学的诞生标志着"贞下起元"，这意味着"重新开始"，"创构"出新哲学。这么说，冯友兰先生所谓的中国的新的哲学应该就是具有子学特质的、新的子学也即新子学——"新子"无所依傍、所原创的哲学，而冯友兰先生心目中的"新子"，不仅是哲学家、思想家，其哲学、思想还要是"创构"的。

从传统的子学的角度来看，方勇先生所提倡建构的所谓新子学，属于子学范畴，并不"新"；从冯友兰先生关于子学、经学以及其所未明言的新子学的角度看，方勇先生所提倡建构的所谓新子学，属于冯友兰先生所言的经学范畴。

二

方勇先生在《光明日报》2012年10月22日第14版发表论文《新子学构想》，率先提出构建新子学的设想。在该文的开头，方先生写道："2012年4月，在上海召开的由华东师范大学先秦诸子研究中心举办的'先秦诸子暨《子藏》学术研讨会'上，我们提出了'全面复兴诸子学'的口号。然而，诸子学如何全面复兴，及其在中华民族文化伟大复兴中应承担什么样的责任，仍值得探究。在此，我想以'新子学'来概括对这些问题的思考。'新子学'概念的提出，根植于我们正在运作的《子藏》项目，是其转向子学义理研究领域合乎逻辑的自然延伸，更是建立在我们深观中西文化发展演变消息之后，对子学研究未来发展方向的慎重选择和前瞻性思考。"

剥除方先生这段文字中关于子学复兴的价值、子学研究未来发展方向以及中西文化发展趋势等的思考,仅就其关于新子学的提出与思考而言,方先生认为新子学是在对"子"的著作、子学文献整理的基础上"转向子学义理研究"的产物,代表着"子学研究未来发展方向"。这么说,意味着其子学是关于"子"的著作、子学文献进行整理的学问,其新子学其实就是对"子"之思想、子学义理进行研究、阐发的学问;这么说,意味着其子学之"子"是传统的子学之"子",其新子学是没有"新子"的。

方先生这种关于子学的理解,既不同于传统的子学,也不同于冯友兰先生所言的子学。因为无论是传统的子学,还是冯友兰先生所言的子学,都侧重于哲学、思想的层面,而方先生所谓的子学则主要属于文献整理的层面。同样地,方先生这种关于新子学的理解,既不同于立足于传统的子学而引出的新子学,也不同于由冯友兰先生所言的子学而引出的新子学。因为无论是由传统的子学而引出的新子学,还是由冯友兰先生的子学而引出的新子学,都离不开"新子"。

由此可以看出,方先生这种关于"子学义理研究"的新子学,不但没有超出传统的子学范畴,反而只是传统子学的一个部分,相当于其中的"研究诸子思想的学问",同时,显示了传统子学研究的特色。方先生这种新子学是对子学经典的阐释,依托、植根于子学而生成、发展,受制于"子"与子学,而不是冯友兰先生子学性质意义上的独创发明。从冯友兰先生的角度看,不论方先生心中的"子"、子学是什么,这种所谓的新子学都是阐释"经"的学问,或者说,都是经学性质的学问,其实质就是新时代的经学——当代的经学,与冯友兰先生所谓的历史上的历代经学没有什么本质上的不同。由此还可以看出,方先生的新子学是无"新子"之"学",既没有由传统的子学而引出的新子学的"新子",也没有由冯友兰先生的子学而引出的新子学的"新子"。方先生这种没有"新子"的新子学,注定是不"新"的。当然,方先生也许会说,他所谓的新子学不是指"新子"

之学,而是指"新"的"子学"。其实,如上所言,二者是一回事。没有"新子",哪来"新"的"子学"。

三

由上可知,方先生虽然没有明言"子"、子学、新子学是什么,我们通过分析还是可以看出,其所谓的由子学而推演出的新子学实质上就是传统子学意义上的子学、冯友兰先生经学意义上的经学。由于只有先弄清楚"子"、子学是什么,才能讲清楚新子学是什么,所以,方先生在提出新子学这个概念后,紧接着就讨论了"子"与子学:

"诸子之学","是以老子、孔子等为代表的诸子百家汲取王官之学的思想精华,并结合新的时代因素独立创造出来的子学系统";"早在春秋战国之际,在汲取王官之学思想精华的基础上,就诞生了第一代子学原典《老子》《论语》《墨子》。而到了战国中后期,在不断修编、诠释、发挥和吸收经学文本与子学原典的基础上,产生了更多学术文本,由此形成了第二代子学原典,如《孟子》、《庄子》、《荀子》、《韩非子》、《吕氏春秋》、黄帝书等等。降至汉代,以陆贾、贾谊、刘安、扬雄等人著作为代表的第三代子学原典也相继产生",魏晋以后,"又陆续产生了以何晏、王弼、周敦颐、二程、朱熹、陆九渊、王守仁等人学说为代表的诸代子学(或准子学)著作",其后,从明代到清代,一直到"五四"运动时期,皆有子学,"而在'五四'之后,子学又在新的社会条件下迸发出强劲的活力,为自身增添了诸多新内容"(方勇:《新子学构想》)。

基于以上,方先生认为,"所谓子学之'子'并非传统目录学'经、史、子、集'之'子',而应是思想史'诸子百家'之'子'"(同上)。

这里，方先生把子学也即"诸子之学"理解为"子学系统"，是不准确的，毕竟子学与"子学系统"是两个概念；方先生所谓"诸子之学"，"是以老子、孔子等为代表的诸子百家汲取王官之学的思想精华，并结合新的时代因素独立创造出来的子学系统"的说法，相当于传统的子学的第一层含义，即"指先秦至汉初诸子百家学术之总称"，也相当于冯友兰先生所言的子学；方先生又认为中国哲学史、思想史上历代都有"子"和"子学原典"以及奠基于"子"和"子学原典"的子学，这种说法相当于传统的子学的第二层含义。不过，从方先生关于子学的具体论述来看，其所谓子学应主要指传统的子学的第二层含义。从冯友兰先生关于子学与经学的论述来看，方先生所谓的第一代子学与第二代子学才是子学，方先生所谓的第三代子学直至"五四"时期的子学都是经学。

这里，方先生认为其所谓的子学之"子"不同于经史子集中的"子"，虽然是对的，但是，似乎不需要多此一举，因为子学之"子"从来就是"诸子百家"之"子"，从来就不是经史子集之"子"。不过，在子学之"子"不是经史子集之"子"的层面上，方先生与冯友兰先生的观点倒是一致的。可是，方先生认为其所谓的"子"是"'诸子百家'之'子'"，这跟传统的子学之"子"是一样的，却又与冯友兰先生对"子"的理解不同。因为方先生所谓的子学之"子"指历代有创造性思想的哲学家、思想家，方先生所列举的历代之"子"也说明了这一点，而冯友兰先生所谓子学之"子"指的是先秦至汉初的"诸子百家"之"子"。

四

方先生所谓的新子学究竟是什么？方先生在其论文《新子学构

想》中并没有作出明确的界定,更没有作系统的论述,更多的是一种"呼吁""设想"。在其论文《再论新子学》(《光明日报》2013年9月9日第15版)中,方先生尝试着给予界定。他说:"'新子学'的概念,具有一般意义和深层意义两个不同的层面。从一般意义上说,'新子学'主要是相对于'旧子学'而言的。它一是要结合历史经验与当下学术理念,在正确界定'子学'范畴的前提下,对诸子学资料进行全面的收集和整理,将无规则散见于各类序跋、笔记、札记、史籍、文集之中的有关资料,予以辨别整合,聚沙成丘;二是要依据现代学术规范,对原有的诸子文本进行更为深入的辑佚、钩沉、辑评、校勘、整合、注释和研究;三是要在上述基础上,阐发出诸子各家各派的精义,梳理出清晰的诸子学发展脉络,从而更好地推动'百家争鸣'学术局面的出现。""就深层意义而言,'新子学'是对'子学现象'的正视,更是对'子学精神'的提炼。所谓'子学现象',就是指从晚周'诸子百家'到近代'新文化运动'时期,其间每有出现的多元性、整体性的学术文化发展现象。这种现象的生命力,主要表现为学者崇尚人格独立、精神自由,学派之间平等对话、相互争鸣。各家论说虽然不同,但都能直面现实以深究学理,不尚一统而贵多元共生,是谓'子学精神'。"

方先生虽然试图从新子学的"一般意义"与"深层意义"两个层面全面而准确地界定新子学的含义,但是,从方先生的界定来看,依然没有界定清楚新子学的含义。方先生所谓"一般意义"层面的新子学,所谈的并不是新子学的含义,而是在谈新子学的"任务"、新子学的研究"范围",也即新子学应做哪些方面的"事",这与传统的子学的治学目标、为学"范围"没有任何质的区别。除了把关于诸子学资料、诸子文本的收集与整理纳入子学之中,作为其重要内容之外,不但没有越出传统的子学的"规限",反而落入其"窠臼"。方先生所谓"深层意义"层面的新子学,所谈的也不是新子学的含义，似乎是在说新子学是正视"子学现象"、提炼"子学精神"的产物，又似乎是在说新子学的"任务""使命"是正视"子学现象"、提炼"子学精神"。其实，讨论、研究"子学现象"与"子学精神"，乃是传统的子学与子学研究中应有之事，也不是新子学的事。顺便言之，方先生关于"子学精神"的论述出自于冯友兰先生关于子学特征的论述，并无新意。

这意味着方先生所倡导的新子学乃是子学研究的新发展而已，其实质就是传统的子学，只不过他试图用"新子学"这个词来呼吁人们对子学以及子学研究的重视；而方先生所言的子学总体上讲属于传统的子学、学术史层面的子学，虽然其对于子学有不同的说法。这么说，方先生的子学与新子学都还没有超出传统的子学的界域。而相比于冯友兰先生所言的子学、经学以及冯友兰先生所未明言的新子学，方先生的新子学只是冯友兰先生所言的经学。

五

总的来说，方先生关于新子学的构想意在推动子学研究走向深入，结合其主持的《子藏》项目来说，又是其从关于诸子文本的整理转向诸子思想研究的产物。遗憾的是，方先生误以为其关于子学义理、诸子思想的研究就是新子学。其理由可能是其关于子学义理、诸子思想的研究也即其子学研究有新意。

其实，新子学是建立在"新子"的基础上。有"新子"，才有关于"新子"的思想、学问；有"新子"，才有关于研究"新子"的学问。关于这一点，方先生也是意识到的，可惜的是，方先生囿于自己关于新子学的理解，始终没有予以正视、承认。在此我们不妨看看方先生所言："要而言之，子学自其产生以来，凭借其开放性、生命力与进化势头,形成了不断诠释旧子学原典、吸收经学文本精华和创造新子学原典的传统,并在历史进程中,始终保持着学术与社会现实的良性互动,进而促成其自身的不断发展。而'新子学'正是子学自身发展的历史性产物,同时,也是我们结合当前社会现实,对子学研究所作出的主动发展。"(方勇:《新子学构想》)

按照方先生此处的说法,子学的诞生来自于"子"所创造的"子学原典",子学发展重要的一点就在于历代的"子"不断地"创造新子学原典",相应地,每一代"子"相对于前一代的"子"都是"新子",每一代"子学原典"相对于前一代"子学原典"都是"新子学原典",每一代子学相对于前一代子学都是新子学。在此意义上,我们现在这个时代需要建构的新子学就是在我们现在这个时代的"子"所创造的"新子学原典"的基础上建构出来的。

这样,方先生所极力提倡的新子学却是"子学"范畴,方先生所不经意间论及的新子学则是真正的新子学。也正因为此,方先生最终又将新子学落实到"对子学研究所作出的主动发展"——从对于子学文献的搜集、整理发展到对于子学思想、义理的研究,而如前所述,这些都属于"子学"。不得不说,这对于方先生来说是遗憾,也是"迷局"。而这"迷局"在方先生的《三论新子学》(《光明日报》2016年3月28日第16版)等论文中仍未被破解,更是遗憾。

(原载于《光明日报》2018年3月24日11版"国学"。作者单位:安徽大学哲学系)

"新子学"与民族文化复兴大方向
——兼与陆建华先生商榷

郝 雨

备受瞩目的"新子学",自2012年在《光明日报》发表方勇教授的《"新子学"构想》而遽然问世之日起,至今已近六年的时光。此后,关于新子学的国际学术研讨会,已先后举办五届,并有大陆和台湾分别召开的小型研讨活动,也不下十数次。诸多学术杂志发表的专题论文,亦有几百篇。正当新子学越来越走向兴旺之时,陆建华先生发表了《"新子学"断想》[1],和和气气的言语之中,对新子学进行了毫不留情的全面否定。其题目曰《"新子学"断想》,似乎可以因此而少些逻辑。本文也不妨效法,斗胆"断想"一番,且为了把问题说得更清楚和能够表达原意,在断想的同时,深入展开一些续想。所以,本文原来的题目就叫《"新子学"断想与续想》。

一

陆文一开始就如此宣判:"无论是从传统的子学的角度看,还是

―――――――
[1] 陆建华《"新子学"断想——与方勇先生商榷》,《光明日报》2018年3月24日第11版。

从冯友兰先生所言的子学的角度看,学术界所呼吁建构的所谓新子学也许一开始就背离了新子学。"① 五六年来众多学者的研究,就这么一步归零了。理由是什么呢?陆先生的逻辑,始终纠缠在"新""子""学"这样三个字眼上。最典型的就是这段说法:

> 从传统的子学的定义来看,新子学可以说是"新子"之"学",也即新的哲学家、思想家所建构的哲学与思想,或者说,新的哲学家、思想家的学问;也可以说是研究"新子"哲学、思想的学问。从传统的子学关于"子"的理解来看,"新子"就是指新的哲学家、思想家。当然,如果把新子学理解为"新"的"子学",从传统的子学的定义来看,则可以指由"新子"所建构的"新"的"子"之"学",其实质也是"新子"之"学";也可以指研究"新"的"子"之"学"的学问,其实质也是研究"新子"哲学、思想的学问。由此可见,关于新子学是"新子""学",还是"新""子学"的讨论,没有质的差别。无论在何种意义上,新子学都是奠基于"新子"之上的,不存在没有"新子"的新子学。②

这样论证不禁让人想起人在野外迷路时的"鬼打墙"现象。把三个字左拆一下,右拆一下,转过来,转过去。看上去很严密,其实是把自己套在一个死胡同的圈子里,自己绕不出来了。

其实,至今对于新子学这一新事物,无论学界还是社会上,一直

---

① 陆建华《"新子学"断想——与方勇先生商榷》,《光明日报》2018年3月24日第11版。

② 同上。

都有各种误解和不理解。陆建华先生这么专业和严谨的哲学教授，都能被概念给绕迷糊，何况一般读者呢！这就非常有必要再次做一些申明，新子学的倡导，从一开始就不是要做死学问的。或者更直接地说，新子学并不是要在最传统的治学方法上，单纯从古老的诸子文献中继续挖掘什么新"学"，发现新的字面意义。当然也并不完全排除这样的研究内容。但是，新子学更加宏大的指向，是要探寻如何继承传统文化，找到真正的复兴中华民族伟大文化的方向和道路。正如方勇先生在《再论"新子学"》中描述的研究规划。"新子学"工作包括三个部分：文献，学术史，思想创造①。这是逐步深入的研究步骤，也是并进的三个方面。显然，这里最终的目标是思想创造。所以，我本人也认为，"新子学"的提出，并不只是仍然把子学作为一个学科来进行专业研究，并不只是要在学术理解和阐释上囿于"子"或"新子"等概念之辨，更不是把它作为局限在其传统考据本身的"新"学问。而是要从子学中寻找到真正使我们民族具有强大发展潜力的根本，而最需要找到的就是蕴含在诸子百家之中的中国智慧。

不从这样的层次和境界理解新子学，是永远都不可能真正懂得新子学的价值所在的。

二

当然，陆先生既然提出商榷，既然对方勇的"三论"做了认真的研读，是不可能一点都不了解新子学的深刻内涵的。但是，陆文为了确证自己概念界定的合理性，在行文中专门提出这样的怪论：

---

① 方勇《再论"新子学"》，《光明日报》2013年9月9日第15版。

剥除方先生这段文字中关于子学复兴的价值、子学研究未来发展方向以及中西文化发展趋势等的思考,仅就其关于新子学的提出与思考而言,方先生认为新子学是在对"子"的著作、子学文献整理的基础上"转向子学义理研究"的产物,代表着"子学研究未来发展方向"。①

这里必须提请各位方家,要注意整段文字的前两个字"剥除"。把这些真实的用意一"剥除",可不就剩下他所认定的那些意义了吗?他不想承认的或者是根本未能理解的核心性内容被剥除了,然后就只能通篇搞起玩概念的游戏了。而其实,被陆先生刻意剥除的,才正是新子学所要致力的和追求的。陆先生断想来,断想去,一会儿"传统子学",一会儿"冯友兰先生的子学",再就是"新子"来,"子学"去……只是在死概念上做文章,却恰恰把新子学的"魂",给"剥除"了。不过,这也恰好启示我们,面对众多对新子学的误解,真的需要再做一些更为明确的意义阐述。

实际上,陆先生所"剥除"的这些内容,也还只是新子学内涵的一部分成分和要素。要全面理解"新子学",当然是可以而且必须在这样的思路上深入下去的,从而才能真正把握"新子学"之魂。但是,陆先生不仅有意排除和割断这条思路,还故意要将其彻底"剥除"。那就只能离真实的"新子学"本身越来越远了!那么,本文就不妨再回到这个思路,接续这个思路,再次阐述一下非常容易被误解的新子学在这方面的真实用意和文化主张。

当然,我本人既然很不赞同陆建华先生的死抠字眼,死缠字面,甚至死掉书袋的讨论方法,那就不会再去没完没了地纠缠那些所谓概

---

① 陆建华《"新子学"断想——与方勇先生商榷》,《光明日报》2018年3月24日第11版。

念和定义问题。我认为,"新子学"首先并不是一个有着简单确指的研究对象,而是一个学术范围和文化研究领域。这个概念的所指,本身就应该是尽可能包容的最大泛指。他是一个宏大概念,而不是一个能够简单定义的学科名词。所以,我的断想必然会展开续想,跳出概念陷阱,而更多从宏观层面和更高的意义层面阐述我对"新子学"的内涵及意义解读。

三

那么,究竟什么才是新子学的魂呢?最近,方勇先生为了回应陆建华先生的商榷,又发表了《"新子学":目标、问题与方法——兼答陆建华教授》,其中借与陆建华先生讨论之机,对"新子学"的概念、范围、方法、理路等方面近五年来的研究,进行了回顾,并对"新子学"的基本问题做了总结,以有助于学界深化理解"新子学"。而文章在最后特别谈到:"纵观数千年来世界文化与中国文化之发展,譬犹不同大陆板块之间经由独立漂移转而互相碰撞冲击,原先的矛盾只发生于板块内部,新的矛盾则会从板块内部扩张至板块之间,由单一之个体超越至彼此之关联。百年以来,中西文化之碰撞交流亦复如是……'新子学'正是基于这一认识,试图努力寻求中华民族文化发展的大方向。"①

"努力寻求中华民族文化发展的大方向"——这就是新子学倡导和创立的魂之所在。新子学提出和建设五年多来,我本人一直以现代文化学者的身份参与其中。如果按照陆建华先生那样严格的学科分

---

① 方勇《"新子学":目标、问题与方法——兼答陆建华教授》,《光明日报》2018年4月7日第7版。

类，我已经是破了规矩，犯了门户插足的律条。而且在我本学科的许多朋友和同道当中，也多有指责我的不务正业！然而，我之所以一直坚持，就是因为我深刻认识到了这个新子学确实是要"努力寻求中华民族文化发展的大方向"！而这也正是我们的现代文化学者们所孜孜以求的。而这不也正是我们的许多不同学科共同一致的大方向吗！五年前，我发表的第一篇关于新子学的文章就是《"新子学"对现代文化的意义》，其中就明确表示："新子学"作为一面新的文化旗帜，必将在整个文化学界更大规模地激越起复兴民族传统文化的时代潮流。而且，这样一个看似只属于古代文学、古代哲学以及古代思想史领域的课题，并不仅仅是一个古代文化的研究范畴。它也为现代文化研究者提供了新的学术方向①。

这就是我一开始就对新子学有了这样的理解，也就是一开始就把握到了新子学的魂。于是，我亲自主办了"新媒体时代民族文化传承——现代文化学者视野中的新子学"研讨会，主持了第三届新子学国际研讨会的现代文化学者专场，并与厦门大学新闻传播学院等共同主办了第四届新子学国际学术研讨会，大大推动了新子学的跨学科影响和发展。

四

作为现代文化领域的研究者，近年来一直处于这样的困扰之中：有些学者认为，现代以来中国传统文化的断裂是由两次历史事件造成的，一次是"五四"新文化运动，一次是"文革"。所以，有人从

---

① 郝雨《"新子学"对现代文化的意义》，《文汇报》2012年12月17日C版。

20世纪八九十年代就开始倡导新儒学，认为把儒学接续起来才能继承中国的传统文化。但是，如果说当年打倒孔家店是错误的，那就必将涉及到对于"五四"新文化运动的历史评价问题。新文化运动是我们中国的文艺复兴，开辟和促进了中国文化的现代化。但是新儒学中的有些学者就强调：一切现代的信任危机、道德滑坡、人文精神的式微都是由于我们那时把传统文化打倒了、丢掉了，而复兴民族文化，按照他们的常规思路就是复兴以儒家文化为核心的传统文化。这就无形之中陷入了一种传统与现代到底孰是孰非的悖论。而现在把"新子学"的概念提出来之后，这个问题就不存在了。因为我们要复兴和继承传统文化，应该继承的是百家时代的一种繁荣的、全面的中国传统文化。那么，为什么"五四"时代要打倒孔家店、要反儒家？原因就是，一旦把一个民族的文化由百家局限到一家，由一家统治思想领域几千年，那肯定会造成民族文化的萎缩。文化是需要活力的，活力是需要竞争和多元的。所以"五四"新文化运动站在这样一个角度来看，就没有问题了。那时的所谓反儒家，反的是由于传统的专制体制而造成的独尊一家的文化局面，所以以反儒家为主要目标的"五四"新文化运动，就是把以儒家为核心的传统思想推翻，根本改变思想专制的大一统文化局面，从而进入以人为本的文化现代化。这就有了合理的解释了。独尊儒家是我们民族文化衰败的原因之一，而新文化运动中断了儒家为核心的专制性的文化，就是文化历史的大势所趋。因此，我们今天的复兴不能独尊儒家，不能视其为唯一。我们现在要在"新子学"的旗号下寻找到中国文化的真正源头，我们就是要重启百家争鸣的文化局面。

五

那么，这样一来，就又遇到了一个更严重的问题，我们的传统文化到底是怎么被丢掉的呢？传统文化的断裂，又到底是怎么发生的呢？

随着对新子学研究的深入，我又逐渐豁然开朗，于是有了一个更大的文化发现。那就是，当我们认真考察中华文化的全部历史进程，就会发现，我们悠久的传统文化第一次断裂，也就是真正使我们的传统文化发生根本性断裂的，是发生在秦朝的焚书坑儒和汉代董仲舒的"罢黜百家，独尊儒术"。这两个事件的间隔时间只有七八十年，显然"焚书坑儒"是一次对我们民族文化的毁灭性打击。《史记·儒林列传》："及至秦之季世，焚诗书，坑术士，六艺从此缺焉。"而至于董仲舒提出"罢黜百家"，就不仅仅是在学术上，在文人当中的一种学术之争，而且是通过政治手段，是一种人为的强制的力量，作为基本的国策来执行的。这种对百家文化的打击，无疑是一种颠覆性的对文化的断裂。我们必须把这一阶段真正地搞清楚。中国传统文化，全面地被颠覆，是这一时期。这就是第一次，也是最严重的一次传统文化断裂。

如果按照"两次断裂"这样的说法，新文化运动的主要目标就是打倒孔家店，就是针对儒家。所以造成传统文化的第一次断裂，这种对传统文化的理解也好，认定传统文化断裂也好，实际上是进入了一种误区，是把当年"罢黜百家"之后所形成的儒家唯一独尊的时代一直延续下来的传统，误认为是中国文化的传统，这就有问题了。如果按照这种思路，新文化运动反对儒家，推翻了儒家独尊的这样一种思想传统，是错误的。如果我们认为鲁迅提出来的把"立人"思想作为中国文化的现代思想,也就是以人为中心,以人为本是错误观念和行为的话,那么,又怎么解释新文化运动的重大意义?如果我们把第一次断裂搞明白,我们就会知道真正中国文化最全面、最繁荣的内涵是在先秦,是在百家这个时期。到了汉代发生了断裂,由于儒家独尊,就导致了两千多年一种思想来统治我们这样一个庞大的民族。思想上的单一就很容易导致僵化、衰落。所以新文化运动是针对这样一个现实提出反传统目标的。这里的反传统所反的这个"传统",不是我们中国文化真正意义上的传统,而是"罢黜百家"之后,"独尊儒术"的专制主义文化。这样的一种极为重要的发现,正是得益于"新子学"研究的结果。

六

总而言之,今天我们发掘和传承传统文化,归根结底重在发扬诸子百家的文化。诸子之学,才是我们民族传统文化的真正源头,才是我们的文化之根。在这个问题上,"新子学"给我们提供了重要的指引。我们希望当今的现代文化学者以及各个学科的学者,都能更多关注这一新的文化动向,积极参与"新子学"的讨论,打破学科森严壁垒,打通古今学术通道,现代文化研究不再言必称西方。加强我们的道路自信、理论自信、制度自信和文化自信。让新媒体和全球化语境下的中国文化发展,在子学精神的全面助力之下,进入崭新时代,开创辉煌未来。

(原载于《管子学刊》2018年第4期。作者单位:上海大学上海电影学院)

"新子学"与"新子学主义":
由学术体系到实践方向

方 达 方 勇

"新子学"(xinzixue)至今已经在各个层面上引起了广泛的讨论,从相关论述的数量来看,俨然已经颇具规模。但这种规模表面的背后,却实际蕴含着两个基本问题。其一是内容之间缺乏紧密的联结,"新子学"被分解成很多个具体议题,相对独立地在各自的领域中展开讨论,例如诸子学科化的建立,对古今中西争论的回应,以及在现实社会中的传播,甚至衍化到了商业领域,并与具体的国家政策相比附。这些探讨固然有其自身的意义,但对理解"新子学"的整体性特质多少还是未见真谛。另一个基本问题则是对"新子学"理论体系的质疑与追问,这一问题除了表现为最开始关于"新之子学"与"新子之学"的追问,现今更多地集中在对"新子学"体系基本价值诉求的质疑。尤其在台湾新庄子学派的学者看来,对中国文明主体性的坚守,与对中国文化需要呈现为多元化的要求,如何能够相互不悖地相处于"新子学"的理论框架之下。从本质上看,造成上述两个基本问题的困境在于,"新子学"本身过往只向大家展示了自身在价值层面强烈欲望的同时,多少忽略了呈现背后理论径路的重要性与必要性。事实上,"新子学"最终意在表达的"主体性"与"多元性",背后有着强有力的学理支撑。这种学理又不仅仅指向纯粹的学术与思想层面,而呈现为对一种文明形态的概括,并以此对当下时代的根本困惑形成超越。由此,"新子学"在学术研究与社会实践层面,都以其独特的理论与意义,形成对具体实践行为的指引。在这个意义上,"新子学"可以称为"新子学主义"。

一、"新子学"的诉求与相应追问

"新子学"的提出,以《光明日报》"国学版"于2012年10月22日刊发的方勇教授《"新子学"构想》一文为正式标志。至今,关于"新子学"讨论的绝大部分文章被分别收入《"新子学"论集》(一辑),以及《"新子学"论集》(二辑),总计158篇。一方面,这些文章所涉及范围之广、层面之多,从张耀博士所撰《"新子学"发展历程概述》一文可见。① 另一方面,从实质内容来看,这些文章总量的丰富也多少源自于"新子学"自身理论系统的缺失,并由此为学者留下了发挥的空间。也正因其理论架构的模糊,从最初对"新子学"进行"新子之学"与"新之子学"的内容界定,关于"新子学"核心问题的探讨,逐渐归纳为对其自身价值诉求如何切实呈现的追问。

从《"新子学"论集》第一辑以及第二辑所收篇目来看,"新子学"的相关探讨最初参照儒学、经学,以及西学的内容进行自我内容的展开,其中既涉及学术史的问题,也涉及具体概念勘定的问题。其后,以上这些现代学科分类下的讨论,逐渐被纳入到现代性问题的观照之下,表现为带有鲜明价值立场的争论,以及在此基础上对特定

---

① 方勇、张耀《"新子学"发展历程概述》,"中国文化大学"中国文学系编《第五届"新子学"国际学术研讨会论文集》,2017年。

历史场景与历史话语的反思。但无论具体展开的内容如何，这种讨论生发的源头始终在于"新子学"自身对中国思想"主体性"的坚持，以及对"多元化"的追求。换句话说，"新子学"的以上两种价值诉求在成为后续讨论展开的唯一基础之上，又由于自身界定与表达的不清晰，既成为了形成最初广泛讨论的催化剂，也成为了如今形成对其追问与质疑的导火索。

首先来看"新子学"自己如何来表达以上两种价值诉求。关于"多元性"的描述，《"新子学"构想》（下文简称《构想》）作为后续所有相关讨论衍生的母体，先以"百家争鸣"作为先秦诸子思想面貌的想象，继而对其进行界定："'百家'，说明当时人才之兴盛、思想之活跃；'争鸣'，意味着学术批评的自由、学术思想的独立。"很明显，"新子学"将每一"家"作为一个"他者"，而将"争鸣"视为这些"他者"之间的相互作用关系。也正是基于这样的认识，"新子学"认为先秦诸子学具有"'入道见志'（《文心雕龙·诸子》）的思想载体与其理念自身所具有的生生不息的开放性特征"，并将"百家争鸣"的"子学"界定为"相互抵异，而多以天下安危为己任，不迷信，不权威，多元而有序地自觉发展"（《"新子学"构想》）。由此不难看出，"新子学"所谓的"多元"从一开始便具有了"互为他者"的特性。而从"互为他者"的角度进一步考察，"新子学"的"多元"势必有着"一元"抑或"两元"的参照。按照《构想》一文所示，"一元"指的是中国内部历史中的经学模式，亦即一种强有力的唯一性的秩序结构与叙事方式；"两元"则指代清末以来中西作为主体与客体的对抗，以及相互博弈争胜的局面。但实际上，关于"二元"的解读，《构想》最初似乎还赋予了其一种中国文化内部的意义，即传统的"经子关系"。在相关论述中，"新子学"认为传统的"经"与"子"同样是两种异质异构的形态，二者同样处于对抗的姿态。基于以上认识，"新子学"所提倡的"多元性"实际上一方面是立足于中国思想的内部层面，意在表达先秦诸子思想的基本形态，以及构成中国文明架构过程中的具体作用与意义；另一方面则是着眼中西文明碰撞的层面，寻求一种在此交互过程中，可以凸显"新子学"自身意义的价值立场。但与此同时不可忽略的是，这两种意义下的"多元"如何具体依次呈现，"新子学"并没有在理论架构的层面上给予详尽的界定与论证。

至于"主体性"，实际上"新子学"最初是借助对"传承"的描述来表达自身的，"当子学的历史发展得以完整呈现后，其固有概念则自然而然地冲破以往陈见的束缚，重新确立起兼具历史客观性与现时创新性的概念。这本身也符合我国主要学术概念源于自身学术传统的诉求"（《构想》）。所谓"固有概念"就是上文"新子学"所说的"多元性"，而所谓的"兼具"无疑又明确表达了"新子学"在概念层面上，作为中国思想的"主体"具有合理性与合法性。换句话说"新子学"在坚守"多元"的前提上，还赋予自身中国文化的"主体性"意义。事实上，"新子学"的这种"主体性"还不单单通过对概念的解释来呈现，更是直接指向了先秦诸子自身。正如上文所述，《构想》一文通过对先秦诸子思想实质的界定，以"自觉"与"担当"赋予了先秦诸子在事实层面上，作为中国先秦思想实际主体的地位。其后，又通过对先秦诸子作为中国传统思想展开源头的认定，使得"新子学"自身同样获得了中国传统思想的主体地位，并由此自然而然地使自身的"主体性"在概念与事实层面上都得到挺立。也正是基于这种立场，《构想》文末对中国文化未来的期许对应为"在传承传统的基础上不断地创新发展"，即坚守中国文化的"主体性"。

在此基础上，《构想》继续阐述道："要而言之，子学其自产生以来，凭借其开放性、生命力与进化势头，形成了不断诠释旧子学元典、吸收经学文本精华和创造新子学元典的传统，并在历史进程中，始终保持着学术与社会现实的良性互动,进而促成其自身的不断发展。"这也就是通过价值判断来进一步说明:"新子学"所要表达的"多元性"与"主体性",并非自己凭空臆想而假借先秦子学;恰恰是先秦子学自身的内在特质,以及先秦子学在中国文明发展中所体现出的实际面貌。此外,为了更好地突出以上两个最为核心的价值诉求,"新子学"又通过《再论"新子学"》一文,以"子学现象"与"子学精神"的概念对此进行了再度阐发。

> "新子学"的概念,具有一般意义和深层意义两个不同的层面。从一般意义上说,……是要在上述基础上,阐发出诸子各家各派的精义、梳理出清晰的诸子学发展脉络,从而更好地推动"百家争鸣"学术局面的出现。……就深层意义而言,"新子学"是对"子学现象"的正视,更是对"子学精神"的提炼。所谓"子学现象",就是指从晚周"诸子百家"到清末民初"新文化运动"时期,其间每有出现的多元性、整体性的学术文化发展现象……各家论说虽然不同,但都能直面现实以深究学理,不尚一统而贵多元共生,是为"子学精神"暂且不论"子学现象"与"子学精神"的具体内容,根据前文所论,"子学现象"与"子学精神"所要表达的实质,无疑就是使先秦诸子思想所对应的"多元性"以及"主体性",在当下得到重新的呈现与认可。①

以上是"新子学"自身对"多元性"与"主体性"的阐述与论证,以下再来看看有关于此的讨论。从《"新子学"论集》第一辑所收论文的整体面貌来看,绝大部分论文都就诸子学的"多元性"与

---

① 方勇《再论"新子学"》,《诸子学刊》2013年第2期。

"主体性"展开详尽讨论与阐述,而第二辑则更多地在肯定的基础上探讨了"子学现象"与"子学精神"。其间,虽然也有对这一对核心价值诉求产生疑问的文章,如,谭家健先生于《对〈"新子学"构想〉的建议》一文中便对"主体性"问题进行了反思:"然而在传统目录学中,'新子学'之书只是子部中的一小部分,能够称得起国学新主体吗?"① 韩星先生也认为应以"新经学"或者"儒学"作为传统文化的主体,并以此面对多元化的挑战等等,② 但总体上都还处于赞同与肯定的立场。不过特别需要注意的是,两辑论集所收录文章具备一个共同之处,即诸位学者都是以中国传统学术研究者的身份出场。也正因此,当西方学术视野下的"汉学"介入"新子学"的相关讨论后,"新子学"所倡导的"多元性"与"主体性"因其所面对环境的更变,遭受到了理论上自洽性的追问。其中的代表,一方面是台湾新庄子学派中,赖锡三先生与德国汉学家何乏笔先生关于"新子学"实质的对话;另一方面则是德国海德堡大学 Viatcheslav Vetrov 教授对"新子学"理论背后价值立场的误判。

前两者的主要观点以赖锡三先生《大陆新子学与台湾新庄学的合观与对话——学术政治、道统解放、现代性回应》一文为基础,在赞同"新子学"倡导的"多元化"前提下,对"主体性"的坚守表达了疑惑。③ 在他们看来,"大陆新子学"与"台湾新庄子学"的基本精神和观点相似,"两者皆批判学术政治化所造成的一元独尊,

---

① 谭家健《对〈"新子学"构想〉的建议》,《诸子学刊》2013 年第 2 期。
② 韩星《新国学的内在结构探析——以新经学、"新子学"为主》,《诸子学刊》2013 年第 2 期。
③ 赖锡三《大陆新子学与台湾新庄学的合观与对话——学术政治、道统解放、现代性回应》,"中国文化大学"中国文学系编《第五届"新子学"国际学术研讨会论文集》,2017 年。

并尝试恢复学术多元自主性的众声喧哗",亦即"大陆新子学与台湾新庄学,皆企图解构'以一御多'的文化中心论、本质论、主干论,并由此解构而走向学术自由、文化多元的多音复调"。① 也正因此,两位先生对"新子学"同时所坚守的"主体性"表示疑惑:在消解中国传统思想旧有架构,认识到"混杂现代性"境遇中不得不面对的"多元化"的同时,"新子学"在学理层面上,如何可以宣称自身具有"主体性"呢?而后者的德国学者虽然与前两者持有相同视角,却又以一种主观的想象,误判了"新子学"所倡导的"主体性"与"多元性"的内在相互关系。具体而言,Viatcheslav Vetrov 先生在其 "China's New School of Thought-Masters (Xinzixue): An Alternative to Sinologism?"(《"新子学":汉学主义的替代者?》)一文中,从 "话语"("discourse")与"权力"("power")的角度,认为"新子学"虽然"强调了重视当代文化认同问题和全球化意识之间的重要联系"("The word new accentuates the important connections between this agenda, the current cultural identity problem, and the globalization consciousness"),并由此"提出学术多元竞争的理念"("the proponents of the xinzixue put forward the idea of plurality and competition among thought-masters"),但最本质的立场却是为了保持与国家文化决策的一致性("the xinzixue-program displays considerable correspondences with the party decision")。② 换句话说,后者认为"新子学"站在国家权力"主体性"的基本立场上,对现代性语境下的"多元

---

① 赖锡三《大陆新子学与台湾新庄学的合观与对话——学术政治、道统解放、现代性回应》,"中国文化大学"中国文学系编《第五届"新子学"国际学术研讨会论文集》,2017年。

② Viatcheslav Vetrov, "China's New School of Thought-Masters (Xinzixue): An Alternative to Sinologism?", Asiatische Studien Etudes Asiatiques, No. 3, 2016.

化"持有一种相对开放的包容态度,即并不完全拒斥中西文化在交融过程中所遭受到的异质性文化的影响。也正是基于这种从"政治权力"立场出发的特性,前两者对"新子学"在学理层面上的追问与质疑并不足以成为讨论的问题,因为"新子学"只关乎作出某种选择时的主观态度。

总而言之,"新子学"所提倡的"多元性"与"主体性"已经成为大家公认的核心价值诉求,但关于二者之间的相互关系,背后所关涉的基本立场,以及二者如何得到现实的呈现,这些问题在以往的主诉与讨论中并未得到充分的体现。尤其在西方汉学界积极介入后,这种关乎清晰展示"新子学"内在架构的要求愈发强烈。"新子学"在怎样一种立场上言说"多元性"与"主体性",成为了亟须回应的追问。

二、"新子学"体系的内在学理及回应

很明显,从不同的立场出发来看待"新子学"所提倡的"多元"和"主体性",不同的学者自然会产生不同的理解方式。诚然,这一方面归因于"新子学"自身理论架构在以往表达中的模糊,一方面也多少忽略了"新子学"自身在展开相关论述时的理路。按照《构想》一文的叙述方式,"新子学"显然植根于以往对先秦诸子展开的学术讨论,在对先秦诸子思想面貌、中国思想发展脉络,以及中国文明形态具有一个整体性的判断基础之上,"新子学"方才提出"多元"与"主体性"的诉求。这也就是说,"新子学"首先并非立足于国家权力的立场来表明自身的"主体性"与"多元性"。相反,其"多元性"与"主体性"来自于特定的学理判断,并且具有可证性。

《构想》一文开篇明义,明确说明:"'新子学'概念的提出,根植于我们正在运作的《子藏》项目,是其转向子学义理研究领域合

乎逻辑的自然延伸，更是建立在我们深观中西文化发展演变消息之后，对子学研究未来发展方向的慎重选择和前瞻性思考。"如果对《子藏》项目有所了解，就不难发现，"新子学"的研究对象首先面对先秦诸子的整体思想，在此基础上，以整体问题意识的方式，亦即所谓"义理研究"的方式，对先秦诸子学进行整体性的判断，并由此观照到中国思想史，以及中国文明的展开过程，从而最终得出一种立体性的结构框架。而至于如何首先对先秦诸子学进行整体性的学术讨论与判断，《构想》中的后文显然也给出了自己的答案：

> 商周以来的传统知识系统，实可分为两大部分：一为王官之学，……经后人加工整理所形成的谱系较为完备的"六经"系统；一为诸子之学，……并结合新的时代因素独立创造出来的子学系统。

简单来说，"新子学"所面对的诸子学是相对"经学"而来的。"经学"，就其本质而言，既代表了一种学术脉络，更体现为一种文明形态。前者显然指的是以"儒家"为根基的，对相关文本的经典化阐释过程；而后者则是在这种经典化阐释过程中，逐渐形成的一种独断的，以权力强行塑造社会结构的图景。由此，"新子学"所说的"对先秦诸子学进行整体性的判断"便意味着：首先，儒家思想并非等同于中国传统思想的全部，尤其不能作为先秦诸子思想的参照坐标；其次，经学体制所代表的独断的权力结构，在先秦思想的实际文明形态中需要得到反思与批判。如此，便能更好地理解《构想》一文在详细论及"六经系统"与"子学系统"时的判定内容：当先秦"六经系统"与"经学"划清界限后，前者自然呈现为"包含了中华学术最古老、最核心的政治智慧"；而将"儒学"纳入"子学"整体中后，"子学系统则代表了中华文化最具创造力的部分，是个体智慧创造性地吸收王官之学的思想精华后,对宇宙、社会、人生的深邃思考和睿智回答"。

据上,在尚未深入学理层面进行详细理论展示之前,"新子学"就已经回应了Viatcheslav Vetrov先生在文章中的立场判定:"新子学"并非意图与国家权力主导的文化决策保持一致性,相反,"'新子学'反对任何独尊,反对以权力宰制学术,反对借古圣人之言造作道统"①。继而,对"新子学"所提倡的"多元性"与"主体性"如何呈现的追问,便转化为"新子学"在学理上怎样重新认定先秦诸子学的整体。正如赖锡三先生与何乏笔先生对"新子学"中"多元性"与"主体性"的疑惑,对先秦诸子学进行重新认定,首先意味着对中国传统思想叙事模式的打破,亦即消解中国传统思想的"主体性"。在这一学术层面上,"新子学"与之保持一致。正如《三论"新子学"》自述道②:

> 先秦学术并没有一个固定的图景,汉宋明等不同时代对其有不同描述,这很大程度上取决于解释者的问题意识和学术脉络。近代以来,……诸子学本来的问题意识和思想线索被遮蔽了,而我们实则应于原生中国意识的定位上再多下功夫。

先秦诸子学的整体面貌不仅具有进行重新思考与判定的合理性,而且必须以"原生中国意识"为指引。事实上,传统"经子关系"是西汉时人出于特定意识形态需要而特意编排的观念,这在当下早已为人

---

① 方勇《"新子学"理念提出的前后脉络》,《名作欣赏》2015年第1期。
② 方勇《三论"新子学"》,《光明日报》2016年3月28日,国学版。

所普遍接受。但即便如此，这种图景想象的方式，仍然为重新探索先秦诸子共同问题意识提供了必由的路径。不过，这种路径显得十分吊诡：一方面，《汉书·艺文志》所显示出的"经子关系"是亟待破除的镜像；但另一方面，先秦诸子思想的整体面貌又无法凭空地自发地呈现。由此，在时间线索上相较《艺文志》更加靠近诸子时代的总结性文字成为了首要审视的对象。实际上，在最初探讨"新子学"的论文中，《先秦诸子思想中逻辑"中心点"存在的可能性》一文就着重阐述过，对先秦诸子思想进行整体性的重新判定，其重心就在于梳理出诸子学发展的历史脉络，并在这一脉络中回溯历史当中的思维者在进行总结时所凭借的"逻辑中心点"。① 简单来说，这篇文章提出以共同问题意识的方式对先秦学术进行反思，以更为接近诸子时代的思想家作为参考对象，并由此将最重要的对象定位在荀子思想之上。② 在此基础上，《论"新子学"何以成立——中西两种视域的交融》一文显然更加深入，不仅再次对《论六家要指》的内容进行了考察，而且认为，先秦思想的核心问题意识便是司马谈所说的"务于治"，而司马氏所谓的"治"不仅仅是现实的社会治理，更反映了先秦诸子时代的基本文明形态，即先秦诸子对"人"与外在世界交互时关于和谐状态的普遍性追寻，而这种"交互"的方式又意味着作为思维载体的"人"，始终对变动不居的现实境况保持相应的思考与解决的办法。③

事实上，如果我们把《庄子·天下》《荀子·非十二子》《荀子·

---

① 方达《先秦诸子思想中逻辑"中心点"存在的可能性》，《中州学刊》2015年第12期。

② 方达《先秦诸子思想中逻辑"中心点"存在的可能性》，《中州学刊》2015年第12期。

③ 方达、王宁宁《论"新子学"何以成立——中西两种视域的交融》，《人文杂志》2017年第5期。

解蔽》,以及司马谈《论六家要指》这四篇文字放到一起考察不难发现,四者表面上确实都各自保有一个核心的问题意识。除了前文已引对《论六家要指》内容的界定,《天下》篇始终围绕着"天下""道术""内圣外王""天地之道"展开论述。换句话说,《天下》篇作者意图在不同位格的"人"与"方术"的相互关系中,反观如何通过"道术"的方式来实现"天下"的秩序结构。再看《非十二子》与《解蔽》两篇,荀子在《非十二子》中虽然以"壹天下、建国家之权称"的视角来审视其他诸子,但其最根本的解决办法同样并未落实在简单的政治治理上,而是以"总方略,齐言行,壹统类"的方式来实现"兼服天下",而至于所谓"兼服天下之心"的内容,显然又是《解蔽》篇的内容。质言之,荀子同样是通过规范"人"的认知与实践来确保现实世界达成"天下"的理想状态。诚然,就如《三论》中所说,"诸子学的发展谱系,远较司马谈《论六家要指》《汉书艺文志》复杂,各家的共通性非常大,相互的影响极深",先秦诸子整体思想的具体脉络是一个有待深入考察的庞大体系,并非一言一语可以揭示;但庄子、荀子、司马谈作为由诸子时代过渡到后诸子时代的代表人物,三者对先秦诸子思想的概括不可谓不精到。因此,如若承认三者各自对诸子时代共同问题意识的总结,那么诸子时代在行将结束时的实质就表现为一种对完满秩序结构的追寻。

既然对诸子时代在结束时的特质有所认知,那由此再次反观诸子时代发生与展开时的特质便也有了参照。对完满秩序结构的追寻,实际上就意味着这种秩序结构在之前的缺失。而按照诸子时代的开启者——孔子的说法,这种秩序结构显然就是前诸子时代的"周文"系统。实际上,对再次达成"周文"系统的方法,恰恰是早期诸子时代中,儒、墨两家重要分歧的标志,而这两种思维方式显然又涵盖了其后所有诸子学说的言说方式。换句话说,诸子时代之所以能够展开的实质，就在于对"周文"的继承与重构二者间的相互角力，缺少了任何一方的作用，诸子时代都将不可能成为如其所是。由此回到正题，"新子学"对诸子思想的整体概括显然已经跳脱出传统的"经子关系"，在承认以"六经"为代表的"继承"与相应的"重构"具有相同价值的基础上，诸子思想不仅在达成最终理想秩序状态的方法层面上，呈现出多元化的面貌，而且在相互诘辩的过程中体现出对周文系统"主体性"的继承。换句话说，虽然诸子在具体思想主张上体现出极大的差异性，但从未出现过对之前中国文明主体性的否定，而只不过是在达成方式上具有批判与反批判的"反思精神"。与这种结构不同，至少西方文明不仅经历了古希腊与基督教的断裂，还在方法论的层面上体现出，始终探寻主客体之间固定关系的特点。因此，"新子学"所说的"主体性"是站在中国文明的层面上，在认为中国文明与其他文明型构具有不同形态的基础上提出的，而"多元性"则是在特定文明内部的方法论的意义上展示出来的。事实上，以上内容才从实质上解释了"新子学"所谓的"子学现象"与"子学精神"到底为何物，并在理论层面上提出与阐释了"多元性"与"主体性"的相互关系。

实际上，从考古学的立场上进行考察，上述对"多元"与"主体性"的阐述并非只是文献层面的推断，也同样得到了考古发现的还原与证实。与传统历史中"三皇五帝"的系统不同，中国史前文明并非亘古不变的一元架构，而是一种征服与反征服的，南方文明与北方文明不断相互对抗、吸收、消弭的过程，这一点在郭静云先生《夏商周：从神话到史实》一书中，得到了详尽的考古器物的佐证。因此，从中国文明形态这一更为宏观的视角来审视"新子学"，其所说的"多元性"与"主体性"可以理解为：在坚守中国文明自我主体性的前提下，对构成文明的秩序结构，以及结构中现实思考的"人"所体现出的差异性，始终抱有"多元化"的开放态度。同时，这一立场恰好可以回应赖锡三与何乏笔两位先生的疑惑:"新子学"对"多元性"与"主体性"的同时坚守,因为有着自身坚实的理论推衍过程,以及考古学的现实佐证,在中国文明的视野中,二者不仅不会自相矛盾,而且是一种规避"混杂现代性"背景下碎片化与虚无化的有效路径。而这也正是《再论》文末所表明出鲜明立场的由来,"'新子学'作为多元存在中的参与者,……接受多元性,但是也对可能的碎片化保持谨慎态度。问题不在于多元化,而在于何种多元化。丧失了共识的多元化不是我们所理解的多元性。……先秦学术的意义恰恰在于多元性是一种追求会通的多元",亦即"新子学"所说的"多元"并不等同于缺失共识的碎片化的"多元"。

总而言之,"新子学"的"多元性"与"主体性"在学术层面上的意义在于:在坚守自身文明"主体性"的同时,对构成文明的学术思想始终保持一种反思与批判的态度,并由此相应地通过方法论上的"多元化",规避"主体"自身的独断与僵化。

三、"新子学主义":以学术理念形成对当下的超越

客观来说,"新子学"的产生固然有着以往深耕诸子学研究的纯粹学术基础,但更本质的催生因素则是对时代特质的敏感。事实上,不仅"新子学"自身,连同上文所述对"新子学"的两种疑惑,最根本的原因同样源于当下全球化视野下,不同文化相互反观时所产生出的本质性冲突。这一时代性的根本特质在人类社会中无孔不入,成为了必须正视与回应的问题。因此,有感于此而生的"新子学"最终的关怀,显然不仅仅局限于纯粹的学术讨论,而对应为一种"新子学主义",并以此来超越时代性的各种思潮。当然,"新子学主义"理念的内容显然脱胎于"新子学"的学术理念,而非直接面对所有

具体的实际案例。

在谈及"新子学"创生的内在动力时,《再论"新子学"》如是表述:①

> 我提出"新子学"的主张,与思考我们这个时代具有什么样的特质,需要什么样的学术文化密切相关。……我以为,至少有这么几个问题值得我们深而思之:"新子学"与中国学术文化转型的关系;"新子学"如何处理好多元与会通之间的关系;"新子学"如何对待当代学术文化中世界性与中国性的纠结。

很明显,对时代特质的思考较之具体的学术文化转型,前者是"新子学"创制者更为深层次的思考内容,而这当然也符合历史中几次文化大转变的实质,即整体社会环境的变更与外来文化的冲击,是推动旧有思想更新的根本动力。所谓的"学术文化转型",以及"多元与会通之间的关系",当然可以在前文所阐述的"多元性"与"主体性"的框架中进行理解。而至于"时代的特质",无疑就是"世界性与中国性的纠结"。对于这种"纠结",《三论"新子学"》表述为:②

> 多元文明的观念在今日已成为普遍常识……多元现代性是对经典现代性叙事的一种反驳,旨在强调不同的文化传统与现代社会之间存在内在关联。……我们发现,后发现代化的国家最初都是被迫卷入现代的,都有一个急速的模仿期。

---

① 方勇《再论"新子学"》,《光明日报》2013年9月9日,国学版。
② 方勇《三论"新子学"》,《光明日报》2016年3月28日,国学版。

当现代性深刻嵌入之后，后发国家的固有文化与现代性的协调问题就会逐渐突出。

这种界定当然可以视作对现实的客观描述，正是这种"多元现代性"的特征，不仅直接导致了区域文化的更变，甚至还会直接影响国家的具体建构与政府权力的内部架构。

以中国晚近历史为例，这种现象就得到了极好的描绘。如果说，清末民初的文化变革、民族国家概念对民国初年国家版图的挑战，甚至清末民初国家内部政治体制革新，这些改变还只能展示中国被动地卷入到"现代性"之中，而不能继之说明中国精英分子对"现代性"的有效的全面思考与回应；那么1949年中华人民共和国成立以来出现的几次重大的政治思潮，正是中国精英们立足"中国"这个特殊的场景，对"多元现代性"进行主动思考、回应与接受的结果。大致来说，1957年开始的"反右运动"之实质，就是社会主义与中华人民共和国成立之前激进的自由主义，以及处于两种理论之间的"中间道路"的争论。时至80年代，在之前极左的强大现实影响下，极右的思潮又开始明显抬头，无论政府抑或社会中都出现了极端民主主义的追随者。其后90年代至今，在逐渐放弃之前极左的前提下，以及中国精英们面对着改革开放所带来的实际利好时，自由主义又与新权威主义展开了激烈的辩论。在这一大背景下，中国内地先后出现了民族主义、新国家主义、自由社会主义、宪政社会主义，以及立足传统思想脉络的新儒家、新法家、新道家等思潮。如果不深入探讨各种思潮内部的具体主张与内容，从本质上对其进行解读，这些思潮之所以出现的根本原因就是"中国"在面对"世界"时，原有的主体思维模式受到了异质文化的强烈影响与挑战。不仅如此，从范围上看，这种影响显然覆盖了所有的思维领域，即从对一般意义上的"政治"的反思，一直到纯粹的学术讨论。而其实质，则无疑是

"人"在面对异质思想与文明时,在思维层面通过理性的思考,力求消除对原有主体的成见,以及"人"自身的成见。换句话说,所谓的"多元现代性"可以概括为对"中心化"的消解。这也便是说,当下各种思潮出现的根本原因就在于受到"去中心化"思维的强烈影响。

由此,"新子学"所面对的时代特质就是在不同领域,以不同的方式进行的"去中心化"过程。事实上,"新子学"所倡导的对传统"经子关系"下的诸子学进行重新的研究与考察,无疑也是一种对以往经典叙事为中心的反思与重塑。正是在这个意义上,前文所引的赖锡三与何乏笔两位先生对"新子学"的疑惑才得以真正成立:"新子学"所倡导的"多元"是针对传统"经学"而言的,故而无疑是一种典型的"去中心""去主体性"的思维模式;那么在这种思维模式下,"新子学"所倡导的"主体性"在理论上又如何可能,以及在何种形式上得以实现呢?诚如斯言,如果直接以"去中心化"思维模式来观看"新子学",其所提倡的"多元"与"主体性"确实无法呈现出自洽性。但二者的问题在于,这种普遍化的"去中心化"思维模式,是否可以越出思维的界限,直接作用于实实在在的传统经典文本之上,并由此得出相应的包含了对现实判定的学术结论。换句话说,这种"去中心化"的思维模式是否已经在"人"实际的运用过程中得到了反思与批判。正如《再论》一文所说,这种没有共识的"多元化"就是缺乏自我批判的"多元化",其到最后只能呈现为一种完全碎片化,甚至虚无化的面貌。而对于"共识"中的"多元性"与"主体性","新子学"恰恰给予了自己的回答。如上所述,其所谓的"多元化"主张并非直接出于对"去中心化"思维模式观照一切现实实践活动的这种立场的接受,而是基于相对客观实在的文献研究,在思维层面上的方法论意义上进行尝试。换句话说,"新子学"所倡导的"多元"与"主体性"之所以能够并行不悖,正在于其肯定了历史文献作为经验层面的"共识"基础上,仅仅在思维的领域展开"多元性"的尝试。

因此,从"新子学"有感于时代特质而进行相关学术讨论,然后由这种学术讨论再次观照时代的本质,其所提倡的"多元"与"主体性"不仅不会自相矛盾,还是一种规避"多元现代性"场景中碎片化与虚无化的有效路径,并通过以超越当下时代特质本性的方式,为世界贡献出解决"现代性"问题的有效方案。在这一基础下,"新子学"的这种学术主张显然可以凝练为一种"新子学主义"的理念:在反对任何未加反思与批判的"权力"在现实层面直接介入的前提下,我们可以在思维层面上对任何"主体"进行批判性的反思,以及相应的"多元化"尝试,但这种反思与尝试仅仅只能将自身保留在思维模式的层面之上,当面对包含现实经验特性的实际对象时,不能将上述的思维模式直接具化为实践行为,而是同样需要在二者联结的过程中进行保有共识性的反思与批判。

总而言之,通过学理层面的可证性论述,"新子学"不仅包含了一种全新的学术体系,还以其所提倡的具有共识性的"多元"与"主体性",同时在纯粹学术与现实政治两个层面,确立了"新子学主义"的实践新方向。

(原载于《暨南学报(哲学社会科学版)》2018年第4期。作者单位:华东师范大学先秦诸子研究中心)

论"新子学"何以成立
——中西两种视域的交融

方 达 王宁宁

"新子学"肇始至今，随着三篇文章的相继问世，① 其核心诉求也逐渐清晰。综合来看，"新子学"的愿景在两个层面展开，其一是纯粹的学术层面，其二是广义的思想层面。在纯粹的学术层面，"新子学"意图创建一种新的诸子学研究范式。众所周知，诸子学在历史中一直处于暗流，直至明末方才苏醒，并于清末逐渐兴隆。在学术史层面，诸子学最初是相对于经学而存在的，换句话说，诸子学是作为经学的补充而被提出的。虽然在清末，诸子学研究成果骤然增多，但仍然具有时代的特殊性。② 因此，"新子学"所期望的研究范式旨在最大程度上回归诸子学发生时代的原初意义，且在此基础上呈现诸

---

① 本专题前面几篇文章已提到，指《"新子学"构想》《再论"新子学"》《三论"新子学"》。

② 一种是古籍整理式的研究，诸子学在这种模式下只能体现为文本文献的研究，其内在活力相对较弱。另一种则是在西学背景下的阐释，这种阐释路径往往是被动地处于西方思想影响之下，故而其内在价值较为孱弱。

子所具有的真实内在生命力。① 而这种真实的内在生命力恰恰是其广义的思想层面得以确立的前提。所谓广义思想层面的诉求，实际上就是传统思想如何与当代社会真正相融的问题。因此，将"新子学"主要诉求的两个层面综合概括，其问题便是：在现代性的观照下，如何真正唤醒诸子时代的自觉精神，为学术研究注入生命，为道德实践提供根据，而现代性是"新子学"无论在学术层面抑或思想层面都无法摆脱的基本背景。因此，跳脱出原有学术脉络的梳理，寻求中国传统思想的共同终极追求，并对照西方核心问题分置彼此优劣，从根源上进行相互融合，是"新子学"真正得以回应时代的能量源泉之所在。

一、"确定性"：西方文化的核心问题

站在西方的视角来看，一脉相承的西方思想史实际就是不同时期的哲学追求在现实经验层面展开的过程，而推动哲学自身不断发展的内在核心动力便是对"确定性"问题的探求。可以说，西方思想史、文化史的每一次重大转向与革新，其背后的内在根源都是对"确定性"认知的改变及表达，现代性问题亦不例外。因此，明晰"确定性"的真正涵义与其所关涉的认知方式与表达方式的转变，就等于把握住了西方文化的要害。

众所周知，自古以来西方哲学的最终目的就是认识世界，而世界何以呈现在人面前，以及人如何把握世界，其背后的最终根据在于"确定性"。"确定性"的问题涵盖了哲学所要探讨的所有维度。相应

---

① 真实的内在生命力实际上就是诸子自身具备的理论自觉意识。诸子蜂起之时，诸子本人所持学说必定皆为具备内在自觉意识的理论阐述，而绝非是与自身信仰无关的外在"知识"。

地，西方哲学的全部历史就是寻求"确定性"的历史。从整体趋势来看，随着科技的进步和文化的发展，"确定性"所能起作用的领域在不断缩小，确定的程度也由抽象到具体而随之渐渐增加。具体而言，对"确定性"的追寻发生过两次重大的转向：由本体论转向认识论，再由认识论转向语言表达。哲学史上的第一次重大转向就是从古希腊哲学家的本体论的研究转向认识论的研究，随之而来的便是哲学家不再追求本原的确定而转向认识的确定。第二次转向是由当代分析哲学促成的"语言转向"，即使哲学研究从认识转向意义，从心理概念转向语言形式，将确定性从知识的来源转向知识的表达。由于第二次转向标志着西方哲学的主题从近代走向现代，更孕育了现代性对以往文化的冲击，因而在西方哲学中被称为一场"哥白尼式的革命"。

具体而言，在古希腊智者学派之前，哲学家都在寻求构成外在世界的"本原"，他们认为只要找到确定的"本原"便可以认知世界。虽然不同的流派将"本原"具体归之不同的物质或名称，[①] 但其都将"确定性"寄托在外在于人的自然万物之上，以期通过直接探讨"本原"的问题来认识世界。而智者学派开始试图将哲学从自然领域拉回社会领域，以期为人在社会生活中寻找确定的价值标准。因此，智者学派之后的哲学家将"确定性"的探求与人关联在一起。西塞罗曾认为苏格拉底是第一次把哲学"从天上拉回人间"的哲学家，然而事实上，苏格拉底之前的普罗塔格拉就提出"人是万物的尺度，是存在事物存在的尺度，也是不存在事物存在的尺度"，[②] 苏格拉底

---

① 米利都学派将本原归结为"水"和"无定型的东西""气"，毕达哥拉斯学派将万物本原归结为"有定型"的"数"，赫拉克利特学派将本原归结为"火"以及爱利亚学派将本原最终统一为"逻各斯"等。

② [古希腊]柏拉图《柏拉图全集》（第2卷），《泰阿泰德篇》，王晓朝译，人民出版社，2003年，第664页。

真正的贡献在于其为亚里士多德创造了将"神"确定作为最终"第一推动者"的可能。① 其后,柏拉图将"理念"视为特殊现象背后的本质,他认为,万物通过分有"理念"而存在,人通过认识"理念"而认识万物,但与此同时,"理念"又不是经验性的东西,需要通过心灵或者"理智"才能认知。"理念"这一特质所蕴含的两个维度为其后的西方哲学提供了根基,即是否能认知与如何能认知。"理念"本身作为最本质的、最确定的存在而成为了终极认知的对象,其后又在亚里士多德将其等同于"第一推动者"的基础之上,② 经过

---

① 苏格拉底引用镌刻在德尔菲神庙前的神谕来号召人们:"人啊,要认识你自己。"他认为,自然界是神创造的,充满了神的旨意和目的,是神智慧的体现,如果人们执意要去认知自然,那只能是一种狂妄的表现,因此人只能认识自己,并将认知神确立为人的终极目的。显然,"神"在苏格拉底思想中成为了抽象的终极本原,同时"神"所带有的人格意味使具体的个人得以与终极本原联结。

② 亚里士多德批判和继承了柏拉图的思想,他的哲学思想也一如既往地追寻确定的"第一推动者"。他首先对这个确定的"第一推动者"进行了肯定:"必须肯定有一个永恒的不动的本体"([古希腊]亚里士多德《形而上学》第12卷第6章,吴彭寿译,商务印书馆,1995年,1071b5-20)。"天体和自然界就依存于这样一个本原。……它的现实性就是快乐,就其自身的思想,是关于就其自身为最善的东西而思想,最高层次的思想,是以至善为对象的思想。理智通过分享思想对象而思想自身。它由于接触和思想变成思想的对象,所以思想和被思想的东西是同一的。思想就是被思想者的接受,对实体的接受。在具有对象时思想就在实现着。这样看来,在理智所具有的东西中,思想的现实活动比对象更为神圣,思辨是最大的快乐,是至高无上的。……生命就是思想的现实活动,神就是现实性,是就其自身的现实性,他的生命是至善和永恒。"([古希腊]亚里士多德《形而上学》第12卷第7章,吴彭寿译,商务印书馆,1995年,1072b15-30) 由此可见,亚里士多德认为这个永恒的、不动的第一推动者就是万物的依托,其既是起点也是终点,即理性与理性的对象是同一的。因此具备神圣理性的"理性神"是至善的。

中世纪初托马斯·阿奎那的利用与改造，逐渐宗教化并最终成为基督教神学的哲学的基础。同样归功于亚里士多德对"理念"具有认知维度的改造而将"第一推动者"称为"理性神"的阐释，人意识到自身具备的"理性"并以此不断探索经验世界，而这正为德国古典哲学的高峰埋下了伏笔。① 从本质上看，亚里士多德不仅使"确定性"在本体论层面得以确立，而且还为"确定性"从本体论层面转向认识论层面的过渡提供了根据。

从西方近现代史看，对"确定性"的怀疑与再认知不仅是思想史上文艺复兴与启蒙运动得以出现的推动力，而且还塑造了近现代哲学的基本格局。具体而言，康德对"先天知识何以可能"的回答使得科学知识的普遍性得到认可。从而也使得"确定性"问题从外部世界彻底转向认识主体内部，即完全着眼于人自身的重要作用。然而到了20世纪中叶，人们发现，认识论研究的哲学家们并没有科学地

---

① 从智者学派开始，哲学家将"确定性"回归到人身上的趋向逐渐显现，经过苏格拉底、柏拉图的发展到亚里士多德这里更是将理性活动提升到最高的、永恒的、神圣的地位。由此可以看到，西方哲学关注的焦点逐渐从最初客观的自然世界转向人的主观世界，这为本体论向认识论的转向打下坚实的基础。14-16世纪70年代兴起的文艺复兴运动开启了近代人文主义和自然主义两大思潮，在此影响下，人们逐渐不再借助自然和神的力量来慰藉自己的心灵，而宗教改革则实现了人的信仰直接面向本心，并由此肯定了人的价值。又加之科学的发展逼迫哲学要为知识的可能性和增长性辩护，因此从培根和笛卡儿开始，哲学开始将重心转移到认识论问题上。具体而言，哲学家对"确定性"问题的焦点转移到认识层面上，人在这里不再是一种被动接受的状态，而是通过自身的理性直接认识、把握世界。

解决人的认识来源、认识过程和认识能力等认识论领域的问题。① 在此疑问的基础上，以弗雷格、罗素、维特根斯坦为代表的哲学家们开始探求语言自身的"确定性"，他们提出，对语言的研究便是认识世界、寻求"确定性"的唯一途径。在分析哲学的研究成果影响下，人们意识到在日常实践层面使用的自然语言愈发不具备"确定性"，而表达与发展自然科学所需的人工语言愈发需要具备"确定性"。显然，这一被西方学界称为"哥白尼式转向"的哲学转向对现代社会产生了不可估量的影响。

将"确定性"的发展历程联系到西方文化全景来看，古希腊文明、基督教文明以及近代的人文主义与自然主义思潮之所以能够具备蓬勃的生命力，实质上都是由人们内在认识层面上对"确定性"的自觉追寻而形成的。而当下愈发凸显的现代性问题无疑也是由于现实实践层面"确定性"的缺失以及相应的"不确定性"意识的增强所导致的后果。综合来看，文化的形式由认知的对象而决定，文化的生命力由内在的理论自觉意识而赋予，把握住这个问题便把握住了现代社会根本视域的核心架构。

二、"治"：古典视域下的终极问题

"新子学"以往站在学术史的层面批判了西汉以降的经学统治，

---

① 在分析哲学的视域下，传统哲学家在解决人的认识问题的时候所使用的概念、判断和推论往往是晦涩的、含混不清的，传统哲学关于认识论和本体论的绝大部分命题都是没有意义的，即使是认识论的集大成者康德、黑格尔的深奥哲学理论和哲学命题，从语言角度看来也是模糊不清充满歧义的，传统哲学的一切争论都可以归结为语言问题。

并期以先秦诸子百家争鸣的思想状态革新独尊一术的现状。然而这一愿景下实际上涵盖着几个不可回避的核心问题。首先便是对儒学何以一统千余年的拷问，其次是对先秦诸子学说内在张力为何的探寻，①最后才是在前两者基础上对"新子学"愿景达成的探讨。实际上，前两者可以归结为诸子在古典视域下对终极问题的自觉反思，而后者则是"新子学"在当下如何处理先秦诸子的自觉意识以及如何重建自身的理论自觉。一言蔽之，自觉意识的呈现是以对终极问题不断探寻为前提的。因此，探明诸子是否存有诸如"确定性"之于西方文化的共同根源问题，对理解诸子学的真实形态以及重建当下文化自觉意义重大。

以秦汉变革之际为例，站在框架性的历史角度上看，汉初为抚平秦末战火而以黄老之术休养生息，时至文景之治又因确定伦常差等的需要而以儒术尊贵别贱。然而，这种思想转变绝非仅仅体现了统治者决策，其背后实然隐匿了之前诸多精英群体在古典视域下对社会现实的自觉反思。② 实际上，后世兴起的几次思想高峰，魏晋玄学、唐之

---

① 对先秦诸子学说内在张力的考查，不仅决定了诸子学说内部是否存有共同的终极问题，而且还是回答先秦诸子学与两汉以降儒学相互关系的重要视角。

② 首先以汉初黄老之术为例，其时统治者对黄老之术的迷恋不仅仅出于恢复经济、安稳百姓的目的，其实质是对如何创建稳定王朝秩序的思考。黄老之术的本质便是主上无为而臣下有为所体现出的群体精英性统治的稳定秩序结构。汉初皇室宗亲的血缘背景决定了其自身精英文化的缺失，因此如何继承、利用秦朝旧有的精英群体便是稳定政治结构的重中之重。换句话说，刘邦在辕固生的身上就已经看到了儒家模式的巨大作用，但包括刘邦在内的开国功勋实际上并不完全具备儒家要求的为政之"德"，因此汉代初期统治者只能采用黄老之术作为稳定统治之术。然而时至武帝之时，无论皇帝本人的德行抑或现实层面的经济、政治状况，都足以支撑儒家理论的内部诉求，因此董仲舒独尊儒术的建议自然得到了最高统治阶层的共同拥立。

道学、宋明理学，无不是时人在古典视域下自觉反思后所呈现出的现实表象。换句话说，儒学能以经学的姿态一统中国千余年，实际上彰显的是自觉反思带来的蓬勃生命力。从基本视域的角度考查，儒家作为先秦诸子之一家，其根本性的追求当与其他诸子并无二致。或者说，儒学被后世挑选出来以代表中国思想的本质性追求，而具有同样本质追求的其他诸子逐渐被掩盖在了以经学为名的儒学帷幕之下。事实上，儒学的这种幸运正是其在近代中国遭受不幸的根源。① 因此，什么是先秦诸子的共同视域？他们之间是否存有对相同核心问题的追求？司马谈断语道："夫阴阳、儒、墨、名、法、道德，此务为治者也，直所从言之异路，有省不省耳。"（《论六家要指》）由此可见，"治"不仅是诸子共同的基本视域，并且还是诸子内在追求的终极目标。而对于"治"的理解，后人实多从班固之界说而出，即王官治理之道。② 实际上，这种对"治"的理解仅仅阐释了其现实层面的意义，并未发明其形上之抽象意味。《荀子·修身》载："少而理曰治，多而乱曰秏"。综合其上下文考查，此处"治"字定为修养层面的某

---

① 庄子以方术与道术论诸子学说，作为方术的儒学显然不能完全体现诸子学的全景。因此后世儒学的发展既遮蔽了诸子学在思想层面的全貌，也妨碍了诸子学在现实层面产生多种影响的可能。故而当面临原有视域外的问题挑战时，儒学自身的力量就会凸显羸弱。

② 《史记集解》与《史记索隐》对"治"字并无界说，而《汉书·艺文志·诸子略》载："诸子十家，其可观者九家而已。皆起于王道既微，诸侯力政，时君世主，好恶殊方，是以九家之术蜂出并作，各引一端，崇其所善，以此驰说，取合诸侯。"班固对诸子之学性质的界说十分明确，即取合诸侯的王霸之术。而班固之说应出于《荀子·非十二子》，荀子在批判十二子而推崇孔子、子弓时称其为"总方略、齐言行，壹统类"的"圣人不得势者"。又荀子于前文批驳儒家劲敌的墨家时讽其"不知壹天下、建国家之权称"。由此可见，荀子认为诸子之说的根本应当成就天下之治。有鉴于此，后人多将司马谈的"治"字理解为治理、平治之义。

种理想状态。又《韩非子·解老》云："理者，成物之文也。"加之《说文》解"理"字为"理，治玉也。顺玉之文而剖析之"，"理"字本义当为万物最自然、根本规律。因此，"治"除了平治之义外，应当还有最基本、最理想的规律或状态之义。实际上，"治"这一维度的涵义便是荀子认为可以达到"天下之治"所需的"兼服天下之心"这种能力所要达到的最终境界。① 因此综合而论，诸子的终极追求在形上层面的意义就是对最本质规律探求过程的展开。只不过这种本质规律或者可以达到此种境界的方法在老庄曰"道"，在孔子曰"仁"，在孟子曰"义"，在荀子曰"礼"而已，而诸子学说的具体内容又只是在现实层面上从某个维度各发一端的构想而已。转换到现代语境下，中国古典视域下的"治"这种本质性的规律实际就是对个人（己）与外在世界（伦）终极和谐秩序的表述。②

因此，诸子学说能盛极一时的根本性原因在于诸子自身对共同终极问题的自觉探寻。虽然诸子对此的命名各不相同，但这种整体面貌与前文所述的古希腊哲学内在条理何其相似。以此为鉴，"新子学"所要摆脱经学一尊而重现诸子蜂起的愿景，绝不仅仅是学术层面上对诸子学说的探讨，也要探讨如何使诸子所具有的对终极问题的自觉意识重新回到当下，而这正是"新子学"的核心生命力之所在。诚然，

---

① 从《荀子·非十二子》的文本层面看，荀子虽然表面上站在建立现实一统的局面角度上批判各家学说的弊端，但其实质上更为注重的是这些学说在抽象理论层面的缺失。这一方面可以从《解蔽》篇中荀子对各家学说抽象层面的批判看出端倪。另一方面，在本篇文本展开过程中，紧接"总方略，齐言行，壹统类"这一理想之后便是对"兼服天下之心"的论述，而其论述的内容则显然在描述如何在不同的境遇下都能达到和谐、有条理的关系或者状态。

② 实际上，对"治"所涵盖的这一终极和谐秩序关系的经典表述在中国文化所有流派中都可觅到踪迹，其中最为著名的便是"天人合一"。

诸子时代所追寻的"治"随着现代整体视域的转换，其具体涵义必然会有所转变，但对终极问题的自觉探求以及在此基础上的学说理论自觉，仍是构成"新子学"核心生命力的两个具体维度。

三、"确定性"与"治"："新子学"的时代回应

正如前文所述，"新子学"所要处理问题的实质是中国传统思想在整体视域转变之际，对原有终极问题自觉意识如何确立的诘问。与前述西方文化的几次转向不同，西方思想表面上经历了几次重大的革新，然而其始终是在不同时代经验层面的现实问题催问之下，对"确定性"这一终极问题如何确立的回应。而中国传统文化面临的是如何在两种完全不同的终极问题追问道路上，既回应与包容了西方"确定性"视域下的现代性及多元化问题，又可以使自身对"治"这种和谐秩序关系的终极拷问依然存续，并真正触碰到现世人们的内心。从现实思想层面来看，现代性所呈现出的纷繁已然不可逃避，作为全球化趋势下的"新子学"不可能回避西方科技、信仰、制度的影响。从理论建构层面考查，西方学术话语早已渗透在现实生活的各个方面，抛开理性的话语结构而依旧遵从旧有概念，至多使"新子学"成为传统的说教而与现实生活显得格格不入。因此，传统形上终极追求——"治"与现代西方学术话语体系的核心——"确定性"，如何处理这两者间的联结问题，实际上就是"新子学"所要回答的最根本问题。回顾中西文化融合的百余年，由于西方文化在现实中所展现出的巨大能量，采取正视这一问题的中国学人大都采取了冯友兰先生"照着讲"与"接着讲"的处理方式。虽然这两种处理方

式都是针对着中国传统文化如何发展而提出的,[①] 但其实质仍是以西方思想整体面貌为参照。换句话说,以往对传统的现代化转型处理方式基本上是——对照西方文化在每个层面的内在理路而做出的回应。正如前文所述,由于中西文化的本质性差异,这一做法终究会导致两者融合过程中或多或少的排异作用。因此,"新子学"站在古典视域下对传统与西方两种文化"分着讲"也许恰恰可能成为真正解决问题的良药。

具体而言,从古典视域下的终极追求入手,当下国人对终极和谐秩序关系的形上追求显然已经不能摆脱现实层面社会制度与西方思潮的影响,古人所认为的在变动不居的相互关系中达到完满的路径,显然已经被在"确定性"视域中发展而来的确定的信仰实践所打破。换句话说,西方那种由认知理性出发而达到实践理性,或者由实践理性出发而观照认知理性的路径,显然既消弭了我们自身道德实践本质特性,又并未给当下国人建立起普遍的认知理性之自觉。[②] 而这正是现代性在中国造成如此大困惑的根源所在,也是"新子学"亟待解决的根本性问题。过去的一百年历史证明,让中国人仿照西方建立起

[①] 杨国荣先生在《诸子学略论》一文中对"照着讲"与"接着讲"的具体展开方式阐述道:"宽泛而言,照着讲主要侧重于历史的维度,包括从历史角度对以往经典做具体的实证性研究。……接着讲更多地近于诸子体现的思想突破这一内在品格,它意味着延续诸子注重思想创造的传统。"《"新子学"论集》,学苑出版社,2014年,第423-424页。

[②] 从宏观层面考查中西文化在实践层面的差异,有限性与无限性是两者最本质的不同。中国传统思想中的实践目标"天"只是一种代称,按照古典的讲法,"天"需要与"德"相配,而在于人身的"德"在一定条件下是可以转化主体对象的,因而在终极意义上是有限度的。然而西方思想中的实践目标"上帝"与"理性"是二位一体的,按照西方人的理解,人之为人就意味着必须以理性为指引而去展开实践活动,并期以最终达到所谓的"真""善""美",因而在终极意义上是无限度的(因为只有上帝才是完全理性的)。

这一套理性观照下的规则是无效的。但反过来说，这一事实也恰恰从某种层面证明，中国传统文化的本质性特色并未在当下国人身上完全消亡。而这种基因的残留恰恰可以作为"新子学"在中国古典视域下，在现代性的影响背景下，重新建立起一整套符合中国自身特点的，使人人自觉遵行的社会规范以及稳固的形上根据。

首先回到前文"确定性"的视域下，在当今科技愈发强大的背景下，西方人在日常认知领域中实际上也逐渐漠视了认知理性的作用。事实上，由于科学家自身的认知理性自觉，他们所创造出的人工智能在几近完美体现认知理性规则，并以此服务于人的同时，认知理性在普通人身上逐渐沦为一种技术性的存在而非理论上的自觉。[①] 有鉴于此，中国并非有绝对必要培养西方式的由认知理性到实践理性的内在模式。正如现实所示，这种模式在实践层面不仅不适应中国，更不可能扎根。因此，与现代西方一样，国人完全可以将认知理性作为服务生活工具的同时而将其扬弃，借鉴近代西方哲学家在理性观照下对"确定性"在主体层面的理论自觉的论述方法，创造出具有自觉意识的古典视域观照下的文化体系。

在学术层面具体而言，以往对诸子的研究只注重其分歧的一面，甚至是在儒学面前凸显的不足，而并未将诸子作为一个整体来对待，而这也正是"新子学"在学术层面所反对以往研究模式的第一层涵义。从深层次考究造成这个局面的原因，实际上正是学人或多或少受

[①] 现代科技所创造出的电脑、智能手机等这种可以部分代替人类自身思维工作的工具，其背后实际都是严密的逻辑结构。然而对于绝大部分使用者来说，他们并不会产生对这种认知理性的关注，而仅仅将其当做一种技术或者工具。

到以往长期固化研究模式的影响而被赋予的经学心态。① 实际上，正如前文对诸子时代整体学术特质的拷问，从对"治"的终极追求层面上考查，诸子某种程度上是在同一视域下各发己论。然而后世对其学术分歧的印象何来？实质上是对基本概念界定的不统一。正如上文所论之"道""仁""义""礼"，从学术史层面上看其各具特指之义，然而从其所指之终极追求层面上看却实在相同。因此，追求对基本概念表达的"确定性"是"新子学"在学术层面上的基础。延伸来看，中国传统学术所遭受的西方学术话语体系侵轧实际上并非根本上的弱势，恰恰就是自身基本概念的不确定性之反映。而"新子学"的这种学术基础规范恰恰回应了这个学术层面的困境。在消除基本概念的不确定而导致诸子学传统研究模式无谓分歧的基础上，如何创建真正具有自觉意识的理论体系方为重中之重。从中国现代学术脱离实际，逐渐成为客观研究对象的问题出发，除了对传统概念的解释或远离传统原义或脱离现实经验生活的原因外，实际上是缺乏对理论自觉意识的拷问与建立。我们只看到西方近现代，"人"作为主体而所带来的现代性问题，却往往忽略了主体挺立背后的理论根据。实际上，如果没有德国古典哲学的出现，西方仍然处于自然主义与人文主义的冲突之中，何来人作为主体意识的自觉挺立，遑论现代性的问题。因此，德国古典哲学家那种通过对"确定性"的拷问而创立的学术体系值得"新子学"所意图创立的具有自觉意识理论体系借鉴。②

---

① 在以往研究模式下，无论专论哪一家，论者首先站在维护此家的立场上反驳与拷问相关材料并得出结论，而这是"新子学"反对以往研究的深层次原因，即反对学术研究上的经学心态。

② 众所周知，牟宗三先生所创立的以"良知坎陷"为理论代表的"新儒家"实际上就是这种学术体系的呈现。其影响之大是此种进路体系建立必要性的明证，然而其未能成为近代中国普遍性的精神信仰，也说明了其在某些维度的缺失，这种缺失也许就源于未能以诸子整体来看待儒家。

在学术自觉之上，方能解决在实践层面于中国古典视域下对治现代性的可能。正如前文所述，诸子时代的终极形上追求是建立"治"这样一种人与外界终极和谐秩序关系的状态。这种"治"的外在形态看似是确定的，即可以理解为稳定的平衡关系，然而就其内部的形态而言却呈现出变动不居的动态。换句话说，在"治"的视域下，天、地、人要处于时时变化又相互平衡的状态。这意味着除了天与地在不同时空下显现出不同的状态，而且要求人要以合适的行为来与之配合。实际上，正是因为古典文化本质上动态平衡的要求，才有可能创造出诸子间看似如此南辕北辙，而实际又有内在统一张力的学说。从诸子自身角度说，每一种学说实际上都对应于一种特定的"治"，在不同境遇下，表面各异的诸子学说都能提供一种稳定秩序状态，至于在具体环境下的选择则又是双向互动的，即所谓的各安其心。反观西方古典哲学后逐渐显现的现代性问题，其实质正如前文所论，是由于长期对"确定性"的追求而导致认知理性与实践理性在内部逐渐呈现非同一性而造成的。认知理性虽然在科技领域显现出巨大的能量，但同时也意味着实践理性对终极确定的"真""善""美"无限的、唯一的追寻特质，并从而造成行为目的与行为方式愈发固定化，而由此僵化了内部的生命力。随着"不确定性"于实践层面的愈发凸显，西方这种内部"确定性"的追求显然遭受了根基的动摇。这便正如当今西方人意识到的，现代性不仅仅是对东方文明的全面拷问，更对西方文化造成了严重的冲击。因此，在中国古典视域下，表述为外在显现为确定平衡的，而内在又可以产生多元化达成方式的"治"，恰恰从根源上消弭了现代性所带来诸多问题的可能性。实质上，"新子学"以上对内在自觉意识挺立理路塑造的理论畅想，不仅仅有功于思想层面的革新，更重要的价值在于向制度层面的延伸。

综上所述，"新子学"的提出旨在能够真实、真正回应时代对传统，对全球化的拷问。这便意味着"新子学"所观照的众多层面需要用一条内在的严密线索将之串联。从本质上看，现代性对不同文明的冲击、全球化对不同文化的影响，实际上都源于不同文化传统基本视域的相互排异作用。因此，不同传统的真正融合首先要以明确各自的基本视域与终极关怀为基础，在此基础上采用"分着讲"的处理方式将各类问题恰当分置。具体到中西文化相融的层面，面对中国文化的传统被迫断裂而导致人们对自有文化内在自觉意识丧失的现状，在重新寻回真正古典视域下的终极问题意识的基础上，对中西两种视域的本质差别进行整体审视，分置两者各自的优劣。利用学术层面对传统的自觉意识的理论重构，最终使国人重新生发出自信的文化之根。

（原载于《人文杂志》2017年第5期。作者单位：华东师范大学先秦诸子研究，华东师范大学哲学系）

论经学、新子学与哲学的当代并立[①]
——从当代中国思想学术与文化建设相互关系的视角考察

李洪卫

经学在当代中国引发关注的主要根据还不是纯学术的，而是儒学尤其是政治儒学和民间儒学崛起在学院体系下的回声，即一部分学者对中国传统思想在当代中国人价值体系重建中的核心地位的重新认定，这也意味着伴随着社会秩序重建中的思想秩序的规范与自我范围。与此同时，新子学的呼声也形成了，它本身也是从研究中国思想出发的，如此，即与20世纪80年代以来的以西方哲学和马克思主义哲学学科体系在思想研究层面的布局开始构成鼎足而三的格局。未来，它们可能的关系定位也是一个值得关注和考察的有意义的文化现象。本文对这个问题的思考将立足于思想学术及其共同体自身发展的内在规律与社会文化建设的相互互动关系来展开。我们这里的一个研究思路就是基于思想学术的理（或"道"）与社会文化秩序的礼的相互关系及其变动来看未来中国思想学术发展中的经学、哲学和新子学的相互关联、差异、互动特质及其地位。

---

① 基金项目：国家社科基金重大项目"中国政治伦理思想通史"（16ZDA104）。

一、理序、礼序与更高层次的反思之道

儒学又被称为"名教"或"礼教",二者其实是互为表里的。所谓"名",并不是一个简单的现代语言学或分析哲学中的"指称"所能范围,它首先是某种"理",具有理或理论的禀赋或要求,以一种"理序"的样态呈现出来。这个理序就是一组观念的解释系统,譬如儒家被称作"名教"的基本的"纲常伦理",它首先是一种理,同时它表现为一种礼;而"礼"既是规范的具体形态表现,同时又是个体或社会组织之间文明交往的表征,这就是理序与秩序的同一性。破坏秩序的外在状态,必须以摧坏它的内在的理序为前提,同样建构一种秩序也要以建设某种新的理序为条件。一种秩序及其理序的形成有其特定的历史条件,要破坏这种秩序则要适应历史条件本身的变化才行。同时,理的考察,绝不仅仅限于社会秩序原理及其维度,还要广及自然宇宙以及它与人类的关联等等,这是"理序"的第二个层次,即反思性层次,也是理序的最高层次,即普遍性的"道"的求索。

我们在先秦诸子的文献中所看到的最具共性的一个词就是"道",虽然各自的理解千差万别,但是,各家各派不离于"道"的根据言说并致力于对"道"的追求是完全相似的。对道的追寻其实就是包含着对宇宙秩序和社会秩序的共同的探索,如果我们刻意对此作出区分,或可把前者称作"理序",把后者称作"礼序"。其目的(除了出世的哲学)都是探索道的统贯性,其实就是一种理序和社会秩序的统一。道的理性层面就是理,同时,中国人讲"道"是包含着深层次的体验或日常的体悟、体证的内涵。因此,道的探索其实践目标放到现实中来或者可以直接说就是理序与礼序的统一,后面的礼或偏重于礼或偏重于法,视思想家的着力点不同而变化。但是,对道

或理的探索得到的不一定都是需要贯彻到日用生活中来的"学说",而可能只是学问或体验,这就是思想学术的范围,而"礼"的探究则既包含着思想学术的探索同时又包含着对日用规范的规定性,这是普通世俗哲学和宗教的共性,又是政治哲学的特性。西方哲学和先秦时期的子学首先是基于"认识"的考虑,不管这种认识是考察整个宇宙的,还是仅仅局限于人类社会,具有"道"的认识特征。汉初经学的确立则是基于把儒学中的核心理念及其典籍载体更多地置于社会秩序建构的层面来审视的结果,是应用于规范性社会目标的结果。在诸子相互争鸣阶段,即有对话语权的争夺,但是从论争出发则大体基于一种理性的论辩,这是思想学术的方式和方法,而经学确立则是一种自觉选择和有意识排斥的结果,这就基本不是思想学术的路径,而在认识层面,学术上过去称其为"独断论",其历史的价值和弊端兼具,我们这里不再去理论。这里仅仅想强调,在现代社会体系中,要强调思想学术的开拓与社会秩序建构的二元性而不是一元性:思想学术基于探索真理的向度而保持自己的开放性和多维性,社会秩序建构中的道德价值的选择则可以有所引导与评判,从此视角出发,我们才可以对这种类似于话语权的"争夺"有一个合理的安置,但是,这不等于仅仅强调儒家经学才对世道人心有导向功能和调节作用,其实,中国传统的儒释道三教都是世道人心的方剂,各有其规范调节的方法,而哲学的理性熏染和智性陶冶对于知识分子群体则另有独特的功能。子学和近代从西方引进的"哲学"学术则是着力于"理序"中反思性层面的具有普遍性的"道理"或"道",即宇宙之道。

宇宙之道是深邃的、复杂的,世界多元文明的存在就说明社会之理序与礼序的纷繁复杂,而宇宙之道更是如此,它可能有普遍的真理,但是,需要我们持久的探索而不是简单地作出某种主观的裁断。譬如,在中国历史中,对于"道"的判断就没有统一的认识。即便儒家所倡导的人伦日用的社会之道,从老庄的视角也被提出了批评,我们如果从儒家的角度反而要去深刻省察这种批评的意旨,当庄子说"虎狼,仁也"(《庄子·天运》)的时候显然是从仁的情感论出发的思考,同时又基于超越情感论的视角来看待至仁而得出的结论;当老子说"大道废,有仁义;智慧出,有大伪"(《道德经》第十八章)的时候,同样也是基于宇宙论和本体论的立场来看待社会价值层面的仁义观念其生成的历史条件及其局限性,同时,他们的观点的形成与其生命本身的修养有着内在的关联。儒家当然有理由对其批评,但是同时需要了解把握老庄思想的内涵、意图及其根据,而不是简单地予以斥责了事,这些问题我们都应该纳入"理"或宇宙"理序"的考察。这样,我们就有礼序、理序和宇宙之道的理序的三层次认知探索,尤其是对于末者自然存在着多种不同的看法,不同文明下其实有着各自的理序和礼序,各有自己的封闭性系统,只有我们达到人类共同的生产生活水平和认知阶段的时候,我们"理"的认同才会趋近。既然,对"理"的观察与探究是有着多元的认识,我们就需要对它的思考秉持开放性的姿态,而不能对此抱持独断论的立场。

  简言之,对社会秩序的期待是一种"礼序"的求索,而礼序则源于理序的思考与研判,对"道"或"理"的探究是根本,是对宇宙或人类社会的理性的考察,而对于道或理的探索过程首先可能是思想的开放性的努力,而对于"礼"的考量则必然是基于现实世界的人类秩序的设计,哲学偏于前者,经学则侧重于后者,传统的子学则是二者兼有,道家基于对世俗理念的批判更多地显示了其"哲学思维性"和"生命体证性"的复合特质。统而言之,子学和哲学更多地显示了思想活动本身的特性,它的现实要求是开放性、包容性,而经学则偏重于对社会秩序的规范性,而这种规范性本身已经就具有对其他规范的排斥性,这就是由"道"到"经"的转变,也是从思想学术的讨论到社会文化建设之间的转变。中国从先秦到两汉发生的从道的探究到经的厘定的转变有其历史意义，但是，不等于今天我们对于历史中的理序和礼序的整合系统就可以采取一种简单接受或照单全收的姿态。这里需要辨明一个在新的历史条件下理和礼的同一性问题，在这个基础上实现新的理序和礼序的整合。

二、"重建斯文"与经学应用的普遍性意义及其限制

依据上面的分析判断，我们来看当代经学的定位的时候，自然会看到经学历史形成中的"礼序"的目的性，当然，传统经学中也有对理、天理、天道的阐述，有的还十分深刻，譬如《易经》，但是，传统社会在官方的思想中不可能有让士人或社会大众去探究、体认天理天道的主观意向。因此，我们今天考察经学的时代价值必须要追溯它的历史形成基因，才能甄别其利弊得失。今天重建经学在学院以及社会生活中的地位，需要首先阐明经学的真正价值，同时也要看到它的可能的限制，如果仅仅是泛泛地言说经学的大道及读经的意义，反而有可能重蹈历史的覆辙。这个覆辙不是回到最初的历史本身，而是倡导者最终所看到的可能是违背其意愿的后果，在倡导的昌盛期就埋下了倾覆的种子。换句话说，我们今天是基于我们祖先圣贤的文明重建中华文明的新文化和新道德，而不是一个"复古"或"复礼"了事，如果我们用"重建斯文"比照简单地倡导经学和读经等更加来得有意义。因此，我们宁愿将儒家经学建立在"斯文在兹"的立场上，而不是一种道德论或中华文明本体论的立场上，这二者之间有联系但也有着显著的差别。换句话说，这个"斯文"是"礼"而不是"礼序"或"礼制"。故，第一，要把经与传统社会的纽结解开；第二，拓展经的范围。其实，经不过就是规范思维和行为的，从这个意义上说，经的价值在此——对社会中的德性之中下者所能实施的人为

教化与约束，这就是它的意义。当然，它的更高层次的价值则是"文明"整个社会，而在这个意义上，儒家经学也能发挥很大作用，譬如《四书》《周易》《诗经》，但是这又是远远不够的，先秦诸子中尤其是道家的老庄，后世各个时代的文学艺术和思想，尤其是佛教等都是提升我们这个民族的精神资粮。如此，仅就儒家的经学来说，它的规范性意义大于它的文化提升性意义，这也是历代经学尤其是今文经学派所关注的焦点，在这一点上其实我们与他们是有共识的。

"经"以优雅的方式"治"人，这是儒家孔门仁与礼的整合性体现。它的根据就在于孔子所言的："生而知之者，上也；学而知之者，次也；困而学之，又其次也；困而不学，民斯为下矣。"（《论语·季氏》）孔子在这里强调的就是一个"学"字，所以他又说"兴于诗，立于礼，成于乐"（《论语·泰伯》），"不学诗，无以言，不学礼，无以立。"（《论语·季氏》）凡此种种，无非说明孔子在教人成人的层面强调这些经典在实践层面的根本性意义，当然，是就孔子所在的那个时代的文献而言的，孔子晚生若干年，也许他还要增删若干经典。孔子强调学的目的就在于，世上多数人是学而知之、困而后学，甚至是困而不学的，对于困而不学的恐怕只能通过"礼制"来规范了，而对于学而知之和困而后学的人来说，修习经典就是他们成长的基本要件，这不仅仅是为了读书做官，而是身心的涵育，这就是孔子的礼乐教化对人行为的规范意义和文化层面提升意义的整合。孔子为了强调这种学习的价值而谦虚地称自己"我非生而知之者，好古，敏以求之者也。"（《论语·述而》）《中庸》对这种学习给出了一个明确的结论："或生而知之；或学而知之；或困而知之：及其知之，一也。"人生而有所不同，但是，只要努力学习和践履其道德养成的目的与成果是一样的，所以《史记·滑稽列传》记载孔子所言："六艺于治一也，《礼》以节人，《乐》以发和，《书》以道事，

《诗》以达意,《易》以神化,《春秋》以道义。"司马迁这里所说的"治"就是外部治理即礼制与个人的自治即自我约束、规范与提升的综合,这就是孔子的本意。但是,从荀子到汉初的经学确立更加偏向了"分"的含义,或者是从这个角度出发的,荀子的礼学强调读经:"学恶乎始,恶乎终?曰:其数则始乎诵经,终乎读礼。"(《荀子·劝学》)但是,他是起于人们的"争"然后要"分",然后再通过礼乐升华人们这种意识,使之稳定化,虽然,他很强调乐的意义,但是,很显然,他对于孔子的礼制层面的含义做了更加深透和露骨的理解,把社会等级性约束置于明确的要求,礼乐尤其是乐的升华变成了对等级之礼服从后的自我调和。从《中庸》的角度,"先天的"君子和"先天的"小人通过学习都可以达到圣贤的程度,或者说先天的君子比较容易一点儿,至于到圣贤则一也,因为,按照儒家心学来看,圣贤的本都在人自身,所以,这个学习的过程就是自我开发的过程。但是,后世立经既有学习为圣贤的目标要求,更有规范世道人心的目的,而且后一个目的是主要的,其实如果在孔子看来,这就是治小人的学术了。我们今天看待儒家的经学既要从孔子的"礼"的修身的意义上去把握,又要看到经学确立的目的还有礼制治人的目标,我们从斯文重建的角度应该立足于前者,即修习经典或读经是为了人文的文明建构,而不是礼制的建构,传统儒家在这两个方面都有作用,但是礼制的意义在今天应该服从于法治的价值。儒家的经典在传统社会用以约束规制"小人"(在德行层面而不是地位层面)之功用是历史价值而非时代价值,而且还应当看到,经学的观念在后世儒学内部的自我变革历程。

"经"的形成有两个关键环节:第一,是孔子教学与删述"六经";第二,是汉武帝设置五经博士和"罢黜百家,表彰六经"。第一个环节的"六经"是儒家教人、教学的内容;第二个环节是汉武帝开始确立儒家在社会思想道德和文化建设上的主导地位。所以林庆彰先生指出，成为经典有内外两个条件："成为经典的内在条件应该是典籍本身的优越性，有其他书籍所不及的地方，这可分为三点来谈：（1）可以作为从政所需的教材。（2）可以作为励志修养之用。（3）可以为他人著书印证之用。"①《诗经》和《尚书》正好符合条件。他同时指出，只有这些条件不足以成为经典，还有的保证因素就是来自统治者的提倡，即儒学受到官方的保护开始，设五经博士，形成自己的教育体制，如此才逐渐深入人心。而科举则使经典本身发生一定的游移，譬如，唐代以后科考《五经》，宋末以后则是先《四书》后《五经》，《四书》成为更加重要的经典等等。② 这里说明，中国之经和经学的形成有其特殊的历史成因，这里面同样具有正反两个不同的历史意义的呈现，即经学确立奠定了儒家治理的核心地位，但是这是在民间层面的、在社会文化譬如家族教化等等层面上的，在官方的层次上即对当政者的约束与规范即便董仲舒自己都无法达到这种目标，何况后世。在整个中国传统历史的经学时代（冯友兰先生语），《四书》成为经典其实是经学内部的一次革命，这说明经学及经的历史是可以发展变化的，但是它后来也部分地又成为传统君主统治的工具，这是经学历史的一体两面。

朱子注《四书》，不啻于经学内部的一场革命，心性论开始代替古文和今文经学的历史，这是儒家人文主义的重现，是儒家重回义理的进程。这场革命反映了宋明时期的儒家对于传统经学有自己的看法，朱子一系坚守经的常道，但是从心性修养层面的凸显，当然这里复杂的是，当程朱提出"存天理，灭人欲"的时候，这种人文主义

---

① 林庆彰《中国经学研究的新视野》，万卷楼图书股份有限公司，2012年，第45—46页。
② 林庆彰《中国经学研究的新视野》，万卷楼图书股份有限公司，2012年，第45—46页。

又在一定程度上遭到了自身理念上的遮蔽。而宋明心学则更加激进，他们把经学仅仅看作是个体生命良知的一种外在表现及其承载，而不是经本身，经本身是人的生命良知。陆象山在谈论人们学读《论语》的时候指出，《论语》中每有一些没头绪的话，没有修养根底的人其实只能读个皮毛，只有学有功夫，自己身心上有体会，才能真解其意，所以谓："学苟知本，六经皆我注脚。"① 宋代以后，《四书》的拓进绝不是与汉代"五经"等同的思想方式，这里呈现出两个推进：第一，格物求理进路的展开，虽然要与圣人相合，但也是自力的功夫，必须通过个人的身心践履，做实地功夫去发现宇宙真理、社会天道等等圣人曾经发现的大道，而不是仅仅照抄经书或记诵默读，宋明儒者大都对科举报以轻蔑，虽然吊诡的是，朱子的注解变成了后世的科举教科书，但是这说明，官方的经学目标与宋明儒者的目的是有很大不同的；第二，心性论的大幅推进导致儒学内部的革命乃至颠覆派的出现，尤其是在明末阳明学的发展，以良知的裁决为根据的心性论逐步发展起来，汉代所形成的传统经学其实已经被抛弃了。当然，这种"革命"始终是在传统思想的天顶下的，除了少数因此从儒学走向佛老的士子之外。过去，我们一般不大注意这种变化的意义，只是看到宋明理学本身在"性理"层面上与传统社会统治相吻合而被利用的消极面，这是不够的，这至少是儒学之经学的一次内部革命，是经学史自我随时代演化的明证，换句话说，其实不同历史时代，经学是在变革中前进的。同时，《四书》与《五经》之间的教化理念与目标也存在着微妙的差异。两种经学的认识，涉及到经学的目的是什么以及如何达到这种目的，而不是盲目教条跟风盲从，这是经学研究和经学教育传播的前提条件，惟此，我们才可能有一个健康的当代经学的发展。

---

① 陆九渊《语录上》，《陆九渊集》，中华书局，1980年，第395页。

当代经学的重兴既有民间儒学发展的客观需求，也有政治儒学兴起以后的人为发动。根据我个人的考察，康有为的公羊学信仰也是借重孔子，他的真正的价值信仰是佛教和儒家心学，他对《礼运大同》有信仰，但是现实做不到，所以必须先走小康之路。孔子的路是他必须要走的一段路，但不是其价值终点，佛家和心学才是康有为的思想归宿。① 在一定意义上，孔子其实是康有为变法的工具和手段，变法的目标是让中国走向现代社会，最终走向人类大同，当然，他认为人类要进入大同世界必先经历小康。康有为审视当时世界大势和中国当时的历史发展状况和内外环境认为，对于中国人来说，需要首先确立一种信仰，实现变革社会中的政治稳定，从方便来说，只有儒家比较合适，因为儒家的伦常一方面是中国人的传统道德，同时，它是世俗的、现世的，有适应现实的应时的效果。谭嗣同讲《仁学》，康有为的核心思想也是仁学，但是，康有为觉得纯粹讲仁学不利于实现社会认同，只好也讲讲礼学，因此，礼学并非康有为的终极目的，而是他的过渡桥梁，这是与今天的大陆新儒家们的思想截然不同的。于今，我们的确需要经典来教化人心、范导世风、涵养德性、提升文明，但是，确立什么样的经典教化人心，如何修习经典，古人其实已经意见纷纭，因此，这是一个需要认真思考的过程，我们当从"重建斯文"即"礼乐文明"而不是"礼制文明"的角度看待未来经学在社会秩序建构和学院建制中的位置，而不是仅仅把儒家古籍照抄照说照背、直接搬过来就行的。

---

① 这是我个人与当下"康党"最根本的意见分歧之一，他们一直在高举康有为的旗帜，但是，对康有为也是在利用他晚年兴"儒教"的思想。他们把儒教作为目的，但是，儒教在康有为应当首先只是过程和战略，所以当下的"康党"都是自命的"康党"，康有为是否认同还是个问题。

三、建构开放的思想世界与"说理"文明：
新子学与哲学的意义

当我们回头再看当代"新子学"的概念的提出以及我这里要谈到的"哲学"的未来走向的时候，我们还要回到开头的命题：理序与礼序的架构，以及它的共同的根源——道或道理的探索。从这个视角，我们可以看到，传统经学的局限性与子学、哲学探索的必要性。冯友兰先生在比较中国哲学与西方宗教在其各自文明中的地位与作用的时候，特别阐明西方宗教具有明显的或显性的"超道德价值"的表现形态，但是中国哲学特别是儒家思想中似乎这一向度并不显赫，所以他做的一项工作就是阐明儒家思想中的"道德价值"和"超道德价值"的统一。① 这里更重要的是，"超道德价值"之观念的提出，使我们豁然开朗地看到了包括道家哲学、名家哲学以及其他诸子学派其思想研究的真实意义，如果还用传统的话说，就是"道"的体认与阐发，这是理序、礼序的认知条件和基础。儒家哲学有自己的天道、天理认知系统，但是不同于儒家思想的其他学派也有自己的天道、天理的认知体系，在这个问题上，很难做出一个简单的分判，因为这是"超道德价值"，不是道德系统，不能仅仅依据社会价值的理念来评价。对于世俗社会的众生来说，大多数人也许并不接受所谓"超道德价值"的存在，认为那不过是神秘主义等等。其实不然，我们对于"自然界"所进行的科学的认识，也是一种"超道德价值"，只不过哲学中的"超道德价值"的确不是仅仅依赖科学认知就能够

---

① 冯友兰《中国哲学简史》第一章《中国哲学的精神》，北京大学出版社，1996年。

发现的，它也存在于个体的身心体验、精神体验、美感体验等等包括神秘主义在内的体验之中，当然也包括宗教中的信仰认知，譬如对上帝的设定等。儒家对"天"之神秘性、人格性等的诉求，也包含着超道德价值的理念，只是很多时候变成了为社会价值服务的工具，诸如《易经》中的思想，自然包含着很多超道德价值的元素，这些被儒家做了社会价值或道德价值的解释以后，慢慢消解了，或者转成一些神秘主义构成与哲学思考之间的紧张。实际上，如果我们秉持一种客观的心态自然会看到对"道"的思考及其诠释必须是开放的和无限性的，也要求我们的研究态度必须是开放性的，它和科学研究唯一的不同是它需要从体验、审美等等路径去把握，而不是从测量、实验或数据层面去把握，我们既不能以天御人，也不能因人废天，失去了对整个世界或宇宙考察的最自然的兴趣。

另外，中国文明的人文性不是只有儒家的脉络，如果我们从文学、艺术的视角审视，这是再自然不过的一个命题。可以说，整个中国文明中的文学、艺术环节恰恰是儒家的薄弱之处，儒家对此自己有清醒的认识，因为他们的目标是为圣贤，因此，把文学艺术视作"小道"，但是，文学艺术其实也是人类个体修养升华甚至超拔的途径之一。我们看宋代以降文人画艺术的发展，魏晋以后诗歌的勃发都每每展现着道家、禅宗思想的深深踪迹。我们也可以说，就理序尤其是礼序的规范层次来说，儒家的经学是对治世俗人群的良方，所谓治"中人以下"的教养方式，而佛老恰恰是中人以上的吸收，阳明也有此类论述。当然，佛家包括禅宗从顿悟、渐修的二途统观也是彻上彻下的方法，但是基于世俗之风尚习惯的方便，儒家是一种方便门径，因为它既包含着家国情怀，也依托于世俗的功利目的，因此有接引上的方便之处。换句话说，子学与儒家经学在思想学术层面和以文化教人方面都是中华文明的巨大财富。当代"新子学"的倡导者方勇先生曾言："'六经'系统包含了中华学术最古老、最核心的政治智慧，因而在历朝历代均受到重视，西汉以降一直被尊为中华文化的主流思想而传承至今。子学系统则代表了中华文化最具创造力的部分，是个体智慧创造性地吸收王官之学的思想精华后，对宇宙、社会、人生的深邃思考和睿智回答，是在哲学、美学、政治、经济、军事、教育、技术等诸多领域多维度、多层次的深入展开。比起经学系统，子学系统在传统观念中的地位虽有不如，但其重要性却丝毫不见逊色。它们共同构成中华文化的两翼，为东方文明的薪火相传奠定了深厚的思想基础。"① 我们今天如果重塑经学，应该将《老子》《庄子》《六祖坛经》这些被中国文化历史传统所确认的伟大经典包含在内，而从"求道"的层面看，"新子学"作为承接中国古代前贤对宇宙探索的再出发也是一个特别值得鼓励和继续努力的方向。因为，我们仅就人文思想而言，在中国古往今来前后相续的思想世界中，开放的姿态才能造就思想的宽容，思想的宽容才能塑造开放的心灵，尤其是要看到，我们现在的努力是将思想世界的探索与礼序世界的探索有意识地作出界分，使之二元化，而不是一体化，这一点又特别适用于"哲学"学科的继续发展，因为哲学作为人类对宇宙的考究、对生命的自我认知，对思想的自我考察（冯友兰先生所谓思想宇宙、思想人生、思想思想）是无限的，它又是塑造我们心灵保持良好的求知欲和纯真性的钥匙，同时就我们这个民族来说，鉴于我们在整个历史文明进程中"说理"意识和训练的严重匮乏，哲学思维对中国未来文明的建设就具有特别重要的地位。

童世骏教授在讨论陈嘉映教授的《说理》时指出："我以为，西方哲学有一个从 reason（理性）经过 rationality（合理）到 reasonableness（讲理）的思想演化过程，或至少可以被解读为这样一个演化过程。我还以为，'说理之理'有什么内涵，'说理之理'为什么值得

---

① 方勇《"新子学"构想》，《光明日报》2012年10月22日第15版。

论说，与这个思想演化过程，与这个对包括现代中国在内的整个现代世界无疑产生了深刻影响的思想演化过程，有很大的关系。"① 我们仅仅看西方从"理性"观念之初就特别呈现出它的逻辑思维、法律论辩意识、法治的普遍性和形式性的诉求以及日常论理的特征，这恰恰是我们民族最薄弱、最值得吸取的所在，我们不应该在所谓的"世界历史的中国时刻"的盲目自大中迷失了前进方向。哲学本身就是人类自我求索的思想形态，如果我们非要讨论哲学的功用，那么它的辨名析理、概念澄清、逻辑前提的分析、论证方式的阐释等等自然而然训练着人的思维习惯。在现代世界历史的进程中，哲学的理性思维方法及其理念的阐发在政治哲学的思考及其社会转化中发挥着根本性的作用：自由、平等、正义、权利、责任、自由意志等概念和观念的存在是感性能动的要求，但却是哲学的理性思维的产物，唯它才产生这些改变人类世界的观念和思想意识。有一些概念是自从有了哲学以后才形成的：我们传统思想中有"理"、有"性"，但是没有理性、理智，这都是自从哲学学科引入后才有的；我们有自、有由，但是没有自由的概念，没有自由意志和责任的概念，没有权利、义务的概念，没有这些基本的哲学概念及其思考和辩论，现代社会科学就都建立不起来，诸如社会学、法学、政治学等，更不要说平等、正义等等一些更基本、更具有社会意义的概念的影响。

与经学的道德归化功能相对的说理、论理、讲理的思维观念、方式和习惯也都与哲学相依存，没有辩论、说理、阐明理由就是独断、专断、专制、不讲理，中国人要形成规则意识并严格遵守规则还有漫长的道路要走，这一切都需要"哲学的学习和锤炼"。当代一部分儒学家尤其是政治儒学家言必称"世界历史的中国时刻"，故一定要用

---

① 童世骏《理性、合理与讲理——兼评陈嘉映〈说理〉》，《哲学分析》2012年第3期。

中国解释中国,以我个人愚见,这时候当然我们要追溯传统,但是如果真有一个中国在人类史上新的"光明点",那么它的火炬中的材料绝不仅仅只是一堆中国传统的干柴,而必须有整个人类的文明成果,这才当得起"天下意识"这个词语,才有可能真正为人类历史的"中国时刻"奠定好的基石。但是,这个"中国时刻"不是仅仅强调中国怎么样屹立于世界之林,而是从创建世界新文明的视角,要有更大的胸怀和抱负,要有中国思想如何为人类发展提供新的养料、提供成为世界公民和为世界思考的伟大的哲学家、思想家的意识、中国发展为人类进步提供不竭的动力的意识才行,这个时候才是中国文明、中国民族的高光时刻。这个时候,我们的子学研究也将既是传统的,也是当代的;既是民族的,也是人类的,从人类文明对话沟通和整合的视野开辟世界级的新子学时代。经学的思维囿于中国,这是我们历史的荣耀,也具有重要的时代价值,但是一味自我固化,也可能成为我们前进的障碍,因此必须要有这两种思维才行:经学守住根,但是子学和哲学要立足于开辟一个时代。同时,经学也要探索其中的普遍性,参与到当代世界思想的构造之中。在这个基础上,中国才真正走在全球化的历史进程中,走向更加光明的前途。

(原载于《人文学刊》2017年第5期。作者单位:河北工业大学马克思主义学院)

开阖破立
——论"新子学"的愿与违

(台湾)殷善培

一

学术研究因时代的差异、观念的变革、方法的更迭,甚至意识形态的左右,积累到一定程度时自然会有"改写"与"新"的呼声,从孔恩(Thomas Kuhn)的"典范理论"(paradigm)来说,这正是"典范革命"必然的现象①。春秋战国"礼坏乐崩","天子失官,学在四夷",出现先秦诸子的百家争鸣;秦及汉初,法家、黄老迭兴;武、宣之后儒学独盛,诸子学成了"家人言"②,反映到刘向、刘歆《七略》、班固《汉书·艺文志》目录学的现象就是六艺与诸子的判别③。此后经学不与诸子并列,后世"辨章学术,考镜源流"的目录学,或宗四部,或依违《七略》,唯均不曾撼动以儒家诠释"六经"

---

① 孔恩著《科学革命的结构》,王道还译,台北远流出版社2004年版。
② 钱穆《两汉博士家法》,《两汉经学今古文评议》,台北东大图书公司1983年版。
③ 《四库全书总目》云:"自六经以外立说者,皆子书也。其初亦相淆,自《七略》别而列之,名品乃定。"

的格局,此即所谓经学凌驾史、子之上也。及至有清末造,西力东渐如摧枯拉朽,虽中西体用之争时出,但"典范危机"已无可挽回。光绪二十四年(1898)废八股,光绪三十一年(1905)废科举,一夕由四部成了七科①,发生了"典范转移",且更从制度层规定了新典范的正当性,从此旧典范似游魂,仓皇间无力面对新局!然而新典范毕竟是彻彻底底的舶来品,自然科学还无所谓,但人文学顿时失去了"话语权",削足适履,学步蹒跚,更兼以气运陵夷,学术也成了文化殖民地,学术买办挟术语横行,百年来彻底丧了学术主体性!不过对有数千年文化传统的中国而言,终究不满足这般邯郸学步,由剥返复只是时间问题,潜沉既久,各领域检讨反思的声音就交相叠起了。

"新史学""新文学""新儒学""新道家""新墨家""新国学""新经学"等等,乃至各种文化复兴运动,此起彼落,从未间断。近年"新子学"后来居上,短短数年内引发数百篇讨论文章,众声喧哗(heteroglossia),成功引领了当代学术史上的热议及反思。这一现象自是与催生者方勇教授的当仁不让、舍我其谁的使命感有关,更重要的是"新子学"有相当完整的论述与实践策略,开阖破立之间,结构布局严密,诸家各种挑战与诘难其实多不出方勇教授的设想。只是对"新子学"构想与理念,笔者亦和多数学者一样,有认同也有疑惑,疑义相析,求全责备,希望有助于此一议题更臻完善。

二

方勇教授的"新子学"构思,首先观察到中国历史中出现的

---

① 左玉河《从四部之学到七科之学》(上海书店出版社2004版)对此一问题有深入论述。

"子学现象"。所谓"子学现象",依方勇教授的理解,是指"从晚周'诸子百家'到清末民初'新文化运动'时期,其间每有出现的多元性、整体性的学术文化发展现象",也就是"崇尚人格独立,精神自由、平等对话、相互争鸣"的现象。方勇教授更进一步指出"子学现象"蕴含了"子学精神",所谓"子学精神"是"原创性的、多元性的",是"不尚一统而贵多元共生",是"多元、开放、关注现实"的,而"新子学"便是对"子学精神"的"提炼""继承"与发扬!方勇教授指出"我倡导'新子学',不仅意在呼吁革新传统诸子学的研究方式,更主张从'子学现象'中提炼出多元、开放、关注现实的'子学精神',并以这种精神为导引,系统整合古今文化精华,构建出符合时代发展的开放性、多元化学术,推动中华民族文化的健康发展",是"对世界和人的本质的重新理解,它是子学的真正觉醒和子学本质的全新呈现,将为未来学术文化的走向提供选项"①。然而要推动乃至实践"新子学",就要跳脱"两个框架"的限制,框架之一是传统经史子集四部分类的尊经现象,框架之二是现代学制学科化后的割裂。方勇教授对前一框架要"去寻觅经学观念笼罩下被遮蔽的东西",对后一框架则要"重新划定研究对象,调整研究思路,补上学科框架下剪裁掉的东西"。更具体地说,对前一框架"要突破传统四部分类法,把子学作为真正的学术思想主流去把握,对于纳入经学的孔子、孟子等作离经还子的处理,明确区分经学化的儒家与子学化的儒家,重新清理和整体考察历代子学,寻绎中国学术的内在肌理。"对后一框架"要在古典的语境下摸索古人的问题意识和表达方式"。跳脱框架之后才得以"以返归自身为方向,借助厘清古代

---

① 方勇《再论"新子学"》,叶蓓卿编《"新子学"论集》,学苑出版社 2014 年版,第 12—22 页。

资源，追寻古人智慧，化解学术研究中的内在冲突"①，也才能够"与西学建立正向关联"②！

由上述扼要归纳就可知方勇教授对所提出的"新子学"有着相当透彻的认识与反思，所以能从"子学现象"寻绎出"子学精神"，再由"子学精神"深化为"新子学"的主张。从两个框架跳脱，一方面破除尊经传统的制锢，一方面解开西方学科思维对中国传统的曲解，再以全新的姿态面对西学回应世界。

当然"新子学"延伸的探讨并不是如此单向性，"新子学"在消解经学独尊后更要成为"国学"的主体；且称以经学为主的国学是"旧国学"，以子学为主体的国学才是"新国学"③，因为传统以经学为主的国学是以不对等的立场看学术，唯有以子为主的国学才能平等看待各种学说。其论甚弘，但真的能这样吗？

三

先就"子学现象"来看，中国历史中的"子学现象"是否真的就是"崇尚人格独立、精神自由、平等对话、相互争鸣"？事实上历代的"子学现象"几乎都是王纲解体下的"衰世现象"，先秦时期尚有稷下学宫的加持，"不治而议论"，促成了百家争鸣，孟子的"予岂好辩，予不得已也"就是稷下诸子的写照；汉末中原板荡，幸好

---

① 方勇《"新子学"申论》，叶蓓卿编《"新子学"论集》，第37-49页。
② 同上。
③ 方勇《"新子学"构想》，叶蓓卿编《"新子学"论集》，第1-11页。

还有一方净土荆州勉强谈论着"新学";明末诸子反省文化力度强虽强,但声势与前相比就称不上浩大;清末民初言路虽较汉末、明末大开,但和租界地治外法权有着密不可分的关系!因此,"子学现象"是否真存在着"人格独立、平等对话、相互争鸣"的荣景?所谓的"子学现象"会不会只是一种寄意深远的美好的想象?况且,此刻"新子学"提出的年代不是历史中子学兴盛时期的衰世,而是屈辱百余年后的再兴,理想的"子学现象"应是面对未来期许而非缅怀过去!

因此,从这样的"子学现象"提炼出的"原创的、多元的""不尚一统而贵多元共生""多元、开放、关注现实"的"子学精神",还有讨论的余地。先秦诸子多为用世、救世之学,本不在乎原创、多元,且所谓"诸子百家"真正有原创性者几何?"多元"到什么程度?而所谓"不尚一统",是"不能也",还是"不为也"?我看恐怕不是"不为也",而是时遇上的"不能也"吧!至于"关注现实"肯定是有的,所以若有"子学精神","时代性"应该是明确的一项,其次或可加入"议题性",唯有议题明确且"开放"方足能真切地回应时代问题。

方勇教授勾绘出的"新子学"愿景是:

"新子学"所提炼出的"子学精神",是在扬弃经学一元思维和大力高扬子学多元思维的前提下,对世界和人的本质的重新理解,它是子学的真正觉醒和子学本质的全新呈现,将为未来学术文化的走向提供选项。①

我们倡导子学复兴、诸子会通,主张"新子学",努力

---

① 方勇《再论"新子学"》,叶蓓卿编《"新子学"论集》,第12-22页。

使之成为"国学"新的中坚力量,非为发思古之幽情,更不是要回到思想僵化、权威严厉的"经学时代",而是要继承充满原创性、多元性的"子学精神",以发展的眼光梳理过去与现在,从而更好地勾连起未来。①

简言之,就是"扬弃"经学、"继承"子学。若参照方勇教授另一种"照着讲""接着讲"的语词:

> 所谓"照着讲",就是要真实地领会古人,探究其精神,理清其脉络,而不是随意讲解,任意切割。对于现代学者的研究成果积极借鉴,也要客观分析,认真吸取。所谓"接着讲",就是保持学术的时代性品质,认真观察社会,思考未来,把学术研究真正问题化,着重讨论根基性的问题,把中国古人的真实洞见引申出来。这些当然是艰苦的工作,"新子学"愿意直面中国学术的转型,尝试作出自己的解答。

既要"照着讲",又要"扬弃",是否有内在的冲突?这涉及了两个框架的问题,且留下节再论。"新子学"的愿景引领"新国学"的实践,令人好奇的是:这样的"新子学"理路下,是否还允许有"新儒家""新道家""新墨家""新经学"的存在?若允许各种学说"多元共生"却不认同这些家派的存在,这种"新子学"只是另一种新独裁,这自然不是方勇教授所主张的"新子学";但若"新子学"接受各学派的众声喧哗,若是平等而毫不介入地面对各学派之间争胜

---

① 方勇《"新子学"构想》,叶蓓卿编《"新子学"论集》,第1—11页。

的情况，这时的"新子学"不过就是一种"现象"，又如何能在党同伐异下保持"新子学"维持甚至坚持不尚一统、多元并存的"精神"？可有维系这种平等自在的方法？若没有维系平等、自在、多元的方法，"新子学"会不会成了这时代的"新杂家""新道家"？杂家以切用为主，可以不在乎主体性；但道家反思现象，保存价值，会不会转而出现"新黄老"，成了思想警察？

四

方勇教授对"两个框架"着墨甚深，尤其是第一个四部分类的框架，方勇教授主张非常明确：

> 所谓子学之"子"并非传统目录学"经、史、子、集"之"子"，而应是思想史"诸子百家"之"子"。具体内容上，则应严格区分诸子与方技，前者侧重思想，后者重在技巧，故天文算法、术数、艺术、谱录均不在子学之列。由此出发，我们结合历史经验与当下新理念，加强诸子学资料的收集整理，将散落在序跋、目录、笔记、史籍、文集等不同地方的资料，辨别整合、聚沙成塔；同时，深入开展诸子文本的整理工作，包括对原有诸子校勘、注释、辑佚、辑评等的进一步梳理；最终，则以这些丰富的历史材料为基础，缀合成完整的诸子学演进链条，清理出清晰的诸子学发展脉络。依据子学发展完整性，再进一步验证晚清民国以来将《论语》《孟子》等著作"离经还子"的观点，复先秦百家争鸣、诸子平等之本来面貌，并重新连接秦汉以后子学的

新发展。①

这一段文字有几点值得注意：

一是反对从四部分类的"子"来理解"新子学"之"子"。参照方勇教授多篇文章中提到的理由，是因为"四部分类法中经、子先后的划分使用的是价值标准，推崇的是所谓'常道'，而不是依据学术标准讲'学问'"②，更根本的是四部分类本来就是"尊经"，史、子、集与经不在同等地位，经是本是源，史子集只能是末是流，既然要提倡子学，尊经卑子观念的四部分类当然是不能接受的。但是，只说"新子学"是诸子百家之"子"而不是经史子集之"子"就能与传统尊经观念切割干净？"新子学"反对独尊经学，但反不反对"史、子、集"的分法？四部分类形成了有主有从的通人之学，与千百年来的价值理念息息相关，"新子学"不也是提倡通人之学以对抗学科化分裂的危机？打破经学独尊，离经还子，又该如何面对"史、子、集"的分类？况且就算反对尊经，又岂能动摇早已积淀为文化基因的经学思维？更遑论"史、集"也存在诸如章学诚的"六经皆史"、焦循、阮元对集部的反思，析经还子是否小看了其中的复杂性？

二是严格区分诸子与方伎。《七略》《汉书·艺文志》的"诸子""数术""方伎"在四部分类中的合成"子部"，历代子部的领域不断扩大，及至《四库全书》的子部更可说是集子部之大成囊括了14类，"新子学"着重在学术思想，将着重"技巧"的方伎屏除，

---

① 方勇《"新子学"构想》，叶蓓卿编《"新子学"论集》，第1—11页。
② 方勇《"新子学"申论》，叶蓓卿编《"新子学"论集》，第37—49页。

但道与术、道与艺，愈往古就愈不能分，道家和医学甚至原始道教难以分割，而墨家去掉了守御之术就不是完整的墨家，阴阳家与方伎关系更密切，兵家更不可能只在纸上谈兵，这些技术类若都去除，"新子学"就只剩理论，只有道而无"术"无"艺"了，这对"子学"是扩大还是限缩？而且，"天文算法""术数""艺术""谱录"亦都有其传承与思想，"术数"类更是许多时代知识分子赖以"知命"或消遣的工具，劳思光先生对术数的研究就是一例①。若割裂这一部分，不也就陷入了方勇教授极所欲跳脱两种框架"遮蔽""割裂"的迷思吗？且近来"新子学"论者也开始推展"子商"，若准此，"子商"说法是否也该在摒弃之列？

三是诸子学资料的收集整理。这正由"子藏"工程持续推动中，其价值自不在话下；诸子学资料收集梳理之后，试着清理出诸子学发展脉络，也就是建构诸子学史，这一企图当然是想建构出有别于经学传统的学术史观，这点当然该做。方勇教授在这方面超迈前贤，令人由衷敬佩。

四是消解经学的权威性，"离经还子"，诸子平等。这点清末以来就已经在做了，也没什么问题；但方勇教授的"离经还子"可不是单纯以诸子视之。为了跳脱尊经的框架，方勇教授援引冯友兰《三松堂自序》之说："经学的特点是僵化、停滞，子学的特点是标新立异，生动活泼。"这种粗糙的二分法本非严格的学术语言，可怪的是方勇教授似乎非常认同这种讲法，甚至说：

> 经学在四部中占据首要地位，往往并非缘于其自身的学术价值，而是更多地得益于政治力量的支撑，其独尊地位常

---

① 劳思光著，刘国英编《虚境与希望：论当代哲学与文化》，香港中文大学出版社2003年版。

常是权力刻意营造的学术假象。我认为，这才是真实的经、子关系。所谓"新子学"，就是要突破传统四部分类法，把子学作为真正的学术思想主流去把握，对于纳入经学的孔子、孟子等作离经还子的处理，明确区分经学化的儒家与子学化的儒家，重新清理和整体考察历代子学，寻绎中国学术的内在肌理。

这段话其实是非常有争议的，反对独尊经学无妨，提倡"新子学"是学术自由，建构诸子学的宏愿亦极可佩，说经学独尊是由政治力量的支撑，也不算过分，但顺此而说经学的独尊地位是"学术假象"就未免过头了。儒术独尊造成的影响已是事实，拉下经学就代表可把子学当学术主流去把握吗？经学传统的存在是事实，在经学传统下出现的注疏学传统也事实，这是以往存在的现象，这种存在是无从否定的。"新子学"可以建构属于"新子学"的诠释传统，但不必以取消乃至否定经学传统的事实为前提。

相较于对经学独尊框架的挞伐，方勇教授对现代学制框架的批判火力明显减缓许多，甚至一开始就提到"国学无法与现代学制抗衡"[①]，这当是指所谓的"旧国学"了，但对方兴未艾的国学院也不认为有与现代学制相抗衡可能，以"新国学"主体自期的"新子学"，居然也只是保守地试着"对现代学术分科式研究的修正"，这点笔者较有意见。传统的四部之学实是通人之学，与现代学术以知识分科为主的专业本不相侔，现今教育虽然仍是分科教育，但长久以来就不乏史诺（Charles P. Snow, 1905-1980）"两种文化"（The Two Cultures）式的反省，之后的科技整合（Interdisciplinarity）、通识教育

---

① 方勇《"新子学"申论》，叶蓓卿编《"新子学"论集》，第37-49页。

(general education)、博雅教育（liberal arts）、全人教育（holistic education）呼声此起彼落，今日大学也渐渐出现以学程（program／Concentration／major／course）取代"科系"的尝试，提倡跨域学习，树立了从I型人到T型人、π型人的转型，这固然是因应时代变化，突破科系的局限，但何尝不是对古典精神的回归？"新国学"当此之际岂能不思有所兴革？宋代性理学的推展虽然与王安石改科考有直接关系，但宋代尤其是南宋的书院蔚为一时之盛，独立于官学之外，讲会制度为后世所艳羡，朱子延请陆象山讲学白鹿洞书院更是学术史上的动人一幕。书院精神本就是独立于体制外的抗衡机制，台湾民间长期存在着讲学传统，宗教及商业背景的讲学暂且不论，有志之士推动的讲学从未间断，如"德简书院"是建筑师王镇华所设立，"日月书院"是作家马叔礼所创立，这种危微精一、精神薪火相传，才是宝贵的文化资产。今日的中国已不再是百年前面对西学溃不成军、毫无招架之力的中国了。近年来中国的留学生日增，各地纷纷增设孔子学院，若要跳脱百年来学科的框架就该以古典"通人"之学的教育理念当"新子学"的"议题"，才算是有主体性且有特色的回应。

五

关于"新子学"如何面向世界，方勇教授的论点不外是将世界等同于西方，例如说"所谓世界性，指的是现代中国的学术必须与西方现代学术处于一个平台上，能够与其他国家学术相互理解。所谓中国性就是这一学术又必须是带有中国属性的，是中国独特视角、立场、方式下的产物，对于我们自身是必要的，对于其他国家是有价值的"①，以及"'新子学'不提倡所谓中西融合的随意性研究，'新子学'希望以家族相似的原则处理传统学术与其他学术体系的关系。所谓家族相似，就是在中国复合多元的学术中找到与其近似的资源，尝试引入其视角，从而开阔自身的理解。因而我关注现代语境下传统资源的现代转化，对各种尝试工作保持乐观。"② 这样的论点在我看来还是太过保守，还是不对等的态度，我们不妨看看中国古典文学理论界对类似问题的思考方式。

四川大学曹顺庆在《重建中国文论话语》中就提出："建立属于我们自己的从而是具有中国文化精神特质的中国现代学术话语系统。它必须是具有中国文化精神特质而又吸收全人类文化成就的新型话语系统。"但要如何建立，曹顺庆进一步提及：

> 中国现代学术话语系统绝不能一蹴而就，一朝即成。因此，我们只能从一个个带根本性的具体问题入手，以具体问题为中介让中西理论进行对话，在对话过程中凸显中西理论各自独特的声音。而这也就意味着如下三个方面：其一，我们所选择的问题必须是国际学术界共同关心并且具有重要理论意义的问题，这样既能对这些问题的解决起到实质性的推进作用，又可以在言说这些问题时以无可争辩的事实显示中国传统学术话语系统的言说能力，从而使中国现代学术话语系统在逐步建立的同时就取得其应有的话语权力。其二，我

---

① 方勇《再论"新子学"》，叶蓓卿编《"新子学"论集》，第12—22页。

② 方勇《"新子学"申论》，叶蓓卿编《"新子学"论集》，第37—49页。

们必须尽量让对话各方的声音得到最为清晰的呈现，只有这样才能进行最有成效的对话，而不是独白，或者是压制某方的声音使之不能被完全地表达出来并把不属于它自己的观点强加给它。要做到这一点，就必须就某一具体问题将中西双方观点的具体的历史面貌清理出来，让它们以最为完整的形态参与对话。这一点对于中国传统理论来说尤其显得必要，多年来我们比较多地运用西方理论来切割中国传统文化和学术，往往不是歪曲、忽略事实，就是根本不对中国传统进行切实的研究，只是想当然地以为它应该如何如何。其三，在对话终了，应该就这些具体问题以中国传统学术话语为基础吸收西方理论上精华，融会铸造出一些基本的理论和看法，并体现在若干核心概念或范畴之上，从而为建立整个中国现代学术话语系统打下坚实的基础，作好充分准备。[1]

曹顺庆提出的理论的"议题性""清晰、完整"且"多元对话"这三点和方勇教授的主张颇有异曲同工之妙，诚所谓英雄所见略同，文学理论受到现代学术知识体系制约和思想领域并无二致，也在努力寻找"话语权"。不过，文论界对此话语的反思已超过十五年了，后期进展似乎不大，关键何在？就是十五年来社会文化及国际局势亦有相当幅度的变异。其间种种，颇值得"新子学"省思。

（原载于《诸子学刊》第十八辑。作者单位：淡江大学中文系）

---

[1] 曹顺庆《中国古代文论话语》，《绪论：重建中国文论话语》，四川巴蜀书社2001年版，第2-3页。

被遗忘的现实：对于经学化思维的反思
——以"新子学"的多元意识为起点

吴剑修

学术应当关注现实，这一点似乎是没有错的。现实作为我们思想的最初源头，它必然居于第一性的位置，而理论作为现实的投射物，它所能做的是更为确切地去理解现实、解释现实；而不是意图去规范现实——这是一种乌托邦式的自负。然而，由于现实本身的复杂性，我们往往走入了这样的境地：在无法解释现实中的某种问题时，我们会用一套看似完美的逻辑话语对其进行规避，以此来保证理论自身的统一性。而这种统一性在现实中是否存在，其本身就是值得怀疑的。人类本性中对于现实的敬畏、对于自然的好奇，确实会使我们倾向于相信有那么一个统摄万物的"理"的存在，这一信仰也反过来激发了我们探索现实问题的热情。然而追求统一性的理论话语却恰恰相反，它自以为掌握了对于现实的解释权，却丧失了对现实的探索兴趣，而转向了对于现实的规范。

经学化思维就是这一现象的重要代表。孔子时代的原始经学建立在对于王官时代所遗留下来的礼、乐等具体器物的认知的基础之上，言之有物。正如孔子作《春秋》时所说："吾欲载之空言，不如见诸行事。"孔子对于理论的虚空言说并没有太多的热忱，虽然他对天理性命之说可能存在某种兴趣，然而他却罕言"性与天道"。孔子之罕言,正是儒家"阙疑"精神的体现。所谓"阙疑",即是指当我们对现实事件无法做出完满的解释时,先去搁置对于这一事件的解释和判断,而"多闻"中慢慢深化对于现实的潜在认识。所谓"多闻",即是指对于现实问题的一种多元视角。然而,汉代以后,董仲舒等公羊家将阴阳五行学说注入到经学之中,使经学被封闭在一套僵化的理论之中,谶纬盛行。加之,汉武帝之后,儒学独尊,排斥异端(如今文经师们囿于成见,不断阻挠古文经立为学官,即是一例),经学遂走向了僵化。原始儒学中"多闻阙疑"的多元精神遂消失殆尽。为避免这种空虚的理论自负,我们必须抱着一种谦逊的态度,采取一种多元的视角去观察现实问题。"新子学"提倡多元精神,其基点正在于此。

一、多元与共识:对两种经学思维的批评

有一点需要注意的是,我们提倡多元,并不意味着对于共识的解构。任何辩论都是建立在一个共识的基础之上的。这种共识的形成源自于我们对于现实对象的共有体验。没有体验就谈不上共识。如果我们要进一步深化对客观对象的认识,就必须进行多维度的观察,也就是说,我们必须从多元的视角下去认识对象。本质上说,多元是一种认知方法,而在最后的结论上我们仍然是要力求找出一个最终的共识,然而这并不意味着我们在没有找出最终的共识之前会武断地选取一个答案而排斥其他结论。这种情况下,我们所要做的是多闻阙疑,对事物本身保持敬畏之心,并不断去探索最终的答案。《易传》有言:"天下一致而百虑,同归而殊途。"与之相近的,《庄子·天下》《吕氏春秋·不二》直至《淮南子·要略》都表达了这种追求。实际上,任何会通如果曲人以从己,都难免会陷入压制和屈服。先秦学术

的意义恰恰在于多元性是一种追求会通的多元,因而保持了自身的自然生态。

然而,传统的经学思维则不然。经学思维追求一种内部理论的同一性,并企图以此来规范个体的行为。也就是说它不是从现实出发而是从原则出发。对于现实的关注仅仅是为了满足其自身的道德感的需要。郑樵言汉以后经学之弊端在于"义理之说太胜",此语可说是一针见血:

> 仲尼编诗,为燕享祀之时用以歌,而非用以说义也。古之诗,今之词曲也,若不能歌之,但能诵其文而说其义可乎?不幸腐儒之说起,齐鲁韩毛四家各为序训,而以说相高。汉朝又立之学官,以义理相受,遂使声歌之音湮没无闻。然当汉之初,去三代未远,虽经生学者不识诗,而太乐氏以声歌肄业,往往仲尼《三百篇》瞽史之徒例能歌也。奈义理之说日胜,则声歌之学日微。①

歌曲的旋律会将我们带入一种或悲伤或高昂的情绪氛围之中,这种情绪很多时候是共通的。理论的研究就是要弄清楚我们听到这些旋律为何会产生这种情感。而经学思维却并非如此,它过早地将一种价值判断引入其中,跟我们述说此种情感是对或不对的,是符合或不符合人伦道德的。我们对于歌曲本身最初的审美直觉被割裂殆尽,而只

---

① 郑樵此说单就《诗经》而发,马端临因之而推及《易经》《礼经》:"按夹漈以为诗本歌曲也,自齐鲁韩毛,各有序训,以说相高。义理之说既胜,而声歌之学日微矣。愚尝因其说而究论之:易本卜筮之书也,后之儒者知诵十翼而不能晓占法;礼本品节之书也,后之儒者知诵戴记而不能习仪礼。皆义理之说太胜故也。先儒盖尝病之矣,然诗也、易也、礼也,岂与义理为二物哉?"参见郑樵《通志》卷四十九《乐略第一》,清浙江书局本。

剩下一种虚无缥缈的道德关怀了。换句话说，经学思维在还没有真正体验到现实的滋味之前就意图用自身的价值体系去规范现实了，这无疑是对现实的背叛。也就是说经学思维根本没有真正计划直面现实，更没有改造现实的打算，它的存在与真理无关，只与某种特定的目的相关联。经学思维无疑成为了意识形态的同谋，成为压制现实的一种手段。

后代学者对这种经学思维的弊端也有切身体会。朱熹作《诗集传》不正是要打破经学思维中那种令人感到乏味的道德说教，去还原《诗经》本有的天真么？章学诚提倡"六经皆史"不正是对于经学思维"离器言道"的批判么？章学诚如此批评道：

> 学术之未进于古，正坐儒者流误欲法六经而师孔子耳。孔子不得位而行道，述六经以垂教于万世，孔子之不得已也。后儒非处衰周不可为之世，辄谓师法孔子必当著述以垂后，岂有不得已者乎？何其蔑视同时之人而倦倦于后世邪！故学孔子者，当学孔子之所学，不当学孔子之不得已。然自孟子以后，命为通儒者，率皆愿学孔子之不得已也。以孔子之不得已而误谓孔子之本志，则虚尊道德文章，别为一物。大而经纬世宙，细而日用伦常，视为粗迹矣。故知道器合一，方可言学。①

章学诚毫不讳言造成学术停滞的原因就在于儒者们师尊孔子、则效六经的经学思维。经学思维将孔子所传的六经视为普遍真理的体现，并将其神圣化。然而孔子删述六经是因为他无法"得位行道"而采取的一种万不得已的方法。后代儒者则效六经是在学孔子的不得

---

① 章学诚《文史通义》，民国嘉业堂章氏遗书本。

已,这无疑违背了孔子的本意。儒者们将虚遵道德文章,沉浸在自己的道德乌托邦中,对现实中的宇宙万物和日常人伦不屑一顾。然而日常人伦才恰恰体现了道之存在,才是道的现实表象,而六经只不过是道之"陈迹"。日人三田村泰助曾如此评价章学诚"六经皆史"的思想内涵:

> 清代经学复兴的潮流,使六经重新成为载道之书……主张经学即理学的顾炎武说"流行天地间,贯彻古今,而无不同者理也",主张它们是超越时空的绝对真理……而顾炎武的学说通过戴震,试图以"自然"和"必然"的形式进行理论上的改革深化,然而,其性格依然是基于同一性的一个形而上学……但是,当章学诚站在史学的立场上时,这些东西的价值秩序就不得不进行自我变更。他所带来的历史主义把一切相对化。不管是圣人周公,还是孔子,都在时会的名义下,被置于历史世界之中进行定位。此等情况被"六经皆史也"一句话所概括。①

章学诚对于现实中人伦物理的强调,使他走向了历史主义的研究路径。历史主义坚持一种情境式的方法,认为任何价值、理论都必须放到具体的历史情境中来考察,它们在历史情境中呈现出来,其目的是为了从原初上理解其要旨和目的所在,也是为了看看其是否阐明了我们自己的思想和生活。笔者认为,历史主义本身就是一种多元视角的延伸。因为对于具体的历史情境,研究者所采取的研究视角本来就是多元的,和研究者的偏好有极大关系。而无论视角多么不同,只要研究者时刻保持着对于历史现实的敬畏之心,他仍然不失为一个历史

---

① 三田村泰助《章学诚的史学立场》,《东洋史研究》1952年第9期。

主义者。而这种多元视角的立足点是具体情境中所凸显出的问题，研究者并不是以某一具体原则贯穿始终，而是以具体问题贯穿始终的。"新子学"提倡多元视角，必然也伴随着以问题为中心的研究理路，而不是理论先行。

传统的经学思维言必称孔孟，将六经神圣化，这是一种理论先行的形式表现。民国之后，传统的经学思维日渐式微，然而另一种经学思维却又趁势而起：对于西方哲学理论的崇拜。平心而论，西方的坚船利炮和他们带来的人文主义精神着实刺激到了中国人，诸子学也随之发生变化：由"务虚"向"治世"转变，由"考据"向"义理"转变。但是，西方的人文主义传统是在其自身政治文化土壤中生长出来的，与中国文化气质截然不同。要想将这样两种存在巨大差异的文化融合在一起，其难度可想而知。而且更重要的是，这两种文化的交流和融合从一开始就是不平等的。与其说是交流，不如说是依附，是意图从西方的人文话语中来寻求自身合法性的文化自卑。如胡适《中国哲学史大纲》曾风行一时，却"不能不依傍西洋人的哲学史"。① 冯友兰《中国哲学史》绪论开篇即说："哲学本一西洋名词，今欲讲中国哲学史，其主要工作之一，即就中国历史上各种学问中，将其可以西洋所谓哲学名之者，选出而叙述之。"② 在此境遇下，"孔子成了最时髦的共产主义者，又成了新大陆晚近的行为派的心理学家"，或"以爱因斯坦的'相对论'解释《老子》。"③ 至于以格致论公输之巧技、平等比墨子之兼爱，或以孔学效耶教、《淮南》列电力者，更是不一而足。结果是使子学渐渐失去理论自觉，沦为西学理念或依其理念构建的思想史、哲学史的"附庸"：既缺乏明确的概念、

---

① 胡适《中国哲学史大纲》，上海：商务印书馆，1919年，第2页。
② 冯友兰《中国哲学史》，北京：中华书局，1956年，第7页。
③ 冯友兰《中国哲学史》，北京：中华书局，1956年，第7页。

范畴，又未能建立起自身的理论体系，也没有发展成一门独立的学科，唯其文本化为思想史、哲学史的教学与写作素材。因而当时罗根泽就想撰写《由西洋哲学铁蹄下救出中国哲学》一文，以揭穿这种中国哲学家披上西洋外衣的把戏。①

中国古典学术与西方学术存在很大差异，这一点近代以来的学者有清醒的认识。中国哲学重实行，传授知识时讲求"不愤不启，不悱不发"，认为知识只是对实践的领悟。而西方重逻辑、演绎，他们所谓的知识在没有经过实践检验之前，就已经绝对化为一种真理，这是我们决然无法接受的。梁漱溟在批评熊十力苦心构建哲学体系的追求为何失败时，极其严苛地指出他"癖好哲学这把戏"，"意在吸收西方哲学之长，以建立其本体论、宇宙论等等。口口声声以'内证离言''体神化不测于人伦日用之间'为哲学旨归，而实则自己不事修证实践，而癖好着思想把戏。其势要把不尚理论者引向理论"。②

站在"新子学"的角度上，我们必须重新审视"中国哲学"的方法论路径。中国自古以来的哲人都不曾放弃修身的工夫。当今中国哲学的学术范式也绝对不能只在逻辑和演绎中娱乐自己。我们必须重新唤醒传统资源的价值意义，让经典回到生活境遇中。

二、如何切入现实：传统和现代之间

"新子学"对于现实的深切关怀是其最终的意义所在。新子学不

---

① 罗根泽在此文中对诸子学的研究方法做了极为细致地论述，对今日学者不无裨益。详见罗根泽《古史辨·第四册·自序》，载罗根泽编著《古史辨（第四册）》，上海：上海古籍出版社，1982年。

② 梁漱溟《勉仁斋读书录》，《梁漱溟全集》（第7卷），济南：山东人民出版社，2005年，第756页。

应当成为炫耀知识的空中楼阁,它必须为现实贡献自己的价值。那么我们该如何切入现实?不做任何思忖一股脑跳入现实的泥淖之中,这只是一种肤浅的躁动。现实的力量终究是太过强大了,我们可以置身其中,但很难抽身物外。如果过于接近现实,"新子学"就不免有被现实同化的危险,就不免走向一种俗套,这种俗套的重要标志就是以今推古,而这也就意味着新子学本身的意义已经被消解了。学术的独立性就在于它对现实的指导和批判,其最终意义还是要让个体在现实中升华,得以自由。当局者迷,旁观者清。要去深刻地了解现实并改造现实,我们首先必须做一个旁观者,并选取自己应有的角度去观照现实。"新子学"将目光投向过去,但这并不意味着我们要将过去的东西强行嵌入现实之中。现实源于过去,并和过去都共同分有某种价值——我们将此称之为传统。"传统"并非直接等同于"过去"。"过去"代表已死之物,"传统"则指存在于当下、并介入现有世界构建的事物,即一切传统的也都是当下的,它就存在于我们每个人的现世生活之中,就流淌在我们的血液里,就表现在我们平凡人的行为中,正是它们才构成了我们现时性的肉体形象、心智类型、行为方式和道德观念。传统的发生和发展是一种自发秩序之物,是一种在时间的向度上极其自然的传递与延存,不仅是心智性质的传承,同时也是行为方式的传承。我们能感受到传统,却并不能真正认识它。它对个人的影响可以追溯到童年,直到死去。一种传统,我们很难说出它到底是好是坏。它有时成为我们快乐的理由,有时却成为我们痛苦的因素。那种"取其精华,去其糟粕"的陈词滥调并不能表明我们对待传统的态度。在过去的社会结构之中,传统的价值可能表现得更为明晰,而在现代社会,由于工业社会体系的强制压力,传统的作用变得更加隐晦,它失去了自身的话语。一句话,它变成了一种幽灵的存在。然而这个幽灵却是结构着我们精神生活的重要因素。当我们在反思自身的精神困境时,对传统因素的忽略,只会将我们的思考引入歧途,思考最终将成为一种无根的玄想。困境的产生源于对于现实变化的不适应，精神本身的稳定性得到动摇。在再次建构这种稳定性的过程中，我们企图采取一种物化——以外在之物去弥补精神结构的缝隙——的形式去安定自己的内心。然而这与其说是安定，不如说是沉湎。对于外在之物的获取只是对自身精神问题的逃避。欲望即匮乏。我们对物质过多要求只能说明精神的内在缺陷。有鉴于此，一些学者反其道而行之，企图以一种复古的方式去对抗这一浮躁的物质世界。提倡建立儒教正是这一复古思维的延伸。然而，破镜终难重圆，我们要做的不是去剔除现代性，而是要让现代性如何更好地融入。

因为究其本质而言，现代性与传统并非完全排斥的两个东西。正如克罗孔所说："所有的人类社会，从最原始的到最现代的，都构成统一连续体。"[①] 过去和现代之间并非断裂的沟壑，二者一直处在线性的演进之中，而贯穿其中的正是传统。不管我们的生活方式是多么现代，我们都不得不承认，我们一直生活在传统的映射之中。在中国的文化语境下，不管我们怎么谈现代性问题，都逃脱不了传统这一论题。我们的困境在于二者的对抗，而我们的出路也只有促使它们有效地融合。如何融合？这是摆在我们面前的重要问题。简单地说，就是如何让现代性渗透到传统的精神结构中去。首先，我们就必须以传统为原点建立一个参照系。在这个参照系中，我们再去反观现代社会，许多困扰我们的问题也就变得明晰起来。如何认识传统？我们必须回归原点，从一种始源性的时间维度去看先秦的多元思想是如何在漫长的两千年中延伸发展的。并在时间的回溯中，发现那些不变的东西，将这些不变的东西作为我们研究现代性的坐标轴。坐标轴的建立不当是二维的，而应当是多维的，这样我们才能真正地切近传统的内核

---

① C. KLYCKHOHN: *Mirror For Man*, New York: Mc Graw—Hill paperbecck, 1949, P16.

（即使我们达不到内核）。

我们不能要求传统思想全面构造现代社会，传统文化的意义在于为社会提供价值系统，提供参照系，以此来引导人们设定他自身的生活方式，解决现代背景下的人的问题。不同的文明传统有不同的价值体系，西方有其自身的价值体系和解决方案，东方也自有东方自身的价值体系和解决方案。西方的价值体系与其历史文化紧密相关，并不能解决中国社会的困境。要解决现代化中的中国人的问题，无法模仿西方，只能通过对自身文化的创新来解决。诚然，先秦诸子并没有现代生活的经验，他们的思想也不是为了解决今天的问题。但是，诸子思想是对文明的深刻洞见，尤其是对人的深刻理解，这些具有普世和恒久的价值。假如我们把技术和资本的问题理解为物，先秦诸子要处理的就是人如何应物的问题，这是传统文化研究创新的根本点。

现代性与工业社会的物质生产紧密结合，可以说没有现代技术就没有现代性。技术的可怕之处，对社会结构具有强大的操控力量。在技术的操控下，精神内部的立体和多元被挤压成扁平的线性结构。个体丧失了自我反省的能力，一味地认同现实，不会去追求更高的生活，甚至没有能力去想象更好的生活。其次，技术理性成为新的社会统治形式。正如马尔库塞在《单面人》中所说："技术进步持续不断的动态，变得为政治内容所充满，技术逻各斯被转变为持续下来的奴役的逻各斯。技术的解放力量——事物的工具化——成为解放的桎梏；这就是人的工具化。"[①]

如何不让个体成为技术的工具，如何让我们的精神变得丰富和多元？这是横亘在我们面前的巨大难题。也只有解决这样的难题中国人的文明生活才是值得期待的。只有发掘传统中所蕴藏的多元属性我们

---

① 马尔库塞著《单面人》，左晓斯，张宜生译，长沙：湖南人民出版社，1988年，第136页。

才能看到问题的解决。作为一个有着悠久文明的国家，中国的传统研究最终还是要提供一种身份认同和对现实生活的引导，助力于文明生活的重建。"天下文明"是古人最高的理想，也是吾辈应当努力驱驰的方向。

传统中国早已融入现代世界体系当中去了，中国的命运和整个世界息息相关。我们必须深入到当今的文化生活中去，并从中寻找出与传统相通的价值连接点，并在此基础上实现个性价值的回归。"新子学"提倡唤醒价值，其中之义就在于此。

（原载于《集美大学学报》2018年第3期。作者单位：华东师范大学中文系）

以《论语》为例，谈"离经还子"

徐宏勤

经、子关系一直是学界讨论的热点话题，尤其是随着国学之辩、"新子学"等理念在学界不断探讨与推广，使得这一话题日渐升温。而这又涉及一个共同的话题，即对儒家以及儒家经典的定位。而后者，即对《论语》在内的儒家典籍的经、子定位，则是本质的问题。《论语》是儒家经典，是孔子思想及儒家主旨的主要载体。在汉代以前，其与先秦诸子并处。此后，由于大一统国家建设的需要，儒家渐趋一尊，《论语》地位也随之不断发生变化，最终由子升经。在地位攀升的同时，也使其不断神化、教条化、至尊化。今天，在文化多元开放的大趋势下，对纳入经学的包括《论语》在内的典籍作子学的剖析，不仅有助于还原其本来面目、把握学术思想主流，同时，亦能有助于建立新的、健康的学术格局。

一、《论语》的"升子为经"

《论语》作为儒家重要典籍之一，它的定位是与儒家学派的发展变化有着密切的联系。冯友兰先生著《中国哲学史》，将中国哲学史分为"子学时代"和"经学时代"，而"子学时代"主要讲的即是先秦诸子百家。此时的儒家虽为显学，然仍是百家之一，属九流之列，《论语》也仅作为儒家学派内部经典存在。而经学一词则相对晚出，始见《汉书·儿宽传》："见上，语经学，上说之，从问《尚书》一篇。"《汉书·邹阳传》："邹鲁守经学，齐楚多辩知……"

  然而，这并不意味着在先秦没有"经"存在，只不过此时所谓的"经"指的是《易》《诗》《书》《礼》《乐》《春秋》等六部著作。这六部典籍在被孔子整理之前是以经法的形式存在，有经之实而无经之名，即被后人称作的"古六经"①。这一时期的"六经"并非儒家学派所专有，它是中国文化的源头，是各学派共有之学，属于诸子百家共有的知识库。至汉代，准确说是汉武帝时期，随着大一统国策的确立，在政治、经济、军事上皆采取了一系列强化中央集权的措施。这必然需要思想文化上做出相应的回应。于是元光时期，武帝接受儒学代表人物董仲舒的建议，在思想文化界首开"罢黜百家、独尊儒术"的政策，从而逐渐确立了儒家的正统与主导地位。其后，武帝立五经博士，"经"就变成了特指儒家学派推崇的孔子整理并传授的五经（乐已失传）专称。继之之后，便有了官僚和士大夫对儒家经典著述的阐发和议论，并通过对经典的阐释，来指导当时国家的政治及社会生活，以体现社会道德标准和价值取向的所谓"经学"。在前后十余年间，历经议明堂、制策贤良、任用儒吏等举措，使得这一思想文化政策由政治开路到理论完成，继而组织实现，使儒学得到长足发展，由先秦的显学一跃而凸显于诸家之外，成为此后中华民族两千余年的主导思想学说。

---

  ① 关于"古六经"话题，可参见刘师培《经学教科书》，刘师培著、万仕国点校《仪征刘申叔遗书》，广陵书社，2014年，第5977-5978页；陈赟《先王的政教实践与孔子之前的古"六艺"——孔子能够"定"六经的历史前提》，《齐鲁文化研究》总第13辑。

随着经学的盛行，儒家学说日益显赫。但同时也使其原本就"儒分为八"的学说内部，再次发生变化。如上文所述，原本的"古六经"属百家共有，然经孔子删《诗》《书》，定《礼》《乐》，赞《周易》，修《春秋》之后，这五经（乐经后佚失）就逐渐带有儒学的色彩，经学也就成为儒学的核心。至此，儒学即有了后世所谓的"子儒"与"经儒"的区分。原属于儒家自己且本隶属于子书系统的专著，此时也出现了分离，其中尤为明显的就是《论语》一书。在《史记》《后汉书》中，对《论语》的征引，皆以"传曰""记曰""语曰"等形式标注。而传、记等为汉代儒学解经的形式，故王葆玹先生认为："西汉人用'传'字来指称先秦诸子，是由于武、昭、宣、元时期，诸子之书都被看做是五经的辅翼，归入了经学传、说、记的系统。"① 这一定程度上可窥测到，诸如《论语》等儒家专著开始逐渐脱离"子"而向"经"靠拢。宣帝时，为了进一步统一儒家学说，加强思想统治，在石渠阁会议，讲论"五经"异同，即《易》《诗》《书》《礼》《春秋》等。但从《汉书·艺文志》记载可知，《论语》亦在论定之列。可以说，在当时《论语》虽无经之名，而确有经之实了。此外，当时的《论语》包括《孝经》，不仅是通往五经的桥梁，更是举博士的条件之一。王国维先生《汉魏博士考》一文言道"《汉官仪》所载博士举状，于五经外必兼《孝经》《论语》"，并进一步指出："汉时但有受《论语》《孝经》、小学而不受一经者，无受一经而不先受《论语》《孝经》者。"② 故而，在汉代目录学的分类中，《论语》就显得尤为特出。在《汉书·艺文志》中，班固将其置于"六艺略"之后、"诸子略"之前，亦未必不是缘由于此。至

---

① 王葆玹《今古文经学新论》，北京：中国社会科学出版社，1997年，第66页。

② 王国维《观堂集林》，北京：中华书局，2004年，第180-181页。

东汉灵帝时所刻的一字石经，列《论语》于其间，被后人称作"七经"①。至此，《论语》逐渐完成了它的升"经"之路。

儒学一尊是社会历史发展的必然，是汉代政教关系的一种体现。秦帝国采取法家的方案；汉初及魏晋时期践行黄帝、老、庄的思想主张；至汉代（武帝时），儒家学说契合了时代的发展，展现了其他各家不具备的适应性。这些皆是历史的选择，是社会发展的必然。而随着学派的推尊，学派内部著作的华丽转变也就自然而然了。此后两千多年，以经学为核心的儒家学派的主导地位日益稳固，包括《论语》在内的儒家著作也日益经典化、至尊化。尤其南宋以后，四书系统的形成，使得《论语》、包括《孟子》在内的儒家典籍，地位更加尊崇，同时也渐趋泯灭了作为子书的因子。

二、《论语》中"子"因素的探析

诚然，"独尊儒术"的文化政策对专制制度的加强和国家的一统起着重要的作用，逐渐成为思想意识形态的一极，后世的统治思想和文化政策无非是对它的修补。可以说封建思想的实质就是儒家思想，其独霸中国思想文化二千余年。然物极必反，没有百家的争鸣探索，单一的思想模式造成的不仅仅是政治的专制，更是社会文化的僵化。于是，在大的文化背景下，就出现了对儒学的新诠释，即"子儒"与"经儒"的探讨，以及更为明确的理念和口号，即"离经还子"。

---

① 关于"一字石经"即"熹平石经"的经数，虽《后汉书》《隋书·经籍志》等文献有不同的记载，但《论语》位列其间应属可信的，参见顾炎武《石经考》、王国维《魏石经考》等。

(一)"离经还子"理念的渐趋深入

早在明、清之际,傅山就曾明确提出"经子平等"的理念,但并没有引起太大的反响。此后,章学诚在《校雠通义》中指出:"至于《论语》《孝经》《尔雅》,则非六经之本体也,学者崇圣人之绪余,而尊以经名,其实皆传也,可与六经相表里,而不可与六经为并列也。"① 这里虽然没有直言《论语》当为子,却指明《论语》等儒家著作本质上是不能与经并列而称的。到20世纪初,章太炎、刘师培在前人基础上作了更进一步的发挥。章太炎"诸子出于王官论"的命题,明确阐发了经、子平等的思想倾向。刘师培则主张孔学还原为子学,认为:"孔学之在当时,不过列九流中儒家之一耳。"② 于此前后,江瑔在《读子卮言》中也提出相似的观点,他认为:"是可见孔孟之学,虽远过于诸子,而在当时各鸣其所学,亦诸子之一也。"③ 相比之下,蒋伯潜在《诸子通考》中更坦言道:"孔子为诸子之开祖,私家之著述,始于弟子后学记纂孔子言行之论语;与其以《论语》为六艺之附庸,不如以《论语》为诸子之冠冕云云。"④

"离经还子"的理念与口号是时代发展的必然,更是学术生存的需要。经历二千余年的岁月,经学的弊端日益凸显出来⑤。神学化、

---

① 章学诚《校雠通义》,上海:大中书局,1934年,第39页。
② 刘师培《仪征刘申叔遗书》,扬州:广陵书社,2014年,第4562页。
③ 江瑔《读子卮言》,上海:华东师范大学出版社,2011年,第39页。
④ 蒋伯潜《诸子通考》,台北:正中书局,1948年,第277页。
⑤ 诚然,由于经学是儒学的核心组成部分。因此,后世学者对经学的批判与指责常常也就容易犯打包性的错误,将其弊端笼统地冠以整个儒学,这诚然是不客观的。关于这一点,可参见杨少涵《走出经学时代——儒家哲学现代化的范式转换》,《探索与争鸣》2013年第7期。

政治化、章句化以及至尊化等都是批判经学的代名词。晚清民国之际，随着封建社会的衰朽，更由于西方新思潮的冲击，使得学者开始对学术本身进行重新审视和反思。而经子关系就是其中的一个侧面。

诚然，经历千余年的转变，世人对于包括《论语》在内的著作经学化思维早已根深蒂固。孙以昭先生在《"新子学"与儒学、经学的关系及其在传统文化中的地位》对经、子关系的这种你中有我、我中有你的情形就做过详细的阐述①。因此，我们认为，与其空喊口号，去争论经、子关系，倒不如把精力放在对儒学本身经学化与子学化的区分以及对"升经"的子作文本的探讨上，去深入挖掘其中蕴含的子学因素以及传承不息的诸子精神。

（二）《论语》中鲜明的诸子精神

先秦诸子时期是子学研究的源头，也是诸子精神最为饱满、昂扬的时代。春秋战国之际，礼崩乐坏，王室倾颓；诸侯争霸，战乱频仍。是以诸子云蒸霞蔚，九流应运而生。面对现实，诸子或干谒诸侯，出谋献策；或飞辩驰说，各鸣其学；或跻身文教，著书立说。但都不辞跋涉之苦，不避刀斧之灾，以述道见志的思想理念，自觉承担起拯世救俗的责任，从而展现了自我的真精神。而这些精神在《论语》中同样熠熠生辉。

1. 执着进取，自强不息的精神

先秦诸子，在弘扬己说，游说诸侯过程中，往往碰壁，未能一帆风顺。故而，具有进取之心和自强之精神就显得格外重要。就《论语》而言，这种自强的进取精神蕴含在全书的字里行间，鲜活地体现在孔门众人身上。此前，胡适先生在其《说儒》一文中，征引了

---

① 叶蓓卿《"新子学"论集》，北京：学苑出版社，2013年，第439-442页。

大量《论语》的言语，认为孔子的重大贡献之一就是"把那有部落性的殷儒扩大到那'仁以为己任'的新儒；他把那亡国遗民的柔顺取容的殷儒抬高到那弘毅进取的新儒"①。虽然钱穆等人对"儒"在孔子之前为柔弱之儒的观点给予激烈反驳，但对于儒者刚毅进取的论断确持赞同观点。刚毅进取，不仅体现在胡先生所列举的《论语》中孔子的言论中，更反映在孔子及其门人的行动中。孔子游历列国，干谒时君，绝粮陈蔡，见恶桓魋，然从未有过退志，并能以"君子固穷"的达观态度坦然面对。此外，在欲应叛臣公山弗扰和佛肸的征召，遭到子路批评的时候，孔子毫不讳言地言道："夫召我者，而岂徒哉？如有用我者，吾其为东周乎？""吾岂匏瓜也哉？焉能系而不食？"② 毫不讳言地表达了自己出仕的愿望和对理想追求的进取精神。孔子一生都扮演着"待贾者"的形象，并以其"知其不可为而为之"的精神追逐着他的周公之梦。虽然由于"凤鸟不至，河不出图"③ 而留下了"不复梦见周公"④ 的遗憾，但却用自己的言行诠释了诸子时代自强、进取的精神。

2. 坚守自我，自信不移的精神

先秦诸子抗言立说，飞辞雄辩，本就是自我、自信的精神体现。每一家都有自己的一套系统学说，自己的立言宗旨，并能持之有故，言之成理。故而各鸣所学，互不相让。是故，孟轲有"舍我其谁"的张扬、荀卿有"非十二子"的激进、庄周亦有对诸家"一曲之士"的评判。这都是自我的标榜、自信的体现。在《论语》中，孔子虽

---

① 胡适《胡适论学近著》，上海：商务印书馆，1935年，第66页。
② 程树德《论语集释》，北京：中华书局，2014年，第1538、1553页。
③ 程树德《论语集释》，北京：中华书局，2014年，第758页。
④ 程树德《论语集释》，北京：中华书局，2014年，第570页。

常常贯彻"三人行,必有我师"①、"勿意、勿必、勿固、勿我"②的思想,但以自我为中心的自信精神,还是时常闪现在言谈中。颜回是孔子最喜爱的弟子,这不仅因为颜回敏而好学,亦步亦趋地跟随孔子。同时也是缘于颜回能"一箪食,一瓢饮,在陋巷"③,在人不堪其忧的情况下坚守着自我,故而圣人数叹其贤。孔子是个讲老理儿的人,并能将其一以贯之,绝不屈己从人。如"拜下,礼也",对于"今拜乎上"的违礼之举,孔子坦言道"虽违众,吾从下"④,展现了忠于信仰,坚守自我的精神。先秦诸子都很自信,都认为自己是王道正统的承继者,坚信如果君主能落实自己的治世理念和方针,则必然能够富国安民,使海晏河清,九州一统。孔子亦不例外。他对自己的才能很自信,故周游列国,"以六经干七十二君",并宣称"苟有用我者,期月而已可也,三年有成"⑤。同时,孔子更是以文武周公之道的传承者自居,并认为道在己身。故能于被拘之时坦言道:"文王既没,文不在兹乎?天之将丧斯文也,后死者不得与于斯文也。天之未丧斯文也,匡人其如予何?"⑥ 表现出了大无畏的自信精神。

3. 当仁不让,唯理是争的精神

百家争鸣,是对春秋战国之际学派间争芳斗艳现象的生动概括,展现了当时学术的繁荣景象。它留给后人的不仅仅是思想的瑰宝,更有最具特色的子学精神——争鸣。孔子,被王充称为"诸子中最卓越者"。在诸多史料中,除了有和老子论道的记载外,不见和他子的辩论。但这并不代表孔子以及孔门弟子没有争鸣的精神。玩味文本,

---

① 程树德《论语集释》,北京:中华书局,2014年,第621页。
② 程树德《论语集释》,北京:中华书局,2014年,第740页。
③ 程树德《论语集释》,北京:中华书局,2014年,第498页。
④ 程树德《论语集释》,北京:中华书局,2014年,第739页。
⑤ 程树德《论语集释》,北京:中华书局,2014年,第1171页。
⑥ 程树德《论语集释》,北京:中华书局,2014年,第746-747页。

可以发现这种精神反映在《论语》里，体现在孔子和门人的言论中。如《先进》篇言道：子路使子羔为费宰。子曰："贼夫人之子。"子路曰："有民人焉，有社稷焉，何必读书，然后为学？"子曰："是故恶夫佞者。"又如《阳货》篇：宰我问："三年之丧，期已久矣。君子三年……期可已矣"子曰："食夫稻……安乎？"曰："安""女安，则……则为之。"佛肸召，子欲往。子路曰："昔者……如之何？"子曰："然，有是言也。……焉能系而不食？"如上三则，可称得上《论语》中较有系统的论辩。他如《子路》篇，孔子和子路关于正名的讨论；《宪问》篇，孔子和子路关于成人的探究；《季氏》篇，孔子和冉有关于季氏伐颛臾的争论等等，都可以称得上程度不同的辩论。诚然，相较于诸子学派之间的辩论而言，这些只能算得上是"小争鸣"。这自然和《论语》的语录体形式以及成书过程不无关系。《论语》是孔子弟子门人的集体著作。它的许多章节虽不似春秋引诗的断章取义，但今人已很难得知其言论时的背景。《论语》中的许多言语，都似孔子就某一问题所下的断语。从"孔、墨之后，儒分为八，墨离为三，取舍相反、不同，而皆自谓真孔、墨"[①] 的发展演变及孔子"当仁，不让于师"的思想主张，我们完全可以猜想，当时孔门弟子之间必有意见相左的地方，也就必然存在争鸣、辩论。而《论语》中孔子的许多言语或许就是夫子针对弟子间的相与论争而做的结论、断语。只是后来弟子门人在"相与辑而论纂"之时，略其辩而独取夫子言语而已。

[①] 陈奇猷《韩非子集释》，上海：上海人民出版社，1974年，第1080页。

三、对《论语》等作"离经还子"的时代意义

诚然,经、子关系是一复杂且值得探究的学术热点话题。无论是曾经的"升子为经",抑或是今天的"离经还子",都是社会发展和学术本身完善的必然选择。在本着实事求是与架构新的、健康的学术格局的理念上,我们是赞成"离经还子"的观点的。然而我们认为的"离经还子"并非单纯意义上把《论语》等归类为子部、子学系统中,而是从更为理性和客观时代性出发,去探析这些"经"中的"子因素"。换而言之,我们一定程度上认为诸如《论语》等著作可以如"经儒""子儒"同属于儒的情形一样,可以经、子兼具。

因此,相对于欧明俊先生的"《论语》《孟子》早已入经部,仍应视为经学来研究,不必再'离经还子'",认为只有在"论先秦'原生态'的诸子学时可视为'子'"①的观点,我们则更倾向于刘思禾先生的看法。刘先生认为:"任一时代的任何一种学问都可能成为官学或主流意识,只要其具备了适应时代发展的内涵。今天所作的诸子学思考,也是如此。所以,我们不必过分强调经子之间的冲突,而应在更大的视野中看到子学和经学的共通处。"②而我们上文所做的追本探源以及从文本入手对《论语》中诸子精神的挖掘,都是源于此一理念展开的。从某种意义上讲,我们认为这种做法并非是调和的手段。先秦诸子是本着"入道见志"的理念著书立说的,其共同

---

① 欧明俊《"新子学"概念的界定》,《中国社会科学报》2013年6月28日B01版。

② 刘思禾《探索前期中国的精神和观念——"新子学"刍议》,《河北学刊》2015年第5期。

的"志",也即他们共同的归宿皆是"治"。同样地,对于处于至尊地位的经也曾在经世致用的理念下为社会的发展起过重要作用。然而,同样为了维护社会统治的需要,使其逐渐政治化、神化、至尊化。因此,对其作"子"的探析就是希望其能恢复到先秦诸子争鸣时期那样,去参与学术的交流、思想的碰撞,从而缓解其长期以来造成的僵化。这对于今天学术的良性发展,无疑将起到重要的促动作用。

就儒学而言,将《论语》等典籍作"离经还子"的处理,去探析其中合理的子学成分,不仅不会使儒学失去什么,反而是从思想深层还儒学以本来面目。班固在《艺文志·诸子略》中虽然站在儒家的立场对先秦主要学派都进行了评论,但对诸子各派学说并非完全否定。在承认其合理成分的同时,将其弊端归罪于"放者""拘者""刻者""敝者"之流。班氏所评内容是否客观、合理,学界多所论述,且不探究。我们要说的是,任何一个学派、一种学说的出现都不是偶然的,它合理的一面应是主要的。其弊端的呈现则是"讦者""邪人""荡者"等任意发挥,抑或是政治的需要,使其渐趋脱离现实,继而显现得不合时宜。由于政治上大一统的需要,儒家被独尊于众家之上,《论语》等典籍也随之增价。虽然这些典籍中的思想也曾起到经世致用的作用,但更为主要的是逐渐使其成为后世文人学者注解、笺疏的对象,其思想内容逐渐僵化乃至被曲解。客观地说,这种现象是社会发展的选择,是历史进程的无可奈何。然而在学术发展日益复合多元的今天,各个学科领域都在主动探索自己的新出路,新方向。就儒学而言,"新儒学""新经学"等理念和主张也相继呈现。这是儒学自身生存、发展所做的必要探索。我们认为,这种探索应该包括对《论语》等儒家典籍作"离经还子"探究,对其内在子学因素乃至子学精神的挖掘上。这不仅可以还原孔子及整个儒家的思想、《论语》的本来面目,更可以深层次上发现蕴含其间的生命悦动和精神活力。同时，这对于明确区分经学化的儒家和子学化的儒家、厘清儒家内部结构，并在此基础上建构起新的儒学发展模式，都将是大有裨益的。

再有，就子学而言，将《论语》等典籍作"离经还子"、深入探析其内在的子学因子、子学精神的践行，不仅能还原子书乃至子学系统的完整面貌、丰富子学精神，更能为今天子学的发展注入新因素。我们不否认以经学为核心的儒学曾为中华民族的一统所起到的积极作用，但亦需要承认子学的潜在贡献。先秦诸子以"入道见志"的思想载体和理念去追求"治"的最终诉求，即便在儒学独尊的时代也以其灵活多样的方式、鲜活的时代内容存在着，并与丰富多彩的现实世界保持着交互相通的关系。从明清之际傅山"经子平等"的口号，直至近现代章太炎、胡适、冯友兰等人力倡诸子学，都体现了时代对子学发展提出的呼声。尤为可关注的是华东师范大学方勇先生于2012年提出的"新子学"这一理念，可谓是子学在当下社会发展的新呼声、新方向。在《"新子学"申论》一文中，方先生就经、子间的关系作了详细的阐述，他认为"所谓'新子学'，就是要突破传统四部分类的法，把子学作为真正的学术思想主流去把握，对于纳入经学的孔子、孟子等作离经还子的处理，明确区分经学化的儒家与子学化的儒家，重新清理和整体考察历代子学，寻绎中国学术的内在肌理"①。随后，学界诸多学人对这一理念做出回应，其中就有针对经、子关系展开的探讨②。对于方先生的这一经、子关系的论述，我们是赞同的。我们认为，所谓的离经还子，其最终归结处就是在更为理性、更为广阔的视野中去探求子学与经学的共通处。诸如《论语》

---

① 叶蓓卿《"新子学"论集》，北京：学苑出版社，2013年，第25页。
② 学界对于"新子学"之"新"的阐述可谓仁者见仁，相关论文可参见叶蓓卿编《"新子学"论集》（一辑），学苑出版社，2013年。

等典籍仍可以作经看待，但同时也要挖掘其内部原始的子学因素、子学精神，使其能与道、法、墨诸家平等地进行谈话与研究，从而进行思想的碰撞，缓解、消除彼此间的僵化，推动当今子学的良性发展。

我们认为，随着历史的发展进程，任何一种学说都有可能成为社会的主流思想，只要其具备了时代发展的需要。因此，我们所认为的"离经还子"并不是要强化经、子间矛盾、对立的关系，而是认为应该在更为广阔的视野中探析两者间的共通处。儒家依旧可以兼有子儒与经儒，而《论语》等儒家典籍亦可成为子学、经学乃至儒学研究的共同对象。但无论哪种研究，其最根本的目标和最终诉求都必须实事求是地挖掘其思想内核，保证其与诸家思想的交流，消除其已经出现或可能出现的僵化。这是时代的要求、是建构良性学术格局的必然，更是儒学永葆生命力的有效途径。

（原载于《管子学刊》2019 年第 2 期。作者单位：华东师范大学中文系）

有关新子学研究的几点意见

孙以昭

2012年10月22日,《光明日报》"国学"版刊登方勇教授《"新子学"构想》一文,引发了海内外学术界和社会各界的广泛关注与热烈讨论。自同年10月27日,华东师范大学先秦诸子研究中心召开"'新子学'学术研讨会"始,华东师范大学先秦诸子研究中心几乎每年都要举行"新子学"研讨会,有的且是国际性的。2013年9月方教授又于《光明日报》发表《再论"新子学"》之文。更使"新子学"课题之火种烧得更旺。不但《诸子学刊》每期都刊有关"新子学"的讨论文章,而且华东师大诸子研究中心于2014年、2017年又在学苑出版社出版《新子学论集》《新子学论集二辑》,2017年又在台北举行第五届"新子学"国际学术讨论会,这就更加加大了"新子学"的影响力,并为广大读者所知晓。这些年来,"新子学"研讨的范围已很广泛,它涉及"新子学"的界定与结构、"新子学"与经学、子学的关系、"新子学"与跨学科多学科学术研究等等重大研究课题,我认为"新子学"的研讨当下已经到了如何进一步建构新学术体系的重要阶段,具体说,我有以下几点浅见。

第一,要研究子学中的精华与有益成分的,并与现代观念及最新科技成果转化与接轨,从而为中华民族伟大复兴提供重要的参考系数,这应该是新子学研究的中心任务。

例如儒家的"孝"作为道德观念，是一个人立身的根本，产生于家庭，推及社会成为"义"，提升到国家就成为"忠"。《孝经·开宗明义章第一》指出"夫孝，始于事亲，中于事君，终于立身。"《孝经·三才章第七》："夫孝，天之经也，地之义也，民之行也。"以上皆为孔子之言。《论语·学而篇》："有（若）子曰：君子务本，本立而道生。孝弟也者，其为仁之本与！"这些都是关于"孝"的理论，孟子在《离娄上》中则讲得更为具体："天下之本在国，国之本在家，家之本在身。""人人亲其亲，长其长，则天下平。""不孝有三，无后为大。"这就将个人的"孝"提升到更广泛更重要的意义上，说明在"国家"的概念中，"国"在"家"之上，明确指出忠于国家的重要性，国家的利益不但大大高于个人利益，也远远高于家庭利益，也充分说明我国的传统孝道，其实质是维系家族的精神支柱，它对保证家族和社会的繁衍，起了很大的作用。我国的主体民族汉族之所以能成为世界上人口最多的民族，儒家传统孝道的继承与弘扬起到了至关重要的作用。在任何时候，总是将家庭家族的延续放在首位，有时还尽量争取做到忠、义、孝三全。

当前，我国正处在中华民族伟大复兴的重要阶段，经济上持续增长，稳步发展，由高速转为中高速，进入新常态，但也面临着生育律降低、人口数量将下降、老龄化加剧的难题，而随着各方面的迅速发展，家庭观念会日趋淡薄，如果在施行放开生二胎政策的同时，辅以将传统的孝道转化为现代的价值观念，使广大人民认识到保证家庭和社会人口的繁衍是每一个人的义务，更是青年不可推卸的责任；同时应做到男女平等，摒弃将"后代"仅视为男性的落后的陈腐观念，将会对生儿育女，家庭和睦，尊老爱幼起到很大的作用。又如《孟子·尽心下》："孟子曰：'仁也者，人也'。"《中庸》里也说："仁，人也。"《说文》释为："仁，亲也。从人二。"意谓只要有两人在一起，便不能没有仁的道德，而仁的道德也就在人与人之间产生。这些都是精华与有益因素，对于处理好人与人之间的关系，颇足继承，大有借鉴之处。

再如以墨子为代表的墨家学派对中国古代的科学技术作出了极其重要的贡献，这些杰出成就主要保存记录在《墨经》即《墨子》一书的《经上》《经下》和《经说上》《经说下》中。它的内容也很丰富，涵盖了当今的数学、力学、光学、工程机械以及科学思想与方法等诸多方面。不久前由中国科技大学主导研制成功发射的全球首颗量子科学实验卫星，就命名为墨子号。墨子号首席科学家潘建伟指出，量子第一次用科学的方法解释光沿直线传播，这在光学中是一个重要的原理，启发了量子通信。在科学思想方面，墨家也有贡献。墨子及其后学居然能给时间与空间下正确的定义，《经上》指出："久（"宙"），弥异时也。宇，弥异所也。"在《经说上》中释为："久（宙），古今旦（暮）。宇，东西家南北。""家"孙诒让《墨子闲诂》案："家犹中也，四方无定名，必以家所处为中，……"这就是墨子认为："宙"，包括古今旦暮的一切时间；"宇"包括东西南北的一切空间。我不通自然科学，对墨家的不少科技方面的知识及其贡献看不太懂，我曾著文，说明子学的范围早已逐渐扩大，已较广泛，再加上古人于学无所不窥，见闻广博之至，其著作已经涉及到天文、历数、军事、医学及科技等诸多学科，其中"墨子"和《庄子》尤为突出，新子学研究一定要进行跨学科多学科的综合研究，才能深入地进一步弄清过去还未彻底弄清的一些问题，在此我再次呼吁之。

第二，对过去研究较少的名家，也应给予足够的重视，这其中也颇有重要的思想价值。如《尹文子·大道上》："凡天下万里皆有是非，吾所不敢诬。是者常是，非者常非，亦吾所信。然是虽常是，有时而不用；非虽常非，有时而必行……"，习近平同志曾在《全国宣传思想工作会议》上的讲话上加以引用，意在说明随着客观情况或形势的不断变化与发展，是非标准也会有所不同，以引导告诫宣传思想工作者，在网上舆论工作中不能老是用老办法、旧办法，而是要开创新的手段，深入分析所做工作的特点与规律，找出与过去的宣传思想工作的共通之处与差异点，才能进一步有针对性地做好工作。又如《尹文子·大道上》最后一段说："国乱有三事：年饥民散，无食以聚之，则乱；治国无法，则乱；有法而不能用，则乱。有食以聚民，有法而能行，国不治，未之有也。"这几句话言简意赅，通俗易懂，说明年丰粮足与法治通行的极端重要性，其思想性也颇足贵。

一般认为先秦名家著作只有三种，即《邓析子》《尹文子》与《公孙龙子》，其中《邓析子》为伪书，早有定论，《尹文子》有些杂驳，至其言"形名"，则是"形名"正宗，而于"辩者"，有学者列为别派。值得注意与重视的是，先秦诸子虽各自以其专学见称，不属名家，然而其中一些人博大精深，涉猎甚广，甚至精研名辩，或究极名理，数十年前著名学者伍非百先生即将他们的相关著作归入"名家言"。据伍氏考辨，现存名家和"兼业名家"的篇籍有《墨子·经上下》《经说上、下》四篇、《墨子·大取》《小取》二篇，《尹文子》二篇（杂）；《公孙龙子》六篇；《庄子·齐物论》一篇；《荀子·正名》一篇及散见于诸书中的若干短句、单句；《邓析子》（伪）。并将上述诸多内容加以编次、校勘、诠释写成七书（附《邓析子辨伪》），统名之曰《中国古代名家言》。笔者虽不同意用此书名，因为其中大多不属于名家，只是偶尔涉及名辩问题，尤其是《庄子·齐物论》更是主要批评儒、墨各家名辩之学的，庄子高明地创造性地用"道枢""天钧""天倪"这三个最高哲学范畴，来齐平百家论万物之论，岂可归入"名家言"，如将书名改为《古代名家著作及有关名辩篇、章、句》，岂非更为妥帖。但是伍氏此书搜罗宏富，几乎一网打尽，且多有创见，对于研究先秦逻辑思想乃至先秦学术思想与方法，实在大有裨益，参考价值极高，值得写出专题学术论文或学术专著。

第三，我认为经过五年来比较充分广泛的研讨，新子学已经到了一定的阶段，很应该由方勇教授亲自撰写《新子学概论》或《新子学引论》专著，一方面总结前数年的研讨成果，另一方面也可引领下一阶段的研究工作，从而建构新子学的学术体系，这是我所期盼的。

（作者单位：安徽大学中文系）

"新子学"的角色定位和言说方式

周 鹏

一、"新子学"面临的思想形势

"新子学"是在一片思想的喧嚣中出场的。

抬望眼,看当今中国的思想界,真有如当年战国七雄争霸之势。冀北燕赵之地,马克思主义携王官之势,结合本土资源,极力维持其"经学"地位;山东齐鲁大地,孔孟之乡,儒学再度复兴,书院遍撒甘露,少儿读经运动,如火如荼;东南吴越之地,阳明学凭"致良知"一句口号,简易直捷,深入人心;中央西蜀,佛道盛行,各自兴办道场,吸引信徒;而西藏天路,密宗即身成佛之说,更成为汉地欲求解脱者之灵丹妙药;更不用说域外杂谈,借助网络,铺天盖地而来,而中国粉丝,趋之若鹜者,较之20世纪80年代,已经不多,只有基督信仰,因有天国保障,中国居民信之者,较以往遂有倍增之势云。

诞生于上海的"新子学",在这一个思想争霸的舞台上,会扮演什么角色呢?

作为"新国学"思潮中的一派,"新子学"在上述思潮的争鸣中,有三个天然的优势:

1. 立足于形成于百家争鸣时期的经典文本集合，天生具有包容一切矛盾的多元共生性，契合了当下中国的思想态势；

2. "子学"本身的原发性与个体性，使之成为对接当代生存语境的最佳载体，这一点为其他立足于现成性、整体性的国学流派所欠缺；

3. 开始成形的《子藏》，势必成为"新子学"思想建设取之不尽、用之不竭的文献根基。

但这三个优势，严格来说，只有前两个算是当行，第三个优势，只是相对于上述流派中仅凭某些人物光环但缺乏厚重的文本依据者（比如阳明学，只有一部《王阳明全集》可以依凭）才有力量，如果对比于新儒家（《儒藏》）、佛道二教（《大藏经》《道藏》），《子藏》的文献优势便不明显，只是一个必要的生存支撑。

"新子学"相对于上述国学流派，还有三个不能回避的隐忧：

1. 如许多学者（包括笔者）撰文提到的，为道多方，杂无统系，使"子学"很难形成如儒学与基督教那样的强大凝聚力；

2. 从终极关怀或"向上一路"（禅宗语）上说，"子学"虽包括"道家"，但终是难与专门论"道"的道教一争高下，更不用说提供"天堂"与"西方极乐"的基督教与佛教。

3. 从介入现实的角度说，"子学"的原发性与个体性与当下的政治氛围并不密合，思想上的先锋，在政治宣传上很容易就变成了障碍①。

　　由以上正反两方面的分析可以得知,"新子学"在当今中国思想争鸣舞台中的地位,也许正与当年在罗霄山脉燃起星星之火的草莽英雄们相类。而就当下来看,"新子学"在当今思想界的角色定位与言说方式,似仍需要做一番实事求是的探寻。

二、"新子学"的角色定位

　　不管海内外思想界对中国当下的发展状态有多少诸如前现代、现代、后现代抑或诸时重叠的定位分歧,中国文化目前已经全面进入了西方人所谓的"现代性"发展阶段,应已是尘埃落定。如果说,在21世纪之前,由于国家环境的半封闭,"现代性"生存对于中国人来

---

① 这里要提到的是阳明心学,严格来说,阳明心学是属于"子学"系统的,但由于其挂靠在儒学的道统里,很容易整合进时下的官方意识形态,而以老庄墨申韩为主体的"子学"就很难做到这一点,尽管从现政权建政的思想底蕴上讲,"子学"尤其是其中的墨学与庄学与之或许更有亲缘。而此文写作前几天,由中国文化院、北京三智文化书院共同主办的首届"人类智慧与共同命运——中国阳明心学高峰论坛"在京举行。中国文化院院长,第九、第十届全国人大常委会副委员长许嘉璐作报告。看来,阳明心学虽无庞大的文献支撑,但由于阳明学的综合性、直截性以及在海外的传播效应,已然成为引领当今思想界的一支主力军,大有取代官方意识形态至少是与之合二为一的势头。但由于阳明心学只是一个单一的学术流派,其单薄的历史底蕴能否担负起中国在新时代发展所需要的智慧源泉的任务,是很值得怀疑的。其与整个儒家的关系如何处理,也是一个棘手的难题。但如果把阳明心学还原为"子学"的一支,这个问题就迎刃而解了。所以在当前形势下,对于"新子学"团队而言,阳明心学"诚可为援",而"不可与之争锋",是显而易见的。

说还只是一个文艺理论术语,并没有太切身的感受,那么到了21世纪第二个十年过半的今天,几乎每个中国人都可以感受到"现代性"这个巨大的幽灵对生活实实在在的冲击。而在这样一种生存境遇中,"个体追求的,是他的自身,是一个不含混的、固定参照点。他越来越急切地需要这样一个固定点,这是因为,理论的和实际的视阈以及生活的复杂化在前所未有地扩张,加之他事实上不再能够在向外的任何地方找到这个点。和他人之间的所有关系,因此最终成了本我回归自身之途上的一个个驿站。"① 现代性需要固定点,但这个固定点不可能向外去探寻,对于个人是如此,对于国家也是如此。中国人要在急流般的现代性中站稳脚跟,必须回溯到自己的文化源头。而反过来看,只有被彻底抛入毫无确定性的现代性旋涡之中,在与不同"他者"的剧烈碰撞里,中国文化才能荡涤出自己被遮蔽已久的本心。而这个任务,才是"新子学"当仁不让的事。

如何荡涤出这个"本心"呢?比对质疑是一个好方法。明末清初的傅山曾经痛切地指出:"失心之士,毫无餐采,致使如来本迹大明中天而不见,诸子著述云雷鼓震而不闻,盖其迷也久矣。虽有欲抉昏蒙之目、拔滞溺之身者,亦将如之何哉!②"傅山深感当时学者受"经学思维"(方勇语)的重重束缚,毫无在不同价值倾向的思想之间比对质疑(傅山称之为"餐采")的勇气,从而失掉了中国文化的"本心"。他进一步认为:"申商管韩之书,细读之,诚洗东汉、唐、宋以后之粘,一条好皂角也。"③"吾以《管子》《庄子》《列子》

---

① 格奥尔格·齐美尔语,见齐格蒙特·鲍曼著《现代性与矛盾性》,邵迎生译,商务印书馆2013年版,第285页。
② 《陈批霜红龛集》卷十六《重刻释迦成道记叙》,清宣统三年丁氏刻本,山西古籍出版社,第476页。
③ 《陈批霜红龛集》卷二十五《家训》,第669页。

《楞严》《唯识》《毗婆》诸论，约略参同，益知所谓儒者之不济事也。"① 傅山正是在当时中国人的知识范围里，通过"餐采"的方法，找到了一条通向先秦思想源头活水的道路，从而对自己习得的中国文化（主要是指儒学）做了一番洗心革面的重构，而其本人亦因此达到了极高的学术造诣，成了当时学坛不可逾越的巅峰②。那么，在今天的文化形势下，为了回到源头，"新子学"研究者似乎更应该扩大"餐采"的范围，用西方自古希腊罗马时代以来形成的优秀作品与我们固有的传统进行质疑比对，而不必预设一个文化主体性，更不该暗含传统文化包万有的野心，从而能够在一个更广大的视域下鉴别出中国文化的世界性价值，更准确地对治现代性设下的一系列难题。

三、"新子学"的言说方式

方勇先生在《三论"新子学"》一文中指出："传统文化的意义在于为社会提供价值系统，解决现代背景下的人的问题。"而"新子学"研究要"从哲学史的范式中走出来，把重点从知识构造转出，重新唤醒传统资源的价值意义，让经典回到生活境遇中"。什么是价值？价值本来是一个经济学术语，表示某一存在者对于某个主体的意义，而所谓意义，绝非单纯的对象性存在，而是由主体与对象二者共同建构。因此，意义、价值既不是纯粹客观，也不是纯粹主观。人们经验中的价值，不是独立的价值物，而毋宁说是包含着价值物的某种"关系"。

---

① 《陈批霜红龛集》卷三十四《读子三》，第963页。
② 时人谓之"学海"。

与传统西方哲学执着于"实体"不同,现代西方哲学对"价值"的论述,终于开始像中国哲学一样,着力于这种"关系"的言说。德国人海德格尔后期曾使用过 Ereignis 一词来试图描述这种说不清道不明的"关系"。海氏著作翻译者孙周兴先生说:"要为 Ereignis 找到一个适恰的中译,是很困难的。……Ereignis 含有'居而有之'和'相互照亮、揭示(指天、地、神、人的世界"四重整体")的运作'的意思,所以英译者才把它译作'居有之解蔽'。不过,……海德格尔所着力阐发的 Ereignis 的主要意思是'道路''道说'等。"①

何谓"道说"?海德格尔自己说:"道说即显示。在向我们招呼的一切东西中,在同我们照面的被讨论者和被说者中,在向我们说出自身的东西中,在期待着我们的未被说者中,但同样也在我们所做的说话中,都有显示在起支配作用——这种显示让在场者显现,让不在场者隐失。……道说贯通并且嵌合澄明之自由境界(das Freie der Lichtung);澄明必然要寻找一切闪现,离弃一切隐失,任何在场和不在场都必然入于澄明而自行显示,自行诉说。"② 这是不是很像《庄子·齐物论》里所说的"吹万不同,而使其自己也,咸其自取,怒者其谁邪?"不是"我"在说话,而是"大道"穿透"我"的存在而自行言说,正如海氏一再指出的,人不发声,"语言说话",而"人倾听,因为人归属于寂静之指令"③。这就是"道说"。

"新子学"要发掘中国文化的独特"价值",首先要实现"言说方式"的革新,因为我们的经典言说形态,几乎全都是不同形式的"道说",一切说出来的关系价值,全是来源于"道"的。《文心雕

---

① [德]海德格尔《在通向语言的途中》,商务印书馆 2004 年版,第 280 页。
② 同上,第 257 页。
③ 同上,第 27 页。

龙·原道》云:"道沿圣以垂文,圣因文以明道,旁通而无滞,日用而不匮。易曰:'鼓天下之动者存乎辞。'辞之所以能鼓天下者,乃道之文也。"更不用说宋朝以后被高推的"文以载道"观,几乎将"道说"变成了唯一合法的言说形式。只是宋以后的"文以载道",失去了早期中国文化的鲜活,无法"贯通并且嵌合澄明之自由境界",成了一种僵尸般的伦理说教,早已不是"道说"原初的那种味道。

原初意义上的"道说"最有可能在当代重生。方勇先生说:

> 当代实具备了回归中国思想原点的极佳契机。更重要的是,诸子学本身所具有的多元开放的气质,正是中国思想原创力的突出体现。身处现代语境中的当代研究者,不妨学习和继承先秦时期"处士横议"的原创精神与恣纵气势,摆脱各种固有观念的束缚,汲取元典智慧,融会当代理念,是为学术创新之关键所在。(《三论"新子学"》)

处士横议的原创精神与恣纵气势,正是"道说"的张力所在,只有具备了这样的人格和胆略,才会在今天这个开放的时代被"大道"选为忠实的"传信者"(海德格尔语),正如《中庸》所言:"苟不至德,至道不凝焉。"

不过,"道说"实践起来是很困难的事。庄子云:"安知所谓天之非人乎,人之非天乎!"(《大宗师》篇)"道说"者言说出口的不仅仅是"道情"而已,更多也许是经过层层扭曲了的"人欲"。尽管这样,"道说"者还是能在涤除玄览后,依稀传达几分来自彼岸的真实。这样的真实越积越多,终有一天能够抵达"大光明"之境,朱熹谓之:"一旦豁然贯通焉,则众物之表里精粗无不到,而吾心之全体大用无不明矣。"① 他本人也确实为了做到这一点，付出了终身的努力②。

"道说"的方式不止一种，不必非要像朱熹这么刻意和困顿。庄子说"卮言日出，和以天倪"（《庄子·寓言》），海德格尔认为，"这样一种道说着的应合（Entsprechen）只可能是一种对话"③。最早的"道说"大都是通过"对话"的形式保存下来的。《理想国》《尚书》《论语》，皆以对话为主，以至看似分了章的《道德经》，都充满了关尹老聃问对的痕迹。"对话"的好处是，能够最鲜活地激发思想，"道说"者被迫处于一种敞开的澄明状态，所传达的信息最有效地保持了来自"道说"之彼岸的原生态，而非独处暗室，冥思苦想而人为酝酿出的灵感迸发，这样虽说形式完美，矫饰的痕迹就重了。

"新子学"的"道说"者，在撰写专著的同时，也可以试着采取"对话"这样一种鲜活的言说形式来展现自身。二三知己，治学有得，小聚一番，各抒胸中所见，或应和，或反驳，从不失和气，旁有一人，并不参与辩论，或笔录，或录音，偶尔插话打断，掌握进程。虽说不至于每次对话都能妙语迭出，但几次三番，积累的成果也是很可观的。定期出成集子，以飨读者，开卷即知观点精华，对扩大"新子学"的影响很是有利。

四、"新子学"的价值源头

"道说"之所以困难，不仅仅是由于它要求"道说"者能够自觉

---

① 朱熹《四书章句集注·大学章句》第六章，中华书局2010年版，第7页。
② 史载朱熹去世前一天还在修改《大学章句》。
③ [德] 海德格尔《在通向语言的途中》，第142页。

地与本源相连("志于道"),更是由于本源的"显现"(Erscheinen)本身就是变动不居的。中国古人说:"人心唯危,道心唯微,唯精唯一,允执厥中。"(《尚书·大禹谟》)又云:"天地之间,其犹橐籥乎。虚而不屈,动而愈出。多言数穷,不如守中。"(《老子》五章)"时中"在中国古人眼中是圣人的境界。也难怪德国人海德格尔抱怨道:"守护神秘之纯正源泉,在我看来是最艰难的事情了。"① "无论多么小心,我们也还是要与本质性的东西失之交臂。"② 海氏这些话恰恰表明,他是真正守护住了"神秘之纯正源泉"。唐代王玄览曾在《玄珠录》里写道:"能知无知,道之枢机。"③ 孔子云:"知之为知之,不知为不知,是知也。"知道自己无知(苏格拉底),那个能洞悉自己的,也就是"神秘之纯正源泉"。正如庄子所云:"人之于知也少,虽少,恃其所不知,而后知天之所为也。"(《庄子·徐无鬼》)"道说"者要有"恃源而往"(《庄子·徐无鬼》)的信心。

如何"恃源而往"呢?中国古人在这方面其实积累了相当丰富的经验。比如柳宗元就自叙其文学生涯云:

> 始吾幼且少,为文章,以辞为工。及长,乃知文者以明道,是固不苟为炳炳朗朗,务采色、夸声音而以为能也。凡吾所陈,皆自谓近道,而不知道之果近乎,远乎。……故吾每为文章,未尝敢以轻心掉之,惧其剽而不留也;未尝敢以怠心易之,惧其弛而不严也;未尝敢以昏气出之,惧其昧没而杂也;未尝敢以矜气作之,惧其偃蹇而骄也。抑之欲其

---

① 海德格尔《在通向语言的途中》,第119页。
② 同上,第140页。
③ 《玄珠录》卷上,巴蜀书社1989年版,第113页。

奥，扬之欲其明，疏之欲其通，廉之欲其节，激而发之欲其清，固而存之欲其重，此吾所以羽翼夫道也。本之《书》以求其质，本之《诗》以求其恒，本之《礼》以求其宜，本之《春秋》以求其断，本之《易》以求其动，此吾所以取道之原也。参之谷梁氏以厉其气，参之《孟》《荀》以畅其支，参之《庄》《老》以肆其端，参之《国语》以博其趣，参之《离骚》以致其幽，参之太史公以著其洁，此吾所以旁推交通而以为之文也。（《答韦中立论师道书》）

作为唐代的"道说"者，柳宗元的"取道之原"只能限制在"六经"的范围之内。而到了明末清初，如前所述，傅山的"道说"的"取道之原"就扩大到了诸子与佛道二教之经。作为今天"新子学"的"道说"者，则应该将这个范围扩大到轴心文明产生的一切经典，并在此基础上广泛吸收一切优秀的著作来"旁推交通以为之文"。这样的"道说"，才能够契合"新子学"自我标榜出的"多元性"。

所谓多元，实是说源头不止一个，要之皆本于"道"而已。其实，我们一贯称呼的"百家争鸣"，如果从主旨上说，似乎叫做"百家阐道"，才更为客观。春秋时期的学术下移，只是文化解释权的下放，而不是价值本身的丢失。如果说，在春秋之前，对"天道"的"道说"权，被垄断在王权贵族那里的话，那么从孔子、老子，便开始了知识分子对"天道"的"道说"觉醒，而这恰恰是"子学精神"的源头所在。到了战国，文化进一步普及，而世事更加繁复，知识分子对"天道"的"道说"也进一步多端起来。我们看荀子这样说：

故由用谓之道，尽利矣。由欲谓之道，尽嗛矣。由法谓之道，尽数矣。由埶谓之道，尽便矣。由辞谓之道，尽论矣。由天谓之道，尽因矣。此数具者，皆道之一隅也。夫道者体常而尽变，一隅不足以举之。曲知之人，观于道之一隅，而未之能识也。（《非十二子》）

荀子批评了对"道"的各执一端的片面理解，但由此也可以看出，他与他的论敌其实是在共享着同一个"道"的价值源头。我们今天要展开"新子学"的"道说"，首先应该明确的，正是这一个共同的"道"的价值源头。这个价值源头在思想界失落已久，我们要旗帜鲜明地重新在心中树立起来，并且用我们的学术实践落实下去。只有这样，"新子学"欲传承中国文化真脉的宣言，才能真正地实现。

（原载于《诸子学刊》第十五辑。作者单位：华东师范大学中文系）

新杂家："新子学"发展的趋向

张 涅

晚清以来，旧的政治文化制度被摧毁了，新的政治文化制度尚在建设中，知识分子面临着与春秋末至汉初诸子相似的历史使命。故而，"新子学"的兴起是必然的，且已经成为毋庸赘言的客观事实。现在需要讨论的，应该是"新子学"如何发展的问题。对此笔者有一点浅略的思考，认为一百年来的"新儒家""新墨家""新法家"等关于创新转换的思考都以本家学说为基础，不免被历史的局限性所困，而要适应并促发现时代的思想进程，则应该揉碎其系统，再融取其所长。这与秦汉时期杂家的方式方法相近，可谓之"新杂家"。当然，现时代面临的思想任务更复杂，"新杂家"更要避免秦汉杂家"杂"而不"合"的问题，当领会其思想趋向而避免其遗憾。

一、杂家是子学发展的必然

杂家最重要的著作是《吕氏春秋》和《淮南子》。众所周知，这两部著作保存了丰富的先秦思想史料。更不能忽略的是，杂家还有思想史方面的贡献，在春秋末至汉初的诸子思潮中有着不可替代的位置。

我们先来梳理诸子思潮的发展历程。诸子思潮的发展大略经过了诸子文化精神的创始、诸子学派的建立和争鸣、诸子争鸣中的思想吸收、诸子学说的汇合四个阶段。一般认为，春秋后期的孔子（或老子与孔子）是诸子思潮的创始者。其实，假如认定诸子思潮的贡献在于确立了民族的文化精神和思想方式，而非趋向形而上的哲学思想体系，那么当以《论语》和《孙子兵法》的诞生为标志①。

《论语》和《孙子兵法》代表了两种不同的文化精神和思想方式。那时候"国之大事，在祀与戎"（《左传》成公十三年），"祀"要求有信仰的内质，"戎"则特别要求功利理性。《论语》的"礼"和"仁"都以"敬"为内核，强调对于传统和价值的敬重，即由敬畏"天""神"而来，这开启了文化精神中的信仰一端。与此同时，汉民族的经验理性也不断地加强，战争行动因为最具有功利性，对它的认识也最为深入，《孙子兵法》即继承了这功利理性的精神。另外，两者的思想方式也成为了典范：孔子的信仰精神源自天道，自上而下；孙子的功利理性基于实践，自下而上。两者指示了其后诸子以及汉民族的认识方式，后人或弘扬信仰的精神，或发展功利理性，或有所择取地批判融通，内在的精神和思想方式实不外乎这两个方面。

墨子以后，开始了各家创立、相互争鸣的阶段。《庄子·天下》讲"天下多得一察焉以自好"，"各为其所欲焉以自为方"，明示了这个意思。这一阶段，都是各持一说，尖锐对立。墨子批判孔子，"以为其礼烦扰而不说，厚葬靡财而贫民，服伤生而害事"（《淮南子·

---

① 有关诸子思想的特质及诸子思潮的开端等问题，可参见拙作《先秦诸子思潮的开端》（《诸子学刊》第 7 辑，上海古籍出版社 2012 年版）、《"哲学"、"思想"抑或"文化基质"——先秦诸子的意义指向》（《江海学刊》，2017 年第 2 期）。

要略》），故而以"兼爱"否定"仁爱"，以"节用"、"非乐"否定礼乐传统，倡导"兼相爱，交相利"（《墨子·兼爱》）。老子也批判儒家学说，讲"大道废，有仁义；智慧出，有大伪；六亲不和，有孝慈；国家昏乱，有忠臣"（《老子》十八章），提出"无为而无不为"（《老子》三十七章）的统治思想。孟子更加"好辩"，斥责"杨氏为我，是无君也。墨氏兼爱，是无父也"（《孟子·滕文公下》），继承孔子的道德信仰精神，发展出"性善""仁政"等学说。吴起、商君认识到礼义教化不足以富民强国，则以"法"为本，一民于农战。庄子认为外律的"礼"、强制的"法"、内需的"仁"都无甚意义，从而倡导"逍遥""无为"。如此形成了墨、术、儒、法、道诸家①。

至战国中后期，诸子思潮发展到了第三个阶段。这个阶段的特点是，各家在坚持己说的同时吸收了其他家的思想。白奚曾说："在稷下，无论是哪一家学派，都在一边同别家学说展开争鸣，一边不可避免地受到对方的影响，从而自觉不自觉地以本学派基本主张为本位吸取着别家之长。"② 他所说的就是这一阶段的普遍特征。这一阶段的著作，有的融汇起来，有的处于杂合状态。前者以《韩非子》《荀子》最典型。《韩非子》以"术"为本，吸纳了"道""法""势""名"思想，建构了术治主义理论。《荀子》以"礼"为本，融"法"入"礼"，"礼""法"并重，又吸纳《老子》"道"的客观性、有序性思想，形成系统的天道观和政治论。后者则如墨子后学、

---

① 笔者以为，先秦法家与术家有本质性的区别，《老子》为术家之作。参见拙作《先秦的法治主义和术治主义》（《浙江社会科学》1999年第5期）、《老庄哲学思想的分界》（《理论月刊》2001年第7期）。

② 白奚《稷下学研究——中国古代的思想自由与百家争鸣》，三联书店1998年版，第4页。

庄子后学和《管子》。墨子后学中有儒家思想，例如放弃了绝对的"非攻"说，也肯定正义的"诛"（《墨子·非攻下》），并吸纳了法家、阴阳、名家等思想。《庄子》"外杂篇"杂取了老子的"术"、惠施的"名"，如《说剑》等则还有纵横家风格。《管子》则以法家为本又杂合诸家，以至胡适说"是后人把战国末年一些法家的议论和一些儒家的议论和一些道家的议论，还有许多夹七夹八的话，并作一书"①。

至秦汉之际，到了诸子思潮的第四个阶段。各家进一步争鸣并开始了思想的杂合交通，出现了有意集合百家思想的学派。这即是《汉书·艺文志》所称的"杂家"。"杂"是杂合的意思，与"故先王以土与金木水火杂，以成百物"（《国语·郑语》）的"杂"义近，即杂取众家，糅而为一。其与第三阶段的区别在于，前者以本家学说为基础吸纳各家，后者则放弃具体的思想观点，只是依据阴阳变化的规律。杂家的本旨在于为大一统政治寻觅大一统思想，故而吕不韦"集论以为八览、六论、十二纪，二十余万言，以为备天地万物古今之事"（《史记·吕不韦列传》），刘安自诩"所以纪纲道德，经纬人事，上考之天，下揆之地，中通诸理"（《淮南子·要略》），班固也评价其"兼儒、墨，合名、法，知国体之有此，见王治之无不贯"（《汉书·艺文志》）。《吕氏春秋》和《淮南子》这两部著作客观上诸说丛杂，没有达到融通的境界，但是其原本有这般企图无疑。此后子学退潮，经学兴起，百家争鸣走到了尽头，而以大一统思想为本的经学大幕在鼓乐声中开启。

据这个大略的梳理，可知杂家著作并非只有思想资料方面的价值。杂家思想是诸子思潮发展到后端的必然结果，是先秦至两汉思想史上的重要一环，其思想贡献和历史的遗憾都足以给予我们启示。

---

① 胡适《中国哲学史大纲》，东方出版社1996年版，第12页。

二、现代各家思想的局限性

清中叶以后,诸子学受到了重视。当时的出发点是为了国家富强,如俞樾即说"今天下一大战国也,以孟子'反本'一言为主,而以墨子之书辅之,傥足以安内而攘外乎"(《墨子间诂序》)。到了"五四"时期,则认识到民族复兴需要重建文化精神。于是再阐释和发挥诸子思想,开始了"新子学"的历程,现代"新儒家""新墨家"和"新法家"等学派应运而生①。

现代"新儒家"是对"五四"以来激烈反传统思潮的反动。学派内的具体观点和思想重点有差异,但是都拒斥全盘西化论,肯定儒学的价值,认为只有以"内圣外王"为本,走由"内圣"开出"外王"的道路,才可以高扬中国文化精神,使中国文化再放异彩。因此贺麟说:"民族文化的复兴,其主要的潮流、根本的成分就是儒家思想的复兴,儒家文化的复兴。"② 他们大多也认同科学与民主的价值,能够以历史的、理性的眼光批判专制主义,有形而上的思想认识。经过梁漱溟、熊十力以及唐君毅、牟宗三等的努力,这一学派蔚为大观。

"新墨家"学派没有像新儒家那样声势浩大,但也有学人不断宣扬。早在1896年,梁启超就说"墨子之学当复兴"③,后来他又强调

---

① 这里的"新儒家""新墨家""新法家"是广义的提法,指承传和发挥先秦元典精神,探索中国现代社会政治和文化建设道路的思想学派。
② 贺麟《儒家思想的新开展》,《儒家思想新论》,正中书局1948年版,第2页。
③ 梁启超《西学书目表后序》,《饮冰室合集》(文集第一册),中华书局1936年版,第129页。

"杨学遂亡中国,今欲救之,厥唯墨学,唯无学别墨而学真墨"①,"墨学精神,深入人心,至今不堕,因以形成吾民族特性之一者,盖有之矣"②。朱偰也说:"倘若我们要在中国的思想史上,找出一种很类似近世社会主义的思考,而发之远在二千年以前的,那我们一定推举墨家的学说了。"③ 20世纪后期,张斌峰、张晓芒提出"新墨家"的口号,宣称:"无论是从中国传统文化的人文精神的重构和科学理性精神的确立,还是从社会经济、文化的现代化的现实价值层上,抑或是从世界的角度来看墨学,墨家学说在建立新的全球社会时,将会比儒学和道家之学可能提供得更多。"④ "新墨家"学派认为,墨学"兼相爱,交相利"和"非攻""节用"等观点,有着平等、和平以及肯定科技经济的思想因素,合乎现代社会的需要,可以作为新文化建设的基础。

"新法家"的理论首见于1935年8月号的《国论》杂志。陈启天《先秦法家的国家论》和常燕生的《法家思想的复兴与中国的起死回生之道》都认为,战国时代法家的实践立竿见影,卓有成效,而20世纪就是一个"新战国"时代,中华民族只有效法先秦法家思想,走法治主义的道路才能够复兴。故而陈启天说:"新法家的理论成功之日,便是中国得救之时。"⑤ 他们的策略是:"将旧法家思想中之可以适用于现代中国的成分,酌量参合近代世界关于民主、法治、军国、国家、经济统制等类思想,并审合中国的内外情势,以构成一

---

① 梁启超《子墨子学说》,《饮冰室合集》(专集第十册),第1页。
② 梁启超《墨子学案·自序》,《饮冰室合集》(专集第十一册),第1页。
③ 朱偰《墨学与社会主义》,《现代评论》第四卷第84期,第8页。
④ 张斌峰、张晓芒《新墨学如何可能》,《哲学动态》,1997年第12期。
⑤ 陈启天《中国法家概论》,中华书局1936年版,第120页。

种新法家的理论。"① 20世纪80年代末,萧功秦、吴稼祥等提出新权威主义的理论,认为中国的经济现代化在集权条件下才能实现,这实质上是换了一种名称的"新法家"说法。

这三种学派的思想观点各有价值,但是理论的片面性和实践设计的一厢情愿也显而易见。现代"新儒家"在继承传统文化,提升民族自尊心和自信心方面无疑贡献巨大,强调"内省"的个人修养也有必要,但是期待通过"内圣"开拓"外王"之道,从而复兴中国文化,显然过于迂阔。而且,其核心观念"礼"和"仁"具有等差的规定性,有违现代政治的基本原则,难以成为现代社会的普遍价值观念。学界周知,"礼"和"仁"的思想建立在小农业文明的基础上,小农业社会的基本单位主要是由血缘关系构成的家庭,因而"仁"的等差性原则合乎自然人性,由"仁"支撑的"礼"的等级性的社会规范和政治结构也是合理的。但是,当代中国已经进入了资讯时代,个人生活和工作的圈子主要不是由血缘关系构成的,家庭在社会结构上的意义已逐渐式微,如此再以"仁"为做人做事的一般理念,就不合时宜了。许多学人对它作抽象改造,企图转化为一种普世价值。例如蔡元培说:"平日所言之仁,则即以为统摄诸德完成人格之名。"② 这种努力当然是一条路径,但是我们也得认识到:一旦从"仁"中抽象出"爱"的内涵,忽略其血缘等差的规定性,再从"礼"中抽象出"规范"的内质,改造其不平等性,那么这种思想实质上已经是对传统的批判,已经与传统相割裂。

相较而言,"新墨家"的观点似乎更适应于现代社会的需要。墨家倡导"兼相爱,交相利"(《墨子·兼爱》),强调相互间的平等

---

① 陈启天《中国法家概论》,中华书局1936年版,第120页。
② 蔡元培《中国伦理学史》,商务印书馆2004年版,第10页。

关系，重视"兼善天下"的公德，并且肯定物质利益的重要性，这些加以整理后能够成为现代社会的基本观念。另外，墨家否定铺张浪费的享乐生活，反对掠夺和兼并战争，合乎下层平民的要求，易为现代公民所接受。《墨经》中的科技思想和逻辑理性也与现代社会的发展需要相对接。但是深究起来，墨家思想与现代社会的要求还是有着根本性的区别。墨子虽然从自我经验出发批判儒家思想，但是并非基于个体性的认识之上。他的平民立场是平民这一"类别"的立场，不是平民的"个别"的立场。与儒家传统一样，着眼于社会整体，并没有真正从个体出发。例如《墨子·兼爱下》的"万民衣食之所以足也"，"万民"是概括性的，只是一个"类别"。而且，墨家也没有认识到价值多元的重要性，在批判"仁""礼"的观点时，没有批判"仁""礼"所要求的一元性；只是出于不同的立场，换一个认识的角度，以"兼爱"改造"仁爱"，以"义"代替"礼"而已，其认识论和价值观都还是一元的。这显然与现代社会以个体为本位、价值多元的基本原则不合。

"新法家"的理论也是从批判儒家传统开始的。他们认为占据主导地位的儒家学说，尤其宋明以来的理学、心学，是导致近代中国不再富强的根本原因；而且指出以"内圣"为本的思想修养缺乏昂扬刚健的特质，造成了国民精神的萎顿。这些认识无疑针砭时弊，极有现实意义。但是"新法家"的全部设计，寄托于一个既英明、有绝对权威，又遵循法律的领袖或团队之上，假定他们具有卓越的政治智慧和崇高的历史使命，则显然是乌托邦。每个人心中的欲望都是无止境的，没有外在的制约，即使有圣贤之念也会趋向专权。当没有任何一种力量足以构成制约时，"法"总是异变为"术"。另外，"新法家"学习先秦法家以赏罚作为控制社会的唯一手段，想法也过于简单。这种方式在非常时期或有奇效，但是在和平发展时代，并不符合人的精神幸福以及社会和谐的普遍要求。①

除了这三家,还有"新道家"和"新名家"对于现代文化的建设也有贡献。"新道家"大略有两派:一派承传黄老道家"无为而治"的政策,提倡小政府、大社会的体制改革;另一派则重视老庄哲学的形而上成分,企图建构一个以"道"为核心的宇宙本体论,为中国历史文化寻觅一个至上的基点。"新名家"不曾显赫,但是那些用逻辑理性来解读《公孙龙子》《墨经》等,以期提高汉民族思辨和表达能力的学者实际上形成了这一学派。他们的学术不在于轰轰烈烈的社会政治领域,未曾有大波巨浪,但是润物细无声,从长远的影响讲也贡献巨大。当然,这些研究也是依据西学的套路做的,假如从文本出发,我们会发现不少隔靴搔痒、方枘圆凿的问题。

上述可知,"新子学"各家思想的若干观点具有现代意义,但是深入其内在脉络,就能察觉其免不了局限性;而且囿于一家一说,作为系统难以适应现时代的需要。

三、"新杂家"的思想可能

上文已述,现时代思想文化的建设不能以某一家思想为本,不能在继承某一家思想体系的基础上发扬光大,需要融通"新子学"的各家思想。如此,参考秦汉杂家的思想方式,倡导"新杂家"的路向就成为一种选择。秦汉杂家虽然没有把握住历史脉搏,没有认识到儒家礼乐制度最适宜于以家庭为单位的小农业社会,当汉武帝"独尊儒术"的政策走上舞台时就销声匿迹了,但是思想的价值不只在

---

① 参见拙作《重审先秦诸子思想的当代价值——从新杂家的视角》,《学术月刊》2013年第4期。

于历史过程中的可能性,更高的还在于其对于历史发展的启迪。秦汉杂家兼采各家之说的思想方法即给予我们启示:融通现代各家学说,并吸纳西方文化精神和先秦诸子思想的工作是现代学术思想发展的要求。

这可谓是一种"新杂家"的作为,需要遵循阴阳性、综合性和实用性的原则。阴阳性是指一切从时代需要出发,既考虑事物的阴阳各个方面的因素,又顺从阴阳发展变化规律的思想方式。"阴阳"原本是先人对于日月阴晴的天气变化和南坡北坡的位置不同的认识,就是最早的时间、空间认识。推论之,也即早期的理性认识。秦汉杂家与其他各家的思想差别,根本在于舍弃了一家一说的具体观点,而从"阴阳"之道出发。众所周知,"阴阳"抽象的意义在强调遵循客观规律,如高华平所说的,"阴阳家就是以'阴阳'为世界普遍原理的学派"[①]。"新杂家"遵循阴阳性的原则,就是认识到传统的一家一说有其历史的局限性,不能适应现时代的需要。我们与其在此基础上吸收众说,扩展体系,不如以"阴阳"为本,根据历史发展的需要创设新思想。

综合性是指忽略现代"新儒家""新墨家""新法家"等建构的系统理论,把其中的观念剥离出来,汇合融通,以作为现时代思想文化建设的资源。这一点,张岱年先生早已明确说过。他在20世纪30年代就提出了"综合创新论",指出要"兼综东西两方之长,发扬中国固有的卓越的文化遗产,同时采纳西方有价值的精良的贡献,融合为一,而创成一种新的文化,但不要平庸的调和,而要做一种创造的

---

① 高华平《先秦诸子与楚国诸子学》,北京师范大学出版社2016年版,第243页。

综合"①。他还阐述了"综合创新论"的内涵:"所谓综合有两层含义,一是中西文化之综合,即在马克思主义普遍原理的指导下综合中国传统文化精粹内容与近代西方文化的先进成果。二是中国固有文化中不同学派的综合,包括儒、墨、道、法等家的合理思想的综合以及宋元明清以来理学与反理学思想的综合。"② "新杂家"应该做的,就是既吸纳西方文化的精华,又融取诸子思想(以及汉宋以来的阐释发挥,包括现代各派的理论建构),从而奠定现时代的文化基础。

实用性则为文化思想发展至现代以后的要求,其基于个体权益、责任、义务等的思考,基于多元价值的认识。詹姆士曾说:"实用主义愿意承认任何东西,愿意遵循逻辑或感觉,并且愿意考虑最卑微的纯粹是个人的经验。只要有实际的后果,实用主义还愿意考虑神秘的经验。"他又说:"实用主义的方法,不是什么特别的结果,只不过是一种确定方向的态度。不是去看最先的事物、原则、'范畴'和假定是必需的东西;而是去看最后的事物、收获、效果和事实。"③ 实用主义本质上是一种经验主义,必然落实于个体的经验活动,重视经验过程中的具体效果。故而建立理论体系并非"新杂家"的思想目的,"新杂家"应该从个体的经验需要出发,以经验的功能性和价值性作为评判的标准,以个体利益的最大保障为根本原则。这是"新杂家"能否成为现时代文化建设指导思想的关键所在。

从这三个原则出发,融汇各家思想,避免秦汉杂家"杂"而未"合"的遗憾,就会有新的认识。例如关于个人与社会的关系,杨

---

① 张岱年《关于中国本位的文化建设》,《张岱年全集》(第一卷),河北人民出版社1996年版,第229页。

② 张岱年《我与中国20世纪》,《张岱年全集》(第八卷),第525-526页。

③ 詹姆士著,陈羽纶、孙瑞禾译《实用主义》,商务印书馆1979年版,第44页、31页。

朱、孔子、庄子的思想都有价值。杨朱认为："古之人，损一毫利天下，不与也；悉天下奉一身，不取也。人人不损一毫，人人不利天下，天下治矣。"（《列子·杨朱》）他把"天下"和个人对立起来认识，强调每一个人具有独立自存的价值，强调个人的利益与"天下"的利益不可能统一，在那个"天下"观念流行的时代宣扬个人利益的绝对性。孔子则认为个人应该有远大的社会理想并积极地参与其中，他"发愤忘食，乐以忘忧"（《论语·述而》），还说"人能弘道"（《卫灵公》），自期做一个有道德才能和生活品位的君子。与杨朱、孔子不同，庄子视社会政治是个人本质需要之外的东西，认为包括个体生命在内的一切都是相对而言，无所谓客观标准和绝对价值，故而顺乎自然，"洸洋自恣以适己"（《史记·老子韩非列传》）。杨朱的"贵己"、孔子的"入世"、庄子的"逍遥"，分别与现代公民需要的个人权益观、社会参与意识和个人精神要求相接应，每个人可以根据自己的需要择取其一或兼用之。这些以多元的状态存在，当可以为现代文明所接纳。

再如关于政治观，能吸收的资源更多。其中最有现代价值的当然是荀子的礼治主义和商君的法治思想。荀子继承"礼"传统的同时注入了"法"的严谨性和外律性，而且强调"天""人"之别，使"礼"不再具有传承天道又包容天道的意义，使政治成为理性自为的现实活动。商君也从"礼"的传统中走出来，制订了关于"农战""赏刑"的具体法规，并提升为基本国策。他说："百县之治一形。"（《商君书·垦令》）"一"即是绝对性的制度设计和要求。他还提出"刑无等级"（《赏刑》）、"使法必行之法"（《画策》），强调法规的实践监察。另外，孔子"为政以德"（《论语·为政》）的观念，孟子"王霸之辨"的认识，作为政治实践的纲要似过于迂阔，但是作为政治理想无论怎么说都是需要的，因为"道之以政，齐之以刑，民免而无耻。道之以德，齐之以礼，有耻且格"（《为政》）。

假如一个社会只有严酷法规和物质功利，那么生命与机器无异，谈不上价值意义了。墨子的"非攻""节用"，主张和平、反对铺张浪费的理念，是现代公民的普遍呼唤。黄老"为无为"的政治策略，可以给予现代小政府、大社会构架的启发。纵横家的活动，已经有国际政治关系的考量。或合纵，或连横，远交近攻，长短捭阖，其策略在现代依然。《管子》"守物而御天下"（《轻重丁》），通过统制经济增加国力并制约敌国的政策，农家"播百谷，劝耕桑，以足衣食"（《汉书·艺文志》），以基础产业为本的主张，在现代更是共识。这些具体的规划或有矛盾，但是都有现实的理性，在特定历史阶段或区域都有实践的可行性，其中的偏误和教训也可引以为戒。

荀子说："凡人之患，蔽于一曲，而暗于大理。"（《荀子·解蔽》）这是对他之前诸子思想的批评。秦汉杂家也认识到这个问题，故而重视了集合众说、兼收并蓄的方式。这种思想方式以及为政治大一统考量的思想要求后来被经学所继承，只是具体的思想内容和重点有所改变。由此看来，秦汉杂家成为了子学与经学之间的过渡。当然，"新杂家"的作为要避免这样的问题，其应该导向于形成社会普遍认同的价值观和思想方式。其中特别要避免的，是传统的大一统的思想习惯和模式。

（原载于《诸子学刊》第十八辑。作者单位：浙江科技学院）

"新子学"的思想理路

孙 广

清末之时,面临"亡国灭种"的危机,我国经历了从器物(洋务运动)到制度(戊戌变法)再到文化(新文化运动)的大变革。所谓"矫枉必过正",梁启超、胡适、冯友兰、王国维等学人,极力引进并推崇西方的哲学思想,对于当时解放思想、改革制度、发展科技,起到了非常重要的作用。然而,在多数的末流眼中,西方哲学成了"救世主",必须要"全盘西化"① 才能取得进步,才能走出柏拉图的黑暗洞穴。尽管如以邓石为代表的"国粹派"、以梅光迪和吴宓为代表的"学衡派"等大声疾呼,也仍然不过是在这股浪潮中激起的一朵小小的浪花。时至今日,我们似乎已经很少提及"国粹派"与"学衡派"了。中华人民共和国成立后,由于党内极左势力违背毛泽东"马克思主义中国化"的思想,不顾中国当时的实际国情,

---

① 一般的说法认为,"全盘西化"的口号是由胡适提出的。但事实上,"全盘西化"这个词虽然确实出自胡适的《文化的冲突》一文,但胡适又在《充分世界化与全盘西化》一文中作出了澄清,强调他所想要表达的意思是"充分世界化"而不是"全盘西化",是要"最有效地学习或吸取西方科学文化中的精华,实现中西文化的结合,最终达到'再造'我们中华文明的目的"。参见陈卫星等著《中学与西学——清末民初国学思潮的历史考察》,世界图书出版广东有限公司2013年第2版,第97-100页。

生搬硬套苏联经验进行国家建设，在思想文化上也通过极端的批判和批斗形式强行"格式化"，造成了"文化大革命"的十年浩劫。由于"文革"造成思想文化方面事实上的"闭关锁国"和"自我摧毁"，一大批知识分子乘着改革开放的春风，投入到了西方哲学的思想世界，掀起了近代以来的第二次西化浪潮。

总的来说，我国的思想文化在这段历史进程中，大体处于一个封闭—西化—再封闭—再西化的过程，而我们的传统国学，则基本上处于被忽视、被批判、被打压的状态。到90年代初，"国学热"才逐渐兴起，经过二十多年的发展，较以往而言已经是蔚为壮观，但仍然只能算是复苏，远没有全面兴盛起来。这一百多年来，我国的国学基本上都是在政治和军事的动荡中艰难求存，也只有近二十年左右是处于一个较为健康的、平稳的、积极的发展状态，为未来长期的发展奠定了良好的基础。"国学热"的兴起，其原因是多方面的。首先，最根本的原因是国学内在的生命力，"四大文明"只有中华文明绵延不绝，其生命力毋庸置疑；其次，直接原因是苏联解体对中华人民共和国成立以来的"共产主义"信仰的冲击；再次，重要因素是西方社会也正处于现代性问题之中，许多有识之士清醒地认识到了西方的学术思想并不是包治百病的灵丹妙药。而最现实的因素，则是国家要坚持"马克思主义中国化"、坚持"中国特色社会主义"，就必须要搞清楚何谓"中国"、何谓"中国特色"，而随着中国的繁荣昌盛和伟大复兴，建立强大的民族自信和文化自信的任务也更加迫切，这些都绝不能离开我们的传统国学来谈。国学的复兴，可谓是历史的必然！

但是，当下国学发展的现状，却实在是难以让人感到满意。一方面是旧的经学思维带来的"原教旨主义"和复古主义倾向，搭乘"国学热"的潮流沉渣泛起。另一方面是长期西化带来的全面不适，例如在社会上的"现代性"问题，学术上的"失语症"问题等等，国学也没有发挥出应有的价值。如今，国学或沦为玄谈诈骗的天桥把式，或成为歆享供奉的越裳大龟，完全无法对社会产生人们所期望的价值和有益影响。而我们的社会由于缺乏这些思想方面的滋养，也产生了不少令人痛心的社会问题。因此，重新审视国学的前世今生，找准国学在当下以及未来的定位，让国学在今后发挥出应有的价值，推动国学的全面复兴，正是我们"新子学"理念的基本任务。

一、经学与子学的思想理路

《易》曰："天下同归而殊涂，一致而百虑。"① 司马谈云："夫阴阳、儒、墨、名、法、道德，此务为治者也，直所从言之异路，有省不省耳。"② 班固谓杂家："兼儒墨，合名法，知国体之有此，见王治之无不贯。"③ 孙德谦云："诸子百家，其学皆思以求治者也。"④ 这些概括，无不表明，我们的国学，注重的是一种"合目的性"，这可以说是我们国学的基本思想理路。但是，在如何达成这一思想理路上，经学和子学走上了完全不同的道路。

经学的思想理路，是一种"原教旨主义"。孔子本是诸子之一，授徒讲学，奄有儒家。康有为云："圣人但求有济于天下，则言不必信，唯义所在。无征不信，不信民不从，故一切制度托之三代先王以行之。若谓圣人行事不可依托，则是以硁硁之小人律神化之孔子矣。"⑤ 经现代学者考证，儒家的许多经典都是早期儒家学者"托之

---

① 阮元校刻《十三经注疏》，中华书局2009年版，第182页。
② 司马迁《史记·太史公自序》，中华书局1982年版，第3288、3289页。
③ 班固《汉书·艺文志》，中华书局1962年版，第1742页。
④ 孙德谦《诸子通考》，岳麓书社2013年版，第77页。
⑤ 康有为《孔子改制考》，中华书局2012年版，第267页。

三代"的,这体现出早期儒家鲜明的子学特点。然而,当儒学成为经学之后,不断受到经学的异化,经学的特点日益突出,"错误地将自身固化,设置为高度抽象、永恒之物的投射。于是所谓学术也就成为对这个高度抽象不断继承、诠释的东西而已"①。在后世的儒家学者看来,"六经"就是最高法典,也是最完善的法典,我们的国家和社会,应当根据"六经"来达成我们的"三代之治",建设最终的"大同社会"。宋明以降,有相当一部分儒者试图恢复经典中所描绘的"三代",不止在理论上研讨,更在家族、乡村中进行实践和试验②。然而历史是不断变化的,试图用一套价值体系或学术体系来框定历史的发展,最终只能固步自封,陷自我于停滞和落后。

然而子学的思想理路完全不同。老子的"道"是"不可道"③的,孔子的"性与天道"是"不可得而闻"④的,庄子的"真宰"是"特不得其眹"⑤的,郭象的"自然"是"不知所以然"⑥的……在子学自身的语境中,他们提出的一个个类似于终极"本体"的概念,都处于一种不确定的、未完成的状态。而之所以如此,并不是子学自身没有思想性,而正是由于子学本所固有的严谨性。诸子深刻地

---

① 玄华《"新子学"对国学的重构——以重新审视经、子、儒性质与关系切入》,《诸子学刊》第十三辑,上海古籍出版社2016年版,第296页。
② 如邹元标《梁夫山传》云:"(何心隐)爱谋诸族众,捐赀千金,建学堂于聚和堂之傍,设率教、率养、辅教、辅养之人,延师礼贤,族之文学以兴。计亩收租,会计度支,以输国赋。凡冠婚丧祭,以迨孤独鳏寡失所者,悉裁以义。彬彬然礼教信义之风,数年之间,几一方之三代矣。"见容肇祖整理《何心隐集》,中华书局1960年版,第120页。
③ 高明《帛书老子校注》,中华书局1996年版,第221页。
④ 朱熹《四书章句集注》,中华书局1983年版,第79页。
⑤ 郭庆藩《庄子集释》,中华书局2012年版,第61页。
⑥ 同上,第12页。

认识到,"吾生也有涯,而知也无涯"①,个人的智慧,是极其有限的,是不可能全面地、正确地认识到最终的"本体"的。职此之故,他们仅仅是设立了一个遥远而伟大的目标,一个模糊不清的"象征符号"而已。有一种观念曾经盛极一时,说子学的这些概念都是不清晰的,连"是什么"都不追问,可见我国是一个没有思辨能力的国度。也有人对这种观念大加挞伐,说子学的这些概念是确定的,说我国是一个没有思辨能力的国度是没有道理的。事实上,前者的批评固然不对,后者的回护也并不正确。回护子学者,在于为反对而反对,否认了这些概念并不清晰的客观事实。而批评子学者,则是没有认识到,这些概念的不清晰,正是经过严密的逻辑思辨,本着子学所固有的严谨态度而得出的,而绝不是没有"思辨能力"。在具体的研究进路上,子学注重践履,注重"为治",注重"人如何应物"②,正如朱熹《近思录》所说:"若是只格一物便通众理,虽颜子亦不敢如此道。须是今日格一件,明日又格一件,积习既多,然后脱然自有贯通处。"③ 孔子说:"我欲载之空言,不如见之于行事之深切著明也。"④ 这"见诸行事"不仅仅是孔子表达个人思想的途径,更是孔子乃至整个子学的思想理路。

清人章学诚说:"夫天下岂有离器言道,离形存影者哉?彼舍天下事物、人伦日用,而守六籍以言道,则固不可与言夫道矣。"⑤ 所谓"守六籍以言道",揭露的正是经学的"原教旨主义"。反过来说,

---

① 郭庆藩《庄子集释》,中华书局 2012 年版,第 121 页。
② 方勇先生即将子学归结为"人如何应物"。详见方勇《三论"新子学"》,《光明日报》2016 年 3 月 28 日第 16 版。
③ 朱熹《近思录》,中州古籍出版社 2008 年版,第 142 页。
④ 圣祖仁皇帝御定《日讲春秋解义》,《钦定四库全书荟要》,吉林出版集团 2005 年版,第 43-11 页。
⑤ 章学诚《文史通义》,上海书店 1988 年版,第 37 页。

即器言道者，也正是子学的思想理路。方勇先生所谓"从历史中走来的子学，其灵活多样的方式、鲜活的思想内容，总与丰富多彩的现实世界保持着交互相通的关系"①，正是对子学的精准概括。我们今天提倡"新子学"，就是要重新发扬子学的这种"格物"精神。

二、中国哲学的西方思想理路

对西方哲学的整体认识，目前存在两种典型的观点。一种是传统的"存在""真理"说，如美国学者A.弗里曼特勒说："哲学所寻求的最重要的就是关于'存在'的知识。"②又说："哲学是有关各种自然要素，起因和规律的知识，因为这些东西解释各种事实和存在现实。"③另一种则是"真""是"说，王路先生在他的著作《"是"与"真"——形而上学的基石》中，通过对翻译的考察，认为"to be"和"truth"应该译作"是"与"真"而不是"存在"与"真理"④。王太庆先生在翻译笛卡儿的《谈谈方法》时，将传统的"我思故我在"翻译为"我想，所以我是"⑤，与王路先生的论述也颇有相通之处。然而，不论是"存在"与"真理"，还是"是"与

---

① 方勇《"新子学"构想》，《光明日报》2012年10月22日"国学版"。

② [美] A. 弗里曼特勒编著《信仰的时代——中世纪哲学家》，程志明等译，光明日报出版社1989年版，第7页。

③ 同上，第7、8页。

④ 王路《"是"与"真"——形而上学的基石》，人民出版社2003年版。

⑤ [法] 笛卡儿著《谈谈方法》，王太庆译，商务印书馆2000年版，第27页注释①。

"真",就整个西方哲学的发展状况来看,他们始终围绕着一个"确定性"的问题在探索①。在康德之前,由于纯粹理性的"二律背反",形而上学"不是局限于经验论,并由此走向怀疑论,就是执着于唯理论的独断论"②。在独断论者眼中,无论是"水"(泰勒斯)、"火"(赫拉克利特)、"数"(毕达哥拉斯),还是"理念"(柏拉图)、"上帝"(基督教),总要有一个最最基本的确定不移的"本体"或法则,才能够进一步探索这个未知的世界。在怀疑论者眼中,由于没有一个确定不移的东西,所以没有什么是必然联系的,我们对这个世界的所知永远仅限于我们的经验。到了康德,他的"哥白尼式的革命"提出"不是知识依照对象,而是对象依照知识"的原理来重建整个认识论的形而上学,造成的结果正如美国学者 H. D. 阿金所说:"从康得开始,自亚里士多德以来就一直流行的哲学学科的观念经历了深刻显著的变化,甚至连传统哲学的基本概念如'形而上学''逻辑'等的定义最后也变得无法辨认。两千年来没有受到怀疑挑战的问题、论点,现在觉得没有什么意义,并被至今尚未引起注意的其他问题所取代。"③ 但从"确定性"的角度来看,康德不过是将"确定性"从过去被视作外在于人的经验或超经验的对象,调整为了内在于人的纯粹理性本身(即理性所固有的先天的概念和范畴)而已。

如果有一个"确定性"的事物,我们就可以凭借它获取知识,

---

① 吾兄方达博士在2016年11月底厦门的"'新子学'深化"会议提交的论文《论"新子学"何以成立——中西两种视域的交融》(此文后来发表在《人文杂志》2017年第5期)中,全面梳理了西方哲学史的进程,论证了西方哲学探讨的核心是"确定性"的问题,十分精审,本文即取其说。
② 邓晓芒《纯粹理性批判句读》,人民出版社2010年版,第2页。
③ [美] H. D. 阿金编著《思想体系的时代——十九世纪哲学家》,光明日报出版社1989年版,第2页。

从而认识这个世界，如果没有则不能。这是西方哲学的基本思想理路。德国学者文德尔班在其《哲学史教程》中说："'哲学'的职责总仍然是古代所规定的，即从科学的洞见中提供宇宙观和人生观的理论基础。"① 这里所说的"科学的洞见"，就是指人们对于"确定性"的认识。换言之，人们的"宇宙观"和"人生观"都来源于我们对"确定性"的认识。因此，很多触及到人们对"确定性"认识的发现或者发明，往往带来的就是西方社会的全面变动，比如哥白尼的"日心说"、达尔文的进化论、爱因斯坦的相对论等等，他们的学说本身并没有直接涉及到人们的"宇宙观"和"人生观"，但其影响之所以是全方位的，就是源于这样的思想理路。因此，我们不妨借用辜鸿铭在《中国人的精神》中使用的"暴民崇拜"②一词来解读西方社会的普遍心理——对旧时代来说，第一个站出来质疑旧有的"确定性"认识的人，他是在挑战整个社会，自然就是"暴民"，如死在火刑柱上的布鲁诺之流；但对新时代来说，正是他们引领了社会和时代的进步，开启了新的对"确定性"的认识，所以后世的人们无不崇拜他们。"启蒙运动"之所以对西方社会影响深远且至今为世人所盛称，即在于此。

晚清民国之时，受西方哲学的影响，章太炎分国学为经学、哲学和文学，冯友兰著《中国哲学史》，胡适著《中国哲学史大纲》，后世遂将国学中属于思想文化的部分总称为"中国哲学"。经过两次西化浪潮，此后的中国哲学研究，基本上抛弃了传统国学"合目的性"的思想理路，转而采用西方哲学"合依据性"的思想理路。尤其是

---

① ［德］文德尔班著《哲学史教程》，罗达仁译，商务印书馆1987年版，第10页。

② 参见辜鸿铭著《中国人的精神》（The spirit of Chinese people），李静译，天津人民出版社2016年版。

改革开放过后,这一特点越发地凸显了出来。如今,我们对"知识"的认识,较以往超出许多,正是由于这一思想理路引导我们不断地追问那最终的"确定性"。

三、"新子学"的思想理路

国学的传统思想理路基本上可分为三种类型,一是经学,二是子学,三是近代以来的中国哲学。冯友兰先生提出过"照着讲"还是"接着讲"的问题,最后他选择的是"接着讲"。现在看来,旧时代的国学以经学为主,近代以来的国学则附从于西学,如上文所述,经学的思想理路已全无可取,当然应该彻底抛弃;而附从于西学的国学完全丧失了自身的主体地位,也不可视若无睹。因此,对当下及未来的国学来说,"照着讲"与"接着讲"都是不恰当的。方达博士提出融通中西视域,主张"对着讲"[1];程水金先生提出"涵化中西东"[2],主张回到先秦元典"重新讲"[3]。虽然说法不同,但其最终指向是一致的。正如方勇先生所说:"迷失在西学丛林里难以自拔的自由主义既不可取,一味沉溺于'以中国解释中国'的保守思维同样不足为训。"[4] 传统国学较为缺乏"认识论",而西方哲学更注重知

---

[1] 方达、王宁宁《论"新子学"何以成立——中西两种视域的交融》,《人文杂志》2017年第5期。

[2] 程水金先生为南昌大学国学研究院拟定的教育理念为"融贯经史子,会通文史哲,涵化中西东,参究天地人"。

[3] 这是程水金先生在给南昌大学国学班讲授《国学通论》时提出的说法,目前似未公开发表过,或有而小子不知。

[4] 方勇《"新子学"构想》,《光明日报》2012年10月22日"国学版"。

识意义；中国哲学偏于哲学化，而传统国学更注重价值意义。因此汇通中西，最主要的就是兼重学术的知识意义和价值意义，注重理论的原理化和学术的价值化。在《三论"新子学"》中，方勇先生指出，子学研究模式的创新，其一是研究的原理化，其二是研究的社会科学化①。这其实已经为我们指明了"新子学"的思想理路和问题意识。只有通过这样的思想理路和问题意识，子学才能在今天焕发新生的力量，才能让国学乃至西学成为真正的"国人之学"，才能让国学乃至西学持续走向精密与完善。而在具体的做法上面，"新子学"有两点基本的要求。

一是应该且只能以子学为国学的主脉。

在我们的传统国学当中，经学一直占据了绝对的主导地位，是学术思想的绝对君王，不容挑战。因此，现在有相当一部分学者认为，国学的复兴首先应当是经学的复兴。首先，一个国家和民族必须要有自己的意识形态。经学本身是官学，是官方培养人才和灌输国家意识形态的重要手段。尤其是意识形态灌输，是经学最重要的职能。战国时期，礼乐制度早已崩毁，但如齐宣王说自己"非能好先王之乐，直好世俗之乐耳"②，魏文侯说自己"端冕而听古乐，则唯恐卧；听郑卫之音，则不知倦"③ 时，仍然表现出很局促、羞愧的情态，可见这种国家制度和意识形态灌输之影响。秦代的"焚书坑儒"、汉代的"独尊儒术"，皆源于这一政治传统，正如董仲舒所说，这样的政治

---

① 略引自方勇《三论"新子学"》，《光明日报》2016年3月28日16版。
② 朱熹《四书章句集注》，第213页。
③ 阮元校刻《十三经注疏》，第3334页。

手段是维护国家"大一统"的重要组成部分①。其次,经学在中华民族的凝聚和文化成型上有最突出的显著功绩。传统儒家经学以"圣君贤人"为理想人格,以"仁义礼智"为行为准则,建立了共同的道德准则,塑造了整个华夏民族的精魂,所谓"有礼仪之大故称夏,有服章之美谓之华"②者,实经学之力有与为焉。作为一个统一的多民族国家,中国一直没有强烈的种族区分和地域区分,所谓"诸侯用夷礼,则夷之;进于中国,则中国之"③,正是由于经学确立的文化自信和文化认同观念。经学之于中华民族,正如"经"的原初意义一样,是一种"主线"式的存在,它保证了不论是政治上的变革(如朝代更替)还是文化上的更新(如佛教、基督教的传入),都能维持中华民族固有之特色文化的主体地位。四大文明只有中华文化绵延不绝,经学之功,盖亦深矣。再次,经学在历史上的发展演变也证明了儒学和经学是具有自我更新的能力的,因此经过一定的调整,是可以符合我们当下的需求的。"周之制度典礼,乃道德之器械,而尊尊、亲亲、贤贤、男女有别四者之结体也。"④周代的"经学",正是"尊尊、亲亲、贤贤、男女有别"的礼乐文化;秦代"焚书坑儒",以法家为经学主流;汉代以下,以儒家为经学……历

---

① 李斯提出焚书时说:"今皇帝并有天下,别白黑而定一尊。"(《史记·秦始皇本纪》)董仲舒议罢黜百家云:"《春秋》大一统者,天地之常经,古今之通谊也。今师异道,人异论,百家殊方,指意不同,是以上亡以持一统,法制数变,下不知所守。"(《汉书·董仲舒传》)强调的都是国家意识形态的"一尊"和"一统"。

② 阮元校刻《十三经注疏》,第4664页。

③ 韩愈撰、马其昶校注《韩昌黎文集校注》,上海古籍出版社1986年版,第17页。

④ 王国维著、傅杰编校《王国维论学集·殷周制度论》,云南人民出版社2008年版,第15页。

朝历代，均有相应的经学与之匹配，并不是一成不变的。即便是儒家经学，也经历了五经、七经、九经、十三经的发展演变，而且汉唐基本以五经为核心，宋明清则基本以四书为核心，也可以见其演变之迹。

主张经学复兴者，大抵不出这三条理由。在我们看来，这些对经学的论述大致上确实是经学的真实面貌，但这些理由却完全无法成立。首先，一个国家当然应该有自己的政治意识形态，但这一任务的主要责任人并不是学术，而是政治需要。随着现代学科的分化和研究的精细化，学术和思想的研究日益专业化，也更加具有超越性，与现实政治需要的距离越来越大，在现在以及未来，学术和思想研究都只能为现实政治提供批评或建设性意见，而无法给予全面的指导性意见。"上帝的归上帝，凯撒的归凯撒"，学术与政治保持距离，乃是历史的必然趋势。其次，经学在过去确实在各方面都为中华民族的形成作出了卓越的贡献，但它也严重限制了中华民族的繁荣昌盛，对科技和商业的压制和扼杀，造成近代以来落后挨打的局面，不正是经学之"功"么？最后，经学历史上的变迁，也并不是什么革新，而是逐渐深化、逐渐完善的进程。而这种深化和完善，更进一步地加深了经学对思想和文化的钳制。因此，通过重建经学来复兴国学，既不可取，也不可行，这不过是一种毫无历史洞见的悬想而已。当下的国学复兴，应当且只能以子学为主脉。

二是在融汇西方上，必须确保子学的主体地位，借鉴思路而不套用理论。

对于清末以来的这种"西化"，刘笑敢先生称之为"反向格义"。刘先生说："传统的格义借用本土的概念来解释外来佛学的术语，近代的反向格义是以西方的哲学概念解释中国本土的术语。传统的格义是普及性、启蒙性、工具性的，是权宜之计；而近代反向格义却是研究性、专业性的，是主流的或正统的方法。"① 最初的"格义"之法，是佛教进入中国后，为了迅速传播教义，扩大影响，发展教众而采取的一种不得已的办法。而且，这种"格义"的方法，"迂而乖本"，对原本的要阐释的内容有很大的隔膜和曲解②。在当下的传统学术领域，我们常说的"失语症"等问题，就是因为这种"反向格义""乖本"影响。冯友兰先生著《中国哲学史》，说的是"可以西洋所谓哲学名之者"③；刘笑敢先生说"反向格义"，也是侧重于"狭义的反向格义"，即"以西方哲学的某些具体的、现成的概念来对应、解释中国哲学的思想、观念或概念的做法"④。应该说，大多数人的认识都是和他们一致的，即认为西学对国学的影响主要是概念的借用。但是，概念名词的"反向格义"真的有那么大的影响么？明清之时，西方传教士来华传教，我们现在仍在沿用的"上帝""天主"等名词，便是当时的传教士们"格义"的产物，却不见对基督教或天主教的思想有任何的遮蔽，这是为何？即便是有一定的遮蔽，那么换回原有的概念名词，是否就能避免这种遮蔽呢？即就国学本身而言，儒家、道家的概念之间，如果进行概念和名词的"格义"，是否会彼此遮蔽呢？

事实上，"西化"对国学的影响，最主要的是概念名词借用背后的话语体系和思想理路的移植。在这个体系和思想理路中，所有单个独立的名词与概念，相互联结，浑然一体，不可分割。谈及"本体

---

① 刘笑敢《"反向格义"与中国哲学研究的困境——以老子之道的诠释为例》，《南京大学学报》2006年02期。

② 关于"格义"方法的局限性，刘笑敢先生在他的文章中论述颇详，此处不赘余。

③ 冯友兰《中国哲学史》，中华书局1947年版，第1页。

④ 刘笑敢《"反向格义"与中国哲学研究的困境——以老子之道的诠释为例》，《南京大学学报》2006年02期。

论"，就不得不有相应的"认识论""方法论"来与之配套；谈及"宇宙观"，自然就有相适应的"人生观""价值观"……我们对这种西方的哲学体系习以为常，一旦某一环节与这种体系相矛盾，便自觉不洽，自觉不圆融，然后想方设法地去适应这一体系。我们对这种"思想体系"的"本土化"，也一直都是参照西方哲学体系的模式，充其量只是将相应的概念、理论换成了"本土的"概念和理论而已。但正如前文所说，这种体系内部本是自洽的，是环环相扣的，只要涉入这个既定的体系，不论什么样的概念，都必然因其"大势"而有所妥协，从而面临失真的风险。在这个过程中，中国传统的学术和思想并没有按照它本身的规律进一步发展，而是变成了论证西方哲学观念和体系的材料来源，如梁启超将明末清初论证为中国的"启蒙"时期、郭沫若将三代论证为奴隶社会等等。正如方勇先生在《"新子学"构想》中所说："结果是使子学渐渐失去理论自觉，沦为西学理念或依其理念构建的思想史、哲学史的'附庸'：既缺乏明确的概念、范畴，又未能建立起自身的理论体系，也没有发展成一门独立的学科，唯其文本化为思想史、哲学史的教学与写作素材。"[1] 这才是最重要，也是最严重的问题所在。因此，以子学为主脉的国学复兴，必须要确保子学的主体地位。

（原载于《诸子学刊》第十六辑。作者单位：华东师范大学中文系）

---

[1] 方勇《"新子学"构想》，《光明日报》2012年10月22日"国学版"。

"新子学"新解

杨中启

方勇先生集学术之功与兴国学之愿,肇始于2012年,振臂一呼,抛出新子学构想,一石激起千层浪,引发各界热烈的讨论,反映了社会共同的心声,这无疑契合了中国正走向强盛的大背景下文化复兴之内在需求,也折射出当前传统与现代文化转型、中西方学术理论交融创新之迫在眉睫。从该讨论所波及的范围、领域及参与者来看,已经突破狭窄的现代专业分类而有会通之势,并从重构传统文化升华到构建当代新文化的高度,这是莫大的好事,令人备感振奋。但目前对于新子学的讨论五花八门,莫衷一是,方勇先生先后于2012年10月、2013年9月、2016年3月,三论新子学,可见先生正感于时事的发展与讨论的复杂,不断澄清辨析与推进深入。在先生的大力支持下,我所在期刊2016年责编了4篇有关新子学的最新力作,承蒙先生厚爱馈赠了《新子学论集》,让我有机会深入了解新子学之堂奥,逐一拜读研习,深感新子学本义之简、立意之远,在先生的感召下,也将自己的一点感想呈上,求方家指正。

一、新

子学是一个时代学术和思想发展的表征,方勇先生说:"汉代今文学影响最大的公羊学，是早期经学和诸子学的结合。魏晋玄学汇通三玄，是对于儒、道两家智慧的融通。宋明理学建立四书系统，是对早期儒学的一次重构，不过其强分正统、异端，则扭曲了先秦时代的思想脉络。在理学兴起前后，道教学者也以心性论为架构，成功复兴了道家。其后，宋明理学模式在明清之际陷入困局。清代学术以反省心学、理学为起点，经学考证成为主流，然其逐渐流于烦琐，终究难当大任。清代中后期，今文学和诸子学兴起，先秦学术传统再次复活，并在形态上最接近于元典时代的原貌。今文学从庄存与、刘逢禄到龚自珍、魏源，再到廖平、康有为、梁启超，蔚为大观，于晚清掀起巨浪，在当代又重获新生。"① 从方先生的梳理可见，子学自先秦诸子百家兴起，适应中国社会环境一路变迁发展，随不同的时代境遇跌宕起伏，子学经典得以不断传承创新，可见，问题意识与时代内涵是子学常变常新之关键。

今日再谈"新"子学，必然要联系当今的时代实际，紧扣当代中国文化发展所面临的具体环境与挑战，今天的世界问题很多，行进在现代化征途中的中国要解决的难题更多，而新子学之新就突出体现在对当下时代问题的中国式表达，是诸子问题意识在现代的回响，也是我们重新理解自身境遇的现代起点。因此重点不是纠缠于经学子学何为主流的老论，也不是辩驳儒道谁为正统的旧说，而是厘清中国当前所处的时代图景，正视所处的现代转型关卡，"传统文化研究的方向应该是对治现代性，而非论证现代性"②。在当前的世界发展格局中，我们不是要回到先秦诸子学传统，更不是一味倒向西方，而是发

---

① 如未特别注明，引文皆出自叶蓓卿《新子学论集》，学苑出版社，2014年版。

② 方勇《三论"新子学"》，《光明日报》2016年3月28日第16版。

扬元典诸子精神,"唤醒传统资源价值"①,融通古今中外,"让经典回到生活境遇之中"②,面对今天的现实与问题,后人必须发挥自己的聪明才智,依靠自己的创新创造,寻找自己的精神家园和构建自己的文化殿堂。当然,利用考古最新资料进行考证、校勘、辑佚、辨伪等展开诸子元典的正本清源的基础性工作,以及借鉴西方新的研究理论、研究视角与研究方法等开展当代的新诠释、新注解,也是新子学之新的题中之义。但我认为这些还只是基础性工作,而最终的目的、真正的创新应该是在此基础上,发掘元典智慧,汲取文化他者的启示,寻找融合之机、会通之处,熔铸新解,在面对世界多元格局以及不断滋生的世界危机中,贡献生存智慧、提供相处之道,只有解决了当前人们的精神生活需要,化解世界各国面临的生存与发展的危机和难题,才能在更大范围内被人们所信奉和接受,这不但是全球人的福祉,也是华夏祖先圣贤们期冀实行王道、实现天下太平盛世的最终夙愿。从这个意义上看,新子学之新又何尝不是"兴",是一种振兴与兴盛,在今天的多元世界环境中,在今天的中国梦发展的关键阶段中,作为灿烂华夏文明的后裔们,当秉承子学精神,以洪荒之力去践行,实现文化的创新与接力。让关注思考当下的子学都"兴"起来,重现诸子百家争鸣,这应该是新子学的最高理想。

二、子

如果说"新"体现在诸子问题的时代变迁之上,而"学"是关于这些问题意识的一种思考理论成果,那么处于核心地位的则是作出

---

① 方勇《三论"新子学"》,《光明日报》2016年3月28日第16版。
② 同上。

思考而上下求索的主体——子。毋庸置疑，子是最重要的前提，是最宝贵的资源，也是最核心的部分，因为他们是主宰，是生产创造学术思想即学的大脑。所以，有些学者认为新子学的核心在于新，我觉得是没有抓住根本。从先秦儒墨道法等诸子百家，直到近代新文化运动中的众多思想巨匠，甚至现代的新儒家们，无疑都是那个时代最活跃最富创造力的一批士子，他们所具备的睿智与敏感，让他们对当时时代的问题与发展路向，较常人有更深刻的洞悉，从而给人们以引领。人们每每怀念中国产生大批一流子的时代，如春秋、魏晋、民国，正因为有这样的诸子，人们才念叨那个时代的美好，子学成果与子学精神已经穿越历史，成为永恒。要创生新的文化，必然要先有创生之人，当我们今天高举文化复兴大旗的时候，必须先问问今天的子在哪里？在此我们不妨先回到原点，探索一番诸子的特质及其孕育的时代环境，以期寻觅出一点规律和启示，为培育今日诸子而努力。

子具备什么特质呢？换句话说，什么类型的人可以被称为子呢？从目前讨论来看，还鲜有论及。这里我也只是简单地总结几点，挂一漏万，诸子本身就是个特别的群体，其丰富的人格内涵与生命特征是个饶有兴趣且值得深究的课题，期待有更多的研究从这个角度切入。首先是人格独立、精神自由。诸子坚持正义底线，为道而谋，内心是有标尺的，他们都是真诚的思考者和真理的追寻者。方先生指出："在那个多元的时代，诸子皆述道言治，自开户牖。他们或内圣，或外王，或循天道，或析万理，无论在学术主张与言论风格上如何歧路交错，都没有哪一'子'能够真正统摄或主宰所有'子'，也没有哪一'子'试图依附或归并于其他'子'。"反映出先秦诸子们的"'处士横议'的原创精神与恣纵气势"[①]。陈寅恪先生的"独立之人格、自由之思想"，也正是这个特质的典型代表。其次是具备超凡的

[①] 方勇《三论"新子学"》，《光明日报》2016年3月28日第16版。

能力和独到的见识。孔夫子作为万世至圣先师，不但有编诗书删礼易的卓越才华，也有周游列国、推行仁政之勇毅；孟子不但继承创新了孔子思想，更有大丈夫的浩然之气；老子道之思想幽深莫测，更有乘牛西去的神秘与玄远；庄子深刻洞悟到人之有限而追求齐物与逍遥，呈现出彻底的反智与出世的面向，后世诸子们莫不是才能与智慧并举，他们为时代问题而开出的处方未必合乎形势，但对这些问题的诊断却是入木三分，在于其"洞见了文明中的基本事实"①。最后，诸子是对社会的发展无比关心的群体，是对文化的进程最为牵挂的对象，他们直面现实而深究学理，他们怀揣理想抱负、冲锋陷阵，不仅仅只是为个人的功名利禄，而更多的是为大众的福祉、天下的太平而筹谋，为此甚至献出生命。在他们的脑海中，崇奉着"朝闻道，夕死可矣""富贵不能淫，贫贱不能移，威武不能屈""立德、立功、立言"等纯粹的精神理念，从而超越了个人，穿越了时代，成就了个性鲜明、永恒不朽的诸子人生。

虽然子的能力见识等主观先天优势重要，但是时代大背景的客观条件更是不可小觑，所谓千里马常有，伯乐不常在。一个糟糕的时代中即使有一流的子，也会遭到扼杀埋没，而一个好的时代是可以孕育推送出一批优秀的子。那么究竟产生子的良好环境是什么呢？回顾中国的文化发展可知，基本上都是中国政治上处于混乱不稳的时候，大一统的政治威权失去有效控制，各个诸侯、各个军阀等各势力相互割据、征战，力量在拉锯中保持某种均衡，权力者一方面还没有形成至高无上的权威而行独裁之制，另一方面也忙于争斗而无暇顾及，甚至为了笼络人心、政治需要而竭力拉拢士子。先秦的谋士可以居高位，合纵连横，苏秦挂六国相印，诸侯国之间不杀使臣，都约定俗成，谁若违规，就是冒天下之大不韪了，必然遭到整个士子阶层的口诛笔

---

① 方勇《三论"新子学"》，《光明日报》2016年3月28日第16版。

伐，也会遭到其他政治集团的一致打压。由此可见，正是这种权力制衡机制保障了士子的生命财产安全，他们可以纵论时事，无惧被迫害，同时文化一统之前的生态充满了未知与生机，充分激发了他们的才能智慧，让他们敢于去冒险去尝试，于是各种奇谈怪论高论，层出不穷。所以，孕育士的环境说复杂也简单，其生存的绝佳环境的先决条件就是保证他们的人身自由、言论自由，在此前提之下，他们抨击时事、指点江山，要么为名利为权势为正义，为人所用，积极入世；要么退居江湖，隐逸山林，冷眼旁观，多元的文化格局才会形成，各种观点才会相互争鸣，纵然论点有所偏，但无不是对时代最真切的思考，所以才有生命力，纵然时代变迁，时代的问题也一去不复返，但是当初这些士子们对此所作的思考却成为后人的文化元典，依然对后人有巨大的启发价值和意义，如春秋时代早已远去，诸侯纷争都已过去，但是其背后所涉及的仁义、王霸、善恶、天人等等，则是后人宝贵的精神文化资源，有待后人继续思索。

那么今天，当我们重新呼唤新子学的时候，是否先要问问我们为"子"的诞生、出场营造了什么样的环境呢？当然良好的环境自古就不是统治者主动为之的，而是时代发展的必然，是不以人的意志为转移的。从某种意义上说，是统治者所不愿意见到的，可又是不得不接受的，只要纷争混乱一结束，帝国一旦统一，管制权加强，罢黜百家、独尊儒术的局面就会出现，士子们就被完全监控起来了，加上科举考试的诱惑，天下士子谁不入帝王彀中？今天的中国是人民当家作主，是走向强盛的东方大国，吾辈欲推进文化创新，激发国人创造力，提升国家文化软实力，那自然是需要大批的士子们涌现出来，包含各行各业，不问出身不问出处，因此，优化环境就是最最重要的前提和基础了。否则，皮之不存，毛将焉附？

三、学

虽然说是先秦诸子百家,可是被后人记住的也就儒、墨、道、法、名、阴阳那么几家而已,可见,称得上"学"的而且还能经受历史的检验,实在不是很多。但是,"学"的层面很广,外延范围很大,特别是今日专业分工日益密切,更非古人可比,但共同的是必须面对时代的真问题、大问题,只有对这样的时代问题作出真诚思考的学,有共性、有创新,才能经得住时间的检验,也才能被历史留住。方先生在谈到对诸子学研究的时候,提到要社会科学化,"现代社会与传统社会的不同在于,这是一个高度'人工化'的社会,一切现象都需要社会科学的视角才可以理解。古典时期的智慧需要结合诸如经济学、政治学、管理学、社会学的方法来阐释,才可能具有实际的解释力"①。我想补充的是不仅仅是研究方法和研究视角的借重,而这些文史哲之外的专业领域如社会科学甚至是自然科学,一样是子学的天地和舞台,可是在内容范围上,方勇先生却主张"严格区分诸子与方技,前者侧重思想,后者重在技巧,故天文算法、术数、艺术、谱录均不在子学之列",有学者已提出异议,个人觉得限制子学的范围的确有些不妥,今日学术门类之分割、专业分工之密切,已经无法达致古人百科全书式的理解与掌握,故各领域各学科但凡取得成就而有思想之论皆可为"学",但这种"学"一定要是对时代问题的真思考,是出于公心对天下局势的筹划,而绝非是仅为了个人私利而掩耳盗铃之举,更非是为了讨好政治权力的学术作秀。何美忠说:"在当今华夏民族大复兴的时代,任何学术都是和民族、国家的命运相系

---

① 方勇《三论"新子学"》,《光明日报》2016年3月28日第16版。

的，我们要创建以世界为舞台的全新的中国学术事业，就不能让自己躲在'象牙塔'内，拘泥于所谓的'纯学术'；而应该学习先哲那种以天下为己任的担当精神，将学术研究与民族的复兴紧密地结合起来。"在中国文化复兴的伟大进程中，不应有门户之见，所有的真学问都应该参与进来，需要综合各子各学，共同应付时代的危机与挑战，这正是现代境遇中对子学精神最好的发扬传承，所以，方先生欢迎各行各业的有识之士加入到新子学的讨论与建设之中，这是相当有远见的。

"学"不尚一统而贵多元共生，《汉书·艺文志》曰："九家之术，蜂出并作，各引一端，崇其所善，以此驰说"，"其言虽殊，辟犹水火，相灭亦相生也"。可见，"学"是一家之言、自成家数，这种思想具有独创性、排他性，但相互又有共通性、交融性，彼此恰恰就在对立、交融的关系中确立自身、彰显各自学的特质，相互辩驳却共同推进，如孟子与杨朱、墨子，庄子与惠施等，他们是一种建设性对话，是一种创造性对话，从而缔造出灿烂而多元的文化高峰。之所以如此，就在于他们都是回到更早的文化源头，并同时直面时代现实，"对诸如世界图像的想象、基本的政治形态、人的道德禀赋的来源，以及如何理解历史、如何进行有效的国家管理等问题都做了精深独到的思考"，所以，百家争鸣，又百川归海。而当今世界多国并立、多元异质文化冲突，由此而带来的局势不稳、军备竞赛、信息大战、生态危机等等，如何在全球范围内进行文化会通，寻找最大公约数，是包括中国文化在内的世界多元文明的共同问题。摆脱各种固有的观念束缚，挣脱西方话语体系的牢笼，在现代、后现代的语境中，最大限度地回归诸子元典，以诸子本来具有的开放多元之气象，重新思索诸子之间原生的内在关系，以此为起点，融通当代学术理念，借鉴文化他者的启迪，不再纠缠于中西优劣、古今是非之辨，实现学术文化创新，当是一条充满希望的路径。

（作者单位：集美大学学报编辑部）

"新子学"视阈下战国诸子的共同政治命题研究

王 丁

一、问题的提出

近代以来,随着社会的变革与思想的变动,学术也不断翻新,人们相继提出"新史学""新文学""新经学""新儒学""新墨学""新法家""新道家"等诸多区隔传统学术的新概念,力图革新学术,更新传统。诸种说法都有其目的与意义,然而或囿于现代学术分科,或蔽于一家之学,或多或少都有其局限。进入新世纪以来,方勇教授在主持编纂《子藏》工程项目中,提出"全面复兴诸子学"的口号,后又明确提出"新子学",引起了国内外学界的广泛关注和讨论,不少报纸杂志都曾设置专题刊发"新子学"的相关文章,以方勇教授为首的华东师范大学先秦诸子研究中心,更是以《诸子学刊》为阵地,集中刊发有关"新子学"的论文,并召集以"新子学"为主题的国际学术讨论会,编辑《"新子学"论集》[①],成果十分丰硕,影

---

① 叶蓓卿编《"新子学"论集》,学苑出版社2014年版。

响也颇为广泛①。

　　随着讨论的逐渐展开，学界关于"新子学"的内涵、理论与架构也更加清晰和深入，形成了自己独特的话语。首先，"新子学"不同于传统子学，正如方勇教授所言："所谓子学之'子'并非传统目录学'经、史、子、集'之'子'，而应是思想史'诸子百家'之'子'"②，因此"新子学"比传统子学更具包容性和开放性，而且把儒家中被放入经学的部分重新放入子学，使之"离经还子"，也更具平等性。其次，"新子学"不同于新史学、新文学等，它要打破现代学科分类的桎梏，避免子学的研究陷入单一化，改变"子学主要是哲学史（思想史）的研究对象"③，推动多学科、多角度子学研究的发展。另外，"新子学"也不同于新儒家、新墨家、新道家、新法家等，它"不尚一统而贵多元共生"④，它不独尊一家，而更强调把子学作为一个整体作贯通的研究⑤，"从子学共通性的角度建构概念、问题和思想体系"⑥。

　　从"新子学"的视阈考察战国时期诸子百家争鸣这一现象，我们会发现他们"殊途而同归"，都以"务为治"作为自己的目标，并在战国中后期逐渐形成了包括君主至上、贵因无为、尚贤使能、礼法

---

　　① 据方勇教授统计，截至目前，涉及"新子学"的文章已达190多篇。
　　② 方勇《"新子学"构想》，《光明日报》2012年10月22日"国学版"。
　　③ 方勇《"新子学"申论》，《探索与争鸣》2013年第7期。
　　④ 方勇教授将此称为"子学精神"，参看方勇《再论"新子学"》，《光明日报》2013年9月9日"国学版"。
　　⑤ 孙广、周斌《从共同的问题意识探求子学的整体性——"新子学"刍议》，《集美大学学报（哲社版）》2016年第3期。
　　⑥ 王威威《"新子学"概念系统的建构》，《"新子学"论集》，第66页。

兼用、以民为本等在内的一些共用的政治话语。本文即尝试将战国诸子作为一个整体，借鉴政治学的方法，对战国中后期诸子的共同政治命题进行研究。

二、君主至上

"君主"是战国时期政治话语体系中的核心词汇，多数思想家都一再强调君主的不可或缺，所谓"无贤不可以无君"（《慎子佚文》），"乱莫大于无天子"（《吕氏春秋·谨听》）。他们认为"天下不患无臣，患无君以使之"（《管子·牧民》），"国无君不可以为治"（《韩非子·难一》），没有君主的存在，就会出现"逆顺相攻"①的混乱。

在战国诸子的理论中，君主是为了通理、止争、利天下而产生的。他们设想了君主产生之前，自然状态下人类的生存状况：

> 昔太古尝无君矣，其民聚生群处，知母不知父，无亲戚兄弟夫妻男女之别，无上下长幼之道，无进退揖让之礼，无衣服履带宫室蓄积之便，无器械舟车城郭险阻之备，此无君之患。（《吕氏春秋·恃君览》）

不仅如此，在多数人看来，这种状态下人们"兽处群居，以力相征"，"智者诈愚，强者凌弱"（《管子·君臣下》）②，人与人之间群

---

① 马王堆汉墓帛书《经法·论约》，见于《马王堆汉墓帛书（壹）》，文物出版社1980年版。下引马王堆帛书均出自此书。

② 在《荀子》《韩非子》《吕氏春秋》等文献中亦有类似的论述。

居杂处而没有分别,更没有道德礼仪,人们陷入无休止的争斗之中。

为了解决这种混乱无秩序的状态,在战国诸子的理论中就产生了君主,所谓"圣人深见此患也,故为天下长虑,莫如置天子也"(《吕氏春秋·恃君览》)。君主于是成了解救万民的大救星,"凡王也者,穷苦之救也"(《吕氏春秋·慎势》),君主的产生也标志着自然状态的终结。依据战国诸子的这种逻辑,很自然就产生了这样的结论:在一个有秩序的社会中,不能没有君主,君主是整个社会秩序的守护者,因此也必将成为这个社会至高无上的统治者①。

实际上,"君主"这一词汇本身就蕴含着尊贵至上的意义,《说文解字》解释"君,尊也。从尹口。口以发号"。但君主的含义不止如此,战国诸子赋予君主更多的意义,其客观结果,甚至可以说主观目的就是要确立君主至上的观念。

首先,君主至尊无二。荀子说"天子无妻"(《荀子·君子》),至尊的君主是没有可以与之匹配的人的,所以古代君主自称"余一人""寡人""孤"。而且战国诸子普遍认为,"两贵不相事,两贱不相使"(《慎子佚文》)②,"使天下两天子,天下不可理也"(《管子·霸言》),因此"天子必执一"(《吕氏春秋·执一》)。韩非子更从道的角度说明"道无双,故曰一。是故明君贵独道之容"(《韩非子·扬权》)。

另外,君尊臣卑的观念也为当时的思想家共同认可,所以"君

---

① 在政府权力的起源问题上,中西方有不同的认知模式,中西方虽然都认为政府的出现是为了解决自然状态的不足与混乱,但是西方认为政府是必要的恶,因此虽然不可或缺,但要加以限制;而中国古人却认为政府是必要的善,既不可或缺,也无需进行实质性的限制,恰恰相反,中国古人一再强调的是如何加强这个权力。

② 这样的论述不仅见于法家的著作,《荀子》、《吕氏春秋》、马王堆汉墓帛书《经法》等也有相似的语句。

尊臣卑""主尊臣卑""上尊下卑"等词汇在诸子的文献中很常见。许多尊贵的词语都被用来解释君主,如"君者,善群也","君者,仪也","君者,民之原也","君者,国之隆也","上者,下之本也","帝也者,天下之适也;王也者,天下之往也"①,《庄子·天道》更将帝王与天地相配,"莫神于天,莫富于地,莫大于帝王。故曰:帝王之德配天地"。不仅如此,在空间概念之中,君主也要体现其尊贵,所以"王者必居天下之中"②,并且要南面而治,成为天下之主。

其次,君主权势独操。君主自产生之初,就天然地与权、势、威、位等联系在一起,所谓"主之所以尊者,权也"(《韩非子·心度》),"王也者,势也"(《吕氏春秋·慎势》),"人主,天下之有威者也"(《管子·形势解》)。在这一点上,战国诸子是没有分歧的,他们都明白,"凡人君之所以为人君者,势也"(《管子·法法》),君主只有"势位至尊",才能"无敌于天下"(《荀子·正论》)。所以,他们一再强调君主一定要将权势紧紧掌握在自己手里,不能与他人分享,也就是"势不两立""威不贷错,制不共门"③,《庄子·天运》也认为"亲权者,不能与人柄"。因为他们都清楚权势一旦失去,君主的至尊地位就难以保证,所谓"威失位危,社稷不守"(《韩非子·外储说右上》)。

同时,君主还是为政之本,是国家治乱安危的关键。可以说,君主是国家最重要也是最关键的政治主体,所以《庄子·天地》说

---

① 见于《荀子》《吕氏春秋》诸书。
② 《荀子·大略》。亦见于《吕氏春秋·慎势》。实际上,时间与空间在中国古人那里与其说是一种客观存在,不如说是一种隐喻,是君权合法性的体现。
③ 见于《韩非子·人主》与《韩非子·有度》两篇,另外《管子·明法》亦有类似的说法。

"人卒虽众，其主君也"。这个时候，人们已经对于君主在政治领域的关键地位有了广泛的认同，所谓"一国之存亡在其主"（《管子·七臣七主》），"安危荣辱之本在于主"（《吕氏春秋·务本》）。虽然人们还会在理论上将君主与国家、天下进行区分，但实际上，君主与国家已经成为不可分割的命运共同体，成为一个国家的标志与象征。

三、贵因无为

君主虽然独操权势、至尊无二，但并非包揽一切事务，亲力亲为，而是要贵因无为。

因循思想在战国中后期早已成为思想家的共识，几乎所有人都在强调因循的重要性。《慎子·因循》说"天道因则大，化则细"，《吕氏春秋·贵因》说的更明确："因者无敌。"那么要因循什么？又该如何因循？《吕氏春秋·贵因》里的这段话比较有代表性：

> "三代所宝莫如因，因则无敌。禹通三江、五湖，决伊阙，沟回陆，注之东海，因水之力也。舜一徙成邑，再徙成都，三徙成国，而尧授之禅位，因人之心也。汤、武以千乘制夏、商，因民之欲也。如秦者立而至，有车也；适越者坐而至，有舟也。秦、越，远涂也，静立安坐而至者，因其械也。"

这段话比较清楚地说明了，应该因循什么。首先，要因循天道自然。《慎子佚文》说"任自然者久，得其常者济"，《管子·势》也说"圣人因天"，天道自然既是事物的本然状态，也是事物的应然状态，只有合乎自然的才能长久。所以不仅在对待自然事物的时候要因循，在处理政治社会事务的时候也要学会效仿，不然就会失败。这一点也正是鲧堵塞治水失败与大禹疏导治水成功所昭示的意义①。

其次，要因人之心。人心或者说人情是具有普遍性、先天性的，因此政策措施一定要合乎人心，所谓"凡治天下，必因人情"（《韩非子·八经》）。而违背人情的事情，古人认为是不太可能成功的，因此首先要知人心，然后顺人情而为。

最后，还要因民之欲。也就是要因顺民众的基本欲望，毕竟只有得到民众的支援才可能"贵为天子，富有天下"（《荀子·王霸》）。

既然要因循，那么君主就要少作为，也就是"无为"。战国诸子认为治理国家最好的状态就是"垂衣裳而天下定"（《荀子·王霸》），他们几乎都反对君主过度有为，而把无为放到一个非常高的地位，如"夫帝王之德，以天地为宗，以道德为主，以无为为常"（《庄子·天道》），"无为者帝"（《管子·乘马》），"虚静无为，道之情也"（《韩非子·扬权》），"古之王者，其所为少，其所因多"（《吕氏春秋·任数》）。

战国诸子之所以一再强调无为，一方面是看到了君主过度有为给社会带来的巨大灾难，另一方面则是看到了君主本身的局限，而无为恰恰能同时解决这两个难题。因此《庄子·在宥》说"君子不得已而莅临天下，莫若无为"，这样一来就能达到"身佚而国治"（《荀子·王霸》）的效果。

当然，思想家强调无为，并不是要君主完全不作为，而是强调在君道的范围内作为，只有这样才能保证君主在无为的情况下仍能不失

---

① 大禹采用疏导的方法治水成功，在这里与其说是一种事实，不如说是一种隐喻，它昭示着因循作为一种方法的可行性与重要性，同时它还隐含着君主要贵因无为的政治意蕴。

君位。这一点,韩非子看得最清楚,他说"事在四方,要在中央。圣人执要,四方来效"(《韩非子·扬权》)。

大体概括一下,思想家们所认为的"要"主要就是正名、定分、治吏。三者又是紧密联系在一起的,正名是为了定分,定分则是为了更好地治吏。《荀子》与《吕氏春秋》都有《正名》篇,《管子·枢言》也强调"名正则治,名倚则乱,无名则死。故先王贵名",《韩非子·主道》也说"形名参同,君乃无事焉"。正名之后就是定分,明确各自的职责,然后君主就只需"修名而督实,按实而定名"(《管子·九守》),这样治吏的任务也就能够很好地完成。

强调君主无为,也是为了让君主不要去做属于臣下的事情,因为这样既干涉了臣下,也使自己陷入危险的境地。所谓"为人君者,下及官中之事,则有司不任"(《管子·君臣上》)。那么君主无为,臣下是不是也要无为?诸子百家的答案都是否定的。《庄子·天道》中的这段话分析的最为精到:

> 上无为也,下亦无为也,是下与上同德;下与上同德,则不臣。下有为,上亦有为,是上与下同道;上与下同道,则不主。上必无为,而用天下;下必有为,为天下用。此不易之道也。

也就是慎子所说的"君臣之道,臣事事,而君无事,君逸乐而臣任劳,臣尽智力以善其事,而君无与焉"(《慎子·民杂》)。

四、尚贤使能

既然是君无为而臣有为,那么君主虽然可以是无能之主,臣下却不能是平庸之臣，不然国家的政治运作就会受到影响。特别是到了战国中后期，大国的出现，战争的需要，庞大而复杂的国家机器的运作，都急需专业而贤能的人才。

不仅如此，人们在历史与实践中也认识到，君主一人虽然至为关键，但仅仅依靠君主一人，即使是圣人，也难以完全胜任治国大任。所谓"人主不可以独也。卿相辅佐，人主之基、杖也，不可不早具也"（《荀子·君道》）。

战国诸子还普遍认识到，能否尚贤关系到国家的治乱强弱。"得贤人，国无不安，名无不荣"（《吕氏春秋·求人》），"夫贤人在而天下服，一人用而天下从"（《战国策·秦策·苏秦始将连横》）；反之，"闻贤而不举，殆"，"见能而不使，殆"（《管子·法法》），也就是《荀子·议兵》所说的"好士者强，不好士者弱"。而《吕氏春秋·求人》更将尚贤抬到本体的高度，说"贤者所聚，天地不坏，鬼神不害"。

就连一向被认为不尚贤的道法两家，到了战国中后期，也都有尚贤的言论。庄子后学已经指出"行事尚贤"（《庄子·天道》）、"拔举而不失其能"（《庄子·天地》）。至于法家，虽然一再强调"尚法不尚贤"，但实际上法家十分重视贤能的得失，如慎子就明确提出应该"使贤任职"（《慎子·知忠》）。这是因为法家是在相对关系中考虑尚贤问题的，在强调法的重要性和客观性的时候，就极力反对违反这种客观性的尚贤行为，也就是反对"过法立智"（《韩非子·饰邪》）。但他们也明白贤能的重要性，所以同时也重视人才的得失，只是他们所要求的贤能是能够在法律范围内活动的人，强调的不是人的道德层面而更多的是具体的才能智力，所谓"智盈天下，泽及其君；忠盈天下，害及其国"（《慎子·知忠》）。

既然贤能如此重要，那么君主就一定要把尚贤使能作为自己最紧迫的事务来办，所谓"劳于求人，而佚于治事"（《吕氏春秋·士节》),"贤能不待次而举,罢不能不待须而废"(《荀子·王制》)。

那么接下来的问题就是选择什么样的人,也就是选贤的标准问题。各家的标准不尽相同,不过在一些原则上还是有相通之处。首先,要厚待贤能。在儒家就是强调要礼遇贤人,在法家就是主张厚爵禄以待之;其次,不能求全责备。《吕氏春秋·举难》说"以全举人固难,物之情也",人不必也不可能是全能,因此只需要"量能而授官"①;再次,重视贤能的实际能力,不能只会"纸上谈兵"。所以"明主之择贤人也,言勇者试之以军,言智者试之以官"(《管子·明法解》),也就是要"论之于任,试之于事"(《韩非子·难三》),《吕氏春秋·论人》更提出了系统的知人论人的方法,也就是"内则用六戚四隐,外则用八观六验";最后,要有敢于直谏之臣。《荀子·臣道》说"事圣君者,有听从,无谏争;事中君者,有谏争,无谄谀",而绝大多数的君主都是中君,因此"君虽尊,以白为黑,臣不能听"(《吕氏春秋·应同》),而是要敢于直言进谏。

五、礼法兼用

君主治国,既需要贤人辅助,也需要礼法的规范。礼与法虽是两种不同的工具,为不同的流派所提倡,但它们在结构上具有互补性,在功能上具有相似性,所以到了战国中后期,礼法兼用,刑德并举,成为当时多数人的共识。

儒家向以重视德礼而闻名,孔子曾说"道之以政,齐之以刑,民免而无耻;道之以德,齐之以礼,有耻且格"(《论语·为政》)。

---

① 《荀子·君道》、《管子·君臣上》、《韩非子·八说》、马王堆汉墓帛书《经法·道法》等都有类似的说法。

到了战国中后期荀子这里，已经变为"隆礼至法"（《荀子·君道》），所以荀子一方面说"人无礼则不生，事无礼则不成，国家无礼则不宁"（《荀子·修身》），另一方面又强调"刑威者强，刑侮者弱"（《荀子·议兵》）。

法家无疑是重法的，但也并非完全排斥礼。齐法家的代表作《管子》，本就以礼法并用而著称，《慎子·威德》则说"定赏分财必由法，行德制中必由礼"，就连以严苛著称的韩非子也指出"明主之所导制其臣者，二柄而已矣。二柄者，刑、德也"（《韩非子·二柄》）。

道家对于人和社会总是试图以道观之，因此对于礼法都持批评的态度，所谓"失道而后德，失德而后仁，失仁而后义，失义而后礼"（《老子》三十八章）。但其实细究这句话就会发现，虽然道家认为社会一直在倒退，礼的社会并非他追求的理想社会，但他一定程度上承认了现实社会中礼的适用性和可行性。到了战国中后期，庄子后学在《庄子·说剑》中说到天子之剑，就指出要"论以刑德"，黄老色彩很浓厚的马王堆汉墓帛书，更明确地提出"天德皇皇，非刑不行；缪缪天刑，非德必倾。刑德相养，逆顺若成"[①]。

礼与法可以兼用，部分原因在于它们功能上的相似性。首先，它们都是衡量人的行为以及社会事务的客观标准。"法度者，万民之仪表也。礼义者，尊卑之仪表也"（《管子·形势解》）。《荀子·王霸》说"礼之所以正国也，譬之犹权衡之于轻重也，犹绳墨之于曲直也，犹规矩之于方圆，既错之而人莫之能诬也"，《管子·七法》则说"尺寸也，绳墨也，规矩也，衡石也，斗斛也，角量也，谓之法"，两则文献都用权衡、绳墨、规矩之类的标准来比喻礼或者法，可见礼与法充当的都是一个客观标准。

---

① 马王堆汉墓帛书《十六经·姓争》。

另外，二者都有止争、区分尊卑贵贱、稳定社会秩序的功能。《荀子·礼论》从礼的起源的角度指出，礼是为了解决争斗引起的混乱而产生的。同样，"夫法者所以兴功惧暴也，律者所以定分止争也"（《管子·七臣七主》），法也是为了更好地稳定社会秩序而产生的。礼的主要功能就是区分尊卑贵贱，而依据在法的面前的能动性，也可以区分君、臣、民，所谓"以力役法者，百姓也；以死守法者，有司也；以道变法者，君长也"①。

当然，礼与法毕竟不同，这恰恰可以使它们共同为君主所用，相辅相成，达到互补的效果。一方面，它们的适用对象不同，"由士以上则必以礼乐节之，众庶百姓则必以法数制之"（《荀子·富国》），也就是我们熟知的"礼不下庶人，刑不上大夫"（《礼记·曲礼》），因此就要"以善至者待之以礼，以不善至者待之以刑"（《荀子·王制》），也就是说德、礼主要是劝人向善，而法、刑则主要是禁人为非。另一方面，礼法的适用领域也略有不同，《慎子·威德》写到"定赏分财必由法，行德制中必由礼"，即是对二者适用领域的简单划分。

六、以民为本

君主独掌大权，并拥有多种治国理政的工具，但是战国诸子普遍认为，君主治国并非为一己一身之私，谋一家一姓之利，而是要以民为本，为天下之公。

以民为本是当时思想界的共识。儒家一直以强调富民教民而闻

---

① 《慎子·佚文》。类似的说法亦见于《管子·任法》《吕氏春秋·察今》等文献。

名,他们深知"下贫则上贫,下富则上富","天下归之之谓王,天下去之之谓亡"(《荀子·王制》)的道理,所以一再强调"王者富民"(《荀子·王制》)。《荀子·大略》进一步提出"天之生民,非为君也;天之立君,以为民也"这一典型的民本思想命题。墨家的资料比较少,但《墨子》中的思想基本上被后来的墨者沿袭,而《墨子》提出的尚贤、尚同、兼爱等各种观点,都是要使民得到最大的利。道家更强调的是"顺于民"①,也就是要因民之欲,顺民之情,不做过多的干涉,这样才能真正的聚民利民。法家虽然处处为君主着想,但他们也认识到了民的重要作用,因为"天地无民,尧舜不能以王,三代不能以强"(《韩非子·饰邪》),那么有道之君,就应该"有德泽于人民"(《韩非子·解老》),《慎子·威德》甚至相当早地提出"立天子以为天下,非立天下以为天子也"②。

其实不止思想家清楚这一点,战国时期的统治阶级,也已经认识到民的重要性。《战国策·齐策》记述赵威后问齐使,先问岁与民,后问君,并说"苟无民,何以有君"。《吕氏春秋·制乐》亦记述宋景公不将荧惑移于民时的话,"民死,寡人将谁为君乎"。可见以民为本在战国时早已成为一种社会普遍意识。

然而,以民为本并不意味着民众成为政治的主体,这句话的隐含主语是君主,而民只是宾语,是政治的客体。这个客体既是目的,也是工具;既被尊崇,也被贬抑。

实际上,战国诸子关于民的理论中存在着一个类似矛盾共同体的文化范式,也就是"重民—轻民"的组合结构。一方面,作为整体的形而上意义的民,因其客观上所蕴含的巨大力量,而被尊崇,成为国家之本;另一方面,作为个体的政治伦理意义的民,则被看作是愚

---

① 马王堆汉墓帛书《十六经·前道》。
② 类似的观点,亦见于后来的《吕氏春秋·贵公》篇。

昧无知，不能自理，甚至可以说是毫无意义的。换言之，思想家们所尊崇的民并不是有血有肉、实际存在的具体个体，而只是符号化、象征性的整体。甚至可以说，在思想家的理论中，整体之民也只是在和君的对应中才有意义，它是论证君主有必要存在的一个理由，也是警示君主自我节制的一个依据。

《庄子·在宥》的一句话道出了战国诸子对民的这种矛盾心理，"卑而不可不因者，民也"。因此思想家更为关注的是用民的问题，爱民利民，说到底都是为了用民，所谓"予之为取"（《管子·牧民》）。

另外，"重民—轻民"的组合结构，在具体政策上也有所体现。比如教民与愚民并存。一方面强调教化万民，"如保赤子"①；另一方面又强调愚民，不可使民有智。教民历来被认为是儒家的政策，实际上法家也要教民，只是所谓的老师和教材不同，儒家是大儒和经书，而法家则是官吏和法律，所谓"以法为教"，"以吏为师"（《韩非子·五蠹》）。愚民一直被认为是道法的标签，实际上儒家也不例外，他们并不信任民众，在他们看来民众虽有圣人之性，但脱离了圣人教化，就难以将这种可能性转化为现实性。如果现实中民众都有了智慧，圣人的存在就没有了意义，因此孔子说"民可使由之，不可使知之"（《论语·泰伯》）。

实际上，"民"这个字本身就不含有尊贵的意义，《说文解字》解释"民，众萌也"，段玉裁注"萌犹懵懵无知儿也"，因此如同一个无知儿无法成为一家之主，在战国诸子的理论中，民再怎么被强调是国家之本，是基础，也无法成为国家政治的主体。

---

① 《荀子》中多次提到这句话，这句话看似是对民的爱护，但有一个预设的前提，那就是民是没有理性、不能独立的儿童，永远只能在君主圣人的保护下才能生存。

结　语

"新子学"不只是一个口号，一个概念，更是新时期的一种新的理念和方法，它与传统子学拥有紧密的关系，但又有很大的不同，这种不同不仅在于我们要运用新的理论方法重新认知诸子，更重要的是我们要避免传统的经学思维和独尊心态，重视开放性和包容性，强调整体性和贯通性，把诸子作为一个整体看待，既关注他们的区别与不同，也要关注他们的共同性。

由此出发，以"新子学"的方法与精神去观照战国诸子的政治命题，我们可以发现，战国诸家拥有很多共同的政治话语，形成了包括君主至上、贵因无为、尚贤使能、礼法兼用、以民为本等在内的共同政治命题。这些命题相互联系、相互补充，其中，君主是政治主体，民众是政治客体，贤能官吏是君主与民众之间的中介，无为是一种根本的政治统治方法，而礼法则是君主治国理政的规范，它们共同构成了战国中后期的政治话语体系。

进入秦汉，这一政治话语体系得到进一步发展，经过思想家形上化分析与神圣化论证，开始意识形态化、制度化与社会化，逐渐成为官方的意识形态，真正外化为完整成套的制度，并最终成为全社会的普遍意识。自此以后，以这一套共同政治命题为基础的政治理论、政治制度、政治社会就基本确立，共同构成了独特的中国传统政治文化。

（原载于《诸子学刊》第十六辑。作者单位：南昌大学国学院）

论"新子学"的整合研究及其拓新意义
——以《庄子》研究为例①

刘韶军　张　婷

近几年人们对"新子学"的关注度越来越高，这表示子学研究在新的时代背景下已经出现了超越传统的子学研究的势头，更重要的是在其中呈现出崭新的学术研究形态与思维方式，故被学者们称为"新子学"。现在人们提出了"新子学"的概念，说明学者们已有了使子学研究走向新阶段的自觉性。但在面对"新子学"的到来时，很有必要认真思考"新子学"的研究怎样才能走向深入，以取得应有的成绩，完成时代赋予的任务。本文基于这一思考来探讨"新子学"研究中的整合方式及其所具有的拓新性。

一、"新子学"的整合研究

以往研究诸子，基本方式是以某一家或某一子为研究对象，只就一家一子的思想主张或相关问题进行专门研究，如人们熟知的儒家研

---

① 本文是国家社科基金重大项目先秦诸子综合研究（批准号：15ZDB007）的子课题先秦诸子著作文本研究的阶段性成果。

究、道家研究、法家研究、墨家研究等，以及孔子研究、孟子研究、荀子研究、老子研究、庄子研究、墨子研究等。不论是分家的研究还是各子的研究，都可以称为"分散的研究"或"个体的研究"。大家熟悉的各种中国哲学史、中国思想史一类著作，都是对于各家各派或各个思想家分别进行论述，都有专门的单独的研究与分析，而没有整合的分析与研究。这就是分散的研究或个体的研究的典型表现。

以往也有人对诸家诸子都加以研究，对各家各子的思想加以分析与论述，然后合并为一个研究成果。这样的研究，从表面上看，与前面那种只对一家或一子进行研究的方式有所不同，似乎对诸家诸子都做了研究，但本质上仍是对一家一子分别进行研究，再把这种分别的研究合并为一个研究成果，所以仍然属于分散的研究。分散研究的本质，就是把诸家诸子分别作为独立的研究对象加以研究，而不是把诸家诸子作为整体研究对象加以研究，所以只能说是分散的研究或个体的研究。

笔者提出的整合研究，是对这种分散的研究或个体的研究做出的调整，目的是不再把诸子分成单独孤立的一家一子进行研究，也不满足于以这种单独孤立研究为基础的合并论述，而是把先秦时期的诸子作为一个时代的共同产物，从整体上把诸子各家联系起来加以研究。所谓把诸子各家联系起来，就是整合。这个意义上的整合，不是独立的各家研究的集合，而是把诸子各家联系为一个整体加以研究。

从这个意义上说，整合研究就是全面地综合一个时代的不同思想（诸子各家）的全部内容进行完整的关联研究。以往的诸子研究中也有不少以一家的思想学说为主而与其他诸子的相关的思想进行比较的研究，但这种有所关联的比较研究，只是个别的、局部的，还没有整体研究的意识，也没有对于全部诸子进行系统化研究，所以还不是笔者所说的整合研究。

整合研究要把先秦诸子看作整体来加以研究，就不再把诸子看作各自孤立的单独个体，而是将其看作一个整体的不同部分。整体与部分当然还是有差别的，但它们既是一个整体，最重要的是这些有差别的部分在构成一个整体时就存在着相互不可分割的内在关系，因此在研究作为一个整体的不同组成部分的局部时，就不能把它与整体分开。在研究部分时必须与它所在的整体联系起来加以分析，重视它们作为一个整体时所存在的内在关系，由此来认识作为局部的各个部分。所谓整合研究，就是以这种认识为基础的。

之所以要把诸子看作一个整体而进行整合的研究，首先是因为先秦诸子是一个时代的共同产物，虽然诸子在时间上有先后出现的差别，在空间上有出现于不同地域的差别，但作为先秦时代的共同产物，它们有着共同属性，都是这个特定时代的产物，各自从不同的侧面和角度反映了它们对时代产生的共同问题的不同思考与回答。从整体上说，它们就是对那些时代的社会发展变化过程中产生的共同问题的思考与回答。

这就好比一个时代向人们提出了共同问题，而人们给予了不同回答一样，也像一个老师提出了一个问题，而众多的学生分别按照自己的思考与学术背景和不同的立场等而做出了不同的回答一样。因此从历史的长时段的背景下来看先秦诸子，它们具有这样的共同属性，因此在后人研究它们时完全可以把它们看作一个共同的整体，看作一个共同的历史产物，完全需要把它们作为一个整体来做整合的研究。

《史记》在著名的《论六家要指》中分析评价当时最重要的诸子学派时这样说：

《易大传》："天下一致而百虑，同归而殊途。夫阴阳、儒、墨、名、法、道德，此务为治者也，直所从言之异路，有省不省耳。"①

这一论断表明太史公认识到了产生于先秦时代的诸子百家的共同属性，它们都是思考和回答"为治"的这个时代的共同问题而形成的产物。所要思考和回答的问题是共同的，所以说是"一致"，但答案是不同的，所以说是"百虑"，共同的问题是它们"同归"的目的地，思考与答案的不同是它们各自走过的"殊途"，"所从言之异路"，是它们各自思考与回答的"殊途"，"有省不省"是它们各自思考的内容与水准有所不同，但它们所要面对的问题只有一个，是共同的问题，即"务为治"的问题。

因此可以说先秦诸子是思考与回答同一个时代的共同问题的产物，所说有不同，所思则相同。在此背景下，它们的思想内容就有着共同性，有这种共同性，就使后人研究它们时可以视之为一个整体而做整合的研究。这是对先秦诸子进行整合研究的历史原因，后来的时代也有一些被称为诸子的学者及著作出现（如汉魏诸子或宋明诸子），但都不能与先秦诸子的整体性相比，而后来诸子所思考的问题也与先秦时代的诸子百家要面临和思考一个共同问题有很大不同。所以一个时代的若干个诸子可以作为那个时代的整体来看待，但不能与其他时代的诸子共为一个整体。因此可以把不同时代的若干个诸子分别看作不同的整体，来进行整合的研究，但不能把不同时代的诸子看作同一个整体。当然，可以从更长的历史阶段来看这些不同时代的诸子，它们具有一定的共同属性，可以把它们视为一个整体，但这样的整体与分时段的诸子整体已有了较长时间的距离和较大程度上的差异，所以这不是本文笔者所要讨论的问题，故在此不予论述。

第二，同一个时代的产物是多样的，诸子只是同一个时代的诸多

---

① 《史记·太史公自序》，中华书局1959年版，第3288、3289页。

产物之一，不是这个时代的全部产物，而是全部产物中的一个独特类别，因此就不能与这个时代的全部产物看作一个整体来加以研究，而要与同一个时代的其他产物分开来加以研究。先秦时代作为中国历史上最重要的历史阶段，所产生的事物是多样的，这是不言而喻的。学者可以按不同类的时代产物分别加以研究，而诸子是其中一个类别，因此可以作为一个整体来加以研究，而不能与其他类别的时代产物混淆。这就是只能把先秦时代的诸子作为一个同类的整体加以研究而不能与同时代的其他产物混作一团来加以研究的逻辑原因。

先秦时代的诸子虽然可以看作一个整体来进行整合的研究，但具体开始进行这种整合研究的时候，又需要一个切实可行的立足点作为切入点，又不能不加分析地混为一谈地加以研究。

为此需要思索整合研究的具体方法，找到这种方法的立足点和切入点。解决这个问题的办法，要从研究诸子的目的来思考。

这个目的，简单来说，就是彻底研究清楚整个先秦时代的共同产物之一类的诸子及其著作中所包含的丰富的思想内容。而要达到这个目的，需要从对诸子的各家和各子的著作文本的分析与解读入手，这是对先秦诸子进行整合研究的立足点和切入点。但要彻底充分地解读诸子各家和各子的著作文本的内涵，就不能只对这些文本分别解读和阐释，而要充分关联一家和一子著作的全部文本以及其他各家和各子著作的全部文本，由此及彼，由表及里，从一家一子的著作文本的各句到各篇再到全部篇章解读和分析，然后再从一家一子的解读和分析扩展到全部诸子的著作文本的解读和分析，最终完成从一家一子到诸家诸子的著作文本的解读和分析，并且在比较鉴别的基础上分别认识和阐释各家各子的著作文本所包含的各种涵义，从而构成对先秦诸子的整体的整合研究。

这种整合研究的步骤分为五步，第一步是对一子（如《庄子》）的著作文本从具体字句到各个篇章的解读与分析，第二步是对此子的著作文本的全部篇章的相关内容进行关联、比较和鉴别，此二步可称为此子的内部整合研究。

第三步是在此基础上对此子所属的家派（如《庄子》所属的道家）的著作文本的思想内容进行整合分析与阐释，第四步是将此子所属的此家与诸子的另一家进行整合研究，如将《庄子》及其所属的道家与儒家、法家、名家、墨家、阴阳家等进行整合研究。第五步是将对于此子的整合研究的范围扩大到同一个时代的所有的文献资料上去，如以《庄子》为中心，整合先秦时代所有的文献资料中的思想内容加以整合的研究。这三步，可称为此子的外部整合研究。

所谓的由此及彼、由表及里，包括内部的整合与外部的整合两个方面。内部与外部整合构成系统的整体性研究，在这个研究过程中，内部整合研究是第一步和基础，外部整合研究是第二步和扩展。第一步把整个研究的基础建好，使之坚实而无缺，这样再来进行第二步的扩展研究，也就具备了充实的资料及其分析，使外部整合研究不至于流于空疏和有缺失。

内部的整合以一子的著作的全部文本为限度，从字句到一篇一章再到全部篇章，这是容易把握与从事的。而外部的整合，则在不断的分析中会不断有所推进。即第一个阶段是在纯粹诸子的著作文本范围内进行外部整合研究，在把全部诸子著作文本关联解读和分析研究之后，还不能算是结束，应该意识到先秦时代传留下来的诸子著作以外的文献之中仍然有着可与诸子的著作文本的解读和分析有关联的内容。

古人把著作分为经、史、子、集四类，虽然这种分类定型于先秦之后，但能用这一分类体系把先秦传留下来的各类文献著作概括于其中。所以，在把属于子部的著作及其文本解读与分析完毕之后，还有必要把子部之外的经、史、集中的先秦著作纳入外部整合研究的范围之内。如先秦经部著作《尚书》《诗经》《易》经及传、《春秋》及三《传》、三《礼》，史部《国语》《战国策》《史记》中与先秦有关的内容，集部《楚辞》，与诸子类的著作相比，它们在子部之外，但这些著作中包含着许多与诸子著作相关的内容，所以诸子学的外部整合研究中，先把诸子著作关联起来，然后再把子部的其他类别的著作文献关联起来，这样才能使诸子学的外部整合研究达到圆满的程度，所谓的外部整合研究才算是没有遗漏和缺失了。

二、《庄子》的内部整合研究

《庄子》是先秦道家的代表著作①，研究先秦道家，要研究《庄子》和《老子》两部著作②，在研究《庄子》时，一方面要对《庄子》内、外、杂篇关联起来进行研究，这可以说是研究《庄子》的内部整合，另一方面，要把《庄子》与《老子》关联起来进行研究，这是《庄子》研究的外部整合的第一阶段，然后再把先秦道家其他诸子的著作与《庄子》关联起来进行整合研究，这是《庄子》研究的外部整合的第二阶段，之后是把道家之外的先秦诸子著作与《庄子》关联起来进行整合研究，这是外部整合的第三阶段。

以下就上述的内部整合与外部整合研究的不同阶段具体加以说明。

内部整合研究，其实也要分成几步来实施。第一步，是对《庄子》内篇七篇的整合研究，第二步，是对《庄子》内篇与外篇的整

---

① 本文以《庄子》研究为讨论对象，因为《庄子》是庄周及其后学阐述思想的著作合成，里面究竟哪是庄周本人的撰述，哪是庄子后学的撰作，已经无法截然分得清楚，所以把《庄子》作为研究庄周及其学派的对象，以《庄子》一书的全部文本作为道家《庄子》的研究基础。

② 还有《列子》《文子》及《管子》某些篇章等也属于先秦道家，这里不全部纳入讨论的范围。

合研究，第三步，是对《庄子》内、外篇与杂篇的整合研究，第四步，《庄子》所有篇章文本思想内容的整合研究。

《庄子》原著文本中（包括内、外、杂篇）所包含的思想内容非常丰富，只用几个概念是无法全部涵盖的，但在整合研究时可以先从某些特别重要的概念入手来做整体的观察与解读。

就内篇七篇而言，最重要的是《逍遥游》和《齐物论》二篇。《逍遥游》的核心思想是逍遥，但在论述逍遥思想时，最后落脚具备这种思想的人是怎样的人的问题上。《庄子》各篇所论，最后都要落实在人的问题上，这说明《庄子》的思想宗旨实际上是在阐明要做一种与众不同的人。我们解读和分析《庄子》，一定要把人的问题放在核心位置上，其他思想内容无不与人的问题相联系，不能把人的问题弃而不顾而谈论《庄子》的思想。

从道家的角度看，《庄子》所推崇的人，与《老子》不同，从道家与其他诸子各家相比较的角度看，《庄子》所推崇的人与各家所推崇的人更不一样。所以从人的角度入手来观察和分析《庄子》的思想，是最基本的问题和入手处。

《庄子》所推崇的人是《逍遥游》里提出的至人、神人、圣人。仔细阅读《逍遥游》的前半部分，就必须承认此篇所论述的逍遥思想必须落实到人的身上，具备这种逍遥精神的人，就是此篇所提出的"至人、神人、圣人"，庄周是用此三种称呼表示他所推崇的逍遥之人①，这只能是一种人，不能理解为三种人。而此三名所指的人又与

---

① 对此三名所指，存在着两种理解，一种理解认为三名所指是三种人，一种理解认为三名所指是同一种人。笔者认为，三名所指是同一种人，即庄周推崇的逍遥之人。《逍遥游》论述人要逍遥，这就是庄周推崇的人，只能是一种人，不可能是三种人。理解《逍遥游》的文本，不能产生错误的解读，要综合《逍遥游》的整个文意来理解。

无己、无功、无名三种精神相联系,同样不能理解为三种不同的精神,而应理解为同一种人的一种精神,这种精神包含无己、无功、无名三项义涵。

在解释了《逍遥游》里提出的逍遥思想以及具备了逍遥精神的人的基本含义之后,就要把这一问题与《庄子》原著文本的全部相关内容关联起来,进行《庄子》内部的整合研究。

首先看《逍遥游》里的相关论述:

> 尧让天下于许由,曰:"日月出矣,而爝火不息,其于光也不亦难乎?时雨降矣,而犹浸灌,其于泽也不亦劳乎?夫子立而天下治,而我犹尸之,吾自视缺然。请致天下。"许由曰:"子治天下,天下既已治也,而我犹代子,吾将为名乎?名者实之宾也,吾将为宾乎?鹪鹩巢于深林,不过一枝,偃鼠饮河,不过满腹。归休乎君,予无所用天下为。庖人虽不治庖,尸祝不越樽俎而代之矣。"

这一段紧接在至人无己、神人无功、圣人无名之后,可以理解为是用具体事例来说明什么是逍遥的至人、神人、圣人以及无己、无功、无名。我们在解读前面的至人、神人、圣人以及无己、无功、无名时,不能只看前面直接说到至人、神人、圣人的文字,而不顾及后面这段尧与许由的对话。不然的话,就无法解释为什么《逍遥游》里阐明了逍遥以及至人、神人、圣人以及无己、无功、无名之后还要说这样一个故事。

尧与许由的对话之后,又有肩吾与连叔的对话,其用意与讲述尧与许由的对话是一样的,也是用具体事例说明什么是逍遥的至人、神人、圣人以及这种人的无己、无功、无名。但这两个具体事例所说明的至人、神人、圣人以及无己、无功、无名在内容上又有所不同。尧与许由的对话是说明无功、无名，可以解释为不求功、不求名。因为当帝王来治天下，是功也是名，许由不想当帝王治天下，所以这就解释了无功与无名就是不求功、不求名，而不是没有功、没有名。

而肩吾和连叔所说的逍遥之人的情况与此不同。肩吾说："藐姑射之山，有神人居焉，肌肤若冰雪，淖约若处子，不食五谷，吸风饮露，乘云气，御飞龙，而游乎四海之外，其神凝，使物不疵疠而年谷熟。"连叔说："之人也，之德也，将磅礴万物以为一，世蕲乎乱，孰弊弊焉以天下为事。之人也，物莫之伤，大浸稽天而不溺，大旱金石流、土山焦而不热。是其尘垢秕糠，将犹陶铸尧舜者也，孰肯以物为事。"

肩吾所说，明确点出"神人"，是更具体地说明"神人"的情况，也顺便把"逍遥游"的"游"字作了解释。这可以说是对上面尧与许由对话的补充。而连叔所说，则是对肩吾所说"神人"的进一步补充。我们要充分理解《逍遥游》里提出的至人、神人、圣人及其无己、无功、无名，就要把这三段整合起来加以解读与分析。

这可以说是在《逍遥游》篇中的整合研究，所要研究的对象是此篇提出的至人、神人、圣人以及无己、无功、无名的问题。

《逍遥游》在此之下讲的是这样一种逍遥思想对于人有用无用的问题，这是此篇阐述的逍遥思想必须回答的一个疑问，也可以看作是由至人、神人、圣人以及无己、无功、无名问题的进一步阐述，也要与至人、神人、圣人以及无己、无功、无名问题整合起来进行分析。

以上是对《逍遥游》篇提出的核心思想：逍遥及其人格在篇内的整合研究。属于《庄子》研究的内部整合的第一阶段。其第二阶段的整合研究，是将《逍遥游》中的逍遥思想及其理想人格问题的论述与内篇其他几篇的文本内容整合起来进行分析研究。

《齐物论》是讲齐物的问题以及与之相关的是非、差别问题，还包括如何认识、如何思考这一思想的问题。从字面上看，似乎已与逍遥思想以及至人、神人、圣人以及无己、无功、无名的问题分开了，其实，《齐物论》所论的问题都是《逍遥游》的逍遥思想以及相关理想人格问题的进一步论述。如果没有《齐物论》的论述，《逍遥游》的思想还是不能说得到了充分的论证。

将表面上千差万别的不齐的事物及世界，从一个超越的境界上看过去，形成一种表面不齐而本质皆齐的思想，这是逍遥思想的基础。没有齐物论，逍遥论就不能成立，逍遥的理想人格也会成为空谈。逍遥论是《庄子》思想的核心，齐物论是对这一核心思想的必不可少的补充性论证。如果说逍遥论是《庄子》思想大厦的主体，齐物论就是这座大厦主体的基石。逍遥论作为思想大厦的主体，所以论说起来非常简明扼要，齐物论作为思想大厦主体的基石则要排除更多的障碍（即人们的疑惑和不解）。所以《齐物论》篇所涉及的问题要多于《逍遥游》篇①。

从《庄子》的内部整合研究上看，《逍遥游》与《齐物论》二篇必须从整体上来加以理解，这样才能把《庄子》思想的核心宗旨与基本论证掌握得全面而深入。内篇其他诸篇，则是这座思想大厦的附属物，地位虽然不能与《逍遥游》和《齐物论》相提并论，但也

---

① 《齐物论》中也有直接说明《逍遥游》中至人、神人的文本内容，如王倪曰："至人神矣！大泽焚而不能热，河汉冱而不能寒，疾雷破山、飘风振海而不能惊。若然者，乘云气，骑日月，而游乎四海之外，死生无变于己，而况利害之端乎？"这一段完全可以与《逍遥游》里关于神人的说法放在一起来看，这也是内篇内部的整合时不可忽视的地方。此处所说的是"至人"，而《逍遥游》里说的是"神人"，但据两处的描述来看，完全是一种人。而且这里所说的"至人"更偏重于"无己"，也就补充了《逍遥游》里论说无功、无名较多，而说明无己较少的不足。《齐物论》最后说的"庄周梦为蝴蝶"，也可以与"至人无己"的说法整合起来加以解读。这都是《庄子》内篇的内部整合。

缺少不得，所以，对《庄子》内篇的整合研究，还要把内篇其他各篇的文本与思想关联起来进行整体研究。

以下限于篇幅，简单说明内篇其他几篇与《逍遥游》篇的整合分析的要点。《养生主》的主题是"全生"，方法是"依乎天理，因其固然"，而"安时而处顺"，即是对"依乎天理、因其固然"的具体说明，"哀乐不能入"，是对"全生"的具体说明。"全生"的问题，是在以"逍遥"为核心的思想体系中的一个分支问题。在此，不能按照后世神仙家或长生家所理解的全生、长生、养生的思想理解《庄子》内篇的"全生"思想，必须把《庄子》内篇的全生问题与《逍遥游》的思想关联起来进行整合研究。逍遥的人无己、无功、无名，由此可以做到全生，但全生不是逍遥者无己、无功、无名的全部，甚至只能说是逍遥者无己、无功、无名的一个附属产物而已。由此可以看出全生在《庄子》思想中所处的位置，亦可看出后世神仙家、长生家所追求的长生不老甚至成仙等思想，只能是对《庄子》思想的歧路引申，不是《庄子》思想的正宗。

这是将《逍遥游》与《养生主》进行的整合研究简要说明。

《人间世》主要说明逍遥之人如何处世的问题。逍遥之人可称为至人、神人、圣人以及无己、无功、无名，但毕竟不是神仙，不是可以脱离人间世而生存和生活的人，所以还有如何面对人间世的问题。有人说："《养生主》提出养生要'缘督以为经'，本篇（指《人间世》）则阐明如何做到'缘督以为经'。"[①] 所谓的"缘督"就是"依乎天理"，而处乎人间世的"缘督"或"依乎天理"，也就是《养生主》所说的"因其固然"，"安时而处顺"，简称之就是"因顺"。现实的人间世，并不合乎《庄子》的理想，不是合乎"天理"的，逍遥的人是"不得已"而处于其中的，只能安时处顺，"知其不

[①] 曹础基《庄子浅注》（修订本），中华书局2000年版，第47页。

可奈何而安之若命","托不得已以养中"。处于这样的人间世中,所"依"的"天理",只能降低到"安时而处顺","不可奈何而安之若命"的地步。这实际上也正是无己、无功、无名的另一种形态。在能做帝王治天下的时候,无己、无功、无名,显得无比高尚,而非常难得,在"不可奈何而安之若命"的时候,无己、无功、无名仍然能发挥作用,这就是"安时而处顺",这仍然是"依乎天理",合乎逍遥之人的理想。

在《人间世》中,也说到了"至人":"古之至人,先存诸己而后存诸人。"又说:"德荡乎名,知出乎争,名也者,相轧也。知也者,争之器也。二者凶器,非所以尽行也。"还提到关龙逢与王子比干的被杀,正是因为他们是"好名者"。又说尧、禹攻他国,"是皆求名实者",而"名实者,圣人之所不能胜"。又说"自事其心者,哀乐不易施乎前",因此"知其不可奈何而安之若命"。又说:"乘物以游心,托不得已以养中,至矣。"又说"心莫若和","彼且为婴儿,亦与之为婴儿。彼且为无町畦,亦与之为无町畦。彼且为无崖,亦与之为无崖。达之,入于无疵"。又说到以无用为用,主张"神人以此不材","神人之所以为大祥","支离其形,犹足以养其身,终其天年,又况支离其德者乎"。这些说法,都需要与《逍遥游》的无己、无功、无名以及《齐物论》的齐事物之不齐(包括是非之分辨与争论)以及《养生主》的"依乎天理""安时而处顺"等思想整合起来加以考察,从而加深对于逍遥之人及其无己、无功、无名思想的理解。

《德充符》是讲人之得道而达到最高的德,这种人在此篇称之为"全德之人",这都是逍遥之人的无己、无功、无名的延伸,逍遥之人就是得道之人,具备了最高的"德"的"全德之人",其本质就是无己、无功、无名。如篇中说"死生亦大矣,而不得与之变,虽天地覆坠,亦将不与之遗,审乎无假而不与物迁,命物之化而守其宗","自其同者视之，万物皆一也","若然者……游心乎德之和，物视其所一而不见其所丧","彼且何肯以物为事","知不可奈何而安之若命，唯有德者能之"。又说"德不形"是"内保之而外不荡，德者，成和之修也，德不形者，物不能离也"。又提到"至人"："彼且蕲以諔诡幻怪之名闻，不知至人之以是为己桎梏邪？"又说至人是要"使彼以死生为一条，以可不可为一贯者，解其桎梏"者。又提到"圣人"，说"圣人不谋"。此篇所说的"全德之人""至人""圣人"，都可与《逍遥游》里的"至人""神人""圣人"以及《齐物论》的思想整合起来加以解读。

《大宗师》说到了"真人"，是《逍遥游》里没有用过的名称，不能因为文本的不同，就机械地认为是另一种人。名称不同，本质无异，所以《逍遥游》的至人、神人、圣人与这里的"真人"，是同一种人。此篇关于"真人"的说法，都要与《逍遥游》的至人、神人、圣人及其无己、无功、无名等整合起来加以解读。同时，不要忘了与《齐物论》相关的说法，所谓的整合研究是对所有相关的内容都要视为一个整体加以解读与分析。

此篇提到真人的体道、修道、得道的问题，这是对《逍遥游》的逍遥之人的补充。《逍遥游》的逍遥之人，不是天生就有如此思想境界的，一定是通过自己的修道、体道而得道的，最后才成为逍遥之人，成为至人、神人、圣人以及真人。这种人所师的是道，道是万物之宗，万众之师，可称为大宗师[1]，而得到这种道的人，同样可以称为大宗师。又说"真人"体道、修道、得道后所掌握的是"真知"，这又可与《齐物论》所论述的"知"的问题整合起来加以思考。而所谓的"真知"，本质上就是《逍遥游》里的逍遥之人所掌握的思想。这样将《大宗师》与《逍遥游》整合起来加以分析，就可加深

---

[1] 曹础基《庄子浅注》（修订本），第85页。

我们对于《逍遥游》思想的理解。

另外此篇所说的"登高不栗，入水不濡，入火不热，是知能登假于道者也若此"，以及对于真人的种种描述（见"古之真人，不知说生""古之真人，其状义而不朋"等段）和"相忘于江湖""两忘而化其道""圣人之将游于物之所不得遁而皆存"，以及关于道的论述（"夫道有情有信"一段）和其中提到的某人"得之"（"得之"即得道），关于修道的论述（"道可得学邪"至"参寥闻之疑始"一段），关于得道之人的描写（"芒然彷徨乎尘垢之外，逍遥乎无为之业""相造乎道者，无事而生定"），关于道为师的描写（"吾师乎，吾师乎"至"刻雕众形而不为巧"），关于"坐忘"的描述，等等，这些内容与《逍遥游》所描写的神人的情况以及其他篇中说到的道、知、真知等问题整合起来加以解读，就可深化我们对于《逍遥游》篇中的思想的理解，当然也可以同时加深对各篇相关说法的理解。

《应帝王》篇是说应如何为帝王的问题，《逍遥游》里既然说不以帝王及其治天下为事，要舍弃之而不为，而此篇又说帝王应如何为，似乎是有矛盾，其实不然。此篇所说的帝王不是世人理解的帝王，而是逍遥之人的另一种表现。如说"君人者以己出经式义度"以治天下，此篇就批评说那样做是"欺德"，这样的帝王治天下，"犹涉海凿河而使蚊负山"。逍遥之人是绝对不会做这样的帝王而治天下的。这里说："予方将与造物者为人，厌则又乘夫莽眇之鸟，以出六极之外，而游无何有之乡，以处圹埌之野。"又说："游心于淡，合气于漠，顺物自然而无容私焉，而天下治矣。"篇中还有其他内容，如"无为名尸，无为谋府，无为事任，无为知主"一段中的"游无朕""用心若镜，不将不迎，应而不藏，故能胜物而不伤"，以及篇末所说的儵与忽为浑沌凿七窍的寓言，都与《逍遥游》的思想完全一致。也就是说，逍遥之人所理想的帝王，所应为的帝王，就是这样的人，他根本不当帝王，不"为天下"，只做无己、无功、无名的事，这样才能使"天下治"。所谓帝王应如何为的问题，答案就是这样。

此篇提到"圣人""明王""至人"，本质就是无己、无功、无名的逍遥之人。篇中相关的诸多内容，都要与《逍遥游》的说法整合起来进行关联的分析。

以上就内篇七篇的范围，以《逍遥游》为中心做了整合研究的简单说明。这是内部整合的第二阶段，第三阶段就要与外篇、继而再与杂篇的文本内容进行整合，仍属于《庄子》研究的内部整合。由于内容繁多，就不在此阐述了①。

对一子的文本及其思想内容进行内部整合研究，还有一个例子，即戴震的《孟子字义疏证》②。此书对理、天道、性、才、道、仁义礼智、诚、权分别作了专门的疏解，是对《孟子》思想的某些概念做出的内部整合研究。他又有《原善》，则是就儒家各子的著作文本进行的整合研究，不以一子为中心，而以一家为中心，但也是一种整合研究。在中华书局出版的这部集成本中，除了《孟子字义疏证》和《原善》，还有《读易系辞论性》《读孟子论性》《与段若膺论理书》，也可与《孟子字义疏证》结合起来，看成他对儒家思想的某些重要概念的整合研究。就一子的研究而言，是内部的整合研究和外部整合研究，就一家的研究而言，是内部的整合研究。今人如欲研究戴

---

① 杂篇的《天下》篇里提到"天人""神人""至人""圣人""君子""百官""民"，其中的天人、神人、至人、圣人，可以与《逍遥游》里的至人、神人、圣人相比对，"君子"以下明显不能与至人、神人、圣人相对比。显然，这是与《逍遥游》直接相关的内容，是《庄子》内部整合研究中的重要内容，本文限于篇幅，不予展开论述。《庄子》研究中的内部整合研究的例子，如钱穆《庄老通辨》中卷的《庄子书言长生》《庄子外杂篇言性、义》，可以参看。

② [清]戴震《孟子字义疏证》，中华书局1961年版。

震关于孟子或儒家的某些思想概念的研究，又可就此所提供的成果进行整体性的整合研究，就会在戴震研究的基础上有所拓新。

三、《庄子》的外部整合研究

以上是论《庄子》研究的内部整合，以下简要说明《庄子》的外部整合研究。

《庄子》研究的外部整合，要分几个层次。首先是在道家诸子中进行整合研究。如钱穆《庄老通辨》中卷的《释道家的精神义》《道家政治思想》《庄老的宇宙论》《庄老太极无限义》等篇①，都可看作在道家诸子的范围内以《庄子》为中心的整合研究。

就《释道家的精神义》而言，钱穆首先根据《庄子》的原书文本分析了《庄子》内篇的"精"字义、"神"字义、外杂篇中"精"字"神"字及"精神"二字连用义，以此为基础，又分析了《老子》书的"精"字义和"神"字义、《管子》书《内业》《心术》所言"精""神"义，之后又把《吕氏春秋》《淮南王书》、司马谈、刘向、《春秋繁露》《白虎通》《论衡》各书所言"精""神"义。至《管子》书的分析，都是在道家范围内以《庄子》为中心的外部整合性研究，而《吕氏春秋》至《论衡》则超出了道家的范围，可以看做其外部整合性研究的范围又有扩大，这就属于外部整合研究的第二个层次。

现在看来，钱穆已在诸子学的研究中运用了外部整合的方法，只是他没有明确地把这一方法表述出来，也没有在诸子的研究中发展为自觉的系统性研究。他的研究只是就《庄子》中的某些思想概念与

---

① 钱穆《庄老通辨》，三联书店2002年版。

相关的道家诸子的著作进行了关联，可以说是局部的外部整合研究。正是由这种外部整合研究方式，形成了钱穆在《庄子》研究中的具有新意的成果；虽然笔者并不完全同意钱穆在这篇文章中对《庄子》及其他道家诸子著作文本中的"精""神"义的分析和他所得出的结论。这个问题超出了本文的题旨，这里暂不讨论。

本文前面提到《史记》中的《论六家要指》中关于道家思想的归纳与阐述，这一材料，可以用来说明《庄子》研究中的外部整合问题。在《论六家要指》中，太史公认为道家与其他诸家的思想有一个共同主题，即都是讨论君主如何治国的问题。如果从《庄子》研究上的外部整合方法来看，《庄子》内篇《逍遥游》等篇所阐述的思想主旨是逍遥思想和做逍遥之人，这种思想及其实践者的根本特点是无己、无功、无名，对于做帝王以治天下的事情，其态度非常明确而毫不含糊，即"予无所用天下为"，"孰弊弊焉以天下为事"，"孰肯以物为事"，以此来与《论六家要指》中关于道家以治国问题为中心且比其他各家都高明而无弊的说法相比，就可看出其间存在着明显的差异。《论六家要指》所说的"道家"及其"为治"的思想，在《老子》书中有充分的表现，可以说是《老子》的思想，而不是《庄子》的思想。如果我们尊重历史传下来的文本，就不能不说：《庄子》在道家系统内是明显的另类，它与《老子》有很大不同，绝不能随便地混为一谈，西汉人所认为的"道家"不能直接将《庄子》包括进去。如果我们承认这一事实并尊重这一情况，在研究"道家"和《老子》及《庄子》时，就必须把这三者明确区分开来，而不能不加区别地笼统论之。

张舜徽先生有《周秦道论发微》一书，此书包括五个部分：《道论通说》《道论足征记》《老子疏证》《管子四篇疏证》《太史公论六家要指述义》，从整体上看，此书的研究正是笔者所说的外部整合研究的第一层次，是在道家系统内的整合研究，此书正是利用这一方法揭示了周秦之际的人们对于道家思想的基本认识，即当时的人们普遍认为道家所论，就是"君人南面之术"，也正是《论六家要指》所说的诸子各家都不过是论述"务为治"的问题。根据笔者以上所论，会从这一研究成果中发现一个重要的事实，即在阐述周秦之际的道家思想时，张舜徽先生没有把《庄子》内篇中最重要的《逍遥游》《齐物论》包括进去①。这就意味着《庄子》与周秦之际的所谓"道家"有根本的不同，所以在考究当时"道家"的思想主旨时无法把以主张逍遥及逍遥之人的《庄子》包括在"道家"的范畴之内。

当然，也不能说《庄子》不属于道家，但《庄子》确实与《老子》有明显的不同，这说明道家思想系统既有丰富的内容，又有不同的分支，也意味着我们不能简单地把"道家"视为同一种思想的共同体，必须承认道家思想系统中存在着极大的差异。

《周秦道论发微》中对《管子》中的道家四篇②进行了文本疏证，实际上也是在论证《管子》中的道家之论与《老子》所论无异。既然没有把《庄子》放在一起加以论述，也就说明《管子》中的道家之论和《老子》的思想都与《庄子》不同。笔者曾有一篇文章分析《心术》上篇的思想主旨，认为《心术》上篇所论的主角就是要治国的君主，而这样的君主之治国的根本方法就是君主要无为而臣子要有为，君臣要做不同的事。正如张舜徽先生所说："此篇开端数

---

① 只整合了《庄子》杂篇的《天下》篇中关于"内圣外王"的论述，而《天下》篇已明确对庄周的思想做了专门的评价，且与老聃分开来论，说明《天下》篇已非庄周本人所作，因此其中的思想就与《逍遥游》《齐物论》有所不同。所以笔者所说的《庄子》思想与《论六家要指》所说的道家即《老子》和《管子》"四篇"中的思想有根本差别，是完全可以成立的，而不是自相矛盾的。

② 即《心术》上篇、《心术》下篇、《白心》篇、《内业》篇。

语，所以明君无为而臣有为，君臣异事之理。"① 而篇中其他诸语则都是对这一主旨的阐发。仔细阅读《管子·心术》上篇所论，就会发现其思想与逻辑与《老子》完全一致，二者都符合《论六家要指》所说的"道家"的治国思想，而与《庄子》的思想完全不同。能够得出这样的结论，可以说正是利用以《庄子》为中心的外部道家整合研究方法的必然结果。

第一层次是在道家范围内的各子之间进行外部整合，第二层次就是扩展到道家之外的诸子范围内的外部整合研究。这中间当然可以分为《庄子》与儒家诸子、法家诸子、名家诸子的不同范围的外部整合研究，但都包括在外部整合研究的第二层次中。

如前面提到的《史记·太史公自序》中的《论六家要指》对主要的先秦六家诸子的论述，就是这种外部整合研究的一个例子。此外又如钱穆《庄老通辨》中卷的《比论孟、庄两家论人生修养》《庄、老与易、庸》，张舜徽先生的《周秦道论发微》②，李泽厚《中国古代思想史论》中的《孙老韩合说》《荀易庸记要》《庄玄禅宗漫述》③，也都是这类研究成果，从一定意义上说，都可视为一定程度

---

① 张舜徽《周秦道论发微》中的《管子四篇疏证》的《心术上篇疏证》，中华书局1982年版，第204页。

② 张舜徽《周秦道论发微》，中华书局1982年版。之所以说此书的研究是外部整合研究的第二层次，是因为其中所论述的资料已超出了道家，如其中的《论六家要指述义》，是对史部文献资料的利用，这是把道家所论与史家所论（如《史记》《汉书》的相关内容）关联起来进行的外部整合研究，此外还整合了周秦诸子及西汉学者关于道论的认识与阐述，其中包括儒家的诸子学者与相关文献，如《荀子》、伪《尚书》《礼记》等，甚至也包括孔子等人的思想。这说明此书研究道家之论时采取了外部整合的研究方法，而不再停留于一家一子的孤立研究上。限于篇幅，本文不能对这一问题进行详细论述，有机会时再另行撰文予以阐明。

③ 李泽厚《中国古代思想史论》。

的诸子学中的整合研究。

相比之下，张舜徽先生对外部整合研究的方法比较自觉，他在《周秦道论发微》中的《管子四篇疏证》中说："百家殊业，皆务为治。故其立言，莫不有专篇以阐明南面之术。若荀卿书中有《君道》篇，《韩非》有《主道》篇，《吕览》有《君守》篇，《淮南》有《主术》篇，……题无常准，而旨趣不殊，在学者之善得其会归耳。"① 所谓的"会归"，就要通过笔者所说的外部整合研究的方法才能完成，也可以说是对外部整合研究方法的传统说法。若只就一子之书研究一子的思想，就根本谈不上"会归"，也不会有《论六家要指》及《周秦道论发微》一类成果的问世。

但这些研究虽然在不同程度上运用了外部整合的研究方法，但都还没有形成明确而系统的整合研究方法观念，也没有将这一方法运用于整个先秦诸子研究之中。比较起来，钱穆、张舜徽的这类研究，重视根据诸子原著及相关文献的原始文本进行解读和分析②，更能说明整合研究与文本分析是必须结合的重要途径，也说明老一辈学者所受传统学术方法的影响更深。

而李泽厚的研究更侧重从思想中提炼出某些重要的问题加以分析论说，如他的《孙老韩合说》分为"兵家辩证法特色""《老子》三层""所谓'益人神智'"三个问题，他的《荀易庸记要》，分为"人的族类特征""儒家世界观的建立""天、道、人"三个问题，他的《庄玄禅学漫述》，分为"庄子的哲学是美学""人格本体论""瞬刻永恒的最高境界"三个问题，这样的研究方式，侧重于分析问

---

① 张舜徽《周秦道论发微》，第203页。
② 如张舜徽《周秦道论发微》分为"叙录""道论通说""道论足征记""老子疏证""管子四篇疏证"，主要是对相关文献的文本进行搜集，再根据这些文献的文本的内容分为专题进行分析与论证。

题，而不太重视从文本出发的解读。

不管怎样，这类研究成果都以实际的例子证明了在诸子学中运用外部整合研究的方法，是非常重要的思考角度，具有极为重要的拓新价值，不可忽视。

能够说明这种重要的拓新价值的实例还有陈鼓应先生的《易传与道家思想》①。陈鼓应先生在此书中提出了一个在诸子学研究中的崭新观点，即他在此书的《序》中所说的——"《易传》的哲学思想，是属于道家，而非儒家"。

他之所以能够得出这样的结论，笔者认为正是由于作者运用了外部整合的研究方法。此书的研究就是把《易传》的文本及其思想内涵与《老子》《庄子》的文本及其思想关联起来加以分析研究。这种研究方法，就研究诸子中的某一子而言，就是外部整合研究，但不限于道家诸子的范围内，而拓展到儒家文献的范围，所以说这是外部整合研究的第二个层次。

据此书的《序》说，他在研究这一问题的过程中曾写出《系辞所受庄子思想的影响》一文，强调《彖传》中的诸多语词概念，如"性命""太和""云行雨施""品物流形""大明终始""乘龙御天"等，都与《庄子》相关。尤其《彖传》中反复出现之特殊用语——"消息盈虚""终则有始"等，亦多见于《庄子》书中。这就是把《老子》《庄子》的文本及其思想与《易传》的文本及其思想关联起来进行整合研究的方法，最终形成了《易传》的哲学思想属于道家而非儒家的新观点。

在此书的《序》中，陈鼓应先生无意间也说出了《庄子》与《老子》作为道家两个最重要的诸子学者在思想上的不同，他说：

---

① 陈鼓应《易传与道家思想》，三联书店1996年版。

"老子创建了中国历史上第一个哲学系统,……而庄学①将老子客观之道内在化而为人的一种心灵境界,其天人合一的境界哲学,其思想意境的高远深邃,则老不如庄,而《易传》的哲学成就,更难以望其项背。"对于《老子》的思想如何解释是一个问题,但《老子》的思想与《庄子》的思想存在着差异,则是不可否认的。陈先生在这里所阐述的就证明了《庄子》与《老子》之间存在着明显的区别。

把《庄子》与《老子》关联起来进行比较,是外部整合研究的第一个层次,由此可以发现二者在思想上的差异与关联,即从庄周到他的后学就把《老子》的哲学"内在化"了,从而形成了与老子不一样的道家思想分野。这一观点可以证明笔者前面所说的《庄子》与周秦之际的"道家"不是可以简单画等号的。笔者所分析的《逍遥游》的思想主旨为逍遥及做逍遥之人,这是理解《庄子》思想的关键所在,是与《老子》完全不同的思想,属于道家思想系统的与《老子》不同的另一分支。一些人在研究中往往认为《庄子》是《老子》的注脚,对照陈鼓应先生所说,可知这是对《庄子》的误读,也是对《老子》的误读。

所以,在讲到"道家"时,绝不能简单地把"老庄"相提并论

---

① 注意,他在这里使用的庄学,而不是《庄子》,也不是庄周。这是有意的区别,庄学包括庄周及其后学,现在的《庄子》都可视为庄学所作,不可全都视为庄周所作,只有《逍遥游》《齐物论》等内篇被公认为是庄周所作。严灵峰《道家四子新编》,更把内篇的文句作了分疏,认为其中有些文句要与外杂篇的某些篇章合为一篇,而不属于内篇。这都是基于庄周与庄学的不同,而把《庄子》之书的内容加以区分。见严氏此书的台湾"商务印书馆"1977年版。

而不加区别,也不能简单地把《庄子》等同于"道家"①。

而陈鼓应又把老子、庄子与《易传》关联起来加以比较,也就到达了外部整合研究的第二个层次。

外部整合研究的第三个层次是在第二个层次上的进一步拓展,即

---

① 在这个问题上,可以参考钱穆先生的研究,他的《庄老通辨》中对此有较多的论述,虽然他的目的是要说明庄子的时代在老子之前,这一观点难以为众人接受,但他在论述这一观点时分析了庄子与老子的诸多不同,则值得参考。如此书第24页说:"《庄子》论道,从来皆认为与《老子》相同,抑细考实亦不然,其真同于《老子》书者唯一节。"此指《大宗师》中所说:"道有情有信,无为无形,可传而不可受,可得而不可见,自本自根,未有天地,自古以固存,神鬼神帝,生天生地。"钱穆认为:"《庄子·内篇》七篇言道先天地,亦唯此一节耳,而此节乃颇有晚出伪羼之嫌(证别详)。……纵谓上引一节道生天地之说亦出庄子亲笔,此亦仅可谓庄子虽有此意,而持之未坚,廓之未畅,在庄子思想中犹未成为一确定之观念,……《老子》书始就此义发挥光大,卓然成一系统。"这是说庄与老有相似之处,而实不相同。又说庄子与老子在政治思想方面也有根本不同之处,此书第118页云:"庄周在政治上,实际是绝无办法者。而庄周之意,亦不必要办法。老子不然,彼之论政,必得有办法,而且在彼之意,亦尽多办法可使。"钱穆论庄与老不同,此书尚有多处,不一一具引。仅就庄子在政治思想上与老子不同一点而言,我们看《史记·论六家要指》时所说的"道家",仔细读其文,考其意,就可知道这里所说的"道家",只应该是老子,而不应是庄子。如《逍遥游》中把"逍遥"归结为"至人无己,神人无功,圣人无名"后又说到尧让天下于许由的事情,借许由的口说:我代子治天下,是为名乎?名是实之宾,是不值得为的(这就与"圣人无名"的说法呼应起来了,可以证明这一段所说正是前面"至人无己,神人无功,圣人无名"的进一步阐释),为宾乎,宾更不值得为,所以他的结论是"予无所用天下为",表示根本对治天下的帝王之事没有丝毫兴趣。这与《论六家要指》说的"道家"关心治国并为如何治国提出一套独到的思想方案,是完全不一样的。所以可以说,《论六家要指》里的"道家",不是指庄子,只能是指老子。这就与钱穆说的庄子与老子的政治思想不同提供了一个证据。

不再局限于诸子学的范围之内进行外部的整合研究，而是把产生诸子学的时代所产生和传留下来的各类文献资料全部整合起来加以考察和分析研究。

这里所说的各类文献资料，不仅包括那些思想性的文献资料，如诸子们的著作、经书中具有思想性内容的文献如《易传》《礼记》中的《大学》《中庸》等篇，还包括表面上看来不是思想性的文献资料，如经部的《尚书》《易经》《诗经》《春秋》三《传》（《左传》《公羊传》《谷梁传》）、三礼（《周礼》《仪礼》《礼记》以及《大戴礼记》）①，史部的《史记》《国语》《战国策》等，以及不断出土的和新发现的简帛文献等。可以说，新诸子学对各家诸子的著作及其思想进行研究时，不能不将这些同时代②的各类文献资料关联起来进行更为广阔的外部整合研究，而这就是从诸子学角度所说的外部整合研究的第三个层次。

不管哪个层次的外部整合研究，其理由在于诸子各家的不同主张只有通过比较才能鉴别，才能看出各家的特点与独到之处。《荀子》的《非十二子》，《庄子》的《天下》篇，之所以对当时诸家加以评说，其实就是一种整合性的观察，不以广阔的视野加以整合，就不能比较出诸子各家的差异与特点。所以整合研究方法就是强调通过比较而加以鉴别，只有多方比较，才能形成更为深入而全面的认识。所以从内部整合到外部整合的不同层次，就是新子学研究中的一条拓新之路。

通过整合研究，不仅能看出各子或各部分的差异性，更因为通过广泛整合而对整体有了不同的认识。换言之，对部分的认识由于通过

---

① 经部的《论语》《孟子》，可以划到诸子类的著作中。
② 若细分可能时代有一定的时间差，但整体上都是先秦时代，这是没有疑义的。

整体的整合观察而加深，反过来，由于对部分的认识加深了，所以也就加深了对于由这些不同的部分所组成的整体所包含和代表的思想、历史、文化等各方面的内容与意义的认识。所以整合研究方法，又是我们认识整个先秦时代的一条拓新之路。

本文说明了诸子学研究中学者们早就运用了整合研究的方法，并非独出心裁地标新立异，在以往的学者研究成果中，不论是内部整合还是外部整合，都能找到不少实例。这说明这种方法本来就是学者们默然心会而行之有效的研究方法，只是人们还没有明确地把这种研究方法加以归纳和总结，形成自觉而系统的认识。所以还有必要对这种研究方法的步骤和过程以及它的学术价值集中而明确地加以阐述。本文主旨，大略如上所述，不当之处，尚祈学者指教。

（原载于《诸子学刊》第十六辑。作者单位：华中师范大学历史文化学院）

关于"新子学"的思考
——以庄子学为例

徐志啸

子学，是研究诸子的学问。此处所谓诸子，主要指先秦时代的诸子，即孔、孟、老、庄、荀、韩等，兼及汉代及其后诸子。历来对诸子的研究，不外乎传统意义上的子学，即对诸子各家的传世著述及其作者，作版本考订、目录辨证、篇章究伪、字词训诂，作者及其身世考辨，以及对诸子各家及其流派的思想内涵和传承沿革，作传统眼光审视下的辨析、考证、梳理、阐释，此外还包括文献学方面的古籍整理等。子学在历朝历代的研究，可谓代代相继、层累积淀，其成果纷呈多样，数量庞大，值得后人认真整理、研究、探讨。

时至21世纪的今天，我们今人如何承续前人，在旧子学的基础上开启新生面，以此弘扬传统文化，让历史文化遗产更好地为今天时代的社会服务。这就自然产生了所谓的"新子学"。此处的新，一般认为，可能包含两个方面：其一，在历史的旧子学基础上，继续开挖深掘，守正启新，纠正旧说的谬误与弊端，提出新的看法和观点；或不打破旧格局模式，仅对历代的旧子学，作今人眼光下的辨伪、析疑、存正、剔虚，从而推进或发展旧子学——这方面工作，毫无疑问，应该是有意义和价值的，能推进子学研究朝向进一步的深度和广度进军,在历史积淀的基础上更上层楼;其二,结合新时代的需求,以宏观视野作新的解析,这主要针对子学内在蕴含的多种思想和哲理,予以开拓性的阐释和解析,尤其结合当今时代的现实需要和可能,开辟出新的研究领域,使历史的旧子学焕发出新的异彩,也即真正意义上的推陈出新、古为今用。

实事求是说,上述两个方面都属于今天历史条件下研究子学的实际内涵。问题是,两者是否都堪称"新子学"?或谓两者是否都属于被命名为"新子学"的实际内容?笔者以为,如持这种认识,恐怕是偏颇的,或者说,是对所谓"新子学"的一种误解。所谓"新子学",究其实质,它一定有别于旧子学,而不是在旧子学基础上单纯的形式变异——尽管它确实能推动子学的进步与拓展,关键是它不能以新瓶装旧酒,换汤不换药,而应该新瓶装新酒,既换汤也换药。这就是说,倡导"新子学",就不能再承续上述那些传统的训诂考证、义理阐释、思想辨析等,而是完全开拓出有别于旧子学的新的研究领域,展示出新的哲理与内涵,给人以耳目一新的感受,让历史的旧的传统子学遗产本身,在新时代的历史条件下,焕发出崭新的面貌,从而为新时代服务——这当中,需要的是必要的推陈出新和取精弃糟,从而在批判基础上继承与弘扬。须知,新旧子学,两者虽同是研究子学,毕竟性质与内容都不一致,"新子学"面对的研究对象,虽然还是那些历史上的诸子,但其研究、探讨对象的实际内涵,已完全不同于旧子学——无论范畴、角度、眼光、理论、方法、措辞,都将是也必须是新时代条件下的新探索、新内涵、新面貌,而不是依然纠缠于旧子学那套传统路子——义理、考证、辞章的模式与规矩。这样说的本意,绝无丝毫贬低旧子学的成分,只是要说明,所谓新旧,必须有严格的界限区别,否则挂羊头卖狗肉,没有任何实际意义,没必要在子学的名词前冠以"新"字。

这话该如何理解?我们不妨以庄子学为例,作些具体说明。

我们今天看《庄子》这样的先秦子书，应该从哪些角度来观察、分析、诠解，可以获得旧子学研究所得不到的启示呢？或者说，我们倡导"新子学"，对于《庄子》来说，这个新，应该新在哪里呢？

从文本本身来说，《庄子》一书在任何时代都是唯一的，也即除非出土文物或其他因素的文献发现，使这个文本有所增补或变化了，一般情况下，它都是世传本子原来的模式与内容，区别只是在于历代读者（学者）从哪个角度去读它，理解它，诠释它。众所周知，《庄子》作为一部子书，它的思想内容主要属于哲学和思想类范畴，按先秦时代的诸子百家归类，它在道家类，旧子学对它的道家思想的辨析、诠释，应该是代不胜数了。但至今为止，似乎还没有学者从现代角度，用更宏观的视野来系统地看问题，也即，似乎大多还停留在旧传统哲学思想概念上的探讨，尚未跳出这个大框框。特别是，《庄子》一书中所体现的庄子认识宇宙、认识世界、认识人生的哲理观念，在先秦当时那个时代条件下，有着何种意义和价值？在我们今天这个时代条件下，又有着何种意义和价值？它与儒家、法家，以及其他诸家相比，有着哪些不同乃至一家独到之处？至今为止，这些话题似乎还不在旧子学的话题范围之内，更遑论对其做比较深入的比较与探讨了。对此，我们在这里稍作展开性说明。

对待宇宙问题，《庄子》一书中体现的空间无限性、时间无始无终性、宇宙统一性、运动的连续性、存在的运动性等观念，其提出、建立和自我诠解，都极有其独到和深刻之处。可以说，先秦的诸子百家，尽管各有所长，各有其解释宇宙、世界和人生的不同观念与学说，但像庄子这样，说得那么透彻，那么超前，恐怕是绝无仅有的。《齐物论》《秋水》篇的阐述应该是这方面的典型，其他篇中也有涉及，很值得今人好好探掘。在先秦时代，《庄子》中的很多观念和认识，确实具有令人难以置信的超前意识（这里，当然要区分《庄子》

一书中，内、外、杂篇的时代性问题，或谓作者的真伪问题，因为，它牵涉到由于产生年代和作者的不同，而涉及的对其中不少内容，其所处时代的价值判断），可即便在今天科学已经相当发达的年代，我们看这些相距我们如此遥远的子书，也真切感到，它确实有着不可否认的深刻认识意义和相当高的科学价值。即便对待人生问题，庄子也有着自家独特的人生观、生死观，这种人生观、生死观，完全不同于儒家和其他诸家学说，它所提出的追求心灵自由、摆脱生命困境的主张，它对生死的认识与态度——贵生乐死，生死必然，死生齐同等，其中尤以《逍遥游》《养生主》《人间世》等篇的描述为典型，其他篇中也可散见，特别值得今天21世纪的人们深入思考、探讨与研究。以往，我们曾经在很长一段历史时期中，将老庄哲学归入消极类的唯心思想流派行列中，且将其与儒家相比，以为它对于今天的世界，多少有些消极玄乎，不像儒家孔孟学说那样实用，那样有针对性，故而今天我们倡导国学，似乎较多的是谈论儒家，特别是孔子的学说，而多少有些偏忽老庄（老子和庄子，虽同为道家，自然同中也有异，此处不拟详辨）。有学者在探讨儒家文化与当今中国改革的关系问题时，特别指出，儒家的"礼"，可否经过审视改造，为今天提供智慧？儒家的"仁"，可否经过改造，成为现代伦理学的一部分？儒家的"法"，能否为今天的法提供有益的参考？等等。提出的问题本身，自然有其可供今人启发参考之处，但如仅局限于儒家，不顾及其他诸家，特别是老庄道家，未免有些偏颇。儒家和道家，一个入世，一个出世，两者虽然犹如冰火，历来难以相容，却并非不能共存，更非一个完全有益于世、另一个根本有悖于世。相反，两者有时甚至可以相反相成，否则中国历史上的传统文人中，不可能出现外儒内道或外道内儒，甚或儒道兼存（先儒后道或先道后儒）的现象了。当人们在现实生活中遇到一些实际困惑和危难时，有时会发现，用儒家思想难以作解释，而老庄哲学或许更能诠释，更可解释那些出乎人们意料之外的现象，更切合人生的一些客观哲理——当然，这并非指全部，而仅是某些方面。这个时候，"新子学"应该干吗呢？笔者认为，这时候，"新子学"就是要能对这类现象，作出合乎科学的解释，让人们透过现象看到本质，从而提高人们的整体认识水准。

故而，笔者以为，"新子学"与旧子学的不同，区别就在于从今天宏观理念的立场与角度，看待和分析、解释子学中的实在内涵及其附加意义，从而让子学真正体现其在新时代条件下新的理念意义和价值。当然，"新子学"的内涵，还可包括用新的观念和方法，梳理子学的发展历史，书写子学的学术史，这也是旧子学所难以做到的。没有新的历史发展观、认识观，无法总结和驾驭子学客观的历史发展历程，也就难以抽象出其中的历史发展规律，倘如此，一部客观的符合历史和哲学思想本相的子学发展史，就难以诞生，而其对于整个子学本身而言，肯定是必不可少的。

《庄子》不仅是一部哲学类、思想类著作，也是一部具有文学意义和文学价值的著作，它的文学性和文学价值，很值得探讨，这早已是不刊之论。问题是，这种探讨，不能光局限于传统意义上的辞章、义理、考据范畴，不能仅着眼于传统意识上的所谓艺术表现手法，而应该挖掘《庄子》一书中所蕴含的由生命哲思层面上升融化的独家文学风格和艺术表现形态。这话咋说？我们应该通过新时代新的思维方式与逻辑推导，让人们看到，《庄子》一书的哲学理论如何具象化在形象多彩的文本语言中，哲学意念如何在文本阐释中具有了生命化的生动表现，哲学话语如何灵活多变地具备了诗性化的语言特色，而这些又具体体现在：由宇宙无限观念展示的浪漫风格，由物化意识展现的多变艺术，由天人关系构成的叙事模式，由哲学理论融化的诗性语言。通过对这些方面特色的阐发与总结，让人们真正认识《庄子》内在蕴含的艺术价值，从而看到《庄子》在先秦时代的文学独创性，《庄子》在中国早期文学史上开创的独家艺术风格及其价值，《庄子》对后世文学发展的深远影响。这才是"新子学"所要研究的《庄子》内在的文学价值及其表现，也即庄子学的文学价值之真谛。

话再说回来。对《庄子》一书文本本身的诠释与解析，是否牵涉新、旧之别？或广义地说，对所有子书文本的诠释与解析，是否可能属于"新子学"的范畴？回答这个问题，要看从哪个角度、用何种语汇、挖掘出何样的新内涵，作文本何种的诠释与解析了，不能一概而论。毫无疑问，旧子学其实一直在做子书文本的诠释与解析，包括字、词、句、篇，历代各种本子，多家说法，有共识，也有争议，我们研究子学的学者，必须广泛了解，多加参考，才能择善而从。那么"新子学"呢，也走旧子学的老路？倘如此，则无所谓新了。笔者认为，"新子学"当然要重视对文本的解读，如脱离文本本身做游离无根之谈，这种所谓的解读，乃是无本之木、无源之水，属于凭空臆想，天马行空，是完全站不住脚的。问题是，"新子学"也要解读文本，但绝不能躺在旧子学的机体上重复前人说过的老话，而是要透过文本的文字表象，开掘内在未曾被发现的义蕴与机理，抉发其中属于新理念新思想的成分，用现代化的新时代话语作理性的阐释，发掘其富有时代色彩的东西。比如，对《庄子·逍遥游》中的"逍遥"，不光要懂得它的本意，还应理解它的引申义，从而感受到作者所追求的自由境界，乃是完全不同于凡夫俗世的超越先秦时代的空前意识。因此，可以这样认为，"新子学"也应做文本的诠释与解析，问题是不能重蹈旧子学的覆辙，不能翻旧本，唱老调，而是要从对文本的字、词、句、篇的重新诠释与解析中，道出新意蕴、新内涵，使之有助于读者更深入地理解文本内在的深刻含义，领会和把握《庄子》的实质内核。

总之，我们欢迎"新子学"的诞生，它无疑是现时社会条件下，对历史文献古籍作切合时代的新的探讨和研究,它有着可喜的生命力。问题是,我们必须把握好方向与尺度,切切实实针对子书的实际,做开拓性的创新工作,唯此,"新子学"才会富有它应有的勃勃生机,为我们今天的时代开创出中华文化遗产真正古为今用的新生面。

(原载于《诸子学刊》第十五辑。作者单位:复旦大学中文系)

"新子学"的思考与展望

黄燕强

诸子之学兴起于周秦,而诸子之名是一个根源于图书或著作分类的概念。刘歆编撰《七略》,将先秦百家著述归入"诸子略",置于"六艺略"之下,"诸子"遂成为一种相对于"圣贤经传"的知识门类,诸子学则是"六经之支与流裔",是六经道体的散殊。① 这既定义了诸子"述道"的知识本质,也确认了经与子为源与流的关系。近年,方勇教授提倡的"新子学"逐渐演变为一种思潮,学者的讨论关涉诸子学的性质及其与国学、经学的关系等问题。这对于赓续传统诸子学思想及深化当代"新子学"的认识,均有一定的助益和意义,故而据此谈一点思考。

一、道器合一

追求确定性知识是中国文化的传统,古代哲人以"常道"定义确定性,而先秦诸子确立了"道"为中国哲学的最高范畴,道包含

---

① 高华平《先秦诸子与楚国诸子学》,北京师范大学出版社2016年版,第1-6页。

天道与人道的双重维度。天行有常，人事多变，故"道者，体常而尽变"（《荀子·解蔽》）。常者，恒也，恒常之道就是确定性的知识。故道是理性自足的、意义完全的，它规范了宇宙论和本体论的形态，及人的存在形式和认知方式，具有普遍必然的、永恒的特质。道又是切于人事、安于人心的，属于想象和感性类型的信仰，它不疏离于人们的心灵世界和生活世界，不独立于我们感知经验和实践经验的世界之外，而与变化的世界紧密地关联着。其自足的、通变的本性可以应对变动不居的世界，即使演化中的世界是一个面临崩溃瓦解的世界，道也不会随之陷入意义的危机。换言之，中国古代哲人相信，不论是在终极超越的形而上世界，还是在日生日成的形而下世界，都能找到确定性常道的存在，故作为知识的"道"和融贯于行动的"道"是体用一源、显微无间的。孔子说："知之者不如好之者，好之者不如乐之者。"（《论语·雍也》）"乐之"属行"道"的范畴，知"道"的目的在于行"道"，这里蕴含"知行合一"观，表明中国哲人在追求确定性知识的同时，也在处理知与行的关系。比较而言，古希腊哲学家如柏拉图等把实践活动贬抑为一种低级的事务，直到近世的实证论者才肯定了经验世界的变化也具备稳定性特征，① 中国自"轴心时代"开始，哲人们便将知与行同等重视，因二者均指向确定性常道，而道不完全是纯粹理性的逻辑建构，道在经验世界的实践活动中走向完满，故类似西方哲学和神学中的理智与经验、理性与感性、客观与主观之间的紧张冲突，中国哲学几乎是没有的。

---

① 关于古希腊哲学对经验实践与器物世界的轻视，参见约翰·杜威著《确定性的寻求：关于知行关系的研究》第一章《逃避危险》，傅通先译，上海：上海人民出版社，2005年版，第12—14页。

诚然，先秦诸子没有像柏拉图等那般地轻视经验和器物世界。①《周易·系辞》云："形而上者谓之道，形而下者谓之器。"形而上的理念世界与形而下的器物世界并非绝对地相隔离，确定性的道与不确定性的器亦非完全地对立而不相关。《周易·贲卦》又云："观乎天文以察时变，观乎人文以化成天下。"天文与人文是"道"在两个世界的形显，以道的法则来观察时势之变迁，未来就是道所决定了的定数，道的化成作用显示了形而上之道与形而下之器物世界相即，道为社会—政治与文化—道德秩序的建构提供合适的精神要义，秩序的性质与规范均由道来定义，故诸子百家皆"务为治者"。

如果说，关于道的形而上学相当于亚里士多德所称的"第一哲学"，那么，在一定意义上，关于器的形下之学就相当于亚里士多德所谓的"实践智慧"，其中包括自然科学与社会科学，故道器之辨略

---

① 柏拉图认为，人们在实践经验中所把握的物理世界，是处于一定时空环境中的变动的、非理性的和趋向死亡的物质实体，既然不存在确定的状态，我们关于它的一切思考与认识都要随时空之变换而改变，也就等于从不能获得任何知识。于是，柏拉图设计了一个超越时空的"理念世界"，它是一个抽象的精神实体，具有永恒的、不变的、理念性的和完美的形式，因而是超越经验的对象，不为人类的感官所把握，必须经由"理性"的心灵的沉思，才能建立人与理念世界的联系。柏拉图的"两个世界"的观念对西方哲学产生深远的影响，如亚里士多德的形式与质料的二元论，奥古斯丁的心灵与肉体的二元论，康德的本体与现象界的二元论，都应溯源于柏拉图的理念世界与物理世界的二元论。而且，这些二元论中的第一项都是指向确定、永恒的存在，这一存在被视为知识的源泉和对象。中国哲学的道与器、天文与人文的范畴，在某种程度上可与柏拉图等人的二元论相对，但中国哲人所论的道与器或天文与人文的两个世界，并非截然对立的，而是相互贯通的，故道必须形显为器，天文必须化成为人文。由是，关于器或人文的思考与认识，不像柏拉图等说的关于物理世界的思考与认识那样地无定性而与知识的性质相背反，中国哲人讲"即器求道"，就是要人们在日常经验的物理世界中，根据一定的时空环境来进行哲学的沉思，从而追求最高的、终极的知识。

近于哲学与科学的关系。然古希腊哲学家不轻视科学，因其将科学与逻辑理性而非经验界相关联，逻辑方法保证了科学知识的可靠性，近世西方哲人由"第一哲学"转向科学而寻求确定性，是古希腊传统的自然发展。中国古代经学家虽不轻视经验界，却颇鄙薄器物之学，并将其与恒常的、确定的道相疏离，故器物之学是不稳定的、不可靠的，那些寻求确定性知识的哲人，自然不会向其致予敬意。不过，先秦诸子对器物之学表达了兴趣，论道之余也兼明器。韩非说："故万物必有盛衰，万事必有弛张。"（《韩非子·喻老》）这里的"物"与"事"对举，如郑玄注《大学》称"物，犹事也"。"物"外在于人的意识世界，"事"内在于人的认知活动，对"物"的把握关乎事实层面的认知，而对"事"的理解即是对价值意义的关切，前者一般地涉及物质之器的研究，后者往往指向心性之道的体知。"然而，在中国文化中，作用于'物'和成就于'事'并非相互分离，所谓'开物成务'，便表明了这一点：这里的'务'也就是'事'，物非本然，可以因人而开。在此意义上，物与事彼此相通：物可通过'开'而化为事，事也可以通过'成'而体现于物，两者在人的活动中相互关联"①。与事物相对应的道器范畴亦如此，彼此相关而可以沟通。因此，诸子并没有将普遍性与器物相分离，也没有使超越性与经验相隔断，他们即器以言道，对经验世界的一切器物表现出浓厚兴趣，并广泛地探究器技之学与数理逻辑，从而使先秦诸子学具有了"道器合一"的特质。

器物和经验是与实践直接关联的，实践是人类认识世界和认识自我相结合的物质感性活动。申言之，实践包含成物与成己的双重意义，而"成己"是目的，"成物"是为了"成己"。就先秦诸子学而

---

① 杨国荣《以人观之、以道观之与以类观之——以先秦为中心看中国文化的认知取向》，《中国社会科学》2014年第3期。

言，实践固然与变化关联，但人类正是通过实践动作而创造性地安排变化的器物与变化的世界，由此成就一个"独立不改，周行而不殆"的确定世界，然后成就自我，人在自我德性之圆成的同时，进而建构多元和谐的意义世界与多样形态的物质世界。比较而言，现代实践哲学是由"成物"进而"成己"，先秦诸子则把二者的逻辑关系倒转来论证，"成己"在"成物"之先，在世界的存在面前，较之器物和经验，与天道贯通的心性及其道德哲学更具本体论的意义。《中庸》讲"天命之谓性，率性之谓道"，性体与天道的合一，是器物和经验所以持续的终极原因。道家持论亦如此。杨朱"全性保真"的"贵己""为我"之学，绝非单纯的利己主义，他把心内之治，即生命的存在、个体的发展和自我的成就置于首位，但他没有要超脱于外在的器物和经验之意，他知道个体之域与公共之域在观念层面及实践活动中保持着内在而紧密的相关性，故曰："以我之治内，可推之于天下。"(《列子·杨朱》)主体道德的圆满是公共领域的政治实践，乃至整个物理世界之建设的基础。庄子的"逍遥游"境界也契合此义。主体的"逍遥"是因德性之升华，而道德主体生活在有机地联系着的公共领域中，故"作为一个历史过程，每个人的自由发展与一切人自由发展之间的互融、互动，内在地关联着成己与成物的过程"①。在庄子哲学里，"成己"显然具有优先性，他所揭橥的"内圣外王"一词，阐明了"成己"与"成物"的关系，并准确地概括了先秦诸子学的思想特质。

先秦诸子虽强调成己之学的优先性，但他们从来不把作为纯粹意识活动的"成己"，独立于器物与经验之外，他们认为自我的成就发

---

① 杨国荣《成己与成物——意义世界的生成》，北京：北京大学出版社，2011年版，第314页。关于"成己"与"成物""个体之域"与"公共之域"等概念及其相互关系，参见此书的相关章节。

生在变化着的生活世界中，关于成己与成物的知识，也是在实践活动中获得，不能离开实践而只诉诸逻辑，更不能以逻辑论证或科学方法代替真理本身。同时，"成己"的方法是"化理论为德性"。所谓"理论"，除却作为当然之则的心性道德学外，还包括作为客观规律的必然之理和器技之学。主体通过认识道德的内容、规范和行为模式等，理解伦理之善的本质，形成对善的内在要求，将所体知的当然之则内化为道德情感、意识、信念和品质等。与主观知识相对的、关于物理规律的客观知识，同样可以转化为内在的道德善性。冯契指出，道德规范的合理性、正当性不仅因其合乎人性发展的要求，还因其符合社会发展规律，有客观规律的根据①。认识自我离不开认识世界的前提，伦理之善须建立在真理性认识的基础上，必然之理与科学知识是德性的必要内容。如宣扬兼爱、非攻的墨子具有博大的同情心和仁慈心，他那悲天悯人的道德情怀，既来自他对伦理之善的体知和对道德规范的践行，又与其科学知识修养有莫大关系。《墨经》的许多条目就是应用逻辑推理方法来解释有关数学、物理学、天文学等研究器物本质的知识。如《经上》篇以"审辨名分"或"以名举实"的方式定义各类数学概念（圆、方、平、直、厚、始、端、间、次、化、盈、损、体、穷、倍），这在逻辑学上是以语词符号指称实体的概念分析功能。墨子不辞千里地持守围之器由鲁国步行至郢都，阻止楚之攻宋，其道德行为所体现的德性，就是将客观知识与科学精神涵化为自我的本质力量及将科技伦理自觉地内化为自我的良心、责任与义务之结果。

墨子以知行合一的行为展示善与真、成己与成物的统一，先秦诸

---

① 冯契《人的自由与真善美》，上海：华东师范大学出版社，1996年版，第212页。也可参见冯契在《认识世界与认识自己》一书中论真与善、客观真理与主观德性之关系的相关章节。

子的人格与哲学大率如此。庄子讲"道进乎技",魏源倒言之曰"技进乎道",似可反衬出庄子哲学里,成己之道与成物之技不可分离,真理性的器技之学可促进人的思维能力、培养人的道德品性。荀子提出"制天命而用之"的命题,"天命"指自然法则,"制"有探究自然而形成科学理论之意,而"用之"的前提是将理论内化为自我的本质力量。借用冯契的话语来解释,此命题的寓意就在引导"人们根据科学理论提供的可能性,将其与人的需要结合起来形成理想,并运用想象力将理想具体化,以指导行动,改造世界。在这个认识世界、改造世界的过程中,人的精神整体——理性和非理性、意识和无意识得到表现,人的评价意识客观化为价值,从而在现实上打下了人的烙印,同时也提高了自己的能力、锻炼了自己的性情。这样,人类凭借其本质力量,化理想为现实,使可能的东西变为有价值的东西,创造了价值界,在评价经验与价值的创造活动中,人类实现了自我,培养、发展了自己的德性"[①],使善与真、成己与成物统一于自我德性之中。

"道器合一"表明诸子学的知识内容与形态是多元的,晚清的"西学中源"论者称,近代西方的自然科学和社会科学知识,诸如天文、算学、重学、机器、测量、植物、农务、数学、声学、热学、光学、电学、气象、地理、化学、医学及法学、商学、经济学、政治学、宗教学等,悉以诸子学为权舆。这些说法在学理上不能成立,然比较西学与诸子学的异同,无论在当时,抑或是今日,都有一定的合理性与必要性。事实上,先秦诸子学几乎涉及所有的知识领域,故诸子典籍乃如刘勰所谓"博明万事"之书。事者,物也,内含道与理,

---

[①] 善与真、成己与成物的统一,用传统话语说是道与器合一,用现代话语说是认识世界与改造世界相结合。冯契《人的自由与真善美》,上海:华东师范大学出版社,1996年版,第169页。

明物与明理是谓论道而不离器，是谓即器以言道，旨在把形而上的道体落实于具体的经验器物界，使道器合一。因诸子的"道"一般地是关涉伦理道德的"成己"哲学，"器"则一般地是关涉技艺制度的"成物"科学，前者呈现的是人的存在状态和存在意义，后者是为存在的继续提供物质基础，故道器合一不仅是知行合一，还是成己与成物的合一。

二、经子关系

或谓，先秦是"子学时代"，然"六经"及解经的传记形成于先秦，经子关系即始于此。一方面，六经也是"述道"之书，然经学重"道"轻"器"，与诸子的"道器合一"略有异同；另一方面，经书与子书、经学与子学并非完全相对的，而有相互转化之时，故古今的经子关系随时代而演变。现就此略述如下。

诸子百家追求确定性知识，六经及其经学亦然。先秦儒家论"道"，以为包天地、通古今，无时而不然，无地而可易，恒常而不可变改①。汉儒尊经，称"经为常道"，如董仲舒说："《春秋》大一统者，天地之常经，古今之通谊也。"《汉书·董仲舒传》）《春秋》隐括了"五经"，而"五经"代表的常道并非经过逻辑推理来论证其确定性，乃经由政治威权的确认，获致其外在的权威性与神圣性。古代经生虔诚地相信，五经所载之道贯通天地古今，是完满自足、确定恒常的，诠释经书的经学是建构社会—政治与文化—道德秩序所唯一

---

① 《中庸》："故君子之道，本诸身，征诸庶民；考诸三王而不谬，建诸天地而不悖，质诸鬼神而无疑，知天也；百世以俟圣人而不惑，知人也。是故君子动而世为天下道，行而世为天下法，言而世为天下则。"

合适的精神要义，故真理寓于五经之中，为孔子与五经所独有，因而只要人们认可孔子与五经的权威，那真理便是他们的所有物，他们自然也就成为源初真理的"承继者"，而与五经相对的诸子之道乃为异端，故"诸不在六艺之科孔子之术者，皆绝其道，勿使并进"。(《汉书·董仲舒传》) 申言之，经书的常道先在地规范了物理时间与物理空间中一切存在着的人、事、物之状态与意义，及其相互间的存在关系（伦理关系）。这意味着，世界是确定的，未来是一个定数，没有什么能摆脱"天命"的作用（公羊家的阴阳五行天人感应论），也没有必要努力去摆脱，因其为人类建构了一种永久稳定的世界秩序及确定不易的存在方式。时间与未来的前定性又意味着，时间是可逆的而非流向性的，历史是循环的而非进化的，过去、现在和未来同属一个完全确定和固定不易的系统之中，只要理解了经书的精神要义，就能描绘出宇宙状态与世界秩序，由此预测或推演出整个的历史过程。公羊家的"三统""三世"说是典型的历史循环论，他们描绘了一个无时间的、确定性的世界。在这个世界里，时间是可逆的，世界图景与历史过程的重现是可能的，某种先验的预示已为世界安排了永恒的、必然的秩序。董仲舒说："天不变，道亦不变。"(《汉书·董仲舒传》) 世界结构是稳定的，关于这一结构的知识（道）因而是确定的。董氏大概认为："如果在宇宙间没有固定的法则使我们有可能进行确切的预测，那么这个宇宙就是一个受混乱所统治的世界了。"[1]但是，这样一个以固定的模型和联系为其本质特征的世界，通常不容许有独特个体的存在，个体也不会对自我主体性有自觉澄明的认知，人的能动创造性和参与世界的积极主动性皆萎靡不振，任何新奇的和真正的变化都很难获得由衷的赞赏和正常地成长的机会。这个世界诚

---

[1] 杜威著《确定性的寻求：关于知行关系的研究》，傅通先译，上海人民出版社2005年版，第161页。

然不是机械的,它有时玄妙神秘得让人吃惊(汉代谶纬流行),但缺乏欣欣向荣的活泼泼的生机,经学家全身心地投入到经书的诠释中不能自拔("曰若稽古"四字可以解释十万言),不再像周秦诸子那般地关心器物的创造及器物之学的发展了。

孔颖达将汉儒的道器观概述为"道先器后",道虽与器相分,但还保留了器的位置,还认同器的价值,故其经世理想是与经验世界的具体事物相即;宋明理学家则相信,完全确定性的追求只能在纯粹认知活动中才能实现,故更为彻底地向内转,把"道"限定于心性道德学之内,从形而上学的本体论上轻视具体的经验世界及与器物相关的知识。理性主义与经验主义的对立随理学与心学的发展而达致紧张态势,这由永嘉事功派与理学家、心学家的争论可知。叶适说:"物之所在,道则在焉。"(《水心别集·进卷诗》)道不离物,道即物之道,而物者,器也,所谓"无考于器者,其道不化",(《水心别集·总义》)亦如薛季宣云:"道非器可名,然不远物,则常存乎形器之内。"(《浪语集》卷二十三《答陈同父书》)道非超验的,形而上之道与经验界之器相即,故道器合一、理物合一,器物是道和理的存在基础,离物言道的心性理学未免流于空疏。①

明代中后期,工商业资本主义经济的发展催生了中国现代价值观的萌芽,其一大特征是"相对于传统内倾型的'自我中心'主义价值观来说,主要表现为一种外倾的事功型'个体利益'至上"的观念"。② 伴随着由内向外、由心性向经验的转变而来的是,人们再次认识到器是"第一性"的,开始扭转"崇道黜器"的价值取向。罗

---

① 李明友《叶适的道器观及其对心性之学的批评》,《浙江大学学报(人文社会科学版)》2001年第1期。

② 吴根友《从道器观、公私观——看传统价值的近代性蜕变》,《船山学刊》1996年第1期。

钦顺由气一元论引出"道器为一"说,但仍未摆脱程朱"道体器用"的理论模式。王艮讲"百姓日用即道",日用者,器物也,用器、制器等实践活动是道的根源,应该从具体的器物界来追求确定性的道,而非用理性论辩或逻辑推演的形式来叙述最高实有的故事("无极而太极")。李贽的批评更为直接,他说:"穿衣吃饭,即是人伦物理;除却穿衣吃饭,无伦物矣。世间种种皆衣与饭类耳,故举衣与饭而世间种种自然在其中,非衣饭之外更有所谓种种绝与百姓不相同也。"(《焚书》卷一《答邓石阳书》)没有什么"纯粹的活动",只有物质化的、实践性的动作,确定性的道与变化的世界关联着,它必须关涉经验界的物质生活。随后,王夫之提出"天下唯器""尽器则道在其中"说,同时代的方以智、黄宗羲、顾炎武等,都表达了类似的观点——即器求道,就是从经验中寻求不变的、必然的知识内容。这里蕴含的知行关系命题,旨在贯通形上与形下的两个世界①。所以,明清之际的思想家承续了周秦诸子"道器合一"的传统,然如杨国荣指出的:"他们诚然由注目于'技'而偏离了君子不器的儒学向度,但并没有完全隔绝于儒学传统。"② 换言之,他们仍旧梦想从儒家经书中寻求确定性,故其关注之点"首先在于科学之'用',由科学之'用',又进而指向科学知识借以获得的思维方法,其中逻辑、数学方法与实证的原则被提到了尤为突出的地位"。③ 可惜,清儒的逻辑方法和实证原则并非应用于器物内在结构与原理的探究,而是用在经书的文字、音韵之训诂、考订上。

---

① 如王廷相、罗钦顺的"理气为一"说和"道器合一"说,均尝试消解形上与形下间的紧张对立之危机。

② 杨国荣《科学的形上之维》,华东师范大学出版社2009年版,第24页。

③ 杨国荣《科学的形上之维》,华东师范大学出版社2009年版,第9页。

如胡适所称，乾嘉考据学是归纳与演绎相互为用的科学方法。①以逻辑方法来追求确定性，这与胡适宣扬的实证主义相近，但二者的内在实质又颇相远。考据学方法论的经典表述是戴震的"经之至者道也，所以明道者其词也，所以成词者字也。由字以通其词，由词以通其道"。②确定性的知识只在儒经中，其寻求方法是分析语词的概念系统和语句的意义功能，进而揭示其所蕴含的文化信息。③戴震的语言哲学与西方实证主义、语言分析哲学的不同是，他没有消解形而上学的意思，他还为形而上学的确定性找到了新的发展路径，即语言、语义的分析，用朴学的话语来说，就是文字的考订与训释。戴震阐述的考据学方法是清代学术的主流，他所论述的以"道论"为中心的形而上学，则影响了乾嘉以降的扬州学者和文史学者等。只是，这种"道论"虽关注经验世界的实体实事，不完全忽视器物之学，但道与器始终是相分的，盖乾嘉学术重求真求是而轻经世致用。

概括说来，汉唐经学、宋明理学体现出道器疏离或道器相分的特点。然而，人们可以在理念世界中疏离器物，追求浪漫主义的或理性主义的确定性，在经验世界中则必须"即器言道"，乃至承认器对道的决定性作用。但经学家和理学家重道轻器，他们自然不赞成"用器变道"，或重拾先秦诸子"道器合一"的传统。他们也不放弃对确定性知识的追求，故每当疑经辨伪思潮兴起，经书信仰出现危机时，他们便通过"回归原典"来重构确定性知识的形态，即升格某些解经类传记或儒家类子书为常道之经，通过增加经书数目的方式，扩展

---

① 季羡林主编《胡适全集（一）》，安徽教育出版社2003年版，第364页。

② 戴震《戴震集》，上海古籍出版社2009年版，第183页。

③ 吴根友《言、心、道——戴震语言哲学的形上学追求及其理论的开放性》，《哲学研究》2004年第11期。

经书之道的知识范畴，使解经之学更为丰富广博，以求适应变化了的社会存在，解释社会发展的原理、规律及其未来状态。于是，刘歆《七略》"序六艺为九种"，把《论语》《孝经》和小学类图书纳入经部，作为"附属通籍"（龚自珍语）而与五经并行，东汉经书则升格论孝为经而有"七经"之目①。他们始终怀抱的信念是，世界是确定的，未来是一个定数，指引人们建构历史秩序与心灵秩序的精神要义，只能回到孔子及其代表的经学与儒学中去寻求。

把确定性局限于几部儒家经书，这是汉代尊经的儒生为后来者规范的追求确定性的思维模式。如唐人的九经、十二经及宋儒的十三经，无非是在解经类传记和儒家类典籍中转圈子。虽然，经书系统的扩大是通过"改传记为经""改子书为经"的方式来实现，即升格某些解经类传记和儒家类子书为经，这较之欧洲中世纪"唯有《圣经》"的绝对权威，多少表现出某种程度的开放性和包容性，而经书诠释史上的经学玄学化（魏晋）和经学释道化（宋明），也表明传统经学并不如现代激进主义者批评的那样地专制、独断。但是，主观地宣称某种知识的绝对合法性，以垄断对"常道"的解释权，从而排遣其余一切知识为异端，在关系知与行的认知领域、伦理领域和实践领域，都只从经学的境域去寻求确定性，这终究显示了狭隘主义的偏执。韩愈倡始的道统论更凸显了经学在追求确定性时的狭隘倾向，因道统论者自信孔曾思孟与"四书"揭示了最高实有的本质、人的性体与心体及伦理秩序的目的与原理，而其他一切思想学说的内容与方法，却具有异端的性质。尽管宋明理学家总是心安理得地从道家、道教和佛学中汲取思想资源，他们又非常斩截地在言辞上排斥诸家，拒绝承认其思想与释道之间的关系。

---

① 关于"七经"的具体所指，说法不一。参见许道勋、徐洪兴《中国经学史》，上海：上海人民出版社，2006年版，第65-67页。

乾嘉学者也尝试重建新经书系统，如段玉裁的"二十一经"、刘恭冕的"二十一经"和龚自珍的"六艺之配"，其知识范畴由儒家经典扩大为经史子集四部。尤其是被斥为异端的子书的加入，既体现了"经子一体"的特点，又接续了诸子"道器合一"的传统。这修正了那种把儒经等同于确定性的观念，而经书系统的扩大还诉说着一种对儒经所代表的知识（经学、理学、心学等）的不确定感。因新系统的重建虽不以彻底地否定旧系统为前提，但至少是承认旧系统的知识已不再是必然的、永恒的常道，不一定地是普遍性的真理，需要进行适当的修正，以适应变迁了的社会情实。应该指出，由不确定感到确定性的寻求，即由旧系统向新系统的转变，表明传统经学具有一定程度的开放性与包容性，其神圣的权威里并不奉行绝对的文化一元主义。

不确定感促使乾嘉学者自觉地重建经书系统，而作为异端的子书的升格，预示了"道器合一"传统的回归。乾嘉后期，表面上看来，儒经与经学仍是没落中的王朝所尊崇的确定性常道；事实上，由文字、音韵的训诂校雠而构成的经学形态，已然疏离于日渐变迁的经验世界，不能再为社会—政治与文化—道德秩序的建构，提供适合时代要求的精神要义。于是，怀抱经世理想的学者，开始重视诸子学在经验器物界的实用价值。如钱大昕称《老子》为"救世之书"，毕沅、汪中称扬墨学的救世之术甚多，姚鼐的《诸子考略》把诸子思想比作能救衰世之疾的良药。这些观点是晚清"西学中源"论的滥觞。晚清学者以先秦诸子为西方器技之学的根源，由西学的观照，作为器用的诸子学，其价值愈加凸显。虽然时人还一贯地主张"道为本，器为末，器可变，道不可变"，[①] 仍视经学为确定性知识的唯一对象。

---

① 郑观应《盛世危言》，中州古籍出版社1998年版，第55页。

然而,"器既变,道安得独不变"?① 这是谭嗣同的反问。道因器而变,则道决定于器,宋儒"道体器用"说要颠倒而言之曰:"故道,用也;器,体也。体立而用行,器存而道不亡。"② 器上升为体而道下落为用,作为本体的器具有必然的确定性,故诸子所代表的不再是形而下的器技之学,乃是形而上的本体之道,较经学更具恒常的普遍性。

民国时期,诸子学复兴而经学信仰失落。郭沫若说,民国学者在"打倒孔家店之余",有"欲建立墨家店"之意。③ 经学已非确定性知识,墨学及其他先秦诸子学代表了普遍的、必然的真理,是建构历史秩序与心灵秩序所应遵循的精神要义。确定性知识的对象由经学转向诸子学,表明确定性的追求中隐含着经子关系命题。我们不仅在古代经生的"尊经废子"和民国学者的"崇子废经"中,看到了经与子的对立关系;我们也在尊经的两千年里,看到经书系统的扩大是通过"改子为经"的方式来实现的,经学诠释史的发展也是融贯和内化诸子学的过程。如宋儒升格的"四书",原为儒家类子书;又如魏晋经学的玄学化和宋明经学的释道化,均显示古代经生追求的确定性知识虽以经学为根柢,但也汲取了诸子学思想,故经与子不是绝对对立的,而是互动、互渗与缘在的关系。

三、"新子学"的展望

20世纪初,中国学者将进化论应用于文化与知识的领域,由此

---

① 蔡尚思、方行编《谭嗣同全集(上)》,中华书局1981年,第197页。

② 同上。

③ 郭沫若《郭沫若全集·历史编:第2册》,人民出版社1982年版,第469页。

形成文化进化观或知识进化论，表现为以现代否定传统、以新文化形态取代旧思想资源，各学科均以"求新"为理想，连名称都显示了那个时代的"尚新主义"，如新文学、新诗学、新史学。其后有新经学、新儒家、新道家、新墨家、新法家等，如今则有"新子学"。进化论是以"优胜劣汰"为原则，文化与知识固然是随时代而增长，但新文化、新思想不应以否定或淘汰传统为目的，故"新子学"的研究旨在继承和发扬传统文化，对其概念、范畴和本质的论述，及其与哲学、国学及经学之关系的探讨，均应植根于传统诸子学而求其突破和创新。现根据前述内容而略陈所思。

（一）关于诸子的概念、类目及其知识本质

"诸子"一词在先秦是与诸公、诸侯等相对的尊称，其用以表示与学者、学术及典籍相关的概念，"盖行于汉初大收篇籍之时"，而"诸子书之名称，多定自刘向之《叙录》"。[①]《叙录》亡佚，刘歆《七略》摘录其中内容而成书，现保存于《汉书·艺文志》。《汉志》"诸子略"采用尊称和美称的"诸子"之名，作为一种知识的类名，并称诸子兴起于王道衰微之际，与含摄确定性常道的六经相反相成，故诸子是"六经之支与流裔"，诸子之道是六经道体的散殊。且不论《汉志》所界定的经子关系，其显然是以述道、载道来定义诸子典籍及其知识的本质，所以刘勰称诸子为"入道见志之书"，这与《汉志》的说法一致。其后的目录学著作对诸子类目常有调整，范围也随时代推移而逐渐扩大。西晋荀勖《中经新簿》有"古诸子家"和"近世子家"的分类，王俭《七志》有"古今诸子"的类目，他们把诸子与诸子书的范围扩展至同时代的思想家及其著作。荀勖还将兵书、数术等归入子部，一方面是扩大了诸子类目，一方面则淡化了诸

[①] 罗焌《诸子学述》，华东师范大学出版社2008年版，第4页。

子"述道"的本质。《隋书·经籍志》子部增加至"十四类",《四库全书》则有"十四类、二十五属",这是因四部分类制的局限,将不能划归经、史、集部的知识门类,悉数归入子部之内,如章学诚批评的"驱龙蛇而放之菹",结果令子部成了不伦不类的堆垛。且谱录、杂艺、兵书、类书等与"道"无关,诸子"述道"的本质因而被遮蔽。今日学者对"新子学"的范畴存在争议,其缘由实与子部的混杂而难以确定其一贯的知识本质有极大关系。

因此,如何从知识论角度界定诸子学的本质,这是当代"新子学"研究所面对的紧要问题。就此,我们不妨借用刘勰的"博明万事为子"说,事犹物也,"事"是对人的活动及其价值意义的关切而指向"道"的探求,"物"指经验世界的客观实在,"明物"就是探究"物"自身的结构、原理及其运行规律而属器技之学的范畴。晚清学者说:"子书者,格致之全书也;大则可以悟道,小则可以观物。"① 物即器也,子书就是道器合一之书,其"观(格)物(器)"带有强烈的追求确定性常道的指向性,以探究合目的性与合规律性的人文意义世界的终极价值为理想。只停留于"观物(器)"的层次,而无求道、述道的内容者,不得列为子书和子学。故一方面,古代目录书中的子部类目,其典籍内容及其知识本质,若非明道、述道或道器合一而仅以明物、观物(器)为目的者,理应排除在诸子书与诸子学之外,如类书、谱录等。另一方面,荀勖、王俭的目录书有"古今诸子"之目,把同时代的思想家及其著作归入诸子类,《四库全书总目·子部总叙》称:"自六经以外立说者,皆子书也。"诸子学不是原典主义,不限于先秦原典及对原典的研究,还应有原典研究之研究,故凡创立学说而能自成一家之言,契合"博明万事"的定

---

① 邵之棠辑《皇朝经世文统编》,文海出版社有限公司1980年版,第155页。

义，且以述道或道器合一为治学理想者，不论古今，均属子书与子学的范畴，如中国近现代的思想家、哲学家等。

(二) 关于诸子学与哲学、国学的关系

近代以来，因应西方哲学的冲击，学者提出"子学即哲学"的命题，运用哲学诠释学来解读古代诸子学的义理。但诸子学不等于哲学，其"述道"的知识本质内含哲学，但在知识谱系的对象上，其"道器合一"的内容又超越哲学的范畴，其在爱智慧的精神外，还兼重形而下之器或物的探研，明道与明器、明物相结合。古今子书都或多或少地涉及形而下之器的明物之学，如《墨子》中的《备城门》《备高临》等篇，又如法家、杂家对舆地、军事、经济、农业等知识门类的关注和论述。若以探究确定性的形而上常道而言，它们必须被排除在哲学门之外，若以"博明万事"和"道器合一"的本质而言，它们却是诸子学重要的组成部分。如果只强调形而上学，把子书中为明道服务的明物之学放弃，必然导致对传统子书与子学之统一性的破碎割裂，而丧失对古代思想之整全性的综合认识。故而，以西方哲学学科规范、代替传统知识门类的诸子学，这是不大合适的。孙德谦就曾质疑说："若儒墨诸家，罔不各崇所长，以明其指，成为专家之学，并于一家之中，有其派别，学者尚不足辨此，而得以哲学概之乎？"① 诸子学的"各崇所长"就是"博明万事"的特质，或演为明道的专家之学，或演为明器与明道结合的一大派别，此非现代哲学学科所能悉数含摄者。今日国学复兴，各高校的国学研究院是以经、史、子、集及宗教为学科建制，晚清"壬寅学制"便设置了诸子学科，故以诸子学作为独立的学科门类，既有学术史和学科史的依据，

---

① 孙德谦《国学研究法》，国家图书馆出版社2010年版，第380页。

且尊重诸子"道器合一"的知识本质。①

（三）关于诸子学与经学的关系

传统的四部分类法是以"治道"为价值标准，来排列经与子的先后次序，及将经子定义为源与流的关系。然"经为常道"是一种政治的宣称，而未经由归纳与演绎的逻辑推理之论证。如今超越那种政治意识形态化的价值信仰，以纯粹学术与思想的求是求真标准，重新考察历史上的经子关系及其表现于当代的思想形态，我们发现先秦的"六经"存在两个传统。一是"六经"为诗、书、礼、乐、易、春秋等文献的类名，其各自代表了一种知识的门类或文献的汇编，在孔子以前尚无普遍流行和接受的定本，也未统合成内含一贯道体的经典系统。二是孔子所整理、删定和经典化的"六经"，各部经书皆为私名、都有定本，彼此结合成有机的整体，内含一以贯之的道体。前者如老子所说，是"先王之陈迹"，（《庄子·天运》）又如庄子所谓"旧法世传之史"，（《庄子·天下》）表现为史料和史学的性质；后者如班固所称，是"王教之典籍，先圣所以明天道，正人伦，致至治之成法"，（《汉书·儒林传》）亦如刘勰所云"经也者，恒久之至道，不刊之鸿教"，（《文心雕龙·宗经》）规范了历史与心灵的秩序。据此而阐述"诸子者六经之支与流裔"的命题，如果"六经"指前者，则此命题成立，因《庄子·天下》篇论百家之学的渊源，说"古之道术有在于是者"，即指作为"先王之陈迹"的六经而言。同时，如以"诸子"指儒家诸子或经学诸子，此命题也可以成立，因其思想是对六经的诠释与发明。至于历代的经学思想传统，一方面

---

① 以上所论诸子概念、类目及其与哲学的关系，参见吴根友、黄燕强《博明万事为子——诸子学在当代开展的思考》，《社会科学战线》2013年第7期，第46—53页。

是在先秦诸子学的滋养下发展的，如两汉经学对黄老、阴阳、墨家、法家思想的汲取，魏晋经学对老庄玄学的涵化，宋明理学对释道思想的融通。另一方面，如《四库总目·子部总叙》所称，除了"六经"以外的立说者皆子书，那么，与六经相对的诠释经书的经学，同样也是"立说"者，也可类归广义的诸子学范畴，故汉唐经学家、宋明理学家及现代新儒家等，皆可称之为经学诸子。三者，如前所述，历代的"回归原典"运动是通过"改子为经"而实现的，近年学者提出重建经典系统的构想，那么，新经典系统应突破传统的六经及儒家类典籍，选择若干诸子书而与其组成新经典系统，以此把握中国学术思想的渊源和主流，寻绎其内在的发展机制与理路。因此，"新子学"不是与经学相对，而是致思于经学与子学的整合，从经子之学中挖掘传统文化的独特智慧，从而建构一种现代的、多元的文化形态，以回应当代社会中自由的、多样的价值观念与生活方式。

（四）诸子学是来自古典的智慧，而中国古代哲人的智慧之学，不是出世间，而是即世间的

世间有二，一者众生世间，即有情根身；二者器世间，即无情器界。前者是由人的活动所构筑的价值世界，探求心体与性体的内圣之道；后者指客观实在的生活世界与生活经验，通过形而下之器的研究，把握器的结构、原理及其所构成的世界图景与世界秩序。诸子学的"道器合一"体现了其"即世间"的思想特质，也表明诸子学所构造的不只是思想概念，更是一种源自于实践、立足于经验的生活方式。"新子学"的研究就是要发现诸子百家在其著述中为人类所创造的具有普遍性意义的生活方式，由此寻求认识世界与认识自我的启示，从而确认人自身存在的价值意义，发展人继续存在的物质基础。同时，文化与知识的创造有两大思想资源，"一是前人的思想成果，一是当下的生活经验。归根到底,生活本身才是思想创造的最终源泉"。① 当下的生活经验包括个体经验与人类经验,前者指独特个体内在的情感、知觉、意识和思想等,后者是从个体经验抽象出来的具有普遍性意义的生活经验。我们对诸子学的解读,既要了解古今诸子根据其自我的情感、意识等,在其著述中建构的理想的生活形态,更要结合研究者自我的情感、意识等,立足当下的社会情境,洞察未来的世界理势,而对诸子学进行创造性的诠释,揭示诸子智慧与当代生活的关联,使其在我们的精神生活中发挥力量。只是,人类的生活世界充满变化,未来不可能是一个定数,历史也不接受任何形式的决定论,在不确定的世界中寻求绝对确定性的常道,这是否可能,又如何可能,"新子学"该怎么回应呢?

(原载于《集美大学学报》2018年第3期。作者单位:暨南大学)

---

① 陈少明《经典世界中的人、事、物——对中国哲学书写方式的一种思考》,《中国社会科学》2005年第5期。

浅说"新子学"之实践

揣松森

方勇教授于2012年发表《"新子学"构想》①一文,正式提出"新子学"理念,引起海内外学者的广泛关注。随后,他又相继发表《再论"新子学"》②《"新子学"申论》③《三论"新子学"》④等文章,对"新子学"的相关问题分别进行阐述;与此同时,相继召开五次"新子学"国际学术研讨会,学者们从不同的面向对"新子学"内涵进行理论阐释和廓清,使之更加充实和丰富。我们认为,"新子学"不仅是一种理念,而且更是一种实践,那么在已经取得的丰硕成果的基础上,对"新子学"之实践面向进行探讨就十分必要和迫切。

一、理清人文学术研究的两个认识误区

方勇教授《三论"新子学"》文中说:"传统文化研究创新首先

---

① 方勇《"新子学"构想》,《光明日报》2012年10月22日第14版。
② 方勇《再论"新子学"》,《光明日报》2013年9月9日第15版。
③ 方勇《"新子学"申论》,《探索与争鸣》2013年第7期,第73—77页。
④ 方勇《三论"新子学"》,《光明日报》2016年3月28日第16版。

需要回到中国思想的原点,即先秦时代的诸子学传统。"① 即是把先秦诸子学传统作为中国思想之原点,而"新子学"则要上溯本原,直承先秦诸子学传统。先秦诸子各就所见发表学说,其内容虽彼此不一、互有短长,但其归宿皆"务为治者也"(《论六家要指》)。我们认为,"务为治"是先秦诸子争鸣的基面,也是先秦诸子学最基本的传统。我们要继承这一传统,就应克服当前人文学术研究的两个认识误区:一是为讲科学精神而把"人"排除出研究环节,二是对天人关系问题或以其虚无缥缈而弃之不理、置之不论,或仅做义理阐述,缺乏对天人关系知识基础的研究。

先谈第一个方面的问题。中国古代学术是一种求治的传统,观司马谈说诸子"务为治者也"(《论六家要指》),司马迁论"六艺于治一也"(《滑稽列传》),可见该传统之久远。所以,中国从来都很重视贤能政治、君子之行,贤者和君子其实集学术与政教为一体,故而在中国传统学术当中特别突出"人"的地位。然而近代以来,中国因闭关自守而国运不昌,受到西方列强的极大冲击,连带着思想学术也受到西学强势冲击。这种冲击带来有益的一面是,因借助西方科学方法而使中国传统学术的某些研究更加精密,比如胡适《中国哲学史大纲》中对墨经的研究就得益于他西方逻辑学知识的学习。但这种冲击的弊病也是极大的,早在民国时期,钱穆就曾批评近世史学中的所谓"科学派"(即考订派)道:

> 至"考订派"则震于"科学方法"之美名,往往割裂史实,为局部窄狭之追究。以活的人事,换为死的材料。治史譬如治岩矿,治电力,既无以见前人整段之活动,亦于先民文化精神,漠然无所用其情。彼唯尚实证,夸创获,号客

---

① 方勇《三论"新子学"》,《光明日报》2016年3月28日第16版。

观,既无意于成体之全史,亦不论自己民族国家之文化成绩也。①

钱先生所批评的现象在当时及其后并未减缓,反而随着学科体系壁垒的加强和国内高校的市场化,而在20世纪90年代后愈演愈烈。"科学派"的观点是:学术研究讲求科学性,不能掺杂个人好恶、倾向于其中,以免影响结论的客观性和科学性。这其实是把学术仅仅当作知识看待,而且表现出对科学方法的迷信。科学是一种方法,也是一种精神,其核心是讲求实证和实事求是;而且科学方法的运用在人,科学研究的归宿亦当在人。举例来说,朱熹作为宋代理学家,其学问有自身的追求和倾向性,但这并不妨碍他研究名物制度时运用实证的科学方法和坚持实事求是的态度;凯恩斯是近代英国经济学家和逻辑学家,其研究当然讲究科学方法和科学精神,但在其归宿上他仍可坚持推动充分就业和建立基本福利政策的倾向性。所以,学术研究不能因讲方法的科学性,而模糊甚至消解学术研究的归宿。特别是对人文研究来说,如果把"人"排除出研究的各个环节,就等于放弃了人文研究的传统,也放弃了人文所以为人文的根本。试想在科学强势的今天,若只讲知识性的考证、分析而放弃智慧获得、德行修养、知行合一及终极关怀等不论,那么人文研究的科学性果真就能与数理研究的科学性相匹敌?很明显是不可能的。但这并不是人文研究的缺陷,反而正突出了其特质所在——人文研究归根到底是一种价值性的研究。

再来谈天人关系方面问题。人对天人关系的认识,是指导和制约人类行为的基础。通过历史和考古可知,特定人群的特殊习俗和社会组织形式,往往受到他们对天人关系认识的影响;天人关系的认识随

---

① 钱穆《国史大纲·引论》,商务印书馆2010年版,第4页。

时代而渐渐变化，那么相应的旧习俗和旧的社会组织形式也会被新的取而代之。即便在科学发达的今天，每一次对宇宙探索的新成果，每一次对生命本原的新认识，都仍直接影响着我们的行为和思想。天人关系是中国传统学术探究的主题，也是今人打开中国古代思想宝库的一把钥匙。然而，我们当前的人文研究，或者以为这个问题在科学发达的今天不必再讲，或者守着传统的名词大发高论，而忽视其知识基础的研究。比如，对中国传统的"天人合一"观念，有人就觉得这是传统迷信，以为这是古人故作高深，以为在科学发达的今天不必再讲这类虚无缥缈的东西，而对其加以否定。可以说，这是一种厚今薄古的态度，实并未理解科学的精神。但也有另外一些人怀着对中国文化的特殊感情，以"天人合一"作为中国哲学的高明之处而以此自高，动辄就"天人合一""重玄""齐物""逍遥"，但是对中国古代讲天人关系时所涉及的天学、星占、律历、阴阳、五行、养生等知识，以及天神信仰、化生观念、天生人成、三才之道等并未加了解和研究。那么，这就是对古代的一种迷信，失却了实事求是的态度和精神。我们认为，恰当的态度应当是，在了解古人知识背景的基础上，探讨古人对天人关系的认识，并梳理出这种认识随着社会的发展而变化的轨迹；而且，吸收最新的物理学、宇宙学、地理学、考古学及生物分子等生命研究的成果，以新的知识作为基础，接续探讨天人关系的人文传统而作出新时代人文研究的阐释和发展。当然，这涉及到交叉学科的知识，处理起来有很大难度，但既然是做研究就要有实事求是的科学精神，就要有终极关怀的追求，就当以谦卑和求是的态度勉力为之，而不能畏难不进而固步自封。

总之，我们的人文学术研究应克服当前这两种误区。"新子学"之实践，也只有首先克服这两种误区，然后才能更好地继承传统和转化创新。

二、突出主体性和礼义的阐发

"新子学"之实践，在最广泛意义的精神追求上，应该突出对人的主体性和礼义的阐发。高扬的主体精神和最广泛的秩序追求，是先秦诸子学最核心的精神，也是我们当前继承和转化诸子学传统时最应该突出的核心精神。

首先，在继承和创造性转化诸子学传统时，应该突出对人的主体性精神的阐发。先秦诸子高扬的主体精神，是在周初以后日渐浓厚的人文精神的环境下酝酿的结果，是先秦诸子对人之所以为人这一问题进行思考、反省的升华。中华民族的人文精神萌发较早，至少在殷周易代之际就开始了。关于这点，看《尚书》等的记载就可以十分明显地感受到。究其原因，可能主要因为小邦周取代大邦殷这一现实，使"周初的统治者深感天命的无常，转而强调自身的德行修养，'人'的价值和人文精神渐渐受到强调"①。在那之后，虽然不是没有谈论天命鬼神者，但多对之采取敬而远之的态度；在上层士大夫和知识阶层间，逐渐发展出一套从气和阴阳生化生命乃至万物的理论和知识，人们对于天人关系的认识也前进了一大步。至孔夫子广收门徒，有教无类，迅猛地扩大了掌握知识的群体，催化了知识的传播、碰撞和升华，以至在夫子之后逐渐形成一股辨别德位、探讨人性及情欲、定位天人关系的思潮。在这个过程中，人的主体性精神和价值，在先秦诸子身上得到了最大程度的张扬。这种高扬的主体性精神，不仅表现为一种对生命价值的自信和追求，而且更体现在他们对"人"

---

① 揣松森《论"新子学"的内涵及其意义——兼谈子学与经学之别》，《集美大学学报（哲社版）》2016年第3期。

之责任的担当。我们看墨子追求君子为人,"腓无胈,胫无毛,沐甚雨,栉疾风"(《庄子·天下》)地为天下兴利除害,就可以知道这种主体性精神之可贵!看宋钘"周行天下,上说下教",以"愿天下之安宁以活民命,人我之养毕足而止"(《天下》),就可感受到其情怀之博大!再看孟子"吾善养吾浩然之气"(《孟子·公孙丑上》)的豪气,以及"当今之世,舍我其谁"(《公孙丑下》)的豪迈,则无不被其主体的自信与担当所感染!再看《中庸》"唯天下至诚,为能尽其性;能尽其性,则能尽人之性;能尽人之性,则能尽物之性;能尽物之性,则可以赞大地之化育;可以赞天地之化育,则可以与天地参矣",及《易传》"一阴一阳之谓道。继之者善也,成之者性也"(《系辞上》),就可以明白诸子对人之定位的高致和对人之担当精神的期许!哪怕道家之庄生,也因深感现实生命之痛楚而苦苦为众生寻求安顿生命和精神之所在。也许,这就是我们常常能在先秦诸子身上感受到强烈生命感,以及他们为众生而不惜劳苦思索、奔波的情怀,并深深为之感动的原因。其实,这种感触的背后,我们又何尝不是碰触到了自身人性中主体性欲求张扬的部分呢?

时不分古今,地不分中外;人同此心,心同此理。在现代社会也是如此,虽然存在着信仰的多样性,但对人的肯定和对个体的尊重已经是一种潮流和共识。这与先秦诸子高扬的主体性之间是共通的。不过,现代社会对个体的尊重有时会显得有些极端,就是容易造成对主体责任要求的缺位,发展到偏激的程度反而与人文精神有相背离之处。相比之下,先秦诸子传统下的主体性的张扬,则更加凸显出其价值和优势。所以我们以为,"新子学"在现实实践上,应该继承这一传统,并突出对主体性精神的阐发,从而实现创造性转化,为现代社会精神的建设贡献智慧。

其次,在继承和创造性转化诸子学传统时,应该突出对礼义的阐发。我们这里所用"礼义"一词,是从作为最普遍秩序层面的"礼"

之精神的意义上来讲的。以往人们对先秦诸子有些误解，就是好像他们是反传统的，要冲破甚至抛弃"礼义"；其实，先秦诸子本身是在当时传统思想的滋润下成长和发展起来的，而且他们的宗旨也都是要在秩序正日益破坏的情况下，探讨和追求秩序回复、重建的可能和路径。关于这一点，我们可以从古人的评述中得到证明。如司马谈《论六家要指》说："夫阴阳、儒、墨、名、法、道德，此务为治者也，直所从言之异路，有省不省耳。"①司马迁在《滑稽列传》中说："孔子曰：六艺于治一也。《礼》以节人，《乐》以发和，《书》以道事，《诗》以达意，《易》以神化，《春秋》以道义。"②可以看到，先秦诸子与六艺传统在其归宿上并无二致，都是追求一种"治"的状态，也就是都同时追求一种内在和外在的秩序性。另外，我们从先秦诸子的思想发展中也可以看到他们对"礼义"的追求。一者，先秦诸子从内在寻求秩序性。我们知道，孔子当时对德位问题已有较多关注，而他之后的诸子则从人性及天人关系方面探求建立社会秩序的内在根源。《中庸》说"天命之谓性，率性之谓道，修道之谓教"，对从作为秩序根源的天落到人之内在的性，再落实到现实层面建立秩序的教，有极为清晰的描述。他们还认为，在这个过程当中，不管是人自身还是其他万事万物，在天地将其生出之后，实际上仍处在尚未完成状态，其存在状态的完满则有待于人在通过修持而完满自性的基础上去"成物"。二者，先秦诸子也追求外在礼制的建立，并特别重视礼"义"的阐发。先秦诸子对伦理关系都是承认的，即便如庄子也不得不说"子之爱亲，命也，不可解于心；臣之事君，义也，无

---

① 司马迁撰，裴骃集解，司马贞索隐，张守节正义《史记·太史公自序》，国家图书馆出版社2014年版，第1192页。

② 司马迁撰，裴骃集解，司马贞索隐，张守节正义《史记·滑稽列传》，第1154页。

适而非君也,无所逃于天地之间"(《人间世》)。儒家主张恢复和建立礼制的态度是很明确的,另外儒家先师也极重视对礼义的探讨和阐发。道家似乎反对礼制,他们处处提防具体之礼文可能产生的弊病,但他们能从本原上对礼进行反思,实际上也就涉及到儒家先师所重的礼义问题。不管是正面立论,还是负面反思,他们对礼义的探讨在现实上对礼制的制定都极有价值。

礼制随时代而发展变化,每个时代都可以根据现实的要求进行礼义的阐发,从而建立适合当时的礼制规范,所谓"礼也者,义之实也。协诸义而协,则礼虽先王未之有,可以义起也"(《礼记·礼运》)。对礼义的探讨,在内在方面与当时对人性及天人关系的认识有莫大关涉。这在当今也是如此。现代社会对于人性及天人关系的看法,随着生命科学及物理学、生物学的发展而日益加深,这是我们进行礼义阐发的知识基础。当代对主体价值的肯定和个体的尊重,已经成为人们的共识,这可以说是我们阐发礼义的一项价值观基础。当下,随着全球交流的加深和加速,不同信仰和价值观之间的交流和相处模式正在探索和形成之中,这就需要我们以共识的价值观和知识为基础,阐发当代的礼"义",从而推动一种最基本、最广泛的内在和外在秩序的抟合和建立。就国内来讲,中国正处于文化转型和发酵创新的时期,要建立一种宽紧适度且在个人与礼制之间达成平衡和良性互动的秩序状态,首先需要我们阐发新时代的礼义。这就是我们认为"新子学"之实践应突出礼义阐发的理由和用意所在。

三、着重在学术与教育等领域用功

作为一种理念的"新子学",其实践的范围应当涉及社会的各个领域和方面,但从目前的现实角度考虑,我们认为"新子学"应该着力用功的地方是在学术与教育领域。因为一方面,"新子学"在学术和教育领域的力量比较坚实,而且本色当行,最能也最应该在此展示"新子学"所追求的学术研究境界和现代精神风貌;另一方面,当下的学术和教育已经远非封闭在学院之内的物什,而是已经越来越要走进广阔的社会,而面向各个层次的文化需求的对象,这片广阔的天地正是"新子学"发挥其学术与教育功能来传播时代文化、孕育新思想、培养思想者、引领思想风尚的用武之地。

具体就学术方面来讲,可以从以下三个方面做功夫:一是,扎扎实实做好传统文化的阐释与转化。阐释与转化的基础是,首先要尽可能地做好基础文献的收集和整理,并进而对研究对象做一番历史的研究,就是尽可能地释读文本的原义及其发展、演变的脉络。如果这一步工作不做,或做得不够扎实,那么接下来的阐释就可能流于牵强附会,而这种无根的研究就无法让人信服,也不能切实推动学术研究的推进。有了坚实的基础,阐释者就可以阐发文本中所蕴含的丰富意涵。当然,我们所谓的阐释并非为阐释而阐释的纯粹知识性解说,而是择取文本中所蕴含的古今相通的话题、情感、困境及制度、礼义、评判等进行思考、探讨和发挥,做出我们当代人的新看法、新思路、新判断。在这一点上,我们以为儒家先师对六艺的解释经验就颇值得借鉴。比如,子夏阐释《春秋》时说:"《春秋》之记臣杀君,子杀父者,以十数矣,皆非一日之积也,有渐而以至矣。"[①] 是从《春秋》中提炼出防微杜渐的历史经验。又如,帛书《易传·昭力》从《周易》中阐发出"卿大夫之义""国君之义""商夫之义""邑余(长)之义""戎夫之义""处女之义"等等,几乎囊括了社会所有阶层人员所需的思想资源。其他,如王式教授昌邑王《诗》三百篇,而阐发其中忠臣孝子之义以作谏书,董仲舒阐发《春秋》大一统、

---

① 陈奇猷《韩非子集释》,上海人民出版社1974年版,第717页。

立元谨始、改制质文、循天之道等义而推动儒术独尊,也都可不同程度地为我们提供借鉴。如果说阐释仍立足于传统的话,那么转化则是着眼于对当下乃至未来的方向做出设定或指引。这就要抓住学术和社会发展的核心问题进行贯通的思考,取资传统,因应现实人情,顺乎时代潮流,从而提出新问题、新思路和新追求。

二是,力争形成可以奠定新学科基石的典范之作。近代以来,中国引进西方学科体系,时至今日已经造成愈来愈森严的学科壁垒,不利于中国学术特别是人文学术的发展。"新子学"的提出,其中有部分原因即是为应对这种状况。但是,这种体系已经建立百余年,其影响已经深入到学术研究的方方面面,可以说已是根深蒂固,再加上这种体系在某些方面也有其合理之处,所以现在不可能也没有必要对其全盘否定。对我们来讲,现在是对该体系进行纠偏的时候,即对确实不符合中国学术传统的方面做出反思和调整。在这个问题上,具体成果的典范意义,要远远大于单纯的理论探讨。近年来,中国文学史和小说史的某些研究成果对我们应有所启发。比如,王齐洲先生主编的《中国文学史简明教程》(华中师范大学出版社,2006年)一书,以文体史为线索进行文学史写作,就是对以往以朝代为序来描述文学史状况的纠偏,为中国文学史的本土化写作提供了一个样板。他的《中国古代文学观念发生史》(人民文学出版社,2014年)一书,则运用发生学的方法,在中国文化和历史语境下,探讨中国文学观念的发生、发展和演变,也是对遮蔽了中国传统文学观念特质的现有学科体系下文学史叙述的突破。其他,如陈平原先生关于中国现代文学史和学术体系建立的研究[①],吴承学先生关于中国文

---

① 陈平原先生著有《中国小说叙事模式的转变》(上海人民出版社1988年版)、《中国现代学术之建立》(北京大学出版社1998年版)、《文学史的形成与建构》(广西教育出版社1999年版)等,可参考。

体学的研究①，谭帆和王齐洲两先生对中国古代小说的研究②，对文学学科的最新建设和发展都极具示范意义。对"新子学"来讲，在该理念的指导下，创作出一部甚至一批具有学科基石意义的成果，将更有力、直接地推动学科体系格局的调整和优化。

三是，以实际行动来改变当前的文风。当前的文风存在着实者过实、虚者过虚的问题，或者学术架子十足而同乎文字游戏，或者长篇大论但言而无物，较少雅俗适中、亲切平易、富于生气的文字。这一方面是受学科体系和评价体系的不良影响，另一方面也是学风不够踏实、不接地气所致。"新子学"在这方面，首先要做的就是追求学术研究中"人"的回归。我们乐见研究者自身的个性、特质等投入到学术研究中，也乐于探求研究对象思想中所独有的气质特征、精神风貌，这样学术研究才能注入生气，才具有生活气息，而不只是干巴巴的文字或知识。其次，学术研究要深入到研究对象的生活情景、知识背景、时代场景等进行细部观照，这样研究对象的面目才能越来越清晰，因而也越来越具有亲切感。相反，若总是在现有的粗线条框架下观照对象，就只能人云亦云，而永远无法与对象进行亲切的对话，无法发现他们新的样貌和形态，也无法形成新的学术增长点。此外，在现有资源的基础上，尽可能地联合相关力量，争取把学术研究做得大气、做得从容，不急于更不轻于发论著述，从而扭转现有评价体系对

---

① 可参见吴承学先生《中国古典文学风格学》（花城出版社1993年版）、《中国古典文学风格学（修订本）》（北京大学出版社2011年版）、《中国古代文体学研究》（人民出版社2011年版）等。

② 谭先生这方面成果主要见于专著《中国古代小说文体文法术语考释》（上海古籍出版社2013年版）、国家社科基金重大项目《中国小说文体发展史》等，王先生这方面成果主要见于专著《稗官与才人：中国古代小说考论》（岳麓书社2010年版）及国家社科基金重点项目《二十五史〈艺文志〉著录小说资料集解》等。

文风的不良影响。

具体就教育方面来讲,首先要明确教育的目标。"十年树木,百年树人。"栋梁之材并非一日所能生成。以培植参天大树的耐心和功夫,培养真正具有气魄和担当的大才,这是目标之一。其二,探索一套新的教育模式,这种模式有利于培育思想领袖及综合型研究人才。我国现有教育体制存在种种弊病,严重阻碍人才的培养和发展,国人对此有目共睹;然而,这种体制似乎又有存在下去的理由。所以,在体制外开拓出一条培养人才的模式或机制,就可以发挥其对现有体制的某些补充甚至替代功能。其三,争取能够承担孕育新思潮的源地和辐射中心的角色定位和社会担当。这既需要大志宏愿,也需要包容的心态,以及长期的追寻、探讨、碰撞和酝酿。现在是中华民族复兴的关键时期,不管是从国内政治、经济环境看,还是从中国近代以来的历史进程看,如果有这样的宏愿和时代担当的话,应该说是恰逢其时。

其次,开展教育要面向广阔的社会。这既是指教育面向对象广泛,教育形式多样,以不同层次的教育满足广大人民群众的不同需求,又是指教育要以人为中心,突出人的教育,强调人的参与,追求人的提升。随着社会生活的发展,人民群众对文化教育的需求越来越迫切,也越来越广泛,国学热、读经热等很可以反映国人对于文化的需求和期许。国学教育越来越热,但是从事教育的机构品质参差不齐,产生不少弊端和消极影响;但在这个过程当中,也为传统文化教育、传播积累了一定的经验。比如,据程度高低和需求不同分类进行教育;在教育过程中注意进行思想的现代转化;读书与养成教育相结合;探究性的学习和教育;以读书会的形式开展教育,教学相长;承担文化培训功能;编写系统的适用不同层次人群需求的教材;利用现代传媒,制作有声读物和教育视频;与文化企业相配合,形成教育、出版、传播的配套模式,等等。这些经验对我们都有借鉴意义。对

"新子学"来说，一方面要编写突出该理念的不同层次的文化读本，制作各种类型的文化传播载体；另一方面要拔选优秀人才，维持一定规模的高端教育班组。这项工作牵涉面很大，需要统合各方力量和各种资源，并进行统筹布局，根据现有条件而各有侧重，这样才能全方位地推进开展。

最后，建立集研究和教育为一体的平台。这样的平台，既可包括活动基地等物理场所，又可包括刊物、出版发行单位、文化机构等推广阵地，还应包括人员的组织形式。活动基地提供一个日常活动的场所，也是一个可以作为教育示范的基地。刊物、出版发行单位、文化机构等，一方面是一个表达"新子学"理念及教育理念、教育心得的阵地，另一方面也是把"新子学"的新进展、新成果及时有效地进行推介的媒介。最重要的，是要把相关人员通过各种可能的形式组织起来，作为一个社团、协会或者学会等等，可以有统筹、有商量、有协作，就能群策群力，形成一股巨大的力量。这样的话，不管是开展研究工作，还是开展教育活动，这种强大的合力就能产生巨大的效能和影响。

（原载于《诸子学刊》第18辑。作者单位：华东师范大学中文系）

"新子学"摭论

陈志平

2016年10月台湾举办了"新子学"国际学术研讨会,这是大陆以外地区第一次举办"新子学"专题讨论会,标志着"新子学"开拓的深化和影响的扩大。笔者有幸参加了此次会议,聆听了"新子学"倡议者方勇教授的演讲和与会代表的高见。此次会议中,入会代表对"新子学"的提倡充满了赞许,对其发展前途充满期待;然也有代表对"新子学"新在何处,仍有疑惑。其实这个问题在"新子学"倡议之初,在大陆就有同样的质疑,时至今日,似乎也还没有完全消除。

考镜源流,辨章学术,笔者认为要讨论"新子学"的新,还是得从"新子学"产生的基础论起,只有弄清楚"新子学"倡导的背景以及其所针对的现实对象,才能明白其新之所在。至于新的具体表现,乃是"新子学"的将来会呈现的形态问题,本文也略加揣测。而将"新子学"定位为学术讨论抑或是文化倡导,也与其本初倡导的基础密切相关。

一、崛起在大一统时代的"新子学"

从庄子的精深研究,到"诸子学的全面复兴"号召的提出,再到"新子学"的倡导,倡议者以自己的学术素养和宏大气魄引领了子学研究的时代之风,也显示了"新子学"发轫之初坚实的学术基础,而绝非心血来潮的口号呼喊。然根据子学发展的历史,诸子学之兴起和复兴均在乱世,何以在当下国家统一,经济发展,社会小康之时重提"诸子学的全面复兴",以"新子学"相号召呢?

《汉书·艺文志·诸子略》云:"诸子十家,其可观者九家而已。皆起于王道既微,诸侯力政,时君世主,好恶殊方,是以九家之术蜂出并作,各引一端,崇其所善,以此驰说,取合诸侯。"此明确指出诸子之兴起,与时代关系密切,乃在"王道既微,诸侯力政"之战国动荡之时。而据笔者观察,后世诸子学之复兴,亦均在社会板荡之时。

子学的繁荣昌盛有四个时期,一是先秦时代,二是魏晋时代,三是清中期,四是民国时期。此四期又可以分为两种情况,一是乱世的子学,二是治世的子学。乱世的子学包括先秦时代、魏晋时代和民国时期。治世的子学则是清中期。

先秦时期诸子的兴起,与战国时"王室衰微,礼崩乐坏"的社会现实密切相关。王国维在《殷周制度论》中提到殷周之际的变革,云:"欲观周之所以定天下,必自其制度始矣。周人制度之大异于商者:一曰立子立嫡之制。由是而生宗法及丧服之制,并由是而有封建子弟之制、君天下臣诸侯之制。二曰庙数之制。三曰同姓不婚之制。此数者,皆周之所以纲纪天下,其旨则在纳上下于道德,而合天子、诸侯、卿、大夫、士、庶民以成一道德之团体。"① 春秋时期,周人尚能守此道德,然至战国时期,天下"争于气力"(《韩非子·五蠹》),"贵诈力而贱仁义,先富有而后推让"(《史记·平准书》)。

---

① 傅杰校《王国维论学集》,中国社会科学出版社1997年版,第2页。

旧道德、旧秩序解体，社会急需建立新道德、新秩序，于是诸子各以其才，展开对社会的批判和拯救，百家兴起。刘向《战国策书录》云："周室自文武始兴，崇道德，隆礼义，……及春秋之后，众贤辅国者既没而礼义衰矣，……仲尼既没之后，田氏取齐，六卿分晋，道德大废，上下失序。至秦孝公，捐礼让而贵战争，弃仁义而用诈谲，苟以取强而已矣。……晚世益甚，万乘之国七，千乘之国五，敌侔争权，盖为战国，贪饕无耻，竞进无厌，国异政教，各自制断。上无天子，下无方伯，力功争强，胜者为右，兵革不休，诈伪并起。当此之时，虽有道德，不得施谋，有设之强，负阻而恃固，连与交质，重约结誓，以守其国，故孟子、孙卿儒术之士，弃捐于世，而游说权谋之徒，见贵于俗。"战国礼崩乐坏，诸子乃兴，此为学界所知之共识，在此就不再赘述了。

而东汉末年，社会亦动荡不安，朝廷有外戚宦官专权，民间有黄巾大起义，中央大一统集权的王朝逐渐土崩瓦解，维护其统治的天人神学也日渐崩溃，经学变得迷信和烦琐。政治的动荡，造成了人们思想的无序和混乱，社会急需新的思想来解决现实政治问题。因此，不少学者和政治家就从古代的思想武库中需求法宝，诸子百家开始复兴。汉末曹操崛起于北方，主要依靠的是法家思想。曹氏出身于非儒家的寒族，本就对儒家思想缺少尊崇。而曹操性洒脱，多权谋，治国治军均以法家为主，"揽申、商之法术，该韩、白之奇策，官方授材，各因其器"①。《文心雕龙·论说篇》云："魏之初霸，术兼名法。"建安二十五年（220），曹丕篡位，建立魏朝。为了巩固政权，拉拢人心，曹丕一改乃父曹操以法家权谋治国的策略，轻刑罚，薄赋税，禁复仇，禁淫祀，颇有道家旷达无为之气。傅玄指出："近者魏

---

① 《三国志》卷一《武帝纪》史臣陈寿评语。

武好法术，而天下贵刑名；魏文慕通远，而天下贱守节。"① 此实则是统治者在依据时代变化不断调整统治策略，尝试选取不同的思想资源来为己所用，亦足以证明此时思想界的无序。汉末至魏这一段时期，思想界在混乱中寻求治国的武器，先秦百家的学说成了现成的选择，诸家处于竞争互补之中，活跃者为法家、名家、儒家和道家。

清末民国时期，子学再次复兴，"从前作经学附属品的诸子学，到此时代，竟成专门学。一般普通学者，崇拜子书，也往往过于儒书，岂但是'附庸蔚为大国'，简直是'婢作夫人'了"②。此一方面和西学东渐，国内西方思想、哲学研究的繁盛有关。此时诸子学更加系统条理化，可以说，诸子的现代之路是在西学的刺激下被动地做出的反应。"在哲学史或思想史的叙事框架内，诸子学兴盛起来。可以毫不夸张地说，如果没有西方学术范畴及叙事框架，就不会呈现民国时期'诸子学'的辉煌成就。"③ 另一方面，诸子学的兴盛也与时代政局有关。晚清以来，朝政腐败，列强侵略，民不聊生，儒学破产，"促使爱国学人从先秦诸子那里寻求可资救世的思想资源，试图改变现状"④。

从先秦、魏晋、晚清、民国看，诸子学之兴起均产生在社会动荡不安之时。唯一的例外是清中叶子学整理的兴盛。明末清初以来，古学复兴，学者如杨慎、胡应麟、姚际恒等渐能跳出五经，博涉兼采诸家学说，这其中就包括诸子学，然他们"只是将子学研究作为经学

---

① 《晋书》卷四七《傅玄传》载玄上书。
② 胡适《中国古代哲学史》，安徽教育出版社1999年版，第8、9页。
③ 宋洪兵《国学与近代诸子学的兴起——民国诸子学的价值（代序）》，广西师范大学出版社2010年版。
④ 同上。

研究的附庸进行对待的"①,"子学并不是明末清初之际学术发展的主流,更多地是儒学的附庸"②。此风至清中叶渐成张大之势,古代的诸子著作均被整理。如果说此时子学兴盛发达,其更多的只是子书的整理和校勘的成绩突出,其实子学依然是他种学术如考据学的附庸,"可以说,清儒对先秦子书的全面整理和校勘是缘于求证经、史的需要"③。诸子学之核心——思想——并未复兴。

从子学发展的历程看,当社会动荡,主流思想瓦解崩溃,需要新的思想资源时,先秦诸子往往是可以借鉴挖掘的重要资源库,而且是现成而又有效的,故此时子学兴盛,诸如魏晋、民国均是如此。一旦社会稳固,就会形成日益统一的思想,百家争鸣式的子学往往没落。而清中叶子学的兴盛仅仅是文献整理的繁盛,并不是子学思想的繁盛,我们可以说此时从学术的角度看,子学复兴,但从文化思想的角度看,子学依然是沉寂的。

以史为鉴,今天倡导"新子学",适逢四海一统,社会安定,那么提倡的背景根基是什么?是否突破了历史规律?

笔者在此想指出的是,子学的繁荣昌盛的根本原因是其现实针对性。先秦、魏晋、民国子学发达,皆根源于此。虽然此三个时代均非治世,但并不能由此得出乱世子学就兴盛的结论。子学兴盛其实是旧传统、旧思想的破灭,思想家奋其智能,为建立一新的思想、新的秩序努力的结果。先秦时代,"上古竞于道德,中世逐于智慧,当今争于气力",是西周初年的道德解体,导致诸子百家的兴起;东汉末年则是天人神学的崩溃,儒学的衰退给了百家复兴的空间;民国则是封

---

① 刘仲华《清代诸子学研究》,中国人民大学出版社2004年版,第95页。
② 同上,第98页。
③ 同上,第144页。

建旧传统的垮台，西学的进入，激活了诸子学。准确地说，并不是乱世出诸子学，而是文化出现裂痕甚至断裂时，才有诸子学生存的空间。百家之所以争鸣，首先得有文化"缝隙"。而文化的断裂又往往出现在乱世，尤其是王朝更替之时，故而给人以诸子学是乱世之学的印象。这也就能解释清中叶的诸子学繁盛为什么不能是思想复兴了，因为那时思想界没有松动的迹象，无需诸子思想来为其提供借鉴。

如此来反观"新子学"，其崛起的基础是什么，其现实针对性何在？笔者认为，当下处在一个全新的时代和环境，遇到了历史上从来没有遭遇过的情形。"新子学"崛起的现实基础是对西学流弊的清醒认识，是对西学渗透日深的焦虑的产物。

一百多年来，学界对西学经历了恐惧、欢呼、吸收、反思的历程。仅就诸子学而言，胡适《中国哲学史大纲》的命运最有参考价值。1918年胡适依傍西学系统写成《中国哲学史大纲》，树立了哲学史写作的"典范"。"《中国哲学史大纲》所提供的并不是个别的观点，而是一整套关于国故整理的信仰、价值和技术系统。换句话说，便是一个全新的'典范'。"① 一夜之间，洛阳纸贵。然1920年代后期，对此书质疑批评之声不断。当年蔡元培序言认为："我们要变成系统，古人的著作没有可依傍的，不能不依傍西洋人的哲学史。"② 此时却成为《中国哲学史大纲》的最大缺憾："以现代自觉的统系比附古代断片的思想，此乃近今治中国思想史者之通病。……以统系化之方法治古代思想，适足以愈治而愈棼耳。"③ 以致胡适写作《中国

---

① 余英时《中国哲学史大纲与史学革命》，收《重寻胡适历程》，上海三联书店2012年版，第230页。
② 《中国哲学史大纲》蔡元培序，收姜义华《胡适学术文集·中国哲学史》，中华书局1991年版，第1页。
③ 张荫麟《评冯友兰〈儒家对于婚丧祭礼之理论〉》，《大公报·文学副刊》1929年7月9日。

中古思想史》"长编"时，亦觉使用哲学史不妥，改而用思想史称之①。这也注定了民国诸子学在文献整理、体系系统化方面成绩斐然，但在思想创新无所建树，其学术层面的成就远大于文化层面。

时至今日，西学在中华大地的流弊日益凸显，甚至于思想界处于"失语"的状态，如果我们离开了西方哲学和思想的名词术语、话语体系，似乎就无法言说我们祖先的思想了。然而清醒的学者都知道，那只是削足适履，用西方的价值和标准来规范我们的古人罢了。具有中国特色和中国气派的思想在哪里呢？我们如何用自己的话语体系和术语来表达我们自己的见解呢？

故而笔者认为，对西学的反思和批判，以古代诸子经典为参照系，重建中华特色的话语体系，这是"新子学"得以倡导的最重要原因。"新子学"提出的时代背景，针对的就是西学的泛滥。

故而"新子学"自其诞生之初，即承担着文化再兴的使命，它是在学界日益反思批判西学弊病，中华话语体系未能完成建立的当口而出现的新事物。不言而喻，"新子学"不仅仅是一种学术理念，更重要的它是一种文化号召。即以传统子学为资源，为当下的文化难题提供借鉴，以建立具有中华话语特色、符合中华思维习惯的思想体系。

另，或有以为"新子学"另为针对儒家。平心而论，今天这个时代，传统儒学早已没落，新儒学也日渐式微，处在社会边缘苦苦挣扎，"新子学"大可发挥"费尔泼赖"精神，没有必要对其进行碾压。且从学术渊源来看，儒学和子学本是同根而生，儒学也是倡导"新子学"的思想来源之一。从这种意义上说，儒学是"新子学"的同路人，而当下"新儒家"发展的取经和历程可以给"新子学"颇多的借鉴。

---

① 此节参桑兵《晚清民国的学人与学术》第七章《横看成岭侧成峰：学术视差与胡适的学术地位》，中华书局2008年版。

二、聚合还是裂变:"新子学"的形态

"新子学"将来以何种形态呈现出来,不同的学人可能有不同的理解和看法。笔者在此仅仅根据诸子学派的历史形态,略作讨论。

笔者觉得,根据历史经验,"新子学"呈现的形态不外乎两种,一种是百家学派之新,即新百家,如新儒家、新墨家、新法家等;一种是融百家思想为一,形成一种全新的子家。

在子学历史发展中,屡有百家争鸣,再铸伟辞,诸家如凤凰涅槃,学派焕然一新,后世学者重写学术史时,多喜以"新"字标目,如历史上就曾出现过新道家、新儒家、新法家之称。熊铁基在《秦汉新道家略论稿》中认为:"我们认为秦汉之际的道家,应该被称为'新道家',《吕氏春秋》和《淮南子》这两部书是'新道家'的代表作。"① 熊氏认为它们首先应该属于道家,因为它们的指导思想和中心思想,是"自然无为而无不为"的道,具有道家的基本特色。而之所以冠以"新"字,是因为"这种'道家'和老、庄那样的'道家',既有密切的联系,又有很大的区别,所以我们称之曰'新道家'。"② 相较于老、庄道家,"新道家"新在以下三个方面,一是由批判儒墨变成了"兼儒墨,合名法";二是由逃世变成了入世;三是发展了老子天道自然无为的思想,把它创造性地运用到人生和政治上去了,这点是最主要的③。按照熊氏的逻辑,似乎凡是发展了旧学派、旧思想的,都可以冠以"新"字。为该书写序的萧萐父就认为:

---

① 熊铁基《秦汉新道家略论稿》,上海人民出版社1984年版,第3页。
② 熊铁基《秦汉新道家略论稿》,第3页。
③ 同上,第6、7页。

"秦汉之际，法家思想是否也有新发展？是否形成了新的法家？回答应该是肯定的。"① "至于秦汉之际的新儒家，虽然政治上长期被黜，而在理论上却不断地得以发展。"② 汉文景之时，"思想领域则比较活跃，道、法、儒并存而互黜中，各自营造学术体系，思想上互相吸取，原则上各有重心，事实上形成了三种具有新的时代特征的主要思潮，即新道家、新法家和新儒家。"③

而在民国时，则出现过"新法家"的倡导。如常燕生以为："中国的起死回生之道，就是法家思想的复兴，就是一个新法家思想的出现。"④ 陈启天则倡导法家思想的复兴，将法家思想中适用的部分和近代的民主、法治等世界思想参合，形成新法家：

> 法家既因有点合于近代中国的时势，而有复兴的倾向，那么又是如何的复兴呢？这个问题可从两方面略加说明。先从思想方面说，就是旧有法家思想的重新估价，与近于中国法家思想的外国学说之输入。再就实际方面说，如英法联军至甲午战役年间的自强运动，……民国以后若断若续的学生爱国运动或救国运动，多稍许含有法家思想的倾向。……最后我们还须补说几句的：便是近代法家复兴的倾向，并不是要将旧法家的理论和方法完完全全再行适用于现代的中国，而是要将旧法家思想中之可以适用于现代中国的成分，酌量参合近代世界关于民主、法治、军国、国家、经济统制等类

---

① 萧萐父《秦汉之际学术思潮简论（代序）》，《秦汉新道家略论稿》，第10页。
② 同上，第11页。
③ 同上，第14页。
④ 常燕生《法家思想的复兴与中国的起死回生之道》，1935年《生物史观研究》。

思想,并审合中国的内外情势,以构成一种新法家的理论。这种新法家的理论成功之日,便是中国得救之时。有志救国的人们,努力建立新法家的理论,并且努力实行新法家的理论吧!①

可见,因思想的发展,而在学派前加"新"字以区别于旧有的思想,由来已久,在诸子学研究领域也较为习见。"新子学"以"新"为倡导,以区别于旧子学,亦属新时代思想、学术的新发展,无可非议。然此子学之发展,是指子学的全面之新发展,还是指某一学派之新发展,似还可以讨论。如果"新子学"仅是指某一学派的创新发展,则各学派前均可以加"新"字,一如秦汉之新道家、新儒家、新法家,而各家之蓬勃发展,即是"新子学"之新气象。此或为"新子学"发展途径之一种。

陈启天的思路是旧法家中也有好的、合用的成分,如能吸取和当下的时代思想结合,就能产生新的法家思想。如果顺此思路继续演推,则百家思想均有在当下看来合理的适用的成分。如民国时陈柱尊呼吁:"吾以为今日欲复兴中国,莫急于复兴儒家之立诚主义,道家之知足主义,法家之法治主义,墨家之节用主义。此四者为中国民族今日之最缺乏者。唯其缺乏此四者,故外患日深,内乱不息。长此不已,不独有亡国之虞,且将有灭种之患。故提倡复兴此四者,实为今日对症发药最急最要之国。"② 1936 年,张岱年在《中国哲学中之活的与死的》中认为:"中国旧哲学虽是过去时代的,其内容则非完全过去。中国旧哲学中,有一些倾向,在现在看来,仍是可贵的、适当

---

① 陈启天《法家的复兴》,见《中国法家概论》第六章,中华书局 1936 年版。
② 陈柱尊《中国复兴与诸子学说》,《复兴月刊》第一卷第十期。

的。这可以说是中国哲学中之活的。"具体说，提倡人我和谐之道的人生理想论等六点是"活的"，是"旧哲学中历久常新的"。先秦哲学最主要学派是儒家、墨家、道家，"儒家不主出世，而又主张不沉溺于俗务，企图在现实生活中表现理想；不主独善以遗世，亦不讲极端刻苦舍己为人，而以内得于己外得于人为至极。这些，是儒家的优长"；"墨家的兼爱牺牲为群忘己的精神，实为现在中国所需要"；"道家在宇宙论颇有贡献"。文章还指出：

> 究竟真理之获得，是累积的努力之结果；因而过去的学说内容中，亦必有非完全过去的成分存在。然而，假如旧学说中有一些观念，在后来能复活之时，也必须有所变易，只能是表面上复返于初，不会是真实的复返于初。

张岱年所论颇为辩证，然而问题是儒、道、法、墨等诸家学派之复兴，是复兴为新儒家、新道家、新法家、新墨家，还是融四家为一，即融合"儒家之立诚主义，道家之知足主义，法家之法治主义，墨家之节用主义"，形成一全新的子家呢？却无人给出答案。而后者，抑或为"新子学"发展的另一种途径——熔铸百家，综合诸家思想为一。

取百家之所长，融为一体，形成一种全新的子家。从理论和历史看，这种情况是完全存在的。如西汉初年，"因阴阳之大顺，采儒墨之善，撮名法之要"，从而形成了一种新的思想，这种思想，当时人司马谈称为道家（即上引熊铁基所谓的"新道家"）。东汉以来称之为杂家的诸子学派也是"兼儒、墨，合名、法"。虽然后世对此道家和杂家多有争议，但可以肯定，诸家确实可以总而为一。如以一家为基质而兼融百家，则往往可以形成诸如新道家、新儒家之类的学派。如兼涉百家，并无轩轾之分，则可能形成杂家。

今人提倡子学，多以为子学诸家思想中有部分思想在今天仍有借鉴意义，具有时代价值，可以为当下所用，此诚然不错。然撷出诸家精华，是继续在该学派内部的逻辑理路和思想体系中发展，一如上文所论之"新道家"——从本质上讲，其还是属于九流之一家？还是融合百家思想为一，即如杂家之"兼儒、墨，合名、法"，形成新的杂家，或者形成全新的子家？

"新子学"的发展，目前形态未定，其究竟是独立于九家之外的一种全新的子学思想或流派，还是融百家思想为一，抑或以一种思想为基质，吸收其他诸家思想，其尚如腹中的胎儿，将来会长成什么模样，还很难判定。

当年胡适因研究墨学，而间接和章太炎发生了争议。章太炎致信章士钊，指责胡适"未知说诸子之法与说经异"，而胡适则回应以为"经与子同为古书，治之之法只有一途，即是用校勘学与训诂学的方法，以求本子的订正与古意的考定"。现在看来，胡适确实模糊了诸子学与其他学问的区别。诸子之学，自有其独特的研究范畴和研究方法，"真治诸子学者，视治经史为尤难"[①]。今天，如能挖掘子学之思想，建立起中华特色的诸子学体系，此自当是"新子学"题中之义。然由此继续前行，将诸子百家思想继续发扬光大，倡导者实现从诸子学史研究专家向思想家、新子家的跨越，甚至建立中华特色的思想学术话语体系则是"新子学"更大的愿景。

（原载于《诸子学刊》第十六辑。作者单位：黄冈师范学院文学院）

[①] 汤志钧《章太炎年谱长编》，中华书局1979年版，第661页。

"新子学":汉学主义的替代者?

[德国] 维亚切斯拉夫·维托夫① 刘思禾等 译

引 言

众所周知,认同研究总是和划定边界相关。在西方汉学研究以及中国知识分子关于文化认同的争论中,存在着诸多需要一次又一次借助其他文化中相应领域来标识的研究领域,诸如中国哲学、中国文学、中国历史等等。这种划定边界的做法,不仅仅局限于所谓的文化相对主义者。普遍主义者对文化相对主义持批评态度,且提倡世界各种文化现象之间具有平等性原则。他们在反对文化相对主义的看法时,同样会将他们的看法建立在关键的边界划分——他们的学术认同——之上。

本文捍卫如下观念:对于任何认同建构的讨论,任何划定边界的

---

① 维亚切斯拉夫·维托夫(Viatcheslav Vetrov),海德堡大学汉学系。译者按:本文原题:China's New School of Thought-Masters (XinZixue): An Alternative to Sinologism? 发表于:*Asiatische Studien - Études Asiatiques*, De Gruyter Verlag. Band 70, Heft 3 (2016), Erschienen im Januar, 2017, S. 731-755。本文由方达、李明、王宁宁、张耀、丁文豹翻译,刘思禾校订。译文经过作者审定。

行为，以及对这种划界行为的批评，都可以视作为一种政治表态。因此，每当这些研究展现出对政治立场的明确否认，或者并未反映出已经介入政治，问题就会经常出现①。本文以中国的萨义德《东方主义》研究以及当前中国的国家认同之争为要点展开讨论。不过，这一问题并不仅仅局限于中国知识分子，如下两个例证便可以说明。

在梅约翰教授的《失去的灵魂：当代中国学术话语中的"儒学"》一书中，作者注意到20世纪晚期以来兴起的在其撰写该书时仍旧处于高峰的"儒学热"，由此探讨了这种现象在当代中国知识分子认同建构中的作用。一个主要的观点是，这种现象只属于一种文化民族主义的框架，而非政治民族主义。儒学研究的兴起据称并非国家②策动，这些被称为文化民族主义的研究，致力于人民的道德新生，远离政治民族主义③，而保持着纯粹的学术关怀。"然而，最重要的是，将儒学作为主干的文化民族主义是一种运动，旨在强化儒家

---

① 本文并不追求这样的观点，即任何关于中国的学术研究都必然是一种政治声明。不过，只要政治反映了东西方之间的相互印象，对待文化差异的态度——不管是消极的，此为普遍主义者的特点，还是积极的，对全球范围内的东方知识生产而言依然是重要的观念背景。故而，本文的主要目的并不是指责汉学家参与到政治中去，而是批判性地展示普遍存在的一种现象，即思考国家认同之时把政治视为麻烦的问题。

② 梅约翰《失去的灵魂：当代中国学术话语中的"儒学"》，哈佛大学出版社2008年版，第7页。

③ 同上，第14页。关于儒学热的相反观点，参见沃纳·迈斯纳《从十九世纪至今中国对文化和民族认同的寻找》，《中国观察》2006年第68期；李明辉《当代中国的儒学热》，拉尔夫·莫里茨、李明辉编辑《儒学：开端—发展—前景》，莱比锡大学出版社1998年版。

文化作为建构中国之独特性与价值性的信仰。"① 这种对文化与国家之间不言自明的区分，以及在学术中排除政治的看法，看起来颇有问题。在这种排除下，梅约翰书名中的"学术话语"一词依福柯的语义就不能得到解释：声称学术不受权力关系的影响，实际上也反映了——虽然看上去不尽合理——权力的某种意味。

戴卡琳的《傅斯年眼中的哲学、诸子及中国哲学》也许是另外一个例证。文章探讨了作为五四运动的核心人物之一的傅斯年，并不愿意将西方哲学的概念运用在中国传统思想之上。戴卡琳指出傅斯年身上的一种矛盾，一方面努力追求客观性，另一方面在处理西方概念与中国传统思想时评价性、情感化的态度。作者发现，傅斯年的叙述中往往伴随着某种评价，而这种评价很可能来自于当时国家的危急形势②。傅斯年在学术方法上的不一致，被以如下方式解释："来自山东的傅斯年，对日本的威胁具有强烈的危机感。在他进行著述时，这种危机感愈发地紧迫。正如许多学者所指出的，在这种情形下，很难将学术研究与政治关怀以及民族主义情感相分离。"③ 这篇文章认为，在探讨国家认同问题时原则上可以将学术研究与政治关怀相分离。戴卡琳既没有提供任何论证来支撑她的观点，也没有关注到这一事实：

---

① 梅约翰《失去的灵魂：当代中国学术话语中的"儒学"》，第338页。梅约翰将自己关于文化和政治民族主义和约翰·哈钦森的观点相区别。值得一提的是，在《文化民族主义的嬗变：盖尔语复兴和爱尔兰民族国家的创建》（伦敦艾伦—昂温出版社1987年版）中，哈欠森认为这两种民族主义是包含在政治中的。关于爱尔兰民族主义的问题，他对爱尔兰知识分子的政治参与进行了大量讨论，其中包括可以"宣称战胜英国的独立战争的胜利"等。

② 戴卡琳《傅斯年眼中的哲学、诸子及中国哲学》，梅约翰编辑《爱智者：中国哲学作为一门学科在二十世纪中国的兴起》，香港中文大学出版社2012年版，第278页。

③ 同上，第298页。

她自己文章的研究主题——即将哲学概念运用在中国传统思想上的适用性——绝不是非政治性的问题。自从清朝覆灭后，这一主题已经成为中西知识分子业已卷入的话语体系的一部分，且受到对如下问题如何认知的支配，即平等/不平等的全球权力体系以及知识与权力之间关联的本质。

众所周知，学术研究与政治关怀之间的关系，也是萨义德《东方主义》这一后殖民主义经典的主题。萨义德解构了作为西方学术殖民手段的他者——东方知识体系。他表明其研究目的在于警惕"学者与国家过于密切的关系"①。换句话说，他呼吁知识分子与一种异化他者以作为殖民手段的政治保持距离。萨义德并未对下述问题给出明确回答，人文科学是否可能完全放弃政治关怀。虽然他表现出了放弃政治关怀的倾向，而这应视作为一种理想主义的态度。不过，他仍旧以一种有说服力的方式显示出，对于任何涉及到跨文化认同与跨文化知识生产的学者来说，批判性地反思他/她自身与政治的可能关系，以及注意到文化无意识的危险性，有多么必要。

自90年代初期以来，在中国知识分子全球化语境中讨论自身文化认同时，萨义德的《东方主义》保持着重要的指向作用。然而非常吊诡的是，许多研究非常依赖萨义德的理论，并将他者视作政治对象来看待，同时又非常严厉地批判萨义德。这些批评者的一个典型特征是，他们反对西方学者在各种中国认知上的曲解，同时又尝试使自己处于中立的立场，以此来克服政治，使之不在场。这种尝试或是暗示性的（如王铭铭的《西方作为他者：论中国"西方学"的谱系与意义》），或是明确的（如顾明栋对汉学主义的各种批判性研究）。本文意图对这些做法的合理性提出质疑，并通过讨论当下中国学术界

----

① 爱德华·萨义德《东方学》，伦敦企鹅图书出版社1978年版，第326页。

最重要的学术运动之一"新子学"得出结论。如果说顾明栋强调学者拒斥政治关怀的必要性，并以他的汉学主义论著取代东方主义和后殖民主义研究，那么本文的问题便是，当"新子学"的支持者更倾向于认为拒绝政治是不可能的事，那么"新子学"是否可以被看作是取代汉学主义的新选择。

一、从东方主义到西方主义

关于萨义德的早期研究见于1993年第9期《读书》杂志上刊发的圆桌会议讨论记录，该记录反映了萨义德东方主义在中国被积极地接受。六年之后，《东方主义》被翻译为中文①。经过《读书》的这次讨论，张宽的"欧美人眼中的'非我族类'"受到中国学者的特别关注。根据张宽对东方主义的批评②，萨义德著作最严重的缺点是没有反映中国的情况。很早之前，西方知识分子对中国的关注充满了意识形态：中国在欧洲启蒙运动时期的理想形象被一种贬损的形象所替代——清末的中国是沉睡的怪物，没有革新能力③等。在张宽的观点中，20世纪的中国知识分子同样以重要的方式去建构东方主义，直到他们自我东方主义化而导向西方的标准。在西方人的影响下，他们开始觉察到自己是排外的、自私的、没有逻辑的和不卫生的④。

---

① 这一著作于1999年被香港的王宇根第一次翻译为《东方学》（香港三联书店）。与此同时，在台湾被王志弘等翻译为《东方主义》（台北立绪文化公司）。

② 张宽《欧美人眼中的"非我族类"》，《读书》1993年第9期，第5页。

③ 同上，第6页。

④ 同上，第7页。

值得注意的是，在对萨义德东方主义进行的早期研究中，伴随着一种被张宽称之为西方主义的反话语讨论。张宽使用的这一术语，意味着一种错误的、歪曲的西方形象，这种形象由中国知识分子对西方的浮躁、盲目以及非理性的态度所激发出来，出现于20世纪早期。西方主义以多种形式表现出来，从对西方标准的自我认同，到对西方的整体排斥。作为一种话语，西方主义被视为东方主义的翻版。如果不批判性地对待，这二者都视为危险的。张宽的文章最后呼吁中国知识分子，警惕东方与西方的相互表现造就的政治化①。

在张宽一文发表两年后，陈小眉的《西方主义：后毛泽东时代中国的反话语理论》一书讨论了中国对西方所做的政治工具化的表达。作者区分了官方西方主义以及一种非官方的西方主义。官方的西方主义主要是第三世界理论，这是党用来指导中国人民的毛泽东思想的一部分。而非官方的西方主义据称与当前的意识形态保持距离。非官方的西方主义以西方文明为背景，通过对一系列传统中国身份象征（例如在《河殇》中的长城、黄河）所做的激烈批判性的展示，成为了一种表达政治反对并挑战官方的方式。陈小眉把后毛泽东时代的西方主义与五四运动相提并论，并强调后者的矛盾性：

---

① 两年后，他又写了一篇关于东方主义的评论文章试图解放西方话语霸权殖民的中国学术（西方权势话语，殖民话语）（张宽《萨伊德的"东方主义"与西方的汉学研究》，《瞭望新闻周刊》1995年第27期，第37页）。关于早期张宽对萨义德的态度的详细讨论，参见张隆溪《强力的对峙：从二分法到差异性的中国比较研究》，斯坦福大学出版社1998年版，第190-193页。在过去的几年里，张宽的思想和理论被摒弃，被认为是"令人难以置信的傲慢和自以为是的自以为是"（《强力的对峙：从二分法到差异性的中国比较研究》，第19页）。张隆溪的专著值得关注，这也反映了萨义德对中国知识分子的第一波影响，并在政治上解释了"民族主义的情绪"（张隆溪《强力的对峙：从二分法到差异性的中国比较研究》，第190页）。中国对东方主义的民族主义批评的这种批判态度，由陶东风（2010）随后进行了论述。

> 当西方作为……一种强有力的反儒家文化传统的论说，西方主义话语可以视作是政治解放。而另一方面，有鉴于五四时期特殊的历史境况，即以反帝国主义为其优先考量，对西方的诉求又自相矛盾地显示出另一面：西方的父亲来征服和殖民"第三世界"的妇女……①

陈小眉把中国女性从儒家传统桎梏中的解放，视作"男性统治女性"话语的典范，在这里真正女性的声音根本不在场。她在著作的最后一章主要讨论了性别问题，以说明现代中国存在的西方主义之持续性与复杂性②。

从对五四时代到20世纪末的西方主义的考察可以发现一种矛盾的情况，尤其从陈小眉的书中可以看到，作者不断参考着福柯理论的同时，还讨论着与权力关系扭结在一起的西方主义话语③。由于后殖民时代的权力关系与20世纪早期的权力关系截然不同，因此谈论两种在知识与权力关系上相应不同的话语会更有意义：如果五四时期中国在奋发自强，而西化在很大程度上伴随着西方之为实际或潜在威胁的形象，那么后殖民时代的话语中，西方似乎是理论的提供者，西方过去的学术霸权得以揭露，而另一方——在认识上去殖民化——成为了被公平而民主对待的主体。

另一本最近出版的关于西方主义的著作，王铭铭的《西方作为他者——论中国"西方学"的谱系与意义》，也许可以作为话语多样

---

① 陈小眉《西方主义：后毛泽东时代中国的反话语理论》，牛津大学出版社1995年版，第25页。
② 同上。
③ 同上。

性的说明——在诸多话语中陈小眉观察到连续性。此书从对萨义德的批评入手：

> 作为后殖民研究的权威著作，萨义德的东方主义讽刺地将现代西方思想同样纳入到了批评的范围。当萨义德批判了现代西方知识的权利扩张，他的主张却自相矛盾地让我们接受了把西方当作唯一富有想象力和洞察力的主题。①

王铭铭将中国对西方的想象谱系从周朝一直追溯到五四时代，最后看到的是与作为西方的印度和昆仑山传统相分离。而最新创造出来的现代西方形象是欧美，这个西方作为真理的新源泉，德先生与赛先生的允诺之地。与陈小眉相似，王铭铭注意到了这个新完美形象的自相矛盾之处：

> 然而，西方现在也成了帝国主义的源头。因此，从西方这里获取经典并不意味着能够把东方带入到"西方的世界"中去。与此相反，只有当这些方法使中国成为一个孤立的、脱离世界帝国主义体系的孤立国家时，他们才被视为适用和有价值的。唯有如此，这些经典才能真正发挥作用。②

令人震惊的是，王铭铭后殖民研究的系谱方法很大程度上受益于福柯与萨义德，但对二人只有很少的评价，也很少讨论到他写作时的权力关系或者话语。作为后殖民理论源头的决定性的西方想象，却不是王

---

① 王铭铭《西方作为他者——论中国"西方学"的谱系与意义》，香港中文大学出版社 2014 年版，第 9 页。
② 同上，第 238 页。

铭铭谱系的组成部分，而对萨义德的直接批评是他在这个议题上发表的少之又少的言论。他没有提到，关于想象的比较对中西方来说绝不是新课题。举例来说，这个主题是鲁迅在《中国小说史略》（1925）中最感兴趣的话题。王铭铭和鲁迅一样，拿相同的文献（诸如《穆天子传》《山海经》）来与古希腊的材料相比较。王铭铭的研究呈现出与鲁迅截然相反的判断，这一现象显示出话语的差异性：当鲁迅通过与古希腊相比较而抱怨流传下来的中国神话太少，并由此联系到中国想象的不发达①，而王铭铭却观察到，中国的想象与古希腊文本比较而言，"在'中国文明'中，人们对自我与他者之间的关系有着更成熟的认识。"② 王铭铭忽略了与其历史同路的鲁迅，可以解释为缺乏对政治的自我意识，或者试图要去超越政治。无论是哪种情况，政治对于王铭铭的研究而言仍旧是一个大问题——即使隐藏得很好——这一点反映在他对中西文化所作的定性，以及对萨义德理论的批判之上③。

对萨义德理论批判的政治意蕴是陶东风《警惕中国文学研究中的民族主义倾向》一文的主题。在陶东风看来，张宽以及其他人仅仅把萨义德的理论当作武器④，他们的真正目的不是纠正萨义德或其他后殖民主义理论家，而是要否定五四运动。对此，陶东风以当前中

---

① 鲁迅《中国小说史略》，见于《鲁迅全集》第九卷，人民文学出版社1982年版，第21—22页。

② 王铭铭《西方作为他者——论中国"西方学"的谱系与意义》，第111页。

③ 关于王铭铭的书更详细的讨论参见维亚切斯拉夫·维托夫《读王铭铭〈西方作为他者——论中国"西方学"的谱系与意义〉》，《华裔学志》2014年第62期。

④ 陶东风《警惕中国文学研究中的民族主义倾向》，《探索与争鸣》2010年第1期，第46页。

国的文化危机来说明，危机不是由古代传统的断裂造成的，而是由鲁迅传统的断裂造成的①。通过这些观点，他强调鲁迅的人文主义启蒙精神，鲁迅试图纠正自身文化中的缺失，以减缓东西方的冲突。这一点在萨义德身上也可以看到，作为西方的学者的萨义德也试图纠正西方对东方知识生产的深层缺陷。具有讽刺意味的是，中国的西方主义者们都疏离萨义德的著作，他们没有减少东西方之间的冲突，反而很大程度上强化了这种冲突。掀起这些论辩的高潮是被称作汉学主义者的批评者，相关学者需要单独讨论。

二、汉学主义：永别了，政治

与东方主义的情况类似，汉学主义的概念源自西方，其最初目的是对西方话语主导下的西方有关中国的知识生产作批判性的再评估。汉学主义批评最初的倡导者鲍伯·霍奇和雷金庆，明确地指出福柯和萨义德是他们的著作《中国语言文化的政治学：读龙的艺术》（1998）的理论基石。例如，在福柯的意义上使用话语这个概念，其作如下阐释：

> 在福柯的意义中，话语是对公共生活中其他领域的社会控制机制的一部分。在这个意义上，西方的汉学研究就是一个话语霸权的经典案例，它的作用是控制谁有权威言说中国，什么能够被阐释和什么能够被构造。在这套话语结构之下，中国是永远无法尽知的，永远无法言表的。事实上，运

---

① 陶东风《警惕中国文学研究中的民族主义倾向》，《探索与争鸣》2010年第1期，第48页。

用福柯的观点去观察西方为自身建构中国的过程也是很有启发意义的。①

鲍伯·霍奇和雷金庆将对汉学主义生产起积极作用的人限定在西方学者。这样，在西方汉学规范的观照之下，中国仅仅被看作是西方拥有绝对霸权的知识建构领域中的一个对象。由于鲜明的福柯和萨义德的理论背景，这本书被广泛视作政治批判性著作。可惜的是，这本书对汉学主义只是作了相对简短的介绍，而没有系统地分析评论。在许多未解的重大问题上，中国知识分子也是汉学生产和东西方之间相应合作机制的参与者。不过，这本书获得了学术界的广泛关注，也激发了中国知识分子对于汉学研究中政治问题的热烈讨论。

最早专注于汉学主义研究的是周宁的论文《汉学或"汉学主义"》（2004），他的目的在于提醒学术界提防这些危险：无意识中的汉学主义②、学术殖民主义③、知识与权力的合谋④。周宁跟随鲍伯·霍奇和雷金庆，以至于他认为自己的研究也是政治批判。然而，最主要的区别在于，他认为不仅仅是西方学者应该为汉学建构负责，中国知识分子据称同样牵涉其中，他们是他首要的警告对象：

> 西方用中国文明作为"他者形象"完成自身的文化认同，中国却从这个"他者形象"中认同自身，汉学叙事既为中国的现代化展示了某种光辉灿烂的前景，又为中国的现

---

① 鲍勃·霍吉、雷金庆《中国语言文化的政治学：读龙的艺术》，伦敦劳特利奇出版社1998年版，第12页。
② 周宁《汉学或"汉学主义"》，《厦门大学学报》2004年第1期，第5页。
③ 同上，第1页。
④ 同上，第8页。

代化运动挖下致命的文化陷阱。西方的文化霸权通过学术话语方式达成。①

周宁论文的三个观点事实上影响了中国后来的汉学主义讨论：一、在中国自我认同过程中运用源自于西方的图像、理论和规范时的文化不自觉性。二、汉学主义研究中的客观性问题，据此意见汉学只是看起来是生产客观的知识。在有关中国的知识生产的问题上，每个学者都应该对他/她自己的学科进行反省。三、确信知识与权力是密不可分、相互联系的，学术界有必要意识到自身与政治的纠缠。

所有的这些论点，后来都在汉学主义论争的杰出人物之一顾明栋的著作中得到详细阐释。毫不夸张地说，很大程度上因为他大量的中英文汉学主义论文和近著《汉学主义：东方主义与后殖民主义的替代理论》（2013）②，这个论题才在中国学者那里获得显著而持续的关注度。尽管顾明栋明显地受到了周宁的影响，但是在客观性问题和权力与知识关系问题上，顾明栋展现出明显不同的态度。

顾明栋认为，汉学主义是"一种在西方中心主义、认识论、方法论和西方视角指导下的关于中国知识生产的理论，并因中国人和非西方人的参与而异常错综复杂的理论"③。在中西汉学研究中认知中

---

① 周宁《汉学或"汉学主义"》，《厦门大学学报》2004 年第 1 期，第 12 页。

② 一年前陈伟文写的一篇相当短的英文专论——《汉学中的东方主义》（贝塞斯达：学术出版社 2012 年版）是对顾明栋的汉学主义批评起重要鼓舞作用的论述。陈伟文没有使用"汉学主义"的名称，但是他的批评文章的目的明显和汉学主义相同，那就是把由西方和中国的汉学家们创造的西方概念和理论从中国的相关研究中剔除出去。

③ 顾明栋《汉学主义：东方主义与后殖民主义的替代理论》，伦敦劳特利奇出版社 2013 年版，第 6 页。

国的殖民化是他评论的主旋律。虽然他指出在中国的汉学主义话语中欧洲中心论倾向很突出，他也谈到汉学主义研究中有明显的中国中心论倾向，如柯文的《在中国发现历史：中国中心观在美国的兴起》①和石约翰《中国革命的历史透视》② 这些著作都试图挑战西方中心主义的史学研究成见，而坚持一种独立自主的中国历史研究。这两部作品都是当代的汉学研究著作。顾明栋所批判的早期汉学主义研究都是莱布尼茨、沃尔夫、黑格尔、韦伯等等讨论中国的著作，他们看待中国的视角都是不切实际和批判性的，带有认知上的主观性。

正如顾明栋汉学主义著作的标题所表明的，他的评论不仅揭露了汉学主义是萨义德意义上东方主义的变种，而且汉学主义首先是一个替代或批判福柯和萨义德的理论，在这一点上他明显不同于以前的学者。他如此解释这种替代的必要性："我的新观点是，东方主义和后殖民主义都不能解决纯粹的学术问题，因为它们都强调的是政治批判。准确地说，它们都无法产生公正的学术。"③ 使自己与后殖民主义研究经典保持距离是他文章的主要议题，例如在论文《后殖民主义的缺憾与汉学主义的替代理论》④ 中，他强调他的汉学主义批评是要将汉学从政治和意识形态中解放出来，从而促进客观且公正的知识生产。又如《"汉学主义"理论与实践问题再辨析——走向自觉反思、尽可能客观公正的知识生产》⑤ 一文表明，他的评论应当被理解

---

① 柯文《在中国发现历史：中国中心观在美国的兴起》，哥伦比亚大学出版社1984年版。

② 石约翰《中国革命的历史透视》，纽约格林伍德出版社1991年版。

③ 顾明栋《汉学主义：东方主义与后殖民主义的替代理论》，第25页。

④ 顾明栋《后殖民理论的缺憾与汉学主义的替代理论》，《浙江大学学报》2015年第1期。

⑤ 顾明栋《"汉学主义"理论与实践问题再辨析——走向自觉反思、尽可能客观公正的知识生产》，《厦门大学学报》2015年第4期。

为反思的理论而不是政治批评。

在顾明栋看来，学术客观性要通过拒绝政治和意识形态来实现，且首要关注的是全球化语境下的中国文化认同研究。人们可能期待顾明栋的著作提供一些追求学术客观性的论证，或者至少它们自己是以客观和公正的态度来阐释的。不过，顾明栋回避了任何对于认知客观性的论证，在他的评论著作中遍布着极度个人化的主观作风，这与其客观性的诉求截然相反。例如，在上面提到的顾明栋《"汉学主义"理论与实践问题再辨析——走向自觉反思、尽可能客观公正的知识生产》一文中，他只是根据自己的信念，认为福柯的思想是纯破坏性的不能回答知识生产问题，就严厉批评福柯的权力与知识理论①。同样令人惊奇的是，为了支撑这些信念，他引用了同为汉学主义批评家叶隽的如下抒情性论断：

> "权力"作为一个学术概念，发展到福柯，已经是"夕阳无限好，只是近黄昏"，因为它虽然作为概念工具很好用，但其实有很大问题。因为它绝对不能抹杀人类对美好人性、社会和谐、情感的向往和追求。②

李商隐《登乐游原》的诗句被用来形象地说明福柯的理论不切实际，这是通过修辞而不是论证去反驳福柯。顾明栋运用修辞手法来探讨客观性和学术非功利性的例子非常多。在另外一些独特的修辞学方法中，他不断地运用语义领域中"净化"和"治愈"的意象。这里有

---

① 顾明栋《"汉学主义"理论与实践问题再辨析——走向自觉反思、尽可能客观公正的知识生产》，《厦门大学学报》2015 年第 4 期，第 12 页。
② 同上。引用叶隽《亚洲、东方与汉学主义》，《中国图书评论》2014 年第 1 期，第 6 页。

一些来自《汉学主义：东方主义与后殖民主义的替代理论》的例子：中国知识分子"对西方理论进行着不健康的盲目崇拜"①，顾明栋的工作则是要促成"全球化的健康发展"②，汉学主义显现的是"认识论和方法论特征上的病症"③，遭受了"知识分子的诟病"④，这是一个"对健康的全球化的知识性的阻碍"⑤，等等。客观性问题和文化健康问题具有互补性，这一点如下面所表述的："汉学主义曾经阻碍了对中国和中华文化的客观理解和描述，并将继续成为文化交流和全球化健康发展的绊脚石。"⑥ 这使得以论证方式来处理问题变得有些多余。

　　大量使用"治愈"和"纯净"这样的词语，可以视为所有试图进行整体认知改革的伟大转型期特性，这对于五四运动来说也是事实。看上去并非巧合的是，顾明栋和东方主义理论家一样，其评论文章中有大量对五四运动的批评。他认为五四运动要对盲目崇拜西方规范和西方价值负责，这些最终导致了现代中国牢固树立了汉学主义话语，使得西方文化优越性这样的负面观念快速传播⑦。

　　顾明栋对汉学主义的评论显示出许多矛盾的地方。他拒绝政治的告诫带有只从中华文化中研究中国材料和远离西方理论的要求⑧，这也是一种不加掩饰的政治性叙述。他批评萨义德最主要的论据是中国

---

① 顾明栋《汉学主义：东方主义与后殖民主义的替代理论》，第1页。
② 同上，第10页。
③ 同上，第18–19页。
④ 同上，第109页。
⑤ 同上，第96页。
⑥ 同上，第18页。
⑦ 顾明栋关于五四运动的评论，参见顾明栋《汉学主义：东方主义与后殖民主义的替代理论》，第85–94页。在中国的新的知识结构生产下，语义学领域中的"治愈"和"净化"的作用，参见维托夫2012年的文章。
⑧ 顾明栋《语言哲学中的汉学主义》，《东西方哲学》2014年第64期，第712页。

从未被西方完全殖民过①,然而他自己却经常使用中国精神殖民化的意象②,这使他看起来像是中国语境下东方主义的批判者。顾明栋偶尔意识到他矛盾的地方,在某些情况下他称自己为乌托邦主义者③,然而,这并没有妨碍他坚守自己的选择,同时继续忽视他非政治姿态下明显的政治意味。

三、"新子学":取他山之石

批评东方主义和汉学主义的中国学者都倾向于在研究中国时彻底拒绝西方学术方法。这些学者都有共同之处,西方学术为他们提供了

---

① 顾明栋《汉学主义:东方主义与后殖民主义的替代理论》:"后殖民主义话语有它自己的缺陷……很明显的一点是中国从未被西方完全殖民过。"(第3页)

② 汉学主义是"非土地殖民"(顾明栋《汉学主义:东方主义与后殖民主义的替代理论》,第11页)、"非暴力殖民"(顾明栋《汉学主义:东方主义与后殖民主义的替代理论》,第59页),是"中国人的自我殖民","一种知识殖民的形式"(顾明栋《汉学主义:东方主义与后殖民主义的替代理论》,第111页),等等。

③ 顾明栋《汉学主义:东方主义与后殖民主义的替代理论》:"终极目标是摆脱任何形式的政治干扰,看起来可能相当的乌托邦主义……"(第9页)或者"即使不可能完全将学术从政治中分离出来,实现这个终极目标,我们需要削弱学者的种族意识、强化学术客观性对于生产和评估中国及西方知识的必要性。"(第186页)批判顾明栋的客观性问题及其拒绝在民族身份之下学术研究的政治性,参见赵稀方的论文(赵稀方《评汉学主义》,《福建论坛(人文社会科学版)》2014年第3期,第34页)。概括来说,赵稀方将顾明栋的观点视作乌托邦主义。然而,在反对二元对立的问题上,他提出了解决问题的折中方案:"顾明栋提倡的非政治性的知识,现实中是不可能的,但是我们应当把它看作是在文化交流过程中建立我们相互间友善邦交的理想观念。"

理论出发点，对于他们构建自己的学术认同十分重要，然而同时矛盾的是，他们认为西方学术是某种负面的东西。在这种情况下，对萨义德和福柯的批评至少解释为学者们自我学术认同的否定，这反映了他们自我意识的缺乏。不过，在后现代全球语境中的文化认同建构中，并非所有中国知识分子的讨论都走进了方法论上的死胡同。放眼中国当代学术界，有一种重大学术运动值得关注，它在过去四年中在中国各地甚至海外都赢得了支持者——这就是"新子学"，即中国诸子研究的新学派①。"新子学"支持者并没有直接参与到东方主义和汉学主义的论争中，而是悬置上述各类争议，并寻找矛盾性更小的解决办法。

"新子学"是指古代中国思想学派和学者（老子、孔子、庄子、管子、淮南子等）的复兴。80年代改革以来，经济的初步腾飞和文化自觉意识发展相对缓慢。在当前面临全球化挑战之时，诸子学在中国文化认同的论争中成为思想阐释的新主题，进而占据了重要的地位。从80年代到2012年——该年方勇教授发表了《"新子学"构想》②一文，成为"新子学"的第一份宣言——这段时间中，在各种中国文化认同构建活动中最令人瞩目的是所谓的儒学热③以及新儒

---

① 关于"新子学"大量的学术探讨及出版物，较好的综述文章可参考刁生虎、王晓萌《弘扬子学精神，复兴文化传统——"新子学"国际学术研讨会综述》（《高教社科动态》2013年第4期）和刘思禾《第二届"新子学"国际学术研讨会综述》（《陕西教育》2015年第7期）。刁、王《弘扬子学精神，复兴文化传统——"新子学"国际学术研讨会综述》探讨了曹础基《"新子学"悬想》一文，曹文分析了"新子学"这种表达方式在语法上的两种区别："新之子学"，关于思想家的新学派，即以新视角看诸子，或是"新子之学"，即新思想家的学派，这种意义下，一些当代的思想家有意识地将自己学术接续古代先哲的遗产，他们也被认为是"子"。（第3页）

② 方勇《"新子学"构想》，《光明日报》2012年10月22日第14版。

③ 关于"儒学热"，梅约翰《失去的灵魂：当代中国学术话语中的"儒学"》，第7页。

家的主导地位。有鉴于此,"新子学"倡导者提出了学术多元竞争的理念,即百家争鸣。

在宣言中,方勇将复兴诸子学的必要性归结为以下几点:自古以来,中国知识的传递遵循着两条路径,一种是王官之学,它的定位是完全服务政治并以"六经"来界定;另一种是非权威、竞争性的诸子之学,它虽与王官学术有直接关联,但在思维方式上大相径庭,体现了更多的灵活性和创造性。"新子学"之"子"应当理解为诸子学中的一部分,而不是将传统学术分类中"经""史""子""集"之"子"部类中的内容全部收纳,因为这些内容不一定与原创性的思想相关,而且又包括占卜、阴阳、方技等方面。"新子学"寻求一种新的知识体系:新诸子学派必须从经典中挑选出有创造性的杰出思想家,并阐发出新的文本批评方式来接近他们。而"新"字强调了重视当代文化认同问题和全球化意识之间的重要联系。在当前中国文化认同建构中,"新子学"的研究旨在表明诸子学经典的文化特性:

> 子学根植于中国文化土壤,其学术理念、思维方式等皆与民族文化精神、语文生态密切关系。对相关学术概念、范畴和体系的建构,本应从中国学术自身的发展实践中总结、概括、提炼而来。"新子学"即是此理念的实践。如在思维方式上,诸子百家重智慧,讲彻悟,不拘泥于具象,不执着于分析。表述形式上,或对话,或随笔,或注疏,不拘一格,各唱风流。这些都是存在于特定历史阶段的思维方式和话语风格,本不与西方乃至中国当前的思维话语相类。①

对于西方哲学术语能否应用到中国传统上这个中西学界争议了百年的

---

① 方勇《"新子学"构想》,《光明日报》2012年10月22日第14版。

问题,方勇从表述的清晰性、分析的准确性和形式的限制性几个方面,给出了自己的解释。他在其他文章中也大多提到这个问题,例如在《"新子学"申论》中指出哲学史不是中国本土的事物,而是一门移植的学科①,是把中国的材料套在西方范本中。在他看来,诸子学从一开始就没有致力于纯粹的学术与思想标准②,因此他们与西方哲学并不相同。他呼吁读者遵循原初的话语并运用如音韵、文字训诂等传统学术研究方法,切入历史学、政治学、经济学等研究领域,只有这样才能认识到中国本土学术的真实面貌③。

  人们可能会有这种感觉,追寻传统的真实性、原初性、独特性总会伴随着对西方学术的排斥,就像批评东方主义和汉学主义的那些学者所表现的那样。但事实绝非如此,方勇和其他"新子学"探索者一直强调这点。早在2012年的"新子学"宣言中,方勇便指出"以中国解释中国"不足为训。对方勇而言,学者不应忘记吸取使得西方学术变强大的东西,即应该取他山之石。所谓"他山之石",是个体认同建构辩证发展的一个比喻:西方不仅只是一种挑战和威胁,相反,熟悉了西方,熟悉了一个和中国文化一样独特的"他者",这是中国学者成功进行文化自我认知的先决条件。在多元世界中以辩证眼光洞察自己是什么,一定让人想到历史上诸子之间的竞争之态,二者可以等同视之。这是方勇《再论"新子学"》④一文的关键论点。诸子在强调人格独立、精神自由、学派间平等对话、相互争鸣等方面

---

① 方勇《"新子学"申论》,《探索与争鸣》2013年7月,第74页。关于中国诸子文本和哲学学科的关系,以及学科的跨文化翻译的问题,也可参考魏朴和《诸子文学之嬗变:从孔子到韩非子的早期中国思想》,剑桥,MA/伦敦:哈佛大学出版社2010年版。
② 方勇《"新子学"申论》,《探索与争鸣》2013年7月,第73页。
③ 方勇《"新子学"申论》,《探索与争鸣》2013年7月,第74页。
④ 方勇《再论"新子学"》,《光明日报》2013年9月9日第15版。

展现了自身的生命力。方勇为这些观察寻求依据，摘引了《汉书·艺文志》的句子："其言虽殊，辟犹水火，相灭亦相生也。"①

玄华，"新子学"的另一位倡导者，在《关于"新子学"几个基本问题的再思考》中致力于相互性认同的建构。他切入该问题时也把当代认同建构中的多元性特征投射到古代：在一个多元世界，个体总会面对他者，而且个体发展总伴随着不断地自我否定②。自我否定这一概念可以理解为自我确证的必要组成部分，这很类似方勇前面所引《汉书》语句所激发的思想。两者都强调接受差异性对于认同建构至关重要。玄华对差异性的呼唤如下文所示：

> "诸子学现象"有一个较为突出的特点是，其内部组成部分之间存在极大差异，相互诘难，乃至否定，但在客观形式上却促成了各自独特性的确立。在学术文化上，任何诸子个体必须在面对他者，尤其是在面对多元的诸子现象本身时，才确立自身。如孔子正是面对老子、子产、墨子、韩非子等时才确立为孔子。③

东方主义和汉学主义的批评者寻求全面拒绝西方方法论，他们具有的隐性自我否定特质在"新子学"这里的表述中显得问题更小，矛盾更少，因为这成了理论正面探究的明确主题，也因为否定性或者自我否定会转向它的对立面。关于客观性问题看起来也如此：顾明栋致力于学术客观性的同时运用了修辞的手段，与此相反，"新子学"倡导

---

① 《汉书·艺文志》，《汉书》，中华书局1962年版，第1746页。
② 玄华《关于"新子学"几个基本问题的再思考》，《江淮论坛》2013年第5期，第105页。
③ 同上。

者试图概念性的抓住相同问题，从而在认同建构中提供一种系统论证来支援作为否定与肯定之统一的客观性。只有这样，第二步才诉诸修辞。并非巧合的是，与顾明栋倡导健康的全球汉学话语一样，他们将自己的事业界定为一剂良药：方勇谈到面对全球化时必须关注"中华民族文化的健康发展"①，而玄华在文章中依据观察总结认为，"新子学"将成为帮助中国克服"交错综合征"②的良方。他们之所以和东方主义及汉学主义的批评者一样都使用"健康"这个修饰语，是因为他们将自己的事业理解成一种认识论的重建。这就是为什么对五四运动的探讨也会成为"新子学"重要议题之一。

方勇2012年的"新子学"宣言就对五四运动不加思考地借用西方术语和概念持明显的批判态度。在这中间，便是上文提到的哲学和哲学史这类概念，方勇从一开始就试图与之保持距离。他认为，与"中国哲学"相对应的替代性术语是中国学术③。由于梁启超、胡适等学者推广西方术语和方法，人们逐渐丧失了对诸子传统的理论自觉，并且这一传统的地位也因之下降，成为哲学史的附庸④。

所以五四运动被视为一段未经反省的自我异化时期，它没有可能辩证地转化。这也就是"新子学"理论者为何将自己视为是对五四的超越，他们直面它而不是像陈小眉在关于西方主义的著作中将两种话语简单地联系起来。例如，中国文化曾面临毁灭性的批判，张洪兴对这一阶段隐喻地使用了"一百余年的灾难"这种说法⑤；还有"新

---

① 方勇《再论"新子学"》，《光明日报》2013年9月9日第15版。
② 玄华《关于"新子学"几个基本问题的再思考》，《江淮论坛》2013年第5期，第109页。
③ 方勇《再论"新子学"》，《光明日报》2013年9月9日第15版。
④ 同上。
⑤ 张洪兴《"新子学"与中国文化刍议》，《古籍整理研究学刊》2013年第6期，第80页。

子学"另外一个积极的推动者汤漳平,他慨叹"百年来的中西古今之争"①。五四运动被认为是造成这些灾难的决定性因素,主要是由于它提倡用西方概念盲目地定义自身文化,并且为了强国的单一目的而去追随西方的规范和思想。积极的认同建构没有能够实现,原因就在于自我意识的缺失,以及更关键的,在跨文化对照中他者意识的缺失。

"新子学"倡导者主张辩证转化,反对盲目接受西方认同,但同时,他们又推崇这样一个观点,把握好西方认同对于成功建立自身认同非常重要。因此,诸如哲学和哲学史这些他们原来批判地与之保持距离的概念,也可以作为他山之石来借鉴:形式的限定,准确的分析,纯粹的思维等等——把握西方这个他者认同建构中理论性知识的特点,把这些作为理想的样式来对照自己经历的传统,以促进对自身文化更好的理解。这就是为什么"新子学"倡导者对于五四运动的认识同样具有辩证性:除了和它公开正面相对,他们同时也将自己放入了与五四相关的谱系之中。因此,玄华称五四运动为介乎古典时代和"新子学"时代之间的一个阶段②,而汤漳平在论述中国文化重构的时候,描绘了类似的谱系,并运用"复兴"这一主题——这是五四时期最具特征的主题之一。这也是一块他山之石③,这将我们专注

---

① 汤漳平《"新子学"与中华文化之重构》,《江淮论坛》2012年第2期,第96页。

② 玄华《关于"新子学"几个基本问题的再思考》,《江淮论坛》2013年第5期,第105页。

③ 在五四时期,复兴的概念总是跟欧洲的文艺复兴联系在一起;西方将当前的生命力归于西方的相关文化经历,(中国)对自身思想遗产的复兴作为一种事业就是将它接续起来。关于五四时期复兴的概念和论述,可以参考杰罗姆·格里德《胡适与中国的文艺复兴:中国革命中的自由主义(1917-1937)》(剑桥,MA/伦敦:哈佛大学出版社1970年版)和维托夫2012年的文章。

的焦点引向极为复杂的认知谱系：诸子思想的复兴不仅意味着在中国和西方之间或者今天和五四之间划定界限，而且更重要的是要在今天和古典时代之间划定界限，要把当前阶段作为一个历史性的独特现象。这是玄华文章中最微妙的想法之一，他认为"新子学"与中国古代诸子学派不同之处在于它在全球语境下的文化他者意识，而诸子则没有意识到这一点①。因此，当代的文化复兴应该被理解为一种转化和一种对思想传统的必要重建，而不仅仅是对它的复制：

> 诸子学的真正觉醒，应该是酝酿于《诸子学刊》的创刊、《子藏》的推出和中国诸子学会的创立，其真正确立则是到"新子学"命题的提出。所谓诸子学自觉，是指将诸子学作为整体现象研究，同时将其从经学思维与体系的禁锢中解放出来，真正呈现其自身。②

意识到当前时代具有历史独特性，此时代的话语有别于以往的各类话语，这是"新子学"支持者的共识。同样地，他们都意识到，讨论有关民族认同时总包含着政治性内容。学术界既不是政治上的中立者或者独立于政治议题之外，也不参与到知识与权力间的合谋中，而是作为公开讨论政治问题的主体。方勇，作为玄华上述文章中提到的"新子学"运动的发起人，曾经在2012年的"新子学"宣言中明确表达自己的政治态度：

> 在国势昌盛，经济繁荣的今天，全面复兴子学的时机已

---

① 玄华《关于"新子学"几个基本问题的再思考》，《江淮论坛》2013年第5期，第106页。
② 同上。

经成熟,"新子学"正以饱满的姿态蓄势待发。①

在这里,文艺复兴的观念——此为他山之石——作为重新恢复民族文化的大计,从五四时代起就成为中国知识分子热烈论争的主题。将自己的学术活动看作是国家普遍关注的政治议题的一部分,这也反映在"新子学"的支持者们以他们的规划呼应2011年10月18日中国共产党的决议之上②。中国共产党的这一决议肯定了"百花齐放、百家争鸣"③的重要性,"借鉴和吸收其他国家优秀的文化成果"④,这是由于认识到中国文化的发展"不完全跟上我国经济和社会的发展"⑤,需要"增进对伟大祖国和中华民族的认同"⑥,"坚持发扬学术民主、艺术民主"⑦,"发扬五四运动以来的革命文化传统"⑧,"学习外国"⑨,"建设具有中国特色、中国风格、中国气派的哲学社会科学"

---

① 方勇《"新子学"构想》,《光明日报》2012年10月22日第14版。
② 张洪兴《"新子学"与中国文化刍议》,《古籍整理研究学刊》2013年第6期,第81页;汤漳平《"新子学"与中华文化之重构》,《江淮论坛》2012年第2期,第95页。决议发表于《人民日报》2011年10月26日第一、第五版,题名为《中共中央关于深化文化体制改革推动社会主义文化大发展大繁荣若干重大问题的决定(2011年10月18日中国共产党第十七届中央委员会第六次全体会议通过)》
③ 中共中央委员会决议的文本摘自其官方网站英文版(http://www.cctb.net/bygz/wxfy/201111/t20111117_285296.htm),本句见原文第5页。
④ 《中共中央关于深化文化体制改革推动社会主义文化大发展大繁荣若干重大问题的决定(2011年10月18日中国共产党第十七届中央委员会第六次全体会议通过)》(2011):5。
⑤ 同上,(2011):6。
⑥ 同上,(2011):10。
⑦ 同上,(2011):12。
⑧ 同上。
⑨ 同上。

的必要性①。

虽然"新子学"对党的决议显示出相当的一致性,但是要完成决议中所规定的任务则复杂得多:对五四运动的看法、身份建构中自我肯定和自我否定的辩证关系、处理概念——除了哲学以外的概念,所有这些都要求极大的自主性和创造性。只有如此,"新子学"才能处理文化复兴问题,并且致力于一种多元的民族认同建构。幸亏这一多元性,对辩证方法的采用,以及将文化发展视作政治问题,"新子学"的拥护者不仅克服了与西方文化那种令人绝望的冲突——这是东方主义和汉学主义批评者的特征——他们还给其他的"山"提供了有益的"石头"。除其他之外,"新子学"表明权力和知识的联结对不同文化间的对话不一定是有害的,只要这种联结能够被自觉地问题化,并且只要不阻碍所有对话参与者感知各自的特性。

(原载于《诸子学刊》第十八辑,英文版原载于 *Asiatische Studien-Études Asiatiques*, De Gruyter Verlag. Band 70, Heft 3 (2016), Erschienen im Januar, 2017, S. 731 – 755。作者单位:海德堡大学汉学系)

---

① 《中共中央关于深化文化体制改革推动社会主义文化大发展大繁荣若干重大问题的决定(2011年10月18日中国共产党第十七届中央委员会第六次全体会议通过)》(2011):12。

"新子学"与中国传统文化价值重构

陈鼓应　方　勇　汤漳平
郝　雨　谢清果　李振纲

2016年11月28日,"传统文化价值重构与传播"国际学术研讨会在福建厦门市筼筜书院举办。这是继方勇教授于2012年提出"新子学"学术概念之后,所举办的关于"新子学"深化的又一次研讨会。本刊主编张勇耀参加了会议并做了发言。本期遴选部分与会专家的精彩发言,与读者共飨。——编者

放眼世界,开拓"新子学"

陈鼓应

我曾经到过埃及、希腊、印度等一些古国,特别是在埃及,亲眼看到金字塔那样数千年以降依然动人心魄的文明古迹,而创造这些文明的那群人却早已消逝在历史中,难免会有感慨。回归中华故土,三星堆文化的灿烂也使人震惊,这是中原文明之外的文化传统。中国文化是多元文明中的一员,中国文化自身也有多个源头,这已是今天的常识。

与其他文明比较,中国是唯一一个延续至今没有中断的文明体。

我想，这与中国的早期思想应该有一定的关系。早期中国的思想并不是统一的，不同源头之间有交流，有会通。北大老校长蔡元培说的文化的南北交汇，南大校长傅思明写过文化"东西说"，都有这层含义在内。拿中国早期历史来说，自西向东，是文明传播的方向，而自东向西同样也是一个方向，南和北之间，亦复如是。比如陕西，就是当时的交汇之地，也是"易学"的源头，有了经济、文化的交流汇通，才有了春秋战国时代的思想繁荣。固守一家的思想，是不会有生命力的。我举个例子，老子故里河南鹿邑有座"圣母殿"，圣母殿有三个母亲，分别是老子、孔子、释迦牟尼的母亲。这个圣殿唐代既已存世，说明古人认为不同的思想之间不是对立的、你死我活的，实际是可以相互融通的。我们经常会看到类似的情景：一座庙里供奉着不同的圣像，一座城市有着不同的宗教场所，这说明中国文化有自己的一套办法，能够包容并存。我是客家长汀人，我们的文化也是从东到西，可以说是"东西说"。福建人严复介绍西方的自由民主思潮，就必须要在我们的母体文化里落到实处，必须寻找老庄文化作为基础，这也是一种"东西说"。因此，健康蓬勃的文化总是在多元融汇中成长，绝不能自我限定。

文化要开放，不要固执己见，这看起来非常自然，但在过去不是这样的。我想以台湾的经验来谈如何提倡传统文化。台湾在过去提倡传统文化是"独尊儒术"。蒋介石到了台湾是孔孟学会的会长，还成立研究院，自己任院长，把所有的高级将领、干部全部吸纳过来受训。他提倡儒家文化，将领们以孝作忠，忠于领袖。我曾经在20世纪50年代有几次机会见到蒋先生，也亲眼见过台湾当时的"以孝作忠，忠于领袖"。虽然身在其中，但我对于"独尊儒术"是很害怕的。我跟随殷海光先生学习自由主义，后来又研究《老子》《庄子》，就渐渐不追随独尊儒术，而是决定开放心胸，一定要参考大陆学者的研究，与学术及政治名家合作。我对庄子海纳百家的气度是极为欣赏的，那才是中国文化的气派。

"9·11"事件之后，我又有了新的看法。"9·11"时我在美国，亲身经历了那场灾难。我一直在反思，到底是什么造成了这一悲剧？慢慢地，看到激进伊斯兰势力兴起，不同文化之间的冲突加剧，我对于中国文化在世界中的位置有了新看法，那就是要唤醒中国文化温和开放的性格。记得我在美国的时候，和一位美国老人做邻居，他一个人生活，病了无人帮助。我去帮他，他非常感激。我回来不禁感慨，美国老人的晚景是很凄凉的。回到大陆，我见到很多朋友，特别是年轻的学生，他们对我的热情，让我感到非常温暖。由此我想到儒家文化的正面意义。我年轻时候激烈地批评儒家，认为儒家是专制政权的帮凶；现在，我能比较平和地看待儒家了，"独尊儒术"的儒家要反对，但儒家本身的良好的一面也要继承，这是应有的态度。保持开放的态度非常重要，中华文明应当有这样的器量。

所以，我认为方勇教授提出的"新子学"非常好，能够站在一个高度，更好地了解古代思想文化。"新子学"关键是"新"，要承接诸子学，也要有新的讲法。古人讲诸子学，旧的代表是班固，影响很大。班固著《汉书·艺文志》，沿袭了刘向、刘歆父子的成果，把当时的学术著作分为七略，其中首要的就是六艺和诸子之分，也就是经学、子学之分。这是一种图书分类法，也是价值的高下，和董仲舒"独尊儒术"的态度是一致的，和汉初司马谈的看法就不同了。到了南宋朱子时代，在儒家内部有了新的调整，《孟子》和《中庸》《大学》成为经书，加上《论语》，构成"四书"，而与"五经"并立，这些后来成为国家的取士标准。此外，朱子对诸子中的其他人物加以排斥。这种做法较之班固，门户就更窄了。清末以来，诸子学复兴，过去人们不重视《墨子》《荀子》《韩非子》，现在则有很多学者进行研究，老学发展也倾向于经世致用，公羊学也开始复兴。民国时期章太炎、梁启超、胡适等人做学术史和哲学史，就是在这些基础上吸收西方观念而完成的。

  当今时代，多元文明的观念成为常识，因此，我们不应该把经学、子学的高下作为前提，也不必拘泥于六家或者九流之说。《诗》《书》《周易》是周人遗教，而《论语》《孟子》《荀子》《老子》《庄子》《墨子》《韩非子》以及《春秋经传》《礼记》《易传》都是诸子的著作，都可以视作先秦基本经典。这些经典是不同思想源头融汇的成果，不应该分高下，也不应当存门户之见，而要一视同仁，观其会通，这样才能有一个通达的了解。这该是"新子学"的气象。

  我现在从南到北都在讲传统文化，讲道家思想。我们有了很多过往的经验，能够更公允地看待中国文化。我经常重温小时候在莆田的生活与读书经验，感到那是非常重要的经历。长期以来，中国受到西方文化和思潮的冲击，开始以西方为法，评价体系与标准都发生了巨大的变化，连带着对于古人反而渐渐疏远与陌生。慢慢地，开始有人提倡中国的传统文化。在没有提倡传统文化学习时，很多人写文章都会摘取西方观点并指其出处，表示"我也很通西学"。现在这种情况有所改观。就我来说，我主张学术上东与西要相互融合。

  我希望，中国的学术也是这样，抵达与实现真正的会通和发展。"新子学"在这其中应该发挥更大的作用。

追溯原点，重构典范，全面复兴诸子学

方　勇

  我记得当代英国思想家齐格蒙特·鲍曼说过，在现代性中，"个体追求的，是他的自身，是一个不含混的、固定参照点。这是因为，理论的和实际的视阈以及生活的复杂化在前所未有地扩张"。我提倡"新子学"，正是想在现在传统文化复苏的潮流当中，寻求这样一个

"不含混的、固定参照点",借"新子学"这个名词来表达我以及我们这个研究团队的一些想法。

传统文化,不言而喻,是以儒学为主的,但以我们现在的发展眼光来看,只有儒学肯定不够。现代社会的多元化生活,不可能以儒家一家学说来做全部的赅摄。我们要在急流般的现代性中站稳脚跟,必须全面回溯自己的文化源头。对于儒学,我主张回归它先秦时期的本来面目,尽量去掉汉朝以后附加在它身上的经学影响。这种认识应该深化到中华民族每个成员的血液当中。

至于"新子学"理念,具有一般意义和深层意义两个不同的层面。从一般意义上说,"新子学"主要相对于旧子学而言。它一是要结合历史经验与当下学术习惯,在正确界定"子学"范畴的前提下,对历代诸子学资料做尽心全面的搜集整理;二是要依据现代学术规范,对原有的诸子文本进行更为深入的研究;三是要在上述基础上,阐发出诸子各家各派的精义,梳理出清晰的诸子学发展脉络,更好地推动"百家争鸣"学术局面的出现。

我是研究《庄子》出身。我常常跟学生们说,学了《庄子》,思考问题的方式会发生很大变化,原来看待某一个问题,只能从一个角度去思考,读了《庄子》以后,就可能会从多个角度来思考。我觉得未来的国学,应该是从诸子百家提炼出一种多元的、面对现实的东西作为国学的指导思想。面对新学,需要我们本土的文化,但是不排斥人类一切优秀文化,否则就会固步自封。当今世界已然不是古典中国的"天下"了,今日我们已经完全置身于复杂多元的现代性的广阔世界中,势必要去理解与我们完全不同的异己者。只有被彻底抛入毫无确定性的现代性旋涡之中,在与不同"他者"的剧烈碰撞里,传统文化才能荡涤出自己被遮蔽已久的本来面目。而这个任务,便是"新子学"当仁不让的事。

同时,"新子学"也需直面当今中国社会多元发展的格局。这一格局释放了巨大的思想空间,也带来了巨大的问题:思想学术的多元发展在何种情况下才能够保持其总体的解释力和涵容性,而不至于倒向平面化和碎片化?中国的传统资源要以怎样的姿态来面对现代的多元格局?多元会通的中华文明,正需要通过追溯原点、重构典范、唤醒价值的一系列创新实践,才能突破自身旧有格局,从而更深刻、切实地屹立于风云变幻的现代世界。

传统文化价值重构与传播

汤漳平

这些年来不少学界同仁,纷纷提出各自的主张,最重要的莫过于这几种:一是弘扬国学;二是恢复经学传统;三是提倡儒学;四是倡导"新子学"。这几种主张自然都有各自的道理,但相比之下,我认为还是"新子学"的提法更加适合当前中国的实际。因此,自方勇先生于2012年提出了"新子学"构想之后,我即加以肯定,并连续写了《论新子学与中华文化之重构》和《再论新子学与中华文化之重构》两篇文章。毫无疑问,在当前学术界中,其他三种主张似乎影响更大。国学讲坛年年在举办,且规模、规格特别高。儒学和经学其实是一家,因为儒学便是传承经学传统的。这些年来,海外新儒学影响甚大,因此呼声也很高。而那些参加国学讲坛的人士,张口闭口,也是经学儒学,因此我们可以说所谓的前三种主张,其实归结其主线,也就是儒学传统。我不明白为什么我们的学术界只能是围着儒学打圈圈?!

我并不否定儒学的重要性,在中国两千多年的历史发展中,儒学经学总是处于独尊的地位。各个时代的帝王大都将其作为最重要的学说加以提倡,以之统一全国上下的思想。因此,儒学成为两千年来中国专制社会的显学，也是很自然的事。然而事实证明，这套学说经过历史上的多次重新改造，但依然难以应对时代的变化，而且其中许多具有民主性的精华，反而隐而不显，终于成为明日黄花，它不会也不可能应对当今社会纷繁复杂的发展变化。今日重新提倡读经，很容易走回老路，沉渣泛起。我并不否认，儒学中确有许多观念和思想，经过改造和重新阐释，依然可以为今日所用，但如果认为传承中华文化，就是传承经学和儒学，那就大错特错了。方勇先生主张将儒学回归到子学的地位，再从中加以梳理，恢复其本来的面貌，是正确的主张。至于有的人甚至提议让小学生一入学就读经书、读《论语》，更是荒唐可笑。一千多年前唐代古文运动的发起者韩愈便说过，周《诰》殷《盘》，佶屈聱牙。一千多年以后的我们，却要让初入学的孩子去读这种文章，岂非误人子弟！我颇怀疑提出这种主张的人，究竟本人读过几本经书。

重构中华文化需要"开生面"（明末清初的王夫之语：有"六经责我开生面"）。所谓"开生面"，也就是创新思想。如何创新，方勇先生提出，要传承"子学精神"，即在传承先秦诸子"百家争鸣"的基础上重构中华文化，形成关注现实、自由讨论各种问题的生动活泼的文化生态。我十分赞赏并期待这种理想的学术文化生态的出现，并愿意为此而鼓与呼。

中国传统文化的三次大断裂

郝　雨

今天我要提出一个一直被整个学术界和文化界所忽略的重要问题，那就是，中国传统文化的大断裂实际上有三次。多年以来，以新儒学学派为代表的学者，在谈论中国文化、中国传统文化断裂的时候，经常谈到的是 20 世纪中国文化有两次断裂。"两次断裂"的说法大家都不陌生，比较公认和流行的观点就是，传统文化的第一次断裂是在五四新文化运动时期，批判儒家思想，打倒孔家店，反儒学，反传统；而第二次大断裂就是"文革"。但是我认为这样的说法是不准确的。

如果我们认真考察中华文化的全部历史进程，就会发现，我们悠久的传统文化第一次断裂，也就是真正使我们的传统文化发生根本性断裂的，是发生在秦朝的焚书坑儒和汉代董仲舒的"罢黜百家，独尊儒术"。这两个事件的间隔时间只有七八十年，显然"焚书坑儒"是一次对文化的毁灭性打击。《史记·儒林列传》："及至秦之季世，焚诗书，坑术士，六艺从此缺焉。"而"罢黜百家"不仅仅是在学术上，在文人当中的一种学术争论，而且是通过政治手段，是一种人为的强制的力量，作为基本的国策来执行的。这种对百家文化的打击，这是一种颠覆性的对文化的断裂。我们必须把这一阶段真正地搞清楚。中国传统文化，全面地被颠覆，是这一时期。这是第一次。

如果按照"两次断裂"这样的说法，新文化运动的主要目标就是打倒孔家店，就是针对儒家。所以造成传统文化的第一次断裂，这种对传统文化的理解也好，认定传统文化断裂也好，实际上是进入了一种误区，是把当年"罢黜百家"之后所形成的儒家唯一的独尊的时代一直延续下来的传统，误认为是中国文化的传统，这就有问题了。如果按照这种思路，新文化运动反对儒家，推翻了儒家独尊的这样一种思想传统，是错误的。如果我们认为鲁迅提出来的把立人思想作为中国文化的现代思想，也就是以人为中心，以人为本是错误的话，那么，又怎么解释新文化运动的重大意义？如果我们把第一次断裂搞明白的话，我们就会知道真正中国文化最全面、最繁荣的内涵是在先秦，是在百家这个时期。到了汉代发生了断裂，由于儒家独尊，就导致了两千多年一种思想来统治我们这样一个庞大的民族。思想上的单一就很容易导致僵化、衰落。所以新文化运动是针对这样一个现实提出反传统目标的。这里的反传统所反的这个"传统",不是我们中国文化真正意义上的传统,而是"罢黜百家"之后,"独尊儒术"的专制主义文化。

今天我们发掘和传承传统文化,归根结底重在发扬诸子百家的文化。在这个问题上,"新子学"给我们提供了重要的指引。我们希望现代文化学者更多关注这一新的文化动向,积极参与"新子学"的讨论,打破学科森严壁垒,打通古今学术通道,现代文化研究不再言必称西方。让新媒体和全球化语境下的中国文化发展,在子学精神的全面助力之下,进入崭新时代,开创辉煌未来。

说说"新子学精神"

谢清果

我认为"新子学"之"新",在于从新的历史时期、新的角度、运用新的方法或理论来阐发诸子的修身思想。这里,我拟进一步阐述"新子学精神"。子学精神是由子学的基本思想构成。"新子学精神"是子学精神在新的历史条件下的新阐发、新观点、新创造,是在对子学精神"照着说"的同时,更强调"接着说"。那就是要说出时代新意蕴,说出普世价值观念,说出民族永不褪色的精神气质,说出与时代同呼吸共命运的家国情怀,从而把"子学"恒常的精神价值透过接地气的方式方法融入时代主题,涵化时代意识,升华民族气质,展现对话能力与诉求,从而谱就中国思想界一曲曲"中国好声音",书写中国理论界一篇篇"中国好文章",讲出中国文艺界一个个有思想启迪的"中国好故事",从而有力彰显中国文化软实力。

(一)"新子学精神"在于能够回应"新时代"命题

正所谓"文章合为时而著,歌诗合为事而作",一种新观念的提出必须能够积极回应时代的问题、历史的心声、未来的方向。"新子学精神"正是有力地回应了中华文化当前如何为中国深化改革开放,建设富强、民主、自由、公正等国家提供熔历史文化传统与时代革新精神于一炉的新观念、新理论、新境界。正如克罗齐所言,任何历史都是当代史。任何的传统文化精神都具有当代性,这正是传统的魅力所在。而"新子学"所以具有生命力的根源所在,正因为其内在蕴藏着深刻隽永的"新子学精神"。

(二)"新子学精神"在于能够蓄养"新民"

在新的历史时期,"新子学"所要造就的国民,是既能继承"百家争鸣"时期思想激荡、建功立业、游离权贵、富国强兵的子学精神,又能高扬富有时代气息的独立自主、个性张扬、理性论辩、造福人民的"新子学精神"的人民大众。

(三)"新子学精神"在于能够缔造"新境界"

境界是人对自己精神高度、深度和广度的不懈期许,是时代精神的落实与体现,是人生成就和社会进步的不竭动力。"新子学"造就了"新子学境界",这一个境界有儒家"铁肩担道义"的执着精神,有道家"天地任我行"的逍遥情怀,有法家"必轨于法"的秩序意识,有墨家"日夜不休"的践行意志,有农家"君臣并耕"的重农之教,有纵横家"通权达变"的谋略素养,有阴阳家"阴阳消息"的洞察自然与人间的取向,有杂家"兼收并蓄"的综合创新方法,有名家"控名指实"的求真务实原则,有小说家"街谈巷语"的民情描述,凡此种种。由此可见,诸子百家各有所长,诚乃"道术为天下裂"的结果,诸子各得其一察而自好,然而,殊途而同归,其归之要旨在于修身为本，治世为标。"新子学境界"就在于综合创新传统"子学精神"，铸就新时期的"新子学精神"。而这一个"新子学精神"正是融合了九流十家之所长于一体，形成了尊道贵德，重法爱民，尊重自然，求新求变，以我为主，融会贯通，谋定力行，生动活泼的"新境界"。

（四）"新子学精神"在于能够呼应"互联网精神"

这是个新媒体的时代，任何学问的发扬都不能无视新媒体的存在。"新子学"也不例外。"新子学"的传播需要新媒体这一渠道，"新子学精神"的践行需要新媒体使用者的广泛参与。更关键的是"新子学精神"与新媒体时代互联互通的"互联网精神"是共通的。"平等、开放、协作、共享"是互联网精神之所在，而"新子学精神"正是高扬了诸子个性放达的平等意识，晋才楚用的开放胸怀，"不治而议"的奉献情怀，观点论辩的分享意识。

可见，"新子学精神"体现出在新媒体时代高扬传承与创新中华民族文化精神尤其是子学精神的一种理论自觉与理论自信。它既回应了中国社会阔步前进的精神需求与价值追寻，又回响着"民为邦本"的历史叮咛和"其命维新"的责任意识。更重要的是，在"新子学精神"的感召下，开拓出对己秉持"闻道勤行"的意志与对外则奉行"美美与共"原则的"新子学境界"。

从子学精神谈"新子学"意义

李振纲

德国历史学家雅斯贝尔斯在《人的历史》中曾将公元前800年到公元前200年这六百年间的历史，称为整个人类文化史上的"轴心时代"。他认为，在这段时间中，人类的精神基础同时地或独立地在中国、印度、波斯、巴勒斯坦和希腊开始奠定，直到今天人类仍然附着在这种基础上。这个时代产生了所有我们今天依然在思考的基本范畴，创造了今天仍然信仰的世界性宗教。中国文化史上的春秋战国时期正是这样的轴心时代。当时社会结构的动荡改组，典章制度的新旧更迭、王权式微、诸侯导致的政治格局，营造了思想史上百家争鸣、"和而不同"的人文奇观。

那时思想家头脑中没有固定的模式，没有独尊的权威，"天下之人各为所欲焉，以自为方"（《庄子·天下》）。这是一个需要巨人而且产生了巨人——在思维能力、热情和性格方面，在多才多艺和学识渊博方面的巨人——的时代。孔丘、墨翟、老聃、庄周、惠施、公孙龙、荀卿、韩非等一大批思想巨子，以其不拘一格、独抒己见的原创型思想，共同创造了中国文化的元典精神。中国文化鲜明的人文主题在这一时期确定；以注重对认识对象的直觉体悟和整体把握为特征的辩证思维方式在这一时期建构；重人伦道德、重个人修养、重实用理性的文化价值原则在这一时期提出，人道与天道参赞化育、和合生成的世界观在这一时期定型。

诸子学的最为显著的特征是其思想的原创性和多样性。儒家站在人生之内逆觉体证宇宙万物之生命本源，并据此体证追寻人在宇宙中的地位，审视人生的意义、命运及人对天地万物的伦理义务和道德责任。其立教宗旨是道德人本主义和道德理想主义。儒家理想主义有三大要义：一是强调人道之爱；二是肯定人伦秩序，讲求"合群"之道；三是追求道德理性之自觉。孔子、孟子、荀子的思想虽有差别，但对上述理想的认识是一致的。儒者温柔敦厚，墨者严毅任侠。前者尚礼义，后者重义气。"兼相爱"的至公主义与"交相利"的现实主义结合在一起，构成墨者理解"意义世界"的思想准则。儒、墨二家在爱的原则上虽有"别"与"兼"之分殊，但对义与利的认识却又颇相一致。儒者所重之"义"实即墨者所言之"利"。所以唐代硕儒韩愈有言:"孔子必用墨子,墨子必用孔子;不相用,不足为孔墨。"(《读墨子》)

孔、墨是"游方之内"的入世主义者,老、庄是"游方之外"的超世主义者。孔、墨执着于"有",有为务实;老、庄妙悟于"无",冲淡超逸。道家站在人生边缘,带着自然情感和超越眼光审视人生现实的矛盾与荒谬,批判人类理智的浅薄和愚蠢。其立教的宗旨是要人懂得超越自身的有限性,用自然和无限的观点去理解万物存在的合理性、必然性。用自然和无限的观点看问题,就是站在"道"的立场上理解宇宙,洞察人生,化解冲突,在宥天下。尊道贵德就是承认万物存在的合理性,防止人类理智的狂妄和僭越,批判人道对天道的冒犯,妄伪对本真的凌辱,普遍对个别的压制,文化对自然的虐杀。

惠施、公孙龙及后期墨家所代表的名家者流缺少孔、墨的世俗关怀和伦理责任,亦不崇尚老、庄的藏智自神、逸世高蹈,他们是喜欢与经验常识打辩的智者,具有发达的逻辑思辨能力,长于智辩,好标新立异。"合同异""离坚白""白马非马""火不热""鸡三足""卵有毛",种种奇谈怪论,"能胜人之口,不能服人之心"(《庄子·天下》)。名家的辩言与奇谈对"名"进行深入反思,提出一些反常识的见解,然而正是那些依常识看似荒唐的东西更能启迪智慧,使人探索逻辑思维的规则和意义。

法家对君主时代政治问题的核心——权力学有独到的理解。围绕权力问题,早期法家商鞅任"法",申不害重"术",慎到贵"势"。战国末期的思想家韩非子扬弃荀子之学,援道入法,并将法、术、势熔为一炉,建立了一套系统的权威主义的法哲学,对后世君主权力学产生了深远影响。解读韩非子的思想,可以帮助我们揭开专制主义思维方式和官文化的秘密,懂得何谓政治家的冷峻、权术和果敢。法家一味强调严刑峻法的霸道原则,而无视儒家道德理想主义的社会功能,是其理论的严重缺陷。

近年来,华东师范大学方勇先生所致力倡导的以诸子学研究整合现代学术,引领时代精神,传承先哲智慧,弘扬优秀文化,安顿家国情怀,增进文化自信的"新子学"运动及所主编的《诸子学刊》在国学研究及海内外学术界已产生重大影响。读先秦诸子书,就像在听一个个睿智老人讲述他所经历的故事,可以丰富自己的阅历,增添为人处世的学问与修养。先秦诸子的哲学,尤其有这样的效果。孔子的淳厚,孟子的英气,墨子的严毅,老子的沉潜,庄子的超逸,惠施与公孙龙子的奇辩,孙武子的灵活,荀子的理智,韩非子的尖利,都可以给人以深刻的启迪。在诸子的生存智慧中都深藏着一个丰富的"意义世界",人们走进他们的精神世界,都会从中找到你所需要的某种东西。在诸子面前,现代人尽可以品头论足,但都不能不感到自己的精神世界中缺少某种东西,都不能不感到看似繁荣的现代文明背后存在着某种缺陷。中国哲学自古是一个多元精神的合体。儒、墨、道、名、法诸家从不同侧面揭示宇宙人生的意义,相互冲突,又相互兼容,共同构成中华文化的源头活水和中国人的意义世界,这就是诸子学的魅力,也是"新子学"研究的活力所在。

(原载于《名作欣赏》2017年第3期。作者单位:北京大学哲学系,华东师范大学先秦诸子研究中心,闽南师范大学文学院,上海大学文化传播研究中心,厦门大学新闻传播研究所,河北大学哲学系)

先秦文史新论:"新子学"与中华文化

汤漳平

主持人语:从春秋时期孔孟所形成的儒学,到汉代之后两千年间形成的儒教传统,其间经历了诸多变化,其中最重要的莫过于原始儒家的积极进取面不断被削弱,而"尊尊亲亲"维护秩序的观念则大为弘扬。近代,儒学受到批判,孔家店更在新文化运动中进一步成为被砸烂的对象,虽然其中掺杂着那一时代过激的社会情绪,但其难以适应社会发展的需要,却是不争的事实。当然作为先秦诸子百家中的"显学"之一,儒学自然有其应有的价值和学术地位。在抖去两千多年间覆盖于其上厚厚的尘埃之后,儒学中的精华部分仍然可以成为今日重构中华文化的有益成分。因此,方勇先生在其《"新子学"构想》中提出恢复儒学在先秦时期的子学地位,然后取其民主性精华,弃其封建性糟粕的主张,无疑是有其合理性的。

许多人在讨论中华文化建构和传承与弘扬中华优秀传统文化时,常常忘掉著名史学家司马谈所写的《论六家要指》。《论六家要指》一文不长,却对先秦时期的几个主要学术流派的"治世之学"作了一番简明而深刻的评述,文中分别概述各家学说要点,各自的长处与不足。他认为,阴阳、儒、墨、名、法、道德的六家学说,各有其"不可失""不可易""不可废""不可改""不可不察"的存在理由,因为诸家学说均是"务为治者也,直所言之异路"(即各家均是探求治世的学说，只是提出的主张途径不同）。应当说，司马谈的评价是比较客观的。虽然，他最为赞赏的是道家学说，但他也认为应当汲取先秦诸子众家之长。而汉武帝采用了董仲舒"罢黜百家、独尊儒术"的主张，使两汉经学成为这一时代的统治思想，也影响了之后两千年的中国历史。自改革开放以来，围绕中华传统文化的现状、传承与弘扬的问题，学术界一直在热烈讨论中。传承"经学""新儒学""新子学""新仁学"等主张，也相继被提出。书院、国学院等教学机构或由民间创办，或由高校、研究机构设立，展现出一派生机。虽然在当前的讨论中，传承经学，复兴儒学的主张高于"新子学"，但我仍然认为，以"新子学"所提出的"子学精神"来传承与发展中华文化优秀传统，重构今日的中华文化意义更大，更具说服力。

本刊本期刊载了有关"新子学"研究的一组文章。"新子学"是2012年方勇先生在主持"子藏"工程的同时，提出的理论构想，并相继发表了系列文章，使这一构想更加系统和深化。近年来这一理论思考在学术界引起了强烈反响，不仅在中国大陆内地和台、港、澳地区，以及韩国等文化圈和学术界也受到重视，并相继召开有关的学术研讨会。但是和当前呼声甚高的儒学、经学、国学等比较起来，"新子学"在社会上的影响力还需进一步扩大。

（原载于《人文杂志》2017年第5期，原文为该期"先秦文史新论：新子学与中华文化"栏目的"主持人语"。作者单位：闽南师范大学文学院）

"新子学"与人类共同价值的建构

马明高

在当今全球化时代,通过无时无刻不在、无处无地不至的互联网,我们看到在这个人类拥挤的"地球村",世界并不是很安宁的,地缘动荡,恐怖危机,经济低迷,文明摩擦,乃至西方学者惊呼人类正在走进"失序的世界"。这个时候,在东方的中国,一大批有识之士正在呼唤"人类命运共同体"和"人类共同价值"的组织与建构,正在呼唤中华文明与中国文化的源渊与核心——"新子学"的开拓与构建。这些无疑对整个世界和人类的今天和未来都富有创新意义与指导精神。本文就是在这个背景下,对人类共同价值建构的紧迫感与重要性,"新子学"与中华文明、中华文化的关系,"新子学"对于人类共同价值建构的重要意义,以及建构人类共同价值如何从"新子学"中获取精神价值与思想指导等方面进行初浅的探讨和研究。

一、人类共同价值建构的紧迫感与重要性

人们可能还没有忘记,在苏联解体、东欧剧变后不久,美国著名学者福山发表《历史的终结》,正式宣布西方自由民主社会模式是人类最后的选择,在这个意义上历史已经终结,人类世界从此就可以天

下太平了。可是还不出十年，亚洲金融风暴掀起，美国"9·11"恐怖袭击事件发生，接着是伊拉克战争、阿富汗战争连连爆发，2008年下半年一场大规模的金融危机席卷全球，希腊债务危机引起了整个欧盟深刻的经济与社会危机，福利国家的神话正在破产，墨西哥湾海底钻井严重漏油事件造成从未有过的海洋生态灾难，个人主义以及由此放大的民族主义，还有崇信优胜劣汰的社会达尔文主义，在激励个人和民族、国家奋发向上的同时，也给人类世界带来了过多的蛮横与残酷，成为社会犯罪和民族压迫的思想基础，日益威胁着社会稳定与世界和平，资本的贪婪不仅危害民生，破坏环境，而且造成了社会的日益功利化，使得物欲横流、人性堕落，各种全球性的危机正在加剧，人类世界的前途越发堪忧。

不仅如此，互联网等高科技的日益发达与经济全球一体化的迅猛发展，使得这个世界充满了人类意想不到的变幻与奇迹，超出了人们自身的想象与预测。谁能想象到美国雷曼兄弟公司的倒闭，会让太平洋彼岸的中国香港售楼处也挂出"跳楼价"的看板！谁能预测到3D打印机几年前还仅仅是一个概念，而今天的商家就可以联系各国的设计师为世界任何地方的顾客打印任何东西！谁又能料到世界各地每天有多少会议在不停歇地讨论着气候变化、打击恐怖主义等全球性的问题，但世界上空的气候灾害与超大城市的恐怖灾难还是难以遏制，时有发生！

世界上无奇不有的乱象图景与"世界史"中无时不在的全球性时刻，每天都在倒逼着这个地球上的人类进行思考：我们人类该怎么办？

2012年11月，中共十八大的报告发出了这样的呼唤："合作共赢，就是要倡导人类命运共同体意识，在追求本国利益时兼顾他国合理关切，在谋求本国发展中促进各国共同发展，建立更加平等均衡的新型全球发展伙伴关系，同舟共济，权责共担，增进人类共有利益。"

2013年3月,在莫斯科国际关系学院的演讲中,中国国家主席习近平对人类文明的走向做出了这样的判断:"这个世界,各国相互联系、相互依存的程度空前加深,人类生活在同一个地球村里,生活在历史与现实交汇的同一个时空里,越来越成为你中有我、我中有你的命运共同体。"

人类世界本来就是"天下一家"的格局形态,经济全球化、核武器威胁、生态危机、极端主义等人类共同面对的问题与利益,更是把地球上所有地区、所有国家和所有人的命运紧紧地捆绑在一起了,命运共同体已经或正在形成。人类只有风雨同舟、荣辱与共,才会有美好而灿烂的明天,否则,只有死路一条。但是,很多国家政治集团仍然对天下大势深有不察,不懂得彼此的共同利益和相互依存大于彼此的隔阂与局部利益,相反他们依然被"弱肉强食"的社会达尔文主义及"他者是敌手"的冷战思维所束缚,热衷于对抗与挑动战争,不知道"吹别人的灯,会烧掉自己的胡子",不明白压迫别的民族和国家就等于危害这个大家庭,损害自己,最终没有胜者。所以,这个世界才天天不太平。再者,以西方文化为中心的那一套为人类提供的自由、民主、法治、人权等现代文明的普世价值,已经越来越不能适应"天下大势"。因为,这些怀着文化自大狂的优越心态的西方国家和学者,已经把自由、民主、平等、人权、法治这些人类认可的共同价值演变为西方价值观念和制度模式了,已经把它变为西方资本主义制度的优越性和不可超越性的话语霸权。这是因为:这些普世价值都建立在个人权益必须得到社会保证的基础上,出发点是个体;它缺乏从社会群体出发协调人群关系的原则,例如民族关系、国家关系相处的文明原则;它重权利而轻义务和责任,因此没有底线道德要求;它的具体实践形态因地区因民族而不同,彼此不能照搬;它在处理国际关系时往往出现价值的双重标准;它过分强调和追求现代化,并且把现代化等同于西方化，缺乏全球伦理和生态文明的道德与价值要求。

这一切，已经充分显现出了建构人类共同价值观的紧迫感与重要性。必须尽快建构与人类命运共同体相适应的共同价值观和普世道德规范，用以正确处理民族之间、国家之间、文化之间的关系，以保证用文明的方式解决矛盾与争端，建设和谐的地球文明世界，避免对抗与战争，确立经济全球化健康发展和共同市场正常运行所必需的世界新秩序，而且要改变以往工业文明对地球环境的破坏和对资源的掠夺，避免发生人类毁灭的灾难，使发展与环境相协调，而且要保护文化的多样性与多样文化之间的和谐，避免文化趋同与文化对抗，使全球的人类文化充满内在的活力。这可能就是地球上的人类文明的一次新的现代转型。而在这次人类文明新的现代转型中，作为东方的一个古老伟大国度，源远流长、博大精深的中华文明与中华文化，是应该给人类共同价值观的建构做出思想与智慧的重要贡献的。

二、"新子学"直寻中华文明与中华文化的思想源头与智慧源泉

雅斯贝斯在《历史的起源与目标》中指出：不同的文明都经历了一个轴心时代。对于中华文明与中华文化而言，子学的兴起可以视作其开创与生发期，它构成了轴心时代精神突破的核心内容。先秦时期的有识之士，面对当时社会的空前危机，自觉反省夏商周以来的文化传统，对天人关系、内圣外王以及人生态度等一系列问题作了深入的探索，从而形成了百家争鸣的思想格局。这应该说是世界文化史上的重要遗产。

先秦诸子在世界文化史上的特殊之处，就在于它的人文意识觉醒得早，且思考又尤为圆通。我们知道，中国的人文精神要比西方的人

文精神早得多。在西方，人文精神到文艺复兴时期才真正出现，那已经将近 14 世纪了。而在中国，早在老子、孔子的时代，伴随着对神权的质疑，这些有识之士已经开始从"人"的视角来思考重大的人类文明问题了。老子是中国历史上第一位用"道"代替神学意义上的天帝位置的哲人，具有浓郁的人文精神。紧承其后，孔子的思想也具有深厚的人文精神。这些都成为了那个时代最具活力的思想资源。在他们之后，人文思想就成为了先秦诸子的时代精神。诸子们各自不同形态的人文思想相互激荡，最后汇成了一股强大的时代思潮。因此，可以说先秦是人文思想汇集到人文思潮的开创期。

从古至今，这个地球上的人们就一直不停地面临着三大冲突，即人与自然的冲突、人与人的冲突、人与自己内心的冲突。回观当今世界，这三大冲突不仅没有减缓，反而在一些国家的霸权意识下愈演愈烈。在这样的情况下，中华先秦诸子百家的人文精神，子学中所蕴含的人文关怀与对话、和谐的精神，对于今天的人类世界，就具有非常大的启迪作用与强烈的现实意义。

早在 2012 年，华东师范大学的方勇教授就提出了《"新子学"构想》，其后数年接连撰写文章，一论再论，申论和三论，深化阐述自己的新发现与前瞻性思考。他认为：中国学统一是以周公为代表的西周文化精英，承上古知识系统并加以创造发明的礼乐祭祀文化的"王官之学"，经孔子等后人加工整理形成系统完备的"六经"系统；一是以老子、孔子为代表的诸子百家汲取王官之学的思想精华，并结合新的时代因素创造出来的子学系统。比起经学系统，子学系统在传统的观念中地位虽有不如，但它包含了中华文明最古老、最核心的政治智慧，代表了中华文化最具创造力的部分，所以西汉以降一直被尊为中华文化的主流思想而传承至今。它们共同构成了中华文化的两翼，为古老东方的中华文明薪火相传奠定了深厚的思想基础。他还指出：春秋战国之际诞生了第一代子学元典《老子》《论语》《墨子》。

第二代子学元典《孟子》《庄子》《荀子》《韩非子》《吕氏春秋》、黄帝书等等诞生于战国中后期。降至汉代，以陆贾、贾谊、刘安、扬雄等人著作为代表的第三代子学经典相继产生。魏晋以后至宋明陆续产生了以何晏、王弼、周敦颐、二程、朱熹、陆九渊、王守仁等人学说为代表的诸代子学（或准子学）著作。明清时期，直至民国初期的"新文化运动"，都有一批又一批的有识之士为子学研究作出了新的贡献，为子学添加了诸多新的理论与方法，使子学在新的时代条件下迸发出了强劲的活力。他把这一切多元性、整体性的学术文化发展现象，称为"子学现象"。而"新子学"的构想正是对这一切"子学现象"的正视，其中之"子"，并非传统目录学"经、史、子、集"之"子"，而是思想史"诸子百家"之"子"，是要结合历史经验与当下学术理念，在正确界定"子学"范畴的前提下，对诸子学资料进行全面的收集与整理，阐发出诸子各家各派的精义，阐发出子学系统对宇宙、社会、人生的深邃思考与睿智回答，阐发出子学系统在哲学、美学、政治、经济、军事、教育、技术等诸多领域多维度、多层次的思维与智慧，进而梳理发掘出"子学精神"。而"子学精神"的核心就是"关注现实，深究学理，对诸如世界图景的想象、基本的政治形态、人的道德禀赋来源，以及如何理解历史、如何进行有效的国家管理等问题"所做出的精深独到的思考。（方勇《再论"新子学"》）

方勇教授的"新子学"构想，之所以能在国内外文化学界引起广泛而特久的关注与反响，就是因为它真正找到了中华文明与中华文化的思想源头与智慧源泉，就是因为它要把我们对中华文明与中华文化的研究由原来的以儒学为中国传统文化的单一核心，转变回归到源远流长、博大精深的诸子百家，就是要追溯原点、汲取元典智慧，融会当代理念，重构典范，唤醒价值，为中华民族的伟大复兴，为全球上人类命运共同体的共同价值建构提供思想智慧与精神价值。

三、"新子学"对于人类共同价值建构的重要精神启迪

《庄子》云:"道术将为天下裂。"当今地球上越来越不安宁,究其主要原因还在于西方文化的那一套世界观与价值观禁锢与污化了人类的心灵,对资本的最大化追逐与个人私有欲望的无底洞,已经把人类的思想与精神逼到了一条死胡同里——尔虞我诈,强欺弱,众暴寡,人类自我残杀,搬起石头砸自己的脚,如果不从自身的思想与精神上寻找新的智慧,真的等待人类共同的最后命运肯定是"天下裂"和地球毁灭。

中华文明不是低人一等,中华文化也不应该是一枝独秀,在差异中寻求共识,在合作中保存特质,这正是诸子精神在当今世界急需建构的人类共同价值中凸显的当代意义。诚然,先秦诸子并没有当今时代的生活经验,他们的思想也不是为了解决现在这个世界上的问题,但是,我们从古至今的人类所处的却是同一个地球,诸子思想对"天下"即"我们同一个地球"深远而忧患的思考,对于"天下"即人类世界文明的深刻洞见,尤其是对"人"的深刻理解,以及诸子学本身所具有的多元开放的气质,对于地球上所有人类面临的共同命运所必须共同遵守而规范的价值观的建构,是大有裨益且充满智慧启迪的。

西方文化主要信仰的是基督教,相信上帝是绝对唯一的神,认为没有宗教的道德是不能想象的,人性恶是人类集体的潜意识,所以人性需要上帝的权威和基督的拯救才能去恶从善。即使西方文化认为具有普世价值的民主、自由、人权、法治、理性,也与基督教信仰有着内在的联系。也就是说,人性是为己和邪恶的,必然残杀互斗,上帝才引导人类订立契约,保证社会生活有正常秩序。而中国先秦诸子思

想却认为人需要神道却不能溺于神道,行神道是为了弘扬人道,不是神本主义,而是始终关注人的人本主义,正如《礼记·祭统》所言"祭者,教之本也已"。而且,诸子思想是着眼于人性中的光明面,并把它称之为"仁",认为"仁"是人的内在品格,是人生价值的源头,"我欲仁,斯仁至矣"(《论语·述而》),"人皆有不忍人之心","存其心,养其性,所以事天也"(《孟子·公孙丑上》),"仁、义、礼、智,非由外铄我也,我固有之也"(《孟子·告子上》),认为价值实现完全是一种自觉自愿的理性选择,人应当把主要精力用于人性的修养及其向外的扩充,将其视为"事天"的途径,认为不是说人一生下来就是善的,只是说接受道德观念的前提,内在于应然人性之中,人性善就是"人之所以为人"。人性通于天道,天道护佑有德,都是为了整个地球上的人类生命走向文明,同时可以用神道补充人道,辅助人道。

西方文化讲的是矛盾对立统一,思维方式是二元对立与斗争,如赫拉克利特语"正义就是斗争""战争是万物之父";如《马太福音》的"我来,并不是叫地上太平,乃是叫地上动刀兵";如《君主论》的"强权就是公理""弱者无外交""政治斗争无诚实可言"等等。而诸子思想却是多元通和,首先承认事物的差异性和多样性,即孟子说的"物之不齐,物之情也",但也认可文化的普遍性与差异性、文化的多元性与共识的关系,即《周易·系辞传下》说的"天下同归而殊途,一致而百虑",宋明道学说的"理一分殊",肯定了有"我们",肯定了我们有"共同的世界",可同时也肯定了"他者",肯定了有他者的"不同世界",但这两个世界的关系是"万物共育而不相害,道并行而不相悖"(《礼记·中庸》)。

在此基础上,诸子思想主张包容一切,关照一切,主张各民族之间和平共处,主张各国之间和平共处,而自己要把"反求诸己"和"不尤人"作为修身的中心,尊重他人,尊重民意,与人为善,利群利他,严于律己,推己及人,主张"天人合一"与"万物一体"的有机主义和整体主义的世界观,教导人类要学会同万物相处,善待作为自然的他者,从修身到齐家与治国,最后指向"平天下"。

四、建构人类共同价值,如何从"新子学"中获取重要的精神价值与思想指导

《尚书·尧典》说:"克明俊德,以亲九族。九族既睦,平章百姓。百姓昭明,协和万邦。"其实,"九族"就是中国古代共同体的一种原初形式。在这个共同体中,中华先祖以"明""德"为首,包纳各族,协调众邦,讲求和睦,达到天下安和。从"九族"到"百姓",再到"万邦",是"德"在大小共同体之间贯通与展开,虽夏商周为三代不同民族所建,但沿革有统,至周代制礼作乐,使中华民族较早摆脱野蛮,进入文明行列,成为礼义文化的共同体,最终实现天下为公的大同世界。这对当今世界人类命运共同体的共同价值的建构应当具有借鉴与启发意义。

先秦时期是中华文明的转型时代,同时也是构想新的天下秩序的时代。围绕着建立一个怎样的文明体和如何建立这个文明体,那个时候的有识之士既能汲取古代的资源,又能深刻洞察现实,独立思考,大胆发言,形成了诸子百家争鸣的局面。"新子学"认为以《春秋》《周易》《论语》《老子》为基础,再旁及《孟子》《荀子》《庄子》《墨子》和《韩非子》等其他经典,形成了中华文明元文化经典的新构造,应当是对当今世界的人类共同价值建构具有激发创造的典范作用。

第一,敬畏自然,爱护地球,"天人一体"的宇宙观。面对全球性生态危机,气候恶化,环境污染严重,有些国家集团只顾本国利

益，成为输出污染的"生态帝国主义"。中华诸子"唯天为大""万物本乎天，人本乎祖"的"天人一体"的宇宙观，应当对当今人类有所警醒。中华先民敬天畏天，很早就有"女娲补天"的神话，"补天"而不"主天"，"天"就是"天命""天道"，就是"皇天上帝"，就是大自然。这就是中国人对大自然的基本态度。《老子》说"辅万物之自然而不敢为"。《中庸》说人要尽人之性，进而尽物之性，最后达到"赞天地之化育"。《易传》曰："大人者，与天地合其德，与日月合其明，与四时合其序。"孔子也说"天地之性人为贵"。明朝王阳明也说："大人者，以天地万物为一体也。"都不主张人与自然对立，而且要"制天命而用之"（《荀子》），掌握自然规律为人类服务。"吾所谓无为者，私志不得入公道，嗜欲不得枉正术，循理而举事，因资而立功，推自然之势，而曲故不得容者"（《淮南子》）都是说要尊重客观规律，因事制宜，而不能胡作妄为。当今人类命运共同体首先面临的就是地球环境的严重恶化，人类若不携手合作，化解争斗，一起致力于全球生态改善与建设，将终致地球毁灭而自取灭亡。

第二，讲信修睦，协和万邦，"天下一家"的世界观。当今世界不仅生态危机，而且全球面临严重的社会危机，然而有些国家集团民族至上、国家至上，致使殖民主义、侵略战争、种族主义、霸权主义和法西斯主义大行其道。有的国家集团认为自己的民族优越，外交不讲平等、自由、民主，甚至常常违背联合国宪章与国际公约。中华智慧则是家、国、天下为一体，家是个人成长的领域，国是保护家的族群共同体，天下是世界上所有族群生活的地方，所以《礼运》说"圣人耐以天下为一家"，《荀子·儒效》说"四海之内若一家"，《论语·颜渊》说"四海之内皆兄弟也"。中国自秦汉以来就建立了统一的大型国家，由于接受诸子的"讲信修睦""协和万邦""修文德，来远人""以德行仁，不以力称霸"的思想影响，对外强调睦邻友好，礼尚往来，不热心侵略扩张，这才有了和平的经贸文化的丝绸之路，才有郑和七下西洋而不殖民，才有了儒、释、道三教在东亚的和平传播。这种思想对于建构人类共同价值是具有指导意义的。

第三，"己所不欲，勿施于人"，"中和之道"的协调智慧。孔子很早就讲"推己及人""己欲立而立人，己欲达而达人"，始终把"反求诸己"与"不尤人"结合起来，在包容一切、尊重他人的基础上讲"中和之道"与"和而不同"。一是承认各族各国之间是平等的，"万物并育而不相害"；二是承认文明是多样的，各有自己的价值，"道并行而不悖"；三是彼此要尊重和包容，"己所不欲，勿施于人"；四是破除极端化思维，兼顾各方意愿，善于妥协平衡，提倡温和主义，"执其两端而用其中"。中华诸子精神启发我们，只有人类把发展的智慧与协调的智慧结合起来，树立"尊重他人""推己及人""刚健中正""和而不同"的共同价值理念，全球才有可能形成一个命运共同体，人类才能和平发展，健康发展，共用发展。

第四，责任在前，自由在后，"以天下为己任"的责任意识。西方的普世价值喜欢讲自由，讲人权，但它把焦点集中在个人对社会的要求，而忽视个人对社会的责任，集中在个人对自己权利的保护，而忽视个人也有尊重他人权利的责任。中国人自古以来就不是如此，《礼记·中庸》中说："凡为天下国家有九经。曰：修身也，尊贤也，亲亲也，敬大臣也，体群臣也，子庶民也，来百工也，柔远人也，怀诸侯也。"治理国家是如此，个人修身也是如此，以忠、信、仁、义、孝、惠、让、敬等德行为人生的价值取向，都强调个人承担对他人、对社会的责任。还是《礼记·坊记》中说："善则称人，过则称己，则民不争；善则称人，过则称己，则怨益亡；善则称人，过则称己，则民让善；善则称君，过则称己，则民作忠；善则称亲，过则称己，则民作孝。"对民如此，处理国家、民族之间的事情也应如此，中华诸子思想主张自己与他方构成关系时，不能以自我为中心，而应以自我为出发点，以对方为重，个人利益要服从责任的要求，都强调君子自任以天下为重。这应当成为人类共同价值建构借鉴之智慧。

第五，义务在先，权利在后，从义务为先的伦理道德。西方的普世价值非常强调个人权利的优先性，讲权利而不讲义务，突出个人本位。西方列强的大民族主义正是这种价值观的放大，当它受资本的驱动向国外扩张时，它丢掉了基督教"爱人如己"的义务，保留了"上帝拣选的民族有责任拯救全人类"的权利，同时它摆脱了国内宪法法律的约束，而回到自然状态的丛林规则，即弱肉强食的生物本性，导致产生殖民主义和霸权主义。而中华价值观特别强调义务的优先性，而且这种义务感是开放性的，从家庭可以放大到宗族、社区、再到郡县、国家、天下、宇宙。孔子讲："孝乎唯孝，友于兄弟，施于有政，是亦为政。"（《论语·为政》）。孟子讲："父子有亲，君臣有义，夫妇有别，长幼有叙，朋友有信。"（《孟子·滕文公上》）荀子讲："礼有三本：天地者，生之本也；先祖者，类之本也；君师者，治之本也。"（《荀子·礼论》）现代新儒家梁漱溟说得更为生动："人生必有其相关系之人，此即天伦；人生将始终在人与人相关系中，此即伦理。亲切相关之情，发乎天伦骨肉；乃至一切相关之人莫不自然有情，情谊所在，义务生焉。……伦理关系即表示一种义务，一个人似不为其自己而存在，而以对方为重。近世之西洋人反是，处处形见其自己本位主义，一切从权利观念出发。"① 这不正是当今建构人类共同价值的警醒之语吗？

第六，群体价值，高于个人，"以人为本"，"天下为公"的思想智慧。春秋时期，中华诸子思想就已明确提出了以人为本的观点。西方国家在文艺复兴之后才倡导以人为本，但他们近代的人本主义更多强调以个人为本。《论语》讲"四海之内皆兄弟"，《礼记》提出

---

① 《梁漱溟全集》第五卷，山东人民出版社1990年，第370页。

"以天下为一家",《荀子·礼论》也说:"礼起于何也?曰:人生而有欲,欲而不得,则不能无求;求而无度量分界,则不能不争。争则乱,乱则穷。先王恶其乱也,故制礼义以分之,以养人之欲,给人之求,使欲必不穷于物,物必不屈于欲,两者相持而长,是礼之所起也。"个人都是有欲望的,但欲望必须以礼制止,服从群体利益,个人的利益不能高于社群的利益。因为个人不能离群索居,一定要在群体之中生存生活,其道德修为必须合乎"礼",群体才能生存下去,个人也就能生存下去了。诸子思想没有抽象地讨论群体、社群,而是用"家""国""社稷""天下"等概念具体表达社群的意义与价值。中国人最基本的社群单位是家庭,扩大而为家族、社区以及乡、县、府、省、国家,乃至天下,中华诸子学说中的"能群""保家""报国"以至后来的"为天地立心""先天下之忧而忧""天下兴亡,匹夫有责""苟利国家生死以,岂因祸福避趋之"等众多的提法与观点,都明确体现出社群安宁、和谐、繁荣的重要性,凸显出个人对社群和社会的义务,强调社群和社会对个人的优先性和重要性。对中国人而言,个人是私,家庭是公;家庭是私,国家是公;社群的公、国家社稷的公是更大的公,最大的公是天下的公道、公平、公正、公义和公益,所以才说"天下为公"。这些宝贵的思想智慧对人类共同价值的建构无疑是大有裨益的。

第七,和谐理念,高于冲突,"和实生物,同则不继"的价值取向。《尚书·尧典》记载,帝舜命其乐官通过诗歌音乐,达到"八音克谐,无相夺伦,神以人和",说明中国上古先祖已经了解音乐促进和谐的作用,体现了早期智者对宇宙和谐的向往。《左传》中说:"八年之中,九合诸侯,如乐之和,无所不谐。"可见,中华先祖已将音乐的和谐作为处理人与人、人与社会、族群与族群、人与天地等关系的模型。春秋时期史伯提出的"和实生物,同则不继",《吕氏春秋·贵公》讲的"天下,非一人之天下也,天下之天下也。阴阳之和,不长一类;甘露时雨,不私一物;万民之主,不阿一人",《礼记·乐记》讲的"乐者,天地之和也;礼者,天地之序也。和故百物皆化,序故群物皆别",都表明人类的和谐在根本上来源于天地的和谐,即自然的和谐。和谐是一切事物的生成原理,没有和谐就没有万物化生,和谐的实现有着深刻的宇宙论根源。《尚书·尧典》中的"百姓昭明,协和万邦",《周礼·天官冢宰》中的"以和邦国,以统百官,以谐万民",孔子的"'柔远能迩,以定我王',平之以和也"还有宋代张载的"有象斯有对,对必反其为;有反斯有仇,仇必和而解",都在讲"天人合一",人道与天道的一致,这是天地、社会和人生中具有普遍意义的法则与原理。这对于纠正当今人类无限制的征服自然、不顾及环境与生态平衡的观念,促进全球全面协调可持续发展,建构人类的共同价值观,具有十分重要的现实意义。

(原载于《诸子学刊》第十五辑。作者单位:山西省电影家协会)

"新子学"与文化自信

张洪兴

自方勇先生 2012 年 10 月倡导"新子学"以来,学者们积极参与,在国内产生了广泛的影响,笔者曾撰《"新子学"刍议——以中国文化为本位》①《固本培元,革故鼎新——儒道学说与"新子学"》② 等文章参与讨论。近两年来,笔者就百余年来的国学展开研究,对"新子学"有了更为深入地认识。在笔者看来,当下中国人或者说中华民族最紧要的任务是重拾民族自信,构建自己的民族本位的文化,而"新子学"的提出正当其时。

一、从近代国学说起

1894 至 1895 年中日甲午战争,把中国人打得晕头转向,从此分不清东西南北。相比较而言,1840 年中英鸦片战争、1860 年英法联

---

① 张洪兴《"新子学"刍议——以中国文化为本位》,《诸子学刊》2013 年第八辑。
② 张洪兴《固本培元,革故鼎新——儒道学说与"新子学"》,《诸子学刊》2016 年第十三辑。

军攻陷北京等重大事件的影响都远远比不上这场战争——蕞尔小邦日本竟然打败了天朝帝国,这对中国人文化心理的戕害无以复加!如何救亡图强、摆脱亡国灭种的危机,成为每个中国人最为紧迫的任务。在经历了洋务运动失势、戊戌变法失败之后,中学为体、西学为用仿佛已经不合时宜,中国人该何去何从呢?

殖民主义者的坚船利炮在打开中国大门的同时,也为中国人打开了西方工业革命后的花花世界。尤其是对一些留学欧美(包括日本)的热血青年来说,中国的落后已经到了不可原谅的地步。他们进而将中国落后的根源归结为愚昧的、腐朽的、颓废的中国文化,弃之如敝屣,有的更成为全盘西化论者,其中以胡适为代表①。作为新派学人,胡适眼中的中华民族是"一分像人九分像鬼的不长进的民族"②,是一个"百事不如人"③ 的民族,中国文化"都是使我们抬不起头

---

① 林毓生在《中国意识的危机——"五四"时期激烈的反传统主义》一书中说:"事实上,胡适的改革主义不能从表面价值来理解,而应把它理解为一种假改革主义,也就是说,他的改革主义是在中国推行全盘西化的一种手段,而不是目的。……实质上,在胡适的意识中占统治地位的是他的以全盘西化主张为基础的全盘性的反传统主义。"(见林毓生《中国意识的危机——"五四"时期激烈的反传统主义》(增订再版本),贵州人民出版社1988年版,第140页。)

② 胡适《介绍我自己的思想·〈胡适文选〉自序》,见欧阳哲生《胡适文集》五,北京大学出版社1998年版,第514页。

③ 胡适在《介绍我自己的思想·〈胡适文选〉自序》中说:"我们如果还想把这个国家整顿起来,如果还希望这个民族在世界上占一个地位——只有一条生路,就是我们自己要认错。我们必须承认我们自己百事不如人,不但物质机械上不如人,不但政治制度上不如人,并且道德不如人,知识不如人,文学不如人,音乐不如人,艺术不如人,身体不如人。"(见欧阳哲生《胡适文集》五,第515页。)

来的文物制度"①,因此,他要求中国人"认罪"和"忏悔"②,他宣告:"认清了我们的祖宗和我们自己的罪孽深重,然后肯用全力去消灾灭罪;认清了自己百事不如人,然后肯死心塌地的去学人家的长处。"③ 胡适的主张,在新派学人、文人中影响力大,他的论断基本上奠定了批判中国传统文化的基调,其影响在当下也根深蒂固。胡适之外,陈独秀、钱玄同、鲁迅、吴稚晖等人都是批判中国文化的主

---

① 胡适在《信心与反省》(1934年)中说:"我们的固有文化实在是很贫乏的,谈不到'太丰富'的梦话。近代的科学文化,工业文化,我们可以撇开不谈,因为在那些方面,我们的贫乏未免太丢人了。我们且谈谈老远的过去时代罢。我们的周秦时代当然可以和希腊、罗马相提并论,然而我们如果平心研究希腊、罗马的文学,雕刻,科学,政治,单是这四项就不能不使我们感觉我们的文化是贫乏了。尤其是造型美术与算学两方面,我们真不能不低头愧汗。我们试想想,《几何原本》的作者欧几米得(Euclid)正和孟子先后同时;在那么早的时代,在二千多年前,我们在科学上早已太落后了!从此以后,我们所有的,欧洲也都有;我们所没有的,人家所独有的,人家都比我们强。……至于我们所独有的宝贝,骈文,律诗,八股,小脚,太监,姨太太,五世同居的大家庭,贞节牌坊,地狱活现的大监狱,廷杖,板子夹棍的法庭……虽然'丰富',虽然'在这世界无不足以单独成一系统',究竟都是使我们抬不起头来的文物制度。"(见欧阳哲生《胡适文集》五,第388页。)

② 胡适在《信心与反省》一文中说:"我们祖宗的罪孽深重,我们自己的罪孽深重;要认清了罪孽所在,然后我们可以用全副精力去消灾灭罪。寿生先生引了一句'中国不亡是无天理'的悲叹词句,他也许不知道这句伤心的话是我十三四年前在中央公园后面柏树下对孙伏园先生说的,第二天被他记在《晨报》上,就流传至今。我说出那句话的目的,不是要人消极,是要人反省;不是要人灰心,是要人起信心,发下大弘誓来忏悔,来替祖宗忏悔,替我们自己忏悔;要发愿造新因来替代旧日种下的恶因。"(见欧阳哲生《胡适文集》五,第389页。)

③ 胡适《再论信心与反省》,见欧阳哲生《胡适文集》五,第391页。

将,在他们的笔下中国文化简直是一无是处了。更有甚者,任鸿隽在写给胡适的信中说:"吾国的历史,文字,思想,无论如何昏乱,总是这一种不长进的民族造成功了留下来的。此种昏乱种子,不但存在文字历史上,且存在现在及将来子孙的心脑中。所以我敢大胆宣言,若要中国好,除非把中国人种先行灭绝!可惜主张废汉文汉语的,虽然走于极端,尚是未达一间呢!"① 在任鸿隽看来,新派学人废除汉字、汉语是远远不够的,还要灭绝中国的人种,即如希特勒灭绝犹太人一样,中国人也不配在这个世界上存活,这是何等的法西斯思想!

另一方面,为了保存中华民族文化命脉,在20世纪之交,黄遵宪、梁启超等人把近代国学的观念从日本引入中国,在国内倡导国学,掀起了一场争议颇多、指责不断、时间长久的国学运动②,黄节、邓实等人都是国学派的骨干。鉴于国将不国的危局,黄节《〈国粹学报〉叙》中痛心疾首地说:"呜呼!不自主其国,而奴隶于人之国,谓之国奴;不自主其学,而奴隶于人之学,谓之学奴。奴于外族之专制固奴,奴于东西之学说,亦何得而非奴也。"③ 保存国脉,保存文化血脉,不做国奴、学奴,是国学派清醒的认识。为梳理、澄清国学,邓实1905年2月至6月间,先后在《国粹学报》发表了《国

---

① 胡适《答任叔永·原书》,见欧阳哲生《胡适文集》二,第76页。
② 可参看笔者《百年国学研究中的五大争议》一文(《学术探索》2016年第7期)。
③ 黄节《〈国粹学报〉叙》,原载《国粹学报》1905年2月第1期。见桑兵等编《国学的历史》,国家图书馆出版社2010年版,第18页。

学原论》《国学微论》《国学通论》《国学今论》等四篇文章①，颇为用心。陈来先生在《近代"国学"的发生与演变——以老清华国学研究院的典范意义为视角》一文中说："而就观念意识来看，清末国学倡导者的言论，受顾炎武文化意识的影响匪浅。顾炎武关于亡国与亡天下的说法，常常转换为亡国与亡国学的关联，盖顾炎武所谓天下本是作为礼俗政教的文化而言。"②强调了国学倡导者的拳拳爱国、保国之意。

但是，在当时革新意识、革命思想占据主流的时代背景下，国学倡导者、鼓吹者常常受到声讨，如创造社成员成仿吾就批判说："这种运动的神髓，可惜只不过是要在死灰中寻出火烬来满足他们那'美好的昔日'的情绪，他们是想利用盲目的爱国的心理实行他们倒行逆施的狂妄。"③所以，总体而言，纵观百余年来的国学研究，整体的趋势即是以反传统的精神研究传统，以反国学的态度研究国学，在国内外多重势力夹击下，中国文化简直是一无是处了——中国文化迷失在历史的经纬中。

---

① 邓实《国学原论》，原载于《国粹学报》第1期（1905年2月）；《国学微论》，原载于《国粹学报》第2期（1905年3月）；《国学通论》，原载于《国粹学报》第3期（1905年4月）；《国学今论》，原载于《国粹学报》第4、5号（1905年5、6月）。上述文章见桑兵等编《国学的历史》，第21–52页。

② 陈来《近代"国学"的发生与演变——以老清华国学研究院的典范意义为视角》，《清华大学学报》2011年第3期。

③ 成仿吾《国学运动的我见》，《创造周报》第28号，1923年11月。

二、重拾文化自信

中华民族真的就是一个"百事不如人的民族"吗？中国文化真的"都是使我们抬不起头的文物制度"吗？中国社会真的只是"吃人"的礼教吗？中国人真的需要"认罪"和"忏悔"吗？杜维明教授在反思文化比较方法时，曾告诫人们警惕"强人政策"。其基本观点是："为了加强我们对自己文化的信念，加强我们自己的文化意识，乃至对自己文化的感受，我们就用我们文化中的精英来同其他文化（特别是敌对文化）中的侏儒相比。这是很不公平的事，也是在比较文化中经常出现的事。"[①] 他认为，五四以来，以鲁迅、胡适、陈独秀为代表的中国知识分子在进行文化比较时，恰好反用了这种"强人政策"，即为了对付那种保守的顽固派，为了证明中国文化不行，就特别把中国文化中糟粕的一面凸显出来，并且与西文文化精华的一面如民主科学等相比较[②]。这种文化比较的结果如何呢？在笔者看来，这必然会导致文化认同的危机，导致中国人失去自身的主体价值——摆在中国人面前的路仿佛只有西化一途。

历史是一个民族的血脉，文化是一个民族的灵魂。中国文化延续五千年，自有其历史的合理性与内在的发展逻辑，自有其内在的价值体系。我们知道，中国古代文化以黄河长江流域为中心、以农耕文明和宗法制社会为基础，这与在古希腊、古罗马、古希伯来文化基础上发展起来的、以商业文明为核心内容的西方文明有质的不同。而文化

---

① 杜维明《儒家传统的现代转化——杜维明新儒学论著辑要》，中国广播电视出版社1992年版，第85页。

② 同上，第86页。

可分为器物层面、制度层面、理念层面等不同的层面,器物层面常变常新、制度层面也可以设计与规划,这都没有任何问题;但是,文化中理念层面的内容是一个族群、一个民族、一个国家,经历百年、千年甚至万年沉积下来的,并成为一个民族、一个国家标志性的东西,不是说改变就能改变、说取消就能取消的。中国人就不能以中国人的方式堂堂正正地生活吗?中国文化就不能以中国的姿态堂堂正正地面向世界吗?徐复观在《学术与政治之间·乙集自序》中说:"在今日,既有人以满身污秽的自卑心理来面对政治问题,也有人以'满面羞惭'的自卑心理来面对文化问题。在此中人的心目中,觉得只有咒骂侮辱自己的历史文化,才能减轻作为一个中国人的罪孽感。……文化上反历史文化者的口头理由,是说不打倒自己的历史文化,西方的文化便走不进来;把这一代人的阴鄙堕退,一笔写在自己的历史文化身上。其实,人类文化都是由堂堂正正的人所创造出来,都要由堂堂正正的人所传承下去。只有由平实正常的心理所形成的堂堂正正的态度,才能把古今中外的文化平铺在自己面前,一任自己理性良心的评判、选择、吸收、消化。满面羞惭的自卑心理使一个人在精神上抬不起头来,这固然不能正视自己的历史文化,同样也不能正视西方的历史文化。"[①]

其实,晚清积贫积弱乃至于丧权辱国的原因很多:从内因来说,包括皇室昏聩、吏治腐败、军备松弛、技术(军事)落后乃至白莲教、天理教、太平天国起义等诸多方面;从外因来讲,西方殖民主义正向帝国主义转型,为了掠夺土地、资源、市场与财富,大肆扩张,贫弱的晚清正如一只待宰的肥羊,赶在了这样一个"当口"自然也就逃脱不了被侵略、被掠夺的命运——中国的落后挨打能全算到以儒

[①] 徐复观《学术与政治之间·乙集自序》,九州出版社2014年版,第8页。

家为代表的中国文化头上吗？中国文化的生成有其特殊性，儒家思想成为中国古代显性的意识形态也有其内在的合理性，邓实《国学通论》中指出："夫中国之地理便于农，而儒重农。中国之风俗原于文，而儒重文。中国之政体本于宗法，而儒重君父。则儒教之行中国，固繇乎其地理风俗与政体者矣，此其所以行之二千年，其于人心之微，未有背也。"① 可谓一语中的，我们应该大张旗鼓地宣扬中国人的核心理念。

所以，当下中国最紧要的任务，是需要重拾文化自信。当然，这种自信不是盲目的自信，而是堂堂正正融入世界民族之林的自信，是保持中国人核心价值观念基础之上的变革的自信。林毓生《中国意识的危机——"五四"时期激烈的反传统主义》书中说："我们必须认清传统与现代化的关系绝不应是黑白二分——要现代化就非全盘地推翻传统不可——的关系。我们可以并应该对一切传统中恶毒的、陈腐的成分加以严厉的排斥，但这一反传统思想却无需是全盘性的，怀海德（A. N. Whitehead）曾说：'生命有要求原创的冲动，但社会与文化必须稳定到能够使追求原创的冒险得到滋养；如此这种冒险才能开花结果而不至于变成没有导向的混乱。'有生机的传统对于维护自由和促导进步的重要性是怀海德、博兰尼（Michael Polanyi）与海耶克（F. A. Hayek）——这三位20世纪杰出而深刻的思想家——共同的识见。"② 当下中国社会的发展应该也必须从传统文化中汲取营养——中国历史、中国文化是每一个中国人生命中的财富。

---

① 邓实《国学通论》，见桑兵等编《国学的历史》，第40页。
② 林毓生《中国意识的危机——"五四"时期激烈的反传统主义·增订再版前言》，第2-3页。

三、一个"新子学"的时代悄然到来

在西方物质文明引领的时代列车上,中国已经取得了举世瞩目的物质成就,成为全球第二大经济体——相信在不远的将来,中国会超越美国成为全球第一大经济体——勤劳、聪明、坚韧的中国人能够创造一个个奇迹!但是,现在的中国人总给人一种"穷人乍富"的感觉,既外表光鲜又内心黯淡,既膀大腰圆又尖嘴猴腮,既谨小慎微又忘乎所以,既自高自大又自轻自贱,既目标明确又漂移不定,多重相互矛盾因素混合在一起,就显得有些不伦不类。究其根源,就在于中国人的文化之根出了问题,中国人的心灵少了安放之地,这会产生这样那样诸多的问题①。

当代社会由于通信、交通等迅猛发展,人与人之间联系便捷,地球成为所谓的地球村,很多人为此欢欣鼓舞,认为将来世界文化也会走向"大同",人类将归于一体。现实的状况真的是如此吗?我们看看中东地区就知道答案。以美国为首的西方国家在全世界推行所谓的普世价值,推翻了伊拉克萨达姆的统治,支持"阿拉伯之春"运动,结果使中东、北非陷入无尽的动荡之中,在世界范围产生了恐怖袭击、难民潮等诸多问题,这类现象不值得我们认真地、深入地思考吗?——或许"地球村"是21世纪最大的吊诡,世界上也不存在什么普世价值。每一个国家都有自己的"根底",这是很难改变的;而

---

① 综合互联网最新消息:2007年国际著名月刊《柳叶刀》通过调查中国4省超6万人资料,得出中国有17%的人存在精神障碍,并推算当时中国存在1.73亿精神疾病患者;10年之后的2017年,我国学界统计国内精神疾病人数仍然使用17%的比例。

随着时间的推移，尤其是有和平的生存环境与较为丰厚的物质基础之后，其国家主体性、民族主体性的诉求就会越来越强烈①。而当下中国在物质上已成为巨人，在精神上却仍是侏儒，这会使中国的综合国力大打折扣，因而亟需要加强精神文明建设，增强文化软实力。其重要途径，即是重拾文化自信，培育先秦子学精神，固本培元，革故鼎新，打通古今文化血脉，使中华文化重新焕发昂扬的生机与活力，从而实现中华民族文化的复兴——这正是"新子学"的根本使命。笔者在《固本培元，革故鼎新——儒道学说与"新子学"》一文中，曾简单论及"新子学"在道德修养、温养人心、和谐社会等三个方面的作用，这里再简单谈一谈当代学者在开创"新子学"局面时的主要使命，包括普及传统文化知识、开展道德生态修复工程、提升子学思想新境界等几个方面。

普及传统文化知识。一方面，基于百余年来中国人反传统的现实，在传统文化的普及、传播乃至研究中一直存在"妖魔化"的倾向，比如对孔子的批判，这需要正本清源，还原历史上真实的诸子思想；另一方面，由于传统与现代的割裂，人们往往只关注当下的生产日用，需要重新唤醒沉睡在他们心灵中的文化基因，这也是当下学者们的责任。目前，从中央到地方，从政府到民间，都已经有了弘扬传统文化的意识，教育部也已经明确在中小学教材中加强传统文化的教育，但这还不够，需要研究者进一步助力。

开展道德生态修复工程。中国古代本是一个道德社会，以人为本，儒家、道家思想都强调道德修养；但20世纪初的文化批判，首先是从批判所谓旧道德开始的，这是一个非常糟糕的开始。早在1903年，春水《中国国学保存论之一：正气》篇中就痛心疾首地指出："一言以蔽之，今日中国青年之大患，莫甚于借新道德之影响之

---

① 这也是民族与民族间乃至文明与文明间产生冲突的根源。

皮毛，以破坏旧道德。无所制约，无所信仰。其影响及于社会，荡无秩序，极其流弊，虽欲结犹太波兰亡国民之可怜团体，亦不可得。人道荡然，虽洪水猛兽，何足比其害也。"① 可谓一针见血。道德建构是一件旷日持久、见效缓慢的事情，但破坏起来却非常容易；而道德重构则需要更多的时间与精力，需要国家的大力推动。在笔者看来，儒家所倡导的仁、义、礼、智、信、忠、孝②、悌、节、恕、勇、让并没

---

① 春水《中国国学保存论之一：正气》，原载《政法学报》1903年第5期。见桑兵等编《国学的历史》，第8页。

② 说起孝道，人们常常不以为然，甚至把鲁迅的批判作为一个依据。鲁迅的批判就对吗？孝应该是人之为人的最基本属性，提倡孝道有问题吗？——笔者今年春节回家过年，听到的几件事情实在让人痛心：其一，一母亲为儿子照顾孙子，却遭到儿媳的百般指责，不是这有问题，就是那有问题，整天给脸色看；一天，儿子上班，打电话让母亲去看孙子，结果左等不到，右等不来，后来发现母亲吊死在家中的厨房里——母亲宁死也不愿再去见儿媳的那张脸！其二，一父亲生病，需人照顾，儿子勉强答应，却拿走了父亲的工资本，同时要求父亲、母亲离婚，说他能力有限，只能照顾一个人，遭到一众亲戚反对才作罢，但对生病的父亲依旧是不闻不问。其三，某家有两个儿子，大儿子生孩子时父母帮忙照顾了两年，二儿子生孩子时父母没有帮忙照顾；二儿子一家不依不饶，纠纷不断，最后父母"赔偿"二儿子10000元了事，但二儿子从此也不再上门。——鲁迅批判的二十四孝，有其产生的元代的特殊历史背景，而且也与中国文化延续五千年而带来的虚实相生的特点有关——我们就不能在中国文化的历史语境中分析问题吗？鲁迅指责的"郭巨埋儿"的故事，与基督教中上帝为考验亚伯拉罕的忠诚而产生的"替罪羊"的故事同是一理，或者只是善意的谎言，有什么可指责的呢？中国文化提倡孝道几千年来都还会有无数的不孝不伦之辈，遑论还要废除孝道呢？书生误国深矣！

有什么不好①，都是人性中的正能量。当然，随着时代的发展，我们可注入富有时代精神的内容，但绝不可抛弃。所以，我们要开展宏大的道德生态修复工程，重新弘扬传统道德观念，堂堂正正地做中国人。

提升子学思想新境界。由于互联网各类传播平台的普及，但从知识层面而言，人们要想查找某方面的资料，了解某方面的知识，只要上百度等搜索平台，立即就能找到，所以民间有"知之为知之，不知百度之"的戏言。中国文化延续五千年，即便只是先秦诸子的资料也可谓汗牛充栋，研究的"材料"不是问题。我们要做的，就是在先秦诸子思想的基础上，立足时代特点，注入时代内涵，产生对社会生活富有指导意义的"新子学"——中国也亟需有切合中国实际的、富有创新价值的、有影响力的思想家的产生。或许，一个"新子学"的时代已悄然到来。

今年春节期间，央视《中国诗词大会》受到亿万观众的热棒，而先前一些电视节目如《中国汉字听写大会》《中国成语大会》《见字如面》也广受好评，这说明中国文化对中国民众还是具有广泛的影响力的——中国民众有接受中国文化的心理基础。笔者相信，通过媒体、学者乃至国家政府层面的引导，中国文化必将实现伟大的复兴。

（原载于《诸子学刊》第十五辑。作者单位：东北师范大学文学院）

---

① 如果说真有什么普世价值的话，我觉得儒家的仁、义、礼、智、信、忠、孝、悌、节、恕、勇、让才可称之为普世价值，它们以人性为基础，适用于不同的群体、不同的民族、不同的国家、不同的人种。而西方所谓自由、平等、民主、人权，往往只能停留在制度层面，成为一些别有用心的人高高在上、享受人间荣华富贵的"遮羞布"——既然人与人间都是自由、平等的，既然每个人都享有人权，既然社会是民主的，那么少数人占有更多的社会资源、社会财富自然也就理所当然，穷人能够怨得别人吗？——这是西方商业文明的逻辑。所以，如果说要规划所谓普世价值的话，还是从人性角度来得实在一些。

中国文化"根性"与"新子学"

张洪兴

一、中国文化的"劣根性"标签

中华文明是世界上唯一没有中断的文明，创造了灿烂辉煌的"原生态"文化。从几千年的历史进程看，中华民族可谓命运多舛，中华文明进程中也有跌宕曲折，但在艰难曲折之后都能够重新焕发生机。在欧洲启蒙运动之前，中国曾经是欧洲人心目中的"人间天堂"，欧洲的旅行家如马可·波罗等人"既前往中国，也到过波斯和印度，但是他们把最高级的描绘留给了中国"①，中国也是哥伦布"大航海"的重要目的地。但欧洲启蒙运动之后，中国人、中国社会包括中国文化一切都变了模样。中国形象的改变——被矮化、丑化甚

---

① 赫德逊在《欧洲与中国》一书中说："旅行已经揭示了在亚洲东部有一个帝国，其人口、财富、奢侈和城市的伟大均不仅是等于而且超过了欧洲的规模。抓住了拉丁欧洲的想象并改变了它的思想观点的，更多是去中国的旅行，而不是去亚洲的任何其他部分。当时大多数欧洲旅行家既前往中国，也到过波斯和印度，但是他们把最高级的描绘留给了中国。"见［英］赫德逊著《欧洲与中国》，王遵仲等译，北京：中华书局1995年版，第135页。

至于妖魔化，主要有四个方面的因素①：

其一，西方学者歪曲甚至污蔑中国文化。欧洲启蒙运动以后，欧洲人眼中的中国形象日益恶化，他们矮化、丑化、妖魔化中国文化，并最终形成了"中国意义"的表述系统，给中国文化贴上"国民劣根性"的标签。在这一方面，周宁教授有较为深入的研究，他在《"被别人表述"：国民性批判的西方话语谱系》一文中说："从孟德斯鸠开始，西方思想界试图在现代世界观念秩序中确立中国的国民性，在后启蒙时代的东方学背景下，相关主题的不同文本，逐渐构筑起一个知识体系，经过赫尔德的发展，最后完成于黑格尔的历史哲学。此时，中国的国民性话语，作为殖民主义帝国主义意识形态语境中生产与组织'中国意义'的表述系统，已经具有一个统一的主题，即中国国民的奴性；已经形成一套相对稳定的概念，如中国的自然环境、政治专制、道德堕落、愚昧迷信、历史停滞如何塑造并表现这种奴性；已经表现出一种既定的陈述方式……已经以学术建制的方式沟通了知识与权力，为西方扩张提供了启蒙与自由大叙事下的正义理由。"②周宁教授在《天朝遥远——西方的中国形象研究》③一书中则有更为深入、系统的论述。另外，就具体个案而言，程巍在《泰

---

① 庄泽宣、陈学恂在《民族性与教育》一书中专设一章"各家对于中国民族性的意见"（第六章），从"西人眼光中的中国民族性"（25家）、"日人眼光中的中国民族性"（10家）、"国人眼光中的中国民族性"（暴露弱点的14家、尽列优点的8家、优劣并举的15家、以测验方法来观察中国民族性的2家）三个层面综述有关中国民族性的观点，所列计70余家。见庄泽宣、陈学恂《民族性与教育》，北京：商务印书馆1939年版，第303—356页。

② 周宁《"被别人表述"：国民性批判的西方话语谱系》，《文艺理论与批评》2003年第5期。

③ 周宁《天朝遥远——西方的中国形象研究》，北京：北京大学出版社2006年版。

坦尼克号上的"中国佬":种族主义的想象力》一书中,从"泰坦尼克号"海难典型事件中,集中梳理了英美人为突出盎格鲁—撒克逊人的"骑士精神"和"英雄气概",对幸存的6名"中国佬"的丑化与污蔑,以致成为中国人种"劣根性"的又一"铁证"。①

其二,西方传教士推波助澜。同西方舆论相呼应,清末进入中国的传教士为传教的需要,也极力批判中国文化,丑化中国人,其中以美国传教士明恩溥的《中国人的气质》最为典型,该书中批判了"中国人的劣根性",认为"中国人'爱面子''说话拐弯抹角''蒙昧''轻蔑外人''缺乏公共心''欠缺同情心''相互猜疑''缺乏诚信'、存在'多神教、万有教、无神论'现象等,这些问题直接反映了中国人在民族性格上存在严重缺陷"。② 明恩溥的观点对鲁迅的

---

① 程巍《泰坦尼克号上的"中国佬":种族主义想象力》,桂林:漓江出版社2013年版。
② 王以芳对此评论说:"国民性格在某种意义上是一个民族素质优劣的总体判断,是一个国家或民族在自然环境、制度习俗、道德信仰等层面合力孕育出的某种性格特征,否定了中国的国民性,就等于否定了中国在以上三个层面的正当性存在。在传教士的话语空间中,中国正面形象绝不占主导地位,道德的败坏与国民性格上的劣根性交织在一起,将中国人的道德推向了野蛮人的境地。""事实上,在传教士的形象建构中,'中国人'有两个层面的意义,一是物种上的意义,二是道德层面的意义。道德的优劣决定着物种意义上存在的正当性。而传教士建构的中国人堕落的道德形象证明了中国人在道德意义上失去正当性,从而也否定了物种意义上的正当性,这也就为传教士以'基督教拯救中国'提供了正当性。"见王以芳《19世纪媒介形态下的美国来华传教士群体建构的中国形象与美国形象的研究》,山东大学博士学位论文,2013年,第124页。

国民性批判影响甚大。①

其三，日本学者指鹿为马。不可否认，近代以来日本学术对中国学人产生了重大影响，但日本学者为倡导日本国学，排斥"汉意"，也极力丑化甚至污蔑中国文化，如把《资治通鉴》《朝野佥载》等史书、野史中有关"吃人"的记载收集起来，就有了中国"吃人"的"习俗"；再如日本学者热衷于讨论国民性的问题，为突出日本人优良的国民性，往往以中国为参照，芳贺矢一（1867-1927）在影响较大的《国民性十论》一书中，在宣扬日本人国民性的同时，攻击了中国"吃人"的文化。②

其四，新派学人信以为真。受欧美、日本有关"中国叙事"的影响，新派学人文人信以为真，扛起了文化批判的"大旗"，胡适、钱玄同、鲁迅、顾颉刚等都成为鼎鼎大名的人物。如在胡适眼中，中华民族是一个"又蠢又懒的民族"，是一个"一分像人九分像鬼的不长进的民族"，③ 是一个"百事不如人的民族"④，因此，他宣告："认清了我们的祖宗和我们自己的罪孽深重，然后肯用全力去消灭罪；认清了自己百事不如人，然后肯死心塌地的去学人家的长处。"⑤

---

① 可参见刘禾《一个现代性神话的由来——国民性话语质疑》。见陈平原、陈国球主编《文学史》（第1辑），北京：北京大学出版社1993年版。另可参看王以芳《论美国传教士对中国晚清社会的"文明化"虚构》，《山东社会科学》2013年第6期。

② 可参见[日]李冬木《芳贺矢一〈国民性十论〉与周氏兄弟》，《山东社会科学》2013年第7期。

③ 胡适《介绍我自己的思想》，欧阳哲生编《胡适文集》（5），北京：北京大学出版社1998年版，第514页。

④ 胡适《介绍我自己的思想》，欧阳哲生编《胡适文集》（5），北京：北京大学出版社1998年版，第515页。

⑤ 胡适《再论信心与反省》，欧阳哲生编《胡适文集》（5），北京：北京大学出版社1998年版，第391页。

钱玄同则宣称，要"将东方化连根拔去，将西方化全盘采用"①。更有甚者，任鸿隽在写给胡适的信中说："吾国的历史，文字，思想，无论如何昏乱，总是这一种不长进的民族造成功了留下来的。此种昏乱种子，不但存在文字历史上，且存在现在及将来子孙的心脑中。所以我敢大胆宣言，若要中国好，除非把中国人种先行灭绝！可惜主张废汉文汉语的，虽然走于极端，尚是未达一间呢！"②任鸿隽竟然要废除中国的人种，中国人不配在这个世界上存活吗？而顾颉刚等人的"古史辨运动"，则从史的角度解构了中国的古史系统，"大禹是条虫""东周以上无信史"等观点流行，无数中国学者把消解中国文化当成了自己的事业，对中国文化缺少最起码的"温情与敬意"。③

这样，在欧美、日本的影响下，中国新派学人人文人随其流而扬其波，中国文化遭到激烈的批判与严重的破坏，中国人也被贴上了"国民劣根性"的标签。从世界思想史的角度看，像中国人这样批判、否定甚至是诅咒自己本民族的文化，且持续时间之长、规模之大、影响之深远的文化史现象，绝无仅有。而文化批判的结果，就是让人觉得中国文化从根上就"烂透"了，想要生存必须要走"全盘

---

① 钱玄同《致周作人》，《钱玄同文集》（第六卷），北京：中国人民大学出版社2000年版，第65页。

② 胡适《答任叔永·原书》，欧阳哲生编《胡适文集》（2），北京：北京大学出版社1998年版，第76页。

③ 钱穆在《国史大纲》卷首首先强调："所谓对其本国已往历史有一种温情与敬意者，至少不会对其本国已往历史抱一种偏激的虚无主义（即视本国已往历史为无一点有价值，亦无一处足以使彼满意），亦至少不会感到现在我们是站在已往历史最高之顶点（此乃一种浅薄狂妄的进化观），而将我们当身种种罪恶与弱点，一切诿卸于古人（此乃一种似是而非之文化自谴）。"见钱穆《钱宾四先生全集》（27），台北：联经出版事业公司1998年版，第19页。

西化"之路。中国传统文化真的就无可救药吗?真的就一无是处吗?真的就是根烂干朽吗?其实,这主要还是态度与立场的问题。中国文化绵延五千年,生生不息;中国人在自己家园里生存与生活,代代承承,这本身就是个奇迹,即便是激烈的传统文化批判者鲁迅在去世前也说:"我们生于大陆,早营农业,遂历受游牧民族之害,历史上满是血痕,却竟支撑至今日,其实是伟大的。"① 在笔者看来,所谓中国"国民劣根性",完全是子虚乌有的污蔑。中国人非但没有"国民劣根性",中国文化非但没有文化"劣根性",相反却有着绵长的支撑着中华文明数千年发展的优秀的"根性"。徐复观在《学术与政治之间·乙集自序》中说:"人类文化都是由堂堂正正的人所创造出来,都要由堂堂正正的人所传承下去。只有由平实正常的心理所形成的堂堂正正的态度,才能把古今中外的文化平铺在自己面前,一任自己理性良心的评判、选择、吸收,消化。满面羞惭的自卑心理使一个人在精神上抬不起头来,这固然不能正视自己的历史文化,同样也不能正视西方的历史文化。"② 信夫!

二、中国文化"根性"与"新子学"的四大原则

中国文化的"根性"究竟是什么呢?又是如何体现出来的呢?这当然还要从中国人独有的品性中去寻找、去挖掘。我们上文中说到明恩溥在《中国人的气质》中所列中国人的"国民性",但他"是根

---

① 鲁迅《致尤炳圻》,见《鲁迅全集》(第十四卷),北京:人民文学出版社2005年版,第410页。
② 徐复观《学术与政治之间·乙集自序》,北京:九州出版社2014年版,第8页。

据农村社会生活写的，是他多年与农民接触所得的印象，所以都是第一手的材料"①，有失偏颇。② 下面再看几种说法：辜鸿铭在《中国人的精神》（1915）一文中认为，"要懂得真正的中国人和中国文明，那个人必须是深沉的、博大的和纯朴的。因为中国人的性格和中国文明的三大特征，正是深沉、博大和纯朴（deep, broad and simple）"，此外，"还应补上一条，而且是最重要的一条，那就是'灵敏'（delicacy）"。③ 林语堂在《中国人》（1935）一书中，专设"中国人的性格"一章以"试着描绘其民族性"，认为大致有如下特点：（1）稳健，（2）单纯，（3）酷爱自然，（4）忍耐，（5）消极避世，（6）超脱老滑，（7）多生多育，（8）勤劳，（9）节俭，（10）热爱家庭生活，（11）和平主义，（12）知足常乐，（13）幽默滑稽，（14）因循守旧，（15）耽于声色；④ "但所有这些品质又可归纳为一个词'老成温厚'。这些品质都有消极性，意味着镇静和抗御的力量，而不是年轻人的活力和浪漫。这些品质是以某种力量和毅力为目标而不是以进步和征服为目标的文明社会品质。这是一种能使人在任何情况下都

---

① 李景汉《民族特性与民族卫生·序》，潘光旦《民族特性与民族卫生》，《潘光旦文集》（第三卷），北京：北京大学出版社1995年版，第12页。

② 在笔者看来，中国传统社会一直分为两个基本的层面，即仕人社会与乡俗社会。仕人社会重人文理性，由儒家、道家、法家思想建构起来；乡俗社会则重神道设教，重乡民俗约。二者虽然缠绕交织，但还是有明显的差别。明恩溥主要以对中国农村社会的观察为依据，有失偏颇（鲁迅小说如《阿Q正传》者，只就农村取材，来批判中国人的"国民劣根性"，亦存在此问题）。

③ 辜鸿铭《中国人的精神》，黄兴涛编《辜鸿铭文集》（下卷），海口：海南出版社1996年版，第6-7页。

④ 林语堂著《中国人》（全译本），郝志东、沈益洪译，上海：学林出版社1994年版，第55-86页。

可获得宁静的文明"。① 梁漱溟在《中国文化要义》（1949）中，则综合潘光旦《民族特性与民族卫生》②、庄泽宣《民族性与教育》以及日本人内山完造《一个日本人的中国观》、渡边秀方《中国国民性论》、原惣兵卫《中国民族性之解剖》等诸家学说，指出了"比较公认"的、"约得其要"的中国人十大特点，即自私自利、勤俭、爱讲礼貌、和平文弱、知足自得、守旧、马虎、坚忍及残忍、韧性及弹性、圆熟老到。③ 上述三人的观点，辜鸿铭充分地肯定了中国人与中国文明，但过于笼统；林、梁二人对中国人"国民性"评价无疑多是负面的。林氏《中国人》是写给美国（外国）人看的，其中不乏"调侃"甚至讥嘲中国人与中国文化的笔调，不足为据。梁氏所论，综合西方及日本诸家之说，其客观性与真实性则有待商榷。林氏、梁氏所谓中国人的特点，或者只谈现象，或者仅为感觉，或者人云亦云，缺乏深入的审慎的研究。

梁漱溟在《中国文化要义》中认为中国人"十大特点"是"中国文化所结之果"④，并指出，"中国文化以周孔种其因，至秦汉收其果，几于有一成不变之观"⑤，"中国数千年风教文化之所形成，周孔

---

① 林语堂著《中国人》（全译本），郝志东、沈益洪译，上海：学林出版社1994年版，第56-57页。

② 潘光旦《民族特性与民族卫生》中有关中国人"民族性"的部分，是节译明恩溥《中国人的气质》中的内容。明恩溥论述了中国人的26种"气质"，潘光旦只选译了其中15种。

③ 梁漱溟《中国文化要义》，上海：上海人民出版社2011年版，第27-28页。

④ 梁漱溟《中国文化要义》，上海：上海人民出版社2011年版，第28页。

⑤ 梁漱溟《中国文化要义》，上海：上海人民出版社2011年版，第205页。

之力最大。举周公来代表他以前那些人物；举孔子来代表他以后那些人物；故说'周孔教化'"①，周、孔是中国文化史上的伟人，在中国文化形成过程中确实起到了巨大的作用，这没有问题，但中国文化的因（根）与果是一个非常复杂的问题，因（根）、果也很难分得清楚，或者因即是果、果即是因，这需要全面地综合地分析。2017 年 6 月，美国哈佛大学神学院教授戴维·查普曼在一场报告中，采用中西比较的方法，在分析了中国古代钻燧取火、洪水神话、后羿射日、精卫填海等神话传说后指出，中国古代神话里表现出的文化核心只有"抗争"二字，"中国人的祖先用这样的故事告诉后代：可以输，但不能屈服。中国人听着这样的神话故事长大，勇于抗争的精神已经成为遗传基因，他们自己意识不到，但会像祖先一样坚强。因此你们现在再想到中国人倔强的不服输精神，就容易理解多了，这是他们屹立至今的原因"，并反复强调这是"中华民族特征"。②查普曼教授的研究为我们把握中国文化的"根性"提供了更为广阔的思路。在笔者看来，中国文化的"根性"要到上古时期的神话传说、英雄故事中去挖掘，要到"尊尊""亲亲"的西周宗法制社会中去探求，要到春秋战国时期"百家争鸣"的诸子思想中去寻找，要到作为中国文化主干的儒家、道家思想建构中去甄别。如果顺着查普曼教授的思路，如梁漱溟般列出中国人、中国文化的"十大特点"的话，在笔者看来，中国人乃至于中国文化具有孝悌、忠信、务实、勇毅、宽恕、坚韧、真诚、淡泊、自在、闲适等特点。而这些特点，既可谓中

---

① 梁漱溟《中国文化要义》，上海：上海人民出版社 2011 年版，第 99 页。

② 《哈佛教授：中国人自己都不知道的一个民族特征，让他们屹立至今》，2017 年 6 月 11 日。2017 年 6 月 23 日访问 http：//chuansong.me/n/1904553241129。

国文化的"根",也可谓中国文化的"果"(当然该问题还需要进一步深入地讨论)。

从文化的"根性"讨论中国文化相关的问题,可能利于更好地把握中国文化的根本特征,这应该是"新子学"的重要内容。需要强调的是,中国文化"根性"的生成是一个非常漫长的过程,"新子学"即要如查普曼教授一样穷根溯源,从整体上把握中国文化;又要望闻问切,讲清楚中国文化研究中存在的问题。概而言之,立足中国文化研究的实际情况,"新子学"要把握住以下几个原则:

坚持整体性原则。先秦子学在周天子式微、诸侯争霸、礼崩乐坏的大背景之下产生,在人世、人心、人情方面虽各有侧重,甚至相互制约,相互矛盾,互相指责甚至互相批判,但诸子之学说都根植于先秦宗法制社会"沃土"之中,它们同气连枝,在一个文化共同体之中。单就儒家道家关系而论,儒家弘扬的仁、义、礼、智、信、温、良、恭、俭、让,宣扬人生的正能量;而道家以无、虚、静为支点,倡导无为、逍遥、齐物,旨在消解人生中的负能量。① 它们虽相互攻讦,但同源互补,实乃构成了相互支撑的格局,完成了中国人"达则兼济天下,穷则独善其身"的人生状态。所以,"新子学"研究者既不能因儒家而全面否定中国文化,也不能因道家全面批判中国文化,因为文化本身就是一个矛盾体(正如人性复杂一样),反之亦如是。

坚持以正面评述为主的原则。中国文化绵延五千年,作为超巨大体量的文化综合体,可以说是先进与落后共生,精华与糟粕同在,优秀与平庸相济,睿智与愚昧交融,其复杂程度不是几个形容词就能说清楚的。如果只把眼光盯在她的阴暗面,自然也会"罄竹难书",这一方面是有很多教训的。如20世纪20年代在"整理国故"运动中,

---

① 笔者称之为负—负能量,即负、负得正,转化为另一种形式的正能量。

胡适在名为"研究国故的方法"演讲中,谈到"疑古的态度"时说:"疑古的态度,简而言之,就是'宁可疑而错,不可信而错'十个字。……在东周以前的历史,是没有一字可以信的。以后呢,大部分也是不可靠的。如'禹贡'这一章书,一般学者都承认是可靠的。据我用历史的眼光看来,也是不可靠的,我敢断定它是伪的。在夏禹时,中国难道竟有这般大的土地吗?四部书里面的经、史、子三种,大多是不可靠的。我们总要有疑古的态度才好!"① 中国历史乃至中国文化,不是不可以怀疑、指责与批判,但全面的否定是不客观的、片面的,是错误的,所以笔者还是赞同王国维在"批评"顾颉刚疑史辨伪工作时提出的"与其打倒甚么,不如建立甚么"② 的观点。"新子学"应该汲取百余年来研究诸子、研究中国文化之教训,走出文化批判、文明批判的误区,坚持正面评述,以弘扬正能量,促进社会的稳定与和谐。

坚持以中国的逻辑思考中国的问题。几千年中国文化的发展,自然会形成中华文明的"个性",形成中国逻辑与中国标准。作为中国文化的主干,儒家、道家思想都坚持道德至上的原则(客观上也造成了中华文化重道不重技的传统),形成了中国特有的、辐射周边朝鲜半岛、日本以及东南亚诸国的道德范式。需要强调的是,我们需要从整体上把握先秦诸子的道德观念,对道德的理解不能只与儒家学说

---

① 胡适《研究国故的方法》。欧阳哲生编《胡适文集》(12),北京:北京大学出版社1998年版,第92-93页。
② 顾潮编《顾颉刚年谱》,北京:中国社会科学出版社1993年版,第139页。

联系在一起,① 儒家、道家的道德处于一种互补的、动态的平衡状态。从道德角度理解生命的价值,以确立行为处世的原则,即是中国的逻辑,但百余年来,在西化思潮的冲击下,中国的道德逻辑、中国的道德标准遭到了空前的破坏,所以,"新子学"需要在儒家、道家学说的基础上,重构中国的价值体系。坚持以中国的逻辑思考中国的问题,就是要把中国的事情、中国的问题、中国的人心说清楚,② 并在现代社会参与世界文明的进程,成为世界文明格局中的重要组成部分。当然,其中有些"逻辑"和"标准"在"全球化"背景下已经不合时宜,应予以扬弃。

坚持开放的文化观。自西方在全世界范围内推行殖民主义以来,不少国家的"大门"被坚船利炮打开,世界越来越成为一个开放的体系;当下由于互联网、交通工具、金融资本的"全球化",全世界

---

① 如陈霞在《论道家道德哲学的几个特点》一文中说:"一般说来,道德至上论者多以高层面的生命内涵淹没低层面的生命追求,把生命的丰富内涵单向地化约为人伦道德,将多元的生命主体简化为一元的道德主体,淡化人保护生命、自由、财产等'情'方面的追求,总想用性善情恶、义利之辩、舍生取义等教化人们,最终走向泛道德主义。失去生命中最本真的东西,没有对生命本身的尊重也会使道德走向虚伪。"(见《宗教学研究》2010年增刊)此论有失偏颇。道家强调道无所不在,庄子就明确提出了"道在屎溺"(《庄子·知北游》)的说法;王阳明龙场悟道,所谓"圣人之道,吾性自足",本身即是对生命的尊重。

② 其实,中国文化很难说得很清楚。相对于中国文化五千年这棵参天"大树"来说,我们只如蚍蜉。2014年3月29日,习近平在德国柏林同德国汉学家、孔子学院师生代表座谈时曾说:"有一些国家的政治家们滔滔不绝,我就问了一句话。我说,请问你去过中国几次?他说,很遗憾,我一次也没去过。我说,请问你还去过亚洲的什么国家?(他说)很遗憾我现在亚洲都没有到过。我说,我非常佩服你的这种自信心,我对于我没有去过的地方,我是不敢发表意见,因为我不了解它。由于难以简单地概括中国,这也正是中国文化的魅力所在。"习总书记的讲话,我是十分赞同的。

已经成为一个开放的体系；任何拒斥交流、封闭保守的企图都是没有出路的。毋庸讳言，当下西方文化仍然引领世界的潮流，中国在各个领域尤其是学术、思想领域已经向西方学习一百余年，以至于现在很多学人或者成为了"麦考利的孩子们"①，或者成为了"外表标致的道德上的矮子"②，这是在坚持文化开放的同时应该努力避免的。程巍在《泰坦尼克号上的"中国佬"：种族主义想象力》一书中说："通过'西方的眼睛'时常看看自己，无论善恶美丑，均是一种有益的参照，但把'西方的眼睛'当成自己的眼睛，就失去参照了，所得'尽是外国人旁观中国之见③'。"④ 这话甚为确当。2013年12月，在北京大学哲学系和中央编译出版社联合举办的"汤一介先生学术思想研讨会暨《瞩望新轴心时代》发布会"上，汤一介先生提出了"新轴心时代"的概念，并在采访时指出中国学术要"返本开新"，强调"西方哲学文化对中国哲学文化的冲击的积极意义"，笔者虽服

---

① 指西化或英国化的东方知识分子。托马斯·麦考利是英国著名历史学家，《英国史》的作者。1834年至1838年，他担任英国印度殖民当局公共教育委员会主席，期间曾提交了《教育备忘录》，主张在印度废除本地语教育，将英语作为印度教学语言和官方语言，在印度产生了很大的影响，造就了无数的"麦考利的孩子们"。

② 辜鸿铭指责胡适语。1919年7月12日，辜鸿铭在《密勒氏评论》上发表《反对中国文学革命》一文，称胡适为"套鸟圈套"管理人，并说："一个身为中国学者的人，能够说出中国的文言不适合创造活文学的话，他一定是一个——借用一位美国太太最近出版的题为《北京灰尘》书中的一句妙语——'外表标致的道德上的矮子'（Pretty well dwarfed ethically）。"（见黄兴涛编《辜鸿铭文集》（下），海口：海南出版社1996年版，第166-167页）

③ 章太炎《章太炎复蔡子民书》，见马勇编《章太炎书信集》，石家庄：河北人民出版社2003年版，第264页。

④ 程巍《泰坦尼克号上的"中国佬"：种族主义想象力》，桂林：漓江出版社2013年版，第308页。

膺先生之言，但更希望实现中国哲学文化对西文哲学文化的冲击，让中国文化"走出去"，从而体现中国价值的意义。所以，我们在坚持吸收西方先进文化成果的同时，也要展现中国文化价值观念，为世界文化贡献中国智慧。

三、构建以人为本的"新子学"

任何有生命力的、有生机的、有价值的绵延持久的文明，都会努力解决人之为人的问题，都会努力解决人们安身立命的问题，都会努力解决人之所以生、之所以死的问题。人一旦出生，即是向死而生，所以解决死亡的问题包括对病痛与死亡的惊惧、恐慌、绝望更为重要，宗教即由此产生，基督教、佛教、伊斯兰教都是通过虚幻、信从一个超自然的神，虚化一个超人间的"上界"来安顿心灵的。中国人则不同，宗教观念相对淡薄，则需要通过道德的修养来解决生与死之根本问题。中国文化以人为本，崇尚人本主义，[①]儒家、道家都在宗法制社会的基础上，构建了自己的人生模式。在对待生与死这一根本问题上，儒家、道家道德的路径迥异其趣，儒家由生入死，道家由死入生，赋予生命乃至于死亡以道德意义。所以，在儒道生死观念的影响下，中国人知道人一辈子究竟是什么样子，能够正视死亡，不回避死亡，生为天，死亦为天，把自己的"命"（死亡）都扛在肩上，

[①] 楼宇烈在《人本精神是中国文化的核心》一文中说："以人为本是维持人的独立性、主体性、自我自律这样一种精神，而不是去支配这个、支配那个，这才是中国的传统的人本精神。我们一定要知道，人本主义不是从西方来的，是我们中国的土产，而且是这样一种原汁原味的土产。"（见《金融博览》2016年第6期）。

这就给中国文化整体上蒙上了悲凉的底色。相关的内容，笔者多有论及，此不赘述。① 当然，作为中国文化的主干，儒家、道家思想也并不是孔子、老子闭门造车臆想出来的，他们是夏商周三代文明积淀的结果，是春秋战国时期各种社会因素激发的结果，是宗法制尊尊、亲亲社会升华的结果（儒家是正面的响应，道家是反面的要求）。儒道思想是几千年来中国人安身立命的关键。

我们知道，先秦子学产生于周天子式微、礼崩乐坏、诸侯争霸、社会动荡、士阶层崛起等背景下，其创建学说的基本动机即是经世致用，希望解决人世、人生、人情、人性的基本问题。章学诚在《文史通义·原道》篇中评论先秦诸子时说："人人自以为道德矣……皆自以为至极，而思以其道易天下者也。""新子学"也应该秉持这种精神，以人为本，为现实的人生服务。当下，中国经济发展可谓日新月异，已经成为世界第二大经济体，物质已相对富足，物质文明也已经有了很大提升，但不可讳言，精神文明的发展相对滞后。当代中国人在享受富足的物质生活的同时，精神生活并没有得到丰富，相反出现了越来越多的精神类疾患，如焦虑症、强迫症、恐惧症、自闭症、神经衰弱症、抑郁症，自杀事件频发，急需心灵的疏解与疗救。所以，我们的"新子学"要在这些方面多下功夫，既要坚持文化凝聚人心、激励人心的功能，又要坚持文化抚慰人心、温养人心的功能，注重文化的泄泻功能，排解生命中的"负能量"（人生于世，总会遇到一些不顺心、不如意的事情，总会遇到逆境、困境、险境

---

① 详情可参见笔者《论中国古代道德生态的形成及其特点》（《学术论坛》2013年第2期）、《中国古代道德生态浅论》（《光明日报·理论周刊》2014年7月16日）、《固本培元，革故鼎新——儒道学说与"新子学"的发展》（《诸子学刊》2015年第13辑）。在笔者看来，这是涉及中国文化的根本问题，需要多方面地深入地讨论。

甚至绝境,所以文化中应该有也必须有温养人心的功能,人心需要抚慰)。

建构人本主义的"新子学",一方面要尚友古人,学习古人的智慧。如在消解人生负能量方面,庄子思想就很有借鉴意义。在笔者看来,作为乱世之民、弱国之民,作为没落的失势的贵族的后裔,生活贫困的、被人轻视的庄子在他的思想世界里表现了他的怨愤。为消解人生中的负能量,庄子继承老子道家思想,从负的思维方法即否定的方法出发,对人生的价值、人世的功名利禄、儒家的学说体系进行了解构,在价值取向上指向了无。在此基础上,庄子从安时处顺、安贫乐道、死生一体、心性修养等方面进一步提出了消解负能量的具体方法,构建了中国思想史乃至世界思想史上独树一帜的心灵境界。[①] 可以说,庄子通过负的方法消解生命中的负能量,从而转化为别具一格的正能量,此种正能量可称为负—负能量。另一方面,要有理念的、理论的创新,这一方面,当下中国学人尤为欠缺,既不能解释当下中国社会发生的巨大的变化,也不能为当下的中国人提供生活的、生命的指导,且常常跟在西方学者后面人云亦云。2017年5月,著名经济学家林毅夫在北京大学国家发展研究院学术研讨会上发言时强调"中国经济学界应该扬弃'西天取经'的信念",要有中国经济学理论的独创性价值。经济学如是,"新子学"的研究亦应如是。

从世界范围内看,当一个国家的经济社会发展到一定程度,必然会激发该民族、国家对自己文化的"热情",强调自己文化的主体性,并在世界范围内追求与其经济社会发展相适应的文化上的"地位"(或可称之为对世界文化的贡献),明治维新之后的日本、19世

---

① 详见张洪兴《论庄子消解负能量的方式方法——从庄子人生际遇说起》,《兰州学刊》2016年第9期。

纪末 20 世纪初的美国莫不如此。而中国当下已经成为世界第二大经济体，社会各项事业蓬勃发展，不能只成为经济上的"巨人"、文化上的"矮子"；中国传统文化资源得天独厚，中华民族屹立世界五千年，现在已经到了宣扬中国价值、中国标准、中国荣誉的时候了！

（原载于《暨南学报》2018 年第 4 期。作者单位：东北师范大学文学院）

平等多元：从"我们的经典"到"新子学"

刘 涛

李零先生是当代享有盛誉的学者，他在中国方术、出土文献、思想史等众多方面均有建树，在诸子学方面的贡献也很突出，20世纪就相继出版了《孙子古本研究》《吴孙子发微》，新世纪以来诸子学著作则如雨后春笋，喷薄而出，计有《郭店楚简校读记》《上博简三篇校读记》《〈孙子兵法〉十三篇综合研究》《兵以诈立——我读〈孙子〉》，和引起巨大争议的《丧家狗——我读〈论语〉》，以及"我们的经典"四种，即《唯一的规则——〈孙子〉的斗争哲学》《去圣乃得真孔子——〈论语〉纵横读》《人往低处走——〈老子〉天下第一》《死生有命富贵在天——〈周易〉的自然哲学》。其中"我们的经典"四种是自成一体的系统性著作①，尤其值得注意。

李零先生认为，先秦时代是中国思想史和学术史最灿烂辉煌的时代，当时的主要学术思想就是诸子学。诸子百家平起平坐，自由争鸣，多元开放。"当时，六经是装在子学的瓶子里，是子学的一部

---

① 按，《去圣乃得真孔子——〈论语〉纵横读》与其他三书体例不同，乃是对孔子和《论语》的综论，《丧家狗——我读〈论语〉》才是一字一句的解读，因此，在讨论"我们的经典"时必须将此书考虑在内。

分,不像汉代,独尊儒术,只有六经最重要。"① 按照冯友兰先生的说法,先秦是子学时代,汉代以后是经学时代,已非古典学术的原貌。五四新文化运动打破了经学独尊的格局,诸子学借西学之风乘势而起,重获新生。李零先生认为重归古典,重新回到诸子百家争鸣的状态才是今后中国文化发展的新方向。所以,他在总序中叹道:"复兴子学,才是重归古典——我是说,真正的古典。"②

无独有偶,2012年4月,在上海召开的由华东师范大学先秦诸子研究中心举办的"先秦诸子暨《子藏》学术研讨会"上,方勇先生提出了"全面复兴诸子学"的口号。不久,他在《光明日报》刊发了《"新子学"构想》,提出"新子学"的主张,认为"新子学"承旧子学的发展脉络而来,是结合当前社会现实,对子学研究做出的主动发展,"新子学"将扎根传统文化热土,以独立姿态坦然面对西学,并承载国学真脉,促进传统思想资源的创造性转化。嗣后,方勇先生又相继发表了《再论"新子学"》《"新子学"申论》《三论"新子学"》等一系列文章,重点拈出"新子学"提倡的多元开放的"子学精神",转换审视中国学术的新视角,应对时代问题,唤醒中国古典学术的价值意义。一石激起千层浪,"新子学"理念迅即在学界引起巨大反响,众多学者纷纷撰文,或支持赞同,或商榷献疑,或补苴罅漏,方勇先生也以此为主题举办了两次学术会议,各大媒体也都对此进行了报道,一时间"新子学"成了学界备受关注的话题。

鉴于二位先生都提倡复兴诸子学,一位推出了系列著作,一位提出了崭新的理念,因此我不揣冒昧,将李零先生的著作与方勇先生的理念对勘,以期获得对诸子学发展的启示。

---

① 李零《重归古典——兼说冯、胡异同》,《死生有命富贵在天——〈周易〉的自然哲学》,三联出版社2013年版,第2页。

② 同上书,第13页。

一、重归古典

冯友兰将中国哲学史划分为两个时代,先秦是子学时代,西汉至清代是经学时代,他认为:"春秋战国时期是诸子百家争鸣的时期。各家各派,尽量发表各自的见解,以平等的资格,同别家互相辩论。不承认有所谓'一尊',也没有'一尊'。这在中国历史中是思想自由、言论自由、学术最高涨的时代。在经学时代,儒家已定为一尊。儒家的典籍,已变为'经'。这就为全国老百姓的思想,立了限制,树了标准,建了框框。在这个时代中,人们的思想都只能活动于'经'的范围之内。"[①]"所以,所谓'经学'就是思想僵化、停滞的代名词。思想僵化、停滞就是封建时代一切事物僵化、停滞的反映。'经学'和'子学',两面对比,'经学'的特点是僵化、停滞,'子学'的特点是标新立异,生动活泼。"[②] 在冯氏的描述中,经学和子学虽然在时间上前后相承,实际却是两相对立的,将二者进行比较,经学具有的全是负面价值,子学则全是正面价值。

晚清国学衰微,西学取而代之,传统四部之学被割裂填充到各个现代学科中。时至今日,中西不协、水土不服的情况愈加明显,国学的独立价值仍被沉埋湮没,为改变这种状况,学界同仁普遍认为国学研究需要重新回到自己的轨道上去,才能彰显国学的独特价值。而晚清民国以来,经学已经凋敝,在这个背景下,重归古典复兴国学,应当是复兴子学。李零先生和方勇先生的思路大概如此。他们也都继承了冯友兰关于经学和子学的看法,子学在价值上也是高于经学的,因

---

① 冯友兰《三松堂自序》,北方文艺出版社2014年版,第185—186页。
② 同上书,第186页。

此应当大力提倡，这一点尤为关键。

　　李零先生在"我们的经典"总序中辨析冯友兰、胡适二人异同，其意亦在褒扬诸子多元精神，黜退经学独尊观念。胡适、冯友兰均是用西方眼光研究中国学术，胡适《中国哲学史大纲》（上卷）为第一部哲学史著作，具有开创意义，冯友兰《中国哲学史》则后来居上，影响更大。李零先生所说二人异同，可分大小两类，小者以哲学史论诸子为范围，主要包括三个问题：诸子是否出于王官；先秦是否有六家；孔子、老子孰先孰后。大者则关乎文化发展方向，胡适在《中国哲学史大纲》中降孔子为子，并与其他诸子平列。"胡适想把子学做大，做成思想史，而不是相反，像冯氏那样，子学做成经学，经学做成理学，理学做成新儒学（他张口闭口都是做圣人，应帝王）。书越写越大，路越走越窄，失去中国思想的大气魄，失去中国思想的自由精神。"① 这里的讨论范围已不限于上述二种哲学史了，胡适顺着先秦哲学往下讲，讲到中古阶段即命名曰思想史，冯友兰著哲学史之后，凭借《贞元六书》成为新儒家的重要代表。二人方向恰好相反，胡适的做法是开放式的格局，将诸子百家都容纳进来，他仍然是思想史研究者，冯友兰则从站在周边的研究者，跳进思想者的圈子里，力主一种思想，变成众多争鸣的思想家之一。冯胡异同并不重要，他们二人代表的方向才是李零先生最关心的。

　　方勇先生更从先秦学术中总结出"子学现象"和"子学精神"，以此深化"新子学"的内涵。他总结道："所谓'子学现象'，就是指从晚周'诸子百家'到清末民初'新文化运动'时期，其间每有出现的多元性、整体性的学术文化发展现象。这种现象的生命力，主要表现为学者崇尚人格独立、精神自由，学派之间平等对话、相互争

---

① 李零《重归古典——兼说冯、胡异同》，《死生有命富贵在天——〈周易〉的自然哲学》，第12页。

鸣。各家论说虽然不同,但都能直面现实以深究学理,不尚一统而贵多元共生,是谓'子学精神'。"① 这种子学精神,正是当前学术发展所亟需的基本共识。

方勇、李零两位先生在重归古典复兴子学这一点上可谓英雄所见略同。他们一致认为,先秦诸子思想是中国思想史最辉煌灿烂的一页,具有最高的原创性和独创性,是中华文化的根脉。现在我们的思想文化发展遇到瓶颈,需要重新回到先秦寻找资源与启示。另一方面,诸子之间互相攻难,平等竞争,这种氛围和精神又是当今思想文化创发、争鸣的基本条件。经学独尊式的时代已经一去不复返了,如果现在还保有这种思维,将会导致封闭僵化,这是逆潮流而动,必将徒劳无获。

对此,我极表赞成。在当今这个价值重估的时代,古来一切都要重新审视、重新衡量。审视和衡量的最高标准就是当下的我们,如果不能更好地造福当代、造福人类,那么无论它曾经多么崇高多么尊贵,存在的时间多么长久,最终也都会被舍弃;如果能对人类当下带来福祉,则会得到认可和传承。传统经学虽然曾经高踞至尊宝座,居于中华文化的中心地位,影响无可比拟,对传统社会的稳定与发展也起到了不可替代的作用。但是近代以来,面对西方世界的强力冲击和中国本身的问题,它已经无法有效运转了,因此被西学取代。与之相反的是,先秦诸子学尤其儒学独尊后陷入隐遁或灭绝的思想学说,借着沟通西学的机会重新被发掘,现在则要摆脱西学依傍,凸显其自身的价值,看看是否有益当代。这就需要充分发掘诸子平等多元的精神,将这些思想学说置于一个平等的地位,使其各显神通,展现最大优点,发挥最大价值。

先秦诸子互相攻难,虽然也有孟子辟杨墨、荀子非十二子这样排

---

① 方勇《再论"新子学"》,《光明日报》2013年9月9日。

斥异己的现象，但在客观上却是多元共生的，事实上，在儒道二家中，均有崇尚包容平恕、平等多元的思想。《论语》屡云恕道："夫子之道，忠恕而已矣。""子贡问曰：'有一言而可以终身行之者乎？'子曰：'其恕乎。己所不欲勿施于人。'"又云："君子和而不同。"虽然并未主张多元，却能够包容他者。宋儒严辨正统异端，有失古风。清代中期，戴震愤激呼号，反对以理杀人，尤其宋儒所谓天理其实是个人意见之理，又"尊者以理责卑，长者以理责幼，贵者以理责贱，虽失谓之顺；备者、幼者、贱者以理争之，虽得谓之逆"①，理只掌握在尊者、长者、贵者等有权势的人物手中，弱势者因为无权无势即使有理也不得伸张。所以，戴震要推翻这个统一而至高无上的理，让它回归到每个人的情、欲当中，这无形中正是破一元而尚多元。钱穆先生认为，在乾嘉儒者中出现了平恕宽容的风气②。严寿澂以此为线索，发掘清儒对《周易》"涣其群"、《论语》"攻乎异端"的解释中包含的宽容平恕思想，严氏复由理论进至对实践的考察，以袁枚为例，认为近代实用型儒家循吏之学中对宽容之风亦多有展现。在考察焦循对"异端""一贯""忠恕"的新解时，严氏直呼为其解为"儒家的多元主义"，至此，他已将多元主义与儒家勾连起来③。可见，西学传入之前，清儒已有意无意地倡导多元主义了。

在道家思想中，与多元主义最接近的无疑是庄子的齐物思想。

---

① 戴震《戴震集·孟子字义疏证》，上海古籍出版社 2009 年版，275 页。
② 钱穆《略说乾嘉清儒思想》，载《中国学术思想史论丛（八）》，九州出版社 2011 年版。
③ 严寿澂《"思主容"、"涣其群"、"序异端"——清人经解中宽容平恕思想举例》《近代实用型儒家循吏之学——袁简斋论治发微》《焦循"一贯忠恕"说与儒家多元主义》，载《近世中国学术思想抉隐》，上海人民出版社 2008 年版。

《齐物论》云："民湿寝则腰疾偏死，鳅然乎哉？木处则惴栗恂惧，猨猴然乎哉？三者孰知正处？民食刍豢，麋鹿食荐，蝍且甘带，鸱鸦耆鼠，四者孰知正味？猨，猵狙以为雌，麋与鹿交，鳅与鱼游。毛嫱、丽姬，人之所美也，鱼见之深入，鸟见之高飞，麋鹿见之决骤。四者孰知天下之正色哉？"所谓物之不齐物之情也，庄子在这里接连设置了三个问题：孰知正处？孰知正味？孰知正色？答案显然是否定的。正，即标准，为何不知标准，稍稍推想一下即可明白，因为根本没有所谓标准。既然没有标准，也就不存在用一种标准去衡量甚至压制不合标准事物的现象，所以各种参差不齐均可包容。《齐物论》又云："可乎可，不可乎不可。道行之而成，物谓之而然。恶乎然？然于然。恶乎不然？不然于不然。物固有所然，物固有所可。无物不然，无物不可。"归根到底，庄子承认万物均有其合理性，所以，不论儒墨之间如何辩驳攻难，是其所非而非其所是，他们各自蕴含的价值都是不能抹杀的。关键在于"可乎可""然于然"，即要从其自身合理的这一面去看。

因此，要复兴子学，必须摆脱经学的一元思维，大力弘扬诸子间及其内部所包含的平等多元思想，为诸子学的复兴培育一块良好的精神土壤。

二、新经典

我国古代典籍分为经史子集四部，各部都有各自的经典，但真正为天下读书人提供价值意义的主要是经部的几部典籍。然而就在经部之中，历代被奉为经典的书目也是不断变化的，几乎是一代有一代之经典。汉武帝时，置五经博士，以《易》《书》《诗》《礼》《春秋》为经。东汉增设《孝经》《论语》二经，共为七经。唐太宗时召孔颖达、贾公彦撰《五经正义》，以为教科书，后又增《周礼》《仪礼》《公羊传》《谷梁传》四部，是为九经。唐文宗时以九经加《孝经》《论语》《尔雅》刻石，称为开成石经，共十二经。宋绍熙年间又将《孟子》列入，总为十三经。朱熹遴选注释《四书》，后来居上，成为比五经更为重要的读本，元代即列入科举考试。官方钦定之外，时代风气也会造就经典，魏晋时玄学蔚然勃兴，遂有《周易》《老子》《庄子》三玄的出现，南朝设儒玄文史四科，玄学被官方承认，也是因为在这数百年中玄学影响巨大，陆德明《经典释文》不选《公羊传》《谷梁传》，却增加了《老子》《庄子》两部道家经典，且排在《尔雅》之前。后世一些学者个人对经典的黜陟进退也有自己的看法。如南宋以来不少学者欲增加《大戴礼记》为十四经，另有以十四经再加《说文解字》《周髀算经》《九章算经》而成十七经者，段玉裁则有著名的二十一经说，二十一经乃十七经及《国语》《史记》《汉书》和《资治通鉴》四部史学著作，段玉裁弟子沈涛则有以五经五纬为十经的说法①。所谓经典已经冲出经部，可以包括史部和子部著作。

经典虽然一直在变，但并非任意而为，它是与历代的思想、学术的变动息息相关的，如上述三玄、四书的出现。自从清末废除科举以后，中国按照西方分科之法，各学科自有各学科的经典，但作为提供共同的基本价值的经典则消失了，致使现在社会风气一切唯利是图，有技术无灵魂。针对这一现状，有必要重新确立我们当代的经典。

李零先生"我们的经典"四种分别为《论语》《老子》《孙子》和《周易》，选择这四本书作为我们这个时代经典阅读的基本教材，他给出了三个理由。第一个理由从学术角度出发，这四本书是中国古

---

① 张寿安《从六经到二十一经——十九世纪经学的知识扩张与典范转移》，《学海》2011年第1期。

典学术的代表作。儒道二家在中国传统文化中影响最大,《论语》《老子》是儒道二家的代表作,也是中国文化的代表作。在《汉书·艺文志》的分类中,兵学是六大类中的一大类,在先秦的学术和现实社会中都有重要地位,《孙子》即其代表作。《周易》一般认为是六经之首,也最难懂,李零先生认为数术方技粗略相当于古代的科学技术,重要性不言而喻,在数术方技中"有个到处应用的理论,叫阴阳五行说,阴阳五行说也没有经典,只有《周易》经传,影响比较大,涉及这个理论"[1]。李零先生认为,古典学术分为学和术两大块,学是理论性的学问,术是应用性的学问,要重绘古典思想地图,必须重视术的研究,不可偏废。

方勇先生于今年3月在《光明日报》发表《三论"新子学"》一文,其中也谈到要重构典范。他认为,既要从先秦时代思想的结构来看,还要站在世界文明的维度上看,那么,"最受瞩目的,则当属以孔、老为代表的原始儒家、道家。其中深藏的历史洞见和思想基因,也是现代文明重新理解自身、创新时代的宝贵资源"[2]。言下之意,即《论语》《老子》需收入彀中,这与李零先生的选择不谋而合。但李零先生以学术之分为结构,方勇先生则以经子之分为结构,他认为:"由孔老切入元点时代,自然会在诸子学之外,注意到早期经学的价值。"而且,由诸子牵合经书,并非随意而为,而是注重经子之间的内在关联。因此,他以孔子、老子为中心勾连经子,以《春秋》配《论语》,以《周易》配《老子》。《春秋》与其他五经不同,经过孔子亲自删削,其中体现了孔子的重要思想,今人研究孔子思想,多限于《论语》,因而注重《春秋》及三传,可以纠正今人的

---

[1] 李零《重归古典——兼说冯、胡异同》,《死生有命富贵在天——〈周易〉的自然哲学》,第1页。

[2] 方勇《三论"新子学"》,《光明日报》2016年3月28日。

偏颇之弊。同样,《周易》与《老子》思想上存在很多相通之处,"特别是后世,无论王弼、陈抟抑或王夫之,易、老通治都是其学术的基础。《周易》和《老子》相互融通,古人限于经学观念,多不明言,今天则不妨深入加以讨论"①。这一角度独特而又深刻,今人很少道及。

二位先生从先秦经典中重新遴选了可以作为我们这个时代的经典,不约而同地选了四部,且有三部相同,可以说是所见略同,也说明它们确实是经典中的经典,具有恒久的价值,值得不同时代的人共同学习。有一本不同则是因为学术视角有差异,体现了两位先生独到的学术眼光。另外,二位先生虽然仅选择了四本,这并不是说只要这四本就够了,而是以这四本作为基础,再旁及《管子》《孟子》《荀子》《庄子》《墨子》《韩非子》等其他经典,形成新的经典架构。对此,李零先生作了解释,《论语》《老子》《孙子》《周易》部头小,除《论语》约15000字,其余三本皆在5000字上下,方勇先生所选的《春秋》也在16000字左右,其他诸子动辄数万,初入不易卒读,所以要由易入难,循序渐进。唐代将九经分为大中小三种,《礼记》《左传》为大经,《诗经》《周礼》《仪礼》为中经,《易经》《尚书》《公羊传》《谷梁传》为小经,又规定治大经限三年,《易经》与中经限两年,其余小经限一年半,像《论语》《孝经》这样的小部头两种合起来限一年②。如此划分,其标准就是卷数的多少,并且按照大小规定相应的学习时间,就是考虑到学习的难易程度,讲究由浅入深。古代专业的读书人尚且如此,对于今天的普罗大众来说,更为重要,如果开始就从大部头难度高的经典入手,不仅难以坚持到底,起初对经典的兴趣也可能会被磨灭扼杀。不得不说,李零先生的

---

① 方勇《三论"新子学"》,《光明日报》2016年3月28日。
② 欧阳修、宋祁《新唐书·选举志上》,中华书局1975年版,第1160页。

考虑还是相当周到的。

实际上,其他学者也根据自己的学术理念重构了他们心中的新经典。如饶宗颐先生主张新经学,以儒家经典加道家《老子》《庄子》为新经;梁涛提倡新道统,以《论语》《礼记》《孟子》《荀子》为新四书。遴选当代新经典体现了这些学者的责任意识和担当精神,所选书目也确实是历代经典,在当代也有其价值。观察古代经典的变化和当代诸学人所选的新经典,可以发现,他们具有一个共同点,就是逐渐趋向多元,不再以纯粹的经学为范围,史部、子部均有与选,这是符合实际的,值得肯定。但是,所选经典未必会成为被广泛接受的当代新经典。经典不是人为遴选出来的,而是自然生成的,一方面,它必须自身具有相当的价值,这一点毋庸置疑,能在历史上某一阶段成为经典就不会缺乏价值,在此基础上,还需要当代人结合现实将其当代价值充分地阐发出来,这一步更加关键,历史上,无论是三玄还是四书,它们能够成为经典,就是因为玄学家和理学家以新眼光、新理论阐发出了这些经典在那个时代的新价值。而遴选根据的都是以往的评价与当下的判断,认为它们可能会对当前现实及未来会有某种意义,但对于这些经典的当下价值似乎仍然没有阐发,所以现在遴选的经典意义有限。即以李零先生所著四书为例,他仅仅要还原古典面貌,讲出四书本来的意思,所以他将《论语》从经部还原到子部,将孔子还原成普通人,因而他用"丧家狗"这个孔子认可的描述作为书名,另一本《去圣乃得真孔子》的书名也昭显了他的这一思想。李零先生说:"我读《论语》,主要是拿它当思想史。古代思想史,有很多争论,我是像看戏一样,坐在台下看,并没打算加入哪一拨。……读《论语》,要心平气和——去政治化,去道德化,去宗教化。"① 以

---

① 李零《丧家狗——我读〈论语〉·自序》,山西人民出版社2007年版,第11页。

史观之，考其原貌，则经典是过去之经典，不可能成为当下及未来的经典。人们之所以将其奉为经典，并不是它们有经典之名，而是因为它们具有当下所需的价值，所以我还是赞同方勇先生的说法，要唤醒经典的价值，这样，它们才能真正成为"我们"的经典。在此，希望这些选出的新经典的现代价值都能尽快得到阐发。

三、面对西学

昔宋人资章甫适诸越，越人断发文身，无所用之，为害犹小，今西学东来，鸠占鹊巢，已然反客为主，令吾人至今惶惑，不知何适。自清廷废科举，兴西学，至今一百多年，固然，中国在器物层面衣食住行日用百度均已西化，思想层面西学也已掌握了主流话语权，成为衡量中学的标准，但以西格中，方凿圆枘，扞格难通，造成了中学被割裂，其价值被埋没的后果。西学倡导的一些价值仍然浮在表面，未能真正融于中国，也无法被国人完全接受。中西思想研究者仍是各自鼓吹，争执不下，今日中国思想界呈现出不中不西、又中又西的特点，这是我们要共同面对的思想局面，也是我们共同的思考起点。

李零先生在"我们的经典"中没有直接讨论当下应该如何面对西学，但他在讨论冯胡异同时隐约透露了他对西学的态度。他说："中国哲学史是五四新文化运动的产物。这个运动，不管有什么过火之处，它的伟大成果是确立了新学的主导地位，这点不能抹杀。"①新学即是西学，李零先生认为，确立新学的主导地位是五四新文化运动不可抹杀的功劳，那么他对西学抱着的是一种欢迎态度。他又说：

---

① 李零《重归古典——兼说冯、胡异同》，《死生有命富贵在天——〈周易〉的自然哲学》，第6页。

"当时,中国文运,一如国运,兵败如山倒。百废待兴,一无所有,大家是在中国的子学中寻找对等于西方概念的'哲学'。子学之盛,清季已然,西学为它注入了新的活力。儒家独尊、死水一潭的局面,是被这种东西打破。"① 以西方哲学的眼光看中国的子学,才有平视诸子的中国哲学史、思想史和学术史,尤其胡适自由开放的文化立场,更为李零先生激赏,他认为这代表了中国文化的新方向,坚持百家争鸣,才能复兴子学,重回古典。还有一点与西方相关,他在选择这四本书作为新经典的第三个理由中说道:"中国典籍传入欧洲,约400年,他们挑来挑去,看中的正好是这四本书,译本最多。它们比其他古书更能代表中国文化,也更容易融入世界文化。"② 据此,李零先生仍是以西方眼光来观照中国经典,以他者为参照,有时反而更能认清自己的真实面貌,这确实是个别出心裁的方法。且李零先生志不在小,并不满足于仅为"我们"选择经典,还要使之远播异域,融入世界,在这个地球村时代,文化发展必须要具备这样的国际大视野。

方勇先生以"新子学"观照西学,他认为"迷失在西学丛林里难以自拔的自由主义既不可取,一味沉溺于'以中国解释中国'的保守思维同样不足为训","当今世界已非西方文化中心论的时代,文化多元化是人们的必然选择。中国学术既不必屈从于西学,亦不必视之为洪水猛兽,而应根植于中国历史文化的丰厚沃土,坦然面对西学的纷繁景象。子学研究尤其需要本着这一精神,在深入开掘自身内涵的过程中,不忘取西学之长,补自身之不足,将西学作为可以攻错

---

① 李零《重归古典——兼说冯、胡异同》,《死生有命富贵在天——〈周易〉的自然哲学》,第6-7页。
② 李零《重归古典——兼说冯、胡异同》,《死生有命富贵在天——〈周易〉的自然哲学》,第2页。

的他山之石。"① 在现实层面上，即是要打破现有分科体系，重建适合子学研究自身的方式和框架，重新发掘子学中被忽略和裁切的部分，还原其真貌，更重要的是，不再以西学为价值标准，而是让子学发出自己的声音，从而彰显其自身的价值。

在当前现实情况下，首先必须承认西学为当今中国学术做出的贡献，如上文李零先生所说胡适、冯友兰二人以西学眼光著中国哲学史，奠定了中国哲学史、思想史的基础，这一方面将诸子平视，使被压抑、被边缘化的诸子重新进入中国学术视野。同时我们也要认清其弊病，以西学眼光论诸子，实质是将它们扭曲变形，使它们仅仅成为哲学史的材料，因而诸子本身的思想面貌和价值仍然晦暗不明。要想改变这种状况，必须以新的思维方式看待诸子，让诸子自己说话，自己作自己的标准，是其所是而非其所非。因此，须主张多元，提倡包容，抛弃专制独尊的经学思维。

国学大师章太炎撰《齐物论释》，以为："齐物者，一往平等之谈，详其实义，非独等视有情，无所优劣，盖离言说相，离名字相，离心缘相，毕竟平等，乃合《齐物》之义。"② 太炎以佛家平等释庄子齐物，大有深意。当其时，西学与坚船利炮裹挟而来，以中国为落后野蛮，西方为先进文明，中国知识分子亦靡然从之，欲尽弃传统，全面西化，太炎深不以为然，于是以齐物论破之，他说："原夫《齐物》之用，将以内存寂照，外利有情，世情不齐，文野异尚，亦各安其贯利，无所慕往。"文明与野蛮的差异固然存在，但各自尊尚不同，还是应该一仍旧贯，各安习俗，野蛮者不必羡慕文明而否定自己，文明者更不能自恃高贵，强迫野蛮者脱筋换骨，转成文明。太炎

---

① 方勇《"新子学"构想》，《光明日报》2012 年 10 月 22 日。
② 章太炎《齐物论释定本》，《章太炎全集》，上海人民出版社 2014 年版，第 73 页。

感慨:"然志存兼并者,外辞蚕食之名,而方寄言高义,若云使彼野人,获与文化,斯则文野不齐之见,为桀、跖嚆矢明矣。"① 若存文明野蛮不相平等之见,则可能给志存兼并之人以借口,以宣化为名行劫夺之实,最终恐不免生灵涂炭、贻害无穷。因此,须以平等的眼光看待文明与野蛮,方能使二者和平共处,齐头并进。这正是多元主义的主张。

对于学术、对于文化其实也应该如此,不同学术、文化有不同的特点和长处,也都是在各自民族及其历史的长期发展中形成的,对于本民族来说,具有相当的适应性与合理性,不宜骤然改弦更张。否则,邯郸学步,匍匐而归,必将贻笑大方。李零先生主张复兴子学,方勇先生提倡"新子学",也重在倡导子学中平等、多元的精神,以此为底色,才能真正焕发诸子本身的价值,才能让当今各大思潮的思想力量自由迸发,也才能让中学西学平等互敬,中学不必仰西学鼻息,任其裁割,西学不必以中学为无用,仗势凌人。面对西学,我们应该坦诚相待,从当下实际出发,西学虽然给中国带来种种问题,但它已经是一股强大的力量,而且本身蕴含丰富的思想资源,我们不能因为它的问题和外来的身份就故步自封,退回传统中去,而是应该承认它也是一元,让其在中国的思想疆场上与其他思想一起肆意驰骋,为中国思想界贡献力量增光添彩。

当今时代,是价值多元的时代,每个个体的选择都应该得到尊重,每种思想也都具有独特的价值,应该平等待之,不应以一种权威思想进行压制。复兴子学,回归古典,最关键的就是要摆脱经学思维,经学需要研究,但是经学思维要不得,多种思想和鸣共奏,才能谱写华美动听的思想乐章。传统儒道二家中蕴含了多元平等的思想,我们应当努力发掘,并加以现代化的转换、阐发,使之成为学术界思

---

① 章太炎《齐物论释定本》,第118页。

想界的共识。如此，学术研究才能将诸子置于平等地位，使其焕发独立价值，诸子之间多元交错，平等交流，共同促进思想发展。当今思想界在构建新思想时，也应以此为基本原则，不能独尊一家，从现实性来讲，任何一家一派都无法支撑整个思想大厦，更无法满足社会的发展需要。新经典的选择也要体现多元性，涵盖诸家，但更重要的是阐发现代价值。西学在当代的地位已经引起反思，中国需要夺回主体性，不能再俯首低眉，但也不能排斥西学，而应以平等的态度待之，以之为多元之一元，使其为中国思想发挥作用。

（原载于《诸子学刊》第十五辑。作者单位：华东师范大学中文系）

中西方视野下的"新子学"再思考

张永祥

从方勇教授《"新子学"构想》在2012年《光明日报》国学版的发表算起,"新子学"已走过五六个年头。回顾这几年的成绩,我仍坚持认为,"新子学"的发展应该植根于我们旧有的思想文化传统,立足于我们丰富的历史文献材料,在深观中西文化发展演变的消息之后,对中华文明的伟大复兴提供多元化理论选择和前瞻性思考。

一

我们确信,"新子学"的发展首先需要在东西方文明的冲突、传统与现代思想的纠缠中获得自身存在的价值与意义。在我们本土学术思想体系中,"传统"一直代表着中华文化最核心的部分,是我们价值与意义的最高来源。中国文化传统的这种特点与中国人尊祖敬宗、家国同构、普遍王权的文化背景是高度一致的。几千年来,我们一向以高度发达的文化与文明发展的伟大成就自许。自从西方现代工业文明携坚船利炮惊醒了天朝上国的千年迷梦,我们这才真正认识到自己的不足之处,意识到是自己的文明发展模式出了问题。知耻而后勇,这一点一直是我们的文化优长。但问题的关键并不在于如何急切地学习西方文化，而是在于如何对照别人来反思自己。比如说：为什么近代科学和科学革命只能产生在欧洲呢？为什么直到中世纪中国还比欧洲先进，后来却会让欧洲人反超了呢？是什么因素促成了这样的转变呢？"李约瑟难题"这类带有根本性质的文化反思今天看来仍然是有意义的。

在对世界文明尤其是西方文明从古代到现代成功转型的反思方面，德国学者马克斯·韦伯的观察对我们仍有非常重要的启发意义。韦伯把西方社会划分为传统与现代两个不同的历史范畴，认为促使西方社会发展的关键因素源于"世界的除魅"，[①] 即人类借以摆脱神学目的论的"理性"力量。这是西方启蒙运动的重心所在，本不足为奇，关键是韦伯对理性做的进一步理论区分。他认为传统社会与现代社会的区别并不在于有没有理性，而是二者之间的理性是有区别的，传统社会秉持的是价值理性，现代社会追求的则是工具理性。所谓价值理性，指相信价值的终极性和唯一正确性，突出强调动机的纯粹性而不计利害。孔子的"子为父隐父为子隐"，(《论语·子路》)《大学》的"止于至善"，(《礼记·大学》) 孟子的"舍生取义"(《孟子·告子下》) 都是这方面的生动例证。所谓工具理性，指人类实践受功利动机驱使，通过精确的计量和工具（手段）的合理化运用，追求利益最大化，强调了结果却有意无意忽略了动机。韦伯认为，西方社会之所以实现了由传统到现代的成功转换，正是因为西方宗教改革后的新教伦理成功催生出了工具理性，以工具理性为代表的资本主义精神是西方社会取得成功的关键所在。如果仅从社会经济发展的角度来衡量，韦伯的理论无疑是具有普适性的，他随后对古代中国、印度、犹太文明进行的一系列考察在这一点上也支持了他的观点。

但是，一味强调工具理性的副作用也是显而易见的。首先，以工

[①] 韦伯著《学术与政治》，冯克利译，三联书店1998年版。

具理性的眼光看待世界很容易导致价值中立立场，进而消解价值理性时代建立起来的对至善的崇高追求，最终会因为人人以自我为中心的自我定义立场而迷失在物欲的追逐中难以自拔。孟子批评杨朱"为我"，(《孟子·滕文公下》) 庄子感叹"道术将为天下裂"，(《庄子·天下》) 正可以用来评价极端强调工具理性带来的后果。其次，工具理性一方面带来了生产力的极大发展，一方面却又因为人类全然以自我为中心的价值立场导致了对他人感情的漠视和对地球资源毫无顾忌的掠夺，性别、种族、国家、文明间的冲突以及人与环境关系的矛盾，西方文明发展模式引发无休止的掠夺与战争已经严重威胁到人类自身的生存。尽管韦伯反复提醒人们工具理性的普遍性很容易招致人类自我毁灭的严重后果，但工具理性本身强大的思维模式张力以及由此带来的巨大现实利益仍然主宰着西方社会的发展方向。直至今日，西方社会的主流思想仍然认为"文明的冲突"不可避免，"历史的终结"必然是西方自由主义思潮战胜一切。假如真如西方社会所愿，历史恐怕真的要终结了。当然，我们这里的论证目的并不是为了无限夸大西方社会现代化进程中的弊端，也不是狭隘地认为当代西方社会已经失去自我反思、自我修正的能力，只是意在考察我们在学习西方的过程中是否犯有类似的错误以及如何避免诸如此类的错误。

二

　　诚然，西方文化的独特气质使其发展出现代工具理性，而工具理性反过来又消解了价值理性，同时构建出符合自身特点的一整套价值观念；工具理性本身尽管有强烈的副作用，却威力巨大，并意图以其缜密的理性力量征服异质文明。与西方文化不同，作为中国传统文化核心的价值理性中缺乏严格的逻辑思辨，"更欣赏和满足于模糊笼统的全局性的整体思维和直观把握中,去追求和获得某种非逻辑、非纯思辨、非形式分析所能得到的真理和领悟。"因而中国的价值理性发展出的只能是"实用理性"而不是"工具理性",这种实用理性的特点在于"不狂暴,不玄想,贵领悟,轻逻辑,重经验,好历史,以服务于现实生活,保持现有的有机系统的和谐稳定为目标,珍视人际,讲求关系,反对冒险,轻视创新"。[1] 李泽厚先生对"实用理性"的观察是符合中国传统文化的内在特征的,只是由于理论旨趣的缘故,他并未引入价值理性的概念以及进一步研究实用理性与价值理性的关系问题。事实上,中国古代社会尊崇的价值理性很早便已培养出独具特色的实用理性,诸如在天文、历法、农业、军事、医学、艺术、冶炼、铸造等领域,中华文明领先世界各大文明数千年都是客观的历史事实。只是中国传统社会是以价值理性为核心的文化,价值理性一直凌驾于实用理性之上并严重制约着实用理性的发展。从周公的"明德慎罚"到东周诸子的道德仁义,从西汉独尊儒术后的三纲五常到宋明理学崛起后的天理流行,这些盘踞于中国人思想深处数千年的价值观念无不彰显出价值理性的尊贵地位。与此同时,实用理性被牢牢束缚在人伦日用范围内,一旦溢出人伦日用的范围就会被视为奇技淫巧而受到排斥。这种状况直到与西方现代工业文明发生碰撞后才有所改观。

美国著名汉学研究专家列文森对中国文化的发展有着体贴入微的观察,他认为:中国知识分子在向西方文化学习的过程中,感情上依恋中国的过去,理智上则认同西方价值。[2] 的确,传统的力量是强大的,即便是经历过像"五四"那样激烈的"全盘反传统主义"运动,

---

[1] 李泽厚《中国古代思想史论》,三联书店2009年,323页。
[2] 列文森著《儒教中国及其现代命运》,郑大华译,三联书店2000年版,第67页。

中国传统文化中价值理性与实用理性仍然以各自不同的方式起作用。我们不妨先来看看实用理性的表现。中国向西方学习的过程在经历了从器物到制度的阶段之后,"五四"时期开始深入到"借思想文化以解决问题"的层面。① 这种理论上的自觉最初来自当时一批学成归来的海外留学生,如胡适在《新思潮的意义》一文中曾雄心勃勃地提出要"研究问题,输入学理,整理国故,再造文明"的口号。② 胡适所说的学理就是当时大名鼎鼎的德先生和赛先生,即民主与科学。很多人奇怪,为什么当时的知识分子要选择民主与科学,而不是较之更为基本的自由理念。华裔美国学者杜维明认为,当时提民主与自由有其实际考虑和环境压力,"民主是出于制度建设,要把人民的积极性调动起来,科学则是富国强兵的工具理性的表现"。③ 这种观点固然不错,但纵观中国向西方学习的整个过程,无论是学器物、学制度还是学思想文化,背后无不是中国人喜欢走捷径的心理作怪,而归根结底,这些文化现象的背后更是中国传统文化中实用理性的强大惯性在起作用。

在价值理性范畴内,中国现代知识分子对传统文化的感情可谓百感交集。著名华裔美国学者余英时在《现代儒学论》的《序言》中曾把中国传统文化在现代学术环境中的境遇喻为一缕"游魂",④ 在中国知识分子的心头挥之不去。在我看来,这缕"游魂"正是中国传统文化中价值理性那种崇高而不失人间烟火色的温文底蕴。中国近现代文化史上几次标志性的事件可以充分说明中国知识分子对传统文

---

① 林毓生《中国意识的危机》,贵州人民出版社1986年版,第18页。
② 胡适《新思潮的意义》,载于《胡适全集》(第1卷),安徽教育出版社2003年版,第697页。
③ 杜维明《儒家与自由主义》,三联书店2001年版,第38页。
④ 余英时《现代儒学论》,上海人民出版社2010年版,第5页。

化的眷恋之情。1935年1月，王新命、何炳松等十位教授在国民党中宣部的授意下发表了《中国本位的文化建设宣言》，其目标是想"矫正一般盲目复古和盲目西化这两种不合此时中国需要的动向"，具体方法则是"采取批评态度，应用科学方法，来检讨过去，把握现在，创造将来"。① 实用主义态度的背后仍然是"中国本位"的价值立场。1958年元旦，牟宗三、徐复观、张君劢、唐君毅四位教授在台湾联名推出"新儒家"思想观点的《为中国文化敬告世界人士宣言》，其目的在于思考"这全人类四分之一的人口之生命与精神，何处寄托，如何安顿"；他们认为，"只有从中国之思想或哲学下手，才能照明中国文化历史中之精神生命"；而中国文化之本性，正是儒家之道统。② 如论及对中国传统文化感情之深厚，情辞之哀切，莫此为甚。

大陆新儒家是以激进的"文化民族主义"面貌出现在世人面前的，最初只是蒋庆1989年在台湾《鹅湖》上发表的《中国大陆复兴儒学的现实意义及其面临的问题》一文；至2004年7月，蒋庆、陈明、康晓光、盛洪等人在贵阳阳明精舍举行了一场"中国文化保守主义峰会"，标志着现代新儒家的发展进入到一个新阶段。他们强调儒学的政治性，核心目标是要"把儒学重塑为与现代社会生活相适应的、遍及全球的现代宗教"，③ 只是这种激烈的态度与儒家中正平和的立场相去甚远，故而言辞虽烈，应者无多。2004年9月，许嘉璐、季羡林、任继愈、杨振宁、王蒙五人借中国文化高峰论坛之机，

---

① 王新命、何炳松《中国本位的文化建设宣言》，《文化建设》1935年第4期。

② 牟宗三等《为中国文化敬告世界人士宣言》，载于张君劢《新儒家思想》，中国人民出版社2006年版，第544—560页。

③ 康晓光《"文化民族主义"随想》，《战略与管理》2003年第2期。

发起并联合数十位各界文化名人联名签署了著名的《甲申文化宣言》，提出了"文化生态观"的概念，在强调文明多样性的同时，其主旨仍然意在凸显中华文化"至今仍是全体中国人和海外华人的精神家园、情感纽带和身份认同"[①]。

纵观一个多世纪以来中西文化的是是非非，尽管中间屡有曲折，但一条文化认同的思想发展线索还是不绝如缕，宛然可见。文化认同是比意识形态更为重要的一个领域，它在某种程度上甚至可以和宗教信仰相提并论，在文化向心力与民族凝聚力方面有着无可替代的重要作用。正如徐迅所言："如果一个民族的信仰受到挑战或者质疑，则民族认同的范畴就会出现危机。由于文化危机所带来的迷茫和消沉而失去认同，不仅是一个民族衰微败落的征兆，而且孕育着国家危机。"[②] 强调文化认同并没有错，只是在强调文化认同感的同时都把目光有意无意投向了儒学，似乎忘记了两千年来我们一味纵容儒学导致的思想文化僵化几乎将中华文化引向山穷水尽的绝境，也忘记了我们中华文化最为光彩夺目的时代是百家争鸣而不是儒家独大。如果我们今天在应对西方文化强势挑战的时候仍然把"追求传统的创造性转换"工作的目光停留在儒学身上，不去反思一个多世纪以来我们思想文化发展自身的限制与狭隘，那么"独立之精神，自由之思想""再造文明"之宏愿又该如何实现？无论是牵惹我们无限乡愁的价值理性，还是价值理性卵翼下举步维艰的实用理性，都不过是成也儒学，败也儒学。

[①] 许嘉璐等《甲申文化宣言》，《文学报》2004年9月9日第1版。
[②] 徐迅《民族、民族国家和民族主义》，载于《知识分子立场：民族主义与转型期中国的命运》，时代文艺出版社2000年版，第28页。

三

我们对中国文化发展谱系的描述最早一般是追溯到殷周之际,再往前就只能是一个模糊的轮廓了,甲骨文和殷商金文研究尚不足以支撑起对殷商文化整体面貌的感知。两周知识系统实际上可以分为两大部分:一是王官之学,它是以周公为代表的西周文化精英,承上古知识系统并加以创造发明的礼乐祭祀文化,后经孔子加工整理,形成谱系较为完备的"六经"系统;一是诸子之学,它是以老子为代表的东周知识分子,汲取王官之学的思想精华,并结合新的时代因素独立创造出来的子学系统。"六经"系统代表了中华学术最古老、最核心的政治智慧,因而受到历代统治阶级的追捧,西汉以降一直被视为中华文化的主流思想而传承至今;子学系统则代表了中华文化最具创造力的部分在哲学、美学、政治、经济、军事、技术等诸多领域多维度、多层次的深入展开。比起经学系统,子学系统在地位上虽有不如,但其重要性却丝毫不见逊色。他们共同构成中华文化传统知识系统的两翼,为东方文明的薪火相传奠定了深厚的思想基础。

诸子之学兴起于春秋乱世,严重的社会危机在当时思想文化范围内引起的变化之大,剧烈程度和重要性丝毫不亚于殷周之际的社会文化变革。春秋时代封建宗法等级秩序的全面崩溃引发了西周"王官"文化体制的解体,而"王官"文化体制的解体导致文化的迅速下移,士阶层中的思想者们希望能够找到社会痛苦的症结所在,于是纷纷兴办私学、著书立说,从而出现了儒、墨、道、法、名、阴阳等诸多思想流派"百家争鸣"的空前盛况。"百家",说明当时人才之兴盛、思想之活跃;"争鸣",意味着学术批评的自由、学术思想的独立。然而,文明的胎动往往是一个痛苦的过程。种种迹象显示,这种伴随社会大转型而来的思想大解放给思想家们带来的生命体验并不愉快。因为当时的思想家们不仅不看好这种思想发展的自由局面，反而认为这是对传统学术思想一种可悲的消解，"道术将为天下裂"。(《庄子·天下》) 我们今天很难再感同身受般地体验当时思想家们的痛苦，但一个更超脱的立场、一个更长的历史时期也许有助于我们更好地认识问题的实质。东西方学者在这一点上是有共识的，西方哲学家认为正是痛苦的社会现实帮助先秦诸子实现了"哲学的突破"①；冯友兰也认为："在中国哲学史各时期中，哲学家派别之众，其所讨论问题之多，范围之广，及其研究兴趣之浓厚，气象之蓬勃，皆以子学时代为第一。"②

可惜好景不长，出于天下一统的政治需要，汉武帝刘彻采纳了董仲舒"诸不在六艺之科孔子之术者，皆绝其道，勿使并进"(《汉书·董仲书传》)的建议，"罢黜百家，独尊儒术"，把学术思想的话语权收归儒家。儒学既为正统，百家自成异端，原本大放异彩的诸子之学从此陷入到一种非常尴尬的历史境地而难以自拔。然而，作为一种庞大的传统学术资源，子学的力量毕竟是难以忽视的，汉代儒家学者遂试图在理论上把子学纳入经学的范畴。李国新认为："从整体上看，《七略》以六艺为准绳条别诸子，更突出地强调了其'同'：同源于六艺，同辅于六艺，最后又归于六艺。这种构想，虽然受到秦汉以来'大一统'思想的影响，也顺应了秦汉以来诸子学说在相互斗争中相互融合的趋势，但就其思想路线来说，则是以阴阳五行的既定思路去寻求六艺与诸子间的内在联系，从而构筑了一个'六经之

---

① 帕森斯《"知识分子"：一个社会角色范畴》，《文化：中国与世界》(第三辑)。
② 冯友兰《中国哲学史》，载于《三松堂全集》(第2卷)，河南人民出版社2001年版，第262页。

支与流裔'的诸子体系。"①《汉书·艺文志》认为诸子之学"各报所长，穷知究虑，以明其指，虽有蔽短，合其要归，亦六经之支与流裔。使其人遭明王圣主，得其所折中，皆股肱之材已。若能修六艺之术，而观此九家之言，舍短取长，则可以通万方之略矣"。这种学术观点几乎成了诸子学的盖棺之论，专制时代之正统史家莫不众口一词，崇儒抑子。《隋书·经籍志》亦云："夫仁义礼智，所以治国也；方技数术，所以治身也。诸子为经籍之鼓吹，文章乃政化之黼黻，皆为治之具也。"对子学的定位与对待诸子的态度与《汉志》毫无二致。直到清代中叶，四库馆臣仍然认为："其余（儒家以外的诸子学说）虽真伪相杂，醇疵互见，然凡能自名一家者，必有一节之足以自立，即不合于圣人者，存之亦可以为鉴戒。"（《四库全书总目提要·子部总序》）

诸子之学黯而不彰千有余年，至清代开始出现复苏的迹象。清代子学研究的绝处逢生主要得益于清代考据之学的兴起。随着乾嘉学派经学研究的深入，子书开始进入考据家的视野之中，"以子证经"成为当时颇为新颖的研究思路，子书的辑佚、训诂、考证、辨伪和校勘等工作因此而得以展开。此时的诸子学，尽管身份依旧尴尬，但像卢文弨、王念孙、毕沅、阮元、孙星衍、严可均、魏源、王先谦、郭庆藩、王先慎、曹耀湘、俞樾、洪颐煊、戴望这样一大批朴学名家的研究成果，还是为诸子学的进一步发展打下了坚实的基础。清代诸子学的这种状况直到20世纪初才得以扭转，按照胡适的说法，直"到章太炎方才于校勘训诂的诸子学之外，别出一种有条理系统的诸子

---

① 李国新《论中国传统目录结构体系的哲学基础》，《北京大学学报》1991年第4期。

学"。① 所谓"有条理系统",即从章太炎这一代知识分子开始,子学研究开始引入西方近代学术方法阐发诸子义理,子学研究实现了从"考据"到"义理"、从"婢女到夫人"的真正转变。章太炎、梁启超、刘师培、严复、王国维等人是这个时代的子学功臣。随后的诸子学研究基本是在顾颉刚领导的"古史辨"运动的旗帜下进行的,由罗根泽主编的《古史辨》第四册和第六册是这一时期子学研究成果的集中体现。另据统计,1911年至1949年间,有关诸子之学的通论、专论、考证、校释、注译、汇编、引得之类的著作有超过200种之多,诸子之学的发展出现了一个不小的高潮。中华人民共和国成立后,诸子学的发展道路一波三折,中间经历过教条主义、"左倾"思潮、"文化大革命"、自由主义思潮等诸多因素的干扰。子学研究的滞后性是中华文化难以回避的问题,如何摆脱子学发展的困境,用子学的新发展改造我们的文化发展模式、引领我们的文化发展方向,今天已经成为摆在我们面前的一个十分严峻的课题。

四

"新子学"的最终目的是要充分开掘子学传统中的现代性因素,在实现自身现代化的同时为中国文化现代化提供原动力,推动中西方文化交流互动并在更高层次上取得比较优势,构筑中华民族的精神家园。为了实现这样一个雄心勃勃的目标,"新子学"不仅需要对子学产生及发展过程中出现的问题进行整体反思,尤其是对民国以来子学研究转到义理阐发的轨道上之后,子学研究工作中积累下来的种种不

---

① 胡适《中国古代哲学史》,载于《胡适文集》(第6册),北京大学出版社1998年版,第181页。

足做全面的检讨与改进；更需要整合我们在子学文献大规模整理与子学研究专家云集等方面的优势，在明确的理论指导下寻求子学研究领域的新突破。

从清末开始引入西方学术方法研治子学至今，子学研究虽然取得了不小的成绩，但也暴露出不少问题。总的来看，这些问题大致包括以下几个方面：

（一）社会和学界对子学的重视程度不够

这一点无论是在民国时期还是中华人民共和国成立后都是如此。子学在"五四"时期的进展实际上是包含在"国故学"的整体进步中的，而"国故学"在胡适先生的设计中指的是"研究中国的一切过去历史文化的学问"，"国学的目的是要做成中国文化史"。① 而子学在兴起于20世纪90年代的国学热潮中的地位同样不高，季羡林先生为代表，他认为"传统文化就是国学"，"国内各地域文化和56个民族的文化，都包括在国学的范围之内"，"融入到中国文化里的外来文化也应属于国学范围"。② 余英时先生则认为"国学，主要是指中国传统的一套学术（或知识）系统而言"，③ 其中几乎看不见子学的踪影。

（二）文献收集整理工作的缺失

20世纪以来子学文献整理成果最著者分别是世界书局1935年版的《诸子集成》（中华书局50年代有修订重印版）、中华书局版1982

---

① 胡适《发刊宣言》，《国学季刊》1923年第1期。
② 柴剑虹《季羡林先生倡言"大国学"》，《光明日报》2009年4月8日第12版。
③ 余英时《"国学"与中国人文研究》，《国学季刊》2011年第2期。

年的《新编诸子集成》以及 2009 年版的《新编诸子集成续编》。这几个系列的子学丛书体例基本一致,一般收录"先秦到唐五代的子书,着重选收与哲学、思想史的研究关系较密切的"。这种精品意识虽然保证了丛书的质量,但比起历史上浩如烟海的子学及子学研究著作来还仅是冰山一角,远不足以窥见子学研究的整体风貌。

(三) 对基础研究工作的忽视造成子学发展的后劲不足

这主要分为两个方面来看,一是当代学者在传统的训诂考证方面的学术功力日益退化,而目前这方面最优秀的学者又大多集中在考古、文字、经学等学科领域,这直接造成了对清人学术研究范围未曾覆盖的子学文献释读的困难。二是用西学方法研究子学时注意力多集中在理论阐述而忽略了对中国传统学术基础概念及概念群的深入研究,这种本末倒置的研究状况对子学研究来说更为致命,因为这会导致我们在借西方理论视角审视子学的过程中认流为源,从而迷失方向甚至完全丧失自我。

(四) 子学理论建构过程中话语权意识的淡薄

学术无国界,学术方法也应该是相通的。但是,建立在对西方文化观察和思考基础上形成的西方学术方法毕竟不能直接拿来套在中国文化身上,牵强的比附只会让子学研究陷入万劫不复的深渊;另一方面,国内学者在对这种状况大加诟病的同时,又走向了把西方学术方法视若畏途的另一种极端。应该看到,西方学术体系严整、逻辑缜密的优长的确是我们传统学术方法所欠缺的,如何用我们自己的学术话语建构出融东西方学术优长于一体的学术方法,这种理论意识一直是我们学术界的薄弱环节。

五

前文通过对中西文化冲突与交流中种种得失的比较以及对子学发展过程中出现问题的反思，意在为"新子学"的发展提供可资借鉴的文化参照，使"新子学"的成长建立在更加牢固的文化根基之上。

(一) 文献是学术研究的基础，全面整理子学相关文献是支撑"新子学"建设的坚实基础

子学虽说在封建专制时代长期受到经学的压制和排挤，但两千年下来积累的子学相关文献还是颇为惊人的，只是这个家底到底有多厚实目前还没人能够说得清楚，《子藏》工程的目标就是要摸清子学的家底。以《子藏·道家部·庄子卷》为例，我们在"全而精"的编纂原则指导下，力求觅得第一手资料，在寻找手稿、抄本、孤本、稀有之本等方面苦心搜求，最终录得中国历代庄子学著作302部，比向以完备著称的严灵峰《无求备斋庄子集成》初编、续编和《老列庄三子集成补编》中庄子部分的总数还多出130部，这个数字基本可以看作是庄学的全部家底了。以此为标准，我们最终会摸清子学的全部家底，为子学的全面复兴打下坚实的基础。

(二) 对全部子学文献进行全方位、多层次的史的梳理是"新子学"建设的必由之路

只有经过多种形式的史的梳理，才能让一堆堆毫无头绪的文献资料鲜活起来，从另一种角度上说也就是让"新子学"的生命鲜活起来。所谓全方位，指从专史的角度梳理子学文献，可以是人物史、家族史、专书史、专题史、学派史、思潮史，也可以是任何一种形式的

比较史。所谓多层次，指从通史的角度说，这种学术史的梳理可以是文化史，也可以是思想史或哲学史。这种全方位、多层次的学术史梳理在当前和今后一段历史时期都会是"新子学"建设的重心，也是"新子学"走向振兴的重要步骤。至于研究方法和可能得出的结论，正需要所有专家学者发挥"独立之精神，自由之思想"，探索符合中国学术规律、具有中国学术特征的学术方法；学术可以有目标，但不能有预结论，预作结论的学术只能是视学术为手段的伪学问，不会给"新子学"的发展带来任何好处。

(三) 上述对传统子学历史文献材料的加工整理、分疏源流以及消化吸收的工作只是"新子学"建设的基础性工作，并非"新子学"的最终目的

"新子学"真正的重心在于如何能够使子学研究者逐渐摆脱对文献材料的依赖，袭先秦诸子兴学救世之遗意，构建全新的理论体系，为中华文明的伟大复兴提供新的思想资源。诸子立言以明道，争立当代"新百家"应该成为所有新时代子学研究者的神圣追求。

(四)"新子学"的最终设想，其实并不是一个与中国其他传统学术相生相克、与西方文化你死我活的学术体系，而是一种学术理念，一种人文关怀

他最终关注的是如何实现与现实世界的良好互动，如何促成东西方文化的和谐共生，如何安顿我们的心灵。这种互动和安顿，并不是处心积虑地改造我们的实用理性以接近西方的工具理性，也不是回到宗教价值理性的立场而排斥实用理性的势利与冷漠，而是超越东西文化之争后对人类未来的深沉思索。

当然，这些看法和想法只是我们对人类文化发展过程的一种观察与反思，以及在这种观察基础之上对"新子学"的展望，并不是对

其发展趋势的事实描述。历史的发展并不以人的主观意志为转移，现实的趋势总是会不断横生枝节，需要随时根据现实情况修正前进的航向。无论历史前进的脚步怎样起伏不定，不断化解子学发展过程中出现的各种问题，引导子学未来的健康发展，发挥子学在参与国家软实力建设中的积极作用，构筑中华民族永恒的精神家园，将是"新子学"永恒的理论关切。

（原载于《集美大学学报（哲学社会科学版）》2018年第3期。作者单位：南阳师范学院新闻与传播学院）

时代召唤与"新子学"的历史担当

林其锬

自方勇教授在2012年10月22日《光明日报》发表《"新子学"构想》始,"新子学"命题很快便成了学术界的关注焦点。四年多来,《诸子学刊》和全国许多报刊以及各种会议,围绕"新子学"提出的意义、"新子学"的内涵、定位、任务、建构,及其同经学、西学、马学的关系与如何继承传统和面向世界等一系列问题,展开了热烈的讨论,并在许多方面都基本达成了共识。现在紧迫的问题是如何把理念转化为行动,把设想转化为实际,把"新子学"的学科建设落在实处,并一步一个脚印地将它推向前进。对"新子学"学科建设我们要有紧迫感,因为构建"新子学"是时代的需要、历史的要求,是子学研究者应有的担当。

习近平同志在今年5月14日出席"一带一路"国际合作高峰论坛开幕式发表主旨演讲中指出,"从历史维度看,人类社会正处在一个大发展、大变革、大调整时代";"从现实维度看,我们正处在一个挑战频发的世界"。中国在崛起,中华民族要实现复兴梦。东方在崛起,西方在衰落,发展与守成、"全球化"与"逆全球化"在博弈,"和平赤字、发展赤字、治理赤字,是摆在全人类面前的严峻挑战"。所以,中国和世界正站在过去与未来的交汇点上,面临的是百年未有的大变局。这就是建构"新子学"的大环境,也是所以有

"紧迫感"的原因。

一、西方经济的衰落与文化危机

西方世界是以美欧为核心的，两三百年来，凭借强大的经济、军事实力，通过殖民推行资本主义全球化，取得了主宰全球的地位，在文化上，也形成了欧洲中心地位。但是，这种局面现在已走到了由盛到衰的转折点。

以美国为例。美国在"二战"后确立了在西方世界的霸主地位，经济一枝独秀，GDP比重占世界50%，通过"布雷顿森林体系"确立了"美元—黄金本位制"。1971年后又把美元与黄金兑换脱钩，确立了"美元本位制"，还通过与欧佩克（国际石油组织）达成用美元为石油定价协议，取得了以一国货币为世界货币体系基础的金融霸权地位。但是，到了20世纪60-70年代，随着欧洲、日本经济的崛起，其GDP所占世界比重下降至35%。20世纪90年代到21世纪初，苏联解体，冷战结束，由于信息产业、互联网繁荣，进入所谓的"泡沫十年"，其GDP所占世界比重又从1990年的24.2%上升到2001年的32.5%。"疯狂的消费和数字的浮夸"，消费主义和物质主义像脱缰野马式地蔓延，引爆了2008年的金融危机，接着又引发了20世纪30年代以来最严重的经济危机。美国GDP所占世界比重也从2001年的32.5%下降到2010年的20%左右；国内工资增长率20年里从3.5%下降到2%，从2000年以来，家庭实际收入中位数下降了12%；国债从1980年的1万亿美元上升到2000年的6万亿美元，如今已达到20万亿美元——这还只是账面负债，而实际负债还远不止此。

欧洲也不例外。过去10年，欧盟在全球的经济份额快速下降，从2000年的21.29%降到2016年的16.7%，25%的欧洲人面临贫困或被社会边缘化。受美国金融、经济危机影响而爆发的"欧债危机",重创了欧洲许多国家的经济,至今尚未得到真正的恢复。

美欧的经济衰落,也引发了西方世界的政治、文化危机。以往,以美欧为核心的西方世界,凭借强大的经济、军事实力和科技竞争力的支撑,把自己的政治制度、经济制度、发展模式说成至善永不衰落的"山巅之城""世界灯塔""各国楷模",他们"用把世界概念化的形而上学的抽象方法得到孤立的人类个体的'普世价值',作为源于'天理'的'人类本性',凌驾于一切社会和一切人之上的'普世法则'",宣称他们主导世界是世界的福音,他们有责任通过各种手段,甚至包括军事手段,向全世界推行他们的经济、政治制度和价值观。他们在各个领域掌控了话语权,通过教育、传媒、文艺、广告进行推销、渗透,进行洗脑,又利用霸权地位,掌控世界治理,制订各种符合他们利益和价值观的标准、规约。由于长期被殖民化和自殖民化,"欧洲中心论"在文化领域影响深刻。1989年苏联解体,冷战结束,美国霸权地位达到了顶峰,西方世界处在一片胜利欢呼之中。美籍日裔学者弗朗西斯·福山在1984年宣告:"我们或许在目睹,人类意识形态演变的终点和西方自由民主制度作为人类政府形式的普遍化。"这就是所谓的"历史终结论"。美国更是踌躇满志地策划推动所谓"天鹅绒革命""颜色革命",甚至不惜捏造"理由"发动后殖民伊拉克战争,"发明""邪恶轴心",祭起"反恐"大纛,用武力推行所谓"全球社会学工程"。但是,随着美欧经济衰落,金融、经济危机和欧债危机爆发,2012年底,西方社会便转向民主自由危机的讨论,自由民主政治机制至善的神话破产了。讨论中,许多人公开表明对民主自由制度失去了信心,认为这种政治机制不能阻止社会不公平问题的恶化,也无法确保社会正义和统治精英决策的合法。有人指出:"自由民主制的危机以及无法为后工业社会提供经济稳定和社会公平,导致许多非西方国家对西方模式的醒悟。"西班牙《起义报》还发表了《"美国梦"已死》的报道。有人还指出,西方资本主义的衰落源于它内在难以克服的矛盾:"一方面对追求利润最大化的股东、对追求物质欲满足的消费者以及追求激励技术创新与生产力增长的社会而言,它可能是最有效率的制度。但是同时,对加速破坏地球环境、掠夺第三世界资源以及剥削经济弱势团体而言,也是最有效率的制度。"如果从文化深层次考察,其根柢还在于西方文化以个体本位、自我中心、自由至高、以利为先的核心价值观的消极作用。正如英国著名历史学家汤因比所言:"只要把无节制的竞争心作为支配人类行为的原理并坚持下去,少数富人和多数穷人之间的物质财富上的鸿沟和文化福利上的鸿沟也就继续扩大下去。"这种价值观从个人扩大到国家,也必然出现"美国优先""法国优先"之类把一国利益置于世界之上。因此,汤因比得出结论:"西方对政治上的影响是使世界分裂。"西方核心价值观指导下的国家决策,是同人类和平发展"全球化"趋势背道而驰的,当今"逆全球化""民粹主义"的出现就是明证。习近平说:"世界潮流浩浩荡荡,顺之则昌,逆之则亡。"逆世界发展潮流而动,必然导致自己的失败和衰落。2017 年 7 月在德国召开的二十国集团(G20)汉堡峰会 19∶1(19 个国家对美国)凸显美国孤立,正是一个例证。

二、东方中国的崛起与面临的挑战

与西方衰落成鲜明对比的是以中国为代表的东方迅速崛起。近百年,中华民族饱受灾难和屈辱,曾经"到了最危险的时候",但是经过浴血奋战,终于在 1949 年赢得独立,"站起来了"。经过 60 年的艰苦建设,经济总量 GDP 从 40 年前的世界第 9 位,跃居到第 2 位,成了世界第二大经济体。20 年前中国在世界工业生产中的份额不超

3%，而现在已占20%，成了世界第一制造大国，并且还是唯一拥有联合国产业分类中所有工业门类的国家和出口大国。1948年中国在全球货物贸易出口所占的份额仅有0.9%，2015年上升到14.2%。对比中美两国经济总量：1980年美国GDP（现价）是同年中国现价GDP的9.4倍，实际GDP占全球实际GDP的21.9%；到2016年，美国GDP（现价）只比中国现价GDP高63%，实际GDP占全球总量份额下降到15.9%，只相当同年中国所占份额（17.86%）的87%。中国经济增长对世界经济增长的年均贡献率从"十五"和"十一五"期间的14.2%上升到"十三五"期间的30.5%，2016年更是达到41.3%，而同年美国则为16.3%，日本为1.4%。1997年，中国经济总量还不如意大利，但2017年中国GDP是意大利的5倍。20世纪70年代，中国有1/4人口处于极端贫困状态，而今天则不超2%。

中国从"世界大国，天下一家"的传统理念出发，顺应世界发展潮流，提出"一带一路"（"丝绸之路经济带""海上丝绸之路"）建设战略和构建"人类命运共同体"的方案。四年来，发扬以和平合作、开放包容、互学互鉴、互利共赢为核心的丝路精神，得到各国的热烈响应。现在已有100多个国家和国际组织积极支持和参与"一带一路"建设，联合国大会、联合国安理会重要决议也将"一带一路"倡议和构建"人类命运共同体"理念载入其中，充分体现了国际社会的共识，也彰显了中国方案对全球治理的重要贡献。"一带一路"建设逐渐从理念转为行动，从愿景转变为现实，成果丰硕：政策沟通不断深化，中国已同40多个国家和国际组织签署合作协议，同30多个国家开展机制化产能合作，同60多个国家和国际组织共同推进"一带一路"贸易畅通协议；设施联通不断加强，以铁路、港口、管网等重大工程为依托，一个复合型的基础设施网络正在形成；贸易畅通不断提升，2014年至2016年中国同"一带一路"沿线国家贸易总额超过了3万亿元；资金融通不断扩大，由中国发起的"亚投行"已为"一带一路"建设参与国的9个项目提供17亿美元贷款，"丝路基金"投资达40亿美元，"一带一路"金融合作已初具规模；民心相通不断促进，各类丝绸之路文化年、旅游年、艺术节、影视桥、研讨会、智库对话等人文合作项目百花纷呈，人们往来频繁，在交流中拉近了心与心的距离。2017年5月，中国成功举办了"一带一路"国际合作高峰论坛，有来自130多个国家、70多个国际组织、29位外国元首和政府首脑、1500多位代表参加，有来自全球逾千名记者采访报道，这是一个由中国首倡举办的"一带一路"建设框架内层级最高、规模最大的国际会议。正如一位西方前政要所说："这是二战以来除联合国会议之外最大规模全球峰会，对世界格局变化的影响是深远的。"这个峰会反映了中国日益崛起的软实力，更折射了中国在全球与日俱增的吸引力、号召力。"一带一路"使中国第一次在对外政策与全球治理理念上实现了知识与思想的全球输出，全世界主要国家都来北京站台、背书，所以有人说：2017年正是中华民族伟大复兴的重大节点年。

但是也应该清醒看到：西方也只是相对衰落，我们还面临种种挑战。有人说我们正面临三个陷阱：一是国际关系上的"修昔底德陷阱"，即守成大国与新兴大国矛盾的陷阱；二是"中等收入陷阱"，即以"三低"（低工资、低福利、低效率）和"三高"（高消耗、高污染、高事故）为代价高速发展模式转型中，可能出现经济发展潜力损失，发展速度放缓，引起社会政治危机；三是"话语权陷阱"，即面对西方国际资本拥有话语霸权的严重挑战。西方国际资本经过二百多年的侵略扩张，以其核心价值、"普世价值""普世法则"灌输、渗透、影响全世界，占据了所谓"人类道德制高点"，通过对弱小民族的被殖民化和自殖化，解构弱小民族的文化体系，使之失掉了自己的话语权，成为他们的附庸。百年来，中华传统文化体系就因为过分依傍西方文化体系而被解构，日益流失，而失去话语权。因此，在今天已然崛起，并逐步走向世界中心之际，如果不加分析，不提高警惕，盲目与既定的"普世价值""普世法则"进行世界接轨，那就会不自觉地落入"话语权陷阱"。也无须讳言的是：我们在改革开放前期，由于盲目片面批判传统的"义利观"等，全盘接受西方市场发展理念，结果带来两极分化、环境严重污染等社会问题。这不能不说是个深刻教训。所以当急之务，就是要摆脱对西方文化体系的过分依傍，加强对中华传统文化的挖掘和阐发，加快构建充分反映中国特色、民族特性、时代特征的价值体系，梳理和重建中华文化体系，拿回民族话语权，参加世界治理，与世界各民族进行文明对话，促进"一带一路"建设和推进构建"人类命运共同体"。

三、"新子学"在实现中华民族复兴梦中的历史担当

经济是民族生存、发展的基础，文化才是民族的灵魂。世界上有2000多个大大小小的民族，中华民族是唯一的在文化上独立自创绵延发展而不曾中断过的民族。其中的奥秘何在？《易·象》曰："天行健，君子以自强不息。"又曰："地势坤，君子以厚德载物。"习近平说："自强不息、厚德载物的思想，支撑着中华民族生生不息、薪火相传，今天依然是我们推进改革开放和社会主义现代化建设的强大精神力量。"（《习近平谈治国理政》第158页）勤劳勇敢，奋发图强；容载万物，协和万邦的强大精神支撑，就是中华民族能够绵延数千年屹立于世界民族之林的奥秘，世界睿智之士对此也早已洞察并有预见。

英国哲学家、数学家罗素，于1920年到中国生活了11个月，1922年写了《中国问题》一书。书中说："中国人摸索出的生活方式

已经沿袭数千年，若能被全世界采纳，地球上肯定有更多的欢乐祥和。"1922年中国正处在积贫积弱、军阀混战之时，他以哲学家的犀利眼光透过现象看到了本质，并且预见中国的前途，说几百年后世界"只剩下那些爱好和平的国家，尽管它们贫穷而又弱小。中国人能自由地追求人道的目标，而不是追求白种民族都迷恋的战争、掠夺和毁灭"。他还看到中华文化的包容力、融化力和生命力："（中国人被征服之后）中国文明未经变化地保存下来，几代人之后，征服者比中国人还中国人。"美国"中国学"的创始人、著名学者费正清也说："不管文明的什么组成部分——民族或文化特征——只要一进入中国，它们就都并入具有中国特色的生活方式，受其大地和大地利用方式的补充、制约与限制。"

英国著名的历史学家阿诺尔德·J. 汤因比在中国还处于十年内乱、经济几近崩溃的1972年3月和1973年5月，同日本著名社会活动家、世界创价学会会长池田大作，以展望21世纪为中心，就世界的方方面面做了长篇对话，后来根据录音整理成书，题为《展望二十一世纪——汤因比与池田大作对话录》分别用英、日两种文字出版（中译本于1985年出版）。在对话中，汤因比预言："如果我的推测没有错误，估计世界的统一将在和平中实现。""我所预见的和平统一，一定是以地理和文化主轴为中心，不断结晶扩大起来的。我预感到这个主轴不在美国、欧洲和苏联，而是在东亚。""就中国人来说，几千年来，比世界任何民族都成功地把几亿民众，从政治文化上团结起来。他们显示出这种在政治、文化上统一的本领，具有无与伦比的成功经验。这样的统一正是今天世界的绝对要求，中国人和东亚各民族合作，在被人们认为是不可缺少和不可避免的人类统一过程中，可能要发挥主导作用，其理由就在这里。""现在各民族中具有最充分准备的，是两千年来培育了独特思维方法的中华民族。"汤因比还总结了"可以使其成为全世界统一的地理和文化的主轴"的八个方面东亚历史遗产，其中六个方面是中国的：（1）中华民族的经验：始终保持迈向全世界；（2）在漫长中国历史长河中，中华民族逐步培育起来的世界精神；（3）儒教世界观中存在的人道主义；（4）儒教和佛教所具有的合理主义；（5）道教带来的最宝贵的直感：认为人要想支配世界就要遭到挫败；（6）中国哲学共有的信念：人的目的不是狂妄地支配自己以外的自然，而是一种必须与自然保持协调而生存。至于第七日本将科学应用于技术的竞争战胜西方，第八日本和越南敢于向西方挑战的勇气，其实这两方面中国实际证明也不逊色。汤因比的结论是："将来统一世界的大概不是西欧国家，也不是西欧化的国家，而是中国。并且正因为中国有担任这样未来政治任务的征兆，所以今天中国在世界上才有令人惊叹的威望。"说实在的，当我在30年前初读中译本《二十一世纪的展望》的时候，我对汤因比的预言是充满怀疑的。今天重温他的预言，验之30年中国的发展历史和现在已露端倪的实际，不能不深佩他的睿智和对中华文化洞察的深刻。

诸子学说乃是"博明万事""人道见志""述道言志""拯世救俗"之学，是中华民族数千年生存发展经验和智慧的理性积淀与升华，也就是方勇教授在《"新子学"构想》中所说的，"代表了中华民族文化最具创造力部分""是对宇宙、社会、人生深邃思考和睿智回答，是在哲学、美学、政治、经济、军事、教育、技术等诸多领域多维度、多层次的深入展开"。因此，子学是取之不尽、用之不竭的文化宝库。中国崛起，中华民族复兴，不仅需要强大的经济、军事硬实力，也需要强大对话话语——富有创造力、感召力、公信力的文化软实力。在这历史节点上，"新子学"应该发扬先秦诸子的"述道言治""拯世救俗"优良传统和精神，在时代大变局中找准自己的位置，勇于担当，为两大历史任务提供思想资源和理论支持：（一）为建设具有中国特色的社会主义提高治国理政能力，以便有效整合社会意识，使社会得以正常运转，社会秩序得以有效维护，让社会稳定长治久安；（二）为"一带一路"建设和推进构建"人类命运共同体"打造融通中外的新概念、新范畴、新表述，和创造跨越时空、跨越国度、富有永恒魅力、具有当代价值的中国文化创新成果，以便用中国的话语同世界各民族进行文明对话，促进民心相通，夯实民意基础，筑牢社会根基。

"新子学"的本分是学术，学术独立思想自由必须保持，"新子学"应该用自己独立研究得到的成果为上面两大历史任务服务，无需越俎代庖，也绝无可能去包揽非自己所能为的任务。但是"新子学"不能游离于时代、历史提出的重大命题之外。正如著名学者、已故的当代思想家王元化所说，"思想家或作家参与意识及时代的使命感和责任感并不意味着丧失独立人格和独立见解，更不等于放弃或冲淡艺术性"，因而"不能赞赏那种心如古井、超越尘寰、不食人间烟火的隐逸高洁"。为此，当务之急，就是尽快落实"新子学"学科建设，在旧子学基础上，一方面继续文献整理、研究；另一方面从时代提出的新使命出发，打破学科、学派的人为区隔，进行整体、综合、系统研究，发掘资源，提炼与当代文化相适应、与现代社会相协调的民族基本文化基因，为内外决策提供文化历史资源和思想理论支持。

（原载于《诸子学刊》第十六辑。作者单位：上海社会科学院）

先秦诸子与中国现代政治自由的诞生（节选）

蔡志栋

上文主要阐释了我们的自由观之基本框架，也一定程度上涉及了先秦诸子在其中的作用。不过，毋庸置疑，对于这种新自由观可以有很多种研究方式加以探讨。比如，直接讨论，深入阐发其内在的各个环节和相互之间的关系。也可以采取间接讨论的方式，比如它和西方自由观的关系，从古到今各个思想家、思潮、派别对于这种自由观的认识和贡献，等等。从这个角度看，采取先秦诸子和中国现代自由的关系作为研究对象具有某种偶然性。但这种偶然性并不能抹杀其重要性。

第一，之所以选择先秦诸子，因为我们意在具体地讨论传统与现代的关系问题。

按照熊十力的说法，现代中国是一个新故交替的时代，"凡新故替代之际，新者必一面检过去之短而舍弃之，一面又必因过去之长而发挥广大之。新者利用过去之长而凭借自厚，力量益大，过去之长经新生力融化，其质与量皆不同以往，自不待言。"① 请注意熊十力的

---

① 《论六经》，《熊十力全集》（第五卷），湖北教育出版社，2001年，第773页。

措辞。他认为在这种时期,新者并非完全摒弃旧者而得发展,而是"必"与过去处于连续性和断裂性的纠葛之中。

从某种角度看,本书所论"先秦诸子与中国现代政治自由观"当然涉及传统与现代的关系问题。这是一个老生常谈但历久弥新的话题。然而,何谓传统?何谓现代?讨论至今,这些基本的范畴突然成了问题。显然,它们不仅仅是一对时间范畴,而且也涉及内在的基本性质之规定。问题的严峻性在于,说现代是起源于现代的某个时间点,并不意味着否定传统在其中所发挥的各种作用,由此,传统和现代便"剪不断,理还乱"。

我们无意于在此抽象地讨论这个问题。事实上,抽象地判定传统具有某种特色,比如是静的,而现代是动的,① 这样的做法越发值得怀疑。这倒不仅仅是说我们在现代思想家里,发现了大量地将传统诠释为动之类的言论,而是说,就其直接表达而言,当代不少人将"静"也作为重要的精神来加以主张。比如,2013年8月28日《文汇报》上有文《蛙眼阅世》,内说:"一个静不下来的民族是没有希望的!"② 虽然这仅仅是报纸上一篇散文,似乎很难进入严肃的哲学探讨的视野,③ 但是,报刊文章某种意义上具有思想史的意义,反映

---

① 比如,李大钊认为:"东方文明之特质,全为静的;西方文明之特质,全为动的。"[李大钊《动的生活与静的生活》,《李大钊全集》(第二卷),人民出版社,2006年,第96页。]虽然东西之别并非就是古今之别,但是,李大钊在某种意义上认为东方的传统就是静的,西方的传统是否为动的尚不可知,不过,他认为进入现代之后,西方文明突入东方文明,所以也要建立动的文明。从这个角度看,他认为东方之现代"应该"是动的。

② 詹克明《蛙眼阅世》,载《文汇报》2013年8月28日。

③ 不过,报刊文章为何不是哲学研究的对象?这当中或许存在着根深蒂固的偏见。我们以为,平凡的资料也可以是哲学研究的好材料。这是另外的问题了,不展开。

着时代中某些更具一般性的特征。作者的提法让我们似乎看到了历史的吊诡。因为就在刚刚过去的 20 世纪，我们民族的主流还在呼吁"一个动不起来的民族是没有希望的!"

这些琐碎的事例意在表明抽象地讨论传统和现代之间的关系是不可靠的。正是为了避免其间所蕴含的危险，我们不采取将传统和现代断为两截的方式加以讨论，而是以古今之"变"作为研究对象。也就是说，以生活在现代中国的思想家所涉及传统的言论作为考察对象。这些言论，正是反映了古今之"变"的思想家们自我认识的维度。①

不过，这里要说的重点是，传统内部也是分成多个时间段的，有先秦时期的传统，也有秦汉时期的传统，还有唐宋元明清时期的传统。我们所选择的是先秦时期的传统与现代的关系。这是具体化的一个含义。

第二，先秦诸子具有极端的重要性。

之所以选择这个阶段，自然因为先秦时期具有极端的重要性。雅斯贝尔斯（Karl Theodor Jaspers）将这个时期列为"轴心时代"，已经从某个角度为我们做出了论证。本书从其他角度再略做述说。

这种重要性首先表现在现代思想家们的自我认识之上。梁启超认为，清代学术思想史是此前二千多年的学术史的"倒影而缫演之"。他将清代学术史分为四个时期：② 第一期（顺治康熙年间）复兴的是程朱陆王问题；第二期（雍正、乾隆、嘉庆年间），复兴的是汉宋问题；第三期（道光、咸丰、同治年间），复兴的是今古文问题；第四

---

① 下文还会涉及这个问题。
② 梁启超《论中国学术思想变迁之大势》，《饮冰室文集点校》（第一集），吴松等点校，云南教育出版社，2001 年，第 282 页。

期（光绪年间）复兴的是孟荀、孔老墨等问题。他又说："综观二百余年之学史，其影响及于全思想界者，一言蔽之，曰'以复古为解放'。第一步，复宋之古，对于王学而得解放。第二步，复汉唐之古，对于程朱而得解放。第三步，复西汉之古，对于许郑而得解放。第四步，复先秦之古，对于一切传注而得解放。夫既已复先秦之古，则非至对于孔孟而得解放焉不止矣。"①

这种描述当然如梁启超本人所说的那样是"勉分时代"，不可"划若鸿沟"。②而且也不能因此而推论晚清之后，进入民国时期，中国学术思想史完全是先秦思想史的翻版，并且越追越远。然而，梁启超所揭示的晚清以来先秦诸子学的复兴则是一个不争的事实。从这角度看，先秦诸子之所以重要，因为它们在现代中国得到了复兴。这构成了我们进行讨论的历史基础：正是因为有大量的思想家大量地涉及先秦诸子，我们以之为研究对象才是可能的。

其次，先秦诸子的重要性还表现在中国要复兴离不开先秦诸子之思。对此有清晰认识的还是梁启超。他指出，"我中国于周、秦之间，诸子并起，实为东洋思想之渊海，视西方之希腊，有过之无不及，政治上之思想，社会上之思想，艺术上之思想，皆有亭毒六合，包罗万象之观。中世以还，国势统一，无外国之比较，加以历代君相，以愚民为术，阻思想之自由，故学风顿衰息，诚有如欧洲之所谓黑暗时代者。夫欧洲所以有今日之文明者，因十字军以后，外之则责来埃及、印度、远东之学术，内之则发明希腊固有之学术，古学复兴，新学继起，因蒸蒸而日上耳。中国今日之时局，正有类于是，外之，则受欧洲输入之种种新学，内之则因国民所固有历史所习惯的

---

① 梁启超《清代学术概论》，上海古籍出版社，1998年，第7页。
② 梁启超《论中国学术思想变迁之大势》，《饮冰室文集点校》（第一集），吴松等点校，云南教育出版社，2001年，第282页。

周、秦古学,而更加发明。"① 他还说:"欲通中学者,必导源于三代古籍,周秦诸子也。"②

梁启超认为,先秦时期"思想极自由活泼,孔子、老子、墨子、庄子、孟子、荀子、韩非子等大思想家相继出生,实为古代思想界最有光辉的时代"③。他指出,"经唐、虞、三代以来一千多年文化的蓄积,根柢已很深厚,到这时候尽情发泄,加以传播思想的工具日益利便,国民交换智识的机会甚多,言论又极自由。合以上种种原因,所以,当时思想界异常活泼,异常灿烂。不惟政治,各方面都是如此。"④

同样,被徐复观、牟宗三、唐君毅等人奉为宗师的熊十力指出现代中国需要文艺复兴,其起点则是先秦诸子:

> 余以为辛亥光复,帝制告终,中国早应有一番文艺复兴之绩,唯所谓复兴者,决非于旧学不辨短长,一切重演之谓。惟当秉毛公评判接受之明示,先从孔子六经清理本源,此则晚周诸子犹未绝者,(如老庄孟荀管墨之类)或残篇仅存(如《公孙龙子》之类)及有片言碎义见于他籍者,皆

---

① 梁启超《论中国人种之将来》,《饮冰室文集点校》(第二集),吴松等点校,云南教育出版社,2001年,第707-708页。
② 梁启超《变法通议》,《饮冰室文集点校》(第一集),吴松等点校,云南教育出版社,2001年,第64页。
③ 梁启超《明清之交中国思想界及其代表人物》,《饮冰室文集点校》(第五集),吴松等点校,云南教育出版社,2001年,第3105页。
④ 梁启超《先秦政治思想》,《饮冰室文集点校》(第五集),吴松等点校,云南教育出版社,2001年,第3086页。

当详其本义，而后平章得失。①

在这段论述中我们还能发现毛泽东思想的影子。毛泽东便说过，"从孔夫子到孙中山，我们应当给以总结，承继这一份珍贵的遗产"②。

而且，熊十力甚至认为中国先秦时代本来已有科学和民主思想，但进入秦汉专制时期之后，这个传统却被抹杀了。这个思想他在《原儒》一书中反复加以申发，我们也将在本书的相关部分看到若干端倪。从这个角度看，回到先秦诸子也就是回到中国固有的科学和民主的传统，而按照本书的规范来说，科学和民主分别和自由的认识论维度以及政治自由的实现方式密切相关。

以马克思主义立场创造了"智慧说"的冯契先生也指出，

> 近代思想家大多向往着先秦儒、道、墨诸子蜂起，百家并作的局面。先秦是民族文化的"童年时代"，它揭开了中国哲学史的光辉灿烂的一页，近代中国人又一次回顾了这个具有"永久的魅力"的时代，从中吸取了丰富的营养。③

可见，先秦诸子在中国现代思想史上的存在及其重要性既是一个事实，又为众多不同派别的思想家所认识到。

最后，先秦诸子的重要性表现在他们和现代人一样，面对着的是

---

① 《论六经》，《熊十力全集》（第五卷），湖北教育出版社，2001年，第763页。

② 《中国共产党在民族战争中的地位》，《毛泽东选集》（第二卷），人民出版社，1991年，第534页。

③ 冯契《中国近代哲学的革命进程》，上海人民出版社，1989年，绪言，第8页。

社会的永恒问题。这个观点来自中国思想史研究名家本杰明·史华兹（Benjamin I. Schwartz）的启发。他说：

> 让人感兴趣的是，明治初期的日本与20世纪初期的中国，在经常引用孟子与卢梭方面呈现出许多类似之处。在18世纪政治哲学家和中国古代圣贤之间作意味深长的比较，事实上是可能的吗？大多数主流历史学家和社会科学理论将对这种可能性持排斥态度。但在我看来，对这二者进行比较是可能的。探讨这种比较为什么是可能的，将会把我们带入更为深远的领域。附带说一句，古代周朝的思想家与18世纪的哲学家竟从同一个视角面对着人类的处境，这足以让人感到惊奇。这是政治家们对于作为一个整体的社会所做的多角度描述。①

这段话意蕴丰厚，它至少指出了孟子在现代中国的复活。不过这里重要的是，将文中所说"18世纪的西方政治学家"置换为"19世纪末、20世纪初以来的中国思想家"，以上话语照样成立。根本原因在于，先秦诸子和中国现代思想家面对的是人类的永恒处境。当然，从某种角度看，本书所研究的是从政治自由观的角度切入的中国现代思想家对先秦诸子如何处理人类处境的认识。

第三，它是对近年来传统文化复兴思潮的一个回应和纠偏。

无疑，在现代新儒家那里，传统与现代之间的关系从来得到高度的关注和肯定。从他们发表于1950年代的《为中国文化敬告世界人

---

① ［美］史华兹著《中国的共产主义与毛泽东的崛起》，陈玮译，人民大学出版社，2006年，第203页。

士宣言——我们对中国学术研究及中国文化与世界文化前途之共同认识》来看,他们的复兴涉及传统和现代的各个方面,对于我们所说的政治自由也是再三致意。不过显然,他们是以儒学为主加以展开。

既然他们自称现代新儒家,那么这种做法无可厚非。然而,在学术界一时出现某种值得讨论的现象,即将中国传统文化缩减为儒家文化。21世纪前十年,我们见证了一场"国学热"的兴起。不过,如果我们现在回顾这场文化热之起初,那么可以发现,在相当一部分研究者那里,"国学"和儒学竟然是等同的。① 虽然关于"国学"之概念是否能够成立尚处于争论之中,不过,如果我们将国学看作传统文化的代名词,那么,这种将之等同于儒学的做法显然有待商榷。

2012年10月份,华东师范大学中文系方勇教授明确提出了"新子学"的构想。其要点是:

> 子学产生于文明勃兴的"轴心时代",是以老子、孔子等为代表的诸子百家汲取王官之学精华,结合时代新因素创造出来的新学术。自诞生以来,子学便如同鲜活的生命体,在与社会现实的不断交互中自我发展。当下,它正再一次与社会现实强力交融,呈现出全新的生命形态——"新子学"。"新子学"是子学自身发展的必然产物,也是我们在把握其发展规律与时机后,对其做的进一步开掘。它将坚实

---

① 刘泽华《关于倡导国学几个问题的质疑》,载《历史教学(高教版)》2009年第5期。本文被《新华文摘》2009年第15期全文转载。值得注意的是,刘泽华先生在本文中指出国学有时候被某些研究者理解为儒学,但同时,刘先生在措辞中也出现过"如果国学、儒学指的是传统之学……"这样的字样,其间的顿号(、)富有深意。它表明,某种意义上刘先生也姑且接受了将国学和儒学等同起来的说法,因为顿号具有并列的含义。当然,从全文来看,刘先生认为国学在广义上指的是"古代的学问"。

地扎根于传统文化的沃土，建立起属于自己的概念与学术体系，以更加独立的姿态坦然面对西学。同时，它也将成为促进"国学"进一步发展的主导力量，加快传统思想资源的创造性转化，实现民族文化的新变革、新发展，为中国之崛起贡献出应有的力量。①

从历史实际来看，儒学在其诞生之初也只是诸子百家之一，而在新时代，复兴传统文化当然不能仅仅复兴儒学。从这个角度看，"新子学"的提法比"新儒学"似乎更具包容性：虽然在现实的展开中，现代新儒学由于源远流长，旗帜鲜明，发展近百年来，已经产生了不可忽视的影响。相对而言，"新子学"内部所包含的"新道家""新法家""新墨家"之类，影响微小，不成气候。② 但这并不影响先秦诸子之为百家的事实，并不影响现代思想家吞吐先秦诸子，而开出新局面的事实。简而言之，先秦思想并非只有儒家一脉，还有诸子存在。

（节选自蔡志栋《先秦诸子与中国现代政治自由的诞生》，上海三联书店2018年版，第8-15页。作者单位：上海师范大学哲学系）

---

① 方勇《"新子学"构想》，载《光明日报》2012年10月22日。

② 注意，"新子学"的明确提出也许可以归功于方勇教授的那篇文章，不过，"新道家""新法家""新墨家"之类的提出在时间上要早很多。（参周山主编《近现代的先秦诸子研究丛书》，辽宁教育出版社，1997年）所以，从自觉性上讲，"新子学"绝非与它们形成上下级关系，而只能看作是学术思想上某种比较一致的倾向。

"新子学"视域下的"即生言性"与"即心言性"关系再探讨

王小虎

自 2012 年方勇教授发表《"新子学"构想》一文以来,学术界掀起了一股热议"新子学"的浪潮。客观地说,学者多赞同方教授的观点,只是在具体的理论细节上有所争论,比如"新子学"之"新"的意涵,粗略说来便有三种不同意见:第一,体现在研究对象和范围的不同,将"新子学"与"旧子学"对立起来,认为"新子学"之所以"新"首先在于其研究范围的拓展。如方勇教授指出"所谓子学之'子'并非传统目录学'经、史、子、集'之'子',而应是思想史'诸子百家'之'子'"①,也有学者将诸子划分成"近现代诸子"和"传统诸子",主张从古至今的所有思想家都是"新子学"的研究对象②,更有学者认为"当代具有独立人格精神的知识分子"都是"新子学"的"子"③。第二,体现在研究方法和角度的不同,如刘韶军教授认为"新子学"是"新的学科体系背景下

---

① 方勇《"新子学"构想》,《光明日报》,2012 年 10 月 22 日国学版。
② 李桂生《子学精神与"新子学"建构刍议》,《诸子学刊》2016 年第 1 辑。
③ 高华平《"新子学"之我见》,《江淮论坛》2014 年第 1 期。

运用新的知识理念与方法研究'旧子学'存留内容的学术"①。第三，体现在研究观念的不同，如欧明俊教授认为"新子学"之"新"需要有与经学、史学、文学并举的新观念、中西结合的新方法，重视"反批评"与"原生态"评价的新视角等②。总而言之，学者对"新子学"之"新"进行了全面而深入的剖析，诚如曹础基教授所言："对诸子思想的重新解读和扬弃，'诠释旧子学元典'，属于新之子学。对传统思想的重新寻找和再创造，'创造'新的子学元典，则属于新子之学。"③ 事实上，讨论远不止以上诸家，且各言之凿凿，"持之有故"，正顺应了"子学时代"之百家争鸣、平等自由交流的盛况。

在笔者看来，"新子学"之"新"未必必须借助于新元素（如上文的新的研究对象、方法和观念等）的加入才可称之为"新"，通过对已有材料的重新整理同样可以反思旧有的观点从而得出新的结论，甚至构建出完备的哲学体系，如思孟学派的传承谱系、先秦黄老学派的逻辑进路等。这首先要求学者不能延续经学的思维路径或者囿于旧有的观念思维之内，其次是在前文所论研究范围、研究方法、研究观念的创新之外选择微言大义的义理路向，然后才可能打破旧有观念的束缚，在充分整理诸子学资料的基础上开展深入的文本研究工作，从而梳理出一条完整的诸子学演进链条。严格说来，这也是一种"新"，只不过体现在研究材料的思想内容上，且这种体现是在拒绝外来的研究范围、研究方法、研究观念的创新之下完成的。但这并不

---

① 刘韶军《论"新子学"的内涵、理念与架构》，《江淮论坛》2014年第1期。
② 欧明俊《"新子学"界说之我见》，《诸子学刊》2013年第2辑。
③ 转引自崔志博《"新子学"大观：上海"'新子学'国际学术研讨会"侧记》，《光明日报》2013年5月13日国学版。

是说"新子学"的研究必须拒绝拓宽研究范围、创新研究方法以及更新研究观念，而只是强调"新子学"基于"旧子学"发展出来，要想实现全面超越后者以及全面而深入地开展和推进，就必须先达成两个共识：第一，"旧子学"内部对已然形成之观点、思想的再整理和再融合本就是"新子学"之"新"的一部分；第二，"旧子学"内部之反思的整理、融合所做的创新已经达到了相对饱和的程度，则自然水到渠成地接受外来因素的影响，是所谓"穷则变，变则通，通则久"（《周易·系辞下》）。若不如此，则"新子学"的发展很有可能在追寻创新的路上迷失方向。

一

先秦讨论人性问题的学者不少，而以孟荀为最，甚至一度让学术界以为关于人性论问题之超越性的道德一面的讨论是突然从孟荀开始的，是孟荀私淑于孔子而自己发明的，这直接导致现代新儒家学者认为先秦儒家谈论人性问题有两个传统。如牟宗三先生认为："自生而言性，是一个暗流，……是实在论态度的实然之性，是后来所谓气性、才性、气质之性，是儒家人性论之消极面，不是儒家所特有，如是儒家而又只如此言性，便是其非正宗处"，又说"通过孔子后孟子、《中庸》《易传》言性命天道，……是自理或德而言性，是超越之性，是理想主义的义理当然之性，是儒家人性论之积极面，亦是儒家所特有之人性论，亦是正宗儒家之所以为正宗之本质的特征"[①]。从牟先生提到孔子后直接到《中庸》、孟子便可得知，郭店儒简的出土并没有被牟先生提及，应是没有来得及被重

---

① 牟宗三《心体与性体》，上海古籍出版社1999年版，第185页。

视,这直接导致"孔孟之间"一两百年的儒学发展成为空当,造成人性论问题之两个传统、两个源头的假象,这是当时学术界研究不得不面对的共同的现实情况。故此徐复观先生也认为:"虽然由道德的人文精神之伸展,而将天地被投射为道德法则之天地;但在长期的宗教传统习性中,依然是倒转来在天地的道德法则中,求道德的根源,而尚未落下来在人的自身求道德的根源。"① 虽然没有如牟先生一般直接将"即生言性"的传统定义为非儒家或非正宗,但也没有阐述其与"自义理或德言超越之性"之间的承续关系,相反认为其本属两个系统。虽然也有学者认为两者之间是相互承续的关系②,但因为缺乏有力的证明而无法跻身学术界的主流。而今看来,时贤之论或有"不当",却在"情理之中"。"不当"者,即关于道德义理的超越性质的人性论问题的探讨,在战国时期尤其是"孔孟之间"就已经涉及,只是由于年代久远导致史料缺乏,后世学者不复得知先贤之论,这从出土的郭店楚简儒家文献即可看出,证明"即生言性"是儒家一贯的传统,正是由此才有了孟子的

---

① 徐复观《中国人性论史·先秦卷》,三联书店2001年版,第52页。
② 唐君毅先生认为孟子性善论是"即心言性","心"为德性心、性情心之义。他说"仁义礼智之心与自然生命之欲,不特为二类,一为人之所独,一为人与禽兽之所同;而实唯前者乃能统摄后者",故此,"孟子之'即心言性'之说,乃能统摄告子及以前之'即生言性'之说。"(唐君毅《中国哲学原论·原性篇》,中国社会科学出版社2005年版,第13页)可见唐君毅先生不但肯定了儒家的"即生言性"之传统,更认为孟子性善之论实在其基础上发展而来,比之"更上一层次"。

"即道德义理言性"①，两者是一个传统的不同发展阶段，虽有内外高低之分，却都是儒家之言。"情理之中"者，因为郭店儒简的出土是在1993年，时贤尚未来得及关注。盖学问的研究，大抵分为"学理"和"事实"两个维度，就"学理"言之，虽然事实上无有材料证明，但依据思想发展的内在逻辑和特性亦可推演出空缺历史时期思想发展的大致脉络，唐君毅先生的结论和宋儒之论道统可为证②；就"事实"言之，只分析可信的已有的材料，不妄断臆测，作为实事求是的态度可也，牟宗三和徐复观两先生皆是，所不同的是徐复观先生采取了更谨慎的态度。两者各有优长，皆不可或缺，后者是前者的基础，前者是后者的延续和升华，互相依存，互为证明。当然，最终的证明必须是现实可信之历史才行，在本文中，澄清这一问题的契机就是郭店楚简儒家简的出土。

郭店出土之《性自命出》《五行》等儒家简雄辩地证明，先秦儒家谈心性论并不是突然而然的，孟荀关于人性论问题的探讨有着一贯的传统，是在思孟学派的基础上发展而来的，而思孟学派的心性论或性情论则是孔子后学在继承和延续孔子思想的基础上、综合当时社会思想的演变逻辑而发展过来的，所以就源头来看，所谓一贯的传统就

---

① 所谓"即道德义理言性"，牟宗三、唐君毅、徐复观、梁涛等先生皆称之为"即心言性"，"心"为道德心、情性心，笔者赞同此议，只不过为了更清楚准确地说明问题，才有"即道德义理言性"之说，在本文中，两者实际上相同。盖先秦心性论问题本自不分，即心性合一论才是先秦心性思想的主流和根本。当然也有学者认为先秦心性合一论是经历了心性分立再到合一之过程的，即心性论并非从一开就是完备合一的，而是处于一个动态的发展过程中，如李友广先生《从心、性分言到心性合———先秦儒家性论思想演变模式简探》（《文史哲》2012年第3期，第72-80页），笔者从其议。

② 宋儒在缺乏足够材料证明的情况下认为，孔子后学以曾子为得孔门真传，曾子传给子思，子思传给孟子，即孔、曾、思、孟是为宋儒道统之说。

是从春秋时期甚至更久之前就已经流行之"即生言性"的传统①，所不同的是，在思孟学派那里，这个传统虽然还在，但已经渐趋表现出内化为"仁、义、礼、智、圣"等五行之德为心性根本的思想倾向，是为向孟子性善论过渡的中间阶段②；到孟子时，人性就完全转变成天赋于人内心的"四端"，成为道德义理的根本，内圣的根本之路也由此确立。荀子人性论虽与孟子有别，强调"生之谓性"，但学者普遍认为荀子的理解与告子不在同一层面，前者比后者更进一步③。

二

然则何为"即生言性"？"生"与"性"又有何关联？

我们先看"生"与"性"的关系。学术界一般认为"生"与"性"是同源字，即古文字材料中只有"生"字而没有"性"字，

---

① 梁涛先生也认为："竹简'性自命出，命自天降'乃是古代'生之谓性'传统的延续，是对后者思想的进一步发展。"见梁涛《竹简〈性自命出〉的人性论问题》，《管子学刊》2002年第1期，第65—69页。

② 见李存山《李觏的性情论及其与郭店楚简性情论的比较》，《抚州师专学报》2002年第4期，第13—21页。另可参《"郭店竹简与思孟学派"覆议》，《儒家文化研究》第一辑，三联书店2007年版，第61页。

③ 如梁涛先生在《郭店竹简与思孟学派》（中国人民大学出版社2008年版，第322页）一书中就有专门论述。此外徐复观、黄彰健两先生也分别在《中国人性论史·先秦卷》《孟子性论之研究》等著作中持此态度。

"性"字是从"生"演化而来①。又从词源学的角度看②，只有在"生"字有了"性"字之含义且"生"字无法表达清楚的情况下才会产生"性"字。所以，"性"字虽然来源于"生"字，甚至时常可以互代使用③，但"性"字已然不同于"生"字，已经独立并有了新的意义，正如牟宗三先生所说"自生言性，性非即生"是也④。关于这点徐复观先生说得很透彻，他说："性字乃由生字孳乳而来，因之，性字较生字为后出，与姓字皆由生字孳乳而来的情形无异。性字之含义，若与生字无密切之关联，则性字不会以生字为母字。但性字之含义若与生字没有区别，则生字亦不会孳乳出性字。并且必先有生字用作性字然后乃渐渐孳乳出性字。"⑤所以中国古代人性论先是经历了"即生言性"的过程，在此过程中，"性"字之含义越来越明显和独立，并偶尔出现"非即生以言性"的思想，即在

---

① 甲骨文金文中并没有"性"字。在郭店简中，"性"字写作"眚"字，等同于甲骨文中的"省"字，在金文中，则既写作"省"字也写作"生"，可以互用。可见先有甲骨文的"省"字，到金文中可以与"生"字互用，再到"眚"字到"性"字，虽然字形不同，但原始意义一致。

② 具体而言，甲骨文"生"字，从↓从一，其状如草生出于地面形，象从无到有之意。察之，"生"之本义乃为草木的出生，地面之上是从无到有。"生"字在所出土的先秦竹简中可见，用于对人之情性的表征。显然，"生"字由"草出地上"到对人之情性的叙说，无疑是其词义的扩大与延伸。（参阅李友广《从心、性分言到心性合———先秦儒家性论思想演变模式简探》，《文史哲》2012 年第 3 期，第 72-80 页）而其扩大与延伸正是"性"字的含义和演化方向。

③ 徐灏《说文解字笺》说："生，古性字，书传往往互用。《周礼》大司徒'辨五土之物生'，杜子春读为性。《左氏》昭八年传：'民力雕尽，怨讟并作，莫保其性。'言莫保其生也。"

④ 牟宗三《心体与性体》，第 176 页。

⑤ 徐复观《中国人性论史·先秦卷》，第 5 页。

"即生言性"的基础上更进一步或是思考其"所以然者",使得"性"和"心"出现"合一"的倾向,如《性自命出》的人性论。而到一定程度,随着心性论思想的进一步发展成熟,即"道德义理言性"或"即心言性"的传统就形成了,标志就是"心""性"思想的完美合一,如孟子的人性论。所以笔者以为在正式讨论《性自命出》的人性论时,应先理清楚在此之前的"即生言性"之传统。

"即生言性"的传统出现很早,其基础就是对"生"和"性"的理解,主要分为两个层次:一是直接将"性"理解为"生",或在其基础上延伸出相关的外在层面自然而有之意思,如欲望等,此时"生"和"性"常可以互代使用;二是"性"在"生"的基础上延伸出之新意思(如欲望)再度发生变化,即欲望由先天之生而即有变得丰富而复杂,表现为人们在后天习养过程中也能产生欲望和各种过度的欲求,此是由心而发之非基本的生理生活乃至道德欲求,所以必须以"仁、义、礼、智"的道德规范来约束,故而使人性之演变呈现出向内的超越性之道德的思想倾向,表现为"心""性"合一的倾向,"性"由此独立而不可为"生"所替代。总的说来,在《性自命出》之前,后者较少而前者居多,因为后者属于新概念新思想的萌芽,在思想发展成熟以前,其往往只表现为个别学者偶尔涌现出之新思想倾向,所起的作用便是上承"即生言性"、下启"即心言性"(即道德义理言性),成为两者之间的过渡环节,而这一过程在《性自命出》中得以充分体现。

关于第一层含义,"性"可理解为"生",即出生、生命、人生而即有之欲望、本能,或人生而有之自然而然的生长和变化发展的常态①，诚如唐君毅先生总结的："一具体之生命在生长变化发展中，而其生长变化发展，必有所向。此所向之所在，即其生命之性之所在。此盖即中国古代生字所以能涵具性之义，而进一步更有单独之性字之原始。既有性字，而中国后之学者，乃多喜即生以言性。"②正是"性"字的这种含义，最后延伸出"生之谓性"和"性恶"的思想，成为宋明"气质之性"在先秦时期的源头。需要说明的是，人生而即有的欲望、本能，并不能被简单地否定为坏的、恶的，相反这只是生命生长、发展过程中自然而然表现出来的本能，在某种程度上说，也是物之为物、人之为人的自然"天性"，是其所能存在之自然常态，所以并没有好坏善恶之分。如：

> 惟王淫戏用自绝。故天弃我，不有康食，不虞天性，不迪率典。（《尚书·商书·西伯戡黎》）

蔡沈注："不虞天性，民失常心也。""不虞"即不顾，则所谓"天性"，是指生命生长发展过程中自然而有之欲望本能及其常态。《左传》昭公十九年"吾闻抚民者节用于内，而树德于外，民乐其性，而无寇雠"，襄公二十六年"夫小人之性，衅于勇，啬于祸，以足其

---

① 梁涛先生也认为："古人所言之性，不是抽象的本质、定义，不是'属加种差'，而是倾向、趋势、活动、过程，是动态的，非静止的。用今天的话说，性不是一事物之所以为该事物的内在本质，而是一生命物之所以生长为该生命物的内在倾向、趋势、活动和规定。"参梁涛《郭店竹简与思孟学派》，第323页。
② 唐君毅《中国哲学原论·原性篇》，新亚研究所1974年版，第27—28页。

性而求名焉者",及《周礼》大司徒"辨五土之物生"等,皆是其证①。盖先贤认为,有德行的人,不能不顾生命之常态,因为不顾常态则必然无法有序生活以致盲动乱行,"遭天所弃";但又不能一味顺从,必须要有节制,节制源自于对人心所生之后天欲望的克制。如《诗·大雅·卷阿》说:

> 伴奂尔游矣,优游尔休矣。岂弟君子,俾尔弥尔性,似先公酋矣。尔土宇昄章,亦孔之厚矣。岂弟君子,俾尔弥尔性,百神尔主矣。尔受命长矣,茀禄尔康矣。岂弟君子,俾尔弥尔性,纯嘏尔常矣。

徐复观先生认为"俾尔弥尔性"的"性"同于金文所录"永令弥厥生"的"生",可以互用,但仍然用的是"性"之含义,解作欲望,"弥"是满的意思,则"俾尔弥尔性"解释为满足你的欲望②。徐先生虽然没有特地强调指出"满足你的欲望"是有一定限制的,即生而即有的自然欲望,并非人心后天所生之贪得无厌的欲求,但欲望有一定限制应是题中之义,因为所满足欲望者乃是君子,君子自然不能随心所欲,故而笔者以为此处的"性"指的是自然而生的欲望,是生命生长发展所必须满足的欲望或本能,与人后天习养而成的欲望有根本区别。如果说这里以"君子之性"来限定人之欲望的话,下文便从"君王之性"的角度来限制,如《左传》襄公十四年说:

---

① "民乐其性",牟宗三先生解释为"民乐其生","生""性"互用,意义互通,意即人们乐于其生活之基本欲望得到相当的满足;"物生"也即"物性"。

② 徐复观《中国人性论史·先秦卷》,第9-10页。

> 天生民而立之君，使司牧之，弗使失性。有君而为之
> 贰，使司保之，勿使过度。

君为民之牧，君、民各有本分和界限，不能过度，即不能"失性"。人生而有之欲望在得到满足之后，为君者就应该"保之"，而不能过度，也不能让民众在自己的范围内过度，因为一旦过度就会产生祸害，如《尚书·周书·召诰》说：

> 王先服殷御事，比介于我有周御事，节性，唯日其迈。
> 王敬所作，不可不敬德。

"节性"，必然是因为"性"在得到满足的同时，过度且造成祸患，有伤德行，因为"节性"与"敬德"相连，所以必须要节制。蔡沈注"节性"为"节其骄淫之性"，笔者以为此"节性"强调的应是一个过程，即节制其自然而有之欲望（即天性）过度之后的肆意泛滥，有荀子"性恶"之义的萌芽，而不应仅解作节制其自然而有之欲望①，若是则与前文所论之"俾尔弥尔性"等冲突。且"骄淫之性"非生而即有，而是后天习养生成，盖人生而即有之欲望大都相同，但后天之习养习惯分殊各异，则其心所生之欲求也各不相同，孔子所谓"性相近，习相远"是也。所以，人的欲望有两种：一是生

---

① 牟宗三先生将"性"字解释为生命中自然有的欲望本能等，"节性"等同于"节生"（参牟宗三《心体与性体》，第169页），笔者以为稍欠妥当，首先"节性"强调的应是一个过程，其次"性"不应该只是自然生有之欲望，还应包括人后天习养生成之欲望，不然则与"俾尔弥尔性"的观点相悖，因为一边强调应该顺从保有人之自然欲望，一边又说要节制，显然有矛盾（找不出需要"节性"的理由），除非人之自然欲望过度泛滥或生出其他过度之欲望。

而即有之欲望本能；一是后天习养生成的欲望。而无论哪一种，若不及时加以克制而任由其释放，则必然伤及德行，所以在一定程度上，"节性"的过程就是"成德"的过程，而"成德"的思想在先秦时期是经历了由外到内的发展演变过程的，故此"性"字之意义演化过程也表现为由外到内且与心相合的过程，在本文中实即第二义之产生及演变过程。

关于第二层含义，"性"可理解为本性、常性，是就一般情况下人物所表现出之"情欲"（第一层含义）的来由和根据，从心从生，明显地表现出"心""性"合一的倾向，即"性"由原先的外在于人"心"的自然而有之常态内在化为人"心"中之所本然的倾向，已经半步踏入超越的层面，是对第一层意思的升华，最后延伸出孟子的性善思想，成为宋明"天命之性"思想在先秦时期的源头。先秦学者们在论证此条时，多采用比附的手法，即通过论证"天地之性"的超越道德倾向从而推出人性之超越道德倾向①，因为人由天地所生，则人之性也必然秉承天地之性，"天生烝民，有物有则；民之秉彝，好是懿德"（《诗·大雅·烝民》）。如《左传》昭公二十五年说：

> 夫礼，天之经也，地之义也，民之行也。天地之经，而民实则之。则天之明，因地之性，生其六气，用其五行。气为五味，发为五色，章为五声，淫则昏乱，民失其性。是故

---

① "推天道以明人事"的思路在先秦时期非常普遍，往往典籍中上半句是说天道，下半句便是人道，如《易传》的"天行健，君子以自强不息；地势坤，君子以厚德载物"便是明证。曹峰先生曾专门提到，参见杜维明、王中江、王博等《"出土文献与古代思想记忆的新方位论坛"纪要》，《中国儒学》第七辑，中国社会科学出版社2012年版，第101-105页。

为礼以奉之,……民有好恶喜怒哀乐,……哀乐不失,乃能协于天地之性。

"天地之性"表现为"天有六气"而"地有五行",有序而相呼应,自然而然,如同有礼仪规定一般,是以"气"所聚合演化的"五声""五味"及"五色"的秩序应该与人性所自然呈现之喜怒哀乐与好恶一般对应稳定且不昏乱,换句话说,"天地之性"的自然而然也应该是人性的自然而然,人性若昏乱则必然"失其本性",所以人性只有保持喜怒哀乐及好恶的情感之所发与"天地之性"之自然而然和有序协调起来,才能长久。这就要求人性需要"依礼而发",正如"天地之性"之"依于礼"一般。事实上,"天地之性"作为"礼"成为规范人们行为准则的思想在先秦并不少见,如《左传》成公十三年说:

吾闻之,民受天地之中以生,所谓命也。是以有动作礼仪威仪之则,以定命也。能者养之以福,不能者败以取祸。

"天地之中"即"天地之性",与上文"则天之明,因地之性"义同。古人常以"中"表示"礼",这与孔子所论礼之"中庸"一脉相承。如《礼记·仲尼燕居》说:"子贡越席而对曰:'敢问将何以为此中者乎?'子曰:'礼乎礼!夫礼所以制中也。'"《荀子·儒效》也认为:"曷谓中?曰礼义是也。"可见,人性源于"天地之性",而又同以礼为根本。然则礼之所在毕竟属外在约束,礼作为人性之内容虽有超越性的道德意义,但依然是由外在的"天地之性"所赋予,仍是由外到内的思路。所以《左传》襄公十四年又说:

天之爱民甚矣。岂其使一人肆于民上,以从其欲,而弃天地之性？必不然矣！

这里的"天地之性"直接变成"爱民"，则人性也不能不"爱民"。爱人者，其爱发自内心，"仁者爱人，有礼者敬人"（《孟子·离娄下》），"为仁由己"（《论语·颜渊》），当其将人性归结为"爱"时，就已经表明了人性由原始之生而即有的自然欲望开始逐渐蜕变为人心中内在的道德义理规定性，也就为"性"字由外到内的演化历程打开了思维道路，也就开始了先秦"心""性"合一论的思想历程。换句话说，"性"字脱离"生"字而独立演化的过程就是"心""性"合一的过程，"即生言性"的传统便从这里开始发生质变，衍生出"即道德义理言性"（即心言性）的传统。

综上可知，"即生言性"的传统，实是中国古代哲学人性论的根本传统。其作为中国人性论的开端，在先秦时期，已然成为儒家人性论的传统，只是表达尚未成熟①，故呈现为三种理论形态：一是强调"生之谓性"，以人生而即有的自然欲望为人性之根本，以告子和荀子为主要代表，此为后世学者所谓"气质之性"的源头之一；二是与"生之谓性"相对，强调人性之根本在于天赋于人心中的"仁、义、礼、智"等道德义理及其扩充显现的全体，以孟子为主要代表，

---

① "即生言性"的传统通常表现为从生命物的出生、生长及其呈现来看待和理解"性"，梁涛先生将其归纳为三个方面：一是人有天生，性由天赋，是所谓生而即有之自然而然者，生之然者也；二是以气言性，性指适宜生命生长发展的过程，因为气是万物的始基且始终是变动不居的，所以气所构成的人性也是动态的、活动的，这便是后天之习养也能放纵原始欲望甚至在心理产生新的欲望的原因；三是性需要后天的培养，养性说乃成。（详参梁涛《郭店竹简与思孟学派》，第140—141页）可见，即生言性的传统一方面衍生出"即心言性"的传统，另一方面对后儒所谓"气质之性"的讨论也逐渐深入。

此为后世学者所谓"天命之性"的源头；三是"孔孟之间"心性论发展之过程表现出的复杂现象，即一方面继续主张"生之谓性"，成为荀子"性恶"思想的来源之一，一方面又表现出"仁、义、礼、智"等道德义理之强烈的内在化倾向，为孟子"性善"思想铺路①，以郭店楚简的《性自命出》为主要代表。宋儒虽未见这些早期材料，却从孟、荀人性论得出相同的结论，可谓思之真切也。

三

事实上，三种理论形态并非完全相悖，而只是思想发展成熟过程的不同阶段或者说不同进路。首先，"即生言性"是源头，是最朴素最直接的人性论思想，告子即秉持这种意见。其次，人除了生而即有的本能欲望之性外，还有后天环境习染而成的欲念，如对衣、食、住、行的过分苛求，甚而衍生出对功名、利禄、名誉的过分渴求，以及为达此目的而导致人性的扭曲等。这些不善之性理所当然地需要改

---

① 如郭齐勇先生说："在以'喜怒哀悲之气'和'好恶'来界定'性'的同时，申言此'性'是天命的，是内在的，实际预涵了此能好人的、能恶人的'好恶'之'情'即是'仁'与'义'的可能，'仁''义'是内在禀赋的内容。"又说："并没有完全排拒'情气'好恶中的'善端'，这就为后世的性善论埋下了伏笔。"（详参郭齐勇《郭店儒家简与孟子心性论》，《武汉大学学报》1999年第5期，第24-28页）需要说明的是，笔者在这里只是强调《性自命出》的人性论是先秦儒家人性论向孟子性善论过渡的中间阶段，并不是承认其本身就已经是性善论的意思。实际上学术界对《性自命出》是否有性善论的看法并不一致，如吕绍纲先生就认为《性自命出》没有性善论思想，他说："《中庸》合性命为一，天命善，故性必也善。《性自命出》分性命为二，故言性善，显得理论乏力。"详参吕绍纲《性命说——由孔子到思孟》，《孔子研究》1999年第3期，第21-23页

变，其办法大概两种：一是假设人性本善，如孟子所言人心中本有善端，之所以表现出恶是因为后天习染对本性造成遮蔽，所以学者应寡欲修身、修心养性；另一种是认为性恶是由于对先天之恶性不加节制的结果，即人性本就有流于恶之可能，所以应该隆礼重法、克己修身以达"化性起伪"之目的。两者都强调修身养性，虽然理由不同，目的却一致，都是要学为君子、圣人。

如此便产生一个新问题：孟子、荀子虽然采取了不同的进路来完善自己的人性论，但从"即生言性"的传统中并不能必然得出他们的结论。孟子、荀子又都尊崇孔子并主张自己之思想源于孔子，然孔子却罕言"性与天道"，根据思想史发展的连续性原则，说明孔子之后、孟荀之前，儒家应该有较丰富之关于人性论的思想资源作为孟荀思想的前导，且应是与孔子密切相关之学者提出方才可能令孟、荀重视。郭店楚简的出土证明了这一猜想的正确性，也在一定程度上理清了"孔孟之间"百余年的学术脉络。所以李学勤先生说："先秦书面文献的撰写和传播过程非常复杂，从远古时代人们的口耳相传，到书写到竹帛之上，其中肯定会有某些走样的地方。春秋战国时期，诸子百家纷纷援引古史传说，为其政治主张寻找理论依据，为此，人为地改造古史的状况在所难免。而秦始皇焚书坑儒，先秦古籍遭到巨大的人为破坏，到汉魏以降，还有所谓'五厄''十厄'之说。因此，研究先秦历史文化，仅仅采用书面文献，显然不足。"①

至此，我们可以理出先秦儒家人性论思想的发展脉络："即生言性"是源头和起点，而郭店楚简人性论则是向孟荀人性论的过渡阶段，它一方面坚持"即生言性"的传统，一方面又表现出"即道德义理言性"（即心言性）的倾向，其后孟子延续了"即心言性"的进

---

① 李学勤《简帛佚籍的发现与重写中国古代学术史》，《河北学刊》2013年第1期，第1-6页。

路，提出"四端之心"的说法，而荀子则选择进一步发挥"即生言性"的观点，在回答"生之然者"的基础上，进一步反思"生之所以然者"而成"性恶"之说，完成了先秦儒家人性论由发端——发展——成熟的演化过程。

（原载于《诸子学刊》第十六辑。作者单位：南昌大学国学院）

"新子学"视域下中国"小说"观念的演进
——以诸子"小说家"作品的文体变革为中心

陈成吒

一、问题的提出

"新子学"提出至今已多时,它的内涵与内容一直处于发展完善中。它既是一种新的思维方式与学术理念,也是以此为基础而进行的学术文化重构与再发展的系统性工程,子学及其文学的研究都是最为直接而重要的组成部分①。它必然从多个层面介入到中国诸子"小说家"以及古今"小说"的相关研究,并为后者带来实质性影响。本文即从"新子学"的视角出发,重新审视中国"小说"观念的演进。

近代以来,小说作为一个被限定的概念,其实质是源于西方的文化观念。恰如谭帆所言:我们今天用的"小说"概念所对译的是西

---

① 玄华(陈成吒)《"新子学":子学思维觉醒下的新哲学与系统性学术文化工程》,《诸子学刊》第九辑;玄华《关于"新子学"几个基本问题的再思考》,《江淮论坛》2013年第5期;玄华《"新子学"对国学的重构——以重新审视经、子、儒性质与关系切入》,《诸子学刊》第十三辑。

方的"novel"(本指西方18、19世纪兴起的长篇小说),梁启超、胡适等据此,以虚构叙事散文为内核,形成中国小说观念,并以此梳理中国小说史。① 他们的做法是以当下的"小说"观念为起点,指其本质在于特定的文体,进而抽离出基本要素,如"叙事性""虚构性"等,然后以这些要素特征去追溯历史上符合这一原型的事物,指"小说"在元明时为通俗演义,隋唐时为传奇,魏晋时是志怪志人,春秋战国时为诸子著述中的寓言故事,以及更久远的则为神话传说。至于"小说"二字作为特定概念名称的由来,则是对从《四库全书总目提要》到《汉书·艺文志》中提及的诸子"小说家"的小说概念进行选择性剥离,甚至追溯到《庄子·外物》"饰小说以干县令"中的"小说"二字,指其内涵虽与今天的小说不同,但可以作为一种追记。并以此认为在"小说"观念方面,先秦时人对此尚不分明,魏晋以后开始自觉。

许多学者已意识到这是在西方中心论之下的"以西律中""以今律古",将不可避免地遮蔽、异化中国"小说"的特征与历史。既然这种方式要不得,最直接的方式自然是回归中国小说自身,从其实际出发,去梳理历史和探索发展。在该方面前人也已做了一些尝试。大体而言,人们首先也是从"小说"二字切入,寻找可能的原型与起点。以此出发,先秦两汉典籍中所涉及的小说概念自然是讨论的起点,《庄子·外物》"饰小说以干县令"以及诸子中其他相关话语便是最为重要的材料。其次,则是进入到对《汉书·艺文志》"小说家"作品以及桓谭《新论》所言"短书"等概念的审视。由于对这几个问题的理解各异,形成了不同认知:第一种看法,从先秦典籍出发,指中国古代"小说"是混杂的概念,内容为小道,但包罗万象,

---

① 谭帆《论中国小说文体研究的四种关系》,《学术月刊》2013年第11期。

文本多为杂著,而非叙事类作品,它与中国现代小说观念基本无关。鲁迅、谭帆、王庆华等即持此类观点①;第二种看法,主要着眼于《汉书·艺文志》小说家作品,指中国古代"小说"是相对于经传而言的解说,是解说非经学著作以及非实录性质子学著作的作品,也是指立意浅鄙、篇制短小、无关特定文体的杂类著作。王齐洲、高华平等即持此说②;第三种看法,则是从"短书"切入,对"说体"文章进行更细致的区分,指"小说"的"小"不仅指思想不够精深,也指篇制短小,且更为重要的是指以伪托、虚构、叙事为主要文体要素的作品。余嘉锡、袁文春、孙少华、王绪霞等的观点大体如是③。

在"新子学"看来,以上看法反映出古典小说研究界对相关问题进行了诸多反思,获得了一些成果,但仍存在可进一步讨论的空间。从研究理念而言,"新子学"对西方中心论、以西律中的做法也

---

① 鲁迅《中国小说史略》,北京:人民文学出版社,1973年,第1页;谭帆《小说学论纲——兼谈20世纪中国古代小说理论批评研究》,《中国社会科学》2001年第4期;王庆华《〈汉书·艺文志〉小说家考论》,《内蒙古社会科学》2001年第6期。

② 王齐洲、王丽娟《学术之小说与文体之小说——中国传统小说观念的两种视角》,《上海大学学报(社会科学版)》2013年第3期;王齐洲、屈红梅《汉人小说观念探赜》,《南京大学学报(哲学·人文科学·社会科学)》2011年第4期;高华平《先秦的"小说家"与楚国的"小说"》,《文学评论》2016年第1期。

③ 余嘉锡《目录学发微·古书通例》,北京:中华书局,2007年,第253页;袁文春《汉代短书:先秦两汉小说概念的联结点》,《大连理工大学学报(社会科学版)》2011年第2期;孙少华《诸子"短书"与汉代"小说"观念的形成》,《吉林大学社会科学学报》2013年第3期;王绪霞《从〈汉志〉"小说家"看中国小说概念及文体的生成》,《云南民族大学学报(哲学社会科学版)》2013年第4期。

十分警惕，且进一步明确旧有做法的实质是一种本质主义的观念与研究方法，它与中国原有的经学思维相媾和，近来的一些研究又陷入了经学陷阱。如经学认为万物存在一个抽象固定不变的本质，以及基于一些基本要素构成的封闭形式、框架，乃至系统，从而其发展是有序的。于是在描述历史时秉持"一以贯之"，认为是同一个事物从过去走到现在，它始终拥有既定的本质，即使外表内容上有时有些许变化，它还是原来的那个它。以此为基础，如要从现在的事物出发，找出它的历史与元祖，基本做法也就是找出现在事物的本质，抽象出几个基本点，描绘一个封闭的形式，然后用这个封闭体"按图索骥"。它所用"图"虽已非西方学术勾勒的图像，但却是中国经学勾勒的图像，梳理出来的也是经学所描绘的图景。也正因此，在一些具体的问题上形成诸多误判。

如在上文所引关于中国小说观念的理解中，第一种看法尚处于对经学道论不自觉，又以其为立场的状态。因此直接承袭了班固等人以小说之"小"为思想浅显的看法，没有注意到它的文体独特性。第二种看法，完全处于经学立场言说，以班固等所言为圭臬，无法跳脱经学桎梏。从根本上而言，虽然注意到了经与说的分别，但误判了经与说的关系，以及没有认清"说体"的自觉与演化的过程。即使在经学图景中，对班固之论也有所误读。首先，按班固的理解，小说也解说经义。经为王官之学，诸子皆是王官的下移，子学是对经学的多向度发展、具体化，是解说表象、运用经义的。道家、儒家、法家等各取其一端，"小说家"也不例外。并非解说经义的就归入六艺，也有许多作品是归入小说家。高先生等误判此点，因此对有些现象无法解释。如在他的文中也提及马国翰、鲁迅等人辑佚《汉书·艺文志》所载小说家作品，如《青史子》，发现这些著作同经解、传、记一样也注解经，他说"不知当初何以侪于小说"，只是又以"难以据之而确知先秦小说的原貌"而略过了①。但相关内容正是小说家作品的内容构成之一，《青史子》的主旨在于解说印证和宣扬礼乐制度及其精神，而方法是通过记述评论历史人物的言行事迹明之。相关手法、风格与小说家作品《鬻子说》（即今本《鬻子》）相一致。其次，按班固的理解，"小说"不仅仅是指直接解说经典的文本，也指依托名人而独立成书的记言记事类作品，如《伊尹说》《鬻子说》等并非是解说《伊尹》《鬻子》的文本，而是依托伊尹、鬻子或收编与其言行相关的独立著作。由于高先生等误判这些要点，在这之后自然没有办法注意和正确理解"小说"文体的基本特征。至于第三种看法，也未彻底摆脱经学影响，因此虽已接近一些事实，未能完全照亮"小说"的真身，也没能梳理出中国古典小说观念演化为中国现代小说观念的基本理路与脉络。

"新子学"对这些问题有所自觉与观照。它作为一种新的思维与理念，不仅与西方中心论保持距离，也对传统经学进行否定。在其视域中，事物本身具有开放性和发展性，而开放、发展的事物永远处在变化发展的过程中，且不存在固定的范式，现在事物和其来源之间可能没有多少共通性，甚至本质上没有相同点。相关发展也非单线、井然有序的，而是存在一定的反复，乃至"错乱"。"新子学"视域中的小说观念演化也是如此，故相关研究回归中国"小说"本位的同时，强调"以古流今""散点透视"：不用人为、抽象、固化的本质去追溯其本源，自觉"小说"文体可能是由原本与之几不相干的事物演化而来，与之相应的"小说"观念也是在一种不稳定而多诡谲的状态中演化。在具体研究上，对小说文体的演变采用无本质的过程分析，用文体的变化过程述说其历史，也以此揭示中国小说观念演变

---

① 高华平《先秦的"小说家"与楚国的"小说"》，《文学评论》2016年第1期。

的真实历史图景。

二、原初的"经说"文体

"说",许慎《说文解字》:"说,释也,从言,兑声。一曰谈说。""说"由"言"和"兑"构成,"兑"即交换,最初指用言语交换言语,既指转化言语——解释,也可以指言语的相互交换——对话。且起初作为"解释"出现时,从某种角度而言是相对于"经"而存在:有了"经",才有"说"。

《墨子》中的《经上》《经下》《经说上》《经说下》,以及《韩非子》中的《内储说上七术》等都是典型例子。如墨子《经上》曰:"故,所得而后成也。"《经说上》云:"故:小故,有之不必然,无之必不然。体也,若有端。大故,有之必无然,若见之成见也。"同样韩非子《内储说上七术》首先称引一段关于"主之所用也七术,所察也六微"的论述,称其为"经",将对它的相关解读称为"说"。显然这里的"经"并非后世所谓"经学经典"的意思,不是将墨子之书、韩非子的立论当做"经典"而言,只是简单地指称被解读的对象——原句。因此,"说"是相对于"经"才成立的事物,两者相合,共同组成了一种文体,本文称之为"经说"文体。

这种"经说"文体形成久远,其中有一个文本的流行对后世产生了重要影响,即基于《春秋》而成的《左传》。《春秋》本是鲁国史书,孔子对其进行了修订。他在传授的过程中自然需对它进行解读,恰如《庄子·天道》载孔子面对老子"翻十二经以说"。关于此句的解读,过去一般将"十二经"解读为"《春秋》十二公经"或"六经六纬",指孔子反复申说"十二经"以劝说老子,但并不正确。首先,"十二经"所指当以《春秋》为是,但"十二"指十二月。

《春秋》以十二月为序，记其事迹，"十二"即该体例的反映。后世《吕氏春秋》的"十二纪"就是对此的直接继承。其次，此处的"经"也非指将《春秋》视作经典而言，而是相对于"说"，指《春秋》原文为解读对象而已。"翻十二经以说"是倒装句，为"以说翻十二经"——以"说"的方式来反复申述《春秋》的义理。整句话体现的是"经说"文体的存在，《庄子·天道》载老子中断孔子之"说"，指其"大谩"，称愿闻其"要"，正是体现了"说"相对于"经"而言较为繁复这一特点。以上事实也表明了孔子曾以"经说"文体解读《春秋》。孔子本人"述而不作"，相关形式则保留和呈现在《左传》中。

目前关于《左传》作者虽有争议，但其成书在春秋末战国初是可以肯定的。它在行文中，首先引述《春秋》，以其原文为"经"，后申说相关义理和事件。它与《公羊传》《穀梁传》的最大不同是申说以陈述故事为主，往往仅故事结尾偶夹部分议论。这种"经说"文体正是对孔子"经说"方式的正确继承，特点是使义理在故事中呈现，不著一字而尽得风流。该文体形式对后世影响甚大，所谓"春秋笔法"即与之相关，更为重要的是它本身的变化发展与"小说"观念的演变相伴始终。

三、"要说""纯说"等文体的最初自觉

《春秋左传》"经说"文体的基本特点是每个篇章都有核心义理，即《庄子·天道》中孔子答老子曰"要在仁义"。在此义理之下，依次是《春秋》原文——"经"，以及对《春秋》原文的故事性解读——"说"。即存在这样一种范式"要—经—说"。

"要"为最高义理，"经"是对要旨集中呈现的最初文字，关键

信息已出现于其中,"说"部分的故事是对"经"中已出现对象的申述。这种方式的内在逻辑是"说"为最高义理——"要"服务。如果脱离《春秋》这一具体对象,则可以发展为"要—说"结构:文章篇首提出义理,并加以议论,此后用一系列故事申说之。本文称之为"要说"文体。同时,由于春秋笔法的存在,"要"本来就可以隐藏在"说"中,直接用"说"来呈现。因此最后的文体又可以直接简化为独立的"说"结构:直接用一组连缀的故事呈现义理,完全不加议论段落,不着一字而义理尽在其中——本文称之为"纯说"文体。

由《春秋左传》"经说"体变种为"要说"乃至"纯说"存在内在必然性。该文体的变种最初在列子及其弟子的作品中展现。列子一派在当时有著作传世,传本《列子》即其残本,只是后者乃魏晋人重修之物,又纂入部分魏晋人伪作,其文体与内容非纯为先秦旧物。但总的来说,尤其在篇章文体上,还是反映着原初《列子》的体例。传本《列子》中,除了后世纂入的《杨朱》篇多为记言体外,其他如《天瑞》《黄帝》《周穆王》《仲尼》《汤问》《力命》《说符》等,总体上都是以缀连故事行文。虽部分篇章中的个别故事结尾偶然夹有议论,但多数都是纯粹连缀故事行文,是"纯说"文体的最初作品。

稍后,庄子①通过对《春秋左传》"经说"文体、《列子》相关篇章的师法,对"要说""纯说"文体做出了全面的继承与发展。"要说"文体方面,内篇《逍遥游》即为案例:文章从"北冥有鱼,其名为鲲"到"至人无己,神人无功,圣人无名"数段,行文间虽夹杂故事,但主体架构为议论文,为"无所待"的逍遥游立意。其后"尧让天下于许由""肩吾问于连叔""惠子谓庄子"等一系列不

---

① 本文以下所谓"庄子",如无特殊说明,皆指《庄子》及其作者们,涵盖庄子及其后学。

夹杂作者议论的纯粹故事，则是对立意的申说。另外，如《养生主》《大宗师》亦皆如是。外篇中的《在宥》《天道》《至乐》《达生》，杂篇中的《外物》《寓言》等也是此类。

此类又存在一定变体，在"要"与"说"的行文次序上作颠倒调整，即先缀连故事，再点破立意。如内篇中，《人间世》开篇直接缀连"颜回见仲尼""高将使于齐，问于仲尼""颜阖将傅卫灵公太子，而问于蘧伯玉""匠石之齐""南伯子綦游乎商之丘""宋有荆氏者""支离疏者""孔子适楚"等故事，最后追加警世之言"山木，自寇也；膏火，自煎也。桂可食，故伐之；漆可用，故割之。人皆知有用之用，而莫知无用之用也"。至于《德充符》，若将疑为错简的"支离无唇说卫灵公，灵公说之"及其附有议论的这段文字移至"惠子谓庄子曰"故事后，即此文体。《应帝王》也只要将篇章倒数第二段的"无为名尸，无为谋府，无为事任，无为知主。……故能胜物而不伤"数十字点题议论移至"混沌"故事之后，作为最后一段，全文亦是此风格。至于杂篇《庚桑楚》《徐无鬼》则是典型的此类文体。

"纯说"文体方面，如内篇《人间世》，外篇《天运》《秋水》《山木》《田子方》《知北游》，杂篇《则阳》《让王》《盗跖》《渔父》《列御寇》等，皆是此例。

庄子对相关文体的运用与发展并非偶然为之，他认知到了"说"的存在。《庄子·外物》篇中的"饰小说以干县令"中的"说"就是指以故事说理，所指的是任公子的事迹化为传说，"后世辁才讽说之徒，皆惊而相告也"——即后世"讽说之徒"道听途说而修饰此事，以宣告其理。他指这类作品为"说"，又指其为"小说"，是指相对于真的大说——有道的大故事而言，是"小"的、浅鄙的。同在此篇文章中，老莱子、庄子等相关故事与任公子之事都传于后世，皆为"说"，前者是合于大达大道的大说，后者是与大道相远的小道小说。

进一步而言,他对"说体"的内在特性也有深刻认知。恰如他在《庄子·天道》中借老子之口中止孔子之"说",斥其"大漫"——繁复而不得要领那样,似乎在他看来这种"说"无助于真正义理的呈现。但同时他在《庄子·寓言》中又说"不言则齐,齐与言不齐,言与齐不齐也,故曰无言。言无言,终身言,未尝不言;终身不言,未尝不言。有自也而可,有自也而不可;有自也而然,有自也而不然。恶乎然?然于然。恶乎不然?不然于不然。恶乎可?可于可。恶乎不可?不可于不可",也就是说人生来就要言语,也一直生活在言语之中,一刻也不能脱离,一直在自是自非之中。即他一方面认知到"说"——言语对"道"的阐述都是陈迹,无法明喻"道",且往往会落入无尽的"说"中而无法自拔,另一方面人总在言语中,强行中断或自我遏制,皆是背道。言也不道,不言也不道,那么如何做呢?

他的做法与理解是"寓言十九,重言十七,卮言日出,和以天倪","卮言日出,和以天倪,因以曼衍,所以穷年","非卮言日出,和以天倪,孰得其久!万物皆种也,以不同形相禅,始卒若环,莫得其伦,是谓天均。天均者天倪也"(《庄子·寓言》),认为在无法排除言语述说的情况下,只能以"说"除去"说"的滞留,以述说的连续性、更新性、模糊性、无限性,除去述说的片段性、滞留性、不确切性、封闭性以及局限性,以"无可无不可"的方式合于"道"。让所有故事在"环"之中,从而实现跳出"环",立于"道墟"。

也就是说,庄子对"说"——故事以及故事述说中内涵的不确定性有了自觉认知。故事寓言的触发性、发散性和无限性,使连缀的故事之间既有吸附性,又有排斥性,彼此间处于一种紧张状态。于是他开始自觉地用一系列故事来行文,以故事消解故事,从而达到与"道"流行的目的。他往往在前一个故事中确立了对"道"的言说,在后一个故事里又消解了前者对"道"的既定说法,这样便使得所有这些言说本身对于"道"而言，都明确地体现出了陈迹性，从而也就消解了它对"道"的滞留。即他认为通过"说"，虽然漫无边际，但不滞留，也就可以诗意地栖居于"道"中。

四、"要说""纯说"等文体的运用与发展

荀子是儒学大家，对《春秋》及其《左传》深有研习，同时虽在思想上极力批判庄子之论，但对庄子所发展出的"要说""纯说"文体有深刻的认知与实践。集中体现在《荀子》书中的《子道》《法行》《哀公》《尧问》等篇章上。

在"要说"文体中，《子道》是典型代表。该篇第一段是围绕"孝""礼""君子"的论述，此后连缀着几段孔子与哀公及弟子的故事，全无作者议论。此外，《法行》也是一开始议论君子的德行，接着是孔子及其弟子的故事与言行的连缀。《尧问》是该文体的变种，即"说—要"结构。它除末节附录后人对荀子的评价外，全篇首先连缀各种与君王大臣相处之道有关的故事，最后以"昔虞不用宫之奇而晋并之，莱不用子马而齐并之，纣刳王子比干而武王得之。不亲贤用知，故身死国亡也"为点题结语。

至于脱离义理议论而以故事连缀行文的"纯说"体，则有《哀公》。该篇虽然主旨系论君王当恪守礼仪，但全文不着一字，纯以连缀孔子及其弟子与哀公、定公的有关故事展开。除此之外，荀子对该类文体的最大贡献在于修编了最初的《孔子家语》。

关于传本《孔子家语》，现依据出土文献，学界已基本上认同它是战国始修、汉初重订次序、魏晋又有扩充的历时之作。《孔子家语·孔安国序》载孔子及其弟子有问的资料传世，荀子曾收集整理，作原始《孔子家语》，且它即传世本的母本。此后各时期的《孔子家

语》虽有修订，但总体结构、材料，尤其是相关篇章的文体应该无大的差异，因此传本相关篇章的文体可以反映荀子在"要说""纯说"文体方面的运用与发展。《孔子家语》各篇皆有其主旨，大多数情况下，其篇章题目已集中反映了该篇的立意。绝大多数篇章为"纯说"文体，如《相鲁》《始诛》《儒解》《致思》《观周》等等。可见在荀子时期，"经说"变种文体，尤其是独立的"纯说"文体已被普遍运用。

同时，荀子对"说体"也开始有自己的认知。他在讨论实与名的关系时，指"实不喻然后命，命不喻然后期，期不喻然后说，说不喻然后辨，故期、命、辨、说也者，用之大文也，而王业之始也"（《荀子·正名》），事实在人未知前，则命名之，命名之又无法彰明，则以具体实物勘验之，如实物勘合仍不足以彰明，则用过往的圣贤言论事迹来申说它，若还不足明晓，则要用反复讨论甚至多人辩论的方式明晰它。其中的"说"在于类推，"辨"在于尽故。

在道（实与大义）、心、说、辞之间，道、心决定说，道是说的目的，心是说的激发处。天下有道，心合之而说，说发而有辞。也正因此，心有时也可以使说脱离大道，形成异说。荀子曰："说、故、喜、怒、哀、乐、爱、恶、欲以心异。"部分学者将"说"通"悦"，"故"通"固"，指其是与喜怒哀乐等对应的精神感受，实则同段结语部分指出"心征之而无说，则人莫不然谓之不知"（《荀子·正名》），这里的"说"是指述说、申明，"故"是人所认定的事理。人心不同，所取各异，于是能形成不同之说。

在说发为辞之后，落定在文字上就形成文章，后者具有一定的文体特征，最为重要的就在于申说以"类推"进行，具有故事性以及相应的繁复性。《荀子·劝学》便以此指："《礼》《乐》法而不说，《诗》《书》故而不切，《春秋》约而不速。"即《礼》《乐》简呈大法，并不申说以故事，常人也因此难以得其义理门径。

荀子综合以上两者，形成"君子之说"的概念，并对照产生"小人之说"以及所谓"小说"。君子之说遵从大道，故事推演只是作为申明义理的辅助，小人之说则不见大道，迷于故事，甚至作异端之辞。且以此指"方其人之习君子之说，则尊以遍矣，周于世矣"（《荀子·劝学》），"知者论道而已矣，小家珍说之所愿皆衰矣"（《荀子·正名》）。智者论道，大道论明，则那些小家小说宣导的欲想自然会衰减消退。也就是说，荀子从"说体"文章所具有的大道、故事及其功用出发，对于解说宣扬大道的故事集合文章，称为君子之说，大加颂扬。对于不见大道、痴迷于故事推演甚至成为异端的故事集合作品，称为小人之说、小家珍说，并欲取缔之。

韩非师承荀子，对《春秋左传》《庄子》文章皆深有研习，对"经说"文体及其变种文体在全面继承的基础上，又有了自觉性的发展。

首先，他继承了源自《春秋左传》的典型意义上的故事性"经说"文体。较有代表性即《内储说上七术》《内储说下六微》《外储说》等。其中，《内储说上七术》和《内储说下六微》本为一个篇章，主旨为《内储说上七术》中开篇提出的"主之所用也七术，所察也六微"，相关篇章则分述该主旨。《内储说上七术》直接提出分论点云："七术：一曰众端参观，……七曰倒言反事。此七者，主之所用也。"接着对相关分论点做了进一步概括性论述，并称相关内容为"经"，指以后的内容为"说"。"说"即是对"经"中所涉及的一系列故事给予详尽述说，完全以缀连故事形式成文。《内储说下六微》行文体例与之相同。至于《外储说》等，除在篇章开头略去《内储说》中的总论部分外，其文体与《内储说》相同。

其次，他对《庄子》《荀子》中的相关文体做了进一步继承发展。在《内储说》中，除了对《春秋左传》的文体做了继承外，也有重大突破，即以庄子、荀子为法，在"说"中不外加议论。除此之外，更直接的则体现在《说林》上下篇中：相关篇章全以缀连故事行文，无议论文字。

最后，韩非子的最大贡献是实现了"经说"体，尤其是"说"体的初步自觉。这可以在文章的命名中直接获得呈现，如《内储说》《外储说》以及《说林》等，都是直接以"说"命名相关篇章。且该情况的出现并非偶然，因为在《韩非子》书中尚存有《解老》《喻老》等篇章，显然是自觉区别了"说""解""喻"等注解文体，知晓各自的独特性。同时更具标志性的则体现在《说林》上下篇的内容与命名上：这两篇皆无"经"文，也无议论的"要"文，只是简单的故事集合，但依然被称为"说"。这表明以独立姿态作为一种文体而存在的"说"，已在此时获得自觉确立。

吕不韦在受荀子著述的直接刺激后，开始修编《吕氏春秋》。在此前提下，荀子留在秦国的《孔子家语》以及当时已流传天下的韩非子文章，必然也是其效法、取材的对象。因此，《吕氏春秋》诸多篇章的文体深受庄子以来荀子、韩非子的影响，也就在情理之中。如《吕氏春秋·仲冬纪》之《当务》《长见》等篇都是"要说"文体。"八览""六论"部分中的篇章更为突出。尤其是"六论"的几乎所有篇章都是开头一个立意，接下来缀连三五个故事。此外，也有部分篇章没有立意议论，而直接连用故事成文。

当然，它们与庄子、荀子、韩非等"要说"文体还有些许不同。它们一般会在每个故事之后稍加一二句评点。与这种情况较类似的，还有《淮南子》的《人间》。对于该现象，可以有两种解读：一种可能是它们自觉效法《春秋左传》中"说"内容里点明主旨的做法，另外一种可能是相关篇章系直接取材和改造于荀子、韩非子中"要说""纯说"体文章，为凸显要旨，同时也是为了区别于荀、韩文章而有意为之，并不存在"文体"的自觉。

此后，秦朝在相关文体方面最有代表性的作品是孔鲋及其弟子所编的《孔丛子》。部分学者认为传本《孔丛子》是三国王肃,甚至北宋宋咸伪作。实际上,原《孔丛子》与传本《孔丛子》存在一定的联系,又有区别。原《孔丛子》是秦代著作,它记录了孔子、孔伋、孔穿、孔谦、孔鲋的言行事迹。记孔子言行者为《嘉言》《论书》《记义》《刑论》《记问》,记子思言行者为《杂训》《居卫》《巡守》《公仪》《抗志》,记孔穿言行者为《公孙龙》《儒服》《对魏王》,记孔谦言行者为《陈士义》《论势》《执节》,记孔鲋言行者为《诘墨》《独治》《问军礼》《答问》。在文体上,主要都是在一定主题下,以故事连缀的方式展示其主题思想,是较典型的"纯说"体。

在汉初的作品中,贾谊《新书》为一例,典型"要说"结构的有《礼容语下》;变异的"说要"体有《春秋》《先醒》《论诚》《退让》,也就是在每个主题下,连缀故事,只是行文尾部多有一二句按语,点明要旨;至于《修政语下》,更是直接摘取了《鬻子说》的内容,是"纯说"体。此外,韩婴《韩诗外传》、刘安《淮南子·人间》等都是介于"经传"与"要说"体之间的作品。

总之,在庄子之后,荀子等对"要说""纯说"等文体进行了大量实践运用,到韩非子时,已对相关文体理念形成初步觉醒。不过真正实现彻底的文体自觉,是到孔安国重修《孔子家语》,而刘向受其影响、系统梳理相关文体著作之时了。

五、"说体"的自觉,大说、小说的分别与小说家的确立

刘向修编了《新序》《说苑》《百家》《世说》《列女传颂图》等。其中,《新序》《说苑》《百家》的修编与归类对后世影响极大,彻底实现了"说"文体(包括"要说""纯说"文体)的理念自觉、大说小说的分别以及"小说家"观念的确立。

刘向《说苑叙录》云："护左都水使者光禄大夫臣向言，所校中书《说苑杂事》，及臣向书民间书诬校雠。其事类众多，章句相溷，或上下谬乱，难分别次序，除去与《新序》复重者，其余者浅薄不中义理，别集以为百家后，令以类相从，一一条别篇目，更以造新事十万言以上，凡二十篇七百八十四章，号曰《新苑》，皆可观。臣向昧死。"（《全汉文》卷三十七引）由此可知，刘向是在此前已存在的《说苑杂事》基础上，整治修编出《新序》和《百家》，同时自己裁剪史料，另编《新苑》。《新苑》是相对于原《说苑杂事》而言，全名应是《新说苑》，亦即我们现在所见传本《说苑》。

《新序》篇章主要采用"纯说"体行文，基本上每篇皆无立意议论，直接以同类故事连缀行文，只是部分故事结尾处偶有一二句评点，道破要旨。《百家》已亡佚，其文体当与《新序》相同。《说苑》篇章主要采用"要说"体，如《臣术》《贵德》《复恩》等，此外极少数篇章采用"纯说"体，如《君道》等。

刘向在修编大量"要说""纯说"体文章的同时，还继承韩非子《说林》和原《说苑杂事》的理念，直接以"说"命名相关作品，如《说苑》《世说》等。这表明他对"说"这一文体的实践存在自觉的认知。

除此之外，刘向在相关方面的最大贡献是以对"说"文体的自觉为基础，区分出了相对于"大说"而言的"小说"，并以此在诸子略中，于九流之外另立"小说家"。这直接反映在以其《七略》为基础的班固《汉书·艺文志》上。

关于"小说"，《汉书·艺文志》的定义是："小说家者流，盖出于稗官。街谈巷语，道听涂说者之所造也。孔子曰：'虽小道，必有可观者焉，致远恐泥，是以君子弗为也。'然亦弗灭也。闾里小知者之所及，亦使缀而不忘。如或一言可采，此亦刍荛狂夫之议也。"这里说的是"小说家"，但他们之所以确立，则在于所创作作品的特点,因此相关评定也道出了"小说"的基本特征。

"小说家"的"小说"有以下特征:首先,它出于稗官,是街谈巷语、道听途说者所造。即它是具有故事性的作品,同时相关内容常带有不合史实的虚构性;其次,它是闾里小知者"缀而不忘"的作品,表明它们以不同故事连缀为呈现形式。在形制上,不仅篇制短小,更重要的是短篇故事集。故事与故事之间相互独立,没有过渡文字,不能用议论文连接。即它在文体上是"说体",包括"要说"体和"纯说"体;最后,它所要表达的主旨虽有可取,但一般不够明确、精深、宏通,流于说教,对于君子而言属浅薄之列。否则,即使它符合前两个条件,只要所言合于大道,精深宏大,也应归入相应的九流之内,也就是说刘向等已自觉"小说"是结合文体、内容、思想而言的事物。以下不妨用《汉书·艺文志》的相关著录以及汉代人的观念来对此加以验证。

(一)《新序》《说苑》和《百家》的区别

从上文所引刘向《说苑叙录》可知,《新序》《百家》都是修编于原《说苑杂事》的作品,而《说苑》虽是刘向新品,但体例依从《说苑杂事》,因此三者在文体和内容上具有相似性。从《汉书·艺文志》可知,刘向将《新序》《说苑》入儒家,《百家》入小说家。究其原因,只是在于刘向认为《百家》"浅薄不中义理"(《说苑序录》),而《新序》《说苑》弘扬儒道有力。即他在作品为"说体"(包括"要说"和"纯说"体)的基础上,以所说故事是否中义理、弘大道为准,区别诸子九流与"小说家"。

(二)《鹖子》和《鹖子说》的区别

《汉书·艺文志》道家类载《鹖子》二十二篇,已亡佚。《列子》之《天瑞》《黄帝》《力命》《杨朱》所引鹖子四则文字不见于今本，皆是道家语，应即其遗文。虽该书已佚，现存为片段，故无法判断它的原初文体，但其语言简洁有力、主旨统一鲜明，是可以肯定的。《汉书·艺文志》小说家类又著录《鬻子说》十九篇。贾谊《新书·修政下》摘抄其文。现传世有唐逢行珪《鬻子注》十四篇，《四库全书总目提要》和钟肇鹏指该《鬻子》为《鬻子说》残本①，该说可从。关于小说类《鬻子说》的文体，可从以上两处考察。《新书·修正下》主旨为修正之德，但全篇无立意议论，皆以缀连故事行文，即"纯说"体。《鬻子说》相关篇章也是此类文体，传本《鬻子》（即《鬻子说》）的行文便是以鬻子答周文王、周武王、周成王等一系列故事组合而成，亦合乎这一文体。同时其所言事物多虚构，要旨夹杂于儒、墨之间，杂而不精。可见，小说家《鬻子说》相对于道家《鬻子》而言，其篇章主要以缀连故事而成，且故事中常夹杂虚构、荒诞内容，所言主旨也更为驳杂，乃至肤浅。

（三）《伊尹》《黄帝四经》与《伊尹说》《黄帝说》等的区别

《汉书·艺文志》道家类著录"《伊尹》五十一篇。汤相"，小说类著录"《伊尹说》二十七篇。其语浅薄，似依托也"。同时，道家类著录"《黄帝四经》四篇。《黄帝铭》六篇。《黄帝君臣》十篇，起六国也，与《老子》相似也。《杂黄帝》五十八篇，六国时贤者所作。《力牧》二十二篇，六国时所作，托之力牧。力牧，黄帝相"，小说家类又著录"《黄帝说》四十篇。迂诞依托"。可见，"小说家"与其他诸子的区别在于虚构、荒诞。这说明"小说家"作品的内容以陈述故事为主，文体以说体为基础，而思想较浅薄、不精纯也是必要条件之一。

---

① 永瑢等《四库全书总目提要》，上海：商务印书馆，1931年，第23册，第1页；钟肇鹏《鬻子校理》，北京：中华书局，2010年，第7页。

(四) 东汉其他人的"小说"观

东汉初，桓谭《新论》云："若其小说家，合丛残小语，近取譬论，以作短书，治身理家，有可观之词。"张衡《西京赋》亦云："匪惟玩好，乃有秘书，小说九百，本自虞初，从容之求，实俟实储。"其中桓谭之语和刘向之论颇为相近，他与刘向、刘歆有交往，应是受了后者的影响。同时，他也十分明确地指出小说家作品具有"短书"这一特征。关于短书，由本文第一部分内容所引，已可知前人对此有多议论，但往往龃龉于"篇幅短小"这一特点，实际上短书不仅是篇幅短小，更是为"合丛"做了基础准备。不论是"合丛残小语"，还是"实俟实储"，都集中体现了"小说家"作品文体的基本特点——不同故事的连缀组合。

六、诸子"小说"到现代"小说"理念的演变

刘向之后，"小说家"下的"小说"理念基本定型，并获得了有序继承。《三国志·魏书·王卫二刘傅传》言及邯郸淳，裴松之注引《魏略》曰："植初得淳甚喜，延入坐，不先与谈。时天暑热，植因呼常从取水自澡讫，傅粉。遂科头拍袒，胡舞五椎锻，跳丸击剑，诵俳优小说数千言讫。"[①] 邯郸淳曾自著"小说家"作品《笑林》，初见曹植，受到后者以知音同道之礼相待，于是"诵俳优小说数千言讫"，此处"俳优"指带有讽刺劝谕功能的小语，"小说"自然是指与之有同种功能的"小说家"作品，"数千言"则体现了它的最大特点——短篇故事缀连性。

---

① 陈寿《三国志》，裴松之注，北京：中华书局，1999年，第603页。

此外，萧统《文选》不录诸子文章，序言谈及缘由时说："老庄之作，管孟之流，盖以立意为宗，不以能文为本，今之所撰，又以略诸。若贤人之美辞，忠臣之抗直，谋夫之话，辨士之端，冰释泉涌，金相玉振。所谓坐狙丘，议稷下，仲连之却秦军，食其之下齐国，留侯之发八难，曲逆之吐六奇，盖乃事美一时，语流千载，概见坟籍，旁出子史。若斯之流，又亦繁博。虽传之简牍，而事异篇章，今之所集，亦所不取。"① 其中，老庄管孟指代诸子九流，"若贤人之美辞，……金相玉振"则指"小说家"，此排比句所言内容是对"小说"具有分门别类、缀连故事这一基本特点的文学性描述。它不录取"小说家"作品的理由首先是文章"繁博"，其次是"事异篇章"，也就是指"小说"的文体与《文选》体例不合。简而言之，即指"小说"具有故事连缀性，相关篇章本身就相当于故事集，《文选》本身又是文集，不可在文集中套文集。《文选》不录"小说"，亦证时人以"故事连缀"为"小说"基本要素。

此后相当长的一段时间里皆如是。如《隋书·经籍志》总序云："远览马史、班书，近观王、阮志录，挹其风流体制，……以备《经籍志》。"表明其体例继承于《汉书·艺文志》，"小说家"观念也是如此。其所著录"小说家"作品，如《世说新语》《笑林》等莫不如是。在此对"小说家"作品《燕丹子》一书稍加辨析。《隋书·经籍志》始著录《燕丹子》一卷，此书应是"说"体无疑。其自注"丹，燕王喜太子"，表明此书系托名燕太子丹之作。《旧唐书·经籍志》《新唐书·艺文志》则皆直接注明"燕太子丹撰"。大体而言，该书应是佚名伪托太子丹所作的故事集。此书在《宋史·艺文志》尚有著录，元明以后亡佚。今本《燕丹子》为四库馆臣于《永乐大

---

① 萧统《文选》，李善注，上海：上海古籍出版社，1986年，第2-3页。

典》辑录而出,文体与"说"体迥异,内容是记述太子丹与荆轲刺杀秦王,按此决无著录为"燕太子丹撰"的可能,传本应是好事者伪作或鸠占鹊巢。

观《旧唐书·经籍志》《新唐书·艺文志》《宋史·艺文志》《明史·艺文志》等所著录"小说家"作品,多不出"说"体。此处需注意几点,一是《新唐书·艺文志》"小说家"类著录的主要是各种记述神怪异人的杂志,但末尾也杂入了一些似非同类的书籍。从鲁迅《中国小说史略》开始即对此不解,熊发恕继而指它所著录的唐人著作"李恕的《诫子拾遗》(讲教子)、刘孝孙的《事始》(记名物典故)、李涪的《刊误》(纠文书典籍错谬)、陆羽的《茶经》(讲品茶之道)等归入小说类,使小说的概念又有些含混起来"①。实则并无根本性冲突。《诫子拾遗》是讲教育子孙的家训,但形式是在每一训诫之下连接众多典故,《事始》《刊误》也主要涉及典故。陆羽《茶经》是与其相配合的张又新《煎茶小记》一同列入,前者虽谈论茶情茶理,但书中有"人物"篇,专列故事,而后者是对前者的解说,更如一篇寓言。以此看来,这些皆是小道,但多以连篇故事解说其要旨,故入"小说家"作品。《宋史·艺文志》中一些看似与小说无关的书籍大体上也是类似情况。

且从相关著录的情况看,明代以前"小说"观念的发展存在一个"文体"观念不断强化的倾向。"说"体作为判断"小说"的标准被置于最突出位置。如作品符合"说"体,基本上归入"小说家",不归入诸子九流。且随着原来带有"要说"结构的作品不断散逸,传本《鬻子》(《鬻子说》)等被归入杂家类,"纯说"体作品越来越成为主流。

---

① 熊发恕《中国古代小说概念初探》,《康定民族师专学报(文科版)》1987年总第2期。

与此同时，史部之学的进一步规范与长篇传奇、章回演义的兴起，逐渐冲击原有小说"短篇故事集"这一特点。宋人在编写《新唐书·艺文志》时，将此前一直归入史部类的《列异传》《古异传》《搜神记》等列入小说家，这表明史部的初步觉醒，小说类的虚构、荒诞特点被张大强调，只是此时小说的"连篇故事"这一特点还未被放弃。但明代以后，史类对史实、实录的强调越加凸显，对虚构无稽荒诞的排斥日益加深，以致许多单独长篇的传奇也被从史类列入小说类，如明代胡应麟在《少室山房笔丛》丙部《九流绪论》中，"小说家"类中不仅收纳《搜神记》等别传集性质作品，也开始收录《飞燕》《太真》《崔莺》《霍玉》等原本归属史部的独传长篇类作品。明代陆楫《古今说海》的小说也包含了别传类作品，如《灵应传》等。且社会上长篇章回体演义与小说的发展也从另外一个角度冲击着原有的小说观念。最后迎来了清代《四库全书总目提要》的一锤定音。

《四库全书》的修编对中国传统学术产生了重要影响，"小说"观念也在此时迎来了突破性发展。《四库全书总目提要》云"（小说）其来已久，特盛于虞初耳。迹其流别，凡有三派，其一叙述杂事，其一记录异闻，其一缀辑琐语也。唐宋而后，作者弥繁。中间诬谩失真，妖妄荧听者固为不少，然寓劝戒、广见闻、资考证者亦错出其中"；"博采旁搜，是亦古制，固不必以冗杂废矣。今甄录其近雅驯者，以广见闻，惟猥鄙荒诞，徒乱耳目者则黜不载焉"①。同时，它所著录作品如《山海经》《穆天子传》《（伪）燕丹子》《汉武帝内传》《飞燕外传》等，原初本为地理类或独传类作品，本非"说"体，传统分类亦非"小说家"，而《四库全书》皆将其视作"小说"。至于原因，恰如其凡例所言"《汉武帝内传》《飞燕外传》旧

---

① 永瑢等《四库全书总目提要》第 27 册，第 12 页。

入传记类，今以其或涉荒诞或涉鄙猥，均改隶小说"①，在相关书目的提要里也一再强调此点。即完全以叙事性、虚构性为标准来归类小说家作品。

《四库全书》的相关做法实际上也是诸子"小说家"作品不断由过去述说义理演变为以述说故事为本位的必然结果，只是它在前人的基础上又进一步去掉了"不同故事缀连性"这一"说"体最为突出、最为基本的要素，从而导致了"小说"观念的彻底改变。它使"小说"概念的外延获得了扩展，比如唐代各类以"传""闻"等命名的传奇得以万川归流之势，汇集到新"小说"集群中。同时，也扩大了"小说家"的影响，在吸纳众多原本不归属此类的故事性作品后，使得它和整个统一后的故事性作品界实现了相互成就，两者的地位互为表里，内外统一地获得了提升。

《四库全书》也有缺失，即在王官经学体系下剖判诸子，"小说家"也不能免。它在经学视角下，以政教为宗旨，局限于小道为其服务的立义，以此再造"小说家"，也以此排除其他不符合此道的作品。如注重文言小说，不重视白话通俗小说。汉末邯郸淳的"俳优小说"、隋唐以来的佛教俗讲变文、宋明的说话话本、明清的通俗演义等本皆是从"说"体演变而来的作品，本源上为一类，但《四库全书》多将其排斥在外，不得不说又是对"小说"的阉割。

《四库全书》的这些做法有得有失，但都为晚清民初的"小说界革命"奠定了基础。后者并非横空出世，而是水到渠成之事，是中国传统学术文化固有土壤所生长出的花朵。只是它在接续中国传统的小说观念发展的同时，也融通了西方的近代小说观念。最终中国小说观念在经历过"小说界革命"的洗礼后，便走入现代"小说"观念的界域。

---

① 永瑢等《四库全书总目提要》第1册，凡例第3页。

余 论

在上文的论述中，笔者尝试跳脱经学思维及其学术体系的禁锢，以"新子学"的视角重新审视诸子学，并基于文体变革这一线索，对中国固有的诸子"小说家"以及"小说"观念的历史演变进行了梳理。这不仅是对过去旧历史的梳理，也是一种重新发现，当下中国"小说"应有的发展理念也蕴含其中。

在过去，我们的传统学术文化是经学思维及其体系主导下建构的世界。恰如《汉书·艺文志》所云：王道、六经是百术之源，诸子只是王道衰微后的"各引一端"，是"六经之支与流裔"，且"诸子十家，其可观者九家而已。……若能修六艺之术，而观此九家之言，舍短取长，则可以通万方之略矣"。在其所赋形的世界中，六经学术为始源与骨干，诸子只是其派生物，"小说"更只是诸子中的"不入流"者，也因此一直都只是作为末流而未能获得彰显。即使到了清末民初，在传统"小说"界本身已实现万川合流，西方小说理念涌入为其进一步蜕变助力的大背景下，应运而出的"小说界革命"也只是在口号上提升了小说的地位，在之后以及当下的学术文化与社会现实生活中，"小说"也仍难改末位的困境。这种小说末流观念之所以未能获得改变，一个最根本的原因就是中国学术文化在底色上还未跳脱经学思维及其体系的异化，自困在人为制造的经学幻影的世界中而无法自主自是自见。

"新子学"所展开的学术文化场域与之截然不同，它打破经学催眠，发现世界本是一个多元、平等的世界，不存在谁从属谁的关系。如果说过去经学思维主导下所建构的中国学术文化生态是人为修饰的次序井然的花园幻象，那么"新子学"所展开的就是一个全新又原生态的学术文化森林，诸子及其文化是重要组成部分，"小说家"也在其中。子学最大特质包含开放性、大众化等，"小说"理念的不断发展正是最集中、最前沿的呈现之一。

从开放性角度而言，"小说"经历了原生期"经说"（依附"经"，固化地阐释义理）、"要说"（验证义理）、"纯说"（自我独立、直接呈现义理），以及后来万川合流之后的现代小说（生产义理）等各个阶段，不断地从义理下的奴仆转变为义理的主人，由原来的单一内涵转为开放性自身，最后成为新思想、新道德的生产产房。这以文体变革为核心的不断自我解放，是子学发展的一种体现，也是子学进一步发展的基础。从大众化角度而言，小说是真正直接在大众之中生产自身的事物，与大众身体性、生命性接触。它起源于野谈巷语、道听途说，之后历代小说作品的产生也是如此，总是直面大众，向他们述说着世界的样子。它是子学在悟道、义理、思辨之外，找到的一个思想与道德、情感直接血肉勾连的存在，是精英学术直接作用于大众文化的途径，是子学最为独特，又最为重要的表达方式之一。

总之，在"新子学"的视域中，子学与"小说"相互勾连，从中也能看到中国传统所谓文及文学的独特性。中国"小说"是兼具说理与叙事于一体的文体作品，在此后的发展中，说理的特质不断隐退，叙事性特征不断凸显，从而连通于近代小说。现在我们应还历史以本貌，在此基础上找寻诸子"小说"与现代"小说"的连通处，既继承诸子"小说"的理念及其创作方式，同时融通近代"小说"的基本特征，或许这也正是一条符合中国学术历史，又切实可行的富有中国特色的"小说"发展道路。

（原载于《学术月刊》2019年第5期。作者单位：上海财经大学人文学院）

新子学的当代转向
——以儒家道心、人心的博弈与当代自我传播智慧为例

谢清果

引 言

新子学之新一个重要面向是转向现代,也就是说,接下诸子的思想往下来,结合现代的语境,借助现代新的理论成就,重新阐发诸子思想面对现代学术问题,所可能潜蕴着理论潜力。抑或说,运用现代的理论视角,经由与诸子在传统社会中考察问题的理路,进行对话,以期能够阐释出诸子思想在当代的新发展、新表现,从而既发挥了子学的思想资源,又能让诸子思想适应时代发展,实现历久弥新。

基于这个考量,笔者拟从古今中外都十分关注的一个重点问题——自我观入手,选择儒家极具代表的道心人心说为个案,借助传播学领域的自我传播理论来加以分析。自我在每一种文化中都是核心概念和关键问题。一种文化,一个人只有不断在确证自我的前提下才能开展交流,发展各方面关系。因为自我总是与他者联系在一起的。中西自我观念差异明显。在研究层面,西方重纯知识追问,如"我思故我在",而中国重"实践智慧",如"克己复礼"。在研究方法这个

操作层面，西方往往将自我视为一个外显变量，而中国则视为内隐变量。在社会生活层面，个体自我是核心，并由此组成社会集体，但互不隶属。而在中国情境中，个体自我往往依赖于他所属于的组织，依附于组织。个人的角色扮演是依靠其组织身份与性质来展开的，离开组织，就失去了重要的交往资源①。只有当我们能够理解"你是谁""你要去哪里"，你才能够与他人更好地交流。这是"因为任何增进交流的努力都是从增进自我传播开始；自我是所有交流的中心"②。

一、十六字心传：儒家自我传播的要旨

自我传播的核心思想是经自我省思，自我对话，以达成就自己、影响他人的目标。中华文化尤其是儒家文化，将治身（心）与治国同等齐观，是谓身国共治。治身的核心在于治心，治心的本质就是自我传播。从这个意义上讲，传统儒家的心性论明显具有自我传播意蕴。

（一）在中西自我传播差异中审省儒家"心"（自我）之论

自我传播（Intrapersonal Communication），传播学上还称为内向传播，管理学上称为自我管理。中西大体上形成各自的特色，具体说来，西方在工具理性思维的推动下，形成了"认识你自己"（know

---

① 赵雅丽《发现"自我"：华人传播研究另一个可能的起点》，载于冯应谦、黄懿慧《华人传播想像》，香港中文大学香港亚太研究所2012年版，第293—316页。

② Genelle Austin-Lett. Jan Sprague, *Talk to yourself: Experiencing Intrapersonal Communication*. Houghton Mifflin Company, 1976, preface, PPXI.

thyself）的自我传播观，而中方（或东方）在情感或价值或道德理性的启发下，倡导"成为你自己"（become thyself）。相比而言，西方的自我传播更重在社会身份的确认，摆正自己的社会上的位置。这一点形式上跟儒家的正名论有很大相似性。不过，儒家的取向依然是先正己，方能正人，而正人亦在正己之中完成，因为其身正，不令而行。当然正己离不开认识自己，不过，在儒家看来认识自己，并不是在知识论上去认识，而是从情感理性和道德理性上去认识，即确立人作为正人君子的先验性和无可质疑性，并将之确立为人与其他万物的区别，从而于此确立起自己言行举止的着力点，就是以先验的中庸、中道来要求自己达到中和，并以此作为理想境界来追求，来调适自己，认为只有这样做了，自己的价值才能得到真正的实现。儒家虽然有着强烈的社会责任感，要以"平天下"为己任，然而正如注意自我修养最典型的心学代表人物王阳明来说，他的致良知，知行合一，都强调的是发扬自己的良知，将良知扩充到整个社会，将德性之知化为德性之行，并将两者直接统一起来，具有强烈的自我传播观念。道家则更明显追求在回归人性自然中实现天人和谐与人际和谐，以"两不相伤"为最大依归。以逍遥自适，与物无待，做到不依伴于外物中，实现个体的自在自由。

　　与此相应的是，西方自我传播的观点是建立在"眼见为实"（Seeing is Believing）的观念基础上。而东方（中国）则更倾向于"心诚则灵"（Believing is Seeing），或者，用通常的解释是，西方用科学的路径来认识自我，而东方是非科学，即人文的路径，来感知自我。前者更多是经验的，而后者更多是超验的。儒家的"诚"与"仁"就不仅仅是情感的、道德的，而且也是本体的范畴。因为"诚则明，明则诚"。仁则犹如种子，用德性的光芒去浇灌。帕瑞克指出："我们所认识到的并非作为主体的'我'（I），而作为客体的'我'（me）。正如双眼观察周围，却看不见自己；指尖触及他物，却碰不到自己。我想说的是，自我并不是个人的身体、思想或者情感。它们仅仅是自我的某个部分某个空间，或者说，是自我的某个功能领域。"① 而他认为人要自我管理的正是包括身体、思想、情感、神经感觉系统、意识状态这五个功能，因为人正是这五个方面的体验者。神经感觉系统就是感观与外界的信息交流，相信"思想胜过物质"，你想象的，往往都可以成为现实，如孔子所言"我欲仁则仁至矣"（《论语·述而》）。老子所说的"求以得，有罪以免"（《道德经》第62章）。相信正能量的思想，能够获得正效应的回报，从而成为内生行为的驱动力。意识状态，则是心灵境界的不同层次，既有类似于马斯洛的需求层次意义上的达到生理以及情感、安全、归宿等心理方面的满足；还有超越自我的无私的爱与同情心、沟通与创造、直觉中心，宇宙意识即纯洁的、超越个人或超意识的层次，有类于道或佛或圣的境界，成就了最大的自我，即忘我的境界。从印度瑜伽来看，这一切可以通过冥想来实现②。而对儒家而言，这一切则是通过养心来实现的。通过道心与人心的辩证运动，使人心成为纯粹的道心，从而修身成圣。

（二）"十六字心传"系儒家自我传播智慧的结晶

朱熹在《中庸章句序》中明确"道统"说："盖自上古圣神继天立极，而道统之传有自来矣。其见于经，则'允执厥中'者，尧之所以授舜也；'人心惟危，道心惟微，惟精惟一，允执厥中'者，舜之所以授禹也。"可见，"十六字心传"是朱熹对儒家传统的确认，

---

① 杰克迪希·帕瑞克著《管理者的自我管理——超然投入的生活与工作》，许思悦、冯征译，上海人民出版社2004年版，第36页。
② 杰克迪希·帕瑞克著《管理者的自我管理——超然投入的生活与工作》，许思悦、冯征译，上海人民出版社2004年版，第140-146页。

并成为儒家心性论与政治哲学的核心。从十六字心传的由来看，其基本情境是治世法则，统而言之，可以归纳为"内圣外圣"。"十六字心传"的原初形态是《论语·尧曰》云："咨！尔舜！天之历数在尔躬，允执其中。四海困穷，天禄永终。"这里仅是将"允执其中"作为执政的要领，尧传给舜。而荀子则从人心的危与微的角度深刻阐述了舜治天下突出了"允执"的操作者——心。《荀子·解蔽》篇云："壹于道则正，以赞稽物则察；以正志行察论，则万物官矣。昔者舜之治天下也，不以事诏而万物成。处一危之，其荣满侧；养一之微，荣矣而未知。故道经曰：'人心之危，道心之微。'危微之几，惟明君子而后能知之。故人心譬如盘水，正错而勿动，则湛浊在下，而清明在上，则足以见鬓眉而察理矣。微风过之，湛浊动乎下，清明乱于上，则不可以得大形之正也。心亦如是矣。故导之以理，养之以清，物莫之倾，则足以定是非，决嫌疑矣。"此处，虽然没有完整的十六字心传表述，然其字里行间，已有此意涵。除"人心之危，道心之微"八字外，还有"处一""养一"观念，流露出"惟精惟一"的内涵，即"壹于道则正"，此外"正错而勿动""定是非决嫌疑"的表述中，含有"允执其中"之"中正"意涵。

《尚书·大禹谟》首创的十六字心传，虽为伪书，但其思想不假，且由来有自。即上文孔子、荀子。因此朱熹将此十六字心传定为"道统"乃独具慧眼。《尚书·大禹谟》原文：

> 帝曰："来，禹！降水儆予，成允成功，惟汝贤。克勤于邦，克俭于家，不自满假，惟汝贤。汝惟不矜，天下莫与汝争能。汝惟不伐，天下莫与汝争功。予懋乃德，嘉乃丕绩，天之历数在汝躬，汝终陟元后。人心惟危，道心惟微，惟精惟一，允执厥中。无稽之言勿听，弗询之谋勿庸。可爱非君？可畏非民？众非元后，何戴？后非众，罔与守邦？钦

哉！慎乃有位，敬修其可愿，四海困穷，天禄永终。惟口出好兴戎，朕言不再。①

唐代孔颖达注解《尚书正义·大禹谟》篇时说：

"汝惟不矜，天下莫与汝争能。汝惟不伐，天下莫与汝争功。"自贤曰矜，自功曰伐。言禹推善让人而不失其能，不有其劳而不失其功，所以能绝众人。……"人心惟危，道心惟微，惟精惟一，允执厥中。"危则难安，微则难明，故戒以精一，信执其中。"无稽之言勿听，弗询之谋勿庸。"无考无信验，不询专独，终必无成，故戒勿听用。……君失道，民叛之，故可畏。言众戴君以自存，君恃众以守国，相须而立。"钦哉！慎乃有位，敬修其可愿，四海困穷，天禄永终。"有位，天子位。可愿谓道德之美。困穷谓天民之无告者。言为天子勤此三者，则天之禄籍长终汝身。

其疏曰：

因戒以为君之法："民心惟甚危险，道心惟甚幽微。危则难安，微则难明，汝当精心，惟当一意，信执其中正之道，乃得人安而道明耳。又为人君，不当妄受用人语。无可考验之言，勿听受之。不是询众之谋，勿信用之。

这里需要注意的是，人心与道心在孔氏眼中是君王治世之心法，君当精心为一而保有道心，尤其用于防止自己被"无稽之言""弗询之

---

① 顾宝田、洪泽湖《尚书译注》，吉林文史出版社1995年版，第263页。

谋"所迷惑。孔氏在论述中不自觉地将人心与民众挂钩，而将道心与君王相连。

其后正义曰：

> 居位则治民，治民必须明道，故戒之以"人心惟危，道心惟微"。道者经也，物所从之路也。因言"人心"，遂云"道心"。人心惟万虑之主，道心为众道之本。立君所以安人，人心危则难安。安民必须明道，道心微则难明。将欲明道，必须精心。将欲安民，必须一意。故以戒精心一意。又当信执其中，然后可得明道以安民耳。

孔颖达从安民的角度，将道心视为君王当执有的，以此匡正人心即民心之危。此种理解本是"十六字心传"的应有之义。因为既然君王负有治理天下的使命与责任，而天下之安定又系于民心。那么凭什么可以来安民心呢？道心是也。这个道心正是可以持中以安民心。虽然从实践上讲君王之心本来也是人心同于民心，只是处于君王的位置本应当具有道心，亦即天心。因为从理论上君王是天命所归，是上天通过其来治理百姓的，君王身上应当能够体贴出天心、道心来。或者说，通过"圣"，即耳聪目明而心亮的圣人，亦即帝王来领导人民。潘祥辉已考证圣人其实是传播之王①。因此，道心与人心说具有明显的社会治理取向。这一点朱熹亦很清楚。他比喻说："人心如船，道心如舵。任船之所在，无所向，若执定舵，则去住在我。"（《朱子语类》卷七十八）朱子用船与舵的关系来比喻道心与人心关

---

① 潘祥辉《传播之王：中国圣人的一项传播考古学研究》，《国际新闻界》2016年第9期。

系，既然人心如船，这就有了如同发轫于《荀子·王制》中所引述的"君者，舟也；庶人者，水也。水则载舟，水则覆舟"。这一"水舟论"则直接明确地阐述了君与民如同水舟的关系。其寓意着君如能朝着正确的方向行舟，而水舟相济，反之，则水舟相害。而朱熹的船舵说则强化升华了水舟论，即将水上升到船，而将船定位于舵这个关系因素，因为君民共处于一船。如此看来，船舵说表明，道心代表方向，代表理念，代表价值，代表信念，也代表公平正义，而这一切都必须建立在社会这条船上，而船的前进动力源于百姓，说到底是源于民心之心力，从这个意义上讲，道心与人心共处于一心，即一船之上，不能相离。而另一方面，如原子一样分散般的民心或人心，如果没有道心的指引与凝聚，则无法正常前进，因此，从这个意义上讲，人心需要去蔽以显现出道心，然后让道心来主宰人心，否则危矣，总之，道心应统率人心。因为这本身关系于心的承载者——人自我的利益。因为一切的哲理都是从根本上讲都是经世致用的。此外，朱熹还有个有特色的比方："人心如卒徒，道心如将。"（同上）将帅统领三军正在于其能力所指导士兵朝胜利的方向拼杀，将与兵不可离。而就一心而言，既是将军也是士兵。在明大体，识大道的情况下，便是道心，便是将军，故能自觉地惩忿制欲。而一旦迷失自己，沦于物欲的奴隶，就成为士兵，虽终日役役而不得解脱，没有幸福与安定感。进而朱熹又用日常生活来作比，直言道心人心只是一心。只是境界与状态不同而已。他说："饥欲食，渴欲饮者，人心也；得饮食之正者，道心也。……人心与道心为一，恰似无了那人心相似。只是要得道心纯一，道心都发见在那人心上。"

宋代以降，儒家学者大多在"十六字心传"上表达过自己的看法，这是因为此心传关注到儒家的理气论、心性论、已发未发论、性情论等儒学的核心命题。但其十六字终究过于简略，因此文义模糊，具有多种诠释理路。作为心学集大成者的王阳明也给出了自己的解释:"道心者,率性之谓,而未杂于人。无声无臭,至微而显,诚之源也。人心,则杂于人而危矣,伪之端矣。见孺子之入井而恻隐,率性之道也;从而内交于其父母焉,要誉于乡党焉,则人心矣。饥而食,渴而饮,率性之道也;从而极滋味之美焉,恣口腹之饕焉,则人心矣。惟一者,一于道心也。惟精者,虑道心之不一,而或二之以人心也。道无不中,一于道心而不息,是谓允执厥中矣。一于道心,则存之无不中,而发之无不和。"① 在王氏看来,道心是率性的表现,没有后天人欲杂于心中的纯粹状态,即诚明之境。而人心则夹杂有后天人的有为的因子在,有荣辱得失之念。而从修心角度而言,就是不与道心分离,且无二心,不做自我之虑,恒常如此,即是精一,即是执中,而其最终的结果就是"无不和",内外通和。

传播学者公认乔治·H. 米德是内向传播(自我传播)理论的真正创立者,这是因为他继承库利"镜中自我"、詹姆斯"社会自我"等思想,第一次将自我区别为"主我"与"客我"(或称宾我)的结构,并认为是两者的互动形成现实的自我,并且这个自我离不开社会互动的情境,因为客我正是"一般化的他者",或者说是社会的规范与秩序对"主我"的言行形成的制约与调控。自我正在在主我的自由意愿与客我的秩序规约的博弈中实现社会化,进而实现自我的升华或者沉沦,当然通常是维持社会正常生活,包括日常交往与工作关系。而理想的情况正是主我与客我的融合。米德认为在宗教态度、爱国态度等情境下,两者是融合,即"其人在他人身上唤起的反应亦是某人在自身唤起的反应"②。这种态度,用中国传统文化的表述就是知行合一。此时"'客我'不是为了控制'主我'而存在,但已经

---

① 王守仁《王阳明全集(上)》,上海古籍出版社2012年版,第216页。
② 乔治·H. 米德著《心灵、自我与社会》,赵月瑟译,上海译文出版社,1992年版,第241页。

形成这样的情境,在他人身上唤起的态度刺激某人去做同样的事"①。这种情境在儒家情境中表述为圣人言出必行,身先士卒,表里如一,具有极强的感召力。他对众人的引导或吸引,导致大家自愿自觉地与圣人在一起,同呼吁共命运,而不计个人得失。在这种情景下自我"是与扮演'客我'中他人的角色相一致的'主我'的动作。自我既是'主我'又是'客我';'客我'规定'主我'对之作反应的情境。'主我'和'客我'都包括在自我中,且在此互相支持"②。在常人心中也有至上的道德律令,而自我却又常常没能达到,而是回避,或部分回避,这样就导致心中不安和焦虑,甚至自责。其实,就是在社会情境中,"客我"给予了"主我"以应然的要求,而"主我"却无法做到积极全面的回应,从而导致主我与客我之间的冲突,因为主我追求现实原则甚至快乐原则,而客我则追求延迟满足原则或者道德原则,以使自我将来能够体会到心灵境界上的高峰体验的最高满足。而"十六字心传"本质上就是为了给君王作为君王获得万众拥戴的至上体验而给予的行动建议。其实,也是君王不得不然的行动指南,否则,便是无道之君,众叛亲离,乃至天下可共击之。而当我们把君王放置在组织管理者的角度来看时,那"十六字心传"也可以说是组织自我传播的心法。

二、人心惟危,道心惟微:儒家自我传播的问题意识

人心之危在于人的自我意识具有引导向上成圣,也有导致向下沦

---

① 乔治·H. 米德著《心灵、自我与社会》,赵月瑟译,上海译文出版社,1992年版,第242页。

② 同上,第244页。

为小人两种可能。不过，正是这个"危"，彰显了人的高贵，人始终作为一种未定型的存在，处于危险之中，因此，人最重要的是要有自知之明。要知的正是人心之危，明白这点，方才可以明于趋避。也就也意味着危机可能是转机。道心之"微"表明抑或强调了，人心要转化为道心，升华为道心的进程是微妙难知的，其间需要强劲的功夫作基础，努力去体会领悟而把握其中的奥妙，以求豁然开朗。

已有学者在论述《尚书》是否为伪书中无意间提到："'人心惟危，道心惟微。惟精惟一，允执厥中。'……多么像弗洛伊德的'本我、自我、超我'的精神分析：本我，自我，超我构成了人的完整的人格。人的一切心理活动都可以从他们之间的联系中得到合理的解释，自我是永远存在的，而超我和本我又几乎是永远对立的，为了协调本我和超我之间的矛盾运动，需要自我进行调节。"① 作者认为儒家偏重人心的治理，过抑人心之嫌；而道家偏重道心的发扬，有放纵人心的过。不过整个虞廷十六字诚然是治国安邦的金玉良言，是能贯彻在尧舜至周孔的治理理念，因此，《尚书》不伪。笔者亦认为，十六字心传可以视为包括儒家在内的整个中国治道文化的核心，凸显了中国文化的内向品格。

（一）道心与人心的分野：儒家内向传播的自我认知

道心与人心的区别从字面上看，是心的定语的差异，即道与人的差异，不过，两者又因为心而联系在一起。这种联系其实是自然而然的。因为，人能弘道非道弘人，道是自在的，自为的，而人才有自觉的，能动的。道因人显，人因道立。人不可须臾离道，无论善人，还是不善人都离不开道，如老子所言"善人之宝，不善人之所保"

---

① 朱建亮《从虞廷十六字诀及其研传看〈伪古文尚书〉并非伪书》，《公共图书馆》2015年第4版。

(《道德经》第62章)。因此道与人相依而存。没有人的存在，道就没有价值。道的价值因人而彰显。因为只有人才有了价值观念与关系意识。唐代孔颖达《尚书正义》中解释说："道者，径也，物所从之路也。因言人心，遂云道心。"孔颖达明确指出因言人心而说道心。既然道本是万有之路，自然也是心之路，即为本心，即为道心。因为人心可以道心相通相依，但人心并不能与道心自然一致，而这种不一致正是儒家修身养心的入手处。孔颖达接着分析说"人心为万虑之主，道心为众道之本"，人心的功能是主宰思虑的，千般计较，万般留恋。而"道心"则为那个思维、意识、情感等一切背后的本体。似乎人心是心之动，而道心乃心之静，动静一体。可以说孔氏此说开创了后世道心与人心阐发议论的先河，也奠定了基本思路。

借助米德的主我客我理论，人心类似于主我，因为主我是当下有现实利益欲望考量的我，饥则食，渴则饮，趋利避害。而道心则类似于客我，因为客我是对一般化的他者的态度与反应，可以理解为社会规范下所期待的我。主我与客我的对话过程，体现了个体的社会化过程，也是自我适应社会，成就自我的过程。米德的主客我理论是其社会心理学的组成部分，正如柯泽分析的那样："主我与宾我之间的对话是一种设身处地式的对话，即代表自身真实利益的主我与代表他人利益的宾我在想象中进行无休止的对话，就好像自我大脑中还潜伏着另外一个人。"[1] 而道心与人心命题的提出，相当程度上可以视为中国式或儒家式的内向传播理论。道心是体现天理并落实在人身上的应然规则，道心是自我本然之心，也是最合乎自我利益的本质自我，他体现了中华民族顺天应人的价值追求与理论前设。人心则是表现作为个体的自我，因对分有于整体性的道而具有了性。而这个性固然能够

---

[1] 柯泽《传播学研究的社会心理学传统：兼论中国本土传播心理学理论建设》，学习出版社2016年版，第259页。

折射出道（仁心），但是却不能直接等于道，因而呈现出当心明时，则道心现而安，而心昧时则道心隐而危。这样思考的意义在于："我们所谓的'沟通'的重要性通过下列事实表现出来，即它提供了一种行为形式——有机体或者说个体利用这种形式就可以变成他自己的对象。我们所一直讨论的正是这种沟通……而是有意义的符号意义上的沟通；这种沟通不仅针对其他人，而且也针对这种个体本人。"① 这种的"沟通"指的是自我心灵的对话，虽然没有人听见，但这一个过程既是诸多社会过程的内在原动力，又是个体创造力与社会创新力所依赖的知识积淀、价值追问与目标锚定的心理基础。一个社会如果能够积极有效地促进公民的高尚的心灵对话，将是社会和谐的源泉。从这个意义上讲，道心与人心的"对话"具有成物成己的重大意义。

（二）在危与微中的自我拷问：儒家内向传播的可能性与必要性

道心与人心的关系，是希望上道心能够主宰人心，还是实理上道心实然地主宰人心。显然后者是有问题的。如果道心天然能够主宰人心，则就不需要理学家号召"存天理，遏人欲"。当然值得注意的是，遏或灭的是人欲不是人心。人欲是人心滑入私利而恶的一面。人心是天然自在的有喜怒哀乐，渴饮饥食而已。道心与人心的差别只是个价值判断。而理学家们则建构与理气的关系，从而向价值判断转向学理勾连。朱熹认为"人之有生，性与气合而已。然则其已合而析言之，则性主于理而无形，气主于形而有质，以其主理而无形，故公而无不善；以其主形而有质，故私而或不善。以其公而善也，故发皆天理之所行；以其私而或不善也，故其发皆人欲所作。此舜之与禹所

---

① 乔治·H. 米德著《心灵、自我与社会》，赵月瑟译，上海译文出版社，1992年版，第150页。

以有人心道心之别"（《朱子文集》卷四十四）。性乃本于天，是一种本质的规定性，有其内在的理则，即不得不然的要求，是谓理，是看不见，是共通的。而气则是有形的物质存在，是理或性的承载者，而气本身又有清气浊气之别，故有人愚钝与灵明之别。因为气是私有的，每个个体的气是有差别的，正是这个差别之中，有沦为不善的可能，即人心沦为人欲。人欲是不当的人心，是超过了人生存的基本欲望而沦为私心妄为，而为恶。朱熹坚持心是一的。道心人心共处于一心。"心自有人心道心，一个生于血气，一个生于义。"血气之心即是人之心，具有在血气运行而自然生发的感觉即带有生理性的现象和知觉即心理性现象，而道心是性命之正，是自在的，自足，自适的，即义，宜也，是一种精神性现象。人的修为正在于发掘出道心来作为主宰。人之心是合理气的。

　　道心可以主宰人心，但又需要人心召唤，但是人心如何有机制或动力去召唤道心呢？"形气非皆不善，只是靠不得。形气亦皆有善，不知形气之善自道心出，由道心则形气善，不由道心一付于形气则为恶。"（《中庸章句序》）李退溪引用程复心之言："心理虽多端，总要而言之，不过遏人欲，存天理而事而已。凡遏人欲事，当属人心也；存天理事，当属道心一边可也"。相对于程颐将人心解读为人欲，从而将道心与人心对立起来的看法，朱熹后来做了修正。二程说："心，道之所在；微，道之体也，心与道，浑然一也，对放其良心者言之，则谓之道心，则放其良心则危矣。"（《二程遗书》卷二十一下）"人心，私欲也；道心，正心也。危言不安。微言精微。惟其如此，所以要精一。'惟精惟一'者专要精一之也。精之一之，始能'允执厥中'。中是极至处。"（《二程遗书》卷十九）完全是一种道德意识和道德观念。"道心"解释为道之心，就是自我体验的道德之心，一种内在的理性原则。

　　道心是主于理，而人心是主于气的。主于理的道心是至善的，纯善的。主于气的人心，则既有所有人都有的感觉和知觉，又有这样道心人心的关系就转变为理气的。而理外无气，气外无理。理在气中。气自有理。然气之理何以能知，何以能行？即可信可爱可行。

朱熹的《中庸章句序》历来被学界视为朱子思想成熟的思想体系表征。道心与人心的分野与统合，朱子是这样分析的："心之虚灵知觉，一而已矣，而以为有人心、道心之异者，则以其或生于形气之私，或原于性命之正，而所以为知觉者不同，是以或危殆而不安，或微妙而难见耳。然人莫不有是形，故虽上智不能无人心，亦莫不有是性，故虽下愚不能无道心。"其一，人心道心都是一心。都具有"虚灵知觉"的功能，只是其所以作为知觉的依据不同，即人心生于形气之私，而道心生于性命之正。不过，值得关注的是，这里的"私"并不是自私自利意义上，而是自己这一中性意义而言。就是说，每个个体从天道分得的形气的数量与质量是有差异的，这种差异形成个体的独特性。此为"理一分殊"。而道心根源于性命纯正，即人禀于理而形成的性。人的形体源于气，而推动气运行当是理，是性，是命。这或许是亚里士多德则说物质与质料的关系。凡物质是运动，运动必有规律。其二，道心人心作为知觉有所不同，道心是微妙难见，而人心是危殆不安。道心不可见，因为道心是形而上的，是无形的，如道体一般。道在心中，而心则未必在道中。心要知觉到道，并自觉自然地遵循道，才是道心。人心则会有喜怒哀乐惧等七情，变化无常，易于混俗，见利忘义。其三，即便道心人心有别，但是无论是上智之人还是下愚之人都具有道心与人心。区别应当在于前者道心为主宰，后者为人心为宰而已。

朱子接着说："二者杂于方寸之间，而不知所以治之，则危者愈危，微者愈微，而天理之公卒无以胜夫人欲之私矣。精则察夫二者之间而不杂也，一则守其本心之正而不离也。从事于斯，无少闲断，必使道心常为一身之主，而人心每听命焉，则危者安、微者著，而动静云为自无过不及之差矣。"可见,其一,朱子明显强调道心与人心交织于一心之中,如果主体不能自明,则不知如何分别之,培育之,凡会危者更危,越发沦落,人欲泛滥;微者愈微,就是天理难明。其二,治心的目标在于天理胜人欲。而要实现这个目标,就需要精与一的功夫。精,就是区别两者,一,就是守其本心之正。坚持下来后,道心就会主宰人心。如此转危为安,转微为著。

朱熹在《克斋记》中说:"盖仁也者,天地所以生物之心。而人物之所得以为心者也。"人本来应该是可以体天地之心为己心,亦即仁。但因人有身,有耳目鼻口四肢之欲,存在害仁的可能性。而这种可能性则正是君子不懈求仁的必要性。通过不断地克己复礼,能以"四非"为训,克之又克,久而久之,则"欲尽而理纯",此时心中所存者正是天地生物之心。有了此心,则"默而成之,固无一理之不具,无一物之不该。感而通焉,则无事之不得于理,而无物之不被其爱矣"。正是得天地之心,而人获得最大的自由与解脱,显现出最大的善性,展现出最大的能力,获得最大的圆满。朱熹期盼其弟子石子重能够"必将因夫所知之要而尽其力,至于造次颠沛之顷而无或怠焉"①。朱熹在《仁说》首句便明言:"天地以生万物为心者也,而人物之生,又得夫天地之心以为心者也。故语心之德,虽其总摄贯通无所不备,然一言以蔽之,则曰仁而已矣。"对此,要"体而存之,则众善之源、百行之本,莫不在是"。朱熹设问"此心何心?"答曰:"在天地则块然生物之心,在人则温然爱人利物之心,包四德而贯四端者也。"②

那么仁心与道心是什么关系,两者应当是一致的。朱熹说:

---

① 朱熹《朱子全书》,安徽教育出版社、上海古籍出版社2010年版,第3709-3711页。

② 同上,第3280页。

"'仁者，人也。合而言之，道也。'此是说此仁是人底道理，就人身上体认出来。又就人身上说，合而言之便是道也。"① 在朱子看来，仁是人的本质规定，无仁之人不过是一块血肉。他说："人之所以得名，以其仁也。言仁而不言人，则不见理之所寓；言人而不言仁，则人不过是一块血肉耳。必合而言之，方见得道理出来。"（同上）这一论断的价值在于肯定了孟子所强调的仁义是人与禽兽相区别的根本依据。因此，儒家全部的价值追求便是求仁得仁，如此的过程是（修）道，亦即确立与呵护自己的道德本性。明代儒学更是强调了仁是促进个体自身与天地之相贯通的本质规定。换句话说，有仁，人其实就是找到了归宿。《明儒学案》有言："仁，生机也，己者形骸，即耳目口鼻四肢也，礼则物之则也。……而生我者，即是生天、生地、生人、生物者也，何以不相流通，必待于克己复礼也？……苟能非礼勿视，目得其则矣；非礼勿听，耳得其则矣；非礼勿言，口得其则矣；非礼勿动，四肢得其则矣。耳目口鼻四肢各得其则，则昔一身无往非生机之所贯彻，其有不与天地万物相流通者乎？生机与天地万物相流通，则天地万物皆昔之所生生者矣，故曰：'天下归仁。'"② 儒家意识到人的可贵之处在于身体与精神能够相贯通，而要做到相贯通，即人与仁合一，而人与仁合一即是道，那么必须得克己复礼，这就突出行仁的内在理论依据。从此，可以明白道心，其实便是仁心。只不过，道心强调的是形与神的统一的状态，而仁心强调的是心的本质性规定在于仁。《礼记正义》："'道者义也'，义，宜也。凡可履蹈而行者，必断割得宜，然后可履蹈，故云'道者义也'。"③ 道表达

---

① 黎靖德编，王星贤点校《朱子语类》，中华书局1986年版，第1459页。
② 黄宗羲《明儒学案》，中华书局2008年版，第608—609页。
③ 孔颖达等《礼记正义》，上海古籍出版社2008年版，第2058—2060页。

的是仁一定要安放在人身上，如此才是适宜的。如此人才是人，才会行人道。"道是统言，仁是一事。"①

相比于米德社会心理学意义上的主我、客我的自我观，儒家的自我观，很令人吊诡，那就是往往不满足于当下的自我，例如对主我的认知上既警惕又依赖。警惕的是主我毕竟不是客我，不是道我，是存在不足的，是有七情六欲的，是还行进在通往圣人的路上的自我。重要的是自我要依赖主我，毕竟主我是能够主动以客我为参照来规范自我，修证自我。离开了主我，客我就没有意义。而且任何人走向客我的道路都是独特的，虽然方向是一致的。这就因为主我注定是独特的，具体的，有情境的。因此，米德更倾赖于主我，认为主我富有主动性、有创造性、独立性。

米德认为客我是建构性的，是主我不断建构出来的。而儒家认为客我（道心，与道合一的自我）则更理想性和神圣性，甚至有着无穷的能力，等待主我去召唤，一旦召唤成功，主我就获得了超越，个体得以成就。相比而言，米德作为社会学家，关注的是自我的社会性。他提出的主我、客我的自我结构观，目的也是关注自我如何在社会中自处，人是如何与社会互动，进而自我内在进行互动，当然这两个互动本身也是互动的。可以说，周而复始地进行的。而儒家的自我观的结构关心的是自我的精神超越，追求的是自我对社会的超然与超脱。因此，并不侧重去追求社会价值的实现，而是追求个人性灵的安顿。因此，这也正是源于其自我内在结构的设定的殊异性，儒家认为人与天道是同构的，人具有天的本性是能够通达天，并成为天的自我。且只有成为合天的自我——"道心"，人才是完美的人，才是超人。这一点在《中庸》书中对圣人功业的自我实现中可见一斑。因此，儒家自我的修养讲究的是对社会价值的肯定与超越，才能在内心

---

① 黎靖德编，王星贤点校《朱子语类》，中华书局1986年版，第101页。

深处实现真正的完全的纯粹的自由，否则，就会成为成圣的障碍。

三、惟精惟一：儒家自我传播的价值导向

道心主宰人心，是儒家自我传播的基本运思方向。而道心凭何主宰人心呢，凭的正是道心所承载着的天理。无论这"理"是体贴出来的，还是履践出来的，总之，只有自我召唤了天理，居于自我心中，为其主宰，则我是真我。谢良佐说："学者且须是穷理。物物皆有理。穷理则能知天理之所为。知天之所为，则与天为一，与天为一，则无往而非理也。穷理则是寻个是处，有我则不能穷理，人谁识真我？穷理之至，自然不勉而中、不思而得，从容中道。"① 此中，"有我"与"真我"其实正是主我与客我之别，主我是人心，客我即真我，是道心，是天理的明白者，也是圆融实践者，即能自觉地行天理，体现在"心"，便是以"中庸"为自我规范与准则的"道心"。"真我"正是"穷理"之后的"我"的妥帖安置处，即"是处"。而"有我"则阻碍了"穷理"而不能得现"真我"。

（一）精辨不杂成真我

明了了道心与人心之关系，其实就为如何处理好两者的关系，实现道心与人心的二而一，防止一而二的方法论问题。十六字心传进而用"惟精惟一"做了精练概括。那么精与一何以能够担当以道心御人心的功能呢？笔者以为"精"在于认知上的择善与善择，"惟精，是精察分明"。"精"强调对纯粹的追求，也传达出对精致精妙之境的追求。人之心作为人的感知之心，同其他事物一样，"凡事有一半

---

① 黄宗羲《宋元学案》，中华书局1982年版，第922页。

是,一半不是,须要精辨其是非"。而"一"在于行动上的守一,即始终力求道心与人心贯通为一心。或者说,始终求得道心,坚守道心,一心一意。总之,"一"体现出自我主体的一份坚守,即纯一不杂。朱子曰:"惟一,是行处不杂。"张新国认为此为"无适无莫,虚一持敬"①。

有学者说得好:"精"在于辨之明,是"识别得人心道心",亦即能体察心之发动的精微之处,体察心的状态是否循理。而"一"则是能固守本心中的"性理"是"常守得定"②。"精"是洞察的工夫③,一方面能够明了道心人心之别,另一方面能够在心已发之际,懂得取舍趋避,即将人心引向道心,使人心充溢道心,不给人欲以机会。而"一"则,一方面是对人心与道心本是一心的明白,也洞知养心的方向是以道心以溢人心;另一方面则是在人心萌动之时,涵养道心,保持人心即是道心的一体性,不使人心分溢出私欲,从而沾染了人心,导致人心的迷失,道心的遮蔽。所以说,"精""一"正如人心与道心的关系一样,虽然表述上有差异,但实际上只是从不同角度阐发而所表达的字面的差异而已。精以一为目标,而一是以精为功夫,即功夫即本体。

(二) 精诚唯一得其正

精与一都是描述自我身心的和谐状态,"精"侧重在精诚的质的规定性而已,具有定性的意义,而"一"则侧重在纯而不杂的唯一

---

① 张新国《自由主义视域中朱熹十六字心传论研究》,厦门大学硕士学位论文,2012年,第15页。

② 黎靖德编,王星贤点校《朱子语类》,中华书局1986年版,第2014页。

③ 刘腾飞《朱熹"十六字心传法"之发微》,《太原师范学院学报(社会科学版)》2016年第6期。

的"量"的规定性,具有定量的意义,也就是说一似乎是小的数字,但是要注意的是一即一切,一切即一。从这个意义上看,一就是整全、纯粹、全面、一体等无所不包的存在,是量的最大表征。古希腊赫拉克利特说:"结合物既是和谐的,又不是和谐的;从一切产生一,从一产生一切。"康德也说,在理性中,存在两种倾向:一是趋向于热闹而繁多;一种趋向收敛而单一。从这个意义上讲,道心之一,与人必之多共处于一身,表现着人类思想的张力。当思想趋向多之时,则易于纷争,因为谁都想成为唯一,而相反,当思想趋向于一时,则谁都又都是一的化身而归于沉寂。"'一'既代表着整体,同时作为整体的否定,它又代表了部分。这是对世界万物深刻的表述,也是对世界万物的超越。"从这个意义上,道家追求"得一",老子云:"昔得一者,天得一以清……侯王得一以为天下正。"(《道德经》第39章)儒家追求"执一",《荀子·尧问》:"尧问于舜曰:我欲致天下,为之奈何?对曰:执一无失,行微无怠,忠信无倦,而天下自来。执一如天地,行微如日月,中心成盛于内,贲于外,形于四海,天下其在一隅邪。夫有何足致也?"正是因为"一"本身既具有本体的意义,即一分为多;又具有方法论意义,即多归于一。徐志钧先生因此认为"'一'就是自然最合理的状态,而人的社会的平稳也必须符合自然的这种模式"。上古时代的"一"是混沌的不分的,是感知到的,而不是抽象而来的。而到了春秋战国这个哲学突破的时代,"一"升华为哲学范畴,用于表征道的状态,即"道生一"。王弼注曰:"一,数之始而物之极也。"一作为数的开始,是万物的终极依据。《庄子·天地》:"泰初有无,无有无名,一之所起,有一而未形。"一可以用于形容道生万物之前的状态。以后"一"慢慢被演变为修养的要求,实质是回归于"一",而求得稳定,主宰自我的能力。《淮南子·诠言训》:"夫无为,则得于一也。"《文子·道德》:"一也者,无适之道也,万物之本也。"

当然，我们也要注意到，精，在先秦已指精气，可泛指生命力。《管子》书中强调了精气来心舍的观念，突出了精气与精神的内在关联。《正字通》："精，精气。"《灵枢》曰："生之来谓之精，此先天元生之精也。"所以，通过身心的操持，保养精气，养足精神。从一定意义上讲，让精神纯粹精一，其实也离不开形气炼养。

总而言之，惟精惟一侧重于与天道相合的存操之功夫，是对自己内心的追问，是道心与人心的对话，以期实现道心对人心的呼唤。这个过程儒家是十分讲究的。朱子把持"道心"的方法在于，于已发则精察天理、人欲之别，以求归心；于未发则操存涵养本心，不使私欲有可乘之机。在他看来，"夫谓人心之危者，人欲之萌也；道心之微者，天理之奥也。心则一也，以正不正而异其名耳。'惟精惟一'，则居其正而审其差者也，绌其异而反其同者也能如是，则信执其中，而无过不及之偏矣。"对此，伊川概括为："涵养须用敬，进学则在致知。"早期，孔子的"克己复礼"观念还只是强调后天的下学而上达，而到了宋明理学，则"居敬穷理"的功夫则愈见倡导，追求以居敬功夫以通天理，使性情得以安顿。

四、允执厥中：儒家自我传播构筑的社会良治范式

道心人心的自我传播运作同样可以产生深远的社会效果。朱子《答陈同甫》第八书表述了这一理想，书云："至若论其本然之妙，则惟有天理，而无人欲，是以圣人之教必欲其尽去人欲而复全天理也。……所谓'人心惟危，道心惟微，惟精惟一，允执厥中'者，尧、舜、禹相传之密旨也。夫人自有生而梏于形体之私，则固不能无人心矣。然而必有得于天地之正，则又不能无道心矣。日用之间，二者并行，迭为胜负，而一身之是非得失、天下之治乱安危，莫不系

焉。是以欲其择之精而不使人心得以杂乎道心,欲其守之一而不使天理得以流于人欲,则凡其所行,无一事之不得其中,而于天下国家无所处而不当。"

"允执厥中"的核心在于"中",而"中"的核心要义是保持平衡以达到目的。"允执厥中",当有以下几方面的含义。其一是,君王处于中,以制四方,亦喻,四方拱卫中央;其二是君王是许多方面利益的平衡点的调节者,而这个居中的调节者当保持中正的角色,不得有任何私心之偏向;其三,君王自身修身处事当"时中",当行"中道",将自己的情感、理性与价值标准都调整到合适的位置,从而保身全生。概括而言,"允执厥中"表达的是"心物相合"的意蕴,即人的能动性(心力)与自我妥当安置以及社会治理能够达到匹配,能够达到个体的自由与快乐,同时也实现了国家社会整体的和谐与发展。

(一) 圣人作为"一般的他者"(客我) 具有理想品格

米德的自我传播理论并不是一般的社会心理学理论,它是一种可以借以管窥社会运作的入手处,也是探讨社会本质,处理社会问题的着眼点。可贵的是,米德不是就自我谈自我,他是把自我看作社会交往的产物。法里斯理解米德的"自我"正是通过与他人的互动的社会过程而得到发展的。因为作为客我的"一般的他者"是"个体与之发生互动、又成为个体行为的一般指南的那些人的期望。逐渐地,一个个体不仅在与一些特殊的人的期望的关联中学会行事,而且按照其他一般个体如何期望他怎样行事的想法来学会行事。自我的本质是反省,是将自我看作是一个人自己思考对象的能力"[①]。圣人区别一

---

① 罗杰斯著《传播学史——一种传记式的方法》,殷晓蓉译,上海译文出版社1946年版,第146页。

般人的特殊性在于：常人是把"一般的他者"当成"客我"，从而以人同此心心同此理地彼此对待或彼此相爱，共臻和谐社会，大同世界。按现在的话说，我为人人，人人为我。而圣人不仅如此，而且圣人把先圣对天道的理解，把想象的或感悟到的天道的形象、法则直接内化为自己的要求，如天是大公无私，所以圣人舍己为人；因为天是大正无妄的，因此，圣人要清正廉明；因为天是无私覆的，所以圣人是无私心的。如此，圣人自己成为"尊为天子，富有四海之内。宗庙飨之，子孙保之"（《中庸》）的人，而这种社会地位与荣誉的实现或许正是圣人内心强大而足以承载的回报。当然，这种回报是一种期许，是一种假定，或者是自我认定，是一种自我认知。只是这种认知被社会共同认为是一种至善的，从而是被社会所鼓励和认同的，从而也就成为了共识，成为了"一般的他者"。只是这个一般的他者，在儒家看来也是有层次的，比较基本层面的是君子，注重礼尚往来，讲究对等、平等和自主。还有贤人，具有高于君子的责任，富有帮助他人的能力，且往往具有一定的社会地位或权势，如乡绅或权贵阶层，是中间层面的，而圣人则是最高层面的，圣人也大体上分为两种，一种是精神或道德层面的至善，堪称精神领袖，如孔子，亦称素王，没有实际的权位，但有相当于王应有的威望；另一种则是明君圣主，如传说的尧舜，或者后世中的唐太宗之流。他们能够不仅严于律己，宽以待人，而且能够正当地运用自己至高无上的权力，去尽可能为民谋福。

（二）"主我"在现实情境中召唤"客我"（圣人）

相比较而言，米德的主我客我的社会情境是公民社会，而儒家的社会情境是臣民社会。米德探讨的是社会良好运作的个体基础。他说"'主我'是当共同体的态度出现在个体自己的经验之中时个体对这种态度所作的反应。他对那一有组织的态度作出反应并改变了它。如我们指出过的,这个变化直到发生之后才出现在他的经验之中。'主我'以记忆的形式出现在我们的经验里。……出现在我们自己本性中的对有组织的世界的顺应代表着'客我',它是始终存在的。"①其实,儒家的"客我"也是在长期的历史长河中积淀的对圣人的形象与功能的认同和记忆,从而形成为一种"信仰真实",而非一定是历史真实或现实真实,但这不妨碍儒家将传说的尧舜或者孔门师徒成为圣贤有代言人或化身。如《庄子·让王》对曾子的回忆与评价:

> 曾子居卫,缊袍无表,颜色肿哙,手足胼胝,三日不举火,十年不制衣。正冠而缨绝,捉襟而肘见,纳屦而踵决。曳纵而歌《商颂》,声满天地,若出金石。天子不得臣,诸侯不得友。故养志者忘形,养形者忘利,致道者忘心矣。

记忆其实正是主我与客我联系的一种重要机制,没有记忆,客我就很难进入到主我的意识场域中,主我也很难对"客我"进行反应。当然,主我如何反应,还有许多道德感知和当时的社会情境感知等因素制约,从而影响主我是正视或回避"客我"的期待。诚如米德所言,主我对客我的召唤和客我对主我的制约,人才成为社会的人。人才成为他自己。"我们要求在自己的经验中承认他人,并在他人的经验中承认我们自己。如果我们不能在他人与我们的关系中承认他人,我们便不能实现我们自己。当个体采取了他人的态度时,他才能够使他成为自己的一个自我。"② 这里其实也包括了一种社会文化对自我

---

① 乔治·H.米德著《心灵、自我与社会》,赵月瑟译,上海译文出版社,1992年版,第175页。
② 乔治·H.米德著《心灵、自我与社会》,赵月瑟译,上海译文出版社,1992年版,第173页。

的形塑。中国这种以大我（完善的我，即圣人）作为小我（个体自我）的榜样，其实，也是对一种关系的维护的方式，要求大家都应当彼此这样相待，这样相待正是个体利益的最大化，也是集体利益的最大化。这至少是我们的一种信念。也正在这个意义上中国人才成为中国人的文化标识。正因如此，我们才有"四海之内皆兄弟"的倡导，把非血缘进行拟血缘关系，从而体现了推己及人的处事方式，将狭隘的私人家庭关系提升为社会关系而依然保持家的温暖。而一切的社会制度化设计也因此基于这样的理念，法治只是维护了这种的理念——中国一家亲。以孝治天下，历来是传统社会的主流价值观。从这个意义上，自我是社会的自我。因为"社会过程在时间上和逻辑上都先于从它之中产生的有自我意识的个体"①。

（三）执中："十六字心传"自我传播导出的社会治理目标

道心人心区别微妙，影响深远。处理两者的方向和原则是精与一。而"允执厥中"则是继续强调了处置道心人心进程中的心态。如果说精与一是质的规定性，那么，允与执则强调量的规定性。然后此两者合一的状态是中。中是和的状态，即合适的状态自然是量的规定和质的规定的统一。

1. 允，信也

这个"信"如同开关，如同试金石，是判断是否具有儒家气质的关键。信则真知真行，是谓"洗心"，不信则野，是谓"放心"。如朱熹言："允，信也，是真个执得。"在答"允执厥中"句时，朱

---

① 乔治·H. 米德著《心灵、自我与社会》，赵月瑟译，上海译文出版社，1992年版，第166页。

熹也说:"允执,只是个真知。"①

2. 执,守也

信是入门功夫,执是坚持功夫。信而不执而其行不远。信而执之,则方是教,以达化境。学生有问:"'执'字似亦大段吃力,如何?"意即"执"字给人吃力把捉、勉为其难之感,与大程子光风霁月之飘逸和乐有违也远。朱熹回答说:"圣人固不思不勉。然使圣人自有不思不勉之意,则罔念而作狂矣!经言此类非一,更细思之。"意谓圣人固然没有吃力把捉,行住坐卧无不自然,合乎天理本心,是无执之执,即随心所欲不逾矩;而常人一开始则必须时时如悬梁刺股一般自我警醒,是有执之执。其实,圣人也不是不执,只是执成为一种习惯,无意识地将守住仁义礼智信。

3. 中,和也

中,从性质而言,是准正,即标准。中,则必行,可用。"中"从境界而言是和,和谐,泰和;从方法而言,是通,两边都能走得通,处于最佳位置。孔子曰:"不得中行而与之,必也狂狷乎!狂者进取,狷者有所不为也。"(《论语·子路》)显然中行与狂狷是相反的两极,这就意味着:"狂"虽积极进取,但勇气可佳,即缺乏敬畏,往往走过头,无法明哲保身,是为"过";"狷"虽知虑而懂取舍,有所为有所不为,但是容易陷于畏头畏尾,贻误时机,就为"不及",于此,孔子希望待人处事当"中行",即在狂与狷之间保持必要的张力。《中庸》引孔子之言:"君子中庸,小人反中庸。君子之中庸也,君子而时中;小人之〔反〕中庸也,小人而无忌惮也。"中庸,其实是"用中"之意,同于"中行"或"行中"即"时中"。"郑《目录》云:名曰中庸者,以其记中和之为用也。庸用也。"因

---

① 张新国《自由主义视域中朱熹十六字心传论研究》,厦门大学硕士学位论文,2012年,第15页。

为中不是恒定的,中是变动不居的,在时间中流转着,是与时俱行的。小人不懂,没悟透这个道理,易于将"中庸"庸俗化理解与运用,以此时此地之中代替自彼时彼地,以为一劳永逸地守中,其实这样是反中,就外放了自己的心志了,便"无忌惮"。《礼记》郑玄《注》释"君子中庸"云:"庸常也,用中为常道也。"用中,是万有的常道。"中庸者,不偏不倚,无过无不及,而平常之理,乃天命所当然、精微之极致也。"(朱熹《中庸章句》)中,是常,是理,具有不以人的意志为转移,却可以为人的意志所把握与实践的。"中国哲人称正确地反映物的规律,自觉地按"中"的法则行事为"道心",亦曰"义理之心";反之,则为原初的"人心",亦曰"知觉之心"。"人心是道心的前提,道心是人心的升华。"①"中":是精一之后的中庸效验并加以葆守。如朱熹言:"执中,是执守不失。""中者,无过不及之名。"② 其实,"中"具有明显的反身性,具有向内求索的意向。与马哲中强调的事物的发展变化是内因为主,外因为辅,外因通过内因起作用的理论有着共通性。

虽然杜威主要在社会交往的层面来谈交流,并希望通过交流实现民主。其实,杜威所强调的经验,其实一定程度上可以看成是"客我"。因为"他认为,交流在公共的经验世界里进行,而这个经验世界是由各种共享的符号和习俗编织而成的,因此不能将交流/传播简单化约为人对外部客体的指称,或对其内部心理状态的指称"。而是社会交流的结果。因此"内心独白是社会交流的产物和反射,但社

---

① 朱宝信《"中"与儒家"十六字"秘诀》,《江淮论坛》1992年第5期。
② 朱熹《朱子全书》,安徽教育出版社、上海古籍出版社2010年版,第239页。

会交流却并非内心独白的结果"①。杜威是希望人们共同参与建构一个集体的世界，每个人于其中，不断调整自我。诚然杜威没有明确自我的结构，但他对人与他者的关系，如果置于内心的语境下，其实就与米德贯通起来。或许他们本来很熟悉，思想的共同也是可以理解的。因此，内心独白何尝不是一种交流，即自我传播。而且从一定程度上讲，这样的自我传播虽然不会外化成为社会交流的全部，但是却会让社会交流深深地打上了个体的烙印，而显得异彩纷呈，不可思议。或许，我们可以说，正因为自我传播，才使社会交流变得更具复杂性与多样性。

以此观道心与人心，道心与人心本身也是在变化中的，也因参与的个体不同而表现得千差万别，就如同千百年来对道心与人心追问的那些学者们，他们各自对道心与人心理解的差别，推动着一个个独特自我传播观念及其社会沟通观念，乃至于影响社会的进展。比如宋代官方对道心人心的曲解而直接导致社会风气上"存天理，灭人欲"的禁锢风气。

（原载于《管子学刊》2018年第4期。作者单位：厦门大学新闻传播学院）

---

① 约翰·杜翰姆·彼得斯《对空言说：传播的观念史》，上海译文出版社2017年版，第29-30页。

"新子学"之"新":重建传统心性之学
——以道家"见独"观念为例

谢清果

方勇教授提出的新子学构想是在当今思想多元时代对子学价值的重新认识、重新建构的产物,是对子学论域的再现与升华,更是对子学精神的继承与发扬。历来,心性之学是诸子百家关注的核心问题之一,亦即修身是诸子"知人论世"的起点和归宿点。如何看待修身与治世,诸子都有自己的独特观点。本文着重围绕道家"见独"观念的再阐发,尤其是引入内向传播理论视角,究其实质是内省心理学的视角,重新建构道家的修身养性学说。

臧克和认为儒释道都以内心为起点,可谓殊途同归。他认为"诸家之别,根源在心—物之关系:儒家心/物——心+物,道家心/物——心→物,释家心/物——物→心。然而即一家之眷属,于心—物关系、内—外距离之把握,亦为门派所由生。"① 其中,"道家本体为道,道法自然,是由自我到丧我,由内在到自然,最终丧所怀来,走向自然之一边。"② 诚然,道家讲究以心御物,役物而不役于物。

何庆良先生曾深刻地指出"可以肯定地说,道家在春秋战国时

---

① 臧克和《简帛与学术》,大象出版社,2010年,引言第5页。
② 臧克和《简帛与学术》,大象出版社,2010年,引言第3页。

代就已经清醒地意识到内向传播的存在,并试图利用这种传播方式来认识自然与社会现象"。① 何先生认为庄子的"心斋坐忘法"是内向传播的表现,可惜未能对内向传播如何运作做更深入的思考。仝冠军认为清静是进行内向传播所必需的境界和途径,因为道家"重在通过内向传播排除智识的蒙蔽,认识和把握最高的'道'"。②

笔者近几年着力在研究华夏文明中的内向传播智慧,发现道家的内向传播是通过涵养内心的清静灵明,来实现自我的自由与逍遥。老子"在方法上却采取了与传播学上的内向传播理论不同的操作方向,即通过对社会性活动的减损和人类已有知识的超越来实现自我升华。"③《庄子》以"吾丧我"的命题,视"吾"为"道我","我"为"俗我",通过个体修炼(主要是心灵的内在对话)来消除后天自我观念对本性的遮蔽,以"丧我"为路径,回归道我,真我。④ 在此基础上,笔者将目光转向儒佛,一方面以禅宗为核心继续探讨佛教心性论蕴藏着的内向传播思想;⑤ 另一方面在研读儒家《大学》《中庸》等经典过程中,发现"慎独"是考察儒家内向传播观念的绝佳入手处。⑥ 而道家的"见独"观念是最能体现道家式的内向传播智

---

① 何庆良《先秦诸子传播思想研究》,博士学位论文,中国人民大学,1993 年,第 37-38 页。

② 仝冠军《先秦诸子传播思想研究》,中国书籍出版社,2014 年,第 245 页。

③ 谢清果《内向传播的视阈下老子的自我观探析》,《国际新闻界》2011 年第 6 期。

④ 谢清果《内向传播视域下的〈庄子〉"吾丧我"思想新探》,《诸子学刊》(第十辑),上海古籍出版社,2014 年,第 61-76 页。

⑤ 谢清果、季程《内向传播视域中的佛教心性论》,《扬州大学学报》2016 年第 4 期。

⑥ 谢清果《作为儒家内向传播观念的"慎独"》,《暨南学报》2016 年第 10 期。

慧。"见独"观念清晰地呈现了道家内向传播活动是如何运作,及其怎样营造良好运作的环境条件的。现尝试分析如下:

一、独:"人即媒介"的自我观

"独"是一种自我存在的确证,同时也在他者包括(宇宙大道)的映照中显现了自我的崇高与伟大。因此,"独"是一种集本体与功夫于一体的自我观。具体说来,从人即媒介的角度看,道家认为人能修道、体道、悟道、合道,以自我的身心为道场来把握和处理人与宇宙自然的关系,人与人的关系,自我身心的关系。后文将详讲的"见独"修证正是通向即我即道,即道即我的过程。道是"我"的灵魂,有了"道","我"才成为"我"。而"我"又是"道"的镜子,"道"的载体。"道"是隐藏着的,而"我"是显在的。总之,"道"因"我"而显,"我"因"道"而成。正是从这个意义上讲,自我将"我"与"道"的关系内化为意识中的俗我与道我关系,类似于米德的主我与客我的关系。而这两者的互动生成着道家独特的内向传播观念。总而言之,道家内向传播观念指的是以道为理想自我的本质规定,以与道合真为目标,召唤特定时空下的自我(俗我),以道为参照系,在心灵深入推动俗我与道我的对话,以实现自我的逍遥。

(一)"独"观念的生发与演进

《正字通·犬部》:"独,㺉类。似猿而稍大。㺉性群,独性特。"进而引申为"独特"意。可见,"独"在基本意上是贬义的。如《尚书·泰誓》说道:"独夫受洪惟作威,乃汝世仇","独夫"特指的是商纣。"言独夫,失君道也。大作威杀无辜,乃是汝累世之仇,明不可不诛。"① 这里的"独"当指残暴,专横,如恶犬之态。这其实为后世将其转向反面的褒义词留下了伏笔。《论语·里仁》有曰:"德不孤,必有邻"。或许正是"独"不道德的危害,迫使先秦思想家们思考如何把"独"的外在呈现出的"凶"义,即去"毒"的过程,使之转化为一个内在化的"德目"。帛书《五行》曰"言至内者不在外也,是之谓独。"② 这里该书强调由对外在丧服的过分关注转向丧礼的内在本质——内心的至哀。因此,从一定程度上讲,春秋战国时期"独"已从形象上的"不群"之意(单独)转向修身意义上的"独自"。而"独"便是从原先以"孤寡不谷"为外在表现而陷于的孤立状态,转到《道德经》所倡导的侯王以自谦"自称"的辞语,同样的"孤寡不谷",此时便是去"毒"了。

　　查考《汉语大词典》,"独"除上文的兽名以外,还有1. 单独,独自;2. 老而无子孙,亦指无妻者;3. 独断,专断;4. 犹如,类似;还有作为副词,连词使用的情况。③ 依此,我们找不到"见独"之"独"的字义,为什么呢? 这说明"见独"之"独"当有另外的含义,且这个含义当是名词性。因为"见"一方面可以视为"看见",另一方面古代"见""现"相通,所以"见独"亦可理解为"现独"。《道德经》中有言"不欲见贤"(第七十七章),④ 此"见"即为"现"。后人一般把此"独"理解为"道",于意是可以通。但"道"应当不是"独"的本义,初始义。经学者李臻颖考证,"独"

---

① 何休《尚书正义》,北京大学出版社,1999年,第280页。
② 庞朴《竹帛五行篇校注及研究》,台北:万卷楼图书有限公司,2000年,第40页。
③ 汉语大词典编纂处编《汉语大词典》(普及本),上海辞书出版社,2012年,第944页。
④ (魏)王弼《老子道德经校释》,楼宇烈校释,中华书局,2008年,第186页。

的本义与太阳崇拜有关。独字繁体字为"獨"。"蜀"当是"獨"的本字。郭店楚简《五行》有"慎其蜀（独）"是个明证。进而言之，李氏认为"蜀"当是"烛龙"一类的太阳神物之象形。"烛龙"，"人面蛇身"且"直目"，眼睛睁开为白天，闭上为黑夜。类于甲骨文、金文、篆字的"蜀"字。李氏还用《庄子》中的"见独"等文献做佐证。《管子·枢言》言："道之在天者，日也。其在人者，心也。"① 据此，"见独"字面意思当是"见日"。因为"见日"然后能悟天行有常，无古今之变。② 其实，见日了，自我便能光芒万丈，消融了时空，明白四达，能天彻地，无所不能。其实，《庄子》中有单列《则阳》篇。虽然"则阳"在文中是人名，不过，该篇也内在强调了顺阳道、明天道的重要性。例如《则阳》曰："圣人达绸缪，周尽一体矣，而不知其然，性也。复命摇作，而以天为师，人则从而命之也。"③ 天者，日也，光明正大之象征。日的特点就是"光明万丈"，人法之，则内心光明清朗，神明洞开。其实，道家之"道"的概念的确立，与"天"有着密切关联。张岱年曾指出："春秋时代所谓天道是天之道，道是从属于天的。老子则认为道比天更根本，天出于道。"④ 说到底，老子之道正是"观天之道，执天之行"的观念结晶。"老子的'道'是由天道中概括出来的，作为天地人存在的依

---

① 管曙光主编《诸子集成简化字、横排、点校本》（2），长春出版社，1999年，第40页。

② 李臻颖《"慎独"源出"则阳"考》，梁涛、斯云龙编《出土文献与君子慎独——慎独问题讨论集》，漓江出版社，2012年，第228-261页。

③ 方勇、陆永品《庄子诠评》，巴蜀书社，2007年，第863页。

④ 张岱年《中国古典哲学概念范畴要论》，中国社会科学出版社，1989年，第24页。

据。"① 正是天、日、心、道之间的关联概念为道家的修行炼心提供了内向传播的象征符号。

(二) 从"独夫"至"独有之人"的意义转换

据统计，《庄子》书中出现有 66 次"独"，虽也有含有贬义的情况，但更多出现了对后世具有重要意义的褒义。② 比如，与世俗之人相对应的"独有之人"："出入六合，游乎九州，独往独来，是谓独有。独有之人，是谓至贵。"(《庄子·在宥》)"独有"内含特立独行的品格，而具有这种品性的人是"至贵"。"独有之人"正是道家崇尚自然、自由的践行者与代言人。《庄子·田子方》有言："先生(注：老子)形体掘若槁木，似遗物离人而立于独也。"此句展示的是老子遗世独立的气象，无有所累，无有所待。独立者有"独与天地精神往来"(《庄子·天下》)之能，在精神境界上与天地并立，成为真正圆满具足的自我。方此时，自我具有超凡的能力，亦即宇宙在于手，万化运乎一心。我即宇宙，宇宙即我。无牵无挂，自由自在。"大概'独'这一语词，反映出他们在现实上的、思想上的孤绝感，和守持其孤绝感的刚毅性，以及在个体的最深处所回响的澄明性。"③

何以如此呢？《说文解字》注"独"为"犬相得而斗也。"由犬性好胜而落单出发，"独"的含义就被引申至"单个，单独"。段玉裁注曰："犬好斗。好斗则独而不群。引申假借之为专一之称。"应

---

① 谢清果《道家科技思想范畴引论》，宗教文化出版社，2013 年，第 26 页。
② 朱小略《明"化"而见"独"——〈庄子〉"独—化"论解析》，《黑龙江社会科学》2014 年第 3 期。
③ [日] 岛森哲男《慎独思想》，梁涛、斯云龙编《出土文献与君子慎独——慎独问题讨论集》，漓江出版社，2012 年，第 20 页。

当说，"单个，独个"及"无嗣"，是"独"的主要字义。因此，"独"由"独而不群"的生存层面的孤傲逐渐转变了"独一无二"哲学层面的孤独。在道家看来，"独"首先是道的存在特性，进而视为得道之人的一种禀赋。故有"独有之人"一说。

张丰乾先生在分析儒家"慎独"时，对"独"有独到的见解。他认为："独用于人事，可以从知行两个方面专讲。独知、独觉是指人的认知能力，而独立、独行则是人的行为方式，概而言之'个性即为独'。"① 他还认为其他学派各门派都对"独"十分重视。诚然如斯。以道家来说，将"独"作为行道的特性来看待。《淮南子·氾论》② 有言："必有独用之听，独见之明，然后能擅道而行也。"行道难，徒赖于耳聪目明。道本身是普世的、普适的，但修道时则显现为如人饮水，暖冷自知体知之道。因此，有所谓"道不可言""道不可知"之说。

就独知、独见而言，《吕氏春秋·制乐》③ 有言："圣人所独见，众人焉知其极。"圣人区别与众人的一个重要特征在于因其见独而有

---

① 张丰乾《"慎独"之说的再考察——以训诂哲学的方法》，梁涛、斯云龙编《出土文献与君子慎独——慎独问题讨论集》，漓江出版社，2012年，第153页。

② 高诱在《淮南子注·叙目》中指出：《淮南子》一书，"其旨近《老子》，淡泊无为，蹈虚守静，出入经道"（刘文典《淮南鸿烈集解》上，中华书局，1989年，第2页）。胡适言《淮南子》一书为"绝代奇书""集道家之大成"。梁启超亦认为"《淮南鸿烈》为西汉道家言渊府，其书博大而有条贯，汉人著述第一流也"（《梁启超《中国近三百年学术史》，山西古籍出版社，2001年，第231页）。

③ 东汉学者高诱认为《吕氏春秋》"此书所尚，以道德为标的，以无为为纲纪"。牟钟鉴也指出，《吕氏春秋》是以老庄的天道观为基础，将阴阳、儒墨等移植其上，而形成自己的思想体系的（《〈吕氏春秋〉与〈淮南子〉思想研究》，齐鲁书社，1987年，第1—35页）。

独见，此"独见"以其有独特的修道体验而从中生发自己的见解，进而表现为独特且非凡的行为，成为众人领袖。道门还有"独觉"一说："仙师独觉，闭迹山水。"①《文史辞源》将此"独觉"解释为"道家指独自悟出玄机"。②觉悟讲究切身的体悟，而非仅从纸上得来，或他人口授而得。正所谓"心行路绝，言语道断"。道自道中悟，道外勿谈道。此等经验之谈，都是指示后人：道一直在路上，需要自己去走，去感悟。

就独立、独行而言，《庄子·庚桑楚》："为不善乎显明之中者，人得而诛之；为不善乎幽闲之中者，鬼得而诛之。明乎人，明乎鬼者，然后能独行。券内者，行乎无名；券外者，志乎期费。行乎无名者，唯庸有光；志乎期费者，唯贾人也，人见其跂，犹之魁然。"③要做到"独行"当明"为不善"于显明处必得人诛，"为不善"于幽暗处则鬼诛之的道理。只有做到襟怀坦荡，才能独行不惧。从高境界来说，独行不惧，当是圣人独自行走时面对影子也不惭愧，这正是慎独之意。如同《文子·精诚》所言："圣人不惭于影，君子慎其独也，舍近期远，塞矣。故圣人在上，则民乐其治，在下，则民慕其意，志不忘乎欲利人也。"强调"独行"的价值在于"券内"即"务内"，表现在行不求名。而不舍近求远地去"券外"，务外则常会如同商人一样出现注重表面上的"魁然"，而掩饰其本质的"跂"。不过，道家的务内是可以治外的。换句话说，道家的内向传播具有明显的社会性功能。正因为道家式的圣人不求名利。"圣人后其身而身先；外其身而身存。非以其无私邪？故能成其私。"（《道德经》第七

---

① （唐）符载《卢山故女道士梁洞微石碣铭》，《文苑英华》卷790。
② 李琢光编《文史辞源》第3册，台湾：天成出版社，1984年，第2012页。
③ 方勇、陆永品《庄子诠评》，巴蜀书社，2007年，第754–755页。

章)"圣人欲上民,必以言下之;欲先民,必以身后之。是以圣人处上而民不重,处前而民不害。是以天下乐推而不厌。以其不争,故天下莫能与之争。"(《道德经》第六十六章)这里有个有趣的现象就是圣人心志上采取了"后身外身""言下之"等姿态,却赢得了百姓的拥戴,反而自身名垂千古,功盖千秋。这里的奥妙正在于榜样的力量,可谓是一种视觉劝服。如老子所言"不言之教,无为之益,天下希及之"(《道德经》第四十三章)。陈嬿如教授曾提出"人即讯息"的见解。诚然,人能如同电视广播等媒介一样时刻发信息,只要人处在社会中,他就处处有意无意中传递着他的思想观念。陈教授认为典型宣传之所以能有效果,道理在于:"人的心灵好比土壤,土质有各种各样,典型和模范的事迹作为讯息传播出去,犹如种子撒进了心田,究竟什么时候发芽,是否能够长大,能否开花并结出精神文明的果实,在很大程度上取决于心灵土壤的状况,在一定程度上又取决于外来的'雨露阳光'——客观环境和其他人的影响,是一个长达一生的过程,不适合用一时一事来衡量。"① 笔者认为"人即媒介"正是"人即讯息"与"媒介即讯息"的综合体现。虽然道家式圣人不像儒家圣人比如孔子那样一生努力去传道布道,宣传他的仁义学说,但是,他们也对自己践行自己心中的"道"所产生的气象,却能让他者抱有希望与信心。正如美国著名的历史学家丹尼尔·布尔斯廷所言:"具体的个人形象总是比抽象的道德说教对人心有更大的影响力"。②

---

① 陈嬿如《心传——传播学理论的新探索》,厦门大学出版社,2010年,第85页。

② Daniel J, Boorstin, The Image: A Guide to Pseudo-Events in America, New York: Vintage Books, 1961. 转引自陈嬿如《心传——传播学理论的新探索》,厦门大学出版社,2010年,第85页。

（三）从道之"独立"到人之"见独"

"独"从原来作为独而不群的孤立的动物，被春秋战国时期的思想家们升华为一个具有本体论和功夫论的范畴。道只有以道的方式才能感悟。这个方式道家称之为"见独"，因为老庄道家的指向是回到生命的原初本真，"独者，无待之真。"① 即归根，才能获得生命的永久。女偊所以年长而如孺子，正是因其"见独"功夫的效果；而儒家称之为"慎独"，其指向是以自我的原初本善，去感召他人，从而共同导向"善"。

戴君仁经研究指出《荀子》及《大学》所言的"慎独"乃受道家的影响，例如"见独"，而改变道家所使用的术语的意义，使趋于平实。② 尽管儒道两家有此关联与共通之处，但儒家的"慎独"与道家的"见独"如同两家在"道"观念的差异一样有着明显的不同。儒家之道侧重的是人道，强调的是德性之善。道家之道侧重的是天道，强调的是自然之真。同样地，面对同样的"独"，儒家用的是"慎"的姿态，而道家用的是"见"的姿态。两者的不同在于：儒家强调"慎"，求的是呵护自我德性原初纯粹的状态，如同禅宗大师神秀的"时时勤拂拭"的渐悟修持功夫；而道家强调"见"，求的是天道自身自然状态的自我呈现，没有一丝一毫的人为干预，这如同慧能大师的"见性成佛"的顿悟修持功夫。也就是说，道家追求的是营造自我的心境，从而达到以道见道的境界。因为同于道者，道亦乐得之；同于德者，德亦乐得之，同于失者，失亦乐得之。自我所臻至的

---

① 徐海印《天乐集——道教西派海印子内丹修炼典籍》（上），宗教文化出版社，2013年，第225页。

② 戴君仁《荀子与大学中庸》，《梅园论学集》，台湾"开明书店"，1970年，第225-231页。

境界直接决定了自我见到的是道、德，还是失。儒家"将'独'定位于要往天下家国扩充的出发点，道家的'独'则是拒绝天下国家的最后皈依处。"①

确实，老庄道家常常警惕甚至拒斥事功对心灵的负累，担心世人在谋求事功中迷失自己，放弃对心灵的呵护与升华。梁涛认为"庄子所描绘的'见独'颇类似于现象学中的先验还原，即舍弃对世界的自然态度和固有看法，而回到纯粹的先验意识，见独即发现内在、先验的意志、意念。"②《庄子·渔父》曰："谨修而身，慎守其真，还以物与人，则无所累矣。今不修之身而求之人，不亦外乎！"道家追求修身保真，纯朴自然，不外求，无所累心。活出自我，"不累于俗，不饰于物，不苟于人，不忮于众，愿天下之安宁以活民命，人我之养毕足而止，以此白心"。（《庄子·天下》）道家表白自我的心志是：不以俗累己，不以物饰我，不苛责于人，不去拂逆人情，如此通过自我的修持，做到天下百姓皆能安宁活命，彼此奉养都能满足即可，亦即约束自己以最少的欲求，促进自我和谐与社会和谐。《庄子·德充符》有言："唯（尧）舜独也正，［在万物之首］。幸能正生，以正众生。"值得注意的是，这里强调了尧舜所以能"正众生"，在于"能正生"，即自正心性。以此观"独"当注重自我意志之坚毅操持，有独守、独行之意。此外，这也彰显了道家之独正亦具有"正众生"的社会性指向。

---

① ［日］岛森哲男《慎独思想》，梁涛、斯云龙编《出土文献与君子慎独——慎独问题讨论集》，漓江出版社，2012年，第20页。

② 梁涛《朱熹对"慎独"的误读及其在经学诠释中的意义》，梁涛、斯云龙编《出土文献与君子慎独——慎独问题讨论集》，漓江出版社，2012年，第119页。

二、"见独"：俗我与道我互动呈现出的内向传播形态

道不远人，人能载道、弘道、见道，而这一切只有在自己身上修持，方可实现。

（一）以独见道：道是理想的自我（客我）

这是因为如詹姆斯所言"我们实际上也许可以说，有多少他所关心其看法的人的不同群体，他就有多少个社会自我。"① 人又被自己日常生活中身体所关涉的一切存在的集合所局限，亦即为代表着身份地位的自我，即"物质自我"所区隔。在此情景下，"精神自我"亦被"物质自我"与"社会自我"所牵绊，往往难以自由地发展自己心智。道家何以强调"独"，与詹姆斯持社会视角不同的是，道家试图跳脱社会观念的羁绊，而以事物本来面目合乎本性的方式来舒展自我。因此，道家时常努力摆脱世俗价值观念的左右，追求做独立的自我。因此，他表现出与儒家追求以社会价值为导向的自我不同的自我观，那就是以客观自在的"道"作为自己应然的模范，来形塑自我，并唯有做到以道的方式生活，个人才能获得最大最终的解脱与圆满，无论对自己，还是对他人、社会、国家，都是如此。也就是说，人在"独"中找回自己。

"道我"（客我）才是最真实、最本质的自我。道是人存在的终极依据，也是人的价值的终极本源。在道家看来，人在世间的一切价值便是成为无须依伴的自己，也就是得道了。《老子》第五十八章

---

① ［美］欧文·戈夫曼《日常生活中的自我呈现》，黄爱华、冯钢译，浙江人民出版社，1989年，第47页。

言,"正复为奇,善复为妖。人之迷,其日固久。"人之所迷在于祸福、正奇、善妖之中颠沛流离,而忘记自我,即我为物转,而非物为我转。岛森哲男说:"'独'意味着舍去所有人类非本质性的东西后,所残留的最本质性的个体状态。多余的东西,必须完全'雕琢复朴,块然独以其形立'(《庄子·应帝王》)。……因此,人首先必须借由'反己''反性''反性命之情''复初'的方法在本来的'独'里找出真实的自己,并且必须彻底保护之。"① 在道家看来,儒家所倡导的仁义礼智信之类的都是人的非本质性状态,虽然仁义礼智信是人类相处的自我规范,但不是人本真的东西,相反是对人本真的负累。因此,道家的修身是"谨修而身,慎守其真,还以物与人,则无所累矣。"(《庄子·渔父》)亦即修身即修真。"真"是道的本质属性,自然也是人的应然规定。何为"真"?《庄子·渔父》曰:

> 真者,精诚之至也。不精不诚,不能动人。故强哭者虽悲不哀,强怒者虽严不威,强亲者虽笑不和。真悲无声而哀,真怒未发而威,真亲未笑而和。真在内者,神动于外,是所以贵真也。其用于人理也,事亲则慈孝,事君则忠贞,饮酒则欢乐,处丧则悲哀。

如此,从本质上讲,真就是天性,是人"受于天"的本性,其存在是"精诚之至",其表现是"不拘于俗",亦不"受变于俗"。而衡量的标准便是"适"。一切的"人伪"是阻碍"闻道"的。用现在话来说,有其"独立人格",做回自己,张扬个性,率真自适。道家不以求得社会认同作为人生价值或目的,只是追求做回自己。但

---

① [日]岛森哲男《慎独思想》,梁涛、斯云龙编《出土文献与君子慎独——慎独问题讨论集》,漓江出版社,2012年,第20页。

是这不代表道家不追求个体存在的社会功能。只是认为"道之真以治身，其绪余以为国家，其土苴以治天下。"(《庄子·让王》）治天下，只是治身的附产品。身是天下的缩影，身治了，天下亦可治。

在道家的视界中，"道我"才是"真我"。而"真我"之"独"，不是"独夫"之"独"，而是"独有"之"独"。明物之化而不扰其心，独于天地相往来。这是应道之性，也是本真的人所处的状态。庄子揭示了一条由"化"而"独"的修养进路，而在这样的进路中，人逐渐地近于逍遥应世的"真我。"① 而"俗我"乃因种种功名利禄附加于我之上，犹如"馀食赘形"（《道德经》第二十四章），反而是造成自我迷失的根源。对此《庄子·庚桑楚》有清醒的认识，并提出了回归自我的方法："彻志之勃，解心之谬，去德之累，达道之塞。贵、富、显、严、名、利六者，勃志也；容、动、色、理、气、意六者，谬心也；恶、欲喜、怒、哀、乐六者，累德也。去、就、取、与、知、能六者，塞道也。此四六者，不荡胸中则正，正则静，静则明，明则虚，虚则无为而无不为也。"② 自我如能阻止"四六者"干扰自我心灵，方能清静灵明虚空之心境，觉知自我，成就自我。

在道家创始人老子的心中，自我内在有俗我与道我的结构张力。俗我以道我为目标，来实现自我的脱俗入道。老子说："我独异于人，而贵食母。"（《道德经》第二十章）这里，"我"正是老子所期待的"道我"，而人即俗人正是"俗我"。"我"所以与众人不同，根源在于"贵食母"。母者，道也。食母，即服膺于道。而"异"体现在以下几个方面，而这几个方面说到底亦是"独"的内涵。其一，

---

① 朱小略《明"化"而见"独"——〈庄子〉"独—化"论解析》，《黑龙江社会科学》2014年第3期。

② 方勇、陆永品《庄子诠评》，巴蜀书社，2007年，第768页。

我独泊兮,其未兆。内心沉寂,停泊不动,似乎没有任何发动的征兆。这正是我"安"于道的体现。其二,"众人皆有余,而我独若遗"。"我"自足于道,道外无物,故而似乎在众人看来好像遗失得一无所有。而众人却因为有私,故积累财累名誉,而显丰富有余。这里表现的是"我""足"于道的体现。正所谓"知足之足,常足矣"。其三,"俗人昭昭,我独昏昏。"昏昏者,乃道之恍惚窈冥状态在"我"身上的体现,亦即"明白四达,能无知乎"的境界,内心明白而外貌则似愚。俗人则相反,以智自知自求,知得不知舍,知有不知无,知利不知害。这里表现的是"我"以无知之心以应道之虚无妙境。其四,"俗人察察,我独闷闷。"闷闷者无所求之心境,是无欲之境。而察察者则锱铢必较,耗精损神,丧于物而不自知。这里表现的是"我"以无欲之境应大道之朴。其五,"众人皆有以,而我独顽且鄙"。我顽皮天真又好像鄙陋无华,而众人却都表现得很有作为,意气风发。这里强调的是"我"以"无为"应大道之"自然"。

(二)"见独":实现"俗我"对"道我"对召唤的重要路径

何谓"见独",《庄子·大宗师》:"参日而后能外天下;已外天下矣,吾又守之,七日而后能外物;已外物矣,吾又守之,九日而后能外生;已外生矣,而后能朝彻;朝彻,而后能见独;见独,而后能无古今;无古今而后能入于不死不生。"① 这是女偊回答南伯子葵如何学道而做如上表述的。依此表述可知,为道的过程是个由外而内的过程,亦即反的过程,即反世俗常规向外追逐的意识。郭象注曰"外,犹遗也。"成玄英疏曰:"外,皆非有也。"② 可见,外乃有忘却,超越万有之意。是谓由行天下到外天下,从逐物到外物,从求生

---

① 方勇、陆永品《庄子诠评》,巴蜀书社,2007年,第219、126页。
② 刘文典《庄子补正》,中华书局,2015年,第203页。

到外生（忘生），而是向内追求超越，是谓朝彻，即彻悟，心中呈现一片清静灵明之气象。如林希逸所言："朝彻者，胸中朗然，如在天平旦澄彻之气也。"这其实正是《庄子·人间世》中所言的心斋："若一志，无听之以耳而听之以心，无听之以心而听之以气。听止于耳，心止于符。气也者，虚而待物者也。唯道集虚。虚者，心斋也。"① 心斋者，收心也，虚心也。不诉诸感官如耳朵之听等外求的活动，也不放任心志与事物相合的认知，臻至"听之以气"，气是虚的、遍在的、无限的，而有限的心意与声音都会导致自我局限，唯有"气"因其虚而可容纳万有。因此，朝彻者正是突破有限直面无限的大道，开启了心灵无限可能。"朝彻"，其实是主我在平时一直努力直至有一天客我（道我）被唤醒成为自我主宰的状态，此时，主我与客我本身便统一了，消融了，无我了。J. Thomas 分析了米德的主我与客我后指出："这个主体我，以其对客体我所作的行为而言，实是独断而又奇异，但以其行为而言，它系取决于客体的我。作为意识的一个对象而言，客体我是唯一可见的行为者，但这个客体我，除非有一个不可见的主体我予以造访，否则便不可能行动。"② 其实，主我为什么愿意去召唤客我，是因为客我许以主我一个未来逍遥自在的"我"，那时的"我"就会摆脱一切奴役状态的自由的"我"，亦即心理学上"延迟满足"实验所证明的那样，能克制自我做到"延迟满足"的人往往多比较能驾奴自己的情绪，因此也比较能处理好各种关系，而终将有大成就。对道家而言，正是道我的感召，使当下的"主我"愿意以道我为镜子去认知自我，反省自我，改造自我，以为将来有一天成为道我做心理资质的准备。

---

① 方勇、陆永品《庄子诠评》，巴蜀书社，2007年，第219、126页。
② ［美］J. Thomas《东西之我观——论米德、雍格及大乘佛教的自我概念》，徐进夫译，台北：成文出版社，1977年，第32页。

"见独"之"独"后世通常称为"道"。方勇先生解释说:"见独:谓窥视到卓然独立的至道。"冯友兰先生认为"见独,就是与道相见了。庄周认为,道是绝对,没有跟它来相对,所以称之为见独。"钟泰解释得更明白:"'见独',独即道矣,天也。谓之'独'者,无与为对也。自'朝彻'而'见独'而'无古今'而'入于不死不生',不言日数者,一彻而俱彻,更无先后渐次也。"[1] 如此看来,朝彻是谓入道,而见独是朝彻之后显现的一个功能。成玄英当是从这个意义上疏曰:"至道凝然,妙绝言象,非无非有,不古不今,独往独来,绝待绝对,睹斯胜境,谓之见独。"但他不直接言见道而说见独?这是因为"独"是"道"的特性。老子有言:"有物混成,先天地生,寂兮寥兮,独立而不改,周行而不殆。"独即独一性(无二),独立(无依)性,孤独(无伴)性。《列子》亦曰:"不生者疑独,不化者往复,往复其际不可终,疑独其道不可穷。"这里的"疑独"与《庄子·大宗师》的"疑始"都是指终极本源。而到此之境的功夫是始而不始,不始而始;独而不独,不独而独,是谓惚恍窈冥。此时,既已是外天下、外物、外生的"朝彻"的觉悟之境,这个境地是空间(天下、物)与时间(死生)的消弭。

"见独"之后的妙境是无古今,无生死。无古今,亦通古今为一,无分别。郭象注:"当所遇而安之,忘先后之所接,斯见独者也。"杨文会说"古今迁流,方有古今之异;妄念全消,过去、未来、现在不出当念,岂有古往今来之定相耶?"无古今,即超越了时间的视界。而无生死当然不是针对人的躯体而言,而是对自身关注的超越,不是从人的视角看问题,而是从道的视角超越问题。故有"万物一府,死生同状"(《庄子·天地》)。方勇认为入于不生不死

---

[1] 钟泰《庄子发微》,上海古籍出版社,1988年,第147页。

是"谓破除死生之观念"。① 世人害怕于成功荣辱得失之间,而不得自由。道家以"见独"功夫,实现自我的了悟与超脱。"道家的'独',是拒绝对他性,而自我完结的终极状态。"②

说到底,"见独"才是见到真正的自我。是道的阳光直射入心灵的深处,化解了心灵的阴暗。那薇评述说:"人是以本真的、不沾滞任何关联的孤独的自身与万物本然的存在相遇照面,这时候人的心境清澈透亮,没有成见,没有好恶,没有爱憎,如同海德格尔所说的澄明之境。这一澄明之境是与生俱来,与死俱往,伴随着人整个生命过程,是内在于心,外在于物的独立存在。人不可能通过言传身教获得这种境界,只能通过持守大道的体悟,即'见独'。'见独'所体悟的独一无二的道就是孤独的自身所持守、所护卫的敞开之所。把自己从非本真的沉沦于常人状态取回来,返回到孤独的、无所沾滞、无欲无求的自我,就是女偊所说的'外天下''外物'。"③

其实,古人的体悟智慧,到现代已有了科学的解释。以现代神经学来看,在虚极静笃的境界中,人类的大脑神经元活跃异常,"能够在极短的时间内向所有方向传递多种多样的冲动。有些神经元同时或者连续形成波阵面(或波群放射),这些波阵面的边缘区又能潜在地激活其他神经元,决定了新波阵面的出现"。④ 这时人类的文化基因密码可能被激发,人类祖先实践的智慧可能在瞬间被感通。在科学探索人的精神现象时,常常会发现,由于"意识向下跃迁,沉潜到尽

---

① 方勇、陆永品《庄子诠评》,巴蜀书社,2007年,第221-222页。
② [日]岛森哲男《慎独思想》,梁涛、斯云龙编《出土文献与君子慎独——慎独问题讨论集》,漓江出版社,2012年,第22页。
③ 那薇《道家与海德格尔相互诠释:在心物一体中人成其人物成其物》,商务印书馆,2004年,第282-283页。
④ [美]阿瑞提《创造的秘密》,钱岗南译,辽宁人民出版社,1987年,第478页。

可能低的层次","显层的噪息被隐去",而那些"在人脑或心理底层潜在着我们的无数祖先乃至宇宙发展过程的信息",① 被勾连了起来,让人有恍然大悟的感觉。"《庄子·天地》云:"视乎冥冥,听乎无声。冥冥之中,独见晓焉;无声之中,独闻和焉。"这里的独见与独闻的感受有类于马斯洛所言的"高峰体验"。

三、"独"何以"见":道家内向传播运作机制及其条件的营造

上文已言,道家"见独"本质上是俗我(主我)对道我(客我)的召唤;而"道我"在进入"俗我"后,促使"俗我"进一步提升了召唤"道我"的水平与能力,正是在此反复互动中,实现"见独",即自我的解放与自由。J. Thomas认为:"主体我所表现的逐渐自律,只有发生于它与客体我作特定的遭遇之时,而在它所经验的时间过程之间,作为已成为历史的我消失于客体我之中。客体我的逐渐含摄,只有发生于它被主体我的特有行为唤起之时,后者才迫使它自行去作超级的表现。自我就在此种动力的交换当中出现。"② 此外,笔者进一步探讨"见独"是如何实现的,尤其是如何获得实现的条件,换句话说,"见独"作为内向传播的运作机制是如何进行的。

(一)"撄宁":营造"见独"之境的进阶之路

值得注意的,庄子并没有把"见独"神秘化,而是明确把无心

---

① 严春友《精神之谜》,中国科学出版社,1991年,第158页。
② [美] J. Thomas《东西之我观——论米德、雍格及大乘佛教的自我概念》,徐进夫译,台北:成文出版社,1977年,第35页。

意作用于其间的不将不迎、不毁不成的心境称为"撄宁"。按现代的话来说是"外界的一切纷纭烦乱，都不能扰动我的心境的安宁"。①而这种心境是有进阶之路的："闻诸副墨之子，副墨之子闻诸洛诵之孙，洛诵之孙闻之瞻明，瞻明闻之聂许，聂许闻之需役，需役闻之于讴，于讴闻之玄冥，玄冥闻之参廖，参廖闻之疑始。"具体说来，道虽然是无名，但是因有名而入。因此首先从文字（副墨之子）开始着手，文字还只是依靠视觉传播，容易形成线性思维；其次，逐渐抛开文字，诉诸诵咏，以求贯通，此时侧重听觉；再次，依诵咏，而进入不听不看的主观意识的见解洞彻之境。又次，则想都不想，在嗳嗳不清的声音中获得悟觉；复次，待时而动；又次，在讴歌之中自得其乐；复次，不知不觉中浑浑沌沌；又次，仿佛在深远冥寂的宇宙中徜徉；最后，以至于到达宇宙精神凝结的本源。② 这种内向传播的训练过程，正是强化人的主体意识和释放人类灵能的过程，进入一种没有依靠，却又能拥有整个宇宙一般的化境。这一点《庄子·天地》书中称为"独与天地精神往来，而不敖倪于万物"，即"心与物化"，而不化于物的自主，自然，自化。此所谓"独化"（自化）。独既是孤独的状态，即无待，又是整全的状态，没有割裂；同时相伴随的便是"独化"，因独而能化，以化而见独。借用麦克卢汉的"冷热媒介"的观点。道家这种"见独"即"独化"的过程论也具有文字和声音及其行动都是"热媒介"，人们对意义的占有是明确的。而明确的意义便是一种遮蔽，因为一切有形总存在于一定的时空局限中，而人类却总有冲决一切地追问究竟的本能，这个终极便是"独"，便是道。道是无，即蕴藏万有，因为其至"冷"，意义无穷。从"媒介即

---

① 方勇、陆永品《庄子诠评》，巴蜀书社，2007年，第221-222页。
② 吴予敏《无形的网络——从传播学的角度看中国的传统文化》，国际文化出版公司，1988年，第179页。

人的延伸"来看，"道"便是心灵的媒介，心灵通过对"道"的含摄，而拥有整个世界。"道"如同电子媒介是人类中枢神经的延伸，它是整体的、部落化的、地球村的，超越了时空。从而人与人，人与物，人与宇宙都进入了同一场域中，能同时互动，尽善尽美。目的是实现人对人本质的完全占有。这就是"诚者，自成也，而道，自道也"（《中庸》）。下文详解之：

1. 泰定以发天光，实现"见独"

"见独"是为了获得真正的、纯粹的、自由的、快乐的自我。《庄子·庚桑楚》："宇泰定者，发乎天光。发乎天光者，人见其人。人有修者，乃今有恒；有恒者，人舍之，天助之。"① 林希逸说："宇，胸中也。泰然而定，则天光发见，即诚而明也。"② 这里庄子学派点出了修持真我的奥秘所在，即让自我的心灵泰定安宁，有了这份心境，就能激发出人的智慧之光，即"天光"（自然之光、大道的光辉）。而有了这种"天光"，人就能照见自己，看见真实的自己，实现对自己真正的没有遮蔽地占有，也实现自我真正的自由与逍遥。胡文英解得好："心胸泰定，则发天然之光辉，而照见真吾。"③

修道关键是修心炼己，将自己作为认知对象、操作对象，不断认知自己的缺点、不足等，不断去改善它，久而久之，臻至真人之境。因此，庄子学派接着强调修道的人，会有永恒的光辉。林希逸说："人有修者，修真之人也。修真之人，至于天光，既发则有恒矣。"④

---

① 方勇、陆永品《庄子诠评》，巴蜀书社，2007年，第754页。
② ［宋］林希逸《庄子鬳斋口义校注》，周启成校注，中华书局，1997年，第358页。
③ ［清］胡文英《庄子独见》，华东师范大学出版社，2011年，第177页。
④ ［宋］林希逸《庄子鬳斋口义校注》，周启成校注，中华书局，1997年，第358页。

修真本是无止境的，这就好比充电一样，不断发出天光。有这种天光，人们就会向它归附，上天就会帮助他。当然，这正如老子所言"天道无亲，常与善人。"究其实质，还是人自助，只不过因为合道，如有天助般地得到了众人拥护，其个人能力获得了超越与突破。

在儒道佛的直觉中，都是通过与道合真，通过获得与道的同一性的修行过程，即通过"见素抱朴""存理灭欲""明心见性"的功夫，使自己进入澄明之境，从而获得对宇宙人生的本质理解，使自己进入自由之境，释放了自己的潜力，贯通一切。这是对内向传播妙境的礼赞。马利坦的感悟可做印证："上帝的直觉，创造性直觉，是一种在认识中通过契合或通过（产生自精神的无意识中的）同一性对他自己的自我的和事物的隐约把握。这种契合或统一性出自精神的无意识之中，它们只在工作中结果实。"[1]

2. 心静如镜，认知自我，方能实现自我超越

《文子·下德》有言："人性欲平，嗜欲害之。唯有道者，能遗物反己，有以自鉴，则不失物之情；无以自鉴，则动而惑营。"[2] 道家的修持要在于保持人性之平静。但道家深知人易受诸多欲望所诱惑，因此，需要有"道"的定力来指引以做到"遗物反己"，即不为物牵而失己。那如何在心灵深处做到这一点呢？道家提出"自鉴"说，即确立心灵的镜子。库利也有"镜中我"之说，道家也是要强调自我以自己为认识对象，不同的是库利的"镜中我"是社会对自我的种种期待，而道家的"镜中我"，是"道"对自我的期待，是"真我"应有的状态，以此可观照当下的"主我"。只不过，这个对象是由心灵自己去追问。道家强调的是用宁静的心灵来发挥镜子的功

---

[1] ［法］马利坦《艺术与诗中的创造性直觉》，刘有元、罗选民等译，生活·读书·新知三联书店，1991年，第102页。

[2] 王利器《文子疏义》，中华书局，2000年，第383页。

能，去观照自己的真相，剖析并找出其中的私欲等阻碍自己获得真我的方方面面，进而洗涤它、消除它。这个内向传播过程的奥妙正在于洗心以鉴心，鉴心以洗心，彼此是个双向互动的过程。这个过程说到底便是公心与私心在心灵中的较量。较量成功的关键是要有道心，要有强烈的修道志向与意志，才能支撑着，亦即说服主我以"道"所代表的一切正能量的方面，即"客我"来改造自我，并进一步以新的"主我"来接纳新的"客我"的召唤。不断地进行自我互动。所以，老子才说："自胜者强，强行者有志"（《道德经》第三十三章）。

庄子学派以镜为喻，突出内向传播过程的特征。如《庄子·应帝王》有言："至人之用心若镜，不将不逆，应而不藏，故能胜物而不伤。"他们的期许是通过内向传播，使人成为至人。那么在至人的状态下，又是如何互动的呢？其关键是保持心静如镜的功能，即物来则应，物去不留，从容自在，不将不逆，如此与物相和。庄子学派十分注重心静来保持客观自主地推进内向传播过程，否则昏昏昧昧，又何以修心。《庄子·天道》曰："万物无足以铙心者，故静也。水静则明烛须眉，平中准，大匠取法焉。水静犹明，而况圣人之心静乎？天地之鉴也，万物之镜也。"心能够发挥出灵能，能够自觉地效法道的自然特性，端在一静中。圣人正是凭借道心坚固而生成的心静状态，发挥着鉴览万有的功能，洞彻事物的本质，把握解决问题的关键，从而获得身国共治效果的。

臧克和指出，"道家偏重于'外物'，则万物复以心境为逆旅，心境又以万象为过客。关心内心与外物的'将''迎'关系，道家直以世人心境为外物之逆旅。"① 在道家的视域中，心正是自我的表征，心在引导着自我实践，自我认知，自我改造与完善。而心的运作正是

---

① 臧克和《简帛与学术》，大象出版社，2010年，第6页。

将"我"与"物"放置在一起，进而考查"我"与"物"的互动关系是否妥当，如果妥当了，而鼓励继续这种模式，如果不妥，则加以反省。以平静之心找出当下之我"主我"与"道我"的差距，进行对自我进行调整，改善役物的能力与水平。这里面心之"明"，就显得十分关键了。《周易·晋卦·象》："明出地上，晋。君子以自照明德。"君子当效法天道（太阳）之光明本性，这本是人的良知良能，即"自照明德"，进而能反躬自省，能自觉觉他。

（二）内视自反，守一处和

人又是如何获得光明的力量呢？如何推动开展内向传播活动的呢？《文子·上德》曰："夫道者内视而自反，故人不小觉不大迷，不小惠不大愚。莫鉴于流潦而鉴于止水，以其内保而不外荡。"① 修道者明于"内视"即内观，作为内向传播的一种形态，重在自我认知，以自我为对象进行分析，以为下一阶段的自我改造做基础，即内视是为了"自反"。这包含两个意义，一是自己反对自己，批判自己，明了自己对"道"的背离与距离；二是自己返回自己，即做回自己，保有真我的风采。道家认为人和社会在时空进程中会为外物所诱而偏离自己的本性，因此修道之要在于懂得自返于道。徐灵府注："反听内视，自得于身也。执荧耀而方太阳，非迷者若何？持燕石而比和玉，非愚者若何也？"② 在此过程中，还要把握住不因小觉而入大迷，不因小惠而成大愚。因为"道隐于小成"（《庄子·齐物论》）往往成为世间常态，只有"慎终若始，则无败事"。

《文子·上德》还说："君子日汲汲以成辉，小人日快快以至辱。

---

① 王利器《文子疏义》，中华书局，2000年，第260-261页。
② 王利器《文子疏义》，中华书局，2000年，第261页。

……故怨人不如自怨,勉求诸人,不如求诸己。"① 君子自强不息,努力培育自己的德性光辉,而小人则天天心里不服,斤斤计较以至于最终受辱。小人所以如此,乃是因为逐物外求的结果,而君子则内求于己,则能不断壮大自己。徐灵府注得好:"君子勤身以修道,日益晖光。小人乘闲以快意,终致困辱。"② 君子通过修身,不断增强自己的智慧(灵能),积累使自己彻悟的势能,久而久之,心至功夫,豁然开朗。

《庄子·人间世》于此有所呼应:"瞻彼阕者,虚室生白,吉祥止止。夫且不止,是之谓坐驰。"成玄英疏曰:"瞻,观照;彼,前境也;阕,空也。观察万有,悉皆空寂,故能虚其心室,乃照真源,而智惠明白,随用而生白道也。"庄子学派日常生活强调收视返听,是谓内观。此内观讲究能够看空万有,虚其心,从而空明的心境能够生发纯白的自然天光,此光是智慧之光,能够廓清自己的种种迷惑妄见,从而洋溢出吉祥之气象。如其不然,则会形虽坐而心驰,使自己不得安宁自由。"见独"如前文已言,本是彻悟的一种状态,一种心智的功能。可以描述如同阳光普照之下,万物一片生机盎然。

1. 确立内外之别,建构心灵纯净之境

有学者指出:"'外天下''外物''外生'的'外',表面意义是不以为意的摒弃,而其实质具有无畏、无拘、无执、无滞等意义,它既是观念上的更新解放,又是消解役使、束缚的超越。"③ 其实,这里的内外,并不是人体之外与内的关系,那是心灵世界中的潜意识

---

① 王利器《文子疏义》,中华书局,2000年,第300页。
② 王利器《文子疏义》,中华书局,2000年,第300页。
③ 李明珠《〈庄子〉"见独"的视野及其价值再思考——兼谈〈感悟庄子〉创作》,《学术研究》2008年第11期。

所认同的核心价值取向的集合体为"内"与显意识领域中世人所追求的功名利禄等为代表的观念集合体为"外"。从这个意义上讲，内与外正是自我心灵内部互动机制的建构必要条件。如同米德主张的主我与客我的关系。从比较意义上看，"客我"当同于"内"，而主我当同于"外"。明于内外之别，是为了进一步消融内外之边，只有以内御外，内外才有可能贯通。

2. 无待而齐一：自我的升华

面对不一的世界，面对差异的社会，按庄子学派的说法就是"有待"的世界，而这样的世界是纷争的世界，是心灵时常纠结斗争的世界。道家显然是要对这种世界进行否定与超越，进而追求"无待"的世界，力求在观念心灵世界中实现自我贯通。因为"有待"便有矛盾。"见独"正是消除"有待"而进入"齐一"之境的途径。《管子》中的《内业》《白心》《心术》上下四篇被公认为黄老道家的作品。《白心》篇有言："和以反中，形性相葆（抱），一以无贰，是谓知道。将欲服之，必一其端而固其所守"。"一"本是道的表征之一，"道生一"也表明道在初始状态是一体不分的，是混沌一体的。因此，"守一"或《白心》中所言"内固之一，可以久长"，都可以视为进道的功夫。所谓"一"可以指精神专一，纯一不杂之意。可见，"一"与"独"是相通的。扬雄《方言》卷十二早有言："一，蜀也。南楚谓之蜀。"而"蜀"与"独"相通。

同样地，道家的"见独"，既是"独"的看见，凝视与坚守；又是为"独"的呈现而修身。因此，"见独"本身是一种功夫，自然不可不"慎"。《庄子·在宥》有托广成子之口说：

至道之精，窈窈冥冥；至道之极，昏昏默默。无视无听，抱神以静，形将自正；必静必清，无劳女形，无摇女精，乃可以长生。①

通过慎内以静，即令神之不外泄，从而达到保护外在之形的目的。所以谓"慎守女身"，不过就是保持身处于正位，不越位，身自然得保。

"见独"功夫根本上还是使精神专一，不致纷扰。《管子·心术上》："世人之所职者精也，去欲则宣，宣则静矣，静则精，精则独立矣，独则明，明则神矣，神者至贵也。"神之贵在于能够"独立"，能独立则能够清明，做自己的主人。因此，养神之道在于"一"（即独立）。《管子·内业》有言："一意抟心"，专注于一意，不分心。《管子·心术下》又言："专于意，一于心。……能专乎？能一乎？……能止乎？能已乎？能毋问于人，而自得之于己乎？"这个专一的过程便是自得的过程。其境界便是："独成而意，与道徘徊。"（《庄子·盗跖》）

总而言之，"见独"是人真正把握自我的方式，人作为主体将道所象征和规定的应然的"我"（真我，道我）作为自我努力的方向，指导当下的"我"（主我，俗我）去召唤它，以"道我"之镜洗涤心灵，做回自己，这样做的最终结果便是"逍遥游"，便是大顺天下。

（原载于《人文杂志》2017年第5期。作者单位：厦门大学新闻传播学院）

---

① 方勇、陆永品《庄子诠评》，巴蜀书社，2007年，第334页。

"新子学"研究的回顾与反思

刁生虎

2012年10月22日,《光明日报》"国学"版刊发了华东师范大学方勇教授的《"新子学"构想》①一文,迅即引起了国内外学术界的广泛关注,陆永品、谭家健、孙以昭、王钟陵等知名学者纷纷刊文回应,五年来,"新子学"获得了多角度、多层次的研究、探讨。本文试对"新子学"的发展历程进行梳理,对"新子学"的研究成果进行整合、分类、归纳,以回顾近年来"新子学"的研究情况,并进而对其进行反思。

一、发展历程

"新子学"构想发表至今,经历了一个由提出到受关注再到引发热烈讨论的渐进性过程。

2012年4月7日,华东师范大学先秦诸子研究中心主任方勇教授在"先秦诸子暨《子藏》学术研讨会"上发起"全面复兴子学"的号召,获得与会学者的一致回应,在此基础上,于2012年10月22

---

① 方勇《"新子学"构想》,《光明日报》2012年10月22日第14版。

日,方勇教授在《光明日报》"国学"版发表《"新子学"构想》一文,创造性地提出"新子学"这一概念,并在该文中对"子学的产生发展与'新子学'""'新子学'将扎根传统文化沃土,以独立的姿态坦然面对西学""'新子学'将承载'国学'真脉,促进传统思想资源的创造性转化"三个问题进行了讨论。同年10月27日,由华东师范大学主办的"'新子学'学术研讨会"在上海举行,复旦大学徐志啸教授、陈引驰教授、苏州大学王钟陵教授、上海大学郝雨教授等三十余位专家、学者参加会议,会议围绕"新子学"的内涵、价值及其与国学、西学之间的关系展开深入研讨,此次会议是对"新子学"构想的第一次针对性讨论。《中国社会科学报》《文汇读书周报》等各大媒体纷纷对此次会议进行报道,推动了这一新构想的学术影响。12月1日,上海大学新闻理论研究中心、宁夏银川市文联《黄河文学》杂志社联合主办"新媒体时代民族文化传承——现代文化学者视野中的'新子学'"研讨会,会议特邀约有关专家学者教授参与研讨,引起了学界对"新子学"的进一步思考与讨论。这两次会议上的部分发言,整理成文字后,收入《诸子学刊》第八辑"'新子学'论坛"栏目。经过这两次会议,"新子学"的提法已在学界得到初步推广。

  2013年4月12日至4月14日,由华东师范大学先秦诸子研究中心主办的"'新子学'国际学术研讨会"在上海召开,来自中国大陆、港澳台地区以及新加坡、韩国、日本等国家的130多位诸子学专家、学者参加了会议,这次会议不仅在与会人数、会议规模上较之前一年的"'新子学'学术研讨会"有了突飞猛进地提高,而且将"新子学"构想推广至国际层面,"新子学"问题不仅受到国内诸多知名学者的关注,也获得了世界其他国家学者的接受与肯定。2013年5月13日《光明日报》"国学"版刊登《"新子学"大观——上海

"'新子学'国际学术研讨会"侧记》①,对此次会议进行了详尽地后续报道。同年9月,《光明日报》"国学"版刊发方勇教授的《再论"新子学"》②一文,文章对学界的讨论进行了总结,并对"新子学"的含义做了自己的界定。"新子学"逐渐成为广受关注的学术热点。

2014年2月学苑出版社出版《"新子学"论集》,收录"新子学"的相关学术论文、访谈记录、会议纪要、新闻报道等共计80篇。可见彼时,"新子学"已然引起了学界的多方思考,并在很短的时间内,获得了较为丰硕的研究成果。2014年4月12日至4月13日,华东师范大学先秦诸子研究中心举办"诸子学现代转型高端研讨会",来自中国大陆内地和港澳台地区及新加坡、韩国、马来西亚等国家的130多位专家学者齐聚上海,以"新子学"及诸子学现代转型为主题展开深入研讨,这是"新子学"的又一次学术盛会。2014年5月13日《光明日报》"国学"版撷取"诸子学现代转型高端研讨会"上部分学者的发言,集成《新子学:几种可能的路向——国内外学者畅谈"新子学"发展》③,集中体现了学者在此次研讨会上对"新子学"发展路向问题的关注。在2014年10月11日方勇教授参加的韩国"第二次神明文化国际学术大会"上,举办方就将"新子学"的讨论作为此次学术大会的重要议题,韩方学者也对其发表了诸多精辟见解。2014年11月9日,"'新子学'与现代文化:融入与对接——新媒体时代'子学精神'传承与传播"研讨会在上海大学召开,本

---

① 崔志博《"新子学"大观——上海"'新子学'国际学术研讨会"侧记》,《光明日报》2013年5月13日第15版。

② 方勇《再论"新子学"》,《光明日报》2013年9月9日第15版。

③ 刘思禾《新子学:几种可能的路向——国内外学者畅谈"新子学"发展》,《光明日报》2014年5月13日第16版。

次会议由上海大学影视学院郝雨教授筹划并发起，由上海大学新闻理论研究中心、《探索与争鸣》杂志、上海金誉阿拉丁投资管理有限公司联合举办，来自清华大学、复旦大学、同济大学、中国传媒大学等多所高校的专家、学者参加了研讨会，对子学在新媒体时代的发展、"新子学"的大众化及子学精神的传承与传播等问题展开了讨论。此次会议，促进了"新子学"与新媒体的融合。

2015年4月18日至4月19日，华东师范大学先秦诸子研究中心主办的"第二届'新子学'国际学术研讨会"在上海召开，海内外120余名学者围绕"新子学"理念，就诸子国家治理思想展开深入探讨。2016年3月28日《光明日报》"国学"版刊载方勇教授的《三论"新子学"》①一文，文中强调"'新子学'所关心的正是传统文化研究如何创新的问题"，并从"追溯原点""重构典范""唤醒价值"三个方面逐层阐述了"新子学"在应对这一时代课题时所应有的作用与策略。2016年10月22日，台湾高东屏区域教学资源中心举办的"2016'新子学'国际学术研讨会"，来自海峡两岸及韩国、马来西亚等国的40余名学者参加了研讨会。2017年4月1日，学苑出版社出版《"新子学"论集》（第2辑），全面汇总了《"新子学"论集》出版以后新发表的"新子学"相关学术论文、访谈记录、会议纪要、新闻报道等共计78篇，表明"新子学"研究进入新的层面。2017年10月27日，"第五届新子学国际学术研讨会"在台湾"中国文化大学"顺利召开，来自中国大陆内地及港澳台地区、韩国等国家和地区的40余名学者代表聚集于台北，就"新子学"的相关问题展开了热烈而又深刻的讨论，获得了诸多丰硕成果，从而掀起了海峡两岸"新子学"研究的新一轮高潮。

自"新子学"概念提出以来，除上海等地陆续召开大型、国际

---

① 方勇《三论"新子学"》，《光明日报》2016年3月28日第15版。

性学术研讨会外,《光明日报》《文汇报》《文汇读书周报》《中国社会科学报》《深圳特区报》《安徽日报》等各大媒体对"新子学"研究动态也十分关注,先后刊文报道会议情况,并连发专版,连刊数文,大力倡导"新子学"研究。《诸子学刊》《探索与争鸣》《中州学刊》《河北学刊》等学术杂志开辟"新子学"的专栏与专刊,使相关学术论文得以集中发表。电子媒体等现代传媒也对"新子学"的研究和传播起到了巨大的推动作用。"新子学"经过五年的发展,已引发了学术界的热烈参与及积极讨论,逐步成为一场声势浩大的学术思潮。

二、主题回顾

近五年来,"新子学"获得了多角度、多层次的研究、探讨。涉及"新子学"内涵、"新子学"与国学西学之关系、"新子学"体系、"子学精神""新子学"与民国学术转型、"新子学"之任务与使命、"新子学"意义、"新子学"发展路向与方法、"新子学"之传播与推广、"新子学"之跨学科研究等方面。现择要归纳如下:

(一)"新子学"内涵研究

"新子学"作为一个刚被提出的新概念,首先就要对其内涵进行界定。而要界定"新子学"的内涵,就必须首先明确"新子学"中"子学"的范围。方勇教授在《"新子学"构想》一文中就对这一点做了说明:"'新子学'并非传统目录学'经、史、子、集'之'子'学,而是思想史上的'诸子百家'之'子'。"但这一界定还是引起了不少学者的质疑与争论。中国社会科学院文学研究所谭家健研究员在《对〈"新子学"构想〉的建议》①一文中就认为，应该进一步明确"新子学"的范围，并提出了诸如："新子学"是否包括释家、道家、小说家？方技中也有思想史资料，该如何处理等问题。安徽大学中文系孙以昭教授在《时代召唤"新子学"》②一文中也指出，"新子学"的对象和范围有待商榷，他认为，不仅方技中有不少思想资料，就连天文、历数中也有思想史的资料，对这些应予以甄别、处理。华中师范大学文学院高华平教授的《关于"新子学"之我见》③一文认为，"新子学"至少应该包括章太炎在界定国学时所讲的义理、考据、文章诸方面，而不应该仅仅限定于对诸子学资料的收集整理，也不能仅是通过文本的整理和思想史的清理，"复先秦百家争鸣、诸子平等之本来面貌"。黄冈师范学院文学院李桂生副教授的《诸子形态的流变及诸子范围的界定》④一文认为，"诸子"范围之界定当以《汉书·艺文志》之"诸子略"为基本依据，而删去小说家，增加兵家。福建师范大学文学院欧明俊教授的《"新子学"概念的界定》⑤一文，则对"新子学"的时间规定性做出了自己的表态，他更倾向于将20世纪80年代以来兴起的新观念、新理论、新方法、新模式等研究诸子百家学术及现当代"新诸子"的"当代子学"称作"新子学"，而非将从清末或从"新文化"运动开始的近代子学称为"新子学"。

---

① 谭家健《对〈"新子学"构想〉的建议》，《文汇读书周报》2012年11月2日第12版。
② 孙以昭《时代召唤"新子学"》，《安徽日报》2012年12月14日第2版。
③ 高华平《关于"新子学"之我见》，《江淮论坛》2014年第1期。
④ 李桂生《诸子形态的流变及诸子范围的界定》，《诸子学刊》第九辑。
⑤ 欧明俊《"新子学"概念的界定》，《中国社会科学报》2013年6月28日B01版。

"新子学"的核心是"新",要明确"新子学"的内涵,就势必要明确其"新"在何处,如此才能区分"新子学"同"旧子学"或传统子学的差异。福建师范大学文学院欧明俊教授在《"新子学"界说之我见》①一文中认为,"新子学"首先"新"在新思维、新观念,即在观念上把子学视为与经学、史学、文学一样重要。其次,"新"还应体现在"新"视角、"新"方法。华中师范大学历史文献研究所刘韶军教授的《论"新子学"的内涵、理念与构架》②一文则认为,"新子学"之"新"在于新的学科体系背景。华南师范大学曹础基教授的《"新子学"悬想》③一文认为,"新"主要是指新思想。复旦大学中文系徐志啸教授的《"新子学"的核心在于新》④一文认为,"新子学"不能与历史的子学完全对立,而是要在历史的子学的基础上作新的阐释,赋予新的理解。上海社会科学院林其锬研究员的《"新子学"学科定位于杂家精神》⑤一文认为,"新子学"之新主要体现在新视野、新使命、新内容、新方法、新架构上。中国传媒大学刁生虎教授等的《"新子学"断想——从意义和特质谈起》⑥一文认为,"新子学"之"新"主要体现在所处时代新、研究对象新、研究方法新三个方面。中国人民大学国学院林光华副教授的

---

①　欧明俊《"新子学"界说之我见》,《诸子学刊》第九辑。
②　刘韶军《论"新子学"的内涵、理念与构架》,《江淮论坛》2014年第1期。
③　曹础基《"新子学"悬想》,载于叶蓓卿《"新子学"论集》,学苑出版社2014年版。
④　徐志啸《"新子学"的核心在于新》,《诸子学刊》第八辑。
⑤　林其锬《"新子学"学科定位于杂家精神》,《中州学刊》2015年第12期。
⑥　刁生虎、王喜英《"新子学"断想——从意义和特质谈起》,《诸子学刊》2013年第八辑。

《从老子之道的当代诠释看"新子学"之"新"》①一文则指出，子学之"新"体现在很多方面，但研究方法上的"新"是关键。淡江大学中文系曾昭旭荣誉教授的《为新子学定性定位》②一文则新子学之新就在于要在哲学性言说中引进西方哲学更精确之思维，以辅辩证思维之不足，而新子学之子则在于要注意维持其即经即子之身份、善用辩证思维以及使用各篇独立而又相互呼应涵摄的编排方式。

一些学者还从宏观上对"新子学"进行了定位。华东师范大学中文系玄华博士的《"新子学"——子学思维觉醒下的新哲学与系统性学术文化工程》③一文，将"新子学"定位为新哲学与系统性学术文化工程，作者认为，"新子学"必将促成传统学术的现代化转型，并以此全面整合当下学术，完成中华文化固有的文艺复兴，最终生产出一个全新的时代。华东师范大学中文系揣松森博士的《论"新子学"的内涵及其意义——兼谈子学与经学之别》④一文指出，"新子学"的内涵，可以从一般意义（学术文化层面）和理念意义（哲学层面）来理解。一般意义上的"新子学"内涵，就是打破传统的经学思维下的学术分类方式和西方话语模式下的学术分科方式。理念意义层面的"新子学"内涵，是在原生态的诸子学面貌下的"子学现象"中提炼的具有普遍意义的"子学精神"。

---

① 林光华《从老子之道的当代诠释看"新子学"之"新"》，《诸子学刊》2013年第九辑。

② 曾昭旭《为新子学定性定位》，第五届"新子学"国际学术研讨会会议论文。

③ 玄华《"新子学"——子学思维觉醒下的新哲学与系统性学术文化工程》，《诸子学刊》2013年第九辑。

④ 揣松森《论"新子学"的内涵及其意义——兼谈子学与经学之别》，《集美大学学报（哲学社会科学版）》2016年第3期。

(二)"新子学"意义研究

学界对"新子学"的文化价值与现实意义予以了充分肯定。陈鼓应先生《子学兴替关乎中国思想变革——〈"新子学"论集〉序》[①]一文,着眼于中华古今思想文化的演变,认为子学正是凭借着其自有的坚韧生命力,在时间的长河中连绵反复,不断自我重生,"子学中蕴含的人文精神与对话、和谐的精神,具有非常现实的意义",同时,他认为"'新子学'主张特别具有学术创新与思想变革的意义"。四川大学宗教研究所卿希泰教授在《时代需要"新子学"》[②]一文中表示,"新子学"的构想不仅具有理论意义,而且在诸多社会矛盾日益突出的当今社会,有着十分重大的现实意义。上海大学影视学院郝雨教授的《"新子学"对现代文化的意义》[③]一文,从四个方面论述了"新子学"对现代文化研究以及文化发展的意义:一是"新子学"把传统文化的研究由原来的以儒学为中国文化单一核心,转变回归到诸子百家;二是"新子学"的文化研究思路,给"五四"新文化运动找到了一个合理的逻辑前提和解释;三是"新子学"为我们提供了现代文化环境中民族文化繁荣振兴的一个重要参照;四是"新子学"可以使我们从子学中寻找到真正能使我们民族具有强大发展潜力的根本。闽南师范大学文学院汤漳平教授的《再

[①] 陈鼓应《子学兴替关乎中国思想变革——〈"新子学"论集〉序》,《光明日报》2013年12月16日第15版。

[②] 卿希泰《时代需要"新子学"》,《文汇读书周报》2012年11月2日第12版。

[③] 郝雨《"新子学"对现代文化的意义》,《文汇报》2012年12月17日第9版。

论"新子学"与中华文化之重构》①一文认为,子学复兴在提升我国软实力方面有重要意义。澳门大学邓国光教授的《从全球文化脉络的角度看"新子学"的意义》②一文,从全球文化脉络角度分析认为,"新子学"是世界文明格局重新调整的重要一步。华东师范大学哲学系李似珍教授的《"新子学"的学术针对性、时代意义思考》③一文认为,"新子学"的意义是多方面,其中之一就是对近代以来新文化探讨传统的继承。浙江科技学院中文系张涅教授的《对于当代"新子学"意义的思考》④一文认为,当代"新子学"研究的方向不应该排除个体本位意识、多元价值观念、形上思维形式这三个重点。东北师范大学文学院张洪兴教授的《固本培元革故鼎新——儒道学说与"新子学"的发展》⑤一文认为,子学在当下文化建设中的作用,主要体现在道德修养、温养人心、社会和谐三个方面。上海政法学院社会科学系李有亮教授的《重返中国传统文化最佳生态现场——对"新子学"的一点理解》⑥一文,从民族文化"正源"的意义上,探讨了"新子学"的价值。作者认为,"新子学"可以引领我们重返中国传统文化最佳生态现场,复制民族文化

---

① 汤漳平《再论"新子学"与中华文化之重构》,《中州学刊》2015年第12期。

② 邓国光《从全球文化脉络的角度看"新子学"的意义》,《文汇读书周报》2012年11月2日第12版。

③ 李似珍《"新子学"的学术针对性、时代意义思考》,《诸子学刊》第八辑。

④ 张涅《对于当代"新子学"意义的思考》,《诸子学刊》第十三辑。

⑤ 张洪兴《固本培元革故鼎新——儒道学说与"新子学"的发展》,《诸子学刊》第十三辑。

⑥ 李有亮《重返中国传统文化最佳生态现场——对"新子学"的一点理解》,《诸子学刊》第八辑。

基因图谱，再造新的中国现代文化生态环境。黄冈师范学院政法学院江峰教授的《"新子学"与当代人的生活幸福——以〈老子〉之"身"为例》①一文认为，"新子学"之所以昌盛，正是因为"新子学"与当代人的现实生活有机契合，能够从文化深层有效地引导当代人的幸福生活。中国人民大学国学院宋洪兵副教授的《重建我们的信仰体系，子学何为》②一文，探讨了在当代中国重建信仰体系的过程中，作为国学重要组成部分的子学所具有的理论价值与现实功能。南昌大学中文系邹艳讲师的《浅谈当代大学生人文素质教育中子学的地位及意义》③一文认为，"新子学"的提倡和建立，不仅赋予子学新的时代内涵，也极大地方便了当代大学生认识、了解、接受子学，对大学生人文素质的教育有着重要的作用。

（三）"新子学"与国学西学关系研究

方勇教授在《"新子学"构想》一文中着重论述了"新子学"与西学、国学的关系，他认为，"新子学"应以独立的姿态坦然面对西学，既不能迷失在西学的丛林里，也不能禁锢思想，沉溺于"以中国解释中国"的保守思维。"新子学"要成为国学的"主导"，承载国学的真脉。"新子学"与国学、西学的关系是"新子学"在发展过程中所必须面对的重要问题，遂即成为"新子学"研究的主流，获得诸多学者的关注与讨论。

台北大学中文系、东西哲学与诠释学研究中心赖贤宗教授的

---

① 江峰《"新子学"与当代人的生活幸福——以《老子》之"身"为例》，《诸子学刊》第九辑。
② 宋洪兵《重建我们的信仰体系，子学何为》，《诸子学刊》第十三辑。
③ 邹艳《浅谈当代大学生人文素质教育中子学的地位及意义》，《诸子学刊》第九辑。

《"新子学"方法论之反思——基源问题研究法与创造的诠释学的知识建构过程》①一文认为,在中西文化的汇通问题上,"新子学"的构想应强调文化的共同性和中西文化之间的互补性。清华大学中国古典文献研究中心傅璇琮教授的《继往开来创新学术》②一文,肯定了方勇教授提出的"新子学"面对传统、西学的看法,并进一步指出,一方面要更加清醒地认识"新子学"的民族特性,另一方面也有必要将之放置于世界学术的大范围内,做客观、公平的比较。南阳师范学院新闻与传播学院张永祥副教授在《中西方视野观照下的"新子学"》③一文中指出,"新子学"需要从对东方与西方文明的冲突、传统与思想的纠缠之中去反观自我,获得前进的动力。"新子学"发展的真正重点在于使子学研究者逐渐摆脱对文献材料的依赖,沿袭诸子兴学救世之遗意,构建全新的理论体系,为中华文明的伟大复兴提供新思想资源。北京大学中文系张双棣教授的《诸子学的复兴与"新子学"的建立》④一文认为,以儒家经典为国学主体的时代一去不返,包括儒学在内的诸子学应成为国学的主干。南京大学哲学系李承贵教授在《一种充满生命力的学说》⑤一文中认为,"新子学"面对西方要有一个比较科学的立场,学术要开放,不要本位主义。关于"新子学"引领国学发展的问题,李教授则认为,他赞同这一气概,但国学的发展需要一种纯粹的公正的学术精神的指导。华东师范大学

---

① 赖贤宗《"新子学"方法论之反思——基源问题研究法与创造的诠释学的知识建构过程》,《诸子学刊》第十三辑。

② 傅璇琮《继往开来创新学术》,《诸子学刊》第九辑。

③ 张永祥《中西方视野观照下的"新子学"》,第五届"新子学"国际学术研讨会会议论文。

④ 张双棣《诸子学的复兴与"新子学"的建立》,《诸子学刊》第九辑。

⑤ 李承贵《一种充满生命力的新学说》,《光明日报》2014年5月13日第16版。

中文系周鹏博士的《"新子学"的本体建构及其对华夏文化焦虑的对治》[1]一文认为,今天的"新子学"必将逐渐消化西学、改造西学,这将是一个长期的历史过程,在这个不断冲突与整合的过程中,华夏学人必将渐渐消释面对西学时的文化焦虑,从被动的接受,到理性的选择,再到主动去改造,直到中西二学完全合璧。东北师范大学古籍研究所刘思禾讲师的《"新子学"对国学发展的理解》[2]一文认为,"新子学"应该开掘和继承中国学术的多元精神,破除旧国学的封闭意识,同时恢复其价值意义,以进一步推进国学的发展。上海社会科学院林其锬研究员的《略论先秦诸子传统与"新子学"学科建设》[3]一文则提出不同的意见与看法,他认为,"国学"外延宽泛、内容杂多,易流于空泛,因此"新子学"不必去争"国学"的名号,要慎提"国学"。构建"新子学"要消除"欧洲中心"论的影响,摆脱套用西学概念的牵强附会,切实从诸子学发展的实际出发。上海财经大学人文学院陈成吒讲师在《论国学观念的历史与重筑及其"新子学"》[4]中提出,新的国学观念的建构是当下传统文化学术发展所必须的理论指引,它的转出与重铸则需要对就有国学观念、当下中西文化学术的发展状况进行全面观照。而在新的国学观念体系具体建构中,经、子、文、史等相关概念为四大维度,它们一新而四新。在此背景下,"新子学"是作为全新的,也是最为重要的根本性的重构维度之一而出场。

---

[1] 周鹏《"新子学"的本体建构及其对华夏文化焦虑的对治》,《诸子学刊》第十三辑。

[2] 刘思禾《"新子学"对国学发展的理解》,《诸子学刊》第十辑。

[3] 林其锬《略论先秦诸子传统与"新子学"学科建设》,《诸子学刊》第九辑。

[4] 陈成吒《论国学观念的历史与重筑及其"新子学"》,第五届"新子学"国际学术研讨会。

讨论子学与国学的关系，必然会涉及子学与儒学、经学的关系。安徽大学中文系孙以昭教授的《"新子学"与儒学、经学的关系及其在传统文化中的地位》①一文认为，儒学原在"子学"之内，常被排在前列，"新子学"的包孕则更加丰富。"新子学"与经学的关系，则既经历了由分到合，"升子为经"，再由合到分，"离经还子"的过程，具有你中有我、我中有你的复杂关系。中国人民大学国学院韩星教授的《新国学的内在结构探析——以新经学、"新子学"为主》②一文，论述了国学的概念、演变及新国学的内在结构，并讨论了新经学、"新子学"的关系与互动。上海大学影视学院郝雨教授的《"新子学"与"新儒学"之辨》③一文指出了"新儒学"与"新子学"的区别："新儒学对儒家思想的基本判断是认为在中国文化的发展中，儒学、儒家始终是处于核心的、贯穿的、主体的以及主导的地位。新儒学认定，儒家有史以来就是处在中华文化的核心部位。而'新子学'和新儒学的根本区别即在于，它不认为只有儒家、只有儒学才是中华文化的核心构成，而是认为，诸子百家才是中华文化的真正源头。"他的《寻找中国文化真正发源起点》④一文指出，今天的复兴，不再是复兴儒家一家。而是要在"新子学"的旗号下，寻找中国文化的真正源头，重启百家争鸣的文化局面。复旦大学哲学系李若晖教授的《熔经铸子："新子学"的根与魂》⑤一文认为，当代

---

① 孙以昭《"新子学"与儒学、经学的关系及其在传统文化中的地位》第九辑。
② 韩星《新国学的内在结构探析——以新经学、"新子学"为主》，《诸子学刊》第九辑。
③ 郝雨《"新子学"与"新儒学"之辨》，《诸子学刊》第十辑。
④ 郝雨《寻找中国文化真正发源起点》，《深圳特区报》2013年7月23日。
⑤ 李若晖《熔经铸子："新子学"的根与魂》，《诸子学刊》第十三辑。

"新子学"的建立，必须与经学相结合，以中华文化的大本大源为根基，立足于中华文化自身，面对中华文化的根本问题，重铸中华之魂，此即当代"新子学"之魂魄所归。浙江省社会科学院哲学研究所徐儒宗研究员的《诸子学的扬弃与开新》①一文，论述了经学与子学的关系，作者认为，六经与诸子都是中华传统文化取之不尽的宝库，二者并非对立的关系，而是相济相成的互补关系。华侨大学哲学与社会发展学院杨少涵副教授的《走出经学时代——儒家哲学现代化的范式转换》②一文认为，要完成儒学的现代化，就必须"走出经学模式"，进行研究范式由"经"向"子"的转换。上海财经大学人文学院陈成吒讲师的《"新子学"对国学的重构——以重新审视经、子、儒性质与关系切入》③一文认为，经学是一种自圆的思维与文化学术体系，经学早于子学。子学是一种自主开放的思维与学术，是经学的否定者，儒学是经学异化子学和子学消解经学的前沿阵地。东北师范大学古籍研究所刘思禾讲师的《探索前期中国的精神和观念》④一文，回顾了早期经学与子学的关系，以及政教关系下的经子关系，文章认为，我们不必过分强调经子之间的冲突，而应在更大的视野中看到子学与经学的共通处，探索前期中国的精神和观念，以应对未来中国社会发展对文化学术思想的挑战。新加坡南洋理工大学国立教育学院严寿澂教授的《新诸子学与中华文化复兴》⑤一文也认为，强以诸子与经学截然两分，甚或矛戟相向，实乃谬见。西安文理学院李小

---

① 徐儒宗《诸子学的扬弃与开新》，《诸子学刊》第八辑。
② 杨少涵《走出经学时代——儒家哲学现代化的范式转换》，《探索与争鸣》2013年第7期。
③ 陈成吒《"新子学"对国学的重构——以重新审视经、子、儒性质与关系切入》，《诸子学刊》第十三辑。
④ 刘思禾《探索前期中国的精神和观念》，《河北学刊》2015年第5期。
⑤ 严寿澂《新诸子学与中华文化复兴》，《诸子学刊》第十三辑。

成教授的《"新子学"对中国传统经学的超越》① 一文指出,"新子学"超越于中国传统经学的地方在于"新子学"具有思想原创性、"新子学"具有开放包容性、"新子学"具有学术争鸣性、"新子学"具有鲜明时代性。台湾"中山大学"中文系赖锡三教授在《大陆新子学与台湾新庄子学的合观与对话——"学术政治、道统解放、现代性回应"》中尝试初步描绘"大陆新子学"与"台湾新庄子学"的基本精神和类似观点。在文中,他将只以大陆新子学和台湾新庄子学的思想活动作为描述基轴,由此旁涉它们和两岸新儒学的异质性思考。

(四)"新子学"体系研究

尽管多数学者都在探索如何寻求子学的整体性与统一性,将子学看作一个整体,但庄学、墨学、韩非学等是"新子学"系列的组成部分,因而学界也不乏对"新子学"中一家一子的讨论。

韩国国立江陵原州大学校哲学科金白铉教授的《21世纪"新子学"与新道学的研究课题》② 一文认为,21世纪新道学应继承继往开来、法古创新的精神,顺应21世纪的信息社会,开拓民间生活文化哲学。台湾"联合大学"华语文学系钱奕华副教授的《庄子学跃进"新子学"的变与不变——符号解构、文本对话、隐喻创发之历程》③ 一文认为,庄子学中无论运用符号解构、《庄子》文本的概念,或与儒家、道家、佛家等不断进行对话,到隐喻部分无限上纲的

---

① 李小成《"新子学"对中国传统经学的超越》,《山西大学学报(哲学社会科学版)》2014年第6期。

② 金白铉《21世纪"新子学"与新道学的研究课题》,《诸子学刊》第九辑。

③ 钱奕华《庄子学跃进"新子学"的变与不变——符号解构、文本对话、隐喻创发之历程》,《诸子学刊》第九辑。

各自表述,在不断蜕变的历时变化中,有永恒不变的真理与方法,使《庄子》在变与不变的历程中,不断与读者做语言对话、哲学思维、文学造境、心灵智慧的提升与跃进,从而成为"新子学"的典范。武汉科技大学文法学院孙君恒教授等的《新墨学的兴起和前景》① 一文认为,新墨学与新儒学一样,是"新子学"系列的组成部分,并论述了新墨学的内容及其复兴与发展。香港墨教协会主席、香港浸会大学饶宗颐国学院黄蕉风先生的《告别路径依赖构建大乘墨学——"新子学"视野下的墨学发展进路》② 一文认为,墨学的"大乘化"或曰"大乘墨学",从学术方法论和学术范式上考量,可视为一种类似"比较神学"而非止于"比较哲学"。在回应社会热点和当下议题上,大乘墨学则有自信进入宪政民主、普世价值等公共场域,建构一套脱离儒家言说传统的墨家叙事方法——墨学的"现代化"。中国人民大学国学院宋洪兵副教授的《子学复兴视野中的"韩非学"研究——以明清为中心》③ 一文探讨了明清时期子学渐次复兴思潮下的"韩非学"的研究,作者认为,韩非子之学,与西方学术最为接近,晚清时期"韩非学"在"西学中源"之思路下展开,并非偶然。北京大学中文系张双棣教授的《"新子学"与杂家》④ 一文则指出,大家研究诸子学,大多比较关注儒、墨、道、法等,对杂家则关注较少。而"新子学"的建立需要借鉴杂家宽容的、兼收并蓄的精神与做法,以促进诸子的多元发展。华北电力大学思想政治理论课教学部

---

① 孙君恒、李悦《新墨学的兴起和前景》,《诸子学刊》第九辑。
② 黄蕉风《告别路径依赖构建大乘墨学——"新子学"视野下的墨学发展进路》,《诸子学刊》第十三辑。
③ 宋洪兵《子学复兴视野中的"韩非学"研究——以明清为中心》,《诸子学刊》第九辑。
④ 张双棣《"新子学"与杂家》,《诸子学刊》第十三辑。

王威威教授的《"新子学"概念系统的建构》①一文,则从探讨"新子学"与新儒家、新道家、新墨家、新法家的关系开始进入,分析了新子学概念系统的建构问题。浙江科技学院中文系张涅教授在《新杂家:新子学发展的一个方向》②中指出,在新子学的研究工作中,我们应当重视秦汉间杂家杂合诸说的观念和方法,倡导新杂家。新杂家遵循发展变化的规律,又基于多元价值的认识,基于个体权益、责任、义务等的思考;吸纳现代各家的学说,并融通西方文化精神和诸子思想,如此,新子学能够完成其历史使命。

(五)"子学"精神研究

方勇教授在其《再论"新子学"》中论及"新子学"的深层内涵时提出,"新子学"的内涵不仅是对"子学现象"的正视,更是对"子学精神"的提炼。而"'新子学'所提炼出的'子学精神',是在扬弃经学一元思维和大力高扬子学多元思维的前提下,对世界和人的本质的重新理解,它是子学的真正的觉醒和子学本质的全新呈现,将为未来学术文化的走向提供选项"③。这一观点得到了学界的共识,许多学者在讨论"新子学"问题时,对"子学精神"给予了高度关注。

中国社会科学院文学研究所陆永品研究员的《〈"新子学"构想〉体现时代精神》④一文认为,"新子学"所具有的开放、丰富、包容的文化特点,体现了当今多元、包容的时代精神。福建师范大学文学

---

① 王威威《"新子学"概念系统的建构》,《诸子学刊》第九辑。
② 张涅《新杂家:新子学发展的一个方向》,第五届"新子学"国际学术研讨会会议论文。
③ 方勇《再论"新子学"》,《光明日报》2013年9月9日第15版。
④ 陆永品《〈"新子学"构想〉体现时代精神》,《中国社会科学报》2012年10月26日A08版。

院欧明俊教授的《论"子学思维"与"子学精神"》①一文，论述了辩证思维、全息思维、中和思维、抽象逻辑思维、形象思维等子学思维，以及执着精神、牺牲奉献精神、尚气节精神等子学精神，他认为，研究"子学精神"，对当下学者的人格建设，对学者学术精神的培养，对学界的学风建设、学术生态，皆极有借鉴意义。复旦大学中文系郜元宝教授的《对"新子学"三个层面的思考》②一文，从"新之子学""新子之学""新的子学时代的精神"三个层面思考"新子学"问题，并认为，前两个层面的"新子学"都很难延伸到一般社会文化中去，唯有第三个层面，"新的子学时代的精神"，是我们最应该珍视的。中国传媒大学对外汉语教育学院逄增玉教授的《重建当代知识分子的"子学"精神》③一文认为，应该把"子学"精神继承和发扬光大，使其深入当代的学术、思想、道德与生活，为构建社会的价值观和人们的思想行为发挥积极作用。东北师范大学文学院张洪兴教授的《"新子学"刍议——以中国文化为本位》④一文指出，子学的基本精神在于它的实践理性，一方面，它的基本理论学说都是对现实的反思，另一当面，它又指导着人们的生活，赋予人生以意义。黄冈师范学院文学院李桂生副教授的《子学精神与"新子

---

① 欧明俊《论"子学思维"与"子学精神"》，《诸子学刊》第十三辑。

② 郜元宝《对"新子学"三个层面的思考》，《名作欣赏》2015 年第 7 期。

③ 逄增玉《重建当代知识分子的"子学"精神》，《名作欣赏》2015 年第 1 期。

④ 张洪兴《"新子学"刍议——以中国文化为本位》，《古籍整理研究学刊》2013 年第 6 期。

学"建构刍议》①一文认为,我们弘扬的不是子学的"躯体",而是其"精神",子学精神的具体内容包括独立人格、思想原创、批判思维、入道见志、保持张力、和而不同、实践理性。河北保定学院中文系何美忠教授的《借力诸子开拓中国学术新途径》②一文认为,体现在诸子身上的活跃思维、独立精神具有无穷的榜样力量,我们应借力诸子,克服存在于我们身上的文化屈从意识,开拓中国学术新途径。南阳师范学院新闻与传播学院张永祥副教授的《反者道之动——从子学走向"新子学"》③一文认为,先秦子学以其自由思考、独特创造、人文情怀、和谐精神等深刻影响了中国人的思维方式和中国文化的走向,也为"新子学"的再次崛起树立了光辉的典范。福建师范大学文学院郭丹教授的《关于"新子学"的几点浅见》④一文认为,"新子学"与传统子学在精神上应有延续性和继承性,而不是割断的。北京师范大学艺术与传媒学院王斐博士后的《"第三极文化"体现的"新子学"精神》⑤一文指出,"第三极文化"(相对于欧洲文化和美国文化而言的中国文化)中所蕴含、体现着"新子学"精神,将为新时代面临的问题做出对宇宙、社会、人生、审美的深邃思考和睿智回答。上海大学上海电影学院的郝雨教授在《"新子学"与现代文化对接及创新发展的理论思考——从中国传统文化的三次大断

---

① 李桂生《子学精神与"新子学"建构刍议》,《诸子学刊》第十三辑。
② 何美忠《借力诸子开拓中国学术新途径》,《诸子学刊》第九辑。
③ 张永祥《反者道之动——从子学走向"新子学"》,《诸子学刊》第十辑。
④ 郭丹《关于"新子学"的几点浅见》,《诸子学刊》第十三辑。
⑤ 王斐《"第三极文化"体现的"新子学"精神》,《艺术百家》2013年第1期。

裂谈起》① 中初步阐述了新子学强调的子学精神在复兴传统文化和现代化发展中的重要价值和作用，在文中尤其提出了中国传统文化的第一次大断裂是在汉代"罢黜百家，独尊儒术"之后，这是对传统文化的全面毁坏和颠覆，所以，我们要进行继承的传统文化并非独尊儒术之后的主流文化而应该是轴心时代的百家文化思想，百家智慧和子学经典才是中国传统文化的真正源头。

（六）"新子学"与民国学术转型研究

晚清尤其是民国时期的子学研究成果蔚为大观，这些研究大多运用了逻辑分析、贯彻了科学精神，并往往借助西学概念，因而相对于传统子学研究来说，亦可称作"新子学"。回顾这一时期的学术转型，对当下"新子学"研究和建设具有启发和借鉴意义。

黄冈师范学院中文系陈志平教授的《诸子学的现代转型——民国诸子学的启示》② 一文，分析了民国诸子学是如何向现代转型的，并论述了诸子学的现实价值问题。浙江科技学院中文系张涅教授的《略述民国时期的新子学研究》③ 一文，对民国时期的"新子学"著作进行了梳理，并进一步分析了民国时期"新子学"研究的贡献及缺略。新加坡南洋理工大学国立教育学院严寿澂教授的《"新子学"典范——章太炎思想论纲》④ 一文，以章太炎的学术思想为对象，论

---

① 郝雨《"新子学"与现代文化对接及创新发展的理论思考——从中国传统文化的三次大断裂谈起》，第五届"新子学"国际学术研讨会会议论文。

② 陈志平《诸子学的现代转型——民国诸子学的启示》，《诸子学刊》第九辑。

③ 张涅《略述民国时期的新子学研究》，《诸子学刊》第九辑。

④ 严寿澂《"新子学"典范——章太炎思想论纲》，《诸子学刊》第九辑。

述了其思想中的融合旧新、依自不依他、学在求是、忠恕一贯、极高明而道中庸五个方面，认为其是值得现代借鉴的"新子学"研究的典范。浙江省社会科学院哲学研究所徐儒宗研究员的《马一浮论诸子在国学中之地位》[①] 一文，否定了当代学术界对马一浮先生的误解，认为其"国学即是六艺之学"的观点并非指"国学就是儒学"，而是指"诸子皆出于六艺"，其主张的国学应包括诸子在内。这一论证可作为当前构建"新子学"的参考。华东师范大学中文系周鹏博士等的《浅谈"新子学"建设的历史脉络——从傅山到章太炎》[②] 一文认为，确立子学之本位，是晚明以来一直就存在的思想暗潮，傅山在义理脉络上，以艺术家的妙语连珠捕捉到了时代新思潮的星星点点，而其后的章太炎，经过了朴学的训练、西学的洗礼，返回头再治子学，使得子学有了更坚实的基础和更广阔的视野。另台湾"联合大学"华语文学系钱奕华副教授的《子学到"新子学"的内在理路转换过程研究——以明清庄子学为例》[③] 一文，借由"曼陀罗自我模式"内在理论的建构，讨论明清庄子学者在面对新时代巨变时，如何转换思维，进而呼应今日"新子学"建构。东北师范大学古籍研究所刘思禾讲师认为，诸子学在现代社会的学科化，是其进入到现代学术体系的路径，在《现代诸子学发展的学科化路径及其反省——从胡适、魏际昌到方勇》[④] 一文中，其以胡适、魏际昌、方勇三代学

[①] 徐儒宗《马一浮论诸子在国学中之地位》，载于叶蓓卿编《"新子学"论集》，学苑出版社2014年版。

[②] 周鹏、贾泉林《浅谈"新子学"建设的历史脉络——从傅山到章太炎》，《诸子学刊》第十三辑。

[③] 钱奕华《子学到"新子学"的内在理路转换过程研究——以明清庄子学为例》，《诸子学刊》第十三辑。

[④] 刘思禾《现代诸子学发展的学科化路径及其反省——从胡适、魏际昌到方勇》，第五届"新子学"国际学术研讨会会议论文。

者的诸子学研究为例,来了解这个进程的基本脉络和得失,希望有助于思考诸子学传统在现代学术体系中的身份问题。

(七)"新子学"任务与使命研究

"新子学"将子学研究拓展到学术史、思想史的高度,其构想堪称宏大,学界对"新子学"寄予了厚望,认为其理应肩负起它所应有的历史与时代使命。

安徽大学文学院陈广忠教授的《"新子学"的历史使命》① 一文认为,"新子学"的第一任务是继承,第二任务是创新,即在中国传统的诸子学说的深厚基础上,广泛吸收西学、佛学及中华各民族的思想财富,进而创立适应于天下及中国发展大势的新的理论体系。山西省社会科学院文学研究所耿振东副研究员的《实现中华民族伟大复兴的"新子学"之"关注现实"的思考》② 一文认为,传播、弘扬子学的固有的文化优势,弥补、医治现代文化的痼疾,是"关注现实""为民族文化复兴提供助力"的"新子学"研究者义不容辞的责任。三亚学院人文学院曾建华的《"新子学"的本质与使命——围绕子学与士之关系展开》③ 一文指出,"新子学"的使命是促成近代公共知识分子向大众传媒知识分子的转化。中国社会科学院文学研究所孙少华副研究员的《"新子学"与学术"新传统"建设》④ 一文指

---

① 陈广忠《"新子学"的历史使命》,载于叶蓓卿编《"新子学"论集》,学苑出版社 2014 年版。

② 耿振东《实现中华民族伟大复兴的"新子学"之"关注现实"的思考》,《诸子学刊》第十三辑。

③ 曾建华《"新子学"的本质与使命——围绕子学与士之关系展开》,《诸子学刊》第九辑。

④ 孙少华《"新子学"与学术"新传统"建设》,《河北学刊》2015 年第 5 期。

出，在未来的子学研究中，"新子学"可以承担更多的责任——为创造21世纪中国"新子学"研究"新传统"，乃至为创造中国古代学术研究"新传统"，开创新学路，树立新典范。北京语言大学汉语学院聂学慧讲师、东北师范大学古籍所刘思禾讲师的《追寻"诸子问题"的现代解答——对"新子学"发展的一点思考》①一文认为，先秦子学的根本就是面对时代课题而思考，"新子学"也要有这样的期许，"新子学"要面对现实，构想未来，去承担自身的命运。安徽省社会科学院《江淮论坛》杂志社吴勇先生的《以诸子的精神面对现实——"新子学"的任务浅议》②一文，从四个方面论述了建立"新子学"的任务：第一，要整理典籍，但更要关注诸子的精神面貌；第二，摒弃近现代以来形成的民族文化虚无感和自负感，理性审视西学和中学的共性与差异，勇敢承认西学的长处和自身的不足；第三，认真检讨中西方思维方式，大胆吸取西方思想，特别是与中国传统文化有很多通性的马克思主义，发展出自身的新形态；第四，思想既要高屋建瓴、高瞻远瞩，也要落实到民生日用。厦门大学新闻传播学院谢清果教授的《"新子学"承载回应时代问题的神圣使命——以老子"天下观"意蕴与普世价值为例》③一文，以老子的"天下观"为例，说明"新子学"的使命应是传播传统思想中可以作为普世价值的思想资源，增强中华文化在国际上的话语权。河南周口师范学院

---

① 聂学慧、刘思禾《追寻"诸子问题"的现代解答——对"新子学"发展的一点思考》，《诸子学刊》第九辑。

② 吴勇《以诸子的精神面对现实——"新子学"的任务浅议》，《诸子学刊》第九辑。

③ 谢清果《"新子学"承载回应时代问题的神圣使命——以老子"天下观"意蕴与普世价值为例》，《诸子学刊》第十三辑。

文学院唐旭东讲师的《传统子学精神与"新子学"的责任与使命》[①]一文认为,"新子学"应该承担起以下任务:一、传统子学文献的搜集整理;二、传统诸子学学术思想和文学之美的继续深入学习和研究;三、整理传统子学思想和文化精神中适应当代需要的内容,为当代政治、经济、军事、文化等各方面的建设工作建言献策;四、"新子学"应该成为学术创新的领军和楷模;五、"新子学"应该发挥播种机、宣传队的作用。浙江省嵊州市区广播电视总台杨林水先生的《"新子学"理论支持社会主义核心价值观刍议》[②]一文认为,"新子学"理应担当主导当代国学发展、推动国民教育理论改革、培育先进文化、支持社会主义核心价值观的历史重任。

(八)"新子学"发展路向与方法研究

学界在关注"新子学"理论建构的同时,也将视线投向"新子学"的发展路向与方法问题。方勇教授在《"新子学"与中国学术之转型》[③]中提出,新子学的研究工作应放诸当代视野之下,回归传统,正本清源,开掘传统文化的时代价值。他认为,新子学与中国学术转型是息息相关的,诸子学与现代之间有着清晰的关系,把儒学界定为社会伦理秩序的支撑,应当是对诸子时代精神的合理继承;另外,我们可以对于诸子时代政治公共性的思想做承接;最后,先秦时代对于文明建构最为重要的一个洞见,就是关注社会的活力,如何留一片空间给每一个人,也是我们值得去思考的问题。苏州大学文学院

---

① 唐旭东《传统子学精神与"新子学"的责任与使命》,《诸子学刊》第十三辑。

② 杨林水《"新子学"理论支持社会主义核心价值观刍议》,《诸子学刊》第十三辑。

③ 方勇《"新子学"与中国学术之转型》,第五届"新子学"国际学术研讨会会议论文。

王钟陵教授的《建立中国学术的核心价值》①一文，论述了应如何建立中国学术的核心价值：第一，应返回民族文化的根源——先秦典籍之中；第二，不是"接着讲"，而是"对着讲"；第三，子学研究的革新，需要建立一种新的诠释学；第四，要敬畏经典。上海大学影视学院郝雨教授的《"新子学"与现代文化：融入与对接》②一文指出，让现代接续传统，让传统融入现代，让现代文化有根，让真正的传统文化，尤其是百家争鸣的传统文化精神在现代得到发扬，这是"新子学"未来的发展路向与目标。北京大学哲学系许抗生教授的《谈谈关于建立当代"新子学"的几点看法》③一文认为，建立当代"新子学"至少可以分以下几步：第一步，做好有关先秦子书古籍的整理工作；第二步，对子学思想展开较深入的研究，在前人研究的基础上，提出新的见解；第三步，从现代社会的需要出发，重新阐释子学思想，重新建立符合当代社会所需要的"新子学"思想体系。扬州大学新闻与传播学院贾学鸿教授的《"新子学"研究的当代指向与方法寻绎——兼论刘笑敢〈老子古今〉的"人文自然"概念》④一文认为，"新子学"的研究既要立足历史文本，又要面对社会现实，进行个性化和符合时代特征的解读。华东师范大学人文学院杨国荣教授的《诸子学略论》⑤一文认为，今天的"新子学"，在实质的层面应当注重思想发展过程中"照着讲"与"接着讲"的统一。中国传

---

① 王钟陵《建立中国学术的核心价值》，《诸子学刊》第八辑。

② 郝雨《"新子学"与现代文化：融入与对接》，《集美大学学报（哲学社会科学版）》2016年第3期。

③ 许抗生《谈谈关于建立当代"新子学"的几点看法》，《诸子学刊》第九辑。

④ 贾学鸿《"新子学"研究的当代指向与方法寻绎——兼论刘笑敢〈老子古今〉的"人文自然"概念》，《诸子学刊》第十三辑。

⑤ 杨国荣《诸子学略论》，《诸子学刊》第九辑。

媒大学刁生虎教授的《"新子学"研究需做到四个统一》[①]一文认为,"新子学"研究的学术立场和研究方法应做到四个统一,即历史与逻辑的统一、古今与中西的统一、理性与直觉的统一、宏观与微观的统一。苏州大学文学院徐国源教授的《关于"新子学"的几点思考》[②]一文,提出了"新子学"发展应要注意的几个问题:一是要回归元典;二是要重估价值;三是要展开创造转化;四是要实现当代传播。上海师范大学哲学学院蔡志栋副教授的《儒家式与道家式:"新子学"政治自由论的两种构建路向——以康有为、严复为中心》[③]一文认为,康有为、严复从不同角度展示了先秦儒、道二家与现代政治自由之间的内在关系,展现了"新子学"诠释政治自由的两种典型路向:儒家式与道家式。西华师范大学强中华副教授的《漫谈总结时代的诸子学》[④]一文,细致论述了总结时代的子学展开的路径:一、研究资料的汇总;二、学术史的研究;三、对元典本身的研究;四、诸子学的现代转化;五、诸子学的普及。华东师范大学中文系孙广、南昌大学国学研究院周斌副教授的《从共同的问题意识探求子学的整体性》[⑤]一文认为,从共同的问题意识来探求子学的整体性和统一性,是"新子学"发展非常值得探索的一条路径。北京师范大学古籍与传统文化研究院三莫(曾建华)博士的《后现代

[①] 刁生虎《"新子学"研究需做到四个统一》,《社会科学报》2012年12月13日第5版。

[②] 徐国源《关于"新子学"的几点思考》,《姑苏晚报》2012年12月23日第2版。

[③] 蔡志栋《儒家式与道家式:"新子学"政治自由论的两种构建路向——以康有为、严复为中心》,《诸子学刊》第八辑。

[④] 强中华《漫谈总结时代的诸子学》,《诸子学刊》第十三辑。

[⑤] 孙广、周斌《从共同的问题意识探求子学的整体性》,《集美大学学报(哲学社会科学版)》2016年第3期。

语境中的知识建构——试论"新子学"的境遇与未来》①一文认为,"未来的'新子学'应力图将架空现实的学术回归到伦常日用中来,将碎片化的专题性研究综合到时代问题中来,将学术研究与当代生活创造性地结合起来"。华东师范大学哲学系方达博士的《先秦诸子思想中逻辑"中心点"存在的可能性——"新子学"探索的内在路径》②一文,基于思维"中心点"的定义探讨了"新子学"的内在路径,他认为荀子的思想形式给我们沿传统内部向上回溯后提供了一种更容易接受的思辨方式,而这种方式恰恰是"新子学"创新时可以实际践履的路径。东北师范大学文学院张洪兴教授在《从中国文化"根性"说起——四论"新子学"》③中表示,百年来中国文化、中国人被贴上了"劣根性"等子虚乌有的标签,其实相反,中国是有着绵长的支撑着中华文明数千年发展的优秀的"根性"的。新子学是与中国文化密切相关的,因此,在对新子学进行研究的过程中,应坚持整体性原则,坚持以正面评述为主的原则,坚持用中国的逻辑思考中国的问题。国家、民族正在呼唤一个"新子学"时代的到来。针对方勇教授在2012年倡导的"子学复兴、诸子会通"的概念,福建师范大学文学院欧明俊教授在《跨界会通——论子学的创新途径》④中认为会通即是融会贯通,而研究者应做通人,具备通识,跨界会通,跨越各种壁垒森严的疆界,这是"新子学"一大创新途径。

---

① 三莫《后现代语境中的知识建构——试论"新子学"的境遇与未来》,《诸子学刊》第十三辑。

② 方达《先秦诸子思想中逻辑"中心点"存在的可能性——"新子学"探索的内在路径》,《中州学刊》2015年第12期。

③ 张洪兴《从中国文化"根性"说起——四论"新子学"》,《暨南学报(哲学社会科学版)》2018年第4期。

④ 欧明俊《跨界会通——论子学的创新途径》,《暨南学报(哲学社会科学版)》2018年。

跨界研究，目的不在于"跨界"本身，而是会通创新，追求整体之学、大体之学，"成一家之言"。

此外，2014年5月13日《光明日报》"国学"版撷取"诸子学现代转型高端研讨会"上部分学者的发言，集成《新子学：几种可能的路向——国内外学者畅谈"新子学"发展》，集中体现了学者对"新子学"发展路向问题的关注。其中，武汉大学哲学学院吴根友教授认为，"新子学"应该参与到世界范围内的百家争鸣中，这是"新子学"的发展方向与前景。新加坡南洋理工大学国立教育学院严寿澂教授指出，提倡"新子学"，必须取章太炎先生"依自不依他，求是致用相资"的方法。复旦大学哲学学院李若晖教授认为，当代"新子学"的建立，必须与经学相结合，以中华文化的大本大源为根基，立足于中华文化自身。中国社会科学院文学研究所孙少华副研究员则指出，"新子学"研究不能局限于文献整理与哲学思想研究，而应承担更多的社会责任，将诸子研究转换为现代成果、服务于现实社会。

（九）"新子学"传播与推广研究

"新子学"要取得更多国内学术界的共识，博得更多受众认知，完成其预期的任务与成果，就必须要对其传播与推广进行研究。

厦门大学新闻传播学院王昀硕士、谢清果教授的《还原、重构与超越——"新子学"视域下传统文化传播策略》① 一文，从文化传播角度，探讨了"新子学"所启发的传统文化传播策略。《新疆经

---

① 王昀、谢清果《还原、重构与超越——"新子学"视域下传统文化传播策略》，《诸子学刊》第九辑。

济报》张雷先生的《新闻人要做"新子学"的推动者》① 一文，从"新闻视域下的'新子学'""'新子学'视域下的新闻""新闻与'新子学'双重视域下的新闻人使命"三个方面论述了新闻人要做"新子学"的推动者。浙江省嵊州市广播电视总台杨林水先生的《"新子学"应如何进一步走向全球——浅谈"新子学"的跨国传播》② 一文，从传播内容安排、传播媒介选择、传播行为主体、传播模式等几个方面来阐述"新子学"应如何进行走向全球。韩国圆光大学校教育大学院姜声调副教授的《在韩国如何推广"新子学"》③ 一文，从韩国"诸子学"研究举隅、"新子学"研究在韩国的发展趋势、在韩国推广"新子学"研究的方案等几个方面，细致地阐述了韩国"新子学"的研究与传播情况，并指出了"新子学"在韩国推广的具体方法。

（十）"新子学"跨学科研究

安徽大学文学院孙以昭教授的《"新子学"与跨学科多学科学术研究》④ 一文认为，古代子学，博大精深，其内容涉及诸多方面、诸多学科，"新子学"不仅是回归本源，更须进一步发展，要深入研究古代子学中的精义，进行跨学科、多学科的综合性大文化研究，势在必行。韩国圆光大学校教育大学院姜声调副教授的《"新子学"与

---

① 张雷《新闻人要做"新子学"的推动者》，载于叶蓓卿编《"新子学"论集》，学苑出版社2014年版。
② 杨林水《"新子学"应如何进一步走向全球——浅谈"新子学"的跨国传播》，载于叶蓓卿编《"新子学"论集》，学苑出版社2014年版。
③ 姜声调《在韩国如何推广"新子学"》，《诸子学刊》第十三辑。
④ 孙以昭《"新子学"与跨学科多学科学术研究》，《河北学刊》2015年第5期。

"跨学科"学术研究鸟瞰》① 一文，对"新子学"与跨学科学术研究进行了举隅，并对此进行了反思，他认为，针对"新子学"与跨学科学术研究，应以多元化、普及化为重要进程，再把普及化分成文学化与大众化，并形成一种行之有效的方案推行。上述十个方面当然不能将"新子学"研究的内容完全涵盖，一些学者还从其他角度对"新子学"进行了探讨。如《名作欣赏》杂志社张勇耀女士的《构建"新子学"时代新的女性话语体系》② 一文，从"传统'子学'研究中女性话语体系的缺失和对女性观认识的偏差""'新子学'女性话语体系构建及其意义""'新子学'女性话语体系传播及对当代女性的影响"三个方面探讨了"新子学"时代女性话语体系的建构问题。浙江省再生资源集团有限公司郑伯康先生在《"子商"构想》③ 一文中，提出了"子商"这个"新子学"在商道文化范畴内延伸出来的子概念。上海光华学院郑作的《以诸子思想之源建构企业文化之魂——"新子学"精神与商道文化的对接与融合》④ 一文，也认为以诸子思想之源构建企业文化之魂的"子商"商道文化是一个非常有意义的命题，子商所倡导的新商道文化要很好地继承开放、包容、发展的"子学特点"和原创性、多元化的"子学精神"，更要学习"以发展的眼光梳理过去与现在，从而更好地勾结未来"的"新子学"精神。同济大学人文学院何浙丹博士的《现代学术视野下"新子学"的困

---

① 姜声调《"新子学"与"跨学科"学术研究鸟瞰》，《诸子学刊》第十三辑。
② 张勇耀《构建"新子学"时代新的女性话语体系》，《诸子学刊》第十三辑。
③ 郑伯康《"子商"构想》，《诸子学刊》第九辑。
④ 郑作《以诸子思想之源建构企业文化之魂——"新子学"精神与商道文化的对接与融合》，《集美大学学报（哲学社会科学版）》2016年第3期。

境与出路》①一文,则从"对自身认知的暧昧""在徘徊中的方法论创新""面对时代课题的异声"三个方面论述了"新子学"所面临的困境与出路。厦门大学新闻传播学院的谢清果教授认为,新子学的当代转向强调的是子学之新,在于将子学面对当代学术领域中加以省思,以期长发出子学蕴藏着的学术思想,以丰富和推进当代相关领域的学术研究,谢清果教授在《新子学的当代转向——以儒家道心、人心的博弈与当代自我传播智慧为例》②一文中,着重以道心人心这个儒家核心命题入手,并从自我传播理论视角加以剖析,以期实现两者对话。

三、问题反思

尽管"新子学"已经引起学界的广泛关注与深入讨论,获得了颇为丰硕的研究成果,但梳理"新子学"的研究情况,我们发现,现今的研究仍存在一些缺憾与问题,有待我们对此进行反思,并做出改进。

首先,"新子学"概念界定模糊。"新子学"概念的界定作为其研究最为基本的问题至今仍未得到解决。方勇教授在《"新子学"构想》一文中虽对此早已有所阐释,但因其对这一概念所持有的谨慎态度,再加上其界定涵盖度过高,使得这一概念具有了一定的模糊性。就现有的研究成果来看,时至今日仍有不少学者表示了自己的困

---

① 何浙丹《现代学术视野下"新子学"的困境与出路》,《诸子学刊》第十三辑。

② 谢清果《新子学的当代转向——以儒家道心、人心的博弈与当代自我传播智慧为例》,第五届"新子学"国际学术研讨会会议论文。

惑与质疑,并在研究对象、研究范围及时间的规定性等问题上发表了自己的观点与看法,有不少争议一时间很难有所定论。我们可以理解一个诞生不久的概念从建立到发展、完善,需要一个艰难且极其漫长的过程,在这个过程中各家观点的碰撞与冲突在所难免。但厘清"新子学"的概念,才能解决"新子学"所面临的基本问题,也只有做好"新子学"研究的正本清源工作,才能更好地团结各方力量,进行更深层次地研究。这是当前"新子学"研究的当务之急与重中之重。目前学界已有不少学者注意到这一点,并在行文中对其内涵进行了解构与建构,这也成为"新子学"研究的一个重要构成部分。另外,一些学者在分析"新子学"的现状与问题、困境与出路之时,均关注到了这点,故兹不赘述。

其次,"新子学"研究的主题太过集中。比如,在对"新子学"研究进行回顾的过程中,我们不难发现,从方勇教授提出"新子学"构想之初到现在,"新子学"在国学中的地位及其应如何面对西学的问题一直是学者们关注与讨论的重点。诚然,对"新子学"与国学、西学关系的讨论当然是"新子学"发展所必须要面临的问题,但这类研究的数量已经非常多,且已经获得多角度、多层次的思考与讨论。因而,学者们的关注与研究重心不必继续执着于此。而诸如新子学的跨学科研究等问题的讨论还不够充分。"新子学"是一个宏大的学术构想与工程,其不仅要回归本原,深入研究子学之精义,而且要回归现实,贴近时代,为解决现实社会的思想、精神等问题提供指引。因此,"新子学"研究注定是一个多学科、跨学科的综合性学术命题。但就目前的研究成果来看,研究者对"新子学"的跨学科、多学科研究的关注很少,除孙以昭、姜声调教授对此问题给予特别关注,一些学者将新闻传播学与"新子学"研究相结合之外,几乎没有多少学者将视线着眼于此。

再比如,"新子学"研究还集中于对"新子学"意义的探讨,这类探讨无疑表达了学者们对"新子学"提法的赞成与拥护，在一定程度上也激励、促进了更多的研究者投入到"新子学"的研究中去，同时为"新子学"的发展起到了宣传、推广的积极作用。但依笔者之见，研究者应尽量跳脱出近年来"新子学"研究所既定的或十分集中的主题，多关注那些尚未研究成熟的主题，使"新子学"研究的各个方面都能获得均衡的进步与完善，使一些角度的研究不再停留于表面，而是取得更深层次的发掘与探讨。同时，研究者还可以将视野适当放宽，不局限于目前已经存在的研究主题，而是尽可能地去开阔研究的方向与角度。"新子学"构想的提出至今刚刚五年，其所蕴含的丰富宝藏还有很多未被开采、发掘，有志学人仍大有可为。

再次，对"新子学"实践层面的研究仍有待提高。"新子学"发展路向与方法研究的成果虽然不在少数，但综合来看，学人所提倡的"新子学"发展的具体步骤或方法，大多集中在文献的整理、校勘、注释、考据等传统子学甚至传统学术的基本方法，以及重新阐发诸子精义——"诠释学"的研究方法。对"新子学"的具体发展步骤或是规划思考仍然非常局限。当然，我们目前仍处在"新子学"研究的开拓阶段，对其理论层面的开掘还未能完成，实践层面的讨论自然不能苛责。但"新子学"构想并不是要等理论建构完善，再进行其具体工作的开展，而是齐头并进。因而对具体研究方法层面的思考也刻不容缓。

此外，除了对"新子学"发展路径与方法的宏观展望以外，还应有更多在"新子学"视野或其思想指导下的实际研究。如上海大学影视学院郝雨教授等的《"新子学"视野下微观解读一例》[①]一文，对《论语·八佾》中孔子与子夏的一段对话进行了全新的解读，

---

① 郝雨、路阳《"新子学"视野下微观解读一例》，载于叶蓓卿编《"新子学"论集》，学苑出版社2014年版。

作者认为，"新子学"的提出，不仅为传统文化的传承在大方向上提供了新的思路，也在微观上为那些容易产生混淆的文本解读带来了转机。这应当成为我们今后可以借鉴的研究方向。

最后，"新子学"的传播与推广仍然不够充分。从上述回顾可见，对"新子学"的研究至今仍集中在专家、学者的小范围群体及少数几家固定的学术期刊、媒体。学术界虽已有较高的讨论度，但社会的参与程度仍然很低。因此，我们在丰富"新子学"内容的同时，还应善用各种传播手段，加强"新子学"的传播与推广，使其被更广泛的接受与讨论。

目前"新子学"传播的主要媒介是书籍、期刊、纸媒等传统媒介，传播范围及影响力较小。我们可以利用大众媒介尤其是电子媒介，如电视、电影、宣传片等形式对"新子学"进行推广。在新媒体高速发展的今天，还可以开设"新子学"的公众号，利用微信平台使更多人了解、接受"新子学"。同时，"新子学"还可以申请新浪微博的官微，借助微博超高的使用人数与活跃程度，为"新子学"做推广。"新子学"官网、论坛的建立则会有利于青年学者、博士、硕士等"新子学"关注者、爱好者、研究者就"新子学"问题进行交流、讨论，也可以使"新子学"研究的最新动态在网站上得到实时更新。"新子学"如能实现这些媒介形式的传播与推广，其接受度与影响力必将大幅提升。

（原载于《管子学刊》2018年第4期。作者单位：中国传媒大学人文学院）

在韩"诸子学"发展的反省与重建
——兼谈引进"新子学"的必要性

[韩国] 姜声调

绪 言

本论文探论韩国"诸子学"发展的概况(包括"诸子学"的传韩时期、韩国"诸子学"的发展概况)、韩国"诸子学"发展的反省与重建等问题,并以此转型发展到高端的其未来展望。其实,撰写这一篇论文要归功于方勇教授。2018 年 6 月份方教授来韩参加"第六届'新子学'国际研讨会"时,开会前一天在从仁川机场接机后前往江陵原州大学的长途汽车上、在开会天上午去野游中车上,以及送行时在去仁川机场的高铁上,陆陆续续地畅谈韩国"诸子学"发展的问题。方教授对此颇感兴趣,建议我规划撰写有关韩国"诸子学"的论文,因着方教授的不断鼓励,才有本文的完成。此一课题的主要功用有六:(1) 有助于正眼看韩国的"诸子学"研究;(2) 可检讨韩国"诸子学"研究的现况;(3) 可反思韩国"诸子学"及其转型;(4) 可使韩国"诸子学"发展到高端;(5) 可为韩国的"人文学"研究提供理论体系;(6) 可提供给韩国"人文学"研究自我调整的机会。

本论文以"在韩'诸子学'发展的反省与重建"为题，全力搜集时从三国鼎立时期前后到 21 世纪初期相关资料，研究分析，归纳重组，并将进一步探论。其重点是从韩国历代"诸子学"发展阶段所现反省与重建问题，获得转型发展的机会。希望透过这一探论，对相关问题作出相对客观、合理的论述，有助于解决问题，并推动韩国"诸子学"转型发展。

一、韩国"诸子学"发展的概况

所谓韩国"诸子学"，是指"诸子学"从中国传入到韩国，穿越三国前后到高丽末期、朝鲜时期及现代的时空背景，受到各代历史发展所带有政治因素的影响，呈现一些不同环节造成的特殊面貌，既有中土成分，也有本土成分的学术思想体系。其发展的概况，大约可分为"诸子学"的传韩时期、韩国"诸子学"的发展概况等两方面。

（一）"诸子学"的传韩时期

截至目前，关于"诸子学"的传韩时期，大抵有卫满归化说、置汉四郡说、三国时期说三种。"卫满归化说"即秦末汉初战乱之际燕人卫满带领千余难民亡命古朝鲜，改服穿着，出塞至东[1]，因此"诸子学"东传。"置汉四郡说"即其证据是 2009 年在平壤市贞柏洞

---

[1] "满亡命，聚党千余人，魋结蛮夷服，而东走出塞"（《史记·朝鲜列传》卷一百一十五，《史记会注考证》，台湾洪氏出版社 1986 年版，第 1231 页），"其后四十余世，朝鲜侯准僭号称王。陈胜等起，天下叛秦，燕、齐、赵民避地朝鲜数万口。燕人卫满，魋结夷服，复来王之"（《三国志·魏志·东夷传》卷三十，台湾洪氏出版社 1984 年版，第 848 页）。

出土乐浪郡初元四年（前45）的木简，记载《论语》第十一卷《先进》、第十二卷《颜渊》二篇①，是一种"诸子学"已传韩的证明。"三国时期说"即百济引进"诸子学"的记录，如将军莫古解引用《老子》谏言于太子，如《三国史记·百济本纪》"近肖古王"（346-374在位）条说："将军莫古解谏曰：'尝闻道家之言，知足不辱，知止不殆，今所得多矣。何必求多，太子善之，止焉云云。'"② 又如《旧唐书·东夷百济列传》说："其书籍有'五经'、子、史，又表疏并依中华之法。"③ 而后就有过王仁把《论语》《千字文》二书传日④之事，是一些接受"诸子学"的证明⑤。高句丽接受"诸子学"比百济晚一些，如之前，小兽林王二年（372）接受佛学、儒学，成立太学，以经为主，教育子弟。"儒学"很有可能包括《论语》（属于"诸子学"）。《三国史记·高句丽本纪》"宝藏王"条

---

① 见柳秉鸿的《由考古学领域所得的成果》，《朝鲜考古研究》，北韩1992年2月。

② 见金富轼、金钟权《三国史记》下，首尔明文堂1988年版，第461页。此则引自《老子》四十四章："知足不辱，知止不殆，可以长久。"

③ 《旧唐书》卷一百九十九，第3625页。2005年在韩国仁川桂阳山城的百济遗迹里发掘出一块《论语》木简，其制作被定为百济汉城首都期（前18-475），是"诸子学"在三国时期传韩的最有力证据。

④ "十六年春二月，王仁来之，则太子菟道稚郎子师之，习诸典籍于王仁，莫不通达。所谓王仁者，是书首等始祖也"（见舍人亲王《日本书纪》卷五"应神天皇"条，连敏秀等译《日本书纪》，首尔东北亚历史财团2013年版）。"百济国主照古王，以牝马一疋、牡马一疋付阿知吉师以贡上。……又科赐百济国，若有贤人者，贡上。固受命以贡上人和迩吉师，《论语》十卷、《千字文》一卷，并十一卷"（见太安麻吕《古事记》卷三"应神天皇"条，姜蓉子译《古史记》，首尔化为见识的知识2012年版）。

⑤ 见姜声调《试论韩国"儒学"与"诸子学"》，《诸子学刊》第十六辑，上海古籍出版社2018年版，第244页。

说:"(三年三月)苏文告王曰:'三教譬如鼎足,缺一不可。今儒释并兴,而道教未盛,非所谓备天下之道术者也。伏请遣使于唐,求道教以训国人。'……太宗遣道士叔达等八人,兼赐老子《道德经》,王喜取僧寺馆之。"①新罗则金后稷引用《老子》谏言于真平王(579-631在位),如《三国史记·列传》说:"今殿下日与狂夫猎士,放鹰犬,逐雉兔,宾士山野,不能自止。老子曰:'驰骋田猎,令人心狂。'"②又如公元568年刻成的《真兴王巡守碑》铭文中,就写道:"纯风不扇,则世道乖真;玄化不敷,则邪为交竟。是以帝王建号,莫不修己以安百姓。"其中"修己以安百姓"一句,来自于《论语·宪问》③。史书所载其二事例是最好证明,其后有些人到唐留学而扬名于中土,后来回国发挥其所长,代表人物有金仁问(629-694)、金陆珍(770-?)、崔贺(生卒年不详)、金颖(850-?)、崔致远(857-?)等。还有些人在国内接受汉学而出仕于国朝,贡献于汉学的本土化,代表人物有薛聪(655-?)、强首(?-692)、金弼奥(或称金弼奚,生卒年不详)、金宪贞(750-?)等,都是一家言者也④。由此可知,新罗与唐朝已有一定的交流,若因此接受"诸子

---

① 见金富轼、金钟权《三国史记》下,第479页。

② 见金富轼、金钟权《三国史记》下,第516页。此则引自《老子》十二章:"驰骋田猎,令人心发狂。"

③ 引自《三国史记·新罗本纪》卷第五"真兴王二十九年"条(见金富轼、金钟权《三国史记》上,第117页)。此则引自《论语·宪问篇》四十二章:"子路问君子。子曰:'修己以敬。'……曰:'修己以安百姓。修己以安百姓,尧舜其犹病诸?'"

④ 引自笔者的《在韩后三国时代以前金石文所见〈庄子〉印记述论》一文,见《中国语文论丛》第84辑,首尔中国语文研究会2017年12月,第210页;《在韩后三国时代以前的"诸子学"初探——以后三国鼎立时期前金石文"诸子学"印记为中心》,见《中国学报》第82辑,首尔韩国中国学会2017年11月,第357页。

学",实在是不足为奇的事情。

根据历史记载可推断"诸子学"传韩最早是"置汉四郡"时期,最晚是"三国鼎立"时期,应是一种合乎情理的看法。

(二) 韩国"诸子学"的发展概况

韩国"诸子学"的发展,大约可分为三国鼎立时期前后到高丽末期(包括接受期、开展期)、高丽末期到21世纪初期(包括发展期、恢复期、转变期)、21世纪中期到21世纪初期(包括转型期、反思期)等三个阶段①,各阶段的情形略述如下:

自三国鼎立时期前后至高丽末期,包括接受期、开展期。从中国引进"诸子学"以后,历经三国鼎立时期、后三国鼎立时期至高丽末期,其发展的条件环境逐渐成熟,故能营造出一种从事研究的平台。

接受期,是指自"卫满归化"时期至"置汉四郡"时期,也称"传韩期"。根据现有记录,可以确定"诸子学"最早传韩的时期是置汉四郡期。之前,虽然"诸子学"传韩时期还有"卫满归化说",可是目前仍未有发现相关文字记载。所以这一说法,缺乏依据,不足为信,至今只能当推测。既然如此,"诸子学"最早传韩时期能否往上推,现在因为缺乏足供证明的文献,因而"诸子学"传韩宜暂定为置汉四郡期。而至三国鼎立时期,"诸子学"传韩一事在历史记录中有据可证,这一点从服务于政治教育目的接受的儒学(包括《论语》《孟子》),以及"诸子学"本身可以证实。

---

① 此则笔者在《试论韩国"儒学"与"诸子学"》一文的《内容提要》中,曰:"韩国'诸子学'的发展,可分为三国鼎立时期前后到高丽末期、高丽末期到20世纪初期、20世纪初期到21世纪初期三个时期。"见《诸子学刊》第十六辑,第242页。

开展期，是指自三国鼎立时期至高丽末期。在本土思想的基础上，道、儒、佛三家学术思想合流而落脚于三国及高丽，其中儒学、佛学扮演起极其重要角色。即佛学服务于修身、信仰方面，成为宗教思想理念，它在整个意识形态上起了一种社会作用；儒学服务于政治、教育方面，成为治国思想理念，它在部分意识形态上起了一种社会作用。而儒学的涉及层面颇为广泛，除了修身、信仰方面以外，其余则一律靠儒学处理一切，包括用来治国的典章制度、教化人伦、改善风俗等方面。在这一宗教、政治背景下，虽然"诸子学"不能说没有受到任何影响，可是其影响是间接、局限性的，而不是直接、整体性的。所以这一时期学人对"诸子学"研究与发挥，拥有很自由的氛围、开阔的空间。

自高丽末期至20世纪初期，包括发展期、恢复期、转变期。从宋朝引进"程朱理学"代言"儒学（后称'新儒学'）"，与政治结合，发挥力量，一时成为宗教信仰、政治教育的主导理念。

发展期，是指自高丽末期至朝鲜中期，也称"埋没期"。至高丽末期，安珦在中土接受程朱理学并抄录朱熹所撰《四书集注》本带回介绍给国内，影响所及，推陈出新，学风转变，以程朱理学为基础的儒学，逐渐流行于高丽末到朝鲜时代，以《四书集注》本为主试作一翻刻，从此代替单行本《论语》《孟子》而流传。而进入到朝鲜时代，当朝借鉴于前代（高丽）的弊端，以儒学为主导思想理念，公布《学令》①，独尊一家，其余诸家一律列为异端学而排斥，控制一切学术思想的平台。尤其当朝最高官学"成均馆"，以"四书五经"为主，一律不让人接纳其余注解，仅仅靠朱熹注解进行教学，

---

① 闵钟显《太学志·学令》卷七说："常读"四书五经"及诸史等书，不挟《庄》《老》、佛经、杂流百家子集等书，违者罚。"见《韩国文集丛刊》第3册，首尔民族文化推进会1993年版，第83页。

并施行科举选拔人才。虽然儒学（即程朱理学）走一种转型发展之路①，可是陷于墨守成规的旋涡，陶醉其中，难以发挥理智而脱离成规。因此，从学术发展来看，儒学独尊剥夺学术持有开放性、多样性的面貌②，不但阻碍儒家本身的发展，而且阻碍'诸子学'的发展，可说是一种学术思想的弊端。

恢复期，是指自朝鲜中期至后期，也称"重回期"。当朝初期到中期的"辟异端"之风发挥威力，进入中后期在知识阶层中多少有所缓和放松，往来中朝的重臣趁机把诸子书籍带进国内，因而有一些人得以进行诸子学研究。不过，除了《老子》《庄子》专著以外，当时人就以明沈律所编《百家类纂》为底本，阅读各家学术，相关撰

---

① 朝鲜"儒学（性理学）"有了三次转型，即从"道学"到"礼学"，从"礼学"到"实学"，从"实学"到"节义学"。

② "斯文"一词出于《论语·子罕》："子畏于匡，曰：'文王既没，文不在兹乎？天之将丧斯文也，后死者不得与斯文也；天之未丧斯文也，匡人其如予何？'"（引自杨伯峻的《论语译注》，台北汉京文化事业有限公司1987年版，第83页。）所谓"斯文乱贼"，是指乱作儒学的盗贼，即不合儒学的乱说乱动引起混乱的人。朝鲜中后期在朝掌权得力的老论势力以程朱理学为学术思想体系，相与对立的南人小论势力以老庄学、阳明学为学术思想体系，各自发展，朱注相异，其结果造成一种互不两立的局面。至肃宗时，老论领袖宋时烈把尹鑴（《中庸注解》）、朴世堂（《思辨录》）等看作"斯文乱贼"，并以此破坏学术，排斥打压，赶尽杀绝。在这一时代背景下，朝鲜学术界逐渐成熟代替陈旧学术思想的氛围，赖于此形成一新思想体系，就在朱子学当中萌芽，即"实学"。

著涉及诸子书评、读书心得,以及单篇文章等方面①,便是反映出那时的"诸子学"水平。这一尝试恢复了三国时期到高丽末期间的"诸子学",意义重大而深远,功不可没,从而开启一新思路,营造平台,提供给外来学术思想发展的养分与机会。即先后从中土传来实学、阳明学、考据学等,影响朝鲜学术界,与既有主导地位的朱子学相冲击,开启学术趋势转变的序幕。

转变期,是指自19世纪至20世纪初期,也称"统合期"。虽然朱子学风主导朝鲜学术界,可是有一些人标榜独自发展的路线,敢于一扫旧风,谋求变化,务学求新,获得了历来罕见的学术成果。所谓"务学求新",先肯定前人的成果,后否定前人的成果,两者等于学习到质疑的反思过程,就与黄锦鋐师曾在上课时讲过的"吸收—发展—改造—创新"道理一脉相承②。经过这一经营过程,"诸子学"即限于儒家(《论语》《孟子》)、道家(《老子》《庄子》)一路发

---

① 笔者《试论韩国"儒学"与"诸子学"》一文曾说:"引人注目的是,李睟光(1563-1628)的《芝峰类说》、许筠(1569-1618)的《惺所覆瓿稿》、许穆(1595-1682)的《记言》等书列入了诸子群书目录,他们都有往来中国的行迹。可贵的是他们都留下了相关"诸子学"的文字,如李睟光在《芝峰类说·经书部二·诸子》中对《老子》《庄子》《列子》《管子》《关尹子》《申子》《文子》《淮南子》《吕氏春秋》等书作一引述评论,抓住重点,简述扼要,颇有见识。许筠的《惺所覆瓿稿》记载他看了诸子全书后所写出的读书心得,并在各子之后附其内容。许穆的《记言》记载他入金山寺阅读诸子书后,给各家写了读后札记性质的《谈评》。"见《诸子学刊》第十六辑,第255页。

② 见黄锦鋐老师《儒家的发展知识》,《国文学报》1986年第15期,第1-9页。

展到后出专精的高端①。照此，诸家反映出所处时代的学术发展趋势，其撰著却仍然承袭着18世纪的发展面貌，就是停留于各子书评、读书心得，以及单篇文章等性质的。遗憾的是，无论有些人消耗多少心血力量，当朝克服一扫朱子学风有力不从心之感，只是一件难以做到、不可抗力的事情罢了。而在韩突破朱子学风还是等候西学的传来，借助于此建立一些新的学术思想的体系，并奠定研究"诸子学"的基础，就对后一学术发展阶段有预备工作的价值意义。

自20世纪中期至21世纪初期，包括转型期、反思期。西学传来后，就一路发挥影响力而蔓延，学风转变，纵横天下，已超过半个世纪以上的期间。而"诸子学"借助于西学发展，获得一定成就之际，反而流于墨守方法论、偏离文本的结果。因此，"近二十年来，'诸子学'研究者尝试努力重回文本，搜集文献，整理出版，营造一新

---

① 根据笔者《试论韩国"儒学"与"诸子学"》一文说："申绰的《老子旨略》一书收录于《石泉遗稿》，从阳明学、实学的角度与立场注解《老子》，努力追求一种做人为真实敦朴的形象。可惜至今其书目前只剩余《序》文而已。洪奭周（1774-1842）的《订老》一书收录于《渊泉集》，就以儒解老，批评《老子》，却指出老子与孔子非二法，并行不悖，互补齐全，和谐为一的道理，每次其批评到最后提举孔子教诲才是万世之法而作结。洪氏认为孔子所言'以德报怨'就等于老子所言'修德以忘怨'，但是此两者有冲击悖理之处，重视分流，轻视合流，实则罪嫌在于郭象的身上。另外，这一阶段期从事研究的'诸子学'，即法家有《商子》的事例。如丁若镛的《秦孝公用商鞅之法》一文，从《李斯列传》所载'孝公用商鞅之法'作一起点论述其富国强兵专靠流血刻骨之法而得成的道理，收录于《与犹堂全书》。可贵的一点是，丁氏解释经书不拘'诸子学'任何一家，保持开放的心态，客观合理地接受群家学说。洪奭周的《诸子精言跋》，涉及诸子各家的辨书真伪、评论人物、评估价值、文艺批评等方面，并以此给学人提示一系列阅读'诸子学'的视角，收录于《渊泉集》。"（见《诸子学刊》第十六辑，第260-261页。）丁若镛主导这一学风，无疑是一位该阶段具有代表性的人物。

研究的生态环境"①。

　　转型期，是指20世纪中期至后期，也称"模拟期"。除了国内从事研究者以外，有些人留学于中国台湾、日本等地，就以"诸子学"为专业获得文凭，而后回国扮演跨国交流的角色，借此"诸子学"研究热逐渐升温，产生研究范围扩大、人员增加的效果。而"诸子学以古今或东西为重点转型面貌，其始赖于西学建立学术体系，以方法论为主进行研究，一研究就一个多世纪，从中产生了重大问题，造成了忽略文本的陋习风潮。再说，过于讲究方法论，就研究成果而言类型多样，却难免有偏离文本精神的矛盾。"② 韩国学术界动不动用以西学方法论笼罩"诸子学"，牵强地去从事研究，好像在韩服裤子上穿着西装上衣一样，不但东西不搭调，而且不和谐，简直是一件让人笑死的景象。有些学者勇敢地从西学方法论中脱离出来，把它当作一种手段看待，并尝试去构思一套古今承接、东西结合的研究规范（即学术思想体系）。

　　反思期，是指20世纪后期至21世纪初期，也称"复兴期"。关注转型期的问题，在韩中国学术界花费心力地谋求解决之道，从有效、实际两方面得出其方案来了。一是有效方案，即回归原典、奠定基础；二是实际方案，即搜集文本、解释翻译。这是从事研究"诸子学"的起始点，有了初步的了解后，借助新规范的学术思想体系，才能进行深入的研究工作。所谓"东亚'诸子学'"，是指最近韩国中国学界所定"新子学"的研究范围、方向。这是因为"诸子学"研究不能局限于中国，所以其范围、方向应该纳入韩国、日本、越

---

　　① 引自笔者的《试论韩国"儒学"与"诸子学"》一文，见《诸子学刊》第十六辑，第265页。
　　② 引自笔者的《在韩国如何推广"新子学"》一文，见《诸子学刊》第十三辑，上海古籍出版社2016年版，第350页。

南、印尼、新加坡、马来西亚等研究圈域。这样才算是一门可称"新"的"诸子学"。

"诸子学"传韩以来大约可分为三国鼎立时期前后到高丽末期、高丽末期到20世纪初期、20世纪中期到21世纪初期等三个阶段，各阶段受政治与宗教的影响，经历不同的历史路程。就"诸子学"发展而言，有时畅行无阻，有时遭受阻碍，难免有一些值得检讨反省之处。

二、在韩"诸子学"发展的反省与重建

上述韩国"诸子学"的断代问题显示一些发展值得检讨反省的地方，如何去切实地进行检讨反省的工作，并规划可以让诸子学界接受的重建事业，实在刻不容缓。就其发展情形而言，大约可分为几个历史阶段加以反省。

（一）在韩"诸子学"的反省

首先，探论的是检讨反省的问题。历史发展是一种有时风调雨顺、有时风风雨雨，曲折不断，难以掌握的变化过程。自三国鼎立时期前后至21世纪初期，学术界出现了一些不同性格的弊端，"诸子学"也不例外有时不受影响或大受影响，大约有客占主位、独尊不容、重方法论等方面。兹分述如下：

其一，是"客占主位"的事例。从国外接受学术思想以来，逐渐扩大而占上风，不久替代本土学术思想，以便团结力量、治理国家，成为治国的主导理念。高句丽为始设置"太学"，其后新罗设置"国学"（施行"读书三品科"），而至高丽时期，设置国子监（施行"科举制度"），就是最好证明。在本土思想的基础上，道、佛、

儒三家学术思想合流而落脚于三国及高丽时期，从中儒学、佛学扮演起极其重要角色。即佛学服务于修身、信仰方面，成为宗教思想理念，它在整个意识形态上起了一种社会作用；儒学服务于政治、教育方面，成为治国思想理念，它在部分意识形态上起了一种社会作用①。其余学术在各朝代内就都有发展空间，比较自由地从事研究，如有本土学术、仙学、谶纬学及包括儒家的"诸子学"等②……自三国鼎立时期至高丽末期，虽然各学术思想间从未有独占平台、排斥他家、剥夺机会等情形，只有诸家合流、自由发展等情形，可贵的是互相不抵触，互辅相成，和谐共存，可自由地从事研究诸家。可惜的是，由于盛行佛儒二学的风气，不易接触"诸子学"文献，故其发展、推广难免遇到一定的制约与阻碍。

其二，是"独尊不容的"事例。至高丽末期，当朝儒学家安珦（1243-1306）在元朝首次接触到朱熹的着作，专心抄录，带回国内，程朱理学赖得以引进，这是理学正式传入高丽的开端③。而进入朝鲜时代，一扫前朝亡国之风，抑佛崇儒，施行改革，公布《学令》，除了"四书五经"及诸史等书外一律禁止阅读，违者严罚。再加上官学内有"辟异端"倾向，就以朱熹注解为主教学一切儒学经典，一

---

① 此则在笔者的《试论韩国"儒学"与"诸子学"》一文中说："自三国至高丽时期，以佛学为宗教思想理念，服务于修身、信仰精神；以儒学为治国思想理念，服务于政治、教育现实。"见《诸子学刊》第十六辑，第244页。

② 关于这一点，笔者在《试论韩国"儒学"与"诸子学"》一文中曾说："儒家以《论语》《孟子》《荀子》为主；道家以《道德经》《列子》《庄子》为主；法家以《管子》《尹文子》《韩非子》为主；纵横家以《吕氏春秋》《淮南子》为主从事研究。"见《诸子学刊》第十六辑，第246页。

③ 金宗瑞、郑麟趾《高丽史·世家》卷三十"忠烈王十五年十一月壬子"条与《安珦列传》（釜山东亚大学出版社1965年影印版，第1786页）均有记载。

律不容其余各家，便有独霸天下学术之嫌。由此，私底下自行从事研究他家学术也照样看朱《注》，不难想象到其流弊多么厉害的。更恶劣的是，朝鲜初期（即15世纪）训诂、士林派并立，进入16世纪士林派得势而分裂，其大脉称为东人、西人，而小脉称为南北人（属于东人）、老小论（属于西人）①。主"理"或"气"，各执一端，形成"栗谷学派"与"退溪学派"，后来承袭"栗谷学派"的"尤庵学派"得势，"尤庵学派"代理"栗谷学派"与"退溪学派"开战，后人称之为"四色党争"。而"诸子学"相关事例，就是加罪戴帽为"斯文乱贼"之嫌。即对朱《注》持有不同见解、从事研究他家学术的学者，就一口咬定为"斯文乱贼"，迫害加罪，破坏名誉，放逐到隔世辟处。朱《注》虽有疑义，仍闭着眼接受，盲目随从，以非为是，害人为最，可谓万世之弊。

其三，是"重方法论"的事例。西学传来后，韩国学术界"正视'西势东渐'的趋势，要寻找一种转型发展的动力，因而接受西学（西方哲学），并将与此结合一新从事研究的生态环境。从汉文学界、中国学界两方面进行转型的工作，向着不同趋向，走着不同进程，显然其成就颇为悬殊。汉文学界持着旧态依然的观点，固守传统方法，不愿推陈出新，久而久之，原地踏步，再也未有出现超越前人的成果；中国学界则持着面貌一新的观点，纳入西学方法论，主动以新代旧，转型成功，日益发展，一次次出现别有前人的成果"②。而现代"韩国学术界，随着时代潮流要盲目地赶上注重速度与效率的趋势，力求科研成果的增加，不顾内容，乱写成篇，计数为最，难免

---

① 所谓东人包括南、北人；西人包括老、小论，即南北人、老小论合称为"四色"。

② 引自笔者的《试论韩国"儒学"与"诸子学"》一文，见《诸子学刊》第十六辑，第261页。

流于相对忽略品质的学术风气。遗憾的是，这样的学术风气对于研究者产生不良的影响：不能彻底掌握原材料、无法正本清源，进而营造一些以研究方法论为法门的学术风潮，能使之利用处理到顺手成章罢了。久而久之，这一风潮导致了一种不良的学术氛围与趋势，不少从事研究者不理智地迷惑沉醉于其中，恶习重演，真的是一件悲哀的事情。其恶劣的程度，难以形容，让人担忧"。① 这一矛盾情形，便是一种迫切需要解决的课题。

如上所述，在韩国"诸子学"史上有"客占主位""独尊不容""重方法论"等三点检讨反省之处，都是"诸子学"发展上的蔽障。彻底检讨反省这三点，才能进行一切相关重建的工作，由西学体系向相容体系转型，能使韩国"诸子学"谋求古今、东西结合的发展。

（二）在韩"诸子学"的重建

检讨反省韩国"诸子学"之际，必须要有一周到的反思过程，才能着手进行其重建的工作。反思重建首要考虑的，是要解决检讨反省过程中所出现的一些问题，其解决之道大约有回归文本、搜集文献、正解原义等三点。兹分述如下：

其一，是"回归文本"的问题。这一问题涉及到以西治学、重回原典两方面，所以从这两方面去进行一种恢复性的反思工作，正是"诸子学"发展的重点。其实，这是韩国学术界同样地涉及到的问题，说不说，动不动，借以西学进行一切从事研究的事宜。学术研究不从原文出发，开始就有问题，原文问题导出其他问题，环环相扣，恶性循环，疏漏之处防不胜防，如画蛇添足，如盲人摸象，其成果不一定合乎文本。而韩国"诸子学"在此种学术风气之下前进半个多

---

① 引自笔者的《在韩国如何推广"新子学"》一文，见《诸子学刊》第十三辑，第354页。

世纪的历程,流风所及,造成东、西学不和谐的局面。本土学术在古今转向的问题上还没做出抉择,不料面对"西势东渐"的巨浪,不断冲击之际,未经深思熟虑而贸然接受西学,因而出现一堆矛盾的现象。其解决之道好比污水变成清水的道理,灌溉引进"源头活水"最为重要,重回文本,先打好基础,而后痛下功夫,才能避免各种矛盾现象,而使原典的发挥比较可靠。

其二,是"搜集文献"的问题。"搜集文献"应包括挖掘资料、搜集整理、归纳分类、编纂成书等方面,专靠这一项才能确定诸子善本、掌握历代注疏,从而奠定从事研究的基础,可说是一种次要紧的事情。其起步要溯及韩国三国鼎立时期前后,下及高丽末期、朝鲜时期,尽力搜集"诸子学"相关资料,此外,应力求提示其入手点、资料库及发展情形,如有金哲范的《朝鲜知识分子阅读诸子书及其接受的情况》①、尹武学的《朝鲜朝时期接受先秦诸子学的情形》②、姜声调的《在韩后三国时代以前的"诸子学"初探》与《试论韩国"儒学"与"诸子学"》③ 等。高丽时代以前,"诸子学"有关文献几乎消失不见,就只在金石文上保留一定的相关资料,让后学追究其文字印记。所以,笔者在《在韩后三国时代以前金石文所见〈庄子〉印记述论》一文中说道:"由于其所写手段、所在位置有利于保存,跨时一千多年还维持着一定的面貌,也许就像等人一系列的从事研究似的。即其所写手段是金石、纸板,所在位置是佛门圣地。就因为如此'虽然历经国有三分、改朝换代、百姓起义及外侵等战火,可是

---

① 见《汉文学报》第17辑,首尔Wooli汉文学会2007年。
② 见《韩国哲学论集》第25辑,首尔韩国哲学史研究会2009年。
③ 见《中国学报》第82辑(首尔韩国中国学会2017年)、《诸子学刊》第16辑(上海古籍出版社2018年版)。

碑、记幸好保存到今。'"① 而从高丽时期到朝鲜时期，遗留一堆堆足够的"诸子学"相关资料而流传，版本完整，书册齐全，搜集起来自然不费力。

其三，是"正解原义"的问题。"正解原义"包括注解字句、翻译原文等方面，编撰出一系列精校精注本书，可以提供后学入门"诸子学"上的方便。过后，从事研究"诸子学"也要有"正解原义"的过程，赖于此正确地把握文本的意思，这是最重要的一步。就注解字句而言，我们必须排除一些阅读古文的障碍，如语言文字、文言句法、词义义项、义理思想、史实名物、写作背景等方面②。历代注疏经典的情形，有时过度重视词章，有时过度拘泥考据。西学传来后，用其方法论，分析章法结构，追究义理思想，专靠它作一注解诸子。就翻译原文而言，我们要把其范围扩大为整个"诸子学"，参考朝鲜至今所累积相关资料，旧注新译，重新作翻译。而其工作就以初步入门者与专业研究者为对象编撰一系列有关著作，否则难以获得一定的效果。自身为外国人，我们不得不重视这一项翻译工作，有责任提供后学方便，让他们顺利地入门"诸子学"，后人才有可能胜过前人，一代比一代好。

如上所述，反思重建韩国"诸子学"一事应该从"回归文本""搜集文献""正解原义"等三方面进行，并且要附加翻译工作才能

---

① 见《中国语文论丛》第84辑，首尔中国语文研究会2017年12月。
② 关于这一点，笔者在《教学"汉文讲读"教科所面临的疑义问题——以王念孙解释"学而不思，则罔；思而不学，则殆"二句的考辨为中心》一文中说："《论语》一书的章句有微言大义，若大意从事，在注解文义时就会偏离文本原义，误导读者理解文本，阻碍后学了解其章句大义。唯有通篇理解原文体系，兼顾词语词性、句法结构、词义义项、文字义理，认真细心地从事注解工作，才能合乎文本大义。"见《中国语文论丛》第89辑，首尔中国语文研究会2018年10月，第294页。

达到目的。所谓"目的"系指一种转型，顺着营造研究"诸子学"的条件环境，整体地规划相关学术体系，并应将其发展到更高一层的地步。为此，"近二十年来，韩国'诸子学'界积极地采取行动去改善一系列情形后，如搜集整理文献资料、扩大研究范围、改进研究方法等。但是，韩国'诸子学'的研究常集中于儒学，其后虽广及道家、法家、墨家、杂家等，仍然有轻重之分。而由于韩国'诸子学'多少有着守旧学风的成分，与西学交流并进，经过一世纪多的发展进程，未免走进一条墨守方法论之路，故应及时一扫不良风气。因此，借鉴'新子学'研究的新思潮，与此一同前进，互相切磋砥砺，并肩作战，肯定会获得一定的学术成果"。① 那么，韩国"诸子学"应该关注哪些"新子学"的发展动向，效法影响，两相互动，将促使之转型发展到高端呢？所谓"转型"一词，即指"现代转型"，是意味着旧体系要解构，新体系要建构，并将以此力求一新"诸子学"体系之意。此则要有一定的前提，应是从一种新视角去理解现下"诸子学"，奠定本位，营造平台，从事研究，而持有备客观、合理性面貌，诚然重新成为"人"的学术。对其理解，陈成吒说道"对'诸子学'的历史与当下，乃至未来，必然会有全然不同的理解。首先，当我们发现'诸子学'的特性后，从根本上划分出'经性'和'子性'，这为建构'新诸子学'体系找到了学理上的依据。……其次，在重新确定其基本构成后，对其发展史就会有重新认识。过去没有自觉'经性''子性'的存在，无法看清'儒学'在经子之间的特殊性。……最后，明确了'诸子学'的发展基础与基本方式。基

---

① 引自笔者《试论韩国"儒学"与"诸子学"》一文，见《诸子学刊》第十六辑，第262页。

础是文本,基本方式是社会化大生产。"① 理解了这些方面,还要进一步认识到"诸子学"现代转型的考虑点,首先是"对于古代汉语,要彻底理解,并对古代学者喜欢采用的书不尽言、言不尽意的表达方式,要能透彻理解,然后加以细致认真的思索分析,运用诠释学的理念与方法从中诠释出丰富的题中之义。其次是对古代诸子分散的、随感的、不分学科的、未采取理论形式的、没有形成专题的、没有形成系统体系的种种论述中所隐含的思想内容,要能根据和应用现代学术的各种学科的理论与方法等加以研究和诠释。此外,还应注意到,对于古代诸子学的研究,还要有更广更高的视野,即'诸子学'的思想观念与智慧,不是与国家、社会、个人的实践相脱离或相隔绝的,而是紧密相关的。……具体说到'诸子学'的现代转型,还有一点也需要注意,即要能够跳出古代诸子思考的命题范畴或范式,建立一套符合现代学科理念的研究范畴与范式,把有关问题整理成符合现代学科理念与命题的形式,不能仍旧用古代诸子所用的命题与论题。……在'诸子学'现代转型过程中,还需要建立一套正确解读古代诸子思想学说及其观念的科学思维模型。……最后一个问题是,如何整合庞大众多的历代诸子著作及其文献中的复杂内容与资料?这也是现代转型问题中的一环,不可忽视"。② 陈氏、刘氏两位的见解正书肺腑之言,颇有见地,妥当可从。虽然他们对"诸子学"的认

---

① 见《诸子学刊》第十辑,上海古籍出版社 2014 年版,第 434-435 页。由"经性"与"子性"划分原则而言,"关于如何处理'儒学'的归属问题,也变得更为简单。此前在面对'儒学'归属问题时,总左右为难。即使把它归入'诸子学',也只是依从古代四部划分原则而言,在根本上未脱离经学体系范畴。现在我们则可以依从'儒学'自身所具有的'子性',明确其子学身份"(同上)。

② 引自刘韶军的《论"诸子学"的范畴、智慧及现代条件下的转化》一文,见《诸子学刊》第十三辑,第 98-99 页)。

识与理解有一定卓越的地方，可是仍未有涉及到很重要的一点，就是跨越学科、科学整合等两方面。转型问题不得不吸收这两方面，总算进入一条星光灿烂的发展、创新之路，所以笔者曾在《"新子学"与跨学科学术研究鸟瞰》一文中提过其跨学科研究的进程。同样，"诸子学"转型发展也要有一定的进程，"如规范化、科学化、具体化、多元化、普及化等。即规范化是指过去与现在相接互应地体现具有韩国传统的学术研究体系；科学化是指人文学知识借助于各种科学知识解决学术研究的问题；具体化是指抽象的学术思想成分转变为具体并辨识'虚幻'与'真实'；多元化是指相对客观合理的范围条件下将把古今与传统相接、东西与现代相应；普及化是指研究者与大众共同参与从事文学化、大众化两方面的事情，并以此落实于韩国'诸子学'而分享"。① 据此，韩国"诸子学"的转型发展必须借助于近十年来的"新子学"成果一新面貌，同时也踏实地借鉴前人遗留的众多成果进行研究，跨学科范围，与科学整合，试作一文档信息化及其跨国交流，就将马不停蹄地催促改造创新的脚步一路向前发展。

结　语

在韩"诸子学"的发展经历漫长的历史过程，有时顺风发展，有时逆水淹没，风水轮流，不断变化，就像是一出悲乐交叉的戏剧似的。"在韩'诸子学'发展的反省与重建"，是一项有总结发展、反思重建、转型高端性质的课题。针对这一课题，本文首先从"诸子学"传韩时期说到了一些有力说法，而后以韩国"诸子学"发展的概况为基础进一步说到其发展历程上的反省与重建问题，即检讨反省

---

① 此则稍有改动原文之处，见《诸子学刊》第十三辑，第265页。

之处有"客占主位""独尊不容""重方法论"等三方面；反思重建之道在于"回归文本""搜集文献""正解原义"三种途径。而其反省与重建之余要谋求一条转型发展之路，韩国"诸子学"如何发展到更高一层，笔者曾在《韩国"庄学研究"之简介》一文中说到："这里就需要一些条件，如研究资料的完备、研究能力的加强、研究角度的调整、研究视野的扩大、研究交流的常例化等。"[①] 还有一点，为韩国"诸子学"与时代的变化趋势同步发展，不得不参考相关研究的新动向、推动跨学科研究相涉互动，专靠于实现其成果信息化及其跨国交流才能做到的。特别是，"诸子学"研究的新动向一事必须参考"新子学"方面的活动，它"主张重回文本、广搜文献、编成子藏，举办发布会及研讨会，顺利地推广到中国内外，其发展已走上转型高端之路"[②]。故关注"新子学"研究成果，与之并肩作战，互补相成，定可进入一条转型发展到高峰之进程。

总之，韩国"诸子学"转型发展，必须正视时代变化的趋势与要求，借鉴古今与东西学术的研究体系、跨学科学术研究的新动向、成果信息化及其跨国交流，进行不断的解构与建构工作，日益求新，全力以赴，才能更上层楼。

（原载于《诸子学刊》第十九辑。作者单位：韩国圆光大学校教育大学院）

---

① 见《书目季刊》第43卷第1期，台北学生书局2009年版，第89页。
② 引自姜声调笔者的《从"新子学"视角谈〈论语〉章句的疑义问题——以王念孙解释"学而不思，则罔；思而不学，则殆"二句的考辨为中心》，《第六届"新子学"轨迹学术大会论文集——21世纪国际化视角看"新子学"与中国学》，韩国江陵原州大学人文学研究所、神明文化研究院2018年6月。

开放性:"新子学"理论构建进程中的基本取向

张 耀

从 2012 年方勇教授发表《"新子学"构想》至今,学界对于"新子学"的探讨已持续了五年,其间形成论文百余篇①,大小会议十余场②,不得不说这是近期中国学界较为瞩目的学术现象。很多学

---

① 这些论文曾发表在《光明日报》《探索与争鸣》《河北学刊》《中州学刊》《江淮论坛》《人文杂志》《艺术百家》《集美大学学报》《诸子学刊》等刊物上,目前已被编入《"新子学"论集》(学苑出版社 2014 年版)、《"新子学"论集(二辑)》(学苑出版社 2017 年版)两部书中。

② 这些会议包括:2012 年 10 月 27 日上海"'新子学'学术研讨会"、2012 年 12 月 1 日上海"新媒体时代民族文化传承——现代文化学者视野中的'新子学'研讨会"、2013 年 4 月 12 至 14 日上海"'新子学'国际学术研讨会"、2014 年 4 月 12 至 13 日上海"诸子学转型高端研讨会"、2014 年 12 月 1 日上海"'新子学'与现代文化:融入与对接——新媒体时代'子学精神'传承与传播学术研讨会"、2015 年 4 月 18 至 20 日上海"第二届'新子学'国际学术研讨会"、2016 年 10 月 22 日屏东"2016'新子学'国际学术研讨会"、2016 年 11 月 28 日厦门"'新子学'深化:传统文化价值重构与传播国际学术研讨会"、2017 年 10 月 27 至 29 日台北"第五届'新子学'国际学术研讨会"、2017 年 11 月 6 日上海"海峡两岸'新子学'座谈会"。此外,2015 年在韩国召开的"21 世纪道家文化国际学术研讨会"、2017 年在上海召开的"第二届《庄子》国际学术研讨会"等,都把"新子学"列为议题之一。

者也注意到了这一热点，陆续撰文总结学界相关的探究成果①，本文不再详细展示这些成果，而是要分析这一理论建构的过程，总结这个过程本身所体现的学术研究特色。这些特色具体表现为学者在探究"新子学"时所普遍、一贯坚持的几类基本取向，限于篇幅，仅就其开放性这一类展开阐述。

所谓"开放性"，是指学者参与"新子学"理论构建时秉承着开放的心态与视野，学者讨论"新子学"并没有刻意为它划界，而是把它的研究当成一个开放的平台，除了自己发声外，也积极吸纳其他领域学者带入其他类型话题来丰富"新子学"的论述，这些论述多样甚至冲突，但在这个平台上又能实现对话，"新子学"理论便在这种对话中逐渐构建、逐渐完善。这种"开放性"在"新子学"理论构建的活动中具体表现为以下几个方面：对于"新子学"界定的开放性、对于"新子学"话题的开放性、对于"新子学"研究者的开放性。下面将对这三个方面依次展开论述。

一、"新子学"界定的开放性

当前许多从事理论创新工作的学者大多都是在现有的学科框架下展开理论构建，清晰界定自己理论所属学科门类、与之前理论的因革

---

① 在这方面进行研究的学者包括：曾建华（曾建华《"新子学"理论建构现状与反思》，《诸子学刊》（第十三辑），上海：上海古籍出版社，2016年版，第217-225页）、何浙丹（何浙丹《现代学术视野下"新子学"的困境与出路》，《诸子学刊》（第十三辑），上海：上海古籍出版社，2016年版，第239-246页）及高卫华等人（高卫华、杨兰、董浩烨《我国"新子学"研究现状与问题》，《诸子学刊》（第九辑），上海：上海古籍出版社，2013年版，第127-138页）。

及所针对的现实问题等等,因此他们首先会对这一理论的命名进行详尽的概念分析,由此界定其内涵。那么,之后的探讨者只能在这一框架内阐发、运用该理论,想融入自己独特理解便很困难,新说总与原说有龃龉之处,从长远来看这是不利于理论自身内涵的丰富与延伸的。"新子学"的理论构建者警惕着僵硬的框限所带来的弊端,在界定自身时预留了很多开放的空间。这主要反映在该理论发起人在界定"新子学"命名内涵时坚持了开放性原则,以及由此产生的"新子学"自身概念在学界中的多元化定义。

具体来看,方勇先生《"新子学"构想》一文是"新子学"理论的开端,在本文中,方先生主要针对"新子学"的概念和范畴等基本问题进行了阐述。首先,该文回顾"子学"发展的历史,进而提出:"子学正再一次与当下社会现实强力交融,律动出全新的生命形态——'新子学'!"① 之后,该文对"新子学"的研究对象进行了大致界定:

> 所谓子学之"子"并非传统目录学"经、史、子、集"之"子",而应是思想史"诸子百家"之"子"。具体内容上,则应严格区分诸子与方技,前者侧重思想,后者重在技巧,故天文算法、术数、艺术、谱录均不在子学之列。②

可见,关于"新子学"这一概念,《"新子学"构想》一文并未给出特别确切、细致的界定,正如之后学者所指出的那样:"虽然在《'新子学'构想》一文中,方勇教授已经对'新子学'进行了阐释,但并未对'新子学'的概念进行严格的界定……我们并不期望

---

① 方勇《"新子学"构想》,《光明日报》2012年10月22日第14版。
② 同上。

'新子学'概念的界定毫无争议,相反,我们认为更多的思想碰撞、不同的观点交锋更有利于'新子学'的发展和完善,百家争鸣才是我们对现代和今后的中国文化环境的期待和践行。"[1] 这种理解应该也反映了方先生的初衷,"新子学"应该是在众人讨论中不断完善的一套理论,所以在初期界定它概念时没有设定太多的框框,而之后的事实也证明学者在"新子学"这一概念的定义上呈现了多元化特征,为"新子学"理论的建构提供了多种可能。

在早期讨论"新子学"的文章中,经常会涉及到对"新子学"概念的定义,这时不同学者立足不同视角、出于不同关注就会形成各自不同的定义。一些学者立足于学术史的视野,从研究方法革新的层面来定义"新子学"。持此观点的文章多先剖析"子学"作为一种学术门类其自身的性质、特点和地位,然后由此深发,引出"新子学"的概念并阐释之。如刘韶军先生界定"新子学"时指出:"'新子学'就是从新的学科体系背景下运用新的知识理念与方法研究'旧子学'存留内容的学术。"[2] 另如张永祥先生认为:"新出土文献、大型典籍整理、全新的学术理念和方法,这一切都需要我们用更为系统的科学方法对传统子学进行新的学术重建工作,子学研究重新崛起的条件已经逐渐成熟,一个'新子学'的轮廓已经呼之欲出。"[3] 上述对"新子学"概念界定的思路体现着鲜明的纯学术色彩,由此"新子学"的属性被固定在学术圈的范围内。这种界定突出了"新子学"对当前子学研究的指导意义,有着极强的针对性。

---

[1] 高卫华、杨兰、董浩烨《我国"新子学"研究的现状与问题》,《诸子学刊》第九辑。

[2] 刘韶军《论"新子学"的内涵、理念与构架》,《江淮论坛》2014年第1期。

[3] 张永祥《反者道之动——从子学走向"新子学"》,《诸子学刊》第九辑,上海:上海古籍出版社。

但"新子学"概念的界定是多元的,学者们视角不同,所界定的"新子学"也不尽相同。当我们用思想史、文化史这层视角来审视时,会发现对"新子学"还会有更多样的理解。比如一些学者不希望将"新子学"界定为明晰、固定的学术概念,而是将其视为一种方向或思潮的笼统表达。景国劲先生提出:"'新子学',按照我的理解,它不是一个很严格的学术术语,它是一种状态的描述,或者是一种方向性的倡导。"① 王昀、谢清果两位学者则认为:"'新子学'与其说是一种概念,一种理论阐发,不如说是一种新视角,甚至于一种社会思潮之代表。"② 陈成吒先生更是明确指出:"大体而言,'新子学'应该包括两个层面,即哲学性'新子学'和学术文化性'新子学'。第一个层面,即理论层面,它是我们在面对自身与世界时基本思维方式的变革,是以此而产生的一种全新的哲学,可以称之为'新子学'哲学。第二个层面,是指在这种全新哲学的观照下,对学术文化所进行的重新发现、梳理、建构和发展,可以称之为'新子学'学术文化工程。"③ 基于思想史、文化史角度,这些学者定义"新子学"不再立足于"子学"为基点,或者说他们理解的"子学"有了更超越的内涵,这些都让他们所定义的"新子学"呈现出某种独特、深刻的形态。

学界对"新子学"多元的定义典型地说明了"新子学"理论构建时的开放性取向,当一个理论在自身命名的界定上都预留有如此大的开放空间,那么它留给参与者发挥的空间无疑会更多。

---

① 计虹、白新茹《现代文化学者讨论"新子学"纪要》《诸子学刊》第九辑。

② 王昀、谢清果《还原、重构与超越——"新子学"视域下传统文化传播策略》,《诸子学刊》第九辑。

③ 玄华《关于"新子学"几个基本问题的再思考》,《江淮论坛》2013年第5期。

二、"新子学"话题的开放性

综观"新子学"研究文章,其所涉话题的丰富多样令人印象深刻,这得益于子学本身的宏大内涵,也得益于"新子学"研究者选择话题时开放包容的态度。"新子学"发展初期,文章的话题多集中在"经子关系""子学与西学""'新子学'与新儒学"等板块上,这些都是一些比较经典的、核心的话题。但"新子学"不仅仅是诸子学本身的革新,它也承载着学界许多领域自我革新的诉求,由此它又牵涉了许多相关的话题。学者经常结合这些话题对"新子学"展开探讨,尤其在近些年,这类模式的文章比重不断上升,说明了学界选择话题时越来越认可这种开放性的取向。

具体来看,因为各学者所擅长的学术领域不同,他们所探讨的话题也各有侧重。如孙以昭先生《"新子学"与跨学科、多学科学术研究》[①]。姜声调先生(笔名凌然)《"新子学"与跨学科学术研究鸟瞰》[②]两篇文章聚焦"新子学"对当代学术的跨学科研究的启发性意义,将"新子学"和当代学术的前沿话题结合起来。此外,当代文化的前沿话题也进入了"新子学"的讨论中,这方面,郝雨先生有较为突出的成果,他撰有《"新子学"与现代文化:融入与对

[①] 孙以昭《"新子学"与跨学科、多学科学术研究》,《河北学刊》2015年第5期。

[②] [韩国]凌然《"新子学"与跨学科学术研究鸟瞰》,《诸子学刊》第十三辑。

接》①《"新子学"对现代文化的意义》②《"新子学"与中华文化整体传承》③ 等系列文章,着重探讨了"新子学"在构建当代中国文化中的重要作用。还有谢清果先生《还原、重构与超越——"新子学"视域下传统文化传播策略》④《新子学之"新":重建传统心性之学——以道家"见独"观念为例》⑤ 等文章,结合着文化传播的问题、传播学的理论来阐发"新子学"的意涵与价值,亦有独特创获。王、谢两位先生的成果只是一个缩影,其实从事当代文化研究的学者对"新子学"有着普遍的关注,至今以"新子学"与现代文化及文化传播为主题的会议已举办有三次(可参考前文注释),会议中很多学者针对这方面的话题都提出了精辟的见解,极大丰富了"新子学"的讨论成果,具体内容可参考毛冬冬、刘凯两位先生的相关会议综述。⑥ 另如王斐女士《"第三极文化"体现的"新子学"精神》⑦、张勇耀女士《构建"新子学"时代新的女性话语体系》⑧,她

---

① 郝雨《"新子学"与现代文化:融入与对接》,《集美大学学报(哲社版)》2016 第 3 期。

② 郝雨《"新子学"对现代文化的意义》,《文汇报》2012 年 12 月 17 日 00C 版。

③ 郝雨《"新子学"与中华文化整体传承》,《诸子学刊》第九辑。

④ 王昀、谢清果《还原、重构与超越——"新子学"视域下传统文化传播策略》,《诸子学刊》第九辑。

⑤ 谢清果《新子学之"新":重建传统心性之学——以道家"见独"观念为例》,《人文杂志》2017 年第 5 期。

⑥ 毛冬冬、刘凯《新媒体时代民族文化探源与经典传播——"子学精神"传承与传播研讨会综述》,《诸子学刊》第十三辑。

⑦ 王斐《"第三极文化"体现的"新子学"精神》,《艺术百家》2013 年增刊第 1 期。

⑧ 张勇耀《构建"新子学"时代新的女性话语体系》,《诸子学刊》第十三辑。

们在探讨"新子学"时同样涉及了当代文化中如"第三极文化""女性主义"等前沿理论问题。

  以上话题主要集中在学术文化领域，更倾向人文科学的范畴，除此之外，社会科学中的很多话题也进入到了"新子学"这个开放的平台当中。其中比较引人注意的是政治学研究与"新子学"的结合，在"第二届'新子学'国际学术研讨会"上这种现象比较突出，有学者对此专门进行评述："'新子学'的发展不仅是理念的提出，也体现在研究领域的实际推进上。本次大会的一个亮点是诸子国家治理思想的讨论，共有16位学者撰写了诸子政治思想的论文，形成了诸子学在政治治理领域的一个突破……总的来看，此次会议在诸子政治学方面打开局面，初步显示了诸子政治研究的重要性，为今后的诸子学研究开辟了一个新方向，可以说是'新子学'在研究领域的一个实际推进，是本次大会重要的成果。"① 同时，"新子学"对经济商业领域的研究也是开放的，郑伯康先生《"子商"构想》②《"子商"再思考》③ 两篇文章将工商管理领域的话题带入"新子学"的探讨中，用"新子学"指导商业理论的创新，提出"子商"的理念，作为传统"儒商"理念的革新。郑先生这种思路极有创造性，而这种创造的前提无疑是"新子学"理论构建中所预留的巨大开放空间，正是这种开放性的取向才孕育了之后创造性的理念。

---

 ① 刘思禾《发掘诸子治国理念》，《光明日报》2015年6月8日第16版。
 ② 郑伯康《"子商"构想》，《诸子学刊》第九辑。
 ③ 郑伯康《"子商"再思考》，《诸子学刊》第十三辑。

三、"新子学"研究者的开放性

从上文中可以看到,"新子学"的讨论不限于"先秦哲学"这一个小圈子,其他领域的学者也可以在"新子学"这个平台上发声,这反映了"新子学"对于研究者的开放性。开放性不仅体现为研究者在学科背景上的多样性,更体现为研究者在文化背景上的多样性。

港澳台地区的学者在"新子学"刚起步时便参与了它的讨论,他们的文化背景相比大陆有一定的差异,故而他们的意见更有特色,很值得重视。如澳门大学邓国光先生讨论"新子学"意义时指出"在集部,有新文学;在经部,有新经学;在史部,有新史学。但作为时代理性思维象征的'子学',独落后于斯。可幸的是,方勇教授提出'新子学',如此整个四部学术能共同在相同方向上各显辉煌。'新子学'过滤芜杂的伪饰,醇化子学的本质,重建中国学术话语,启动思想,发愤人心,重振灵魂,积极解决新时代的深层次困扰,而期向未来生活世界的整体幸福。就世界文明格局的重新调整而言,这是非常重要的一步"[1]。该文从四部学术的开新层面谈"新子学"意义,视野很宏大。再如香港浸会大学黄蕉风先生《告别路径依赖构建大乘墨学——"新子学"视野下的墨学发展进路》[2]一文则结合"新子学"为"大乘墨学"的推广、实践作了更具体的构想,思路很独特。"新子学"与台湾学者的联系更为密切,2016年和2017年分

---

[1] 卿希泰、谭家健、王锺陵等《"新子学"笔谈》,《文汇读书周报》2012年11月2日第2版。

[2] 黄蕉风《告别路径依赖构建大乘墨学——"新子学"视野下的墨学发展进路》,《诸子学刊》第十三辑。

别在台湾屏东和台北地区召开了两次"新子学"学术研讨会，2017年在上海也举行过海峡两岸"新子"学座谈会。据此契机，"新子学"与一些台湾重要的思想流派实现了对话，如台湾当前新儒学的代表人物王邦雄先生与曾昭旭先生、跨文化庄子学代表人物赖锡三先生等学者都结合自身的理论阐发了自己对"新子学"的认识。比如赖锡三先生在《大陆"新子学"与台湾新庄学的合观与对话——学术政治、道统解放、现代性回应》一文中，归纳了大陆"新子学"与台湾新庄学的共性："简言之，大陆新子学和台湾新庄学，皆企图解构'以一御多'的文化中心论、本质论、主干论，并由此解构而走向学术自由、文化多元的多音复调。"[①] 在"现代性回应"方面，赖先生也指出了"新子学"与新庄学存在的些许差异，他认为"新子学"有着"中国优位的关怀与东西细微二分的前见"[②]。而台湾的新庄子学则"主张借由跨文化机遇来更新转化传统，从而产生内外语境交织的混杂现代性"[③]，"方教授领军的'新子学'研究工作团队，似乎以返回中国性的'新之子学'为主要工作目标。而台湾的跨文化新庄子学则以中国性和世界性的互文交织、以创造'新子之学'为主要工作目标"[④]。无论是共性还是差异，对于"新子学"理论构建都是重要参考，"新子学"以一种开放的姿态接纳其他思想流派的意见，通过这些来自"他者"的意见来更客观地反观自身，促进自身理论的构建。

韩国、新加坡等也有很多学者参与了讨论，新加坡南洋理工大学

---

① 赖锡三《大陆"新子学"与台湾新庄学的合观与对话——学术政治、道统解放、现代性回应》，载于"中国文化大学"中文系编《第五届"新子学"国际学术研讨会论文集》，第 a4-1-a4-24 页。

② 同上。

③ 同上。

④ 同上。

严寿澂教授撰有《"新子学"典范——章太炎思想论纲》①《新诸子学与中华文化复兴》②系列文章，着重凸显章太炎先生对于"新子学"理论构建的典范意义。韩国学者对探讨"新子学"似乎有着更高的热情，关于"新子学"探讨的成果十分丰富，如韩国圆光大学姜声调先生（笔名凌然）《"新子学"与跨学科学术研究鸟瞰》③《在韩国如何推广"新子学"》④，以及韩国成均馆大学曹玟焕先生《"新子学"与"狂"的现代意义》⑤，还有韩国国立江陵原州大学金白铉先生《21世纪"新子学"与新道学的研究课题》⑥，可见，韩国学者致力于开掘"新子学"更独特的思想意涵，将"新子学"与自己的学术兴趣点结合，开拓了"新子学"理论构建的路径。

甚至远在欧美学界，"新子学"理论也得到了回应，这类研究者来自于差异性更大的西方文化背景中，他们的研究经常能"跳出中国看中国"，将中国置于中西关系乃至世界多元格局的视域中去考察，由此对"新子学"进行了别有特色的阐释。例如，德国海德堡大学 Viatcheslav Vetrov 先生撰写专门的讨论文章——《"新子学"：汉学主义的替代者？》（China's New School of Thought-Masters (Xinzixue): An Alternative to Sinologism?），本文核心的理论关怀在于探讨认同建构（identity construction）与政治表态（political statement）之

---

① 严寿澂《"新子学"典范——章太炎思想论纲》，《诸子学刊》第九辑。
② 严寿澂《新诸子学与中华文化复兴》，《诸子学刊》第十三辑。
③ [韩国]凌然《"新子学"与跨学科学术研究鸟瞰》，《诸子学刊》第十三辑。
④ 姜声调《在韩国如何推广"新子学"》，《诸子学刊》第十三辑。
⑤ 曹玟焕《"新子学"与"狂"的现代意义》，《诸子学刊》第十三辑。
⑥ 金白铉《21世纪"新子学"与新道学的研究课题》，《诸子学刊》第九辑。

间的关系①,基于这一视域,该文展开了对当前中国相关理论流派的论述。总体来看,该文是以"认同"(identity)与"政治"(politic)为主线贯穿全篇,由此分析对比一系列的学术现象(如对东方主义的批判、对西方主义的批判、对汉学主义的批判及"新子学"运动等),该文引言对这一思路有较为鲜明的、概括性的表述:

> 本文意图对这些尝试的合理性提出质疑。② 本文最终的论述涉及到"新子学"的讨论,这是当下中国学术界最重要的学术运动之一。如果说顾明栋强调学者拒斥政治关怀的必要性,并以他的汉学主义论著取代东方主义和后殖民主义研究,那么本文的问题便是,当"新子学"的支持者更倾向于认为拒绝政治是不可能的事,那么"新子学"是否可以被看作是取代汉学主义的新选择。③

---

① 该文指出:"本文捍卫如下观念:对于任何认同建构的讨论,任何划定边界的行为,以及对这种划界行为的批评,这些都可以视作为一种政治表态。因此,每当展现出对政治立场的明确否认,或者并未反映出已经介入政治,这些研究每每都会出现问题。"详见:Viatcheslav Vetrov. China's New School of Thought-Masters (Xinzixue): An Alternative to Sinologism? [J]. Asiatische Studien, 2016 (3): 731-755.

② 笔者按:"这些尝试"是主要指王铭铭先生等学者批判西方主义时、顾明栋先生批判汉学主义时做出的疏离政治的努力,即原文所谓:"尝试使自己处于中立的立场,以此来克服政治,使之不在场。"详见:Viatcheslav Vetrov. China's New School of Thought-Masters (Xinzixue): An Alternative to Sinologism? [J]. Asiatische Studien, 2016 (3): 731-755.

③ Viatcheslav Vetrov. China's New School of Thought-Masters (Xinzixue): An Alternative to Sinologism? 载于 Asiatische Studien, 2016 年第 3 期。

知识与权力间的关系是西方学界的热点，该文以此为基本视域探讨"新子学"的意义，这一思路较为独特，对我们极有启发。一直以来研究者在相近的文化背景中讨论"新子学"，虽然挖掘得很深入，但格局容易被局限，路径容易导向偏执。该文从西方学术的立场，以一定的距离审视这场中国的学术运动，自然有山外看山的效果。

"文化认同"是一个世界性问题，是在全球化背景下每个国家都需要应对的挑战，学者构建"新子学"理论也是致力于这一目标，只是对此没有专门明确的表述。Vetrov先生致力于中西方跨文化研究，故而从"文化认同"这一角度来理解"新子学"，在"中国—世界"这一维度上探讨"新子学"的意义，这种来自异质文化圈的审视能帮助我们反观自身，启发我们在之后的探讨中更多地思考"新子学"如何帮助中国文化以一种恰当的姿态融入全球化浪潮。在此基础上，该文还分析了"新子学"对于西学的开明态度、"新子学"与政治的恰当关系等方面，本文限于篇幅不详细介绍。

回顾"新子学"在其他国家和地区的发展情况，我们更可以体会到"新子学"研究作为一个平台其鲜明的开放性，这个平台不仅属于中国，更属于世界，"新子学"研究者今后应继续坚持这种开放性，认真对待、积极回应来自不同学术圈、文化圈的声音，进而形成积极的互动，吸引更广泛的学者加入讨论。

结　语

"开放性"为"新子学"的发展开拓了广泛的空间，但它又是把双刃剑，如果没有恰当的调节，"开放性"可能会让"新子学"探讨成为漫无目的的众声喧哗。不过从目前来看，"新子学"研究者在这方面的调节还是比较成功的,具体来说,在"新子学"的探讨中存在一些具有主导力量的话语,这无形中会左右学者讨论的方向,比如在"新子学"刚提出之后的两年中,学界对它各抒己见,可谓"众说纷纭",这时理论首倡者方勇先生便发表《再论"新子学"》① 一文,在其中提出"子学精神"这一说法,这一概念有着极强含括性与总结性,故而之前学术关怀各不相同的学者纷纷聚焦这一话题进行讨论,仅相关论便有近十篇之多,如《子学精神与"新子学"建构刍议》②《传统子学精神与"新子学"的责任和使命》③《重建当代知识分子的"子学"精神》④《"新子学"文化源流及其价值诉求》⑤《论"子学思维"与"子学精神"》⑥《关于"新子学"的几点浅见》⑦《"新子学"学科定位与杂家精神》⑧《"新子学"与杂家》⑨《固本培元革故鼎新——儒道学说与"新子学"的发展》⑩《"新子

---

① 方勇《再论"新子学"》,《光明日报》2013年9月9日第15版。
② 李桂生《子学精神与"新子学"建构刍议》,《诸子学刊》第十三辑。
③ 唐旭东《传统子学精神与"新子学"的责任和使命》,《诸子学刊》第十三辑。
④ 逄增玉《重建当代知识分子的"子学"精神》,《名作欣赏》2015年第1期。
⑤ 景国劲《"新子学"文化源流及其价值诉求》,《诸子学刊》第十三辑。
⑥ 欧明俊《论"子学思维"与"子学精神"》,《诸子学刊》第十三辑。
⑦ 郭丹《关于"新子学"的几点浅见》,《诸子学刊》第十三辑。
⑧ 林其锬《"新子学"学科定位与杂家精神》,《中州学刊》2015年第12期。
⑨ 张双棣《"新子学"与杂家》,《诸子学刊》第十三辑。
⑩ 张洪兴《固本培元革故鼎新——儒道学说与"新子学"的发展》,《诸子学刊》第十三辑。

学"与"狂"的现代意义》①《实现中华民族伟大复兴的"新子学"之"关注现实"的思考》②,等等。可见"新子学"研究者对话题除了有开放的态度外,也有整合的追求;这些工作避免了开放平台上学者各自言说、话题过于分散的情况。另外,学术会议的举办也为学者提供了互动的契机,有利于学者间的话题形成交集,进而提炼出更具焦点性的话题,这对话题分散的状态同样是一种调节。

21世纪是一个开放多元的世纪,"新子学"作为在这个新时代产生的新理论,自身理应有"开放"的特质,"开放性"应被进一步凝结为学者参与"新子学"理论构建时的基本取向,它是"新子学"之前取得成就的前提,更是"新子学"之后进一步发展的保障。

(原载于《集美大学学报(哲社版)》2018年第3期。作者单位:华东师范大学中文系)

---

① 曹玟焕《"新子学"与"狂"的现代意义》,《诸子学刊》第十三辑。
② 耿振东《实现中华民族伟大复兴的"新子学"之"关注现实"的思考》,《诸子学刊》第十三辑。

媒体报道

海内外专家学者研讨"新子学"深化问题

李向娟

28日,"'新子学'深化:传统文化价值重构与传播国际学术研讨会"在厦门举办。来自海内外70多位专家学者围绕"新子学"与传统价值重构、"子学精神"与中国文化之魂、自媒体的碎片化与传统经典阅读等议题,展开了热烈的研讨与思想碰撞。"新子学"是学界于2012年提出的一个学术概念,出自2012年10月22日《光明日报》刊发的方勇《"新子学"构想》一文。这个概念意味着对传统的"诸子之学"(子学)进行发展与革新,使其成为一种适应新时代的学术门类,在当代思想文化的建设中发挥积极的作用。北京大学人文讲席教授、台湾著名学者陈鼓应在研讨会上说,传统文化是现代社会良性发展的必要助力,也是校正各种现代病症的资源,"新子学"对于理解当代文化的向度有重要意义,其主张的多元共生、返本创新具有理论深度和现实意义。华东师范大学先秦诸子研究中心主任方勇认为,传统文化资源可以转化为现代的商业理念,也可以深入其他领域,关键还在于创新的魄力与能力。如何把中国的思想力和创造力最大限度地开掘出来,考验着每一个认真思考与生活的人。研讨会上,专家学者们还围绕"新子学"对现代学术的意义、"新子学"与西方学术的交融、古典观念的传播等内容展开研讨。

(原载于《福建日报》2016年11月29日第6版)

"新子学"深化研讨会在厦举行

林秋燕

11月28日,由上海大学文化传播研究中心、厦门大学传播研究所、河南省社会科学院、厦门筼筜书院联合主办的"'新子学'深化:传统文化价值重构与传播国际学术研讨会",在厦门筼筜书院举行。来自海内外70余位专家学者就"新子学"与传统价值重构、"子学精神"与中国文化之魂、"新子学"与现代中国核心价值观、自媒体的碎片化与传统经典阅读等展开讨论。北京大学人文讲席教授、著名学者陈鼓应在开幕式致辞中说,"新子学"对于理解当代文化的向度有重要意义,其主张的多元共生、返本创新具有理论深度和现实意义。华东师范大学先秦诸子研究中心主任方勇教授指出,"新子学"是我们对于传统文化资源与现代社会生活如何有机结合的一种理解思路,更是要从诸子百家里提炼出一种"子学精神"。"诸子百家,蕴含很多智慧,更适用于现实生活。未来新的国学、新的文化,诸子百家里提炼出来的精神会成为它的命脉。"上海大学文化传播研究中心主任郝雨教授则指出:"传统文化并不等同于儒家文化,真正的传统文化是百家之学。今天我们发掘传统文化,重在发扬诸子百家的文化。"厦门大学传播研究所所长谢清果教授也称:"如何让现代接续传统,让传统融入现代,让现代文化有根,让真正的传统文化，尤其是百家争鸣的传统文化精神在现代得到发扬，就是我们必须明确的目标。

（原载于《海峡都市报》2006年12月1日第17版）

"新子学"研究:"诸子之学"的又一重生

黄莉莉

11月28日,由上海大学文化传播研究中心、厦门大学传播研究所、河南省社会科学院、厦门筼筜书院联合主办的"'新子学'深化:传统文化价值重构与传播国际学术研讨会"在福建省厦门市举办。来自海内外70余位专家学者就"新子学"与传统价值重构、"子学精神"与中国文化之魂、"新子学"与现代中国核心价值观、自媒体的碎片化与传统经典阅读等议题展开讨论,不仅如此,本次研讨会还将收到的60余篇论文编印成册,分送至每位与会者手中。中国传统学术分经、史、子、集四大类,子部中的核心"诸子之学"又被称为"子学",它在中国传统文化中占据重要地位。"新子学"是学界于2012年提出的一个学术概念,出自2012年10月22日《光明日报》刊发的方勇《"新子学"构想》一文,意味着对传统的"诸子之学"进行发展与革新,使其成为一种适应新时代的学术门类,在当代思想文化的建设中发挥积极的作用。从最初的《"新子学"构想》,到《再论"新子学"》,再到《三论"新子学"》,随着方勇对"新子学"探索的层层深入,学术界对"新子学"的讨论也在不断深化,对其理念的传播不断扩大。"中国传统文化的发掘不仅是中国人的事情,对世界来说同样意义重大,只有把握了中国文化的根本,才能在多元的世界中保持民族认同,并且有益于世界。"北京大学人文讲席教授、著名学者陈鼓应在致辞中表示，传统文化是现代社会良性发展的必要助力，也是校正各种现代病症的资源。"新子学"对于理解当代文化的向度有重要意义，其主张的多元共生、返本创新具有理论深度和现实意义。"'新子学'是对传统文化资源如何与现代社会生活有机结合的一种新的理解。传统文化资源可以转化为现代的商业理念，也可以深入其他领域，但关键还在于创新的魄力与能力。"方勇坦言，中国传统研究最终要提供一种身份认同，助力现代文明生活的重建。多元会通的中华文明需要通过追溯原点、重构典范、唤醒价值的一系列创新实践，突破自身旧有格局，从而更深刻、更切实地屹立于风云变幻的现代世界。"实际上，中国真正的传统文化不等同于儒家文化，而是百家之学。当前我们发掘传统文化，重在发扬诸子百家的文化，'新子学'给我们提供了重要的指引。"上海大学文化传播研究中心主任郝雨提出一个重磅观点，中国文化经历了三次断裂。第一次断裂在秦代焚书坑儒和汉代罢黜百家之后，国家通过政治手段和权力来推行一种思想，繁荣丰富的百家文化遭到压制，这是颠覆性的变革，是对源头性的传统文化的严重毁坏。第二次断裂和第三次断裂则是"五四运动"和"文革"，这些都对传统文化造成了破坏性影响。他希望现代文化学者更多关注"新子学"的文化动向，积极参与讨论，打破学科森严壁垒，打通古今学术通道，让新媒体和全球化语境下的中国文化发展，在"子学精神"的全面助力之下，进入崭新时代。研讨会上，专家学者们还围绕"新子学"对现代学术的意义、"新子学"与西方学术的交融、古典观念的传播等内容开展研讨。

（原载于《人民政协报》2016年12月12日第11版）

对话"新子学"
——两岸"新子学"系列学术对话纪实

刘思禾

"新子学"作为一种新的学术理念,自 2012 年提出后就引发了热烈讨论。近五年来,"新子学"在各方面取得了长足进展。2017 年 10 月至 11 月间,在台湾"中国文化大学"中文系王俊彦主任的积极推动下,华东师范大学先秦诸子研究中心方勇教授,连同数所高校的 14 位学者,在台北展开了一系列"新子学"学术对话活动,包括台湾"中国文化大学"中文系举办的"第五届'新子学'国际学术研讨会"、淡江大学中文系举办的"2017 两岸'新子学'论坛""新子学"团队与港台"新儒家"名家及"台湾中央研究院"经学研究名家的座谈,以及台湾"新庄子学"研究团队与华东师范大学先秦诸子研究中心在上海联合举办的"海峡两岸'新子学'座谈会"。参与此次系列学术活动的两岸及海外学者共 70 余位,分别来自 30 多所高校,堪称名家荟萃,这是"新子学"提出之后最大的一次学术对话活动。在此次两岸"新子学"系列学术活动中,与会学者就"新子学"发展的重大问题展开建设性讨论,在诸多问题上达成一致,也保持了相当的理论张力。

一

"新子学"认为，诸子学代表了中国思想文化原创时期的智慧，更具有经典性和生命力，是中国文化传统中的关键组成部分。在研讨中，有学者对此提出不同看法。淡江大学中文系曾昭旭教授认为，要在道统观念下定位诸子学："儒家的道统是内在的仁的血脉，经学就是人性普遍常道，也就是人性之善。要即事言理去呈现这个普遍常道，就是史。子部就是哲学，重在凸显人生经验中的理。集部就是文学，重在彰显生活经验中的感情。无论是即理以明道，即情以明道，还是即事以明道，都是呈现人性普遍常道的方式。由此可以点出子学的定位：它是即事明道中更需体现事中之理的、更偏向于哲学的方式。'新子学'要有更严谨的概念思维，更准确的概念定位，更系统的理论性，这是'新子学'何以为'新'的定性所在。"

"台湾中央研究院"林庆彰研究员认为，传统文化中经学有其权威性，和战国时期的"圣人集团"紧密相关，所论都是可垂教训的道理。他认为："《汉书·艺文志》里，经学和儒家是分开的，经学是六艺类，儒家是诸子类。可见在先秦，儒家和经学不大一样。每个朝代有每个朝代的经学，要解决经学上的问题，就要回归元典。"同时，林庆彰先生也肯定了诸子学的意义，他认为："传统经学、子学之间的隔阂可以打破，就是不要刻意去立异。经学、子学都是春秋战国时期社会思想混乱的反映。假如把它们当作先秦时代的材料来看的话，虽然相互有出入，但是都奠基于当时的社会文化，《论语》《孟子》今天也可以看作是子书。"对于林先生"回归元典"的说法，元智大学黄智明先生补充说："经和子的关系，每个时代都有它的状况，不必区分出谁高谁下，要回到经典上去理解。回归元典，不是回归经的神圣性，而是回到经典流传前的面貌。"这种观点和"新子学"有相近之处。台湾"清华大学"杨儒宾教授、"政治大学"董金裕教授在讨论中都认为，传统经学历史悠久，地位关键，影响深远，子学也需要发挥自己的作用。

方勇教授认为，把诸子学界定为儒学、经学之下的学问，恰恰是旧观念，有必要对此作深刻反省。他说："有儒学学者提出儒学独尊，诸子学在此理念下发展，'新子学'要破除的就是这种观念，要反对儒学独尊，还诸子学以本来面貌，要重视传统文化中复合多元的结构。"

二

"新子学"认为，在先秦时代存在着"子学现象"，在此之上有必要整合提炼出"子学精神"。对于如何综论诸子学精神，杨祖汉教授认为："儒家的道统被视为人生日常生活中的常道，父慈子孝、兄友弟恭，这些都是我们该义务做的。儒学讲究常道、道统，'新子学'似乎就不能再将道统当作指导原则，其指导原则要定在道家的思想上。道家所谓的道是以'无'作为普遍的原则，'无'便是去掉，剩下一个自然而然、空荡荡的、顺应变化的生命。我认为这种普遍意义的道可以作为'新子学'超越的指导原则。"淡江大学王邦雄教授认为，要把握诸子百家的整一性。他说："今天我们讲'新子学'，是一家一家地讲还是采用其他办法？我认为可以按照《庄子·天下》篇的意思，让诸子百家回到原来的神明圣王整体是一、道术整全的大传统中去，这样才能各得其所，走向文化的整合，创造美好的未来。"针对杨、王两位先生的看法，台湾"中山大学"赖锡三教授对"新子学"抱有更大的同情。他借助巴赫金的复调理论,描述一种文化主体内部就是众声喧哗的多元复调的观念。他认为:"《庄子·天下》篇是在肯定还是在否定思想多元?庄子的背后没有怒者,没有单一的概念,对语言、自我有一种批判性的反省。'新子学'可以承认这种多元复调、众生喧哗的范式,因而齐物观念可以成为'新子学'的一个范式。"

三

"新子学"作为一个学术理念,首先意味着要探索一个新的诸子学研究范式。王俊彦先生认为,台湾近几十年来的学术一直偏向于西方的阐释学,现在正在整体性地回归中国传统,而大陆"新子学"提出的重建诸子学传统的主张,正好给大家提供非常重要的新视野,有助于丰富台湾学界的研究。在此次研讨中,中国传媒大学刁生虎教授、华东师范大学中文系张耀博士,对"新子学"研究做了回顾总结,讨论了有关"新子学"学术范式的若干思路。他们指出:"传统思想研究关键是要回到原点,当代也正提供着回归中国思想原点的极佳契机。身处现代语境中的当代研究者,不妨学习和继承先秦时期的原创精神与恣纵气势,汲取元典智慧,融会当代理念,探索诸子学研究的新范式,以应对时代挑战。"韩国圆光大学校教育大学院姜声调副教授介绍了朝鲜半岛前三国时代的诸子学。针对"新子学"的学术范式,台湾大学林明照教授认为,"新子学"在子学研究中的"新",包括新的材料(如出土材料、新整理文献)、新的方法(如庄学研究中分析方法、跨文化方法)等等,这些都意味着子学研究的新方向。林先生也讨论了"新子学"与跨文化研究的问题,认为无论是"新儒家"还是"新子学",面对东西方文化都有一种二分的预设,这种二分似乎会影响东西方文化之间的理解和对话,"新子学"作为对传统学术范式的革新,这些固有观念也是值得它去反思的。"台湾中央研究院"方万全研究员提到庄子研究中一个'机会主义'的方法,即无论是概念的取得还是理论的使用,只要适合所要研究的对象,无论古今中外,都可以拿来运用。由此进行延伸,方万全先生认为,子学最精彩的部分是它的哲学性,子学进行多元发展,这完全正确,但哲学绝对是子学优异性所在。对于上面提到的"新子学"研究中的路向问题,赖锡三教授则提出两行的主张:"'新子学'内部有很强的张力,一方面在回归历史脉络,找回整体的原初语境;另一方面,我们回到两千年传统的历史语境中,在叩问古典的时候,还是应以回应时代的处境为出发点。这就有两种张力,到底是以回归历史为优先,还是以面对当下的处境为优先,要让这两者相互转化。"在谈到"新子学"的研究对象时,淡江大学殷善培教授从子学与四部的关系角度入手,谈到"新子学"的研究对象、诸子与方技之别、经子之争等问题。福建师范大学欧明俊教授则认为,"新子学"不能满足于某一学科,不能满足于就诸子学论诸子学,跨界会通才是"新子学"的创新之途。浙江科技学院张嵎教授认为,杂家是诸子学发展的必然,"新杂家"是"新子学"发展的一个方向。对于以上诸位学者对"新子学"研究范式的看法,方勇教授认为,首先,"新子学"作为一种新的学术建构,要注意一种整体语境,要从根源处思考,仍旧以"哲学"方式去研究诸子学,可能在很多根本问题上没有办法进行开拓。其次,在有关诸子学发展与现代学制建构的关系上,关键是不回避学科限制,在跨学科研究中找到出路,要注意研究的原理化和社会科学化。

四

在"新子学"如何面对西方学术这一点上,既存在研究方法问题,也存在文化立场问题。这其中的关键是借助发掘诸子学传统,重构有关中国性的基本理解。关于此点,上海财经大学陈成吒先生认为,"新子学"作为全新的也是极为重要的观念维度,对于当代国学观念的建构非常关键。韩国江陵原州大学金白铉教授认为,"新子学"不仅是中国的哲学,也是世界性的天下哲学,可以用来开辟21世纪的道路。"台湾中央研究院"何乏笔(Fabian Heubel)研究员强调要面对跨文化语境的挑战。所谓"跨文化"就是能通古今中西之变,看到这四种文化元素在演变中的复杂交织,而这种情况和现代性结合,就涉及了所谓的"混杂现代化",尤其是在中国等非欧美国家表现得更为典型。德国汉学家维托夫(Viatcheslav Vetrov)认为,"新子学"作为一种中国文化认同的主张,同受后现代主义、后殖民主义影响的当代学者立场并不相同,而是有其独特的观点,"自19世纪早期以来,中国知识分子在全球化视野中讨论自身的文化特质时,萨义德的东方主义始终发挥着重要的指导作用。然而非常吊诡的是,许多研究一方面非常依赖萨义德的理论,另一方面又严厉批判萨义德的理论。'新子学'可以被视作'汉学主义'的新选项"。针对以上不同看法,"新子学"认为,"新子学"对文化传统有一个多元性的判断,同时也不放弃对"中国性"的坚持。故而,"新子学"对内部文化资源来讲是一个解放,而对外部文化资源,则意味着某种坚守。总之,"新子学"对于西方学术的态度是一种谨慎的开放态度,而根本上则致力于当代中国文化认同的建构。

五

对于传统学术与当代社会的关系问题，与会的学者们有很多讨论。东北师范大学张洪兴教授认为，中国文化没有所谓"劣根性"，"新子学"研究坚持以中国逻辑思考中国问题，以人为本，经世致用。在讨论中，"新儒家"学者强调以学术的方式面对社会，但并不直接介入社会，其所坚持的学术研究则以儒家思想化解现代人生问题为主线。而"新子学"主张，先秦诸子思想的关键不在"生命的学问"上，而在中国早期文明建构中的基本理路上，"新子学"的当代探索也在这里。有学者提出"'新儒家'缺乏公共领域思考"的问题，并认为"新子学"的关键是发掘诸子学中的治理思想，同时思考其在当代公共领域的价值。曾昭旭教授认为，不能撇开内圣来讲外王，儒家的仁学并不是思考公共领域问题的障碍，反而是开出和接纳公共领域问题的源头。王邦雄教授反对"'新儒家'缺乏公共领域思考"的看法。他认为，要对"新儒家"作同情的理解，"新儒家"在西方文化冲击之下，守护传统文化之根，努力在学术思想上应对西方挑战，并没有放弃对公共领域的责任。他以自己为例，说明数十年来在民间讲学的努力，是儒学介入现实的一种方式。王先生自己的诸子学研究，着力于由中国学术思考"新外王说"，他认为："传统思想的外王从孔孟、老庄到申韩，是一个客观化的过程，不必依附西方来讲。要讲中学为体，中学为用，这是我们中国人自己的路。"对于学术与当代社会的关系，赖锡三教授则不同意混淆二者，他认为"新子学"是要回到诸子时代的范式，重新解读中国文化保持其创造活力。"新子学"认为，传统思想在文化上的功用是不可或缺的，但是有必要提出对公共领域的新主张，这意味着要对诸子学的学术性质有一个新判断。思考这个问题的关键，是重新理解中国文明体的基本构架形态。世界上除了中国之外还有很多不同的文明体，比如希腊、希伯来、印度等等，不同的文明体对文明早期构架的思路是不同的。要解决中国的文化认同问题，要找到多元文明中的位置，放在诸子时代的语境下可能会得到更好的解决。因而，对于传统学术的当代使命，"新子学"持一种积极的开放态度。

六

在此次系列学术对话中，两岸学者体现出的开通和善意，是基于对传统文化的信心，对当代文化建设的热忱。学者们都认识到，传统文化研究既不能封闭自守，也不能以今释古，而要在古典与现代之间作一种会通，为建构中国文化认同提供助力。王邦雄先生说："我们有几千年的传统，不是文化沙漠，让西方文化如入无人之境，我们不能接受。大陆已经崛起了，我们期待大陆在世界上担当更重要的角色。"林庆彰先生也谈到要肯定自己的文化传统，他认为："中国经典是世界特有的。外国没有的我们都应该没有，这个观念造成很多混淆，使我们不能够客观地思考问题。"学者们都认为，"新子学"处在这样一个时代，理应发挥更大的作用。方勇教授在研讨中指出："先秦诸子所属的春秋战国是天崩地裂的时代，而自晚清以来，我们在政治文化等各领域所经历的动荡与革新实则更甚于斯。纵观数千年来世界文化与中国文化之发展，譬犹不同大陆板块之间经由独立漂移转而互相碰撞冲击，原先的矛盾只发生于板块内部，新的矛盾则会从板块内部扩张至板块之间，由单一之个体超越至彼此之关联。百年以来，中西文化之碰撞交流亦复如是。初始，西方文化及观念伴随着乱世之战强势进入中国，异质文明在引起震撼的同时，也给国人带来了无所适从的茫然。时至今日，随着我国政治经济实力的不断加强，我们已有能力也应该重新思考中华民族文化发展的大方向了。'新子学'正是基于这一认识，试图努力寻求中华民族文化发展的大方向，祈愿各家各派抛弃前嫌与门户之见，一同投入到这场超越学术本身的伟大事业中来，为推进新一轮中华民族文化发展的宏伟事业共同努力！"

（《光明日报》2018年1月13日第11版。作者单位：华东师范大学先秦诸子研究中心）

台湾淡江大学"2017两岸'新子学'论坛"综述

张 泰

2017年10月28日,由台湾淡江大学中国文学系暨儒学研究室主办,台湾"中国文化大学"中国文学系、华东师范大学先秦诸子研究中心参与交流的两岸"新子学"论坛在淡江大学台北城区部举行。本次论坛以"'新子学'与现代文化之对话"为主题,邀约来自海峡两岸及海外的十余位专家学者围绕"新子学"的理念,就中国文化的传统与现代,展开深入的探讨。

一、"新子学"理论的深化

"新子学"由华东师范大学先秦诸子研究中心主任方勇教授于2012年提出,近年来在学界同人的共同努力下不断深化发展。对于"新子学"的理念与研究范式,本次论坛的与会学者提出了各自的理解。台湾淡江大学中文系殷善培副教授提出,方勇教授从先秦的子学现象中提炼出"子学精神",从而提出了"新子学"理念;在这个时代谈"新子学",既要回溯古典,对古典有正确的认识,又要面对当下,注重文献整理,更重要的是面向未来,解决国内、国际各方面的问题。他从以下几个方面谈了对"新子学"的看法：第一，他认为所谓"子学现象"其实是衰世现象，背后是一种无可奈何的乌托邦式的想象。这种自由、平等、多元、不尚一统的现象，是不是我们崇古倾向所赋予的一种美好寄托？第二，"新子学"提倡平等、多元的"子学精神"，那"新子学"是否允许各种学派如新儒家、新道家、新法家等存在？如果允许，那么"新子学"面对学派之间抗争的立场是怎样的？殷先生对"新子学"表达了一定程度的担忧，认为其可能变成新杂家或新道家，由于"新子学"的提出者方勇教授的学术从庄子研究起步，他怀疑"新子学"可能是将道家放到更高境界所做的思想式的反省，有一种新道家的意味，这是不是"新子学"的精神？第三，"新子学"提出的两个框架，一是关于《四库》"经、史、子、集"分法，他认为"新子学"对《四库》尊经现象的质疑是不合适的，因为经本身处于主轴地位，这是没有必要推翻的。方勇教授在文章中引用的"经学是僵化的，子学是活泼的"的说法并不适宜作为学术探讨。因此，"新子学"对"《四库》现象"的看法是有待商榷的。二是面对西方知识化学制的影响，中国的传统是通人学，"新子学"的"通"如何在这方面与西学对抗？现代学制是清末以来受西方影响而产生的，现在已经在发生变化，重新思考方勇教授所讲的国学无法面对当下学制的问题，"新子学"能够带动怎样的思考？这是应该直接面对的，而不是站在补充或修正的角度来对待。最后，殷先生谈到曹顺庆先生在十五年前的一些思考——他曾提出疑问"西方的文学怎样诠释肌理说？怎样诠释滋味说？"——全部用西方理论来谈是无能为力的，因此有些学者试图用中国式角度来诠释，十五年间提出很多主张，现在看来与"新子学"的主张很接近，但十五年来这些思考却停滞不前。"新子学"应该反思他们停滞的原因，以之为前车之鉴，进行进一步的学习与反省。

浙江科技学院中文系张嵎教授对殷善培先生的疑问作了回应。第一，关于子学是不是衰世学问的问题。他认为，近代诸子学的兴起是在晚清中国国力最衰的时候，这一时期旧文化、旧体制衰落，新文化、新体制兴起，因此诸子学既是衰世之学，又是凤凰涅槃的表现。张先生将诸子学的发展概括为四个阶段，第一阶段以孔子和孙子为代表，主要是信仰的精神与功利理性的精神，这是中国文化的两个源头；第二阶段是战国早期的百家争鸣；第三阶段是战国中后期，以一家为基础，开始吸收其他各家思想，主要代表是荀子与韩非子；第四阶段是秦汉之间的杂家，杂家原本的意图是要"杂合"，但并没有实现，这一阶段是思想复兴的重要阶段。再往后便开启了经学时代。张先生着重强调了《吕氏春秋》《淮南子》的思想价值，认为它们不仅保留了很多先秦的思想资料，更重要的是它们是子学到经学过渡的重要环节。第二，关于"经学是死的，子学是活的"的问题。张先生从经学的产生时间与定义出发，讲到了两派观点，一派认为经学产生于先秦，另一派认为经学产生于汉武帝以后。前者认为经学是研究经的学问，后者认为经学是为大一统政治服务的学问。张先生认为为大一统政治服务的经学是僵化的，而研究经的经学则不然。同理，他认为区分子学是旧子学还是新子学，当以是否将《论语》和《孟子》纳入子学的范畴来划分，把《论语》和《孟子》纳入子学范畴的就是新子学，反之就是旧子学。

上海大学影视学院郝雨教授从"新子学"是什么和"新子学"想干什么两个方面阐述了自己的观点。他认为，对"新子学"的倡导是一个重大的文化事件，在未来文化史上肯定会留下重重一笔。从这个角度认识"新子学"，就不能仅从子学本身出发，不能只认识到突破单一儒家传统的问题。关于历史上的"独尊儒术"，郝先生认为这确实是历史上建构社会秩序的一种选择，儒学在宋明时期也曾盛极一时，但清代以后其过于单一的弊病导致它失去了自我更新的能力，到了近代无法适应新的世界格局，便很快衰落。于是，我们接受西方文化别求新生，才得以生存发展下去。在当下全球化的背景下，我们面对的问题远比一百多年前要复杂。郝先生认为"新子学"提出的最大意义便在于从宏观上了解我们文化的历史发展，进而从更高的境界寻找下一步的发展。在这样宏观的思路上，"新子学"是一面旗帜，面对当下，面向未来。

福建师范大学文学院欧明俊教授从五个方面简要阐释了对"新子学"的理解。第一，"新子学"反对经学的专制，但"新子学"要警惕自身不能成为一种专制。第二，"新子学"是非官方的，一定要站在民间立场上，要始终坚持平等的原则，不能盛气凌人。第三，"新子学"应该重视思维方面的自我反思，避免陷入习惯性的以自我为中心来思考问题的窠臼。第四，思潮本身具有变换之轨迹，这实际上是人心在变，政治家只是借势推动，因此应当重视学术本身的变动问题。第五，"新子学"主张回归元典，返本开新，要想实现"开新"，一定要以"返本"为前提。

二、"新子学"面对西方学术

台湾淡江大学是新儒家的重镇。本次论坛是台湾新儒家与大陆"新子学"的第一次当面对话，新儒家的代表学者就"新子学"与西方学术的交流问题提出了自己的看法。淡江大学中文系赵卫民教授从中国历史上的学术思潮讲起，认为儒、道两家是中国本土的思潮，先秦诸子以后，最早是以传来解经，但无论是王弼、郭象所代表的新道家，还是宋明理学所代表的新儒家，都无法承接先秦孔孟老庄的传统，以传解经的原则使原始的传统慢慢消沉，魏晋玄学无法抵抗佛学的长驱直入，宋明理学也比不上同时期诗词、书画等艺术的成就。赵先生认为，如果把文化传统当作一条纵贯线的话，长久以来中国历史上纵贯的传统无法重新获得新的生命，传统的文化生命到清朝就差不多结束了。在这种情况下大家希望有新的激荡。接下来，赵先生列举了很多学者的例子来说明西学的影响。他认为，新的子学产生于20世纪二三十年代，冯友兰受到西方彻底的经验主义的影响，在实用主义方面有西方的激荡，他的《中国哲学史》第一次把中国哲学系统整理出来。传统文化史的纵贯线受到西方的激荡就有新的生命力，比如王国维受尼采、叔本华的影响，就有新的力量产生。后来，在台湾的几位大师，如牟宗三受康德思潮的影响，唐君毅受黑格尔思潮的影响，徐复观受胡塞尔现象学思潮的影响，方东美受英国怀特海思潮影响，都说明了这一问题。接下来，赵先生结合台湾与大陆学术界的现状，认为当代思潮的走向是中西会通，而目前大陆的情形是研究西方思潮的和研究中国思潮的分成了两派，彼此没有建立起联络关系。赵先生接着指出，在20世纪二三十年代，西方思潮与中国思潮是同步发展的，每个大学几乎都有相应的研究。这种局面在国共内战以后分崩离析，台湾学术界思潮回到中国文化的主体，对抗大陆的马列主义。那时候台湾对马列主义有不同的看法，因此用儒家思维来对抗，但马克思主义是政治经济变成思潮的主体，这些其实新马克思主义都有很好的消化，但在哲学思潮上却很难承接下来，所以新一波的思潮必须有新一波的掌握，尤其后现代以后分崩离析的状态，思潮会有一点停滞，因此迫切需要同步发展。最后，赵先生再次重申自己的观点：纵贯的传统若没有西方的激荡，本身很难机动起来。他认为海德格尔曾借用老庄的思想突破西方的传统，如今我们也应该借用西方思想来突破中国本身的传统。

东北师范大学古籍研究所刘思禾讲师在发言中对"新子学"与西方学术关系的问题作了重点分析，他指出加强"新子学"与西方学术的交流，不固守在原来的典籍和研究范式里，这是"新子学"

所认同的。"新子学"与西方学术并非不交流,而是有自己的态度与方法,即回到原初的经典与范式中,找到一个最精纯的点。刘先生认为,这一理念的核心就在于文化主体性的自觉是要在立场上切断,哪怕暂时有一个区隔,区隔开可能会干扰我们对原初观念理解的线索,在最少的西方线索影响之下静下心来理解古人的思想。同时,对于学者常使用的"主体性"一词,他也提出了质疑,认为用这个词来描述中国学术的合理性有待商榷。他认为,"主体性"和人的普遍性相关,而在先秦社会,人的层级性是共识。用古人描述圣人的语句来谈中国的主体性思想的时候,圣人之外的其他层级便无从说明。因此从方法和态度上来讲,避免使用西方的词汇,就是"新子学"想要隔离的缘由,所以"新子学"与西方学术并不是不交流,也不是不聆听、不思考,而是有自己明确的态度和方向。

韩国江陵原州大学哲学科金白铉教授结合韩国的情况,对西方学术表达了自己的态度。他指出,韩国也有后现代主义,曾经有学者用后现代来解释老庄、儒家、佛教的思想,在学理和名理上都没有分辨清楚就贸然用后现代来解释东方哲学,这是断章取义的表现。他结合自己在台湾学习的经历,指出以牟宗三先生为代表的新儒学有点过于强调儒学本身。他所了解的中国哲学与在台湾地区学习的不太一样,他并不太认同朱熹。他进一步提出,在全球性的时代背景下,应当反对基督教的文化优越主义。他以历史上的高丽朝为例,指出当时儒学的霸权破坏了韩国传统的文化遗产。在21世纪开放、包容、多元的时代背景下,应该改变民族主义的局限,真正实现平等、民主,实现与西方的会通与融合,最后达到妙合的境界。

上海财经大学人文学院陈成吒讲师对"新子学"与新儒家在对待中西学术的态度方面作了比较。他认为"新子学"与新儒家在中西交汇方面是共通的,新儒家的更新换代都是对西方新的思潮学习的产物,而"新子学"在这方面也是如此,只不过关注的点不同。新儒家比较关注个体思想家的基本理念与思想，"新子学"关注的点类似于尼采，尼采开始怀疑从康德到黑格尔建构起来的严密的体系是否真的存在，而"新子学"由此引申，认为传统儒家所建立的结构并不一定真的可靠，所以才回溯到先秦诸子百家，探索是否存在另外一个界面，"新子学"在这方面是借鉴西方的。因此，"新子学"与西方并不是割裂的，其所借鉴的不是概念内容，而是它对结构全面审视的原则。"新子学"强调整体性关照文化层面的内容，而传统文化以儒家为中心最大的局限就在于儒家过于在乎个体思想家的一家之言，以"我"为中心，很容易忽视"他者"的存在，而"他者"相对"我"来说其实是更早确立的。这是陈先生理解的"多中心"的问题。

台湾华梵大学校长高柏园教授首先对于刘思禾先生提出的"主体性"问题进行了回应，他引用袁保新教授的观点，认为虽然可以从先秦文献中找到一些证据支持这一概念，但它是否能够将先秦的哲学精神与义理抓出来还有疑问。比如从孟子"五百年必有王者兴"看儒家对时间还是非常重视的，因此海德格尔的思想比康德更适合用来解释先秦儒家面对时代所产生的思维上的发展。高先生提出，当代新儒家有所谓"后牟宗三时代"，在"后牟宗三时代"，基本以牟先生作为基础来理解与接受。牟先生的系统一定有一个假设，就是"可有而不必有"，这就不是唯一与绝对的，那就形成它相对的有限性与相对的有效性，所以我们也开始讨论一些新的可能。他特意提到了劳思光先生对现代与后现代的讨论，认为劳先生会站在海德格尔的角度，认为沟通与理性建构是比较能接受的，他会把后现代当成一种自然性的意义，这里没有建构性，哲学的任务并没有完成。对于新儒家的发展，高先生认为牟宗三先生和唐君毅先生树立了很好的典范，但新儒家并不会局限在这个典范里面，也在试图突破。他以朱熹为例，充分肯定了朱熹的意义与地位，认为儒家不可能没有朱子，就像先秦不可能没有荀子一样。牟先生对朱子最大的批判点就在于朱子不承认"心即理",但高先生认为这是可以理解与接受的。他进一步解释道,海德格尔认为人不是活在象牙塔里的形,而是与世界同在的。它就不应该只有"理"而没有"气",朱子从人的存在的角度谈人的心,而不是只从"理"上来谈,因此朱子讲"心不即理"还是有合理性与价值的。从这里也可以看出新儒家的反省与突破。对于"新子学"与西方思潮的问题,高先生认为,文化交流和冲击会产生一些变动与思潮,"新子学"对这些无从反对也无须反对,关键在于有没有可能不受制于西方的观点,用自己的观点来理解。高先生认为,中西方思潮其实是不会冲突的,是因为我们不可能避免也没有必要避免文化上的对话与互动,在这个过程中,西方在文化政治经济方面一直具有一定的强势性,很可能会获取一些不必要的预设和想法,是不是可以避免一些不必要的干扰,让我们对自己的文化有更深的体会。

三、"新子学"面对传统与现代

"新子学"面对传统与现代有自己的态度与方法。上海财经大学人文学院陈成吒讲师首先提出如何理解"传统"的问题,认为西方的传统是从康德、黑格尔再到尼采、海德格尔,即从古典主义到现代主义再到后现代主义,在中西交汇的过程中,超越引发的任务就交给了新儒家。三代新儒家相对应吸收黑格尔、尼采、康德的思想形成自己的学说,但是尼采和海德格尔的后现代主义从思维整体和对传统的认知上已完全瓦解了黑格尔的学说。在尼采和海德格尔看来,康德和黑格尔所建构的那个严密的传统体系是不存在的。陈先生就此提出疑问,新儒家依然认为他们的传统结构是完整的,那在对传统结构性的解构这方面，是否存在新的认知？是不是还要保持所谓的"一个中心"，是不是中国文化本身的传统也要进入后现代？陈先生认为，"一个中心"面对人人都可以发声而产生的"多"，必然会产生压制，进而导致停滞不前甚至动乱，最好的解决方法便是承认"多"才是真正的传统，只有这样传统才能进行新的改变。

台湾"中国文化大学"中文系许端容教授从中西思维方式的对比出发，认为西方的思辨方式与中国的思辨方式是同中有异的关系，西方注重逻辑，中国重视实践。许先生认为，没有人可以以"我"为中心，如果有人这样做，一定会有人反对，这就是诸子分歧的原因。她认为诸子一直存在从来没有断过。在她看来，儒家的"经"与道家的"道"都是可以互通的，西方的结构与解构其实都是诸子之学。每家每派提出的对世界的看法都是让这个世界更好，但其实都是以自我为中心而已，但这种中心并不会被别人认可，所以诸子是一直存在的。《天下》篇讲道"本为精，物为粗"，每个时代面临的问题都是"粗"的部分。她通过对诸子时代与当下的对比，认为先秦儒家提出"仁"，道家提出人之外的宇宙万物要和谐共存，都是解决当时的问题，而要想解决现代科技带给我们的各种问题，就要产生新的诸子之学。她认为，这一问题的关键，还在于人性的更新。没有谁可以以自我为中心，结构对应的一定是解构，所谓崩坏的过程中就是在重组的，从来没有单独存在的解构破坏，也从来没有单独的所谓"重建"，两者一直都是互动的。许先生还指出，现实的情况非常复杂，人性有贪欲，而儒家处理这方面的问题非常有建树，所以它是社会的中坚分量，因此并不反对它。道家提出除了儒家的这个"经常"以外，还提供更大的思考，就是"游戏"。儒家讲仁义，以此为人的根本，而道家虽然不反对，但也不特别强调于此，目的是防止人们为此殉名殉利，作茧自缚。

"中国文化大学"中文系主任王俊彦教授在闭幕发言中从台湾传

统文化教育的现状讲起，表达了对传统与现代过度结合的担忧。他认为，传统一定可以开新，而且必须开新，但一定要保证传统的主体性，否则便没有意义。

华东师范大学先秦诸子研究中心主任方勇教授表示，虽然他的学术从庄子研究起步，但"新子学"并不以此为主体。"新子学"是一种理念，不偏重于任何一家。中华民族受经学观念的影响很深，从广义上来看，不只存在于学术中，而且存在于日常行为中。"新子学"就是要破除经学思维的禁锢。方先生提到，中华民族文明史上最适宜用来应对现实的学问还是诸子之学。"新子学"就是在中国几千年传统文化中寻找诸子最有生命力的东西，从中提炼出"子学现象"与"子学精神"，并吸收外来的先进思想加以发挥，以应对现实的需要。方勇先生最后补充道，新道家主张中国文化与西方文化完全平等地交融在一起，而"新子学"主张文化多元化，但中华民族要有主体性，要以我们自身的文化为主体。台湾的充分"开放"可能会导致中国内陆文化受西方文化的严重冲击，这是"新子学"要警惕的。

台湾华梵大学校长高柏园教授引用康德关于"哲学还是哲学史"的讲法，认为"新子学"重点就是不在哲学史，而在哲学，即应该有全新的开放的模式来面对现代的重大问题。高先生认为，西方的理论是面对其自身的时代问题而产生的，"新子学"要从我们自身的世界和生活来寻找话题，建构出我们自身的概念和理论系统，这才能建立起我们的主体性。如果只是跟随西方，就很难有真正的彻底的反转。

结　语

本次论坛既是"新子学"与台湾新儒家的首次交流，也是"新子学"与现代文化的对话,使"新子学"有更强大的力量面向传统、面对未来。"新子学"在不断探讨中稳步推进,逐步完善充实,必将为诸子学的研究开拓新的局面,为中国文化的新发展贡献自己的力量。

(原载于《诸子学刊》第十八辑。作者单位:华东师范大学中文系)

海峡两岸"新子学"座谈会纪要

张 耀

时　　间：2017 年 11 月 6 日
地　　点：上海沪华国际大酒店会议室
主 办 方：华东师范大学先秦诸子研究中心
主 持 人：陈志平
与会人员：
中国台湾学者：赖锡三（台湾"中山大学"）、杨儒宾（台湾"清华大学"）、方万全（东吴大学）、何乏笔（"台湾中央研究院"）、林明照（台湾大学），博士生陈康宁（中正大学）、李志桓（中正大学）、蔡岳璋（交通大学）；
中国大陆学者：方勇（华东师范大学）、陈志平（黄冈师范学院）、刘思禾（东北师范大学）、陈成吒（上海财经大学）、强中华（西华师范大学）、杨秀礼（上海大学）、李小白（河南师范大学）、方达（华东师范大学）；
中国大陆企业家郑伯康（浙江省再生资源公司）；
华东师范大学博士后、博士生、硕士生等。

会议议程

会议第一项是由会议召集人致欢迎词

台湾方面召集人赖锡三先生表示,"新子学"对他来说虽然是一个新的事物,但他发现"新子学"跟台湾的"新庄子学"及"跨文化庄子学"有很多相通之处,所以一直很关注"新子学"与台湾"新庄子学"对话的可能。赖先生提到今年10月份在台湾"中国文化大学"举办的第五届"新子学"国际学术研讨会上宣读过一篇"新子学"的论文,对"新子学"作了一些最基础的观察,并借此会议与方勇教授作了深入交流。今年拟邀方老师到中山大学作报告,向台湾学者介绍"新子学"思潮在大陆的发展,由于行程原因,未能成行。本次在上海召开会议,希望能继续展开对"新子学"的探索。

大陆方面召集人方勇先生表示,欢迎参加座谈的台湾知名学者、后起之秀为"新子学"提批评与建议。"新子学"从2012年发表第一篇文章以来,至今已经有5年时间,四论("新子学")、五论("新子学")还要论下去,许多基本的观点还没有表述完。所以在现阶段,希望各位台湾专家能为"新子学"提出批评和建议,帮助它进一步发展。

会议第二项是由"新子学"提出者方勇先生作简要说明

方勇先生结合自己的治学经历介绍了"新子学"理念提出的背景。他提到,1999年7月自己从北京大学博士后流动站出站来到华东师范大学工作,开始以《庄子》研究为主,在此过程中他逐渐发现诸子学近现代不断上升的趋势,于是将自己研究领域扩展至整个诸子学的研究;2006年创办了先秦诸子研究中心,整合了华东师大诸院系的诸子学研究力量；2007年创办了《诸子学刊》，成为海内外诸子学研究交流互动的重要平台；2010年启动了《子藏》编纂工程，收书5000种左右，已经发布了三批成果，并在近年筹备"中国诸子学会""中国庄子学会"，目前在等待最后的审批。这些是基础性的工作，为诸子学的发展在人才、文献等方面奠定了基础，先秦诸子研究中心在诸子学界的互动中也逐渐发挥起枢纽的作用。这个过程让方勇先生认识到，诸子学作为一个整体、独立的概念已经慢慢浮现，而不再是原来那种隐含、附庸的状态。在2012年4月召开的先秦诸子学术研讨会中，方勇先生提出了"为全面复兴诸子学而奋斗"这个口号，得到了学界广泛认可。之后，他又逐渐酝酿出"新子学"理念，在《光明日报》上发表了《"新子学"构想》这篇文章。本文刊发之后，很快得到了多方的呼应。之所以有这种效果，方勇先生认为这源于潜在的社会思潮与社会背景，时代需要这种理念。故而"新子学"需要进一步推动，并相继在《光明日报》上又发表了《再论"新子学"》《三论"新子学"》两篇专论，而以后更多的专论还要刊发下去。目前，其他刊物上发表的"新子学"研究论文已经达到二百余篇，由此可见"新子学"发展势头之迅猛。从历史上来看，两千年来中国文化表面的主流是儒学独尊，自从董仲舒提出"独尊儒术"后，这一文化方向延续了两千年。但近代，形势发生了巨大的变化，中国的文化受到了冲击。这种古今巨变，可以拿大陆漂移理论作个比喻，纵观数千年来世界文化与中国文化之发展，譬犹不同大陆板块之间经由独立漂移转而互相碰撞冲击，原先的矛盾只发生于板块内部，新的矛盾则会从板块内部扩张至板块之间，由单一之个体超越至彼此之关联。百年以来，中西文化之碰撞交流亦复如是。初始，西方文化及观念伴随着乱世之战强势进入中国，异质文明在引起震撼的同时，也给国人带来了无所适从的茫然。这时候，儒学无法适应形势，逐渐衰微，西学如入无人之境。当然，现在随着国势的回升,传统文化开始回温,儒学也开始复兴。但目前仅靠儒学是无法应对现实的,这时我们便再次遇到了一个文化大方向选择的问题,这个选择将关乎中国今后百年甚至千年的文化命运。方勇先生认为,这时我们一方面应以传统文化为主,吸收世界上的各种优秀文化,另一方面,我们又要防止儒学向极端发展。这时,诸子学能提供很多优秀的思想资源,在面对国际关系、商业发展等问题上,它比独尊儒学的思路体现出更多的优势。基于这些考虑,"新子学"的提出有相当的必要性。而"新子学"的内涵应该是很丰富的,并不是由某一个概念就能框定住的,它是开放性的,是多元的。从中国传统文化的角度来讲,现在能面对多元世界、复杂现实的学问,可能也只有诸子学这一块,"新子学"应该是一个合适的选择。现在学界无论是哪一领域,都应该抛弃门户之见,共同为寻找中国文化的发展方向来贡献力量。

会议第三项是由台湾学者对"新子学"作评论和探讨

首先由杨儒宾先生发言。杨儒宾先生的发言从子学本身开始梳理,谈到了子学和经学之间的关系,由此讨论了"新子学"和新经学之间的对照。杨先生认为,"新子学"的产生是基于特定的时代背景,源于时代的呼唤,即使方勇教授没有将它提出来,也会有人来进行这方面的尝试,只是格局和气魄可能没有目前那么大。而新经学也值得重视,因为经学已变成一个象征,它和整个传统有着极密切的关系。那么"新子学"和新经学这两种事物,一个契合着时代,一个系联着传统,它们之间的异同关联值得深入思考。之后,杨先生又提到了《子藏》编纂和"新子学"的关系。他指出《子藏》工程规模浩大,是历史上的一次重要的文献整理工作。而且每一种新的学术出来,都需要相应的文本作基础,《子藏》在文献整理上固然是留下千秋万代的功业,但从更长远角度看,它也是为子学的进一步发扬打下了很好的基础。在这方面,杨先生很认可方勇教授在《子藏》的基础上继续探索子学的意涵、发挥子学的意义，提出"新子学"这种能冲击到社会思想、具有更高文化期求的事物。所以，"新子学"能发挥多大的价值，关键在于它能否在文献基础上阐发出理论意义，对此杨先生用清代学术作了反面例证。他认为清代学者在文献方面成就卓越，但是其中具有理论意义、文化意义或者说是解释力的著作的确不多，它自身缺乏思想的力量。而关于思想力量的问题，杨先生又认为思想或者学术的创新都只能透过一个一个的人来实现，不像文献工作可以通过集体协作来完成，所以他强调对目前的"学术整合"热潮要有客观态度，能意识到它的价值，也要意识到一些具有思想力量的理论其产生往往都取决于某一个个体的人。进而杨先生又反观"新子学"，指出现在"新子学"是一群人在谈，故而他尝试将"新子学"理解为学术、文化两种现象相融合的复杂形态，它既符合学术创造是由个人所发起的规律，又是代表一个群体的意愿、作为一种表达公共意志的文化现象。之后，杨先生又以自身的庄子学研究为例来切入"新子学"的相关问题。他指出，新儒家过于强调道德意志和心性主体，似乎缺乏一些其他的东西，而在《庄子》中，尤其是王夫之的《庄子通》中，对"气""物""技艺"等范畴有着强烈关注，这能很大地补充新儒家的缺失。而且在研究过程中，他又结识了很多对《庄子》持有相近看法的学者，他们都形成了与传统不同的《庄子》理解方式，会更加强调庄子的人文性格，如庄子的宽容和对差异的尊重，以及《庄子》文道之间的融合关系。总之，各位学者对《庄子》的关注点虽然不同，但相互之间总能发现呼应的关系，于是这就形成了对《庄子》的一个新的诠释方向，在岛内、大陆甚至欧洲都有了学者的回应，这种方向便有了集体的意义，新庄子学也由此产生。杨先生认为这种理念的诞生与他本人学术性格有关，但更能说明当代学界希望透过《庄子》对文化有种新的想像。最后，杨先生总结，"新子学"在发展时，可以把新庄子学当成经验作参考，同时注意对清代学术作反思，在未来走出自己的道路。

之后会议召集人赖锡三先生对杨先生的发言进行了详细评析。他认为杨先生的讨论既关注到了宏观层面，也照顾到了细节层面。宏观层面提到了子学和经学之间复杂的关系，这说明"新子学"的提出有其特定的时代契机，不是单纯由个人意志推动的，而是社会的确有这种需求。今天我们要在这个脉络下对照子学和经学，理解子学的活力与子学的复兴。之后，杨先生提到了清代学术的问题，这就点出了子学文献除了有历史的功业之外，它还关涉了子学理论向深层展开的问题。此外，赖先生指出杨先生在台湾不仅是儒学研究的大家，也是在背后影响台湾庄子学思潮的重要人物，所以杨先生在新儒学内部也是一个"他者"，他对新儒家也有补充甚至挑战，这跟研究《庄子》有密切关系，他的这种治学方式对台湾庄学研究有着深远影响。这启发"新子学"能否在注重团队合作的同时，也能注重内部各个诸子研究者的差异性创造，这方面杨老师树立了很好榜样。

第二位发言学者是方万全先生。方先生指出他的主要研究方向是英美语言哲学、分析哲学，他在研究行动理论的时候发现其中的技艺现象跟《庄子》中"庖丁解牛"所提到的问题之间有相通之处，故而感叹千年前的庄子和当代的哲学家在关于技艺现象的问题上有着如此相近的关注，而且庄子在这方面的成就不在他们之下。所以，通过这段治学经历，方先生强调他在治学时是一个"机会主义者"，无论是概念的取得还是理论的使用，只要适合所要研究的对象，无论古今中外，都可以拿来运用。由此进行延伸，方万全先生认为方勇教授的"新子学"理论大可大胆地接受西方学术，对西方学术不需要有一种既担心又期待的犹疑态度。之后方先生又借由西方道德哲学和《庄子》相互阐发为例，进一步论证了他的观点。而"新子学"鉴于民国诸子学与西学沟通时存在的问题，提倡面对西学时保持审慎的态度，对此，方万全先生也有辨析。他认为，当时学者对西学的认识仍然较浅，而现在的学者对于西学的了解明显深入了一个层次，所以他对于中西学术的会通持有乐观态度。方先生还提到他近期在考虑能否用道德情感这个西方哲学理论的视角来理解儒学或者子学领域的思想，这些都说明了中西学术会通的可能性，并且在这种会通过程中我们会发现中国学术很有价值的内容。最后，方万全先生进行总结，一方面，认为对于西方理论应该大胆接受，如果出现问题，自然会有后人纠正，这也正是学术发展的过程。另一方面，"新子学"也不能完全排斥哲学，之前"新子学"的相关论文经常认为哲学作为西方文化的产物，总会掩盖子学的原貌，但方万全先生认为任何学术都有遮蔽，不惟哲学和子学之间如此，而子学最精彩的部分就是它的哲学性，哲学自身无穷的生命力又会给子学带来无穷的生命力。所以，子学进行多元发展，这完全正确，但哲学绝对是子学优异性所在。

赖锡三先生对方万全先生的发言也作了深入的评析。他首先指出方先生的庄子学研究有着很重要的价值，这种由分析哲学切入的研究和传统的庄子学研究相得益彰，对于当代庄子学研究意义重大。方万全先生在分析哲学领域是一位比较重视对中国哲学研究的学者，他对《庄子》这一文化传统有着充分的尊重，而且抓住了技艺等现象作为中西文化的共同关注，以此作为沟通中西哲学的切入点。那么，这就能启发"新子学"重新看待西方哲学，不把它单纯地看作对自身的遮蔽，毕竟西方哲学自身也在发展。故而赖先生希望子学精神能够提供强大的思想资源给方先生这类治西方哲学并对传统哲学有敬意的学者，并认为这完全可以成为构建"新子学"范式的参考。

之后，何乏笔先生的发言主要围绕本土与多元的问题以及跨文化新庄学对"新子学"的启发两个方面展开。何先生首先指出，现在是文化转型的关键时期，人们都在思考着如何面对传统，而"新子学"涉及到中国文化大方向的抉择，对这类问题更应该保持慎重的思考。"跨文化新庄学"正是在这方面有深刻反思，值得大家借鉴。

所谓"跨文化"就是能通古今中西之变,能看到这四种文化元素在演变中的复杂交织,而这种情况和现代性结合,就涉及了所谓的"混杂现代化",尤其是在中国等非欧美国家表现得更为典型。那么在这种脉络下什么叫作以中国为本?中国在百年来选择了走彻底西化的路线,那么这时"新子学"倡导以本土为主,这又将是一个怎么样的"本土"?可以说,这个本土已经不是中国本质上的本土,它已经包含了很多西方的东西,这是一个混杂的"本土"。所以"以本土为主"的主张,必须要把跨文化、混杂现代化等问题思考进来。之后,何先生则进一步解释了为什么要把庄子和跨文化结合起来。他认为庄子和目前中国台湾地区的文化处境密切相关。一方面,从新角度发掘庄子思想能为中国古典哲学在台湾地区的研究注入活力,对抗"去中国化"思想带来的挑战;另一方面,这也能帮助学者在西方思想资源之外寻找相应的中国传统思想资源(如自由主义等),由此间接地支持或回应当前发展的问题。对此,何先生又举了"《庄子》主体范式"的研究为例,提到之前杨儒宾先生对《庄子》气化主体研究的成果,认为这些成果回应了目前台湾地区中国哲学面临的挑战,也开拓了与欧洲学界的对话空间。所以,何先生总结认为,之所以选择《庄子》,是因为《庄子》提供了一种新的沟通模式,在《庄子》的气化主体范式中,可以看到人与自己、人与世界的一种全新的沟通模式,这极具当代意义和发展潜力。最后,何先生提出了对"新子学"的期待,他好奇先秦诸子中,除了《庄子》,是否还有其他诸子能提供这种具有当代性和发展潜力的概念。

赖锡三教授对何先生的发言进行了进一步的深发。他指出"新子学"强调多元主体、多元世界,摆脱了以中国为中心的天下观,体现了很宏大的胸襟。同时,"新子学"又强调以中国文化为本,这又值得我们深入辨析,因为这里"中国"或"本"的概念,其实已成为文化交织百年之后的事实,这时,混杂现代性的问题就一定要引起我们的重视。赖先生提到他的上次会议论文中有对这方面问题作的专门探讨①,希望能引起研究者重视。他表示《三论"新子学"》中提到了"多元现代性",与这里的"混杂现代性"概念是相近的,故而他期待在这点上两方学者可以进行更深入的沟通。

之后,林明照先生又进行了发言。他首先强调了之前三位学者在"新子学"和"新庄学"及"跨文化庄学"之间尝试对话和互动的重要意义。之后,林先生主要结合自己阅读过的"新子学"论文,从"新子学"内部提出一些想法和见解。他先探讨了"新子学"在子学研究中的"新"面向,包括新的材料(如出土材料、新整理文献)、新的方法(如台湾庄学研究中分析方法、跨文化方法)等等,这些都意味着子学研究的新方向。在面对这个新方向时,"新子学"提供给了学界具体的规范和要求,可以说,是一种方法论层面的事物,这些都是探讨"新子学"时值得更深入的方面。那么,进一步来说,这就涉及刚才杨先生、方先生讨论的问题,即一个新的学术典范或方法可不可以产生于集体式的经营?或者只能源于个体的创发?或者这两者之间有一个结合点?所以参考之前"新庄学"的例子,

---

① 赖先生在台北"第五届'新子学'国际学术研讨会"的会议论文《大陆"新子学"与台湾新庄学的合观与对话——学术政治、道统解放、现代性回应》中,在"中国优位"和"多元开放"间矛盾的问题上对"新子学"提出疑问:"方教授的'新子学'主张,在面对'世界性与中国性的纠结'这一跨文化处境时,除了明显站在中国性的优位这一端,多少也仍然预设了(细微的)东西二分架构,亦即中国性与世界性的本末优次二分之架构。而正是这种中国优位的关怀与东西二分的前见,可能使得'新子学'在摆脱旧有理念束缚的'原创精神',融会当代新理念的'处士横议',以及中国学术如何进行世界性回应的'多元开放气质',容易停留在观念上的呼求,并对'即中国即世界'的非二元论之跨文化交织,显得相对保留与保守。如此以来是否使得'新子学'的果敢与回应当代的新文化转型课题,在观念与实践之间产生徘徊犹豫与不易跨越的间距?这将是值得观察与对话的课题。"

"新子学"是否可以继续保持团队研究，但又能建立在自主性研究方法的展开上，这种学术内部的方法问题很值得探讨。林先生还探讨了诸子学和哲学的关系。他认为"新子学"意识到哲学对子学张力的限制，这种观察很敏锐，所以之后研究中，可以尝试更多的跨学科交流。关于执古应今的问题，林先生也有深入的思考。他认为如果我们当代人为应对当代问题而去回顾古代思想智慧（如先秦诸子学），这时会遇到一种困境，即我们当代人也承受着当代问题，我们带着有问题的心理去面对古代，又如何保证得出的成果能够应对当代问题？所以"新子学"似乎可以先不急着用诸子理论来直接应对当代问题，而是先用诸子理论来分析我们当代面临的问题是什么，这意味着透过诸子学实现对当代的理解应成为一个更优先的面向，这不失为解决困境的一个方法。最后，林先生继续讨论了"新子学"与跨文化的问题。他指出，无论是新儒学还是"新子学"，面对东西方文化都有一种二分的预设，认为东西两方文化很不一样，比如西方是个体的、断裂的、重知识的、重论证的，东方是群体的、延续的、重实践的、重直觉的。这种二分似乎会影响东西方之间的理解和对话，所以"新子学"作为对传统学术范式的革新，这些固有观念也是值得它去反思的。

会议第四项是由大陆学者进行回应

针对台湾学者精彩的发言，大陆学者在作了认真的回应。首先是方勇先生围绕"新子学"理念作了进一步阐发。关于如何处理中西方文化的关系，方勇先生主张以中国文化为主体。他以当前高考为例指出，原来语文的重要性有些被忽视，学生往往不愿在语文方面花很多精力，结果导致外语掌握得较熟，而母语运用技巧较差，现在政府已有调整，开始关注母语教育，增加语文考试的分值比重。从这个简单的例子就可以一叶知秋，体会传统文化在个人成长和国家发展中所起到的重要作用。关于"新子学"和各种学科间的关系，方勇教授指出，"新子学"不只是局限在一种学术领域内，它和各类学科都有互动。甚至它已经超出学术界进入了教育界，出现在中学考试里面，说明教育界人士对"新子学"理念不仅有了解，而且很肯定。去年11月份由厦门大学、上海大学、河南省社科院在厦门联合举行的"新子学"国际学术研讨会以传统文化的传播为主题，吸引了很多传播学界的研究者参加讨论，他们认为"新子学"对开拓他们的视野有很大作用。所以"新子学"应该被视为一种理念的引导。关于"新子学"和哲学，他指出，"新子学"并不是要脱离哲学思辨，只是说现在的诸子学被肢解到文史哲各学科下，各学科学者互不相通，研究领域过于琐细，而且宝贵的子学思想资源都被拆解成哲学的资料、史学的资料、文学的资料，所以他主张中国传统的东西要回归到整体来研究，而不是说要去哲学化。关于古今的问题，"新子学"提倡一种理念，不是直接拿来断案，古人有用《春秋》来断案的，但"新子学"不打算这样做。"新子学"提倡一种开放多元的子学精神，这是经过整合而得来的总的精神，而不是说某一家的具体说法可以直接拿来用。方勇先生回顾他对"新子学"的研究历程，指出刚开始的《"新子学"构想》是比较笼统的、概念性的、口号性的，之后的文章将逐渐具体化，每篇侧重于某一具体方面展开论述。另外，方勇先生申请了"'新子学'与中华文化重构"这个国家社科项目，在"新子学"讨论深入了之后，将具体展开这个项目，对它全面总结。然后，当"新子学"发展成熟后，学界内部会再进行第二轮消化，就像孔子之后有孟子发展，老子之后有庄子发展，当孔孟、老庄为儒、道定型后，后人便可以更自由地发挥。"新子学"的思想体系经过几轮完善而确定之后，后人也可以自由地发挥，而现在"新子学"所表达的仍只是部分的观念，之后还有待进一步完善和定型。总之，方勇先生指出"新子学"如果能契合时代的发展方向，它自然会有无穷的生命力。所以，现在需要各路专家来为"新子学"把脉，帮助"新子学"形成正确的方向，从而引导中华民族的传统文化朝着正确的方向发展。发展"新子学"任重道远，因为它不是针对某一个学科、某一种理论，而是要理出一种共同的理念，很难把握，这个过程需要各路专家多给意见，从这个方面看，本次会议意义很重大。

刘思禾先生针对台湾学者的建议作了更深入的探讨。他指出"新子学"这一术语是一种期待，"新"意味着对原有格局的不满，意味着可能的方向。"新子学"有两个层面：一是学术层面上诸子学在当代的展开，为诸子学研究提供一个新范式，刚才林先生的建议主要侧重这一层面；另一个层面，"新子学"被视为文化观念，涉及道统、政统、多元等概念。在讨论"新子学"时其实可以将这两个层面结合起来。刘思禾先生提出我们现在研究子学时一定要反省目前的哲学史写作能否真正切入到先秦原本的语境中去，比如孟子、荀子等学者都会很重点地讨论土地、税收等实际问题，这些问题和其他问题在当时语境下都是圆通的整体，我们没法绕过去，但这些内容在当下范式下却是没法展开的。基于现代学制形成的解说方式给我们百年来的子学研究带来很多问题，所以我们应该思考能否找到一种办法来解决它们，这是"新子学"的一种"新"。第二方面的"新"涉及历史上关于经子关系的叙述，刘先生将其视为今天讨论诸子学的基石。他认为，《汉志·诸子略》中保存下来的诸子学格局经过后代的演化，脱离了先秦的基本语境，导致在很长时间内"经尊子卑"、儒家高于其他诸子的观念占主导，直到胡适、雅思贝斯等人才提出挑战。因此，今人研究诸子学所立足的基点是需要进一步检讨的。沿着汉代之前子学顺延、不断裂的演进传统会发现更复杂、更细腻、更具启发性的原初境遇，这就是"新子学"的另一种"新"。接下来，刘先生针对台湾诸位先生的提问作出了相应回应。针对杨儒宾先生关于经子划分的论述，刘先生表示接受，同时提出，在现代性的世界中各种传统都在融解，经学在传统社会所占据的地位不一定能够维持下去。刘先生认为，我们需要探索的是在经子关系处于混沌形态的时候，有没有一种脉络导向了后期的格局。如果有，那种脉络有没有另外解说的可能性。他认为这是诸子学视域的独特视野，能发现在现有学科架构下无法观察的问题。针对方万全先生所讲的"机会主义者"的方法，刘先生认为，这种方法适用于单部经典，但诸子学是一个整体，内部的相关性十分密集，无法直接与西方资源相对应，因而会有诸多限制，所以必须采用整体性的处理方法，切入到原有的文献与语境中去。针对何乏笔先生和赖锡三先生关于"何为本土性"的疑问，刘先生首先引用林明照先生所讲的将其作为一个策略性的思考与方便的工具来看待与使用。接着又讲到了另一个层面，他认为所谓"元典"，是一种期许或指向，前提是警惕异己的观念与话语体系，即不能随便使用西方话语来解释先秦经典。何乏笔先生讲的"混杂现代性"的问题在于其内部并不能构成相对圆通、具有融贯的生命力的整体，那"混杂"也无所指向。我们现在研究的是，如何实现中国早期的思想参与到自身的现代性建设中来。"新子学"的建构，能够探索早期思想的脉络、境遇与意识，研究其与中国现代性的圆成的内在相关性，这是我们的期许。针对林明照先生提到的关于"新子学"的叙述、形态建构等，刘先生引用方勇先生关于"新子学"研究方法的表述，即研究的原理化与社会科学化来说明。他进一步将"原理化"表述为"恰切的理论性"，他认为做到这一点需要细微的辨析和研究，同时借鉴西方哲学的研究理论。社会科学化是学科性的问题，两种可能的方向分别是跨领域研究与自身知识结构的调整。针对林先生"现代人以有问题的心灵，借助古典的未知所以然的文本面对当世的问题，有效性如何实现"的问题，他认为，真正古典时期的经典，是有一种洞穿力的，虽然这种探索有一定风险，但也值得去努力。

陈成吒先生进一步作了回应并谈了自己的认知。他认为，"新子学"是面对传统文化发展与当代中国文化走向的新的视角、路径和平台，归根结底是一场文化实验。首先，他回顾了"新子学"提出的背景与契机。他认为，当今时代缺少能切中社会现实、解决社会与学术文化发展问题的观点。每个时代都会有每个时代的问题，由此会产生一群思想家。他着重强调了"一群"而不是"一个"。他结合个人研究，认为之前研究的缺陷在于缺少将个人置于群体中的群体性研究。接下来，他从社会现实、学术发展、个人困境三方面问题来阐释"新子学"提出的必要性。中国传统文化的主流一直是儒家以经学为核心的"以一统多"的模式，这种模式的问题在于无法从根本上解释诸子百家的问题。诸子百家的现象启发我们需要更多注意到群体性，不能只强调某一家。以此来理解中国传统文化，进行意识的重构。陈先生又针对"新子学"涉及的中西问题进行了辨析，他认为应该摒弃二元二分的观点，强调"互为他者"，通过"他者"来确立自我。"新子学"强调"以中国文化为本位"实际上源于中国文化彻底西化的现实。由此出发，陈先生又进一步阐发了"新子学"与哲学的关系，他认为，现代学科下的哲学主要采用的是西方的方法论与思维方式，单以这个视角很多问题无法解释。而子学本身应当是思想性的探讨，这也是"子"相对于"经""史""集"所特有的，因此，"新子学"的"子"是诸子百家的"子"，兼具个体性与群体性，具有不同于经学的特性。

还有方达先生专门针对赖锡三先生和何乏笔先生对于"新子学"的疑惑谈了自己的看法。他认为，"新子学"所提倡的中国"主体性"和"多元性"是一种需要深入辨析的概念。"主体性"意味着对中国作为一个叙述主体的承认，"多元性"意在表达先秦诸子思想的基本形态，以及构成中国文明架构过程中的具体作用与意义；另一方面则是着眼中西文明碰撞的层面，寻求一种在此交互过程中凸显

"新子学"自身意义的价值立场。"主体性"和"多元性"如何沟通,"新子学"还需要在理论架构的层面上给予详尽的界定与论证。既而方达先生提到,在赖锡三、何乏笔两位先生看来,"大陆新子学"与"台湾新庄子学"的基本精神和观点相似,都批判学术政治化所造成的一元独尊,并尝试恢复学术多元自主性的众声喧哗,皆企图解构"以一御多"的文化中心论、本质论、主干论,并由此解构而走向学术自由、文化多元的多音复调。也正因此,两位先生对"新子学"同时所坚守的"主体性"表示出疑惑:在消解中国传统思想旧有架构,认识到"混杂现代性"境遇中不得不面对的"多元化"的同时,"新子学"在学理层面上,如何可以宣称自身具有"主体性"呢?对此,方达先生则指出,实际上,先秦思想的核心问题意识便是司马谈所说的"务于治",而司马氏所谓的"治"不仅仅是现实的社会治理,更反映了先秦诸子时代的基本文明形态,即先秦诸子对"人"与外在世界交互和谐状态的普遍性追寻,而这种"交互"的方式又意味着作为思维载体的"人",始终对变动不居的现实境况保持相应的思考与解决的办法。"新子学"对诸子思想的整体概括显然已经跳脱出传统的"经子关系",在承认以"六经"为代表的"继承"与相应的"重构"具有相同价值的基础上,诸子思想不仅在达成最终理想秩序状态的方法层面上,呈现出多元化的面貌,而且还在相互诘辩的过程中体现出对周文系统"主体性"的继承。换句话说,虽然诸子在具体思想主张上体现出极大的差异性,但从未出现过对中国文明主体性的否定,而只不过是在达成方式上具有批判与反批判的"反思精神"。因此,"新子学"所说的"主体性"是站在中国文明的层面上,在认为中国文明与其他文明型构具有不同形态的基础上提出的,而"多元性"则是在特定文明内部的方法论的意义上展示出来。"新子学"的"主体性"与"多元性"在学术层面上的意义在于:在坚守自身文明"主体性"的同时,对构成文明的学术思想始终保持一种反思与批判的态度，并由此相应地通过方法论上的"多元化"，规避"主体"自身的独断与僵化。如果直接以"去中心化"思维模式来观看"新子学"，其所提倡的"多元"与"主体性"确实无法呈现出自洽性。但二者的问题在于，这种普遍化的"去中心化"思维模式，是否可以越出思维的界限，直接作用于实实在在的传统经典文本之上，并由此得出相应的包含了对现实判定的学术结论。换句话说，这种"去中心化"的思维模式是否已经在"人"实际的运用过程中得到了反思与批判。正如《再论"新子学"》一文所说，这种没有共识的"多元化"就是缺乏自我批判的"多元化"，其到最后只能呈现为一种完全碎片化，甚至虚无化的面貌。而对于"共识"中的"多元性"与"主体性"，"新子学"恰恰给予了自己的回答。

会议第五项是由台湾的博士生发言

首先发言的是来自中正大学的陈康宁博士。他从三个角度对"新子学"提出了疑问。第一，他提到在阅读的关于"新子学"的文章中，印象比较深的是郝雨先生提出的"新子学"的对立面是"新儒学"的观点。他承认儒学在发展中的单一性问题，但同时也强调儒学对于处理现代性问题的重要面向，批判新儒学并不是否定儒学。他认为，对儒学作反思，与把"新子学"与新儒学对立起来关照具有不同的意义。他担心从理念上的对立若到一定程度会产生一些问题。第二，他指出，很多文章提到先秦诸子百家争鸣与现代中国的学术面貌很相似，并引刘思禾先生的观点"新子学的主旨问题是帝国逻辑"，核心是面对当时的体制提供一种强有力的批判。针对这一观点，他提出疑问，"新子学"面向中国社会与文化能提出怎样的批判？第三，他提出，"新子学"主张以"多元并蓄"的视角看待诸子，但诸子各派都充满张力，那么"新子学"应该以什么样的理念看待这种张力？

接下来发言的是中正大学的李志桓博士。他谈到一些大陆学者拒绝使用"主体"这个词，他认为这是一种语言上的误区，台湾学者想表达的是"比较"的意思，而大陆学者担心这种比较变成廉价的套用。他认为"新子学"也是在与经学、儒学的对照中发展起来的，这与中西比较的意义是相通的。其次，他提出了"新子学"是应用于学术史还是当代生活的疑问。他认为在学术史意义上，可以通过写作文章来改写学术史的图像。在当代生活中，中国社会的古典文化资源取向还是儒学与经学，我们从中寻找智慧有时会产生激情的误读。所以，在与当代生活的关系上，"新子学"应该与儒学进行对话，这样才可能会产生更好的古典语境。

最后发言的是交通大学的蔡岳璋博士。他通过几个提问来提出自己的想法。第一，他提出台湾新庄子学和新儒家的出发点是自由民主，大陆新儒学出发点是为了克服西方社会由民主衍生出来的危机，大陆"新子学"在面向现实的意义上如何看待这一点？"新子学"与大陆新儒学在同一政治框架下应如何避免内部矛盾与自我异化？第二，他提出应以比较的视角看待亚洲各国的普遍性与特殊性。对于"新子学"，应如何在历史自主性与排他主义的危险中取得平衡？

会议第六项是与会学者自由讨论

首先，经济学界代表浙江省再生资源公司郑伯康先生发言。他从自己长期从事企业工作的经历讲起，认为企业经济与管理方面的理念都是来自于西方的，中国本土的经济学并没有产生。郑先生说，方勇先生的《"新子学"构想》对他启发很大，他认为企业家应该从诸子百家的思想中吸收营养，形成本土的竞争优势，进而提出了"子商"的概念，并撰文阐释这一理论。他认为，"子学精神"就是多元、开放与关注现实，而学术也应当为现实服务。接下来，郑先生以《"新子学"理念价值与"一带一路"战略实践的思考》为题,阐发了自己的见解。他从三个维度阐述了"新子学"与"一带一路"战略的联系。第一,提出的时间节点高度吻合,都是时代发展的必然;第二,精神高度吻合,都是时代应对的产物;第三,格局与气度高度一致,都为中华民族的复兴与人类文明做出了贡献。郑先生认为,全球共用诸子文化的时代已经到来,必将影响更加久远的未来。

其次,陈成吒先生对台湾博士生的发言作了相应回应。针对陈康宁博士提出的"新子学"与儒家的关系问题,陈先生认为,"新子学"并不是单纯批判儒家,而是揭示儒家对文化构解的问题。"新子学"是把儒家作为诸子百家中的一家,与诸子相互连通。对于"新子学"与政治的关系问题,陈先生表示,"新子学"不依附于任何专制或社会进步的反面。

然后是强中华先生的发言。他认为,台湾学者以包容、开放的心态来谈"新子学",本身就是一种子学现象。他将"新子学"的理念凝炼为"多元共存""多元化生"。他认为,"子学精神"在过去很多领域都存在,也在很大程度上被遗忘。我们提出"新子学",首先要引起大家的关注,关于它的内涵、方法论等还要继续探讨。

接下来是杨秀礼先生的发言。他将本次讨论的问题归纳为"新子学"如何接入传统、接入大众,如何处理好自我与他者的关系,在这一过程中应提供一种什么样的智慧与胸怀。

最后是李小白先生的发言。他以自己史学的专业背景,提出如何以史学的角度看待子学与"新子学"。他提到,方勇先生所主持的《子藏》工程与诸子学术史的梳理,提供了清晰的历代子学发展的图景。他认为,要从史学的角度重新定位历史上的子学,子学的文献都可以作为史料,来梳理历史脉络中子学发展的处境,及其与周边势力的关系等。这是一份"正本清源"的工作。另一方面,他提出,从研究主题的延展性与可持续性来看待,一个议题的提出要有很强的解释空间，从而吸引更多的人从事这方面研究，获得对于自己生命的满足，这也是子学精神的体现。

会议最后一项由会议召集人作总结发言

赖锡三先生表示，"新子学"的内部有很强的张力，一方面"新子学"核心研究成员所作的探索在回归历史脉络，找回整体的原初语境，这个恢复有对于断裂的原初的元语境的批判，也有对当代文化主体性的找回，这一部分的学术工作很扎实。另一方面，赖先生指出，面对时代与个人的焦虑，我们回到两千年传统的历史语境，在叩问古典的时候，还是以回应时代的处境为出发点。这就有两种张力，到底是以回归历史为优先性，还是以面对当下的处境为优先性。他以何乏笔先生与法国汉学家于连论辩的例子来解释这个问题。依据于连的立场，在中西文化交流之前，比如先秦，是一种纯粹的原中国，不涉及任何西方的概念，因此于连反对用西方当代的概念去翻译原初中国的语境，并强调古希腊和先秦是两种异质性的文化。何乏笔认为这种论点是强调历史优先性而对于连提出批评。何先生提倡的优先性是面对当下，这个处境的优先性是叩问古典的基点。赖先生以此对"新子学"提出建议，认为"新子学"两个方向都想打通，但目前研究人员主力的训练在回归原始语境。实际上，这两方面不是对立的，"新子学"有对现实的关怀，就必须让这两者相互转化，这样才能合乎"新子学"复兴诸子、应对现实的追求。

方勇先生最后作总结发言。他表示，"新子学"的提出是为了共同探讨中华民族文化发展的大方向，很希望以赖先生为代表的台湾学者提出批评与建议。并希望何乏笔先生能将"新子学"介绍给欧洲学术界，希望方万全先生以中西打通的学术背景多为"新子学"提建议，另外，林明照先生以哲学的思考对"新子学"提出的观念性的问题都很值得重视。方先生认为，这次会议对"新子学"的推进起到很好的作用。同时他也提出,"新子学"是大家的,我们所做的工作都在为中华民族的发展探索一些路径。方先生同时讲到,明年 6 月在韩国将要召开"新子学"国际学术探讨会,明年 11 月在上海也要召开"新子学"国际学术研讨会,这期间还有很多小型会议与个人间的探讨,方勇先生诚挚地邀请大家共同参与到"新子学"的探讨中来。

最后,与会学者合影留念。

(原载于《诸子学刊》第十八辑。作者单位:华东师范大学中文系)

东西文化视野中的"新子学"
——韩国"第六届'新子学'国际学术研讨会"综述

刘思禾

"第六届'新子学'国际学术研讨会"近日在韩国国立江陵原州大学举行。来自中国大陆及台湾地区,以及韩国、美国、日本、新加坡等国家的100余位学者,针对"新子学"的发展以及中国学研究诸问题,进行了讨论。

东亚语境与"新子学"的国际意义成为本次会议的一个亮点。韩国中国学研究会顾问池在运教授指出,韩国文化深受中国儒家文化特别是朱子学的影响。朱子学对于古代朝鲜具有深刻促进作用,同时也带来了一些问题。"新子学"作为一种新的学术思潮,对韩国学术界的中国学发展有重要意义。江陵原州大学金白铉教授则以神明观念来讨论东亚的现代性建构问题。他认为,神是具有内在性和超越性的自然而然的虚灵之道,明是外在性和超越性的目的理性,因此,具有超越性的内神与外明可以通而为一,圣与王通过具有超越性的神明而可以妙合。质言之,内在性的圣与外在性的王通过具有超越性的神与超越理性主体的明才可以妙合,而成为原于一的道术,这就可以为东亚世界在面对西方时的文化发展提供一个方向。韩国成均馆大学朴荣雨教授特别提到朝鲜历史和朱子学的关系。他认为,朱子学为朝鲜半岛提供了一个正统思想体系，在巩固了李氏朝鲜晚期的统治的同时，也造成了很大的负面效应。李氏王朝时代思想最重要的特点是朱子学的生活化，儒家的价值系统在两班家族生活中体现得淋漓尽致。在李氏王朝后期，曾有韩国儒者寻找孔子原意的努力，但是都没有重要影响。当代韩国中国学也仍旧保留很多这样的情况。韩国圆光大学姜声调教授则讨论了韩国的思想与"新子学"的关系。他认为，对于现代韩国中国学的研究而言，诸子学的开放性是一个重要的通道。"新子学"理念对于打破韩国学界固有的儒学至上观念很有意义。诸子学发展对于韩国思想而言有两种可能，一种是对原有的思想体系的冲击和调整，另一种就是诸子学所倡导的多元学术精神成为主流。日本熊本县立大学山田俊教授对"新子学"的思路给予很高评价，他认为日本的汉学界有必要关注"新子学"，并就相关问题展开深入讨论。与会学者共同认为，诸子学传统以及"新子学"的探索都不仅仅是中国的，也是东亚文化圈所共享的，从东亚视角来看"新子学"的发展，对于其现代使命能够有更深的理解。

与会学者还深入讨论了"新子学"与西方思想、中国现代学术体系的关系问题。针对华东师大方勇教授关于"新子学"的论述，美国加州州立大学刘纪璐教授认为，"新子学"基于对传统经学心态的批判，但是其对于自身的发展目标则有不同构想。严格地说，方勇教授的思路不够革命化、创新化。刘教授认为，"新子学"应该转化为"新中国哲学"，其重点不再区分经学、子学，不再强调提倡诸子以应对儒家独尊，而是以所有中国传统思想为今日开创新思想的跳板，寻找思想者自己独创一家之言的可能性。刘教授以意大利学者Roberto Esposito 的《活生生的哲学：意大利哲学的根源性与现实性》为例，说明不同文化传统与当代哲学发展的关系："这种追根溯源，保存传统关怀，而同时拓展新地，建立自成一家的活生生的哲学，才是今日我们应该提倡的'新子学'。对中国哲学不要做狭义的理解，而要发展有中国特性的哲学,就必须把中国独特的宇宙观及世界观讲清楚。"因而,她认为,"诸子"的英译应该是 philosophers,而"新子学"的英译就是 new philosophy。在这个意义下,"新子学"就是新中国哲学,是中国哲学在 21 世纪寻找新思潮。针对刘纪璐教授"新子学"的翻译问题,与会学者提出不同意见,认为要注重中国术语的自身脉络,而不必一定以西方的术语来翻译。还有学者概括了当前"新子学"的四种翻译方法,即纯粹的拼音翻译(xinzixue),以哲学来翻译(philosophy),以一般的术语来翻译(Thought master),以及使用半英文半拼音的方式翻译(Neo-Zixue)。这里的关键问题是如何使用中国固有的术语来表述中国的思想。针对方勇教授提出的新学术体系的提法,刘纪璐教授也提出疑问:"新子学"研究和中国哲学研究的差异究竟在哪里?方勇教授认为,如果把"新子学"和中国哲学当成是古代思想传统的研究路径,那么的确没有必要强分二者,而是要合观共进。"新子学"所以提出自己的看法,还在于对于中国哲学研究的既有模式抱一定的反省态度,而期待有一个新的变革。当然,"新子学"并不是也不可能包揽古典研究,而是在现有的学术格局之内做一个必要的学术分工,追求现代问题不妨碍深究古代智慧,立足西方资源也不妨碍有中国立场。不同学术格局之间的交流互动,才可能真正推动中国思想研究的发展;解决当代的实际问题,关键还在各司其职,共同努力。

在本次会议中,"新子学"的研究方法与研究路径也是与会学者讨论的重点。韩国圆光大学李庆龙教授认为,以社会科学方法研究诸子学,是对玄学化研究思路的一种改进,有助于在研究深度和成效上推动诸子学发展。他以中国的国野制度与孟子性善论的关系以及老子小国寡民思想与战国早期城市发展为例,说明对战国时代诸子思想的研究要落在具体的历史语境中,同时需要借助当代社会科学方法加以解释。他也特别提到战国时代重视经济增长和重视国家分配这两种不同的思想路线。而与会的其他学者则讨论了战国时代国家规模扩大与庄、孟到荀、韩的思想演进之间的内在关系，认为从庄、孟到荀、韩的思想演进可能不是顺延的，而是一种思想格局的翻转，其根本原因就在于当时国家规模演进带来的制度变革压力。这些看法和方勇教授提出的"新子学"研究要注重社会科学化与原理化的认识是一致的。华中师范大学刘固盛教授非常赞同"新子学"的学术理念，他提到各个时代的子学是不同的，古代有古代的子学，近代有近代的子学，当代则应该有当代的子学。他反对独尊儒术的主张，同时认为"新子学"之"新"可以开放讨论，要重视哲学界和思想史界学者的意见，特别是不同的意见，让学术界同人发表意见，在讨论中达成共识。

此次第六届"新子学"国际学术研讨会以"新子学"讨论为中枢，广泛涉及中国思想研究，尤其突出当代世界语境，对于"新子学"发展以及韩国的中国学研究具有推动作用。与会学者认为，"新子学"作为一个当代学术讨论的范例，不仅要面对当代中国的语境，也要注意到不同学术脉络，要注意到当代问题意识以及文化间的交流与碰撞。本次学术会议对于了解东亚思想格局以及中国学术的跨国性，对于推动各国学者之间的"新子学"交流，对于当代韩国中国学研究的发展，都具有重要意义。

（原载于《光明日报》2018年7月28日11版。作者单位：华东师范大学先秦诸子研究中心）

诸子学研究的转型与走向
——第六次"新子学"国际学术研讨会述评

[新加坡] 劳悦强

自2012年"新子学"的构想提出之后,五年来学界对这个概念的界定和内涵依然争论不休。2018年6月,由韩国中国学研究会、韩国道家道教学会、韩国道教文化学会主办和韩国江陵大学人文学研究所、神明文化研究院承办了"第六次'新子学'国际学术研讨会",此次会议聚集了中国大陆、中国台湾以及韩国、美国、新加坡各地的专家100多人,表述了各自对"新子学"的理解,当中更有中文论文专门探讨"新子学"作为概念范畴的内涵以及其外延意义。本文简单介绍部分中文论文,以便剖析"新子学"目前所面对的困难。

曹础基教授的论文所提到的"新子学"是"新之子学"还是"新子之学"这一话题聚焦了不少讨论。方勇教授发表《"新子学":目标、问题与方法》[①]一文,回应二者之间不是一种非此即彼的对立关系,而是相生共促的。他说:"'新子学'当然意味着诸子学的发

---

① 见《神明文化研究:第六次新子学国际学术研讨会特辑》,神明文化研究院2018年6月,第6-14页,第23-30页,第32-50页,第51-66页,第60页,第316页。

展,亦即'新的诸子学',同时也包含'新诸子之学'……没有新的思想体系的建构,即无所谓'新子学'。"意即"新子学"的发展需要新的思想家的出现,亦欢迎新的思想家的出现,但新子学的当务之急,不在培养新的思想家,而在构建名为"诸子学"的现代学术体系。方教授说:"'新子学'就是试图摆脱哲学等现代分科体系的窠臼,建立以诸子传统为研究对象,具有相对独立研究范式的现代学术体系。这是'新子学'的目标。"

方勇以为诸子学的研究急需学术转型。其中很重要的原因是他认为源自"近代诸子学"、由胡适、冯友兰等人以逻辑重构为方法建构起来的关于诸子的中国哲学史的研究,是"诸子学的歧途"。在哲学史的研究路径下,"学者通过对西方概念、体系、方法的模仿,完成对中国古代传统的形塑";"子学渐渐失去理论自觉,沦为西学理念或依其理念构建的思想史、哲学史的'附庸'"。然而,诸子学不是哲学,"逻辑问题或者建造理论向来不是诸子最关注的问题","傅斯年曾提醒过……古人如司马谈、班固,皆以诸子学为致治之学,梁启超也说:'所谓百家言者,罔不归宿于政治。'"因此,"'新子学'不必如胡适、葛瑞汉等学者那样,以重新发掘诸子时代的逻辑发展为中心,而是应当反过来探索,诸子的态度其真实意义在哪里"。这样的新探索,对了解轴心时代,即处于转型期的中国文明的基本形态至为关键,亦是"新子学"真实的价值所在。

新的路径下有新的视野,亦需要不同于以往的研究方法和研究素养。方勇在《再论"新子学"》中曾经提倡"要平心静气面对古人",在此次会议上,他进一步解释何为"平心静气":"不是心里先存着一个西方的范例,然后研究诸子学,而是努力回到'原始语境',在诸子时代的整体语境中运思。"所谓的"西方范例",是指种种以西方的问题意识、立场、价值观念等为基准的头脑中的先入之见。方勇以为在"新子学"的研究中,研究者必须反省这些"前提"，并说明其合法性。而所谓的"回到'原始语境'"，是探索"诸子的争论焦点为何，诸家的冲突与融合为何，问题意识又是如何演进的，哪些洞见出现了又消失了，哪些则一直保留下来？"他希望使用原有的术语，不要直接借用西方相关术语，关键术语之间的互译是最复杂的比较工作。此外，就研究素养而言，他认为研究者的文献意识及思想能力是研究的两翼。"文献意识是打开原始语境的必要手段，而思想能力的训练是把握问题的关键。"因此，哲学和文献学的训练是必要的，但"也要能够摆脱这些训练带来的弱点，真正转化为处理诸子学问题的能力"。

对方勇教授的倡议，来自加州州立大学富乐敦分校的哲学系主任刘纪璐教授撰写了《从"新子学"至"新中国哲学"》①，提出了不同乃至截然相反的意见。她提倡放弃拥护"国学"的心态，而将"新子学"发展成为"新中国哲学"。首先，她认为"国学"与"西学"的分化建立在本质主义的预设上，造成中西学的对比竞争，而且隐含有民族主义的情怀。言下之意指中学、西学的（本质）对立是一个需要反思的课题，当中包括研究者的爱国情怀和民族主义立场。再者，她以为在排斥西学下的重返诸子时代，即对中华文明的反思，"必然是无根之水、无本之木，同时也是永远飘浮在空中、无落足点的虚幻之羽"。她主张，不但不必要区分国学与西学，亦不必区分经学和子学，因为这样的区分"无异于在当代中国哲学思维中选择性地排斥异己，自限路线"，而新子学会成为另一个思想僵化、故步自封的学术体系。最后，即使刘教授认同新子学的重点应该在子学的现代性，但她认为方勇等人主张的"现代性"是不足的，"现代性

---

① 见《神明文化研究：第六次新子学国际学术研讨会特辑》，神明文化研究院2018年6月，第6—14页，第23—30页，第32—50页，第51—66页，第60页，第316页。

不仅在于将古代哲思运用于今日，而在于培养今日的诸子"，"今日的诸子不必执着于对着先秦诸子学'照着讲'或者'接着讲'，而是要浸润于古哲的思想文化中独创新言。今日的思想家应该本身是融汇各家思想，贯通古今中外，而自成一家的'子'。这才应该是新子学的目标"。

方、刘二教授提出的"新子学"的目标，重心截然不同。方教授以"新子学"为新的现代学术研究体系，而刘教授以"新子学"为新的一家之言。同时，刘教授以为，当代的诸子必须要有深度的思维，加上广度的诉求魅力，因此能够贯通中西是一个必要条件，"要是我们只能阅读先秦文献，而对于现今世界的多方位思想文化孤陋寡闻，那么我们只能作为典籍的诠释者，而不能自称是思想者，我们的著作也不会有普世的诉求魅力"，"如果我们认清楚诸子精神是多元化、歧异化，那么我们应当立马放弃寻找一个建立新的学术走向成为国学的企图。当今学者必须能中西并通，不是因为中国哲学必须以西学为体或是以西学为用，而是因为这是我们作为知识分子应有的知识条件"。

在方、刘二人的热烈讨论外，东北师大的刘思禾先生撰写英文论文"On Neo-Zixue"①，回顾了传统子学、近代子学的发展情况，又重申方教授所提倡的构建现代诸子学学术体系这一主张，并予以支持。刘先生以英文撰文，显然尝试向西方学者介绍新子学的概念，但将"新子学"译作"Neo-Zixue"，似乎反映了这一新主张的模糊性。何谓"子学"，本身的意涵并不明晰，再音译"子学"，对不谙中文的读者而言，实在难晓其义，不利于切磋交流。华东师范大学的方达

---

① 见《神明文化研究：第六次新子学国际学术研讨会特辑》，神明文化研究院2018年6月，第6-14页，第23-30页，第32-50页，第51-66页，第60页，第316页。

先生则提出"新子学主义",讨论"新子学"所坚持的"主体性"与"多元性"两个立场并存的合理性。①

"新子学"发展至今,虽然在文献工作上有重大进展,譬如《子藏》工程的建立,但在学术史研究、思想史研究方面尚有待推进和阐述,新的研究范式仍然没有建立起来。在理论构建上,缺乏"核心理论"②,"只有命题假设而没有实质的理论内容"③。此次韩国江陵原州大学等学术文化机构主办、主题为"神明文化研究"的新子学国际会议所涵盖的众多学术论题,也从侧面反映出建立一种体系化的"新子学"可能会遭遇的许多难题。首先是"新子学"统摄的传统文献范围以及这些文献在多大程度上会有助于我们重构所谓"原始语境"。如黄奭《〈黄氏逸书考〉道家类辑本探讨》所示,传统的子学经目涉及兵家、杂家、农家、术数、小说、杂家等众多性质不同的文献,它们看似与寻常讨论的先秦孔、孟、老、庄等诸子没有直接相关性,但正如萧霁虹《道教科仪在云南的传承与演变》提示我们,云南巍山神霄派的道教科仪本就夹杂有一些医药处方,我们所说的道家思想或儒家思想究竟如何渗透了中国古代文化及实践的不同方面,离开这类庞杂的文献,似乎也很难拼接出一个真正的"原始语境"。又如肖海燕对马叙伦《庄子》研究的探讨和韩国学者李在权的王弼研究,子学的文献范围还涉及先秦之后历代学者以及僧人道士的新颖诠释。如果要为"新子学"规定一种统一主题,如方达先生所讲,

---

① 见《神明文化研究:第六次新子学国际学术研讨会特辑》,神明文化研究院2018年6月,第6-14页,第23-30页,第32-50页,第51-66页,第60页,第316页。

② 孙广、周斌《从共同的问题意识探求子学的整体性——"新子学"刍议》,《集美大学学报》(哲社版)2016年第19卷第3期,第21页。

③ 引自曾华建《"新子学"理论建构的现状与反思》,《诸子学刊》(第十三辑)2016年,第220页。

先秦诸子都有"对'人'与外在世界交互时关于和谐状态的普遍性追寻"①，都面临"周文"疲敝这一困境，那么后来的新道家如王弼、郭象又面临的是什么困境？这一魏晋困境与先秦诸子所面对的挣扎又是否相同？怎样处理传统文献注释体裁中经典的连续性和不同诠释者个人体现的非连续性，是否承认后来新道家、新儒家中重要思想家，甚至佛门中硕学在"新子学"中的位置，这些是值得反复思考的重要问题。后来的经典诠释者无疑已经在很大程度上影响了我们对先秦诸子的理解。此外，还有历代一些知识士人文集中收录的文章，既有"文章千古事"，那么它们的意义就不仅在于文学性。这些论说文章关涉丰富的议题，诸子思想亦常为他们援引，其在后代延绵不绝的发展正是对先秦诸子思想所具活力的回响。旧"子学"在中国学术传统中的发展，显然是海纳百川的开放形态，忠于先秦诸子原来百花齐放的争鸣精神。

此外，"新子学"的成立还要处理历史传统中"子学"与"经学"的关系。大家都知道，《尚书》《诗经》等曾为先秦诸子提供了共同的思想资源，但当"六经"成为官学之后，儒学由历代统治者提倡渐成为主导的治世之学，儒者主导了对"六经"的注解，经学与儒学常常混在一起。经学的官方地位以及历史上发生的对"异端"的敌意和打击，很容易让人联想到"子学"代表了被经学或儒学压制的另外的思想活力。今天提出"新子学"似乎也是要重新激活这一部分活力。然而，如果平行地看欧洲，也是直到近代，才有了科学及人文学科各个方面的突飞猛进。现在再将子学从"六经"传统中剥离出来，如果没有新的思想为其注入新内容，不仅可能是相对于西

---

① 见《神明文化研究：第六次新子学国际学术研讨会特辑》，神明文化研究院2018年6月，第6—14页，第23—30页，第32—50页，第51—66页，第60页，第316页。

方的一次迟到的、没有意义的激活，反而可能会是对古代学术系统的再一次分裂。这一问题的现代翻版是备受讨论的"国学"与"新子学"的关系。如前文提到的刘纪璐教授所说，"新子学"成立还要处理与"国学"的关系问题。这就涉及从先秦一直贯穿至近现代的中国学术史，如果没有这方面的集中梳理，"新子学"恐怕很难一蹴而就。

最后必须指出，我们对"新子学"的期待更在于其对今天世界思想可能的贡献。中国思想文献有其独特的观念术语和身心关怀。我们需要穿过这些术语，寻求其更切实的真理意义以及思考它们与现代世界的关系。这次会议中如吕锡琛教授《论〈管子〉"四篇"中的管理心理学思想》及李大华《论"法"意义下的公平问题》及郑开教授《什么是精神哲学？——以全秉薰与徐梵澄为例》都体现了将中国哲学概念与现代问题相联结的类似努力。在面对诸子思想遗产时，西学术语共同参与编织的现代语言系统极容易以先入为主的形式妨碍我们对古代文本的理解。如郑开教授论文中讲到，"精神"的概念"都不简单对应于今语（例如黑格尔的精神哲学其实就是指其 Philosophy of Mind），而是涉及心身之间复杂交互作用的深刻精神现象"。①再者，古代术语如"精神""心术"等都涉及实践的而非纯粹思维的经验，对它们的阐发本身已相当困难。在此基础上建立新的系统性哲学体系，更是难上加难。另一方面，思想的活力来源于触动，面对当今科学技术主义世界观，政治、生态等方面的各类问题，我们固然都可以在古代诸子那里找到只言片语的思想资源予以回应，但建立"新子学"则需要的不仅仅是引证，还需要充分可靠的论述，需要丰

---

① 见《神明文化研究：第六次新子学国际学术研讨会特辑》，神明文化研究院 2018 年 6 月，第 6—14 页，第 23—30 页，第 32—50 页，第 51—66 页，第 60 页，第 316 页。

富的时代意识以及与西方哲学的相互了解,对世界哲学思想动态的密切关注与及时对话,这些能力都需要较长的培养过程。这是"新子学"成立,除处理与文献、学术史等旧问题之外,需要面临的更重要的挑战。

(原载于《名作欣赏》2019年第3期。作者单位:新加坡国立大学中文系)

"新子学"的跨国界对话
——第六届"新子学"国际学术研讨会综述

欧明俊

  由韩国国立江陵原州大学校、韩国道家道教学会、韩国道教文化学会、韩国中国学研究会联合主办，国立江陵原州大学校人文学研究所、神明文化研究院承办的主题为"21世纪全球视野下的新子学与中国学"的"国学"的"第六届'新子学'国际学术研讨会"于2018年6月26日至29日在江陵原州大学校江陵校园召开。参加此次会议的各国学者共100多位，分别来自中国大陆及中国台湾地区和韩国、美国、日本、新加坡等国。大会共分三个子题：新子学、道家道教思想新解、21世纪中国学。与会各国学者分别讨论"新子学"的发展以及中国学研究诸问题。会议编辑了韩国道家道教学会前任会长江陵原州大学金白铉教授发行、成均馆大学曹玟焕教授主编的《神明文化研究》第四辑《第六届"新子学"国际学术大会特辑》，收录本次来自韩国以外的与会学者论文23篇。另一成果为《21世纪全球视野中的"新子学"与中国学》，主要收录由韩国学者以韩文撰写的论文27篇。

  池在运教授（韩国中国学研究会顾问）在大会致辞中强调指出，韩国文化深受中国儒家文化影响，将儒学改造成为儒教。"朱子学"对古代朝鲜具有深刻的促进力量，同时也带来了一些问题，需要反思。"新子学"作为一种新的学术思潮，对于韩国学界的中国学发展具有重要的意义。方勇教授（华东师范大学先秦诸子研究中心）开幕式上的讲话，回顾了自己"新子学"理念倡导和展开的背景和历程，自2012年10月22日《光明日报》刊发《"新子学"构想》一文，正式提出建构"新子学"理念，引发了学界的广泛讨论。后来又陆续发表《"新子学"申论》《再论"新子学"》《三论"新子学"》等。近六年来，"新子学"在各方面取得了长足发展，自2013年4月以来，已经分别由华东师范大学先秦诸子研究中心、韩国国立江陵原州大学校、台湾高东屏区域教学资源中心、厦门大学传播研究所及厦门筼筜书院、台北"中国文化大学"中国文学系举办了五届"新子学"国际学术讨论会，这次会议是第六届，又在国立江陵原州大学校召开，具有特别的意义。方勇教授指出，"新子学"是为适应当今新的时代而发展出的学术新形态，是一个开放性的学术体系，有别于"新文化运动"以来学习西方建立现代分科体系的路径，重新寻找传统学术形态、术语的当代意义。"新子学"就是肯定多元并生的子学精神，反对僵化单一的经学思维，挖掘子学内涵，同时打破对西学的迷信，增强民族文化自信心，为探索民族文化未来走向提供智力支持。"新子学"希望保持某种形态的"中国性"特色，而不是泛泛的中西比较研究，"新子学"的发展是中国文化"主体性"的一种表达。方勇教授高兴地指出，"新子学"理念不仅仅引发了学术界持续关注，在社会上也产生一定的影响，如陕西省公务员考试，一些中学的考试，皆列入"新子学"内容，说明了"新子学"影响范围已经超越纯学术领域，成为一种文化现象。

　　论文发表环节，中外学者重点围绕"新子学"议题阐明了各自见解。方勇教授《"新子学"：目标、问题与方法》对"新子学"基本问题做了总结性梳理和说明，认为"新子学"是一种新学术体系，当然意味着诸子学的新发展，亦即"新的诸子学"，同时也包含"新诸子"之学，二者并非一种非此即彼的对立关系，而是存在着相生共促的密切关联。没有新的思想体系的建构，即无所谓"新子学"，传统诸子学也会失去方向；同样，没有深入的传统诸子学研究，又何谈新思想体系？故而"新子学"将文献研究、学术史研究和思想研究（义理研究）统一起来，包纳并举。"新子学"试图摆脱哲学等现代分科体系的窠臼，建立以诸子传统为研究对象，具有相对独立研究范式的现代学术体系，这是"新子学"的目标。这是一条新的路径，突破晚清以来的学术分科体系，真正发掘中国古典传统，建立一种基于传统问题意识与概念的学科体系。"新子学"之"新"，是对学术分科体系的反思，对原有诸子学研究的推进，也可以视作是一种回溯，期待在现有学术分科体系之外，形成一个古典研究的学术新生态。"新子学"的问题意识就是理解"中国性"，不同于近代以来哲学学科的方向，回归中国性，并不意味着拒绝西方学术，更不意味着一种自我封闭，而是强调拒绝把西方学术作为理解诸子时代思想的前提，要让诸子自身说话，而不是我们替诸子说话，让其各自发言，这才是真正的诸子精神。

会议发起人和操办者韩国道家道教学会前任会长金白铉教授（韩国国立江陵原州大学哲学系）《神明文化与21世纪新道学》一文，以"神明"观念来讨论东亚的现代性建构问题，认为"神"是具有内在性和超越性的自然而然的虚灵之道，"明"是外在性和超越性的目的理性，具有超越性的内神与外明可以通而为一，内在性的"圣"与外在性的"王"通过具有超越性的"神"与超越理性主体之"明"可以妙合，而成为原于一的道术，这可以为东亚世界在面对西方强势文化时的发展提供一个方向。金白铉教授在韩国提倡"新道学"，认为21世纪的文化应该有诸子百家的一面，应该有新哲学、新道家、新子学，甚至有西学，这样才有光明未来。"新道学"应由东西思想和文化的妙合而建立，而儒家、道家、佛教都各具有其界限,严密反思而批评性的继承才是正确的。金白铉教授还强调新道学应该从学院走入民间。金白铉教授实际上是倡导东亚视域的"新子学"。

刘纪璐教授(美国加州州立大学富乐敦分校哲学系)《从"新子学"到"新中国哲学"》首先肯定"新子学"已经由方勇先生的"一家之言"成为当代学人探讨学术转型和思想建设的学术公器。但提出目前"新子学"的走向需要调整,主张应以培养当代的"诸子"为重心,而不是仅仅发扬传统的"诸子学",应以所有中国传统思想为今日开创新思想的跳板,寻找思想者自己独创"一家之言"的可能性。她不满意许多学者仍然把"新子学"当作一种思想史的研究,认为"国学"与"西学"的分化建立在本质主义的预设上,造成中西学的对比竞争,而且隐含有民族主义的情怀。反思中学、西学的本质对立,她主张不必要区分国学与西学,亦不必区分经学和子学,因为这样的区分"无异于在当代中国哲学思维中选择性地排斥异己,自限路线",而"新子学"会成为另一个思想僵化、故步自封的学术体系。"新子学"必须是传统子学的现代化,真正唤醒诸子时代的自觉精神,为学术研究注入生命,为道德实践提供根据。今日应有我们的"诸子百家",今日的思想家应该本身是融汇各家思想,贯通古今中外,而自成一家的"子",要发展有中国特性的哲学,这才应该是"新子学"的目标,现在是我们再度创造中国哲学高潮的时代。"诸子"的英译应该是 philosophers,而"新子学"的英译就是 newphilosophy,要从"新子学"转化为"新中国哲学"。刘纪璐教授"新子家"的期许非常有文化使命感和担当精神,是一种理想的"新子学"。

刘思禾讲师(东北师范大学古籍研究所)的英文论文"On Neo-Zixue",回顾了传统子学、近代子学的发展情况,重申方勇教授提倡的构建现代诸子学学术体系主张,主张将"新子学"译作"Neo-Zixue"。他认为,"新子学"最大的"新",就在于它是一种文化的自觉。在新的历史条件下，子学研究要在一子一家的具体研究的基础上，从学术走向文化，积极自觉地回答时代的问题，努力引领文化走向，乃得子学真精神，也是"新子学"的"新"之所在。"新子学"倡导的是文化研究的多元，反对经学、儒学的禁锢。"新子学"倡导的是民族学术的自尊和超越，是学术的求同存异和兼容贯通，反对党同伐异和"攻乎异端"。方达助理研究员（华东师范大学先秦诸子研究中心）《"新子学"与"新子学主义"：由学术体系到实践方向》认为，"新子学"（xinzixue）自提出开始，便以对中国文明的"主体性"与"多元性"的坚持，作为自身最核心的价值诉求，"新子学"还对现实问题具备有效的回应能力。"新子学"不仅是一种通过论证而得出的学术理论系统，更形成了对当下各种社会思潮的超越。"新子学"在坚守中国文明自我"主体性"的前提下，对构成文明的秩序结构，以及结构中现实思考的"人"所体现出的差异性，始终抱有"多元化"的开放态度，"新子学"对构成文明的学术思想始终保持一种反思与批判的态度，规避"主体"自身的独断与僵化。"新子学"最终的关怀，显然不仅仅局限于纯粹的学术讨论，"新子学"的学术主张显然可以凝练为一种"新子学主义"（"xinzixuelism"）的理念，通过学理层面的可证性论述，"新子学"不仅包含了一种全新的学术体系，还以所提倡的具有共识性的"多元"与"主体性"，同时在纯粹学术与现实政治两个层面，确立了"新子学主义"（"xinzixuelism"）的实践新方向。

欧明俊教授（福建师范大学文学院）《思维改变与"新子学"的创新》思考从思维方面入手，推动"新子学"的创新。强调"新子学"创新的前提是理论素养，理论素养的关键在于思维改变，如果思维没有改变，习惯于诸如零维思维即点的思维、一维思维即直线思维、二维思维即平面思维、偏向思维、绝对思维，再新的题目也很难创新。应善于用辩证思维、中和思维、"一"思维即整体思维、"全息"思维、相对思维、求异思维等思考问题,如用庄子的相对思维来研究庄子以及诸子。将"新子学"比作大树,研究者应有整体观、全局观、系统观,不能满足于就事论事,而应综合应用诸种思维之长,会通创新。任何一种思维都有其局限性,这就需要用另外一种思维来弥补其缺陷。

李庆龙教授(韩国圆光大学)分析了诸子学研究社会科学化的路径。强调以社会科学方法研究诸子学,是对玄学化研究思路的一种改进,有助于在研究深度和成效上推动诸子学发展。李庆龙教授以周朝的国野制度与孟子"性善论"的关系以及老子"小国寡民"思想与战国早期城市发展为例,说明对战国时代诸子思想的研究要落实到具体的历史语境中,同时需要借助当代社会科学方法加以解释。

学术讨论在热烈和友好的气氛中进行。刘纪璐教授主张"新子学"的英译就是 newphilosophy,将"新子学"界定为"新中国哲学",刘思禾讲师主张将"新子学"译作"Neo-Zixue",引起与会学者的热烈讨论。刘思禾讲师和方达助理研究员认为,要注重中国术语的自身脉络,而不必一定以西方的术语来翻译,当前"新子学"有四种翻译方法,即纯粹的拼音翻译法(xinzixue),以哲学来翻译(philosophy),以一般的术语来翻译(Thoughtmaster),使用半英文半拼音的方式翻译(Neo-Zixue),关键问题是如何使用中国固有的术语来表述中国思想。

方勇教授强调"新子学"应从根源处思考,仍旧以"哲学"方式研究诸子学,在很多根本问题上可能没有办法进行开拓。"新子学"就是试图摆脱哲学等现代分科体系的窠臼,建立以诸子传统为研究对象,具有相对独立研究范式的现代学术体系,这是"新子学"的目标。他反思由胡适、冯友兰等人以逻辑重构为方法建构起来的关于诸子的中国哲学史的研究,认为是"诸子学的歧途",学者通过对西方概念、体系、方法的模仿,完成对中国古代传统的形塑,子学渐渐失去理论自觉，沦为西学理念或依其理念构建的思想史、哲学史的附庸。他主张使用原有的术语，不要直接借用西方相关术语。方勇教授强调"新子学"的原创性和多元性，要注重社会科学化和原理化，在跨学科研究中创新，系统吸纳和整合古今学术思想精华，构建出符合时代发展要求的开放性、多元化的新学术体系。他认为，现代观念和原始语境是深化诸子学研究的两个维度，二者之间要平衡。

金白铉教授主张从"为学"与"为道"来论21世纪"新东道西器"观，他分析了近代以来东亚三国面对西方文化入侵的策略及其历史命运，指出中国近代"中体西用"说所论的纲常名教是一种观念物，一种意识形态，而21世纪"新东道西器"观就是要道德主体与认识主体的妙合，这样的资源以先秦道家最丰富。姜声调教授（韩国圆光大学校教育大学院）强调在韩国推广"新子学"的必要性，反思韩国的诸子学研究走进了一条墨守方法论之路，偏离文本，华而不实，亟待自我反思。他认为"新子学"理念正潜移默化地推动韩国学术研究的转型，韩国的中国学研究，诸子学的开放性是一个重要的通道。"新子学"理念对于韩国学术思想的发展有两种可能：一种是对原有的思想体系的冲击和调整，另外一种就是诸子学所倡导的多元学术精神成为主流。朴荣雨教授（韩国成均馆大学）把近年来"新子学"理念的倡导和展开概括为"新子学运动"，认为自"新子学运动"提倡以来，在韩国尚留有颇为广大的发展空间，"新子学运动"面临所谓的第四次产业革命的新科技革命时代，相信它足以提供合乎新时代潮流的思想滋润。朴荣雨教授还论及朝鲜历史和"朱子学"正统建立的关系，认为"朱子学"为朝鲜半岛提供了一个正统思想体系，巩固李氏朝鲜晚期统治的同时，也造成了很大的负面效应。李氏王朝时代思想最重要的特点是"朱子学"的生活化，儒家的价值系统在两班家族生活中体现得淋漓尽致，当时儒者有寻找孔子原意的努力，但皆无重要影响。

劳悦强教授（Singapore新加坡国立大学）指出，怎样处理传统文献注释体裁中经典的连续性和不同诠释者个人体现的非连续性，是否承认后来新儒家、新道家中重要思想家，甚至佛门中硕学在"新子学"中的位置，这些是值得反复思考的重要问题。后来的经典诠释者无疑已经在很大程度上影响了我们对先秦诸子的理解。历代士人文集中收录的论说文章关涉丰富的议题，诸子思想亦常被他们援引，其在后代延绵不绝的发展正是对先秦诸子思想所具活力的回响。旧"子学"在中国学术传统中的发展，显然是海纳百川的开放形态，忠于先秦诸子原来"百花齐放"的争鸣精神。中国思想文献有其独特的观念术语和身心关怀，我们需要穿过这些术语，寻求其更切实的真理意义，思考它们与现代世界的关系，期待"新子学"对今天世界思想的贡献。他强调，建立"新子学"需要丰富的时代意识以及与西方哲学的相互了解，对世界哲学思想动态的密切关注与及时对话，这些能力都需要较长的培养过程。山田俊教授（日本熊本县立大学）高度评价"新子学"理念，认为日本汉学界有必要关注"新子学"。

王俊彦教授（台湾"中国文化大学"）认为，台湾近几十年来的学术一直偏向于西方的阐释学，现在正在整体性地回归中国传统，而大陆"新子学"提出的重建诸子学传统的主张，正好给台湾学界提供重要的新视野。简光明教授（台湾屏东大学）认为，"新子学"理念是诸子学在当代新的发展形态，应进一步推进"新子学"在台湾的展开。他指出，诸子学在海外尤其在东亚地区的发展极其兴盛，将海外子学纳入中华子学的发展脉络中展开研究，能极大丰富"新子学"的内涵。域外诸子学著作的发掘整理、子学在东亚学术中的互动研究，是"新子学"发展中新的一翼。

刘韶军教授（华中师范大学历史文化学院）强调"新子学"是从新的学科体系背景下运用新的知识理念与方法研究"旧子学"存留内容的学术，在维护学术独立性和自由性的前提下，整合贯通不同学科，消除各学科的相对局限性，并以此在忠实于"旧子学"留存文本的基础上，对其进行全新的整理和阐释，"新子学"是一个具有良性生命活力的动态系统。他还认为，"圣人"是战国思想的一个关键，各家各派都把圣人作为关键要素，圣人是理解诸子思想的关键点，而这是现有哲学研究忽视的，因为圣人问题在一般的哲学框架内是无法处理的。刘固盛教授（华中师范大学历史文化学院）非常赞同"新子学"理念，认为各个时代的子学是不同的，古代有古代的子学，近代有近代的子学，当代应该有当代的子学。他反对独尊儒术，认为"新子学"之"新"可以开放讨论，要重视哲学界和思想史界学者的意见，特别是不同的意见，在讨论中达成共识。

欧明俊教授强调，应在参照坐标中理解"新子学"理念，"新子学"对应于"旧子学"即传统子学，"新子学"是对传统子学的新阐释和新发展，其本质精神就是一种学术新理念、新体系、新创造，此即"新子学"的"新"。但同时强调，任何创新都离不开传统基础，不存在绝对的"新"，不存在没有"旧子"的"新子学"，应继承中创新，不是完全另起炉灶，"新"并不意味着抛弃"旧"，不能片面强调"新"，没有"旧"，何来"新"？"新子学"当然包括"新子"之"学"，但"新子"之"学"只是"新子学"的一部分，绝不是全部。单纯地、绝对地强调"新"而完全排斥"旧"，是对"新"的狭隘化理解，这样的"新"缺乏历史感和厚重感，也是没有学术生命力的。欧明俊教授不认同将"新子学"等于当代新的中国哲学，强调"新子学"以哲学为主，为核心，但不等于哲学。"新子学"的倡导，正是反思现代学科的"哲学"对传统整体性的诸子学的肢解，突破其狭隘性，回归传统整体学术理念和学术路径。韩高年教授（西北师范大学文学院）赞赏方勇教授倡导的"回归原点"和"理解中国性"，同时认为，"子学精神"是一种需要发展的精神品质，也是理解中国性的关键。

刘思禾讲师认为，一个现代的中国思考，不仅仅是西方思想脉络中的一个异域性补充，更是现代问题的一个中国式的解答。要不要保留"中国性"这样一个略近地域性的术语，关键不在于"中国性"术语是否可以使用，而是要把握"中国性"术语如何达成普遍性，而不是民族主义的或地域性的。方达助理研究员提出"新子学"愿景，所期望的研究范式旨在最大程度上回归诸子学发生时代的原初意义，在此基础上呈现诸子学的内在生命力，传统思想与当代社会真正相融。

方勇教授强调研究者的文献意识及思想能力是研究的两翼，文献意识是打开原始语境的必要手段，而思想能力的训练是把握问题的关键。有些学者不太理解文献工作的重要性，方勇教授不认同这种观点，指出特别是在出土文献频现的当代，没有文献意识，缺乏文献训练，诸子学研究根本无法进行。姜声调教授《从"新子学"视角谈起〈论语〉章句的疑义问题》强调文献是一切学问的基础，"新子学"一定要重视文献学研究。欧明俊教授强调，经、史、子、集只是文献分类，不是学科分类，子学以义理为主，但同样包含考据之学、辞章之学、经济之学，文献学研究是"新子学"的题中之义，认为"新子学"不包括文献学研究，是片面的。

与会学者探讨了"新子学"的内涵特质，"新子学"与传统子学相较"新"在何处？"新子学"对传统经学的超越，对当下的意义，"新子学"与新哲学的关系。反思经学一尊和西学泛滥，等等，从不同视角探讨了"新子学"发展问题。

与会学者还讨论了传统诸子学及道家道教、中国学等诸多问题，多有创获。如刘固盛教授《论老子的"以德报怨"》深入分析了老子"报怨以德"思想，探讨了儒、道两家价值的冲突和融通问题。儒家认为杀父之仇不共戴天，而道家则以为不必斤斤计较人间的复仇，而要在"道"的层面化解仇怨。《管子学刊》主编于孔宝编审

(山东理工大学齐文化研究院)《稷下学宫与杂家精神》认为,杂家是诸子学发展的必然,"新杂家"是"新子学"发展的一个方向。还有王俊彦教授《丁茶山的气化思想》、简光明教授《当代台湾郭象庄学之研究》、劳悦强教授《从心术看荀子眼中的孟子》、许端容教授(台湾"中国文化大学")《庄子杂篇黄老学派时空诗学研究》、陈惠美副教授(台湾"中国文化大学")《黄奭〈黄氏逸书考〉道家类辑本探论》、萧登福教授(台湾台中科技大学)《〈钟吕传道集〉中所见内丹修炼法门及其影响》、郑开教授(北京大学哲学系)《什么是精神哲学——以全秉熏与徐梵澄为例》、韩高年教授《关于子产的几个问题》、刘韶军教授《论先秦诸子的文本考察与思想阐释》、强昱教授(北京师范大学)《嵇康的养生理论》、萧霁虹教授(云南省社会科学院)《道教科仪在云南的传承与演变》、周冶教授(四川大学)《施道渊穹窿山法派及其现代启示》、吕锡琛教授(中南大学)《论〈管子〉"四篇"中的管理心理学思想》、白奚教授(首都师范大学)《〈文子〉的成书年代问题——由"太一"概念引发的思考》、李大华教授(深圳大学)《论"法"意义下的公平问题》、肖海燕副教授(华中师范大学)《马叙伦的〈庄子〉研究》,等等。韩国学者的论文内容丰富,如曹玟焕教授(韩国成均馆大学)《论韩中儒者关于扬雄之研究》、李周恩教授(韩国延世大学)《关于道家哲学对音乐疗伤作用的考察》、朴荣雨教授《神明圣王:略论21世纪新道学提案的观照》、安载晧教授(韩国中央大学)《大陆新儒家管窥》、李奉镐教授(韩国京畿大学)《周朝语言秩序并非是永远的:正名非常名》、郑世根教授(韩国忠北大学)《孔子之水与刀》、金京秀教授(韩国神明文化研究院)《战国末期道家之地位》、徐大源教授(韩国忠北大学)《道教与墨学》,等等。

此次"新子学"国际学术研讨会以"新子学"讨论为中心,并广泛涉及中国哲学史、思想史、宗教史以及东亚学术思想史比较研究等方面。与会学者认为，要重视诸子学传统的研究，"新子学"研究要注重文化间的交流和碰撞，"新子学"不仅仅是中国的，也是"东亚文化圈"所共享的，从东亚视角来看"新子学"，是各国学者的共同学术使命。本次会议作为"新子学"研究历程中的重要一步，必将积极推动各国学者之间的广泛深入交流，积极推动"新子学"的全面纵深发展和国际化。

（原载于《管子学刊》2018年第4期。作者单位：福建师范大学文学院）

"首届诸子学博士论坛"在浦召开

张方镇

诸子学作为中华传统文化的重要内容，与哲学、政治、经济、文化紧密相连。10月25日，"首届诸子学博士论坛"在我县举行。这是我国第一次举办有关诸子学的青年学者专业论坛。

来自中国大陆内地及港台地区社会科学在读博士研究生、博士后等120余人应邀参加论坛，来自北京大学、复旦大学等高校的10名知名学者、博士生导师参与评点。

本次论坛由华东师范大学、浦江县人民政府主办，华师大先秦诸子研究中心、浦江县社科联、浦江县文联承办。论坛主要从"新子学"在未来国学发展中的命脉作用，及与中华文化重构、宋濂诸子学思想等角度展开，着重讨论浦江传统文化的历史脉络及诸子学如何在浦江传统文化重振中发挥积极价值等问题。

诸子学是中国国学的主干。春秋战国时期，思想活跃，文化昌盛，形成了诸子百家争鸣的局面。这一时期，出现了以孔子、孟子为代表的儒家，以老子、庄子为代表的道家，以墨子为代表的墨家，以孙子为代表的兵家，以商鞅、韩非为代表的法家，以吕不韦为代表的杂家，成为中国历史上思想文化大发展的一座高峰。

浦江作为一个有着1800多年历史的古县，诸子学传统深厚，清修《四库全书提要》评浦江学术文化之渊源及作用时说："（吴）莱与黄溍、柳贯并受业于宋方凤，再传而为宋濂，遂开明代文章之派。"滥觞于方凤等前修、发皇于宋濂的浦江诸子学，到如今方勇教授启动《子藏》编纂工程、倡导"新子学"理念，其传承与发展关系明晰可见。

华东师范大学于2010年启动超大型古籍整理项目——《子藏》编纂工程，同时提出了"新子学"理念，以推进诸子学研究的全面复兴，并尝试在构建新时期文化建设的理论方面作积极的探索。目前，"新子学"理念受到社会各界的广泛关注，名声所及至于海外多国，已经产生相当的国际影响，成为了全国诸子学研究的前沿阵地，引领诸子学发展的新方向。

专家学者认为，浦江文化底蕴丰厚，宋、明以来，在经史、诸子、诗文、书画等领域代有名家。尽管自宋濂之后，由方凤所开创的浦江文学（尤其是诗学）已略呈衰坠迹象，但由宋濂传承并发皇的诸子学，通过浦江籍学者的努力已蔚为大观，将有效引领中华民族传统文化的传承发展，并对全球文化多元化发展产生积极影响。此次在浦江举办首届诸子学博士论坛，不仅对于认真梳理浦江历史文化脉络，努力发掘浦江诸子学资源，重振浦江文化雄风具有重要现实意义，而且对于国内诸子学研究同样具有重大和深远的意义。

据悉，此次博士论坛涉及的研究领域很广泛，主要的论题有"新子学"、宋濂研究、诸子简帛研究、诸子学专门问题，以及中国哲学、文学、史学研究等。这些研究有活力，有新见解，有专业水准，显示出我国诸子学研究后继有人，有关诸子学的研究将会形成独特的研究体系。

会议期间，与会人员在参加论坛之余，还欣赏了浦江县第八届农民赛诗会，观摩了月泉书院，考察了历史古街区等浦江历史文化点。

新华社、《人民日报》《光明日报》、中央电视台等中央和省市媒体记者参加会议并进行了集中报道。

（原载于浦江政府官网 2018 年 10 月 26 日。http：//www.pj.gov.cn/pjzx/pjyw/201810/t20181026_ 3216167.html）

首届诸子学博士论坛聚焦"新子学"

刘 奕

本报讯（刘奕）由华东师范大学、浙江省浦江县人民政府联合主办的"首届诸子学博士论坛——'新子学'专题"近日在浙江省浦江县举行。来自中国社会科学院、北京大学、清华大学等40多所高校的120名博士及青年学者参加，探讨了诸子学的复兴对于中华文化的传承、诸子学术的革新、浦江诸子学的脉络与成就等问题。

华东师范大学先秦诸子研究中心主任方勇教授认为，诸子学发展面临着发展良机，诸子学者需要协同一致，摆脱单打独斗的研究方式，加强联系，深入交流，本着对文化、对历史负责的态度，把"新子学"研究推向纵深，为中华文明的复兴作出贡献。

（原载于《中国教育报》2018年12月3日第9版）

"首届诸子学博士论坛"举办

杜 羽

10月24日至26日，由华东师范大学、浙江省浦江县人民政府联合主办的"首届诸子学博士论坛——'新子学'专题"在浦江县召开。此次会议由华东师范大学先秦诸子研究中心、浦江县社科联、浦江县文联承办，来自海内外40多所高校的120名博士及青年学者以及10多位博士生导师参加，会议共收到160多篇论文。这是我国第一次举办诸子学青年学者专业论坛。

浦江县县委常委、副县长卢楠在致辞中说，浦江是一个有着1800多年历史的古县，有"书画之乡""文化之邦"的美誉，也有深厚的诸子学传统。自宋迄明，方凤、柳贯、吴莱、宋濂等在诸子学方面都有很深的造诣。在浦江举办首届诸子学博士论坛，对于梳理浦江历史文化脉络，努力发掘浦江诸子学资源，重振浦江文化雄风具有重要现实意义，对于国内诸子学研究，同样具有重大和深远的意义。

华东师范大学党委常委、宣传部部长顾红亮教授在致辞中说，华东师范大学人文学科基础深厚，以对传统文化典籍的系统整理及学术理论研究创新为特色。我校于2010年启动超大型古籍整理项目——《子藏》编纂工程，由先秦诸子研究中心方勇教授担任总编纂。方勇教授在推进《子藏》编纂工程的同时，又提出"新子学"理念，以推进诸子学研究的全面复兴。此次博士论坛一定会促进诸子学学者间的深入交流，扶植和培养一批诸子研究的青年才俊，引领着诸子学发展的新风气、新方向。

北京大学人文讲座教授陈鼓应在书面发言中表示，诸子百家争鸣体现对话的时代意义，孔子、老子打开了人本思想、人道主义、人文情怀，把中国带向一个古代文明的高潮，这个很了不起。当代的诸子学发展，应该寻求先秦原有的学术样貌，让各家都能表达其意见。

华东师范大学先秦诸子研究中心主任、博士论坛的发起人方勇教授在致辞中介绍了《子藏》工程的情况，回顾了"新子学"理念的提出过程，也谈到浦江文化与诸子学发展的关系。他对与会代表表示，诸子学发展是时代的重任，现在面临着发展良机，诸子学者需要协同一致，摆脱单打独斗的研究方式，加强联系，深入交流，本着对文化对历史负责的态度，把"新子学"研究推向纵深，彰显子学精神，引领时代潮流，为中华文明的复兴做出贡献。

博士导师代表、北京大学中文系张双棣教授在致辞中指出，诸子学是我国思想文化的宝贵遗产，整理和研究诸子学是近代以来学术发展的重要组成部分。华东师范大学先秦诸子研究中心以《子藏》编纂为枢纽，汇聚人才，创新理论，为当代诸子学研究提供了重要推动力。发展诸子学是学术界的责任，也是年青一代学人的重任。此次会议会对诸子学的发展提供新的动力。

博士代表、北京大学杨博在发言中指出，我们正处在诸子学术大繁荣的时代，国家设立了专门的社科基金给予支持，在研究材料上，我们处在出土文献井喷的时代，一批批战国秦汉简牍、敦煌文书不断被发现。诸子学青年学者应该把握这千载难逢的历史机遇，共同成为中国古代文明研究的实践者与见证者。

与会专家学者表示，诸子学作为中华传统文化的重要内容，与中国的哲学、政治、经济、文化紧密相连。先秦诸子学是我国学术思想的源头活水，形塑了中国传统社会的文化基因。诸子学的研究不但是对先秦思想文化的深刻总结，有助于全面、深入地研究与振兴中华传统文化，更会对未来的文化的面貌产生深远影响。此次论坛着眼于"新子学"的当代发展，着重讨论诸子学的复兴对于中华文化的传承、诸子学术的革新、浦江诸子学的脉络与成就等问题，扩大了"新子学"的影响，为诸子学的研究与复兴奠定坚实厚重的理论基础和人才储备。

（原载于光明网 2018 年 10 月 26 日。http：//politics.gmw.cn/2018-10/26/content_ 31836380.htm）

首届诸子学博士论坛在浙江浦江召开

谢瑶姬

由华东师范大学、浙江省浦江县人民政府联合主办的"首届诸子学博士论坛——'新子学'专题"于10月24-26日在浦江县召开。此次会议由我校先秦诸子研究中心、浦江县社科联、浦江县文联具体承办,来自中国社会科学院、北京大学、清华大学、北京师范大学、中国人民大学、复旦大学、上海交通大学、同济大学、华东师范大学、南开大学、山东大学、浙江大学、南京大学、武汉大学、厦门大学、四川大学、中山大学、吉林大学、香港中文大学、台湾大学等40多所高校的120名博士、青年学者以及10多位博士生导师参加,会议共收到160多篇论文。这是我国第一次举办的诸子学青年学者专业论坛。

浦江县委常委、副县长卢楠在开幕式致辞中说,浦江是一个有着1800多年历史的古县,有"书画之乡""文化之邦"的美誉,也有深厚的诸子学传统。自宋迄明,方凤、柳贯、吴莱、宋濂等在诸子学方面都有很深的造诣。在浦江举办首届诸子学博士论坛,对于梳理浦江历史文化脉络,努力发掘浦江诸子学资源,重振浦江文化雄风具有重要现实意义,对于国内诸子学研究,同样具有重大和深远的意义。

我校党委常委、宣传部部长顾红亮教授在致辞中表示,华东师范大学人文学科基础深厚,以对传统文化典籍的系统整理及学术理论研究创新为特色。我校于2010年启动超大型古籍整理项目——《子藏》

编纂工程，由先秦诸子研究中心方勇教授担任总编纂。方勇教授在推进《子藏》编纂工程的同时，又提出"新子学"理念，以推进诸子学研究的全面复兴。他相信此次博士论坛将促进诸子学学者间的深入交流，扶植和培养一批诸子研究的青年才俊，引领着诸子学发展的新风气、新方向。

北京大学人文讲席教授陈鼓应在书面致辞中表示，诸子百家争鸣体现对话的时代意义，孔子、老子打开了人本思想、人道主义、人文情怀，把中国带向一个古代文明的高潮。孔子、老子都不是那样的单边主义，要反对儒学单一化的思考，尤其反对西方的单边主义。现代以来海峡两岸都有把儒学单一化的倾向，这不符合先秦精神。当代的诸子学发展，应该寻求先秦原有的学术样貌，让各家都能表达其意见。

我校先秦诸子研究中心主任、本次博士论坛的发起人方勇教授在致辞中介绍了《子藏》工程的情况，回顾了"新子学"理念的提出过程，也谈到浦江文化与诸子学发展的关系。他对与会代表表示，诸子学发展是时代的重任，现在面临着发展良机，诸子学者需要协同一致，摆脱单打独斗的研究方式，加强联系，深入交流，本着对文化对历史负责的态度，把"新子学"研究推向纵深，彰显子学精神，引领时代潮流，为中华文明的复兴作出贡献。

博士导师代表、北京大学中文系张双棣教授在致辞中指出，诸子学是我国思想文化的宝贵遗产，整理和研究诸子学是近代以来学术发展的重要组成部分。华东师范大学先秦诸子研究中心以《子藏》编纂为枢纽，汇聚人才，创新理论，为当代诸子学研究提供了重要推动力。发展诸子学是学术界的责任，也是年青一代学人的重任。他认为，此次会议将为诸子学的发展提供新的动力。

博士代表、北京大学杨博在发言中指出，我们正处在诸子学术大繁荣的时代，国家设立了专门的社科基金给予支持，在研究材料上，我们处在出土文献井喷的时代，一批批战国秦汉简牍、敦煌文书不断被发现。他认为,诸子学青年学者应该把握这千载难逢的历史机遇,共同成为中国古代文明研究的实践者与见证者。他表示,此次举办的首次诸子学博士论坛,搭建起了一个交流平台,对于诸子学青年学者来说非常重要,嘤其鸣矣,求其友声。

诸子学作为中华传统文化的重要内容,中国的哲学、政治、经济、文化无不与之紧密相连。先秦诸子学是我国学术思想的源头活水,形塑了中国传统社会的文化基因。诸子学的研究不但是对轴心时期思想文化的深刻总结,有助于全面、深入地研究与振兴中华传统文化,更会对未来的文化的面貌产生深远影响。浙江省浦江县历史悠久,人文底蕴深厚,素有"小邹鲁"之称,产生了方凤、柳贯、吴莱、宋濂等著名学者,以诗学、书画著名,又有"江南第一家"为代表的家族文化传统。此外,浦江和诸子学有很深的渊源,滥觞于方凤、发皇于宋濂的浦江诸子学,在我国诸子学发展历史上有重要的地位。在当代,华东师范大学先秦诸子研究中心方勇教授为方凤后裔,以发展和重构中华文化为己任,启动《子藏》工程,汇集培养诸子学人才,开拓诸子学研究领域,倡导"新子学"理念,其传承浦江、发展诸子学的关系明晰可见。浦江的诸子学,通过浦江籍学者的努力已蔚为大国,将引领中华民族传统文化新发展,并对当代思想产生积极影响。

此次论坛着眼于"新子学"的当代发展,着重讨论诸子学的复兴对于中华文化的传承、诸子学术的革新、浦江诸子学的脉络与成就等问题。此次论坛扩大了"新子学"的影响,为诸子学的研究与复兴奠定坚实厚重的理论基础和人才储备,可谓当代诸子学研究的盛会。

(原载于华东师范大学官网 2018 年 10 月 25 日。https://news.ecnu.edu.cn/d8/db/c1833a186587/page.htm)

"首届诸子学博士论坛"在浙江召开

查建国 仝 薇

中国社会科学网上海讯（记者 查建国 仝薇）10月24—26日，由华东师范大学、浙江省浦江县人民政府联合主办，华东师范大学先秦诸子研究中心、浙江省金华市浦江县社会科学界联合会、浦江县文学艺术界联合会具体承办的"首届诸子学博士论坛——'新子学'专题"在浙江省浦江县召开。华东师范大学先秦诸子研究中心《诸子学刊》、河南省社会科学院《中州学刊》、陕西省社会科学院《人文杂志》等为论坛提供了学术支持。

浦江县县委常委、副县长卢楠，华东师范大学宣传部部长顾红亮教授，北京大学人文讲座教授陈鼓应，华东师范大学先秦诸子研究中心主任、博士论坛的发起人方勇教授，博士导师代表、北京大学中文系张双棣教授参与会议并致辞。博士代表、北京大学杨博博士发言。

分论坛围绕"浦江诸子学传统与'新子学'沿革""'新子学'与诸子学综论""'新子学'：老子专题""'新子学'：庄子专题""'新子学'：儒家溯源""'新子学'：孟子专题""'新子学'：经子关系""'新子学'：荀子专题""'新子学'：法家专题""'新子学'：杂家专题"等几个话题展开。

闭幕式上，中国社会科学院文学研究所研究员陆永品作大会总结报告，南京大学文学院陈志平代表博士发言。

这是我国首届诸子学青年学者专业论坛。来自中国社会科学院、北京大学、清华大学、北京师范大学、中国人民大学、复旦大学、上海交通大学、同济大学、华东师范大学、南开大学、山东大学、浙江大学、南京大学、武汉大学、厦门大学、四川大学、中山大学、吉林大学、香港中文大学、台湾大学等40多所高校的120名博士及青年学者以及10多位博士生导师参加,会议共收到160多篇论文。此次论坛着眼于"新子学"的当代发展,着重讨论诸子学的复兴对于中华文化的传承、诸子学术的革新、浦江诸子学的脉络与成就等问题。此次论坛扩大了"新子学"的影响,为诸子学的研究与复兴奠定坚实厚重的理论基础和人才储备,可谓当代诸子学研究的盛会。

(原载于中国社会科学网2018年11月13日。http://ex.cssn.cn/wx/wx_bwyc/201811/t20181113_4774792.shtml)

凝聚新生力量　推进子学新发展
——"首届诸子学博士论坛：'新子学'专题"综述

揣松森　徐宏勤

由华东师范大学、浙江省浦江县人民政府联合主办，华东师范大学先秦诸子研究中心、浦江县社科联、浦江县文联联合承办的"首届诸子学博士论坛——'新子学'专题"研讨会于10月24至26日在浙江省浦江县召开。与会者130多位，包括来自中国社会科学院、北京大学、清华大学、中国人民大学、复旦大学、华东师范大学、台湾大学等40多所高校的120名博士、青年学者以及10多位博士生导师参加，会议共收到学术论文160多篇。论坛涉及领域广泛，包括："新子学"、宋濂研究、诸子简帛研究、诸子学专门研究等诸多方面。此次研讨会是我国第一次举办的诸子学青年学者专业论坛，它不仅显示了诸子学广阔的发展前景，更凸显了诸子学研究强劲的新生力量。

"新子学"理念的深化与拓展

自2012年方勇先生在"全面复兴诸子学"的口号下提出"新子学"理念伊始，即引起学界的高度关注和广泛探讨。"新子学"是诸子学在当下时代的新发展，是子学发展的必然趋势，更是对当今新的学术体系建立所做的有益探索。近年来，随着国内外"新子学"会议的召开，对于"新子学"的相关问题的讨论也逐步深化、细化，其成果已汇编为《"新子学"论集》《"新子学"论集（二辑）》出版。正如方勇先生在开幕式上所讲："为全面复兴诸子学，我们正努力从事着两项任务，一是《子藏》工程，第二项就是'新子学'理念。《子藏》是对隋唐之前子书及其相关文献所做的搜集和整理，它的气魄和格局都要远超前人的工作，这在诸子学史上具有里程碑的意义，它是诸子学复兴的文献基石。'新子学'则是诸子学复兴的理论导向，它和《子藏》在许多理念上是相互融通的，都是共同致力于将诸子学打造成独立完整的学术门类，进而延续中华文化的薪火，开辟中华文化的新篇章。"此次论坛，收到"新子学"相关学术论文数十篇，展现了青年学者对这一理论的关注和热情。福建师范大学上官文坤博士《"新子学"理念的倡导与展开——以方勇先生的论说为中心》一文，以方勇先生"新子学"相关文献发表的时间为线索，详细梳理了"新子学"论述的展开过程，以及其中重要的若干核心问题，并总结了作者对"新子学"的看法。对这一学术理念作了很好的回溯，给读者呈现出清晰的脉络。李梦琦博士《"新子学"研究的定量分析》一文以统计的方法，对历年来参与"新子学"的研究者的代际分布、职业、职称、研究方向等方面加以定量分析。通过数量与论述内容进行了归纳与总结，指出："新子学"注重"当下关怀"，倡导子学走出象牙塔，积极自觉地回应现实问题；"新子学"主张摆脱哲学等现代分科体系的窠臼，跨越学科疆界，打破门户偏见，从不同学科探究诸子智慧；"新子学"传播地域广泛，以上海为中心，基本辐射中国各个地区，甚至超出一国范围而跨国传播。文章以特定的视角与方法梳理了"新子学"的发展过程，不仅使读者对"新子学"研究者的现状有了直观而明了的认知，同时也为"新子学"的进一步推进提供了可靠的参照。东北师范大学张诗淼博士《表述与重塑：论新子学在新时代的发展》一文从"表述"与

"重塑"两种方法入手,讨论了"新子学"在进行具体学术阐释工作时的洞见与遮蔽,并思考了当下背景中"新子学"未来发展的方向和方法。文章在重视"新子学"现有讨论的基础上,思考深入,具有创见。

此外,与会作者还就"新子学"的界定、内涵、研究方法、时代意义和学科互动等方面展开讨论。关于"新子学"概念界定问题,吉林大学张盼盼博士《何以为新:新子学的界域及成立》一文首先讨论了"经"与"子"的历史关系与相应内涵,说明"经""子"从来就是相互融合,并无严格界限,并由此说明对"子学"的"新"与"旧"的理解不能局限于学术史的内部,而应该放在现代的背景之下进行展开。关于"新子学"的内涵问题,北京大学徐昌盛博士《"学"与"术":"新子学"的求是与致用》一文从先秦诸子学术包含追求学问的"学"与治理天下的"术"话题入手,认为随着经学的独尊,后世学者对先秦诸子学术的理解日渐狭窄。而"新子学"提倡诸子平等,有力地恢复了先秦诸子固有的"学"与"术"。

关于"新子学"研究方法问题,南开大学王丁博士《概论诸子学研究范式的转变》一文分别讨论了诸子学研究范式的历史变化,即从百家争鸣到屈服于经学;从西学方法到唯物史观主导下的一枝独秀,最后将今日诸子学研究如何复兴与更新的任务与诉求寄希望于"新子学",认为"新子学"的提出与应用在产生新的诸子学研究范式的同时,更可能打破各种已有的范式,推动诸子学走向更加多元的未来。吴剑修博士以《如何理解"多元":"新子学"的历史面向》为题,从价值诉求和方法视域两个方面深入阐发了多元所涵盖的意蕴。作者认为多元不仅是对历来单一价值的"经学思维"的反对,更是要求我们从历史的维度去探索一种思想的多元汇流和其后的分支演变。因此,在具体的研究中要着重以思想史的视角切入到诸子学的研究当中,才能避免古典思想和传统价值不被概念化和单一化、使理论建构具有深厚的根基。华东师范大学王宁宁博士《"新子学"对中国哲学反思的再深化——以西方哲学和中国哲学在知识论方面的结合为例》一文分别从"新子学"对"一家之言""以西释中"及反思的深化三个方面论述了"新子学"在具体研究中应注重西方哲学和中国哲学在知识论方面的融合。

东北师范大学管仲乐博士《"新子学"研究资料向佛教文献拓展简论》及吉林大学王佳俊博士《"新子学"的发展要注重出土文献的整理和研究》两篇文章则侧重探讨了"新子学"研究的材料问题。管仲乐文章于佛教文献对当代子学研究尤其是"新子学"研究的独特意义多有揭示，还注意到佛教文献中存留子学研究可资利用的材料，并梳理基本文献及其特点，为"新子学"的研究拓展了思路，有助于推动子学研究。王佳俊文章则强调"新子学"需要重视出土文献，认为"新子学"的推进和发展应该充分利用出土文献材料"还原性"的特点，这是"新子学"返归自身研究方向的必要途径，是"新子学"研究中重要的一环。与此同时，厦门大学赵晟博士《"新子学"语境下儒家明德把关的内向传播机制》、李娟博士《文化自信与"新子学"大众传播》、张硕《路径与方法，美学视域下新子学体系建构的逻辑理路》、陈祥龙《试论新子学教育教材修编的相关问题》等则就"新子学"研究的学科互动及其传播等问题展开论述。这些讨论对于我们深化理解"新子学"，都有一定意义。

对于"新子学"的探讨不仅体现在对其内在理路的深化上，更凸显在利用其理念去解读经典文本的实践中。上海财经大学陈成吒先生在《"新子学"的经典研究法——以拙作〈经典之旅：从〈老子〉到无尽的〈道德经〉为例》一文中，讨论了"新子学"作为一项新的传统学术研究方法与体系，包含着对传统经典整理研究进行革新的理念。他以《老子》为例，认为"新子学"在相关方面应尝试综合传统的文献研究法与西方的文本研究法，既要校订梳理经典文本的原始面貌，以音韵、训诂等方法为基础，结合文字史、学术史、思想史的发展脉络，实现相互印证。同时，也要注重将传统历史文献考证与现代文本研究方法相结合，以自觉的文本演化理念为指导。东北师范大学郭强博士同样从经典文本出发，在《重审、重构、转换："新子学"视域下诸子研究的三条路径——以〈荀子〉例》一文中指出，在"新子学"框架下，必须重新审视以往研究中"抑荀"的现象，应通过文本的细读和客观评价重构《荀子》的地位；在新时期，子学研究者应顺应时代要求，重新审视子学原典，重新构建元典价值，进而推进子学在新时期的发展。这些研究都充分显示了"新子学"的理念给当代子学研究所开辟的新视角、新理路，对当代子学研究产生的重要意义和影响。

诸子学深层学理与价值的阐释

　　形成于先秦时期的诸子之学是中华优秀文化的精髓，充满生机与活力，这是"新子学"提出与发展的基石，更是今天实施文化强国战略的源泉所在。在此次论坛中，与会者从不同角度对诸子学深层学理与现实价值展开广泛而深入的讨论。山东大学儒学院刁春辉博士《诸子为孔学说——廖平经学观照下的子学观》一文以廖平子学观为主题，从子学为经学师说、诸子出四科以及廖平子学观极强的个人色彩等方面展开探析，认为子学在廖平经学构建的重要地位取决于子学充分实现了学术经世致用的目的。湖南大学陈雄博士在《礼学视域下诸子哲学发生学——对先秦诸子思想渊源的重审》一文，从源、因、缘三方面审视诸子哲发生学的问题，梳理诸家说法，折衷取舍而提出己见，认为将诸子哲学的出现放在整个东周时期社会转型的大背景下，通过对诸子思想渊源的重新思考和审查，将有助于我们更全面、更深刻、更系统地理解诸子、理解中国文化的原型。

　　四川大学李天啸博士以《"道术将为天下裂"与"学以致其

道"——试从孔子学易谈"子学"精神与"新子学"的旨趣》为题,从子学著作中有关诸子的讨论文献入手对"新子学"展开探究。虽然出现很多不太符合论文行文之处,但把《庄子·天下》的道术关系和《荀子·非十二子》的学说比较起来,对子学的源头与旨趣作很有新意的探索,不仅利于读者溯源子学,更为"新子学"的推进提供了内在理路的借鉴。扬州大学沈传河博士《诸子鉴我引论》一文,虽然限于篇幅,很多问题未能展开论述,但其"诸子鉴我"的观点颇具价值。作者指出,在当代的文化建设中,我们需要回首借鉴诸子时代的文化创造来建构自我、发展自我,从而构建一种具有适用性、丰富性和时代性的主流人格。而这种构建需要对分裂的诸子积极整合,并于整合中对话、关联与融构;同时注意摆脱思维上的束缚,尝试运用诸如多元立体思维等新的方式方法。此外,作者还将这种思路和方法运用到对儒、道、墨等诸家的鉴读与阐释中,都给人耳目一新之感。南京大学何百川博士则着眼于子学在汉代的转化情况,在《从〈史记〉在汉代的接受看子学向史学的转变》一文中,从私学与官学之别看待人名书与"记"类书,特别指出人名书、实人书不分,而"记"类书在汉代"带有浓厚的官书与政典色彩",进而分析"《史记》由被视作私书、子书到被视作官书、史书的过程,实为汉代子学衍为史学的缩影"。不仅观点上颇多发现,而且对研究方法的探索亦有启发性。诚然,总的来说,诸子学基本的学术宗旨是什么、基本脉络是什么及其与前代和后世的关系如何,凡此种种都还需要进一步深入研究。

相对于宏观上对诸子学的阐发论述外,与会者还将讨论的焦点集中在对具体诸子问题的专门探究上。复旦大学李世平博士《孟子性善的内在逻辑》、南京大学王国明博士《作为过程论的"成人"——荀子人性论新释》、南京大学哲学系强中华博士后《论孟子和荀子的人性论实质上均是人性善端恶端混存论》等文章,分别对孟子和荀子的人性主张展开探讨,从老问题入手,提出新的观点,承前启后,开人耳目。李世平认为,孟子性善是由逻辑前提、逻辑展开、逻辑结构和逻辑完成构成的思想体系,孟子性善基于性、命之分,展开于性、善的双重内涵,形成了立本与存养的内在逻辑结构,完成于"尽心知性"之中,是一个完整的思想逻辑体系;同时指出,性善思想体系的根本目的、指向和落脚点皆是为了实施仁政。王国明则以荀子的性恶论为出发点,指出性恶论非本质论、而是一个过程。他认为荀子从未直言"人性恶",所谓"人之性恶"实指狭义的情性,它并不能涵盖荀子人性论的全部内涵,还应包括心性及知性等内容。"化性起伪"的实质正是不断发用心性以化情性,而这一动态过程即荀子所谓"成人"。强中华在文章中指出,孟子和荀子的人性论多有相通之处,即所谓的"性"均指人生而具有,而非后天养成的属性;人生而具有的感官欲望(恶)与理性反思(善)两种不同性质的端倪,都必须依靠后天的教育,同时发挥心的主观能动性,才能成就现实之善。因此,作者认为孟、荀二者的人性论实质上均属于暗隐着的人性善端恶端混存论,这样理解不仅在逻辑上更加严密,而且在事实上更加接近人类生命现象的实况。

此外,这次会议,提交了很多诸子学相关的简帛研究论文,北京大学杨博博士《战国楚竹书与早期儒家的"治世"》一文对战国楚竹书"君子"观念进行了清晰的梳理,从楚竹书涉及如何取得政权的"政道"问题以及如何治民的"治道"问题展开论述,强调了楚竹书为研究先秦学术思想史提供的丰富材料及与儒家思想的密切联系。本文依据新材料,提出新见解,很有分量。福建师范大学吴文文博士《北大汉简〈老子·下经〉首章校释及章旨辨析》一文以《北大汉简〈老子〉》为底本,参照帛书《老子》和几种主要传世本《老子》进行校释,对该章以及与之相关的老子思想进行分析和探讨,为解读《老子》思想及相关研究的展开拓展了新视角、新思路。清华大学袁青博士《论清华简〈子产〉的黄老学倾向》一文从对文本的挖掘基础上探析清华简《子产》的思想倾向,探讨文献中所反映的治身思想、"命"

"刑"并重思想、因循思想、恐惧意识等方面,得出清华简《子产》更近于黄老思想而非儒家思想的结论。所作结论虽尚未作为定论,但作者在毫厘之处进行细微辨析,体现了其对黄老思想研究的深入,具有一定的创新性。还有不少年轻学者借助出土文献,对于诸子文本的形成、流衍等都做了很细致的讨论,这是一般诸子学研究者不大关注的地方。还有针对历代的诸子学进行的研究,如章太炎、廖平、严复、钱穆、熊十力的研究等,还有对名家、法家和墨家的专门研究,以及诸子研究方法的探究。学者们对这些问题给出了新的看法,深化了我们对诸子问题的理解。

立足浦江、推进地方文化建设

此次论坛在浦江召开,正如浦江县委常委、副县长卢楠在开幕式致辞中所说,浦江是一个有着1800多年历史的古县,有"书画之乡""文化之邦"的美誉,同时也有着深厚的诸子学传统。《四库全书提要》云:"(吴)莱与黄溍、柳贯并受业于宋方凤,再传而为宋濂,遂开明代文章之派。"滥觞于方凤等前修、发皇于宋濂的浦江诸子学,到如今方勇先生启动《子藏》工程、倡导"新子学"理念,其传承与发展的轨迹清晰可见。此次论坛,学者就浦江文化的统系传承以及宋濂等人的文学成就也进行了深入的探讨。华东师范大学博士后李小白以《浦江文脉的历史传承与当代发展》为题,对浦江文脉的文化内涵以及与诸子学传统的历史渊源作了详尽的梳理。作者指出宋元之际,浦江人文尤为兴盛,涌现出诸如宋遗民方凤诸儒,入元后浦江柳贯、吴莱、方樗、方梓、义乌黄溍,以及明初宋濂、王祎、胡翰、戴良等儒者,构成了以师缘为主要纽带的交相往来的学脉关系,浦江文化呈现出明显的脉络化趋势,浦江文脉得以生成。文章同时也对当代推动诸子学发展的浦江学人方勇先生的治学及成就作了梳理，从其《子藏》工程的开展、"新子学"理念的提出以及在浦江开设方山子国学讲堂等可以想见，方先生不仅接续了浦江文脉的子学观念，并将诸子学研究纳入现代学术体系。这不仅是对中国学术的贡献，也是对浦江文化建设的强有力推进。东北师范大学刘思禾《浦江诸子学与重振传统文化》一文针对浦江文化和诸子学传统渊源的梳理，从宋元以后浦江士人诸如方凤、柳贯、宋濂等进行梳理，尤其对当代学人方勇先生推进子学研究的过程和成就作了详尽梳理。作者认为，浦江诸子学由古而今，渊源有自，今胜于昔。重振浦江传统文化，不仅需要继续推进宋明以来以诗学为大宗的风尚，更要挖掘其内在的子学传统。

宋濂是明代著名的文学家、政治家，更是浦江士人与诸子学关系上的一个节点。此次论坛也有不少同好学人对其学术尤其是宋濂对诸子学的研究展开讨论。华东师范大学揣松森博士《〈龙门子凝道记〉考论三题》一文，从其书名义、内容及作为诸子书之体制等三个方面对宋濂这一代表作进行详细论证。作者认为，《龙门子凝道记》是为宋濂入小龙门山时所撰，其内容虽类于笔记杂纂而不甚系统，然不外忧世、明道、论学之言。在此基础上进一步指出，诸子学虽应重视著述形式，但其根本则在于其人（思想与行事），当代"新子学"的推进，不应仅偏重于著作的研究而忽视诸子行事，而是应该在进行著作书写的同时重视具有诸子品格之"人"的养成。南京师范大学韩旭博士在《宋濂、方孝孺之经学观与明初心学阐释系统之构建》一文通过对宋濂、方孝孺师弟的心学阐释体系的探讨，强调其对明代学术产生的深远影响。作者认为，宋、方二人同样重视经学，虽然有宋濂将"六经"视作"天下之常道"，方孝孺则认为"六经"为"治天下之具"的不同。但在具体诠释"六经"的过程中皆能将"治经"与"治心"相互结合，从而为整个明代心学思潮中的"重经"倾向奠定坚实基础；同时，在对"人心""六经"与"圣人"三者地位关系的论辩中，宋濂、方孝孺分别提出了"人可尧舜"和"唯圣人不可及"的心学阐释观,这两种不同的倾向同样为明代学术史中"心学"与"实学"思潮的产生与演变奠定了相应的理论基础。

华东师范大学张耀与张泰两位博士则以《诸子辩》为着眼点,分别就宋濂对韩非和荀卿的辨析展开探讨。张耀认为,宋濂思想中儒家的元素突出,在很多方面都承袭了理学的主张,因而对法家思想呈现鲜明的批判态度。在《韩子辩》中,宋濂坚持儒家伦常的优位性,批判韩非"一任于法",以致误读甚至忽略了法家的"法"思想,而这种态度影响有明一代。同时,由于其儒家思想的本色以及受佛教"厚生""报应"理念的影响,宋濂积极倡导德化之效,而对韩非"重刑"理念大加批判。作者还进一步指出,由于宋濂的这些理念与朱元璋政治路线有较强的法家色彩存在着立场的分歧,也是宋濂晚年受迫害的一大诱因。张泰《宋濂诸子述评的得与失——以论荀子为例》一文指出,宋濂的《诸子辩》在子学研究中起到承上启下的作用,其对《荀子》的考证主要源自前人的观点,且不甚精详。作者认为,虽然其子学研究开创了明代子学研究的先河,然而并没有摆脱明代理学的影响,这种维护正统、排斥异端的思想对于稳定学术与政治起到一定的作用,但同时也进一步蒙蔽了诸子思想的价值,阻碍了诸子学的发展。这些讨论都利于我们认识和了解宋濂的学术尤其是对诸子学的研究状况与成就。

推进子学研究的新发展

中国社会科学院文学研究所陆永品研究员在闭幕式上指出,此次会议是国内第一次诸子学专业的博士论坛,众多青年学者聚集一堂,讨论学问,交流思想,一定会对未来诸子学发展产生重要影响。诚然

"新子学"作为诸子学在当下发展所提出的新理念,不仅契合今天的子学发展需要,更是对当今良性学术新体系建立的必要探索。孟子说:"充实之谓美,充实而有光辉谓之大。""新子学"作为一种新的构想、新的理念,其成长与发展是需要时间的,也许十年,也许几十年,这就需要几代人的共同努力。因此,此次论坛的召开正是为吸引子学研究的新生力量所做出的努力。唯有如此,子学研究的队伍才会不断壮大,"新子学"才能在不断地探讨中充实,继而扎实前进,走进时代。任何一种学术的发展都不能脱离现实,同样不能脱离社会,包括子学在内的一切学术研究的最终诉求和落脚点都是为了服务现实社会,这正是人们常说的"学以致用"。在会议期间,浦江县相关领导还希望在今后的会议中,学者能从古人尤其是先秦诸子的思想中凝练出有助于浦江县发展的经验和理念,从而使学术研究切实做到"古为今用"。这不仅是浦江县领导的期望,更是我们诸子学乃至一切学术研究共同的目的和努力方向。

此次论坛的召开不仅挖掘了浦江诸子学的传统,加强了浦江与国内外学术界的交流与合作,全面提升浦江文化的水准和影响力,也凸显了浦江籍学者方勇先生为家乡文化建设做贡献的愿望和努力。同时,更为重要的是,会议凝结了国内外诸子学研究的新生力量,把有志于诸子学研究的青年一代人团结在一起,在讨论学问、交流思想的同时,为学术尤其是诸子学发展的新方向献言献策。我们相信,新时代学术的发展乃至全民族的文化复兴必将在这种相互协助、相互扶持、相互交流中,从筚路蓝缕走向康庄通衢。

(原载于《诸子学刊》第二十辑。作者单位:华东师范大学中文系)

第七届"新子学"国际学术研讨会在沪举行

唐奇云

央广网上海11月13日消息（记者唐奇云 通讯员戴琪）由华东师大先秦诸子研究中心举办的"现代诸子学发展与创新国际学术研讨会——第七届'新子学'国际学术研讨会"于11月9-12日在沪举行。来自中国、美国、韩国、新加坡等国家和地区的120名专家学者就"新子学"发展、诸子学研究转型、子学的当代价值等话题展开深入讨论。

据了解，本届"新子学"国际学术研讨会是华东师范大学先秦诸子研究中心今年10月在浙江浦江举办"首届诸子学博士论坛"之后，又一个推动诸子学发展的重要举措。此次会议共收到80余篇论文，广泛涉及当代诸子学发展的各个领域，完整地展示了当代诸子学研究的面貌。此次会议的成功举办，对于汇聚海内外诸子学研究精英，推动"新子学"发展，具有重要的意义。

开幕式上，华东师大先秦诸子研究中心主任方勇以《四论"新子学"》为基调，介绍了"新子学"发展的最新成果。方勇认为，"新子学"要打破汉代以来的旧观念，深入发掘诸子时代的思想内涵，以周文重建之争为主线，以文明的比较研究为方向，进一步拓深研究水平。台湾淡江大学中文系荣誉教授曾昭旭则指出，子学的定位在于即经即子，"新子学"之发展要重视分析思维、理论建构，同时也不忘其道德实践的意义，如此方可以承前启后。韩国江陵原州大学金白铉教授认为，文化道路如何走是当代东亚思想的一个核心问题，要以诸子学为基础，坚持开放性、多样性、包容性的思路。与此同时，本次会议还集中讨论了诸子学发展中的一些关键问题，如先秦时代的思想主题，荀子"性恶"思想的再解读，儒家思想的当代价值，老子庄子等道家思想的深入开掘，历代兵家思想的研究，以及古典思想与现代观念的融通等。

此外值得注意的是，在研讨会之前，华东师大先秦诸子研究中心举行了《子藏》第四批成果发布会。此次出版的是《子藏》重量级成果《老子卷》，总计120册，457种。《子藏·老子卷》主编、北京大学讲席教授陈鼓应在书面致辞中谈到，严灵峰先生出版的诸子集成，在世界各大图书馆都有收藏，而在国内图书馆则很少见到。现在《子藏·老子卷》比严先生收集的还要多，这是诸子研究特别是老子研究重要的文化资产。陈鼓应认为，随着《子藏》的陆续出版，诸子学的发展会引发思想界更多的关注。

（原载于央广网 2018 年 11 月 13 日。http://www.cnr.cn/shanghai/tt/20181113/t20181113_524414583.shtml）

第七届"新子学"国际学术研讨会举行

吴 诗

本报讯 11月9日至12日,由我校先秦诸子研究中心举办的第七届"新子学"国际学术研讨会在沪举行。来自中国大陆、中国香港、中国澳门、中国台湾以及美国、韩国、新加坡的120名专家学者,就"新子学"发展、诸子学研究转型、子学的当代价值等话题展开深入讨论。在研讨会之前,先秦诸子研究中心举行了《子藏》第四批成果发布会。此次出版的是《子藏》重量级成果《老子卷》,总计120册,457种。

(原载于《华东师范大学报》2018年11月20日第2版)

第七届"新子学"国际学术研讨会在上海举行

桂 杰

日前,由华东师范大学先秦诸子研究中心举办的"现代诸子学发展与创新国际学术研讨会——第七届'新子学'国际学术研讨会"在上海举行。来自中国大陆内地和香港、澳门、台湾地区以及美国、韩国、新加坡的120名专家学者,就"新子学"发展、诸子学研究转型、子学的当代价值等话题展开深入讨论。

华东师范大学先秦诸子研究中心主任方勇教授在研讨会上介绍了"新子学"发展的最新成果。他认为,"新子学"要打破汉代以来的旧观念,深入发掘诸子时代的思想内涵,以文明的比较研究为方向,进一步拓深研究水平。台湾淡江大学中文系荣誉教授曾昭旭指出,子学的定位在于即经即子,"新子学"之发展要重视分析思维、理论建构,同时也不忘其道德实践的意义,如此方可以承前启后。韩国江陵原州大学金白铉教授认为,文化道路如何走是当代东亚思想的一个核心问题,要以诸子学为基础,坚持开放性、多样性、包容性的思路。台湾"中国文化大学"中文系主任王俊彦教授介绍了台湾地区诸子学发展的情况,讨论历代子学的演变,以及"新子学"的前景问题。

在研讨会上,华东师范大学先秦诸子研究中心举行了《子藏》第四批成果发布会。此次出版的是《子藏》重量级成果《老子卷》,

总计120册，457种。

  据悉，本次会议共收到80余篇论文，广泛涉及当代诸子学发展的各个领域，完整地展示了当代诸子学研究的面貌。此次会议的成功举办，对于汇聚海内外诸子学研究精英，推动"新子学"发展，具有重要的意义。

（原载于中青在线。http：//news.cyol.com/yuanchuang/2018-11/22/content_ 17808618.htm）

诸子学研究范式的探索与创新
——第七届"新子学"国际学术研讨会综述

刘思禾

由华东师范大学先秦诸子研究中心举办的"现代诸子学发展与创新国际学术研讨会——第七届'新子学'国际学术研讨会暨《子藏》第四批成果发布会"在上海举行，120余名海内外专家学者，就"新子学"发展、诸子学研究转型、子学的当代价值等话题展开了深入讨论。

华东师范大学先秦诸子研究中心主任方勇教授在会议开幕式上，对与会的专家学者表示欢迎，并介绍了"新子学"发展的最新成果。他认为，"新子学"要打破汉代以来的旧子学观念，反对尊经卑子，要重新梳理诸子时代的思想脉络。从春秋末年到汉初，以周文重建为主线，思想家对文明秩序的设想有新的和旧的之争，也有中心与边缘之争，这些表现为诸子各家的不同学说。在文明比较视角之下，全面理解诸子时代所具有的这种多元发展格局，有助于深刻理解中国文明奠基期的基本思想特质。同时，处于当代世界的背景之下，对于诸子思想的当代转型和文化立场也要给予更多重视，以进一步提升"新子学"的研究水平。

与会学者针对"新子学"的进一步发展，提出了很多新见解。淡江大学中文系荣誉教授曾昭旭先生指出，子学的定位在于即经即子,"新子学"之发展要重视分析思维、理论建构,同时也不忘其道德实践的意义,如此方可以承前启后。曾教授还针对当代社会实际,指出儒家学说要创新发展,诸如讲仁,要问爱的能力如何而来,要追问其当代的实践性。韩国江陵原州大学金白铉教授认为,文化道路如何走是近代以来东亚思想的一个核心问题,面对不同的文化选项,各国应该重视诸子学的资源,坚持开放性、多样性、包容性的思路。金教授特别提出"东亚新子学"的概念,认为东亚国家都深受儒学传统影响,在当代也皆有重构现代文化的任务。提倡"东亚新子学",是整合东亚诸子思想资源的有效框架,能够推动相关问题的深入理解。"中国文化大学"中文系主任王俊彦教授介绍了台湾地区诸子学发展的情况,探讨了历代子学的演变及其特征,他最后对"新子学"的前景做了说明,并相当看好它的发展趋势。屏东大学人文社会学院院长简光明教授认为,讨论"新子学",庄子思想具有特殊的启发意义。当代"新子学"可以从"齐物"精神出发,打破旧有的思想框架,自身也不要有一个标准,而让各种立场和思考进入其中。福建师范大学文学院欧明俊教授就"新子学"与"新中国哲学"的关系展开讨论,他强调"新子学"发展有其特殊的路径,不必依附于中国哲学研究,"新子学"的发展应该注意综合性,回归传统的义理、考据、辞章、经济之学的学术路径中去。华中师范大学历史文献研究所刘韶军教授认为,诸子学研究的创新在于注重现代语境,要从一般的解读走向深刻和完整的阐释性研究上,使诸子讨论的问题在现代观念与理论下得到提升,以深化和提升诸子学研究水平。湖南科技学院国学院院长张京华教授认为,诸子学研究要自觉化,要去处理诸子学特有的问题。他认为,要回归《汉志》,回归历史语境,先处理事实如何,再去讲现代如何处理,形成一个问题链。中南财经政法大学法学院张斌峰教授很早就和张晓芒教授一起提出"新墨学"的主张,他对"新子学"非常赞赏,认为"新子学"的探索让人有焕然一新的感觉,"新子学"与"新墨学"可以共同推进,以开拓诸子学研究的新境界。他还以墨子的法治观念为例,说明墨家思想对于中国法治建设的重要性。

本次会议还讨论了诸子学研究中诸多关键问题。华东师范大学哲学系陈卫平教授在《"类称"与"特例"的统一:先秦诸子的求道之思》中认为,诸子学在求索宇宙人生之道上与西方哲学并无不同,其特性在于其"闻道""遵道""志于道"和"成人"中体现出的"道不远人"的基本倾向。美国加州州立大学富乐敦分校哲学系主任刘纪璐教授在《荀子如何调节"其善者伪也"与道德实在性的冲突——道德建构论还是道德实在论》一文中,针对 Kurtis G. Hagen 的荀子"道德建构论"诠释,认为荀子的"善"意指实现了"治"的社会秩序所具有的客观价值,乃是一种价值内在的实在论,而非建构论。曲阜师范大学哲学系林桂榛副研究员提交的《〈荀子〉论朴资材性之文字的综合审校——再论荀子主张"性朴"而非主张"性恶"》,就性朴论的历史脉络、文献依据做了详尽的梳理,还对各种"性恶""性朴"调和论做了深入探讨。台北大学中文系赖贤宗教授《论老庄哲学的"人法"与"道生"》,以详尽的笔调分析了老庄哲学中"人法"与"道生"上下双回响的本体模型,并与海德格尔的"四大"思想进行了比较,这是赖教授道家本体诠释学的一个新体系。韩国忠北大学校徐大源教授在《墨子性格试探》中,分析了墨子性格中尚鬼与尚理之间的冲突,认为这可以统一在"巫"的现象上,墨子的基本性格就是巫,这与《汉志》所论墨家出于"清庙之守"是一致的。河北工业大学研究生院李洪卫研究员在《惠施"万物毕同毕异"思想的近代多元解读——兼论惠施的学派属性问题》中,针对惠施"合同异"的思想进行了深入辨析,并且认为惠施归于名家更为合理,同时也受到道家、墨家的影响。

在研讨会之前,华东师范大学先秦诸子研究中心举行了《子藏》

第四批成果发布会。此次出版的是《子藏·老子卷》，总计120册，收书457种。《子藏·老子卷》主编、北京大学讲席教授陈鼓应先生在书面致辞中指出，《子藏·老子卷》是诸子研究特别是老子研究重要的文化资产。随着《子藏》的陆续出版，我们要放眼世界，开拓子学研究。

（原载于《光明日报》2019年1月5日第11版。作者单位：华东师范大学先秦诸子研究中心）

编后记

  2012年10月22日,方勇教授《"新子学"构想》一文在《光明日报》"国学"版发表,"新子学"理念正式进入了学界视野并引发了持久深入的讨论。至今为止,主题涉及"新子学"的会议已举办有10余次,相关探讨文章已达300余篇。学苑出版社出版的《"新子学"论集》与《"新子学"论集(二辑)》收录了2012至2016年之间的文章,并在编后记中介绍了这期间的会议举办情况。

  在2017至2019年之间,随着"新子学"影响力的扩大,"新子学"的相关主题会议召开得更加频繁。2017年4月21日至24日"第二届庄子国际学术研讨会暨《子藏》第三批成果新闻发布会"在上海召开,"新子学"作为分会场议题展开讨论。2017年10月27日至30日,众多学者在台北展开了一系列"新子学"学术对话活动,包括台湾"中国文化大学"中文系举办的"第五届'新子学'国际学术研讨会"、淡江大学中文系举办的"2017两岸'新子学'论坛"、"新子学"团队与"新儒家"名家及"台湾中央研究院"经学研究名家的座谈。同年11月6日,台湾"新庄子学"研究团队与华东师范大学先秦诸子研究中心在上海联合举办了"海峡两岸'新子学'座谈会"。这两个月间的"新子学"学术对话活动共有来自两岸及海外30多所高校的100余名学者参加,讨论范围涵盖了"新子学"发展的各类重大问题。详情可参阅本辑所收《对话"新子学"——两岸"新子学"系列学术对话纪实》。2018年6月26日至7月1日"第六届'新子学'国际学术研讨会"在韩国国立江陵原州大学举行,来自中国大陆及中国台湾地区,以及韩国、美国、日本、新加坡等国家的100余位学者,针对"新子学"的发展以及中国学研究诸问题进行了讨论。详情可参阅本辑所收《东西文化视野中的"新子学"——韩国"第六届'新子学'国际学术研讨会"综述》。2018年10月24日至26日,"首届诸子学博士论坛——'新子学'专题"在浙江浦江举行,来自中国大陆(内地)及中国港台地区的在读博士研究生、博士后等120余人应邀参加论坛,来自北京大学、复旦大学等高校的10名知名学者、博士生导师参与评点,这是一次以青年学者为主体的大会,为"新子学"的探讨注入了新活力。2018年11月9日至12日,"现代诸子学发展与创新国际学术研讨会——第七届'新子学'国际学术研讨会"在上海举行,参加此次会议的有中国大陆(内地)、中国香港、中国澳门、中国台湾以及美国、韩国、新加坡的120名专家学者,在会议中,诸子学研究转型、子学的当代价值等话题得到了深入的探讨。详情可参阅《诸子学研究范式的探索与创新——第七届"新子学"国际学术研讨会综述》。2019年7月2日至5日,在瑞士首都伯尔尼举行的国际中国哲学学会(ISCP,International Society of Chinese Philosophy)第21届国际会议,"新子学"作为分会场议题展开讨论。2019年7月19日至21日,"诸子学研究的回顾与反思:第八届'新子学'国际学术研讨会"由西北师范大学文学院举办,海内外的60余名专家学者聚集兰州,讨论历代诸子学之得失,尤其是对《汉书·艺文志》所代表的传统诸子学观念展开反思。

自2017年以来,有关"新子学"文章在数量上也呈现了较快的增长态势,其中许多文章已发表在《光明日报》《人文杂志》《暨南学报》《学术月刊》《鹅湖月刊》《管子学刊》《集美大学学报》《名作欣赏》《诸子学刊》等报纸刊物上。本辑收录相关文章近50篇，出于篇幅等原因，另外尚有数十篇发表时间靠后或尚未发表的文章未收入，其中包括许多重要的讨论文章，如赖锡三教授《大陆"新子学"与台湾新庄子学的合观与对话：学术政治、道统解放、现代性回应》（《思想》第35期，台湾联经出版社2018年）等等，拟于以后的论集中收录。此外，本辑亦收录了相关的媒体报道与会议综述共10余篇，以具体展示近些年"新子学"的发展历程。

时光荏苒，"新子学"自提出至今已有七个年头了。无论是中国文化还是西方文化，"七"都经常被当作一个周期来表述事物的发展，可以说，"新子学"在过去七年中经历了一个上升的周期，如今已达到了一个全新的层次，正酝酿着更大的突破。期待在之后的发展中，"新子学"能继续保持以往的势头，希望时贤能一同参与到这场关于中华文化大方向的探讨中来！

张　耀

2019年9月